余姚年鉴

YUYAO YEARBOOK

2023

余姚市地方志编纂委员会 编

方志出版社
Publishing House of Local Records

图书在版编目(CIP)数据

余姚年鉴．2023 / 余姚市地方志编纂委员会编．北京：方志出版社，2023.11
ISBN 978-7-5144-6001-8

Ⅰ．①余… Ⅱ．①余… Ⅲ．①余姚－2023－年鉴
Ⅳ．①Z525.53

中国国家版本馆CIP数据核字（2023）第253114号

责任编辑：李晓晓
责任校对：张玉霞
责任印制：梅中英
出 版 者：方志出版社
地　　址：北京市朝阳区潘家园东里9号（国家方志馆4层）
邮　　编：100021
网　　址：http://www.zgfzcb.cn
发　　行：方志出版社图书营销中心（010-67110500）
印　　刷：南京凯德印刷有限公司
开　　本：889毫米×1194毫米　1/16
印　　张：21
字　　数：827千字
版　　次：2023年11月第1版
印　　次：2023年11月第1次印刷
定　　价：180.00元

余姚市地方志编纂委员会

《余姚年鉴（2023）》编辑部

编辑说明

一、《余姚年鉴（2023）》以马克思列宁主义、毛泽东思想、邓小平理论、“三个代表”重要思想、科学发展观、习近平新时代中国特色社会主义思想为指导，坚持辩证唯物主义和历史唯物主义的立场、观点和方法，系统准确地反映市委、市政府的工作，如实反映全市各领域事务变化状况，客观记述全市中国特色社会主义政治、经济、文化、社会和生态建设的历史进程，为全市的改革开放和经济建设服务，既为当今的改革开放和经济建设服务，又为后人提供资料和借鉴。

二、《余姚年鉴》是在中共余姚市委领导下，由余姚市人民政府主办，余姚市地方志编纂委员会主持编纂的年度资料性文献，每年编写1部。《余姚年鉴（2023）》是创刊至今的第14部地方综合年鉴。

三、《余姚年鉴（2023）》采用分类编辑法。基本结构为类目、分目、条目3个层次，其中条目为主要的信息载体。卷首设特载、专记、大事记、市情概览4 个类目；正文按照年鉴基本体例和行业分类特点设“中国共产党余姚市委员会”等25个类目；卷末设附录、索引2 个类目。

四、年鉴正文部分类目根据实际情况适当调整结构框架。年鉴的栏目设计和编排次序是根据年鉴的基本体例和行业分类特点设置，与每一个具体部门的行政级别高低无关。

五、《余姚年鉴（2023）》收录的资料和记载的事件未予以特别说明的，均局限于2022年度。各单位领导干部名录也以2022年度在职者为准。文中所述领导职务以事件发生时的相关主要职务为准。

六、《余姚年鉴（2023）》所采用的稿件由全市各机关单位、乡镇街道、园区、相关企事业单位、领导小组等提供，经《余姚年鉴》编辑部整理编辑，并经相关单位领导审核。文中所列数据，原则上以市统计局口径为准，市统计局未作统计的，由各业务部门和单位提供。部分数据因统计口径不同或有差异，请读者在应用时加以注意。

七、《余姚年鉴（2023）》内数字用法、标点符号用法分别采用国家标准《出版物上数字用法》（GB/ T 15835—2011）、《标点符号用法》（GB/ T 15834—2011），计量单位采用国家技术监督局 1993年12月发布的《量和单位》系列国家标准。考虑到社会使用习惯，全书中亩不统一换算。

八、根据年鉴编纂规范和行文实际需要，《余姚年鉴（2023）》部分报告和文件在保持原有意思的前提下，在字词表述上略有出入。

九、《余姚年鉴（2023）》卷首有中文目录，卷末有主题索引，按主题词首字汉语拼音字母顺序排列。

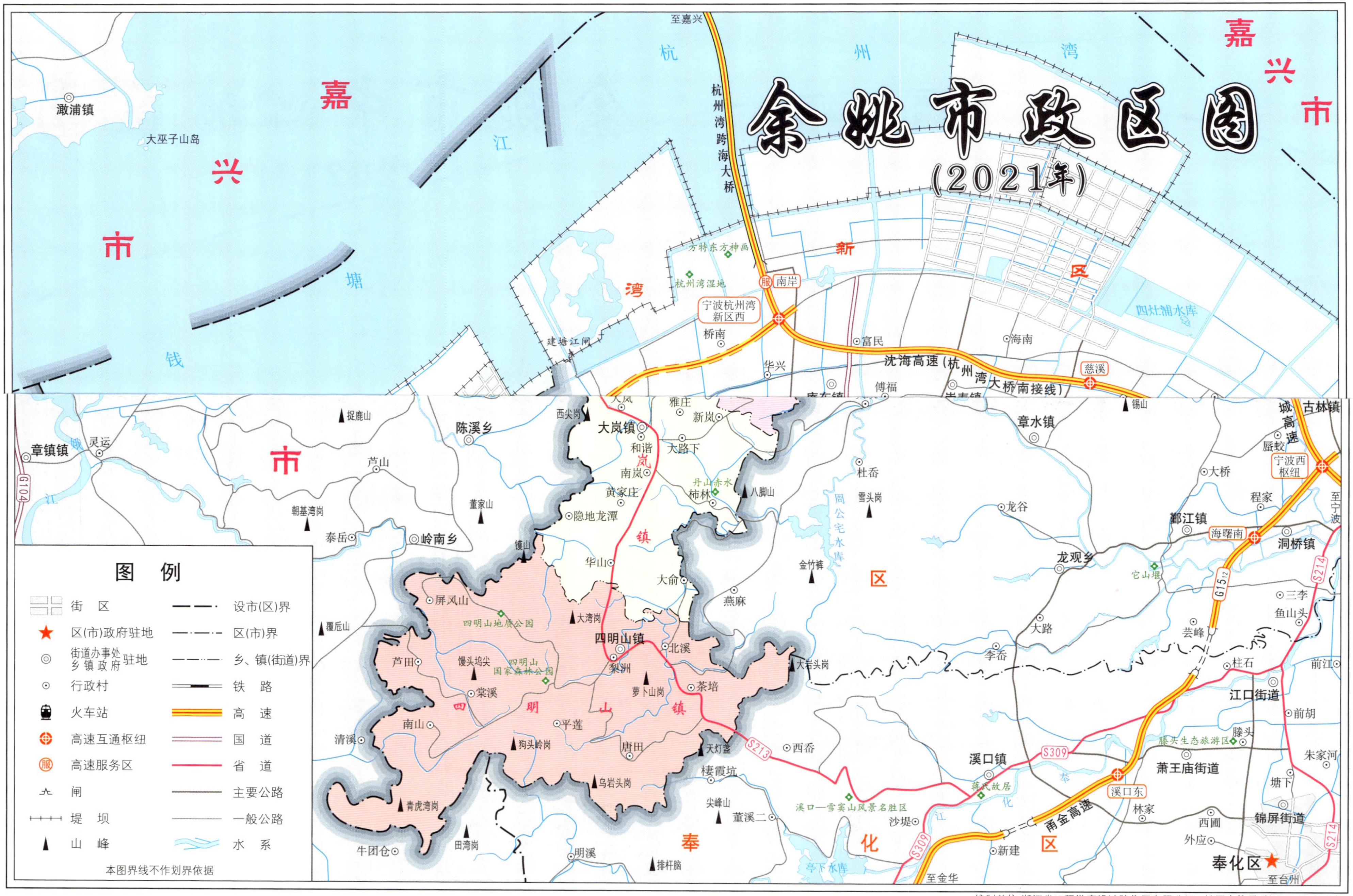

编制单位:浙江省工程勘察设计院集团有限公司 地图审核号:浙甬S(2022)52号

全　称	简　称
中共余姚市委老干部局	市委老干部局
中共余姚市委党校	市委党校
中共余姚市委党史研究室	市委党史研究室
余姚市档案馆	市档案馆
余姚市社会治理中心（余姚市社会矛盾纠纷调处化解中心、余姚市智慧城管中心）	市社会治理中心
余姚市社会矛盾纠纷调处化解中心（余姚市社会治理综合指挥中心、余姚市智慧城管中心）	市矛调中心
余姚市融媒体中心（余姚市传媒集团有限公司）	市融媒体中心
余姚市人民政府决策咨询委员会	市决咨委
中共余姚市委台湾工作办公室（余姚市人民政府台湾事务办公室）	市台办
余姚市总工会	市总工会
中国共产主义青年团余姚市委员会（余姚市青少年宫）	团市委
余姚市妇女联合会	市妇联
余姚市科学技术协会	市科协
余姚市工商业联合会（余姚市总商会）	市工商联
余姚市文学艺术界联合会	市文联
余姚市残疾人联合会	市残联
余姚市红十字会	市红十字会
余姚市社会科学联合会	市社科联
余姚市关心下一代工作委员会	市关工委
余姚市慈善总会	市慈善总会
余姚市革命老区开发建设促进会	市老促会
中国国民党革命委员会余姚市总支部	民革余姚市总支部
中国民主促进会余姚市基层委员会	民进余姚市基层委
中国农工民主党余姚市基层委员会	农工党余姚市基层委
九三学社余姚市基层委员会	九三学社余姚市基层委
中国民主同盟余姚市支部	民盟余姚支部
余姚市发展和改革局	市发改局
余姚市经济和信息化局	市经信局

全　称	简　称
余姚市教育局	市教育局
余姚市科学技术局	市科技局
余姚市公安局	市公安局
余姚市民政局	市民政局
余姚市司法局	市司法局
余姚市财政局	市财政局
余姚市人力资源和社会保障局	市人社局
余姚市自然资源和规划局	市资规局
余姚市住房和城乡建设局	市住建局
余姚市交通运输局	市交通局
余姚市水利局	市水利局
余姚市农业农村局	市农业农村局
余姚市商务局	市商务局
余姚市文化和广电旅游体育局	市文广局
余姚市卫生健康局	市卫健局
余姚市退役军人事务局	市退役军人事务局
余姚市应急管理局	市应急管理局
余姚市审计局	市审计局
余姚市市场监督管理局	市市场监管局
余姚市统计局	市统计局
余姚市医疗保障局	市医保局
余姚市综合行政执法局	市综合执法局
余姚市大数据发展管理局	市大数据局
余姚市政务服务办公室	市政务办
宁波市生态环境局余姚分局	生态环境余姚分局
余姚市金融发展服务中心	市金融中心
余姚市机关事务管理局	市机关事务局
余姚市供销合作社联合社	市供销社
余姚市国有资产办公室	市国资办
余姚市招商中心	市招商中心

全　称	简　称
余姚市中国塑料城管理中心	市塑料城管理中心
余姚市四明山旅游度假区管理中心	市四明山旅管中心
余姚市公共资源交易管理办公室	市公共资源交管办
宁波市住房公积金管理中心余姚分中心	市公积金中心
余姚市人民政府房屋征收管理中心	市房屋征管中心
余姚市城中村改造管理中心	市城中村改造管理中心
宁波舜建集团有限公司	舜建集团
宁波舜通集团有限公司	舜通集团
宁波河姆渡文化旅游集团有限公司	河姆渡文旅集团
宁波舜工集团有限公司	舜工集团
宁波舜瑞产业控股集团有限公司	舜瑞集团
余姚市高铁新城建设指挥部	市高铁新城建设指挥部
余姚市铁路与轨道交通建设管理服务中心	市铁建中心
余姚市生态文明促进中心（余姚市水环境治理中心）	市生态文明促进中心
余姚市流动人口管理服务中心	市流管中心
余姚市环境卫生管理中心	市环卫中心
国家税务总局余姚市税务局	市税务局
国家统计局余姚调查队	市国调队
国网浙江余姚市供电有限公司	市供电公司
中国邮政集团有限公司浙江省余姚市分公司	市邮政公司
余姚市电信局	市电信局
中华人民共和国余姚海关	余姚海关
宁波海事局余姚办事处	海事余姚办事处
余姚市气象局	市气象局
浙江省余姚市烟草专卖局	市烟草局
中国移动通信集团浙江有限公司余姚分公司	中国移动余姚分公司
中国联合网络通信有限公司宁波市余姚分公司	中国联通余姚分公司
余姚市消防救援大队	市消防大队
余姚市生活垃圾分类工作领导小组办公室	市分类办
余姚市“三改一拆”行动领导小组办公室	市“三改一拆”办

2022年·余姚数览

地区生产总值（亿元）

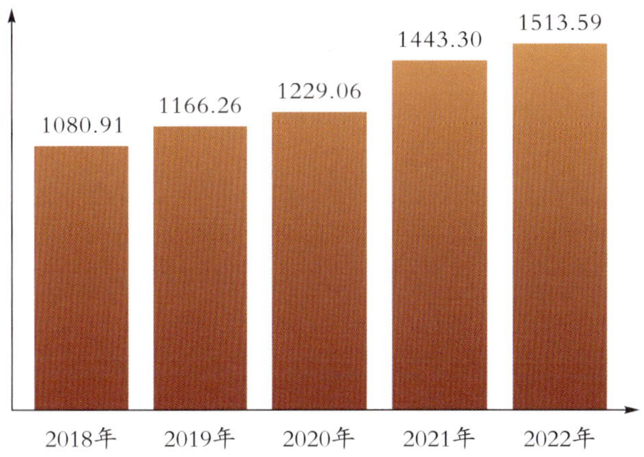

人均生产总值（元）

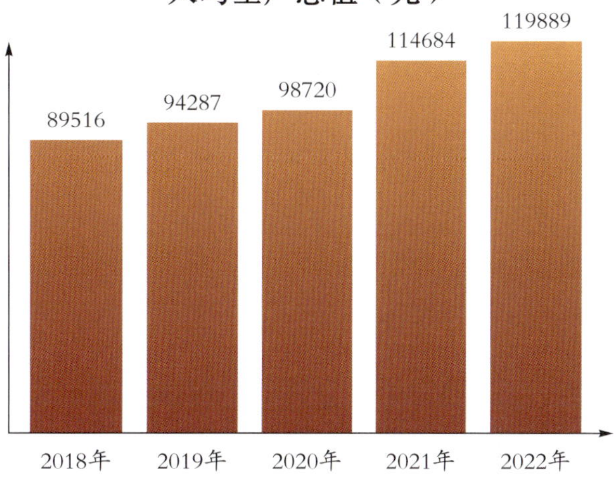

社会消费品零售总额（亿元）

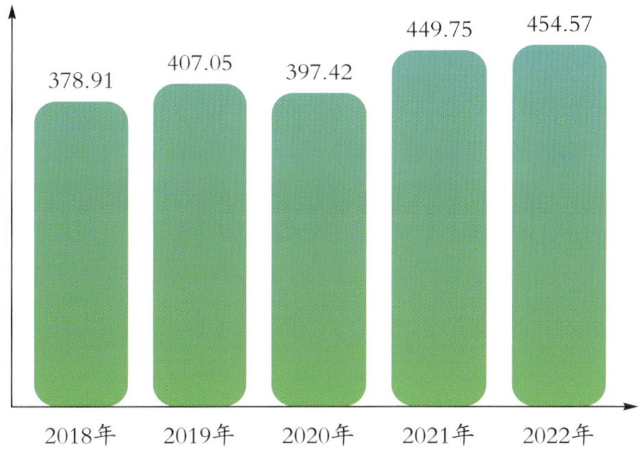

进出口总额（亿元）

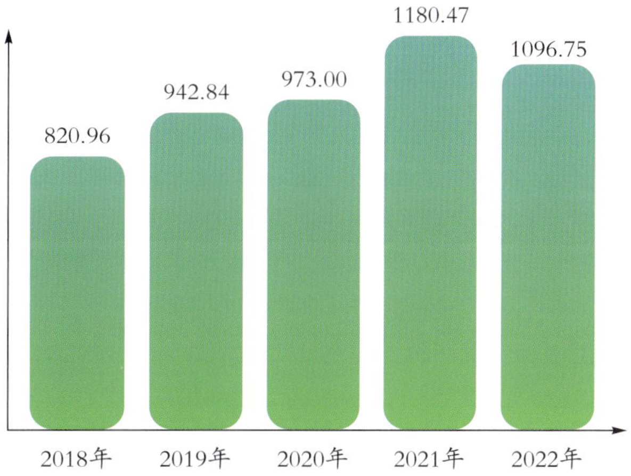

一般公共预算收入（亿元）

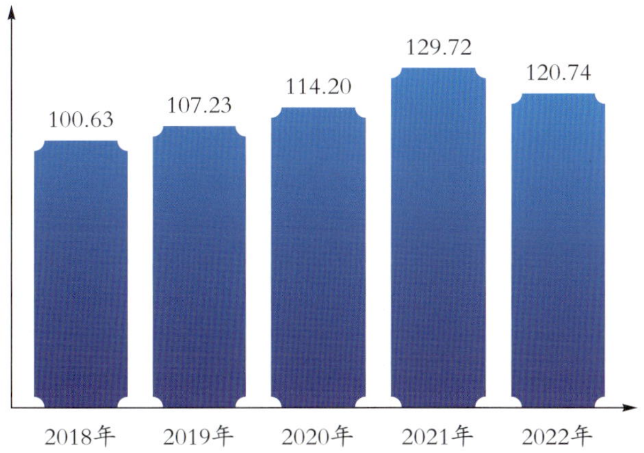

财政总收入（亿元）

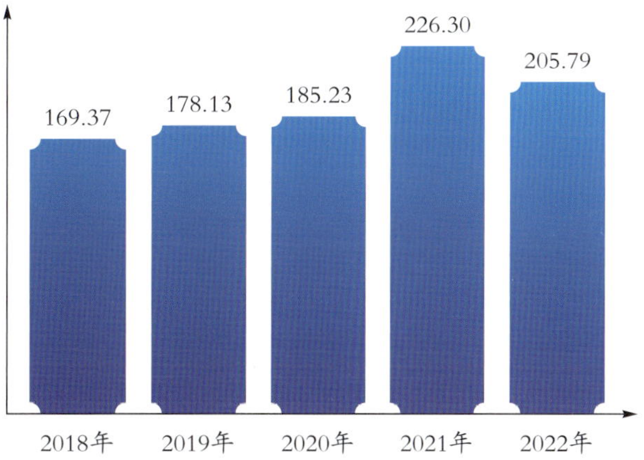

农村居民人均可支配收入（亿元）

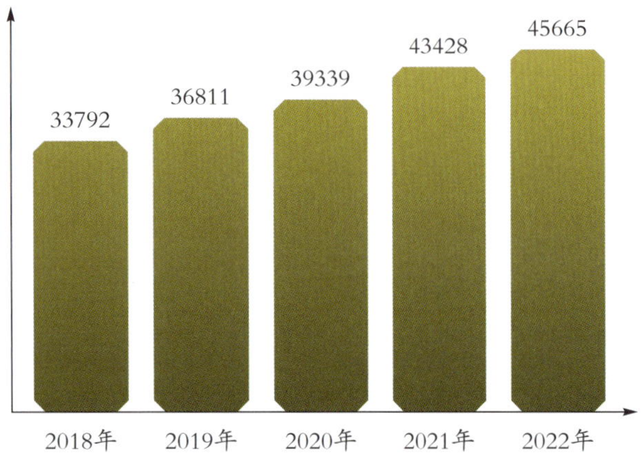

城镇居民人均可支配收入（亿元）

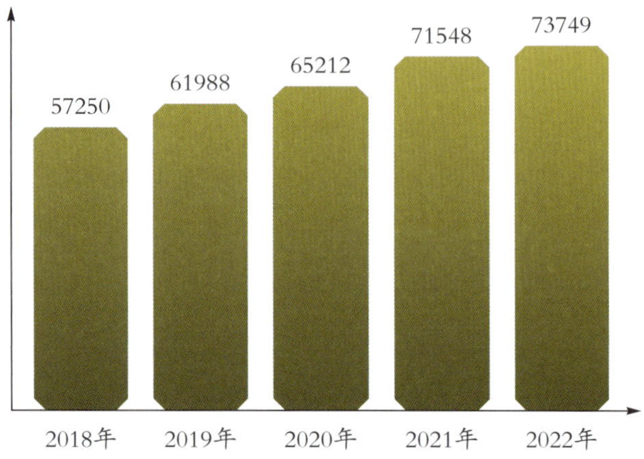

第一产业增加值（亿元）

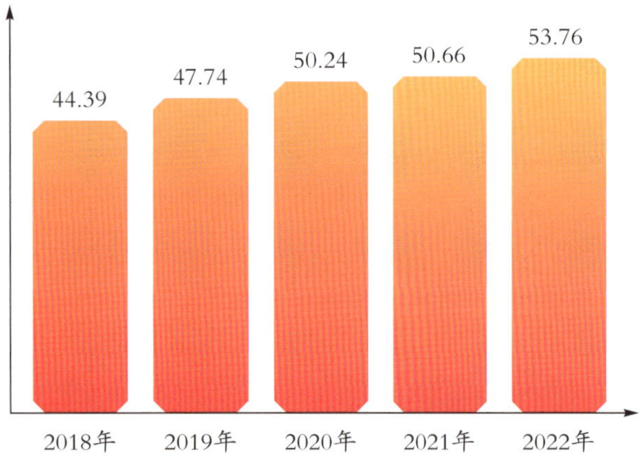

第二产业增加值（亿元）

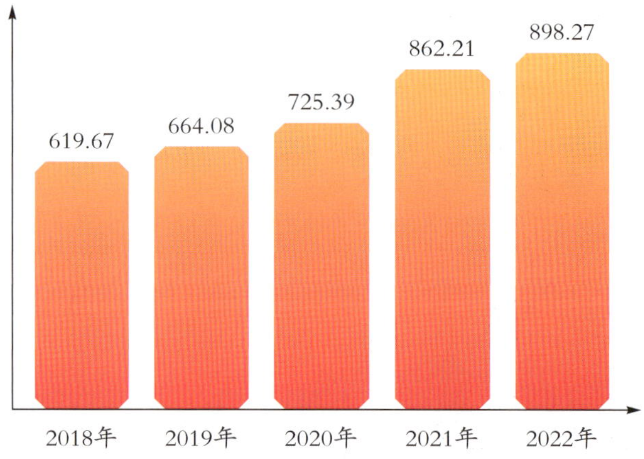

第三产业增加值（亿元）

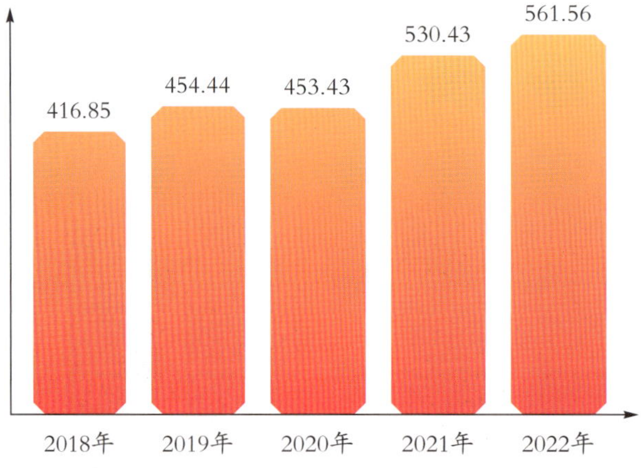

/ 政治引领 /

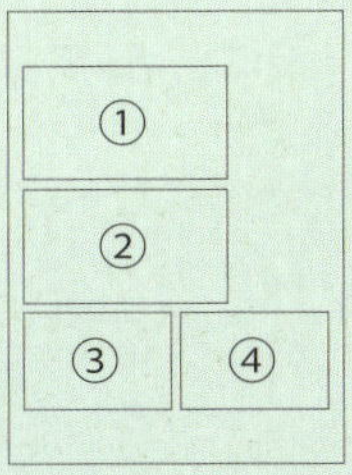

① 1月22—24日，中国人民政治协商会议第十四届余姚市委员会第一次会议召开（黄静波　摄）

② 1月23—25日，余姚市第十八届人民代表大会第一次会议召开（黄静波　摄）

③ 2月22—26日，余姚市代表团出席宁波市第十四次党代会（市融媒体中心　供稿）

④ 4月9—13日，余姚市代表团参加宁波市十六届人大一次会议（市融媒体中心　供稿）

/ 城市发展 /

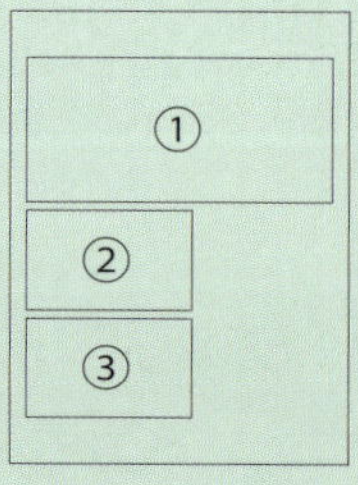

① 7月9日上午，以“余山姚水、阳明心城”为主题的浙江余姚城市发展大会召开

（苏英英　摄）

② 1月14日上午，余姚市召开省级生态文明建设示范市、“无废城市”创建动员会暨生态环保委员会扩大会议

（生态环境余姚分局　供稿）

③ 2月8日，余姚市“赛马争先”抓落实专项行动动员大会召开　（市融媒体中心　供稿）

/ 重要工程 /

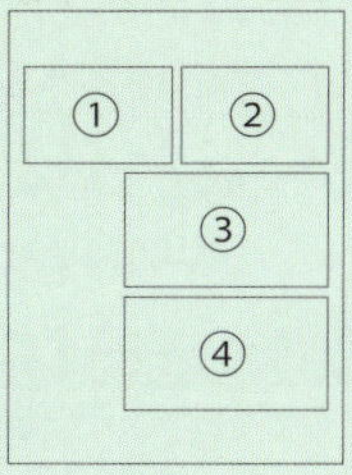

① 7月，余姚市公共文化中心建成启用
（市委宣传部　供稿）

② 不二谷深坑酒店全景
（大岚镇　供稿）

③ 1月，四明湖自溃坝改闸开工　（李晓桑　摄）

④ 液化天然气LNG应急气源站全景（舜建集团　供稿）

/ 节日庆典 /

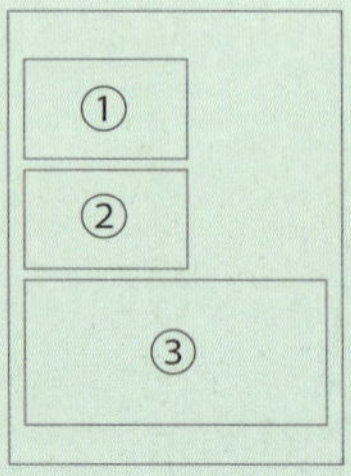

① 3月8日，余姚市庆祝“三八国际妇女节”112周年纪念大会暨“巾帼助力共同富裕”主题文艺汇演举行　（市妇联　供稿）

② 7月27日，“热血铸军魂　兵心永向党”2022年余姚市庆祝建军95周年暨首届“十最百美”最美退役军人系列颁奖仪式举行　（市人武部　供稿）

③ “文明城·幸福家”第七届家庭文化节闭幕式场景　（市委宣传部　供稿）

/ 共同富裕 /

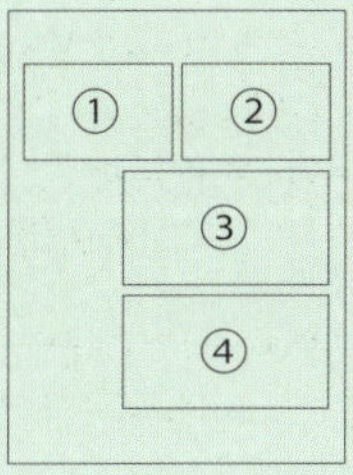

① 2月28日，广播剧《嘱托》赠送仪式暨余姚市横坎头红锋共富联盟区域发展有限公司揭牌仪式举行（梁弄镇　供稿）

② 11月26日至27日，“舜宇杯”第四届“一带一路”中国四明山百公里山地户外运动挑战赛暨2022CHINA100山地越野系列赛举行（市文广局　供稿）

③ “礼让斑马线　文明伴我行”主题活动暨2021年度“我来帮”志愿者表彰仪式场景（泗门镇　供稿）

④ 8月23日，全民阅读数字化升级计划之数字图书馆正式启用（低塘街道　供稿）

/ 山海协作 /

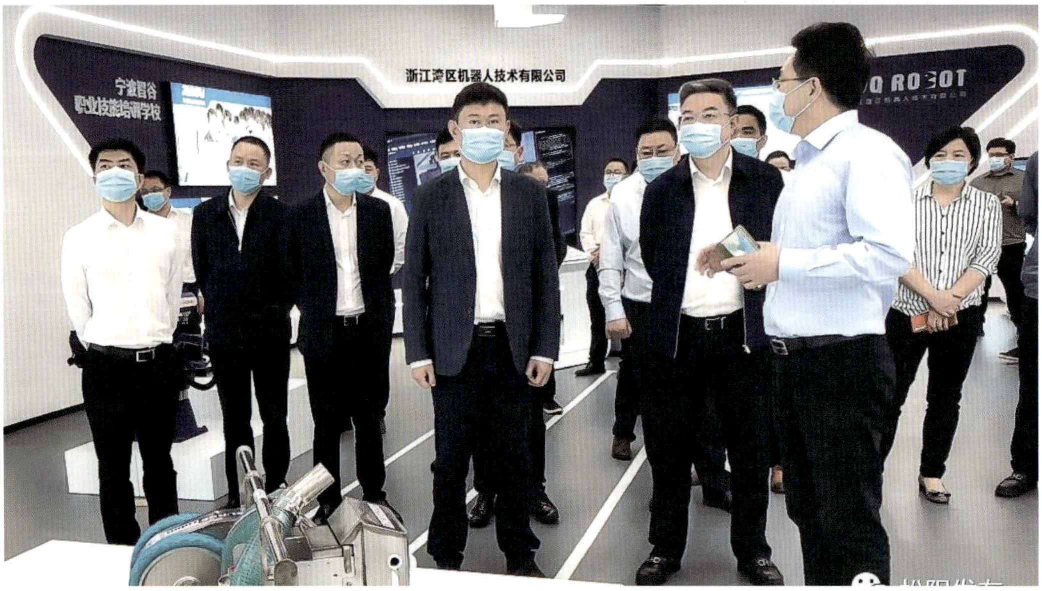

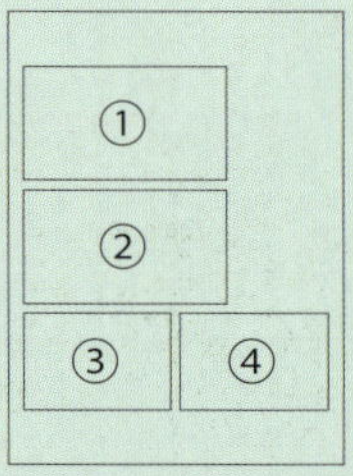

① 5月26日，凉山州恒驰服饰有限公司、凉山州志雪电子科技有限公司正式在昭觉投产揭牌　（市发改局　供稿）

② 5月23—24日，丽水市松阳县委书记莫靓（左四）率松阳县党政代表团在余姚对接山海协作工作　（市发改局　供稿）

③ 9月21—22日，四川省凉山彝族自治州副州长、昭觉县委书记马小合（后排左二）率昭觉县党政代表团在余姚开展东西部协作活动　（市发改局　供稿）

④ 11月，松阳农副产品展销中心在余姚开业　（市发改局　供稿）

/ 科技创新 /

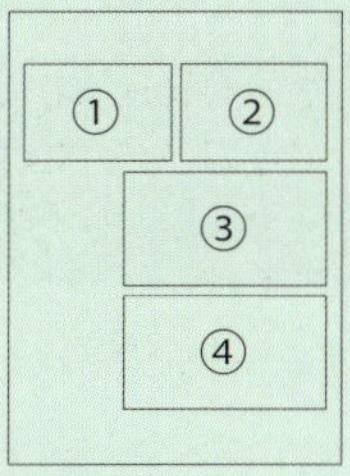

① 11月16日，甬矽电子（宁波）股份有限公司在科创板挂牌上市（应泽云 摄）

② 3月1日，宁波市资本市场工作现场推进会在余姚召开（应泽云 摄）

③ 9月5日，江丰电子国内最大热等静压工艺超大尺寸高温镍基合金出炉（陈 波 摄）

④ 8月27日，第五届中国高校智能机器人创意大赛暨首届“余姚杯”中国高校智能机器人创意大赛教师赛举行（浙江大学机器人研究院 供稿）

/ 文化建设 /

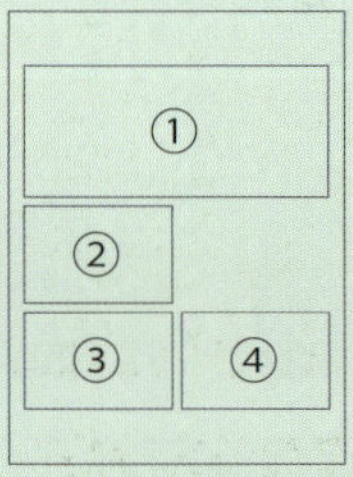

① 井头山遗址鸟瞰　　　　（陈斌荣　摄）

② 甬台青年企业论坛　　（市台办　供稿）

③ 非物质文化遗产之余姚土布制作技艺
（小曹娥镇　供稿）

④ 5月14日，纪念杨贤江入党100周年暨“杨贤江纪念馆”开馆仪式（泗门镇　供稿）

/ 心学传承 /

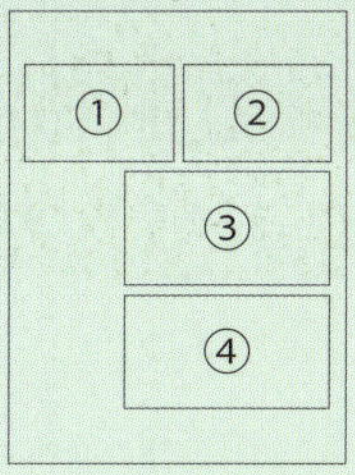

① 11月23日，世界阳明学大会召开　（苏英英　摄）

② 10月31日，纪念王阳明诞辰550周年礼贤仪典　（市委宣传部　供稿）

③ 2022宁波（余姚）阳明文化季启动仪式暨“吾心自有光明月”中秋诗会　（张　辉　摄）

④ 姚剧《王阳明》剧照　（市文广局　供稿）

/ 城市风貌 /

① 城区口袋公园夜景　（市委宣传部　供稿）

② 姚江两岸夜景　（市住建局　供稿）

/ 宜居宜业 /

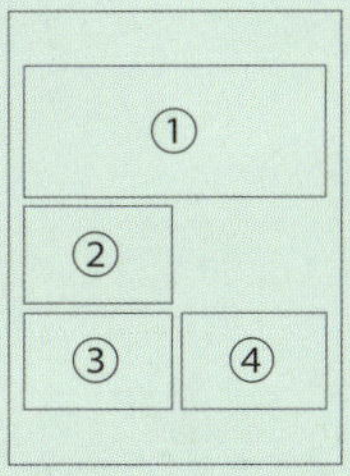

① 河姆渡大桥 （河姆渡镇 供稿）

② 鹿亭乡中村廊桥 （鹿亭乡 供稿）

③ 草籽岗隧道鸟瞰 （市交通局 供稿）

④ 莫家湖村至大岭顶公路入选浙江省首批“十大最美农村路”（市交通局 供稿）

/ 秀美山水 /

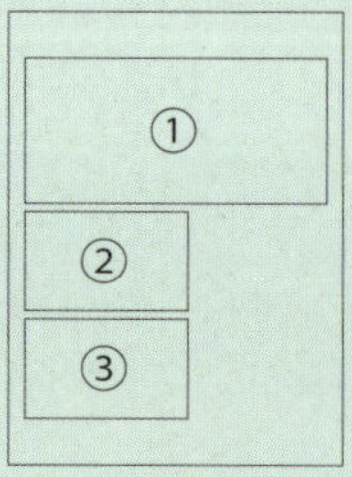

① 四明湖 （梁弄镇　供稿）

② 鹁鸪岩冰瀑 （姚　捷　摄）

③ 四明之窗红诗路县域风貌样板区 （大岚镇　供稿）

/ 和美乡村 /

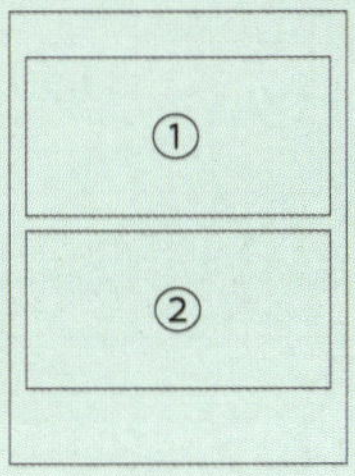

① 白鹿观景台　（鹿亭乡　供稿）

② 镇北村风光　（泗门镇　供稿）

/ 水乡新韵 /

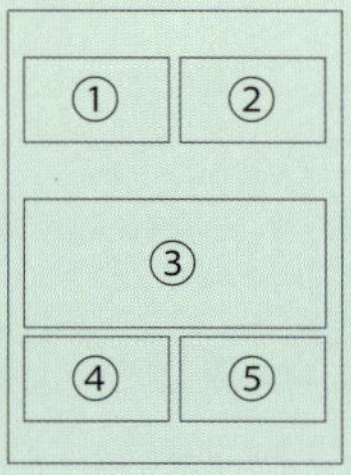

① 泗门镇杭州湾海涂 （鲁银华 摄）

② 西行航船 （徐渭明 摄）

③ 夜游姚江 （卢梦来 摄）

④ 河姆渡原始生态园 （市文广局 供稿）

⑤ 四明山向石潭 （张庆文 摄）

目　录

特　载

专　记

大事记

市情概览

中国共产党余姚市委员会

余姚市人民代表大会

余姚市人民政府

政协余姚市委员会

中国共产党余姚市纪律检查委员会·余姚市监察委员会

民主党派·工商联

群众团体

法治·军事

农业·水利

工业·工业园区

商务·贸易

财政·税务

金　融

综合经济管理

交通·邮政

城乡建设与管理

生态环境

人力资源 · 社会保障

文化·旅游·体育

传　媒

教　育

科学技术·信息

卫生健康

社会生活

街道·乡镇

附　录

索　引

全面学习贯彻党的二十大精神
坚决拥护“两个确立”　坚定推进“两个先行”
以奋斗奋进之姿高水平打造中国式现代化县域样板

——在市委十六届三次全体（扩大）会议上的报告（摘要）

市委书记　傅贵荣

（2022年12月23日）

市委书记傅贵荣作工作报告　　（市融媒体中心　供稿）

这次市委全会的主要任务是：坚持以习近平新时代中国特色社会主义思想为指导，深入贯彻党的二十大和中央经济工作会议精神，按照省委十五届二次全会暨省委经济工作会议，以及宁波市委十四届三次全会、宁波市委经济工作会议部署要求，回顾总结今年工作，研究部署明年任务，动员全市上下坚决拥护“两个确立”，坚定推进“两个先行”，以奋斗奋进之姿高水平打造中国式现代化县域样板，奋力推动高质量发展走在前列。下面，我代表市委常委会，向全会报告三个方面的内容。

一、回顾过去一年，我们迎难而上、砥砺前行，坚定不移推动发展大局稳中向好

2022年是极不寻常、极不平凡的一年，百年变局加速演进，世界经济复苏乏力，国内改革发展稳定任务艰巨繁重，疫情多发频发、局部暴发，需求收缩、供给冲击、预期转弱“三重压力”持续增大。面对上述一系列多重超预期因素的强烈冲击，新一届市委常委会团结带领全市上下，坚持用习近平新时代中国特色社会主义思想凝心铸魂，以迎接和学习宣传贯彻党的二十大为主题主线，深刻领悟习近平总书记对浙江、对宁波工作重要指示精神和对余姚重要回信精神，全面贯彻“疫情要防住、经济要稳住、发展要安全”要求，坚决落实党中央和省委、宁波市委决策部署，坚持稳中求进工作总基调，忠实践行“八八战略”，奋力推进“两个先行”，组织开展“赛马

争先”抓落实专项行动，推动现代化美好活力“最名邑”建设迈上新台阶。具体成效主要体现在七个方面：

一是聚焦“稳运行”夯实经济大盘。高效统筹疫情防控和经济社会发展，专班推进稳进提质“八大攻坚行动”，预计全年实现地区生产总值1500亿元、增长1%左右；一般公共预算收入120.4亿元;制造业高质量发展、企业上市等两项工作获省政府督查激励。产业基础持续稳固。创新成立工业投资项目土地出让联合评审领导小组，深化开展数字经济核心产业提质扩量行动，列入省市级重点数字化项目22个，省级智能装备高新技术产业园区获批创建，制造业投资实现两位数增长，预计实现规上工业增加值530亿元；高效推进“腾笼换鸟”，黄湖区块3个月腾出工业用地840亩。人力资源产业园、数智生活直播基地等运行运营，前三季度服务业增加值拉动GDP增长高达56.1%。深化农业“两强”行动和耕地“两非”整治，农林牧渔业总产值同比增长4%，泗门镇入选全国农业强镇创建，我市获评省农业“双强”行动“赛马”激励地区。市场主体不断建强。纵深推进“上规上市上云上榜行动”，新增上市及过会企业5家、国家级“单项冠军”企业4家，均居宁波榜首，新增专精特新“小巨人”企业13家、居宁波第2。中意宁波生态园、经济开发区、工业园区等“一园两区两镇”发展势头向好。出台落实稳链纾困助企发展若干措施，创新推出“企业服务经理人”行动，办理退、减、缓各项税费74.9亿元。市场需求加快改善。精准投放1.1亿元消费券，实现社会消费品零售额460亿元。全力支持企业保订单、抢订单、拓市场，用心提供“包机出海”“代参展”服务，新增一批跨境电商企业、海外仓、省出口名牌，实现外贸出口831亿元，为历年最高。防疫防台取得胜利。坚决贯彻落实总策略和总方针，以最快速度、最硬举措、最小代价全面打赢“12·1”等本地疫情阻击战，适时推动“防传染”向“保健康、防重症”平稳转换，确保尽量延峰、有效削峰、平稳渡峰；全面完成基层防汛防台体系“5+1”标准化建设，成功抗击台风“梅花”，被省委点名表彰为“经典之战”，最大限度减少疫情、台风对经济社会发展的影响。

二是聚焦“塑动能”激活发展后劲。充分发挥比较优势，更加注重创新变革，推动发展实现质的提升。创新活力持续迸发。高新技术企业数量大幅增长49.5%，领跑宁波，连续两年获评省党政领导科技进步目标责任制考核优秀，居中国创新百强县第3、中国县域知识产权竞争力百强第10。出台实施新时代人才强市“1+X”新政策，迭代升级实施“姚江英才项目”等重点人才工程，35人入选宁波市级以上人才工程，2人当选俄罗斯自然科学院外籍院士。投资力度不断加大。实施“1+7+N”扩投资抓项目行动，完成固定资产投资增长13%、争取专项债额度43.35亿元，均居宁波首位。全面完善招商体制机制，超大规模集成电路用超高纯金属溅射靶材、哔哩哔哩等总投资92.68亿元的60个项目签约落地，实到内资143亿元、外资9108万美元。改革成效更加显著。以数字化改革引领撬动各领域改革，数字法治、数字文化系统综合评价走在全省前列，新增省级以上先行示范试点11个，“拘调融合”等在全省复制推广，“数智文明创建”等斩获各类省级奖项，梁弄共同富裕改革经验推荐上报中央改革办，深化要素市场化配置、“大综合一体化”行政执法、优化营商环境、国资国企创新改革等重点改革有序推进。

三是聚焦“提品质”力促城乡融合。全面重塑城市肌理，加快推进城乡融合，实现功能品质双提升。规划体系更趋完善。全力编制国土空间总体规划方案，“三区三线”划定成果正式启用，城市设计导则落地实施，总体城市设计方案和中心城区分区规划方案通过论证，“多规合一”实用性村庄规划编制全面开展，东朝街—竹山区块等重点片区城市设计扎实推进，完成黄山等地块详规编制。城市更新加速推进。以前所未有的力度统筹抓好一扫七治、拆迁清零等系列百日攻坚，高规格召开城市发展大会，聚力打造“余山姚水 阳明心城”，土地征收成片开发方案通过省政府批准，预计全年房屋征迁面积超110万平方米，处置“两违”397.74万平方米。乡村振兴持续深入。编制新一轮美丽乡村建设五年计划，滚动实施一批“精特亮”工程，成功创建宁波级以上示范镇村项目99个，落实四明山区域生态发展项目24个，4个村列入省未来乡村建设试点，集体经营性收入30万元以下村全面清零。东西部协作、山海协作、对口支援和区域合作取得新成效。基础设施全面加强。姚江上游余姚西分工程建成运行，农村规模化供水“应通尽通”工程全面推进，城区管网排查整治顺利完工，首条城市高架梁周线快速路（一期）启动建设，莫家湖至大岭顶公路入选省首批“十大最美农村路”，我市成为今年宁波唯一的“四好农村路”全国示范县创建单位。生态品质明显提升。建立生态环境保护委员会制度，高标抓好上级各类环保督察问题整改，科学编制重点专项整治五年规划，全域开展电镀（铝氧化）整治提升行动，创建省级“污水零直排区”6个，姚江国控断面水质达到Ⅱ类水标准，获评“省清新空气示范区”、省首批低碳试点县。

四是聚焦“凝合力”加强党的领导。健全党总揽全局、协调各方的领导体制，不断巩固发展生动活泼、安定团结的政治局面。人民民主全面发展。支持人大及其常委会依法履职，建立国家机关重点工作下沉人大代表联络站机制，推进践行全过程人民民主基层单元建设，围绕经济稳进提质等开展代表活动、专项监督。支持市政协发挥专门协商机构作用，打造“民生议事堂”建设县域典范，擦亮“委员微协商”工作品牌，围绕制造业亩均效益提升、城市精细化管理等开展协商议政。依法治市全面深化。迭代升级法治余姚建设“八大抓手”，组织开展“法助共富、法护平安”专项行动，全力推进“共享法庭”建设，制定出台公共法律服务工作规范，万人成讼率居宁波最低，“乡村检察官制度”获评省共同富裕最佳实践。加强国防动员和后备力量建设，争创省级双拥模范城五连冠。统战工作全面加强。组织开展“同心向党·献礼党的二十大”主题系列活动，统筹实施同心助力共同富裕、统战品牌“评标立项”行动，形成党外人士服务中心、阳明文化海外传播和鹿亭同心共富等品牌阵地，扎实做好新形势下民族宗教工作，全力推进“两个健康”数字统战工程，认真做好多党合作、港澳台侨工作。群团、史志、档案和老干部等工作取得新成效。

五是聚焦“软实力”打造文化强市。坚定文化自信自强，切实增强城市文化软实力、影响力。筑牢意识形态防线。健全意识形态工作清单化知责明责、常态检查、闭环管理工作机制，持续完善管网治网机制，建成投运市融媒体中心“中央厨房”，“舜江快播”宣讲工作室入选省首批理论宣讲名师工作室。深化精神文明建设。建立完善市文明委双主任制，常态开展市领导带头督察、第三方机构测评，持续推进文明有礼“最名邑”“4+19”行动，“创文”得分排位进步明显。开展“浙江有礼·‘余’你同行”市民文明素质养成行动，统筹推进新时代文明实践、文化礼堂品牌打造等工作，涌现出一批国家级、省级好人，“道德银行”获评省宣传文化领域共同富裕最佳案例。推动文化繁荣发展。成功举办2022宁波（余姚）阳明文化季、世界阳明学大会，创新设立“公共文化日”活动平台，市公共文化中心等设施建成投用，河姆渡国家考古遗址公园完成立项申报，4部作品参评省“五个一工程”奖，5个项目获评省级优秀解码项目，“阳明文化”入选省首批十个文化标识建设创新项目。支持推动全域旅游发展，阳明故居文化公园（阳明古镇）列入宁波“十四五”期间十大重点文化项目。

六是聚焦“增福祉”办好惠民实事。实体化运作市委社建委，体系化推进63项重点工作和40项重大改革事项，第13次荣登“中国最具幸福感城市”榜单。百姓收入稳步增长。编制完善“扩中提低”行动方案，针对九大重点群体实施针对性激励措施，城镇和农村居民人均可支配收入分别增长4.5%和6%。大力实施“甬上乐业”行动，全市城镇新增就业人数2.6万人，新增创业实体2.3万家，创业带动就业11.5万人。社会保障不断增强。全面落实企业职工基本养老保险全国统筹和失业保险、工伤保险省级统筹，重点推进企业职工基本养老保险提标扩面，全市户籍养老、医疗保险参保率稳定在99%以上。公共服务全面优化。深化打造“一键探视”，扎实做好长期护理保险制度试点工作，婴幼儿照护服务站实现乡镇（街道）基本覆盖。深入开展省级健康促进县创建，建立县域急诊急救大平台，陆埠中心卫生院等建设工程跑出“加速度”，市人民医院荣登国家三级公立医院绩效考核A榜。重新修编学前教育、教育设施布局专项规划，巩固深化“双减”工作，建成北师大余姚实验学校等5所学校，基础教育进一步向优质均衡发展。平安建设持续深入。全力推进“除险保安”专项行动，迭代升级“141”基层治理体系，涉房等重点领域涉稳问题有效化解，打击“全能神”专项行动取得重大成果，实现“六个零发生”目标，获评全省信访工作先进集体，顺利捧回省“一星平安金鼎”，有望夺取平安建设“十六连冠”。

七是聚焦“强引领”全面从严治党。坚持以“七张问题清单”作为党建标尺，坚定不移推进全面从严治党。政治建设不断加强。严格落实市委常委会会议“第一议题”、市委理论学习中心组专题学习制度，及时全面深入学习贯彻习近平总书记重要讲话、重要指示精神，持续掀起党的二十大精神学习贯彻热潮，我市“理论在线”指数排名以满分成绩位列全省第一。健全党史学习教育常态化长效化机制，常态化开展政治生态评估和政治监督，高质量落实民主生活会等党内政治生活制度，我市成为宁波市唯一获得全省“七张问题清单”管控力指数五星级评定的区县市。基层基础不断夯实。全面实施红色根脉强基工程，构建“一指数、七行动、七机制”抓党建格局，党建联建打造、社工队伍建设等重点任务扎实推进，“分类定级、组团包联”机制高效运用，“红锋共富”党建联建做法在全省基层党建重点任务推进会上得到肯定。干部队伍不断锤炼。扎实推进“五强”领导班子建设，深入实施“五问五破走在前、五比五先争一流”“赛马争先”专业能力提升等行动工程，常态化开展优秀年轻干部交流和“四线一岗”综合历练，修订完善一系列激励干部担当作为的政策意见，全市干部队伍结构能力不断优化提升。政治生态不断净化。制定实施十六届市委巡察工作规划，圆满完成市委第一轮、第二轮常规巡察和宁波涉水生态问题专项巡察。深化全域“廉情专报”制度，构建运行纪检监察“重点工作项目库”和“专项监督任务库”，压茬推进漠视侵害群众利益、党员和公职人员酒驾醉驾等专项整治；运用“全周期管理”方式一体推进“三不腐”，研究制定清廉单元指标体系，深化全域“廉情专报”制度，强化党员干部警示教育，目前共查处违反中央八项规定精神问题43起、76人，全年立案337件、给予党纪政务处分343人，1人向纪检监察机关主动投案。

新一届市委常委会产生以来，高度重视加强自身建设，坚决做到打铁必须自身硬，为全市各级党组织和广大党员干部作好榜样。带头强化思想政治建设，坚持用党的创新理论武装头脑，把坚决拥护“两个确立”转化为坚决做到“两个维护”的实际行动；带头实干担当作为，全力推动现代化美好活力“最名邑”建设各项工作落地落实；带头践行为民宗旨，用心用情解决群众“急难愁盼”问题，扎实推进共同富裕；带头严肃党内政治生活，认真贯彻执行民主集中制，制定实施市委工作规则；带头落实全面从严治党主体责任，加强对“一把手”和领导班子的监督，自觉接受各方监督，以上率下营造风清气正的政治生态。

成绩来之不易、经验弥足珍贵，这

离不开上级党委政府的坚强领导，凝聚了全市人民的辛勤付出，饱含着社会各界的积极参与。在此，我代表市委常委会，向对我市经济社会发展给予大力支持的各方各界，向全市广大党员干部群众，表示衷心的感谢并致以崇高的敬意！

同时，我们也清醒认识到工作中还存在一些短板不足：经济企稳回升的基础还不够牢固，产业链供应链稳定性和竞争力有待加强，绿色低碳转型任务艰巨，创新策源能力仍然不足，新旧动能转换还需提速提效；风险灵敏感知、快速响应、闭环管控机制不够完善，基层服务群众、应对风险的能力亟需增强；民生领域还有不少短板、欠账，城市有机更新还要加快推进，公共服务供给有待持续优化，共同富裕建设任重道远；部分干部争先意识尚未树立、担当本领不够过硬，"四风问题"仍有反弹隐患。对此，我们务必要引起高度重视，切实加以解决。

二、自觉担当示范，必须学思践悟、知行合一，坚定不移推动二十大精神落地生根

党的二十大精神博大精深、内涵丰富，学习贯彻必须在常学常新、知行合一上下功夫。党的二十大期间和闭幕后，习近平总书记发表了一系列重要讲话，提出"五个牢牢把握""三个全面"等重大要求，为我们学习贯彻党的二十大精神提供了根本遵循。一段时间以来，市委按照党中央和省委、宁波市委的统一部署要求，先后召开全市领导干部会议、市委理论学习中心组专题学习会、市委务虚会等进行集中学习，高标准抓好学习研讨、宣讲辅导、宣传报道、干部轮训、研究阐释等各项工作，持续掀起学习宣传贯彻热潮。我们要按照习近平总书记的要求，坚持历史和现实、理论和实践、国际和国内相结合，深刻领悟党的二十大关于党和国家事业发展大政方针和战略部署的历史逻辑、理论逻辑、实践逻辑，切实把思想和行动统一到党中央的决策部署上来。一要牢牢把握过去五年工作和新时代十年伟大变革的重大意义，坚定历史自信、增强历史主动。从新时代十年伟大变革中，深刻领会"两个确立"的决定性意义，不断增强政治判断力、政治领悟力、政治执行力，始终在政治立场、政治方向、政治原则、政治道路上同以习近平同志为核心的党中央保持高度一致。二要牢牢把握习近平新时代中国特色社会主义思想的世界观和方法论，提高理论自觉、提升行动自觉。坚持不懈用马克思主义中国化时代化最新成果武装头脑、指导实践、推动工作，不断提高运用其中的立场、观点、方法分析问题、研究问题、解决问题的能力，实现新的思想解放、精神主动。三要牢牢把握以中国式现代化推进中华民族伟大复兴的使命任务，闯出时代新路、谱写事业新篇。对照两步走战略安排，着眼未来五年关键时期，找准新坐标、谋好新思路、展现新作为，从县域层面为中国式现代化提供更多实践、作出更大贡献。四要牢牢把握以伟大自我革命引领伟大社会革命的重要要求，强化忧患意识、永葆"赶考"清醒。时刻警惕"四种考验""四种危险"，保持永远吹冲锋号的状态，坚持不懈把全面从严治党推向纵深，把制度优势更好地转化为治理效能，把我们党锻造地更加坚强有力。五要牢牢把握团结奋斗的时代要求，凝聚思想共识、激发奋进合力。自觉践行"三个务必"重大要求，持续激发精神力量、保持昂扬精神状态，在党的旗帜下团结成"一块坚硬的钢铁"，依靠团结奋斗不断创造新的伟业、开创新的辉煌。

党的二十大明确以中国式现代化全面推进中华民族伟大复兴的战略布局，并特别赋予"东部地区加快推进现代化"的重大使命。省委十五届二次全会明确提出要奋力谱写中国式现代化浙江篇章；宁波市委十四届三次全会作出了奋力打造中国式现代化市域样板的决定，为我们县域层面走好新征程提供了指导。市委对标党的二十大作出的各项战略部署，对标省委、宁波市委确立的目标追求，研究制定了《关于全面学习贯彻党的二十大精神 坚定捍卫"两个确立"坚决做到"两个维护"以"两个先行"引领现代化美好活力"最名邑"建设 高水平打造中国式现代化县域样板的决定》，迭代完善了未来五年打造"六个余姚"的任务举措，这与建设社会主义现代化先行市、共同富裕先行地一脉相承、一以贯之，是对党代会目标任务的再丰富、再完善，在前进方向、目标指向、价值取向、工作导向上高度一致，是我们大格局、大标准、大贡献的生动体现。

打造中国式现代化县域样板，是余姚使命所系、责任所在、发展所向、民心所盼，这是服务"国之大者"的余姚之"能"，彰显担当作为的余姚之"干"，也是提升发展能级的余姚之"路"。未来五年是加快建设现代化美好活力"最名邑"的关键时期，要把美好蓝图变成生动现实，必须永葆绝对忠诚的政治本色，坚持中国共产党的领导，坚定不移沿着习近平总书记指引的方向奋勇前进，以忠实行动彰显干在实处的自觉，以过硬举措彰显走在前列的担当，以鸿鹄之志彰显勇立潮头的追求。必须永葆服务大局的使命担当，对标落实习近平总书记对浙江、对宁波工作重要指示精神和对余姚重要回信精神，深度融入上级重大战略部署，以余姚所能更好地服务构建新发展格局，奋力交出服务"国之大者"的优异答卷。必须永葆争先进位的高远追求，完整、准确、全面贯彻新发展理念，坚持稳中求进工作总基调，统筹发展和安全，不断增强前列意识、创新意识、发展意识、责任意识，聚力推动方方面面争强、条条线线攀高。必须永葆变革重塑的澎湃激情，以数字化改革为总抓手，在各领域各方面开展探索性实践、推进系统性变革、打造标志性成果，不断开辟发展新领域新赛道，塑造发展新动能新优势，以改革先行引领现代化先行。必须永葆人民至上的为民情怀，坚持以人民为中心的发展思想，率先破解发展不平衡不充分问题，鼓励共同奋斗创造美好生活，推动发展成果更多更公平惠及全体人民，以余姚共同富裕的生动实践展现中国式现代化的独特魅力。必须永葆自我革命的精神品格，时刻

保持"解决大党独有难题的清醒和坚定",坚持严的主基调不动摇,坚决清除损害党的先进性和纯洁性的因素,持之以恒推进全面从严治党,不断把党锻造得更加坚强有力。

三、奔赴新的征程,唯有加压奋进、实干争先,坚定不移推动高质量发展走在前列

2023年是贯彻党的二十大精神的开局之年,是实施"十四五"规划的关键之年,做好明年工作责任在肩、意义重大。我们既要客观辩证地看清楚,当今世界正在经历百年未有之大变局,面对严峻复杂的国际环境和艰巨繁重的国内改革发展稳定任务,我们必须增强忧患意识、坚持底线思维,做到居安思危、未雨绸缪,时刻准备经受风高浪急甚至惊涛骇浪的重大考验;又要积极乐观地认识到,我国经济长期向好的基本面不会改变,我们要紧紧抓住党的二十大后开局之年的机遇,基础设施领域等大投资的机遇,以及"一带一路"建设、长三角一体化发展和省"四大建设"、杭甬"双城记"、宁波打造"六个之都"等重大战略加速实施的机遇,坚定信心、迎难而上,主动识变应变求变,抓住历史机遇、赢得发展未来。

2023年全市工作的总体要求是:坚持以习近平新时代中国特色社会主义思想为指导,全面贯彻落实党的二十大精神,深入践行习近平总书记对浙江、对宁波工作的重要指示精神和对余姚的重要回信精神,对标对表省委、宁波市委部署要求,坚持稳中求进工作总基调,完整、准确、全面贯彻新发展理念,更好统筹疫情防控和经济社会发展,更好统筹发展和安全,持续深化"赛马争先"抓落实专项行动,更加注重增活力、提信心、拓市场、防风险,突出抓好稳增长、稳就业、稳物价工作,唯实惟先、破难破局、善作善成,加快建设现代化美好活力"最名邑",高水平打造中国式现代化县域样板,奋力推动高质量发展走在前列。

明年主要预期目标是:地区生产总值增长6%以上;一般公共预算收入增长6%以上;规上工业增加值增长5%以上;固定资产投资增长10%以上;社会消费品零售总额增长10%以上;自营进出口总额、自营出口额占宁波份额均高于上年;研究与试验发展经费占地区生产总值比重达到3.8%;城乡居民人均可支配收入与经济增长基本同步;城镇登记失业率控制在3.5%以内;节能减排完成上级下达的目标任务。做好全年工作、实现目标追求,既要立大志、迈大步,又要闯新路、开新局,坚持问题导向、争先导向、实效导向,在稳定大局前提下奋力攀高,在高质量前提下能快则快。重点要加快做好八方面工作:

(一)加快擦亮绝对忠诚品格新成色。要赓续对党绝对忠诚的红色基因,更加自觉地把"两个确立""两个维护"融入血脉、付诸行动

一要坚决做到"两个维护"。坚持把学懂弄通做实习近平新时代中国特色社会主义思想作为首要政治任务,紧密结合党中央即将在全党开展的主题教育,深化开展"六学六进六争先"学习实践活动,严格落实常委会"第一议题"、理论学习中心组专题学习等制度,抓实抓细市管干部轮训、干部导学、书记领学、支部研学、上门送学、线上选学,引导党员干部增强"四个意识"、坚定"四个自信",确保在思想上政治上行动上同以习近平同志为核心的党中央保持高度一致。

二要坚决做到政令畅通。聚焦党的二十大精神落实情况,围绕习近平总书记重要讲话、重要指示批示精神和中央、省委、宁波市委决策部署,具体化、精准化、常态化开展政治监督,建立健全政治素质考察、政治生态评估、政治能力淬炼、政治纪律约束等机制,打造学习、调研、落实、督查、考评全流程执行闭环,坚决做到"总书记有号令,党中央有部署,省委、宁波市委有要求,余姚见行动、走前列"。

三要坚决守好"红色根脉"。高规格办好总书记重要回信学习贯彻系列活动,深入挖掘红色资源优势,推进党史学习教育常态化长效化,全面实施党的创新理论学习教育计划,深入开展铸魂溯源走心工程,建强用活四明山干部学院、市镇党校,引导党员干部自觉做共产主义远大理想、中国特色社会主义共同理想的坚定信仰者和忠实践行者。

(二)加快开辟县域经济发展新局面。要把高质量发展作为首要任务,以壮大实体经济为着力点,推动高质量发展走在前列

一要筑强产业根基。坚持数字经济和实体经济深度融合,编制实施《超常规高质量发展数字经济行动计划》,聚焦"互联网+"、机器人及智能装备、新材料等前沿领域,超前布局人工智能、第三代半导体等未来数字产业,培育一批新的增长引擎。深入实施产业基础再造工程,持续深化"35"千百亿产业集群培育再提升行动,动态完善工业"一张图",加快构建"产业大脑+未来工厂"核心框架,积极争创省级中小企业数字化改造示范区,推动制造业高端化、智能化、绿色化发展。着力引育一批研发设计、科技服务、人力资源等生产性服务企业,推动现代服务业同先进制造业、现代农业深度融合,加大金融支持实体经济力度,创建"余姚服务"品牌。

二要建强平台支撑。持续做强中意宁波生态园"国际合作"和"前湾硅谷"两大品牌,力争2023年实现工业总产值500亿元;持续提升余姚经济开发区能级,抓紧余姚经济开发区黄湖区块开发建设,做大做强电子材料产业园,确保机器人智谷小镇创成省级特色小镇;持续优化余姚工业园区管理体制机制,建强智能光电小镇,打造省级特色园区。谋划建设一批"专精特新""1+N"等小微园,确保精准使用新增空间。

三要育强企业梯队。以创建"专精特新"活力之城为牵引,纵深推进"上规上市上云上榜"行动,精心引育一批"总部型""链主型""链核型""链基型"企业,推动形成"'小升规'—高成长—专精特新—单项冠军—'大优强'"企业培育模式,确保新增一批上市企业、宁波级以上制造业单项冠军、专精特新"小巨人"企业和"小升规"企业。一体推进知识产权强市、质量强市、品牌强市建设,打造一批质量卓越、国内一流、国际先进的品牌企业。统筹打好减负降本、助企纾困、保畅稳链组合拳，全力保障市场主体平稳运行。大力发扬企业家精神，推动新时代民营经济实现新飞跃。

四要增强投资后劲。坚持土地、资金、环境容量、能耗指标等要素向重大优势项目倾斜，积极申报争取中央资金、政策性开发性金融工具、地方专项债，鼓励引导民间投资健康发展，优化升级项目全流程工作机制，强化重点项目招引落地、开工建设、投产达产、督查激励闭环管理，确保全年新增亿元以上项目20个以上。推进土地资源节约高效利用，确保全年消化批而未供土地3200亩。持续完善大招商体制机制，统筹开展外出招商、展会招商、资本招商、以商招商，着力招引一批支撑性强、带动力足的大项目好项目，确保实到外资2.5亿美元、实到内资100亿元以上。

（三）加快重塑再创行稳致远新优势。要坚持科技是第一生产力、人才是第一资源、创新是第一动力，坚持高水平对外开放，不断增强社会主义现代化建设的动力和活力

一要在深化创新驱动上求突破。加快谋划建设科创研发加速中心，更好引导产业技术研究院提升研发能力，大力推进“一产业一研发平台”，动态编制企业、产品、技术“三张清单”，突破一批关键核心技术、关键零部件和重大装备，全力夺取“科技创新鼎”、争创国家创新型县（市）。全面深化科技体制改革，逐年加大科技政策的扶持力度，深入实施科技企业“双倍增”、高新技术企业“育苗造林”行动，支持龙头企业牵头组建创新联合体，积极探索“高校飞地”模式，全面提升科技成果转化实绩实效。

二要在激活人才资源上求突破。立足打造智造“最名邑”人才首选地，深入实施新时代人才强市首位战略，大力开展“人才+”五大联动行动，全面落实引才伯乐专项、薪酬补贴制度、猎头引才资助、企业引才奖励等人才政策，重塑“姚江英才”等人才工程竞争力，实施重点企业高层次人才全覆盖行动，加快建设充满活力的青年发展型城市，切实提升人才引育市场化水平。统筹推进新时代余姚工匠评选、阳明蓝领遴选、青年人才集聚，着力培育高素质产业工人队伍。加强人才创业创新金融支持，谋划筹建人才企业上市上规助创联盟，聚力打响“余姚最优”人才服务品牌，推动人才、产业、项目、创新、金融、生态“六链协同”。

三要在强化改革赋能上求突破。注重改革的集成性、实效性、协同性，以共同富裕重大改革、数字化改革、“大综合一体化”行政执法改革等重大改革为牵引，深入谋划实施产业链治理现代化、深化“扩中提低”、县级疾控体制改革等牵一发而动全身重大改革，统筹抓好国家区块链创新应用、全国市场监管数字化试验区平台经济治理、省第二批婚俗改革实验县等省级以上试点落地见效，努力打造一批具有区域影响力和余姚辨识度的改革成果。迭代升级数字化改革“1612”体系架构，深化一体化智能化公共数据平台建设，推动下沉重大应用贯通落地，用心抓好“智慧急救”“医保到家”等一批解决群众急难愁盼问题的“微改革”，加快建设“掌上办事之市”“掌上办公之市”“掌上治理之市”。大力实施营商环境“一号改革工程”，统筹推进“放管服”、要素市场化、知识产权保护、政务服务“一件事一次办”等改革，深度拓展全国社会信用体系建设示范市创建成果，优化提升政务、法治、市场、生态、人文等环境，加快打造营商环境“最优市”。

四要在提升开放水平上求突破。深度参与中东欧经贸合作示范区和浙江自贸区宁波片区建设，加速建设中东欧国际产业合作园，鼓励外贸企业培育自有品牌、布局建设海外仓，大力发展数字贸易、跨境电商等新业态，推动外贸发展提质增效。坚持扩大内需战略基点，积极构建亿元电商产业园，组织开展消费促进月、姚城购物节等消费节庆活动，大力发展首店经济、夜间经济、网红经济，鼓励本土零售企业改造升级，精心办好中国机器人峰会、中国塑料博览会，统筹抓好塑料城、模具城、裘皮城转型提升，加快打造现代商贸中心。

（四）加快打造区域协调发展新成果。要坚持以新型城镇化、余慈一体化、管理精细化为导向，加快城市发展理念、路径、模式系统性变革，着力打造“余山姚水 阳明心城”

一要力促城市有机更新。突出规划引领、片区统筹、试点示范相结合，加紧编制市镇两级国土空间总体规划、综合交通等专项规划，加快修编北部融湾片区核心区等重点区块详细规划，谋划构建都市工业体系，力争全域国土空间综合整治方案获批国家试点。片区化推进北部融湾新城、景区化建设龙泉山片区、社区化打造黄山公园，一体抓好城中村、城乡接合部、老旧小区改造和“两违”整治，健全完善城市体检机制，确保房屋征迁100万平方米以上。系统谋划打通“三江六岸”节点，建设更加完善完整的水环绿道、慢行体系，精心打造活力山水公园城。积极构建全域“数字孪生”，深化“大综合一体化”行政执法改革，不断提升城市精细化管理水平。

二要力促城乡融合发展。统筹推进以人为核心的新型城镇化、美丽城镇、新一轮“精特亮”创建，持续抓好泗门卫星城、中心镇改革发展，新建一批城乡风貌样板区和未来社区。抓紧完善四明山省级旅游度假区体制机制，全力打造全国革命老区共同富裕样板区。以梁周线快速路建设为龙头加快构建“口字型”高架快速环，积极推进G228国道庵东至梨洲段等项目，做深做实余慈城际二期线、11号线轨道交通等前期研究，打通改造一批“断头路”、拥堵路口，加快创成国家级城乡交通运输一体化示范县（市）；抓紧推进陶家路江三期整治、北排二通道—青山港、小曹娥城市污水处理厂扩容改造等重点工程，谋划实施西岙水库、第二城镇净水厂等重大项目，提标供电、供水、供气、通信等基础设施，不断增强城市承载能力。

三要力促全面乡村振兴。牢固树立大食物观，从讲政治的高度抓好耕地保护、粮食安全等工作。以实施农业“双强行动”为引领，做大做强特色农业和山区林特经济，精心抓好龙头企业壮大、家庭农场提升等培优计划，抓紧建设国家级数字农业创新基地、省级农村产业融合发展示范园，创建成为省级农业“机器换人”高质量发展先行县。深化开展“千万工程”，扎实开展新一轮美丽乡村建设五年计划，加快建设新时代乡村富裕富足样板村，常态化推进农村人居环境整治，打造一批省共同富裕示范带、乡村振兴示范村、未来乡村和民主法治村（社区），树立更多美丽乡村精品标杆。高标抓好省级“强村富民”乡村集成改革试点，深入实施新一轮村级集体经济持续提升、“两进两回”等行动计划，着重抓好“四明红”场景应用、农村“产权超市”，力争村集体经济经营性收入和低收入农户收入均增长10%以上。高质量做好东西部协作、对口支援、山海协作工作。

四要力促绿色低碳转型。积极稳妥推进碳达峰碳中和，坚持和完善能源“双控”制度，抓紧出台碳达峰碳中和工作实施意见，加快推进整市光伏开发、新能源充电桩、大岚抽水蓄能电站等项目，大力促进资源节约集约循环利用，用心抓好省级低碳试点县、低（零）碳乡镇（街道）试点，力争新增一批省级以上低碳试点单位。持续有力打好蓝天、碧水、净土保卫战，深度实施生态环保基础设施提升、重点专项整治五年规划，确保市控以上断面水质100%达标，全市空气质量总体稳定，危险废物无害化处置率、污染地块安全利用率均达100%，力争成为省级生态文明示范市。构建完善“大生态环保”格局体系，切实加强生态保护和修复，盘清余姚生物多样性“绿色家底”，打造“生物多样性保护”新名片。

（五）加快建设区域独特文化新高地。要围绕举旗帜、聚民心、育新人、兴文化、展形象，促进全体人民精神富有，加快打造更具影响力和美誉度的“文献名邦”

一要把牢意识形态主动权。坚持马克思主义在意识形态领域的指导地位，全面压紧压实意识形态工作责任制，完善意识形态和预警处置机制，深入推进媒体融合，加强全媒体传播体系建设，健全网络综合治理体系，推动形成良好网络生态，唱响时代主旋律、弘扬社会正能量。体系化长效化抓好党的二十大精神学习宣传贯彻，不断擦亮“舜江快播”“舜江青语”理论宣讲品牌，持续掀起多形式、分层次、全覆盖的学习热潮，让党的二十大精神“飞入寻常百姓家”。

二要狠抓文明创建常态化。积极构建高标准常态化、全民全域全过程文明城市创建机制，实体运行市、街镇、村社三级联创制度，建强建优联创队伍，强化第三方测评，确保实现全国文明城市“三连冠”。广泛践行社会主义核心价值观，深化建设“道德银行”，大力选树各级道德典型、最美人物，完善志愿服务精准触达机制，加快推进移风易俗，加紧建设乡村复兴少年宫，着力推动新时代文明实践中心（所、站）和农村文化礼堂资源融合、功能贯通、提档升级，大力倡导“一约四会”“浙里石榴红”，推动形成文明乡风、良好家风、淳朴民风。

三要提升地域文化影响力。以国家历史文化名城创建为牵引，谋划实施“三大文化”基因解码工程，编制阳明文化建设三年行动计划，统筹推进河姆渡国家考古遗址公园、姚江书院等项目建设，办好阳明文化季、黄宗羲思想研讨会、河姆渡遗址发现50周年等系列活动，努力打造具有余姚特色的新时代文化标识。创新抓好文化惠民工程，加大新型文化空间建设力度，开放运营市公共文化中心，加快启动市公共体育中心，着力构建更加完善的现代公共文化服务体系。深化实施文化“名企、名家、名品”战略，深入开展姚江文学提升、姚剧保护传承行动，打造“文艺家工作室”“名师工作室”等创作平台，成立“区域文化产业发展研究会”，探索建立文化企业交流合作、数字转型机制，培育壮大文化产业“新势力”。

（六）加快绘就幸福美好社会新图景。要坚持以人民为中心的发展思想，大力开展共同富裕突破年行动，形成更多共同富裕先行地建设的重大成果

一要持续缩小收入差距。聚焦“扩中提低”深化收入分配改革，健全完善初次分配、再分配、第三次分配协调配套的制度体系，积极探索规范财富积累机制、增加城乡居民财产性收入的政策举措，加快构建橄榄型社会结构。坚持就业优先战略，深化实施“甬上乐业”计划，深入开展共同富裕就业专项行动，着力抓好高校毕业生、农民工、退役军人等重点群体就业帮扶，落实“余姚无欠薪”任务，做优“双创”服务平台，全面打响“乐业名邦”品牌。

二要持续强化兜底保障。探索构建共富型大社保体系，扎实推进基本养老保险提标扩面，严格落实基本医疗、失业、工伤保险省级统筹，有序落地长期护理保险制度试点和个人养老金制度，加快医保支付方式改革，强化社保基金风险防控，确保社保事业高质量可持续发展。健全防范化解因病致贫返贫主动发现精准帮扶机制，做强公益慈善事业力量，加紧打造“物质+服务”救助体系，加强妇女儿童、残疾人关心关爱，坚决做到“不让一个困难群众掉队”。以公租房、保障性租赁住房、共有产权住房等为主体，切实完善住房保障体系，“一楼一策”化解房地产风险项目，推动房地产市场平稳健康发展。

三要持续擦亮民生品牌。立足人的全生命周期、突出“一老一小”，健全完善基本公共服务财政投入稳定增长机制，办好民生实事、关键小事，实现基本公共服务常住人口全覆盖。迭代完善“姚优”民生品牌，探索制定高水平生育支持政策，着力打造托幼一体化服务体系，加紧建设托育综合服务中心；完善多层次养老服务体系建设，切实提高养老护理员、家庭照护者技能水平，扎实推动医养结合；优化教育设施规划布局，统筹推进学前、义务、高中、职业、高等教育高质量发展，促进教育资源扩容提质，加快创建全国学前教育普及普惠市、全国义务教育优质均衡发展市；深入实施医共体基础设施扩面提升工程，抓实农村卫生室提档提质，落实村级全科医生定向委培，健全医防协同公卫体系，着力打造市域医疗高地，常态化抓好国家卫生城镇复审准备，力争创成省级健康县（市、区）、省体育现代化县（市、区）和全国基层中医药工作示范县（市、区）。

（七）加快营造平安稳定和谐新环境。要坚持党的领导、人民当家作主、依法治国有机统一，更好统筹发展和安全，全面提升社会治理现代化水平

一要高质量推进全面依法治市。深入开展习近平法治思想学习宣传贯彻“八进”活动，完善党委法治建设议事协调机构工作机制，深化落实司法体制综合配套改革，统筹推进法治政府、现代公共法律服务体系和法治文化阵地建设，努力使尊法学法守法用法在全社会蔚然成风。支持保证人大及其常委会依法行使职权，督促“一府一委两院”自觉接受人大监督，积极回应代表群众关切关注，更好践行全过程人民民主。加强人民政协专门协商机构制度化、规范化、程序化建设，推动政协协商民主向基层延伸，力促深度协商互动、意见充分表达、广泛凝聚共识。发挥中国新型政党制度优势，加强党外代表人士队伍建设，抓实宗教事务治理现代化，做好新时代港澳台侨工作，深化新乡贤和民营经济统战工作，持续完善大统战格局。加快工青妇等群团组织改革，抓好新时代退役军人和双拥工作。

二要高水平推进平安余姚建设。紧盯平安建设“十七连冠”，大力开展平安建设攻坚年行动，系统构建风险闭环管控的大平安机制，积极创建“全国信访工作示范县”，推动常态化扫黑除恶斗争、严打电信诈骗等工作走深走实，及时有效化解安全生产、食品药品、城市运行、金融防范和防灾减灾等重点领域风险隐患，坚决维护政治安全、社会安定、百姓安宁。建强用好“雪亮工程”、电镀（铝氧化）行业等数字化监管平台，提升安全态势感知、监测预警和处置保障水平，推动建立健全大安全大应急体系。牢牢把握防控政策由“防传染”向“保健康、防重症”转变的新阶段新要求，认真落实第九版、“二十条”和“新十条”优化措施，动态调整优化防控策略措施，坚决守护好人民群众生命健康安全。

三要高效能推进基层治理创新。纵深推进“县乡一体、条抓块统”“上统下分、强街优社”等改革，迭代升级基层“141”体系，加快建设城乡现代社区，做强做优社区、网格、微网格等最小治理单元，建立健全“网格呼叫、镇街响应、部门报到”工作机制，夯实社会平安和谐稳定的底座。健全完善党建统领的整体智治体系，积极探索新时代推进村级议事协商有效路径，加快“村民说事”和“小微权力清单”制度标准化进程，加强社会组织综合监管和镇级社会组织服务平台建设，持续打响社会综合治理“一起来”工作品牌，推动形成共建共治共享的社会治理新格局。

（八）加快提升全面从严治党新成效。要深入贯彻新时代党的建设总要求，健全全面从严治党体系，加快打造新时代党建高地

一要全面加强党的领导。以政治建设为统领，以党章为根本遵循，优化完善市委对重大工作的领导体制机制，严格执行民主集中制、请示报告制度、党内组织生活制度，迭代升级以“七张问题清单”为牵引的党建统领问题管控机制，扎实落实党管武装要求，不断提高市委把方向、谋大局、做决策、抓落实的能力，更好发挥总揽全局、协调各方作用。

二要系统重塑干部队伍。坚持党管干部原则，突出德才兼备、以德为先和事业为上、实干实绩的用人导向，深入实施“一把手”战略储备工程，健全培养选拔优秀年轻干部常态化工作机制，完善容错免责机制，推动能者上、优者奖、庸者下、劣者汰，造浓“干部为事业担当、组织为干部担当”氛围。高标抓好党员干部教育培训，切实强化思想淬炼、政治历练、实践锻炼、专业训练，着力提升“七种能力”“八种本领”，全面锻造政治过硬、适应新时代要求、具备领导现代化建设能力的铁军队伍。

三要加力夯实基层基础。始终牢记“两个必须”，深入实施“红色根脉强基工程”，加快打造“四明红锋”升级版，全域建强“红峰版图”，整体提升城乡社区、机关、国企、医院、学校、“两新组织”、新就业群体等各领域党建水平，聚力打造一批强基示范镇街、示范村社。深化党建联建机制，强化党建引领“共富工坊”建设，持续提升基层党建引领基层治理能力。部署实施基层党组织提质争先系列活动，加大村社干部关爱激励，推广运用“红锋智管”评价系统，构建完善党群服务矩阵，建强建实基层战斗堡垒。

四要持续深化正风反腐。锲而不舍落实中央八项规定精神，持之以恒纠“四风”树新风，推动作风建设常态化长效化。完善权力运行监督制约机制，细化落实“五张责任清单”，严格执行“22项制度”，定期“盘点对账”全面从严治党履责情况，切实增强对“一把手”和领导班子监督实效。持续深化政治巡察，充分发挥派驻监督“探头”作用，不断强化巡察震慑作用，推动各类监督贯通融合。坚持“三不腐”一体推进、同时同向综合发力，以零容忍力度遏增量、清存量，坚决打赢反腐败斗争攻坚战持久战。落细落实“清廉单元建设标准体系”，加快打造新时代梁弄“全域清廉示范镇”，弘扬新时代廉洁文化，构建完善亲清政商关系，全方位打造山清水秀的清廉余姚。

政府工作报告

——在余姚市第十八届人民代表大会第二次会议上的报告

市人民政府市长 沃勇特

（2023年2月4日）

余姚市市长沃勇特向余姚市第十八届人民代表大会第二次会议报告工作

（市融媒体中心 供稿）

一、2022年工作回顾

2022年是本届政府的开局之年。一年来，面对严峻复杂的国际环境、多发散发的国内疫情和超预期因素的叠加冲击，我们在上级党委政府和市委的正确领导下，在市人大及其常委会和市政协的大力监督支持下，坚持以习近平新时代中国特色社会主义思想为指导，认真学习贯彻党的二十大精神，牢牢把握稳中求进工作总基调，高效统筹疫情防控和经济社会发展，扎实开展“赛马争先”抓落实行动，攻坚克难、实干作为，经济社会发展保持总体稳定。

——我们全力促发展，面对经济下行压力的严峻挑战，专班推进、系统实施稳进提质八大攻坚行动[1]，高频开展经济运行监测调度，专题研究行业发展难题，携手各类市场主体共克时艰，加快推进产业结构优化、能级提升，全市经济运行企稳向好。全年实现地区生产总值1513.59亿元、增长1.9%，一般公共预算收入120.74亿元、同口径增长0.1%。

——我们全力强攻坚，围绕环境治理、城市建设等痛点难点，梯次并进实施“一扫七治”[2]、拆迁“清零”、“拆违治乱”等系列百日攻坚，新增违建势头得到有效遏制，黄湖片区3个月拆违35万平方米，古路头区块40天全面完成481户征收签约，全市房屋征收面积达127.48万平方米，超前三年总量，处置“两违”面积397.74万平方米。

——我们全力保平安，闭环落实除险保安各项工作，有效应对“轩岚诺”“梅花”连续台风侵袭和高温干旱不利影响，因时因势优化疫情防控措施，最快速度、最小代价打赢多轮疫情防控阻击战，积极稳妥推进房地产等领域风险防范处置，全力护航党的二十大胜利召开，第13次荣膺“中国最具幸福感城市”。

——我们全力争一流，紧盯各项工作进入宁波前三的目标，争取专项债43.35亿元，额度居宁波各区县市第一，项目审批从立项到开工平均用时提速43%，梁周线高架（一期）等一批重大项目实现开工建设，11个改革项目列入省级以上先行试点，制造业高质量发展、企业上市等两项工作获省政府督查激励，农业水价改革经验入选水利部典型案例，创新百强县（市）排名跃居全国第三，中国县域知识产权竞争力百强中进入前十。

一年来，我们的主要工作及成效是：

（一）千方百计稳增促调，经济运行总体平稳。牢牢稳住制造业“底盘”，组建产业领导小组，打好“畅循环稳工业”“稳企业强主体”等系列组合拳，53个重点产业项目实现投产，制造业投资达到135.72亿元、增长19.2%，实现规上工业增加值529.39亿元。加快补齐服务业短板，制定服务业高质量发展三年行动计划，人力资源产业园、数智生活直播基地等建成运行，喜宣文化等30家服务业企业招引落地，汽车城项目开工建设，新增服务业规上企业117家，服务业增加值增长4.5%，其中营利性服务业营业收入增长36%、居宁波各区县市第二。着力拓展市场需求，出台加快商贸服务业和开放型经济发展政策意见，累计精准发放消费券1.1亿元，新增跨境电商企业48家、海外仓3个，培育省、宁波出口名牌各23个，全市实现社会消费品零售总额454.47亿元，实现外贸出口830.24亿元、增长4.7%。切实提升农业发展质效，大力实施科技强农、机械强农行动，粮食产量达18.21万吨、储备量达8.1万吨，生猪出栏量增长18.1%，创建省级高品质绿色科技示范基地3个，培育省级骨干农业龙头企业2家、数字农业工厂2家，"余姚铁皮石斛"获国家地理标志证明商标，成功创建为省级水稻产业农业"机器换人"高质量发展先行县，我市获省农业"双强"行动"赛马"激励，农业增加值增长3.2%。努力破解要素制约，出台稳链纾困助企一揽子政策，累计减（退、缓）税费76.4亿元，实现制造业贷款增长13.8%，完成政府性融资担保在保余额20.4亿元、居宁波各区县市首位；全力保障项目用地用海需求，完成建设项目用地报批4277亩，争取规划新增建设用地5.47万亩，消化"批而未供"土地4307亩，完成海域使用报批801.86亩、腾出海域使用空间3600亩。

（二）千方百计固本强基，动能活力不断增强。科技创新成效明显，超大尺寸高温镍基合金产品填补国内空白，国家重大科技专项工业机器人控制器项目通过验收，省级智能装备高新技术产业园区获批创建，全市研发经费投入强度达到3.54%、居宁波各区县市首位，新认定国家高新技术企业199家，我市被评为省科技工作成绩突出先进集体；出台新时代"1+X"人才政策体系，制定中长期青年发展规划，新建院士工作站（院士科技创新中心）3家，新入选国家级人才工程5人、甬江人才工程26人，2人当选外籍院士。有效投资持续释放，迭代升级"一表一库两计划"[3]，优化调整招商引资体制机制，尚闻智联机器人等一批重大项目签约落地，实到内资143亿元、外资9108万美元，固定资产投资增长13.7%、增幅居宁波前三。数字化改造提速升级，开展数字经济核心产业提质扩量行动，实施智能化改造项目169个、省级数字化车间（智能工厂）培育项目12个，舜宇光电获宁波唯一省级"数字工厂"标杆认定类企业，我市入选全省首批细分行业数字化改造试点县。平台建设集聚发力，中意宁波生态园实现工业总产值346亿元，中东欧中小企业集聚区一期完工；经济开发区新投产项目20个，机器人小镇新入驻企业12家；余姚工业园区智能光电小镇产城融合初具形象；小微园区新开工2个、建成2个。企业培育梯次渐进，市知识产权保护服务中心揭牌，北交所余姚服务基地设立，新增市场主体2.39万户、"个转企"441家、"小升规"200家，实现企业上市2家、过会3家，新增国家级"单项冠军"企业4家、专精特新"小巨人"企业13家、"品字标"浙江制造企业24家、宁波市政府质量奖企业1家，江丰电子、大丰实业分获国家技术创新、国家服务型制造示范企业。

（三）千方百计补短拉长，城乡品质持续提升。规划布局不断优化，"三区三线"[4]划定成果正式启用，总体城市设计方案和中心城区分区规划通过论证，黄山等地块控制性详细规划编制完成，"多规合一"实用性村庄规划编制全面开展，土地征收成片开发方案获省政府批准。城市更新有序推进，首度召开城市发展大会，高标准谋划北部融湾新城、古城余韵核心等七大重点片区，完成城中村改造77.03万平方米、老旧小区改造35.24万平方米、拆迁区块"清零"16个，打通城区断头路6条，新增公共停车位3000个。基础设施加快完善，姚江西分工程通水运行，陶家路江三期、下姚江整治等项目加速推进，220千伏楚屿变建成投运，建设公共充电站43座、充电桩392个，国家级城乡交通运输一体化示范县、"四好农村路"示范县有望成功创建。镇村建设提质增颜，编制完成新一轮美丽乡村建设五年计划，建成省级休闲农业与乡村旅游精品线1条、省级美丽城镇6个，泗门镇入选全国农业强镇创建名单，4个村纳入省"未来乡村"建设，农村"产权超市"交易额突破2亿元，集体经济年经营性收入30万元以下村全面清零。生态环境攻坚治理，组建生态环境保护委员会，加快省级生态文明建设示范市、无废城市创建，全面完成上级生态环境督察反馈问题整改，涉生态环境类重复信访下降22.6%，生态环境领域投资增幅居宁波各区县市首位；建成一般工业固废收运点4个，完成姚江流域水环境治理项目51个、挥发性有机物治理项目120个；创建省级"污水零直排区"乡镇（街道）6个，入海河流水质稳定达标，姚江国控断面水质达到Ⅱ类水，隐溪河、最良江入选省级美丽河湖，"甬有碧水"考核获宁波优秀；空气质量连续3年达到国家Ⅱ级标准，获评省清新空气示范区、省首批低碳试点县。

（四）千方百计惠民保安，社会事业再上台阶。一般公共预算用于民生支出116.89亿元、增长6.1%，城镇和农村居民人均可支配收入分别达7.4万元、4.6万元，城乡收入比缩小到1.62，三级民生实事项目均已全面完成。社会保障不断增强，新增城镇就业人员2.53万人，城镇登记失业率为2.25%，全市户籍人口养老保险、基本医疗保险参保率分别达到99.2%和99.6%，机构养老床位增加164张，阶段性住房公积金支持政策推进实施，保障性租赁住房增加9113套（间），低保救助标准从每月1005元提高至1181元，低收入农户收入增长12%。教育品质加快提升，"双减"政策深入实施，中小学校、学前教育布局专项规划启动修编，北师大余姚实验学校等5所学校建成投用，13所民办随迁子女学校撤并或转公，新增省现代化学校9所、省一级幼儿园4所，蝉联省职业教育发展考核优秀。文体事业繁荣发展，世界阳明学大会、宁波（余姚）阳明文化季成功举办，"阳明文化"入选省首批十个文化标识建设创新项目，河姆渡国家考古遗址公园成功立项，市公共文化中心建成启用，姚剧《乡村心事》等2部作品获评省“五个一工程”奖，7家农村文化礼堂成为省五星级文化礼堂，梁弄镇入选省运动休闲乡镇培育名单。健康余姚持续深化，县域急诊急救大平台完成建设，市妇幼保健院通过“三乙”评审，市精神卫生中心完成整体搬迁，市第四人民医院迁建工程开工建设，婴幼儿照护站点实现乡镇（街道）基本覆盖，新冠感染患者诊疗做到“应收尽收”。食品安全有力保障，新建“阳光厨房”780家，创建省级放心农贸市场10家，获评省食品安全示范市。社会大局和谐稳定，持续优化“141”基层治理体系[5]，健全完善“网格+”工作机制，积极创建省域信访工作现代化示范县，全力抓好重点楼盘“保交楼”，扎实开展自建房安全排查、消防安全、电镀（铝氧化）行业整治提升、重点领域欠薪治理等重点行动，火灾事故、生产安全事故、刑事发案量、上访人数分别下降31%、40%、9.1%、48.1%，成功创建省级“枫桥式”司法所1家，成为宁波市域社会治理试点县市，捧回省“一星平安金鼎”。

（五）千方百计提能增效，自身建设纵深推进。严格落实全面从严治党各项规定，坚持完善重大事项请示报告制度，抓好巡视、巡察、审计反馈问题整改，深入开展“五问五看”[6]作风建设专项行动，建立“六定”[7]工作机制，推进工作清单化、闭环化落实。健全项目支出绩效评价体系，强化政府债务化解管控，规范市镇两级财权事权，财政运行更加集约高效。开展政府资产专项督查，加快国有资产盘活利用，启动国资国企改革创新三年行动，新增市属国有控股上市公司1家，我市国有资产规模位居宁波各区县市首位，国资监管工作获省级表彰。扎实推进数字化改革和“放管服”改革，区块链数据运营创新应用入选国家试点，“拘调融合”[8]等应用全省复制推广，城市大脑2.0版建成投用，数字人民币应用场景不断拓展，出租房屋安全智能系统上线运行，远程异地评标、小额交易项目“不见面”开标模式推行运用，7个重点工业项目实现“拿地即开工”。深化法治政府建设，严格落实重大行政决策程序，强化规范性文件合法性审查，“大综合一体化”行政执法改革取得阶段性成效，营商环境投诉监督中心投入运行，万人成讼率宁波各区县市最低，行政机关负责人出庭应诉率达100%。自觉接受社会各界监督，办理人大代表建议270件、政协委员提案298件，主动公开政府信息2.3万余条。

同时，我们大力支持民族宗教、台务、侨务、审计、外事、史志、气象、档案等工作开展，全面促进慈善、工会、红十字、残疾人、青少年、妇女儿童、老龄等事业发展，国防和军队建设、双拥优抚等实现了新进步，东西部协作、山海协作、对口支援和区域合作取得了新成效。

各位代表！一年来的收获，是市委正确把向、科学决策的结果，是市人大市政协有效监督、大力支持的结果，是全市人民勠力同心、共同奋斗的结果。特别是，回望战“疫”的日日夜夜，每一个不经意的瞬间都值得铭记，每一个不起眼的故事都让人动容，逆行者、奔跑者、坚守者身影伟岸，天使白、守护蓝、志愿红相映生辉，共同书写了最动人的余姚篇章，共同凝聚了最磅礴的余姚力量！在此，我代表市人民政府，向辛勤工作在各条战线的广大干部群众，向给予政府工作大力支持的全体人大代表、政协委员、民主党派、工商联和社会各界人士，向离退休老干部、老职工，向驻余姚部队和武警官兵，特别是向广大医务人员、公安干警、村社干部、网格员和志愿者，致以崇高的敬意！向所有关心支持余姚发展的海内外朋友，表示衷心的感谢！

在看到成绩的同时，我们也清醒地认识到，经济社会发展中还存在不少问题和短板，主要是：受宏观环境和疫情影响，地区生产总值等指标没有完成预期目标；科技创新引领作用有待提升，人才引育用留的基础还不够扎实，重大项目支撑仍有不足，新旧动能转换还不够快，产业结构需要进一步优化；城市现代化程度不高，城市能级提升、内涵释放和产城融合发展仍需发力，基础设施建设尚有欠账，精细化管理水平有待提高；民生突出问题依然不少，教育、医疗、养老等领域的服务供给还不够均衡优质多元；安全、环保等领域风险隐患还比较多，“低散乱污”企业整治力度还不够大，基层治理体系和治理能力亟待完善提升；部分干部理念观念、能力水平与变革性思维、争先创优进位要求还不相适应。对此，我们将采取有力有效措施，切实加以解决。

二、2023年目标任务和重点工作

2023年，是全面贯彻落实党的二十大精神的第一年，是改革开放45周年，也是“十四五”规划实施承上启下的关键一年，做好今年政府各项工作意义重大。当前，世界局势瞬息万变，不确定、不稳定、不可预期因素增多，风险挑战层层叠加，但机会机遇也无处不在，我们必须坚定信心、保持定力，善于明大势、抢先机，勇于闯难关、破困局，以“努力到无能为力、奋斗到感动自己”的姿态跑出快节奏、赛出加速度、干出新辉煌！

根据市委十六届三次全会精神，今年政府工作的指导思想是：坚持以习近平新时代中国特色社会主义思想为指导，全面贯彻落实党的二十大精神，深入践行习近平总书记对浙江、对宁波工作的重要指示精神和对余姚的重要回信精神，坚持稳中求进工作总基调，完整、准确、全面贯彻新发展理念，服务构建新发展格局，更好统筹疫情防控和经济社会发展，更好统筹发展和安全，把实施扩大内需战略同深化供给侧结构性改革有机结合起来，持续聚力“六个余姚”建设，接续奋进“六大赶考路”，紧紧抓住科技创新引领、产业结构调整、城乡品质提档、民生福祉改善等战略重点，推动现代化美好活力“最名邑”建设取得新突破，着力打造中国式现代化县域样板。

综合分析各方面因素，建议今年

经济社会发展的主要预期目标为：地区生产总值增长6%左右，一般公共预算收入增长6%左右，城乡居民人均可支配收入与经济增长基本同步，研发经费投入强度达到3.8%，城镇登记失业率控制在3.5%以内，节能减排完成上级下达任务。

实现上述目标，必须突出高质量发展工作主线，主动融入长三角一体化大战略，打好招大引强、转型升级组合拳，努力建设共同富裕先行地；必须突出提振市场信心关键支撑，全力实施营商环境优化提升“一号改革工程”，全面落实省“8+4”政策体系[9]，真心实意帮助企业减负增效；必须突出内外贸一体化发展战略，把恢复和扩大消费摆在优先位置，加快推进“外转内”，更高水平扩大对外开放，推动企业更加积极参与国内国际双循环；必须突出防范风险基本前提，打好疫情防控、城市公共安全等领域风险防范化解主动仗，以工作的确定性应对风险隐患的不确定性，夯实余姚发展的底座和基石。重点是抓好以下七方面工作：

（一）坚持创新驱动，持续增强发展动能。紧紧抓住人才这一关键变量，突出企业创新主体地位，推动创新链产业链人才链与资源要素深度融合，全力争创国家创新型县（市）。

强化人才科技引领。深化“姚江英才”“阳明蓝领”等人才引育工程，抓好省人才发展体制机制综合改革试点，推进青年发展型城市建设，实施重点企业高层次人才全覆盖行动，力争新入选宁波级以上人才工程35个以上，新增院士工作站（院士科技创新中心）2家。加快建设创新联合体，调整完善“揭榜挂帅”攻关机制，统筹推进科技企业“双倍增”、高新技术企业“育苗造林”等系列行动，积极探索“高校飞地”模式，推动哈工大材料科学与工程（余姚）研究中心、浙江大学余姚工业设计研究院落户，力争新增高新技术企业160家以上、宁波市级以上企业研发机构15家。高标准建设科技成果交易市场，加快建立“核心人才—孵化器—加速器—产业转化器”转化体系，力争技术合同交易额达到36亿元。

强化改革开放赋能。深化数字化改革，依托“1612”体系架构[10]，推动重大应用上下贯通，抓好“智慧急救”“医保到家”等系列民生“微改革”，推进“四明红”等重大应用场景建设，力争打造一批具有余姚辨识度的标志性成果。强化要素配置改革，迭代升级亩均效益综合评价体系，优化实施“先租后让”等土地出让模式，力争消化“批而未供”土地5000亩、盘活存量建设用地2000亩、推进低效工业用地再开发1600亩。加快内外贸一体化发展，扩大“同线同标同质”适用范围，深化“姚货行天下”行动，推进自贸联动“一区一件事”改革，育强大型外贸综合服务企业，拓展“一带一路”新兴市场，推动海外仓等建设布局，力争实现外贸出口在全国占比高于上年。坚持精准招商、全民招商，动态更新“三库一图”[11]，加大以企引企、以商引商和基金招商力度，力争落地10亿元以上项目8个，确保实到内资100亿元、外资2.5亿美元。做好东西部协作、山海协作、对口支援和区域合作工作，促进高水平共赢发展。

强化平台园区支撑。完善“一园两区”平台体系，促进平台资源整合利用，大力发展新材料、新能源、生物医药等新兴产业，加快形成先进制造业产业集群。聚焦中意宁波生态园“一谷四基地”建设[12]，高标准打造中东欧国际产业合作园，大力引进布局一批高端制造业项目，力争实现规上工业总产值480亿元。围绕余姚经济开发区打造高能级平台，全速推进黄湖区块电子材料产业园开发建设，确保机器人小镇创建成为省级特色小镇。完善余姚工业园区体制机制，加快智能光电配套产业园区建设，推进智能光电小镇创建省级城乡风貌样板区。高水平谋划建设“专精特新”“1+N”等小微园区[13]，着力打造新的增长点。

（二）坚持转型提升，持续增强产业能级。坚持产业强市不动摇，推动产业深度融合，加快构建现代化产业体系。

突出集约集聚。全力培育先进产业链群，动态完善工业“一张图”，深化实施“35”千百亿产业集群[14]培育再提升行动，推动机器人及集成、新材料等前沿产业争创省“新星”产业集群，力争全市规上工业增加值增长5%以上。大力实施数字经济创新提质“一号发展工程”，超前布局第三代半导体、区块链等未来数字产业，力争数字经济核心产业增加值增长5%以上。推进企业数字化改造，加大人工智能、数字孪生[15]等技术应用，实施数字车间（智能工厂）试点项目5个以上，新增省级工业互联网平台3个，争创省级中小企业数字化改造示范区。深化全域产业治理，全面推进新一轮制造业“腾笼换鸟、凤凰涅槃”攻坚行动[16]，整治“低效高耗、落后产能、散乱弱”企业200家，提升低效区块5个、面积4500亩。

突出融合融通。坚持高端制造业与现代服务业发展双轮驱动，推动形成以工带贸、以贸促工的发展格局。引导制造业企业向研发设计、营销服务产业链两端延伸，加大法律服务、人力资源等生产性服务业培育力度，谋划布局健康、文旅、养老等生活性服务业态，力争招引落地服务业企业100家、服务业增加值增长7%。支持企业触“电”，制定出台电商产业发展规划，推进“产业带+直播基地”建设，引育电商直播头部品牌，全力打造百亿元级电商产业园。深化融资畅通工程，加快构建保险创新全要素生态体系和特色普惠金融服务体系，建设全方位金融服务平台“凤凰汇”，力争制造业贷款增长12%。强化产城融合，出台中心城区产业规划，谋划布局产品设计、技术开发等产业，推动破解“工业围城”，加快构建都市工业新体系。

突出育优育强。推动企业梯度发展，深化实施“凤凰行动”“单项冠军”等系列培育行动，健全“大优强”企业评价体系，支持本地企业增资扩产，力争新增宁波级以上专精特新“小巨人”企业25家、“单项冠军”企业10家，新增上市企业2家、“小升规”120家、“个转企”250家。深化品牌强市战略，支持舜宇光学、江丰电子争创省政府质量奖，力争新增“品字标”企业15家，加快打造一批质量卓越、国内一流、国际先进的品牌企业。加强知识产权保护，开设中国余姚（塑料制品）知识产权快速维权中心，建立国家专利奖和驰名商标企业培育库，力争新增发明专利600件、争创省级商业秘密保护示范基地4家以上。重视企业家队伍建设，多元化搭建政府、企业家沟通交流平台，健全企业家参与涉企政策制定机制，关心关爱国内外姚商，全力营造尊重支持服务企业家的良好氛围。

（三）坚持塑形铸魂，持续增强城市韵味。聚焦“余山姚水 阳明心城”打造，突出内外兼修、空间重构，实施“深耕街区、扮靓家园”行动，充分展现有创意、有情趣、有格调的城市韵味。

*提高建设标准。*集中力量开发重点片区，先行启动北部融湾新城核心区建设，景区化实施龙泉山片区改造，高品质打造黄山、康山等重点区块，积极建设公园城市。实施多样化城市更新单元，坚持攻坚拆迁和梳理改造相结合，打造“一路一街一区一村一园”示范点线，力争完成拆迁“清零”区块9个、老旧小区改造7个、城中村改造100万平方米，启动建设未来社区3个。注重城镇综合功能提升，持续增强卫星城、中心镇集聚带动功能。突出“外联内畅”交通体系打造，开工建设舜宇路、北环路拓宽改建等重点道路项目11个，加快推进梁周线高架（一期）、杭甬高速复线二期、余慈城际二期等工程，深化宁波轨道交通11号线余姚段等前期研究，打通城区断头路2条、改造堵点路口10个、新增公共停车位1200个以上。深化海绵城市建设，实施城区排涝积水点提升改造7个，推进下姚江整治、北排二通道等工程建设，加快西岙水库、北排一通道等项目谋划，做好强台风、超强降雨和极端天气防御准备，增强城市安全运行能力。提标供水、供电、供气、通信等基础设施，推进农村规模化供水“应通尽通”工程，实现平原乡镇天然气主干管网全覆盖。

*提升管理水平。*强化规划管控，编制完成市镇两级国土空间总体规划、总体城市设计及中心城区分区规划。完善管理标准体系，制定城市体检评估机制及精细化管理标准手册，落实街路长制，提高见警率、见勤率。提升管理智慧化水平，推进智慧管线、智慧灯杆等建设运用，建设全域数字孪生，加快打造“掌上治理之市”。优化城市环境，持续推进“一扫七治”专项行动，大力开展“七周边”[17]“两路两侧”等环境整治，深化无物业小区治理，完善“门前三包”“文明施工”等管理机制，提升一体化保洁实效。增强城市管理执法效能，完善“大城管”体制机制，深化“大综合一体化”行政执法改革，强化乱停乱占、超限超载等治理，高压推进片区化、线性化拆违，力争拆除违法违章建筑200万平方米以上。

*做活城市经济。*布局发展总部经济、楼宇经济，支持国内外知名企业落地落户和姚商回归。着力扩大内需，支持传统商贸业提档升级，推进商业综合体、大型零售企业更新改造、错位经营，积极引进品牌首店、旗舰店、体验店等新兴业态，策划开展系列消费节庆活动，加快构建“15分钟商贸便民服务圈”，打造便利化、多样化、品质化的现代商贸中心，力争社会消费品零售总额增长10%。积极培育城市夜间经济、网红经济，提升发展一批老字号、老品牌，建设形成一批网红打卡点、示范点。全力拓展会展经济，精心办好第八届中国机器人峰会、第二十三届中国塑料博览会等重大展会，增强品牌会展影响力。壮大专业市场规模，推进塑料城、裘皮城转型提升，加快模具园区开工建设，谋划建设智慧物流仓储基地、塑料期货交割仓，构建“产业+市场”发展格局。

（四）坚持共富引领，持续增强乡村魅力。强化以工补农、以城带乡，全面推进乡村振兴，努力建设富裕、文明、宜居的美丽乡村。

*发展现代农业。*持续抓好耕地“非农化非粮化”整治，加强粮食生产功能区管护，推进高标准农田、绿色农田建设，推行承包地连片流转、适度规模经营，力争土地流转率60%以上，确保粮食播种面积41万亩、产量17.5万吨以上。深入实施农业“双强”行动，推进国家级产业强镇、省级农业产业融合发展示范园建设，建成省级农机服务中心2个、全程机械化应用基地6个，创建成为省级综合性农业“机器换人”高质量发展先行县。加快特色农业和山区林特经济发展，编制实施杨梅中长期发展规划，推进林药林菌示范基地试点，持续擦亮农业区域性特色品牌。实施农业龙头企业壮大、家庭农场提升等培优计划，力争新增宁波市级以上农业示范经营主体10家以上。

*打造美丽乡村。*深化美丽乡村“千万工程”，实施新一轮美丽乡村建设五年计划，加快新时代乡村富裕富足样板村建设，新增省共同富裕示范带1条、省级美丽乡村示范乡镇1个、省级未来乡村4个。推动大地洁化、绿化、彩化、美化“四化同步”，开展基本农田集中连片整治，力争废弃农药农膜回收处置率达到90%以上。常态化推进农村人居环境整治，开展农村公厕提标改造，健全生活垃圾分级分类循环利用系统，创建宁波市级以上垃圾分类高标准示范村4个。开展美丽庭院建设扩面提质行动，倡导拆墙透绿，打造美丽庭院7000户、特色示范带（示范区块）5个以上。

*促进农民增收。*深化“互联网+”农产品出村进城行动，畅通“1+3+N”电商销售链条，推动余姚农产品走向全国市场。深入实施“两进两回”行动[18]，持续推进基层农技人员高校委培计划，分类分层组织专技人才知识培训，完成农民素质提升3000人次以上，培育农创客300名以上。推进省级“强村富民”乡村集成改革实践试点，加强涉农资金整合统筹，力争农村“产权超市”交易额突破3亿元。开展新一轮村级集体经济持续提升行动计划，实施村庄经营项目17个、“消薄飞

地”项目7个，确保村集体经济年经营性收入、低收入农户收入均增长10%以上。

（五）坚持绿色低碳，持续增强美丽底色。坚持生态立市，联动推进省级生态文明示范市、无废城市创建，系统治理生态环境问题，全力打造“美丽余姚”新名片。

*加强污染防治。*完善问题发现、处置、整改、销号闭环管理机制，实施生态环保基础设施提升、重点专项整治五年规划，深化化工等重点行业规范化整治，不断提升生态治理能力。打好“甬有碧水”攻坚战，强化姚江支流“一河一策”治理，实施污水管网建设五年行动，推进第二城镇净水厂、小曹娥污水处理厂扩容改造等工程，深化榨菜腌制池综合整治，推动中意宁波生态园创建“污水零直排区”省级标杆园区，力争姚江支流水质考核达到优秀、市控以上断面水质100%达标。实施空气质量强基提质行动，深化重点涉气产业系统整治，加快实施农作物秸秆综合利用重点县项目，开展省级“清新园区”和宁波市级“无异味园区”创建，完成挥发性有机物治理项目50个，力争$PM_{2.5}$年均浓度保持在每立方米30微克及以下。深化清废净土行动，推进“肥药两制”改革，加快应急生活垃圾填埋场治理、再生资源回收分拣中心建设，完成年产10万吨固废燃料棒项目，完善一般工业固废镇村收运点体系和市镇村三级再生资源回收网络，最大程度实现垃圾减量，有效降低土壤污染风险。探索危险废物“点对点”综合利用，实现废物资源再生和减污降碳。

*加快绿色转型。*严格能源“双控”，加强投资项目合理用能审查，实施重大节能改造项目30个，新增三星级以上绿色工厂40家以上，全力创建省绿色认证先行示范区。深化省级低碳试点县建设，出台碳达峰碳中和工作实施意见，力争创建省级以上低碳试点项目5个。提升新能源开发利用水平，推进分布式光伏整市规模化开发试点，完成朗辰新能源独立储能电站项目，力争新增光伏装机8万千瓦，建设公共充电桩100个以上。倡导绿色消费，让节约适度、绿色低碳的生活方式成为时尚。

*加大生态统筹。*发挥生态环保委员会作用，高质量建设“森林余姚”，统筹构建“大生态环保”格局。优化调整“三线一单”生态环境分区管控，完善排污权、用能权交易制度，探索生态产品市场化改革，推行四明山区域生态环境导向开发模式，实现生态资源优化配置。推进四明山生物多样性体验基地建设，促进生态保护与文化、旅游产业一体化发展，打造生物多样性保护特色亮点。狠抓生态环保执法，健全环境自动监测网络体系，持续提升环保监管效能。

（六）坚持传承弘扬，持续增强文化实力。坚持文化兴市，突出创造性转化、创新性发展，强化城市区域品牌宣传，争创国家历史文化名城，不断提升“文献名邦”的美誉度和影响力。

*塑造文化标识。*深化文明探源工程，加快推进井头山遗址二期考古发掘，精心策划举办河姆渡遗址发现50周年系列活动，力争将河姆渡博物馆创建成为国家AAAA级旅游景区、河姆渡国家考古遗址公园完成启动区建设。实施阳明文化建设三年行动计划，抓好府前路二期、武胜门等历史文化街区建设，持续扩大阳明文化季活动影响力，不断打响阳明故里品牌。加快推进浙东（四明山）抗日根据地旧址群创建国家级爱国主义教育示范基地，深入挖掘横坎头、十六户等红村资源，持续唱响红色主旋律。加快姚界客户端综合平台建设，推进媒体深度融合发展。启动梨洲文献馆、非遗展示馆等建设，举办黄宗羲思想研讨会，加强姚剧保护传承，打造更多具有余姚辨识度的文化名片。

*促进文化惠民。*繁荣发展文化事业，优化“15分钟品质文化生活圈”、城市书房、文化驿站等公共空间布局，打造更多文艺精品力作，办好公共文化日、百姓文化节等系列活动，不断丰富文化产品供给、提升文化服务品质。大力发展文化产业，推进“精特优”文化产业园区建设，培育“新势力”文化业态，力争文化产业产值增长7%。深化农文旅体康融合发展，精心打造大运河（余姚段）诗路文化带、浙东（四明山）唐诗之路，培育发展近郊游、夜市游等“微度假”产品，引育特色民宿、运动休闲、养生度假等新业态新模式，优化建设步行道、骑行道、车行道，办好环四明山自行车骑游大会、四明山百公里山地挑战赛等赛事活动，高标准建设四明山省级旅游度假区，加快打造长三角旅游目的地，实现旅游业增加值增长7%以上。

*深化文明创建。*建立市、乡镇（街道）、村（社区）“三级联创”常态化创建机制，拓展丰富“数智文明”等场景应用[19]，建设余姚市级以上文明村镇15个、文明单位20个、文明家庭100户，确保蝉联全国文明城市。强化新时代文明实践中心、所、站贯通联动，拓展文化礼堂应用功能，加快构建城乡精神文明建设融合发展新局面。优化升级“道德银行”，加强未成年人思想道德建设，营造“好人好报、德者有得”的浓厚氛围。深化社会志愿队伍建设，构建志愿服务精准触达体系，营造全民共建文明城市新风尚。

（七）坚持优质共享，持续增强民生福祉。实施民生实事五年计划，擦亮“姚优”系列民生品牌，打造更多群众有感的共富成果。

*完善社会保障体系。*坚持就业优先战略，精准抓好重点人群就业帮扶，力争新增城镇就业2万人、创业实体1.5万家。深入开展全民参保计划，推进企业职工基本养老保险提标扩面，强化基本医保、大病保险、医疗救助保障功能，促进社保事业可持续发展。加强“一老一小”服务管理，推进托幼一体化建设，推广独居老人“一键探视”应用，深化长期护理保险试点，创新集团化“养共体”、医育结合模式，实现乡镇（街道）普惠婴幼儿托育点全覆盖。推进省级无障碍社区创建，开展社会救助宁波市级改革试点。加强国防动员和国防后备力量建设，深化退役军人就业创业服务体系，争创省双拥模范城五连冠。持续推进房地产市场风险有效化解，加快多层次住

房保障体系建设，新增保障性租赁住房5500套（间）以上，推动房地产业平稳健康发展。

促进教育现代化。加大教育投入力度，加快城西学校新建、实验一小扩容改造等项目进度，新建公办幼儿园9所，新增省现代化学校8所，积极创建全国学前教育普及普惠市、全国义务教育优质均衡发展市。优化高中教育和高等教育布局，实施市职业技术学校迁建、市三中和八中合并迁建工程，加快推进宁职院余姚校区项目，完成余姚技师学院摘筹。强化师德师风建设，深化师德信用积分管理制，完善绩效考评机制，培育打造一批"名校长（名师、名班主任）工作室"。

深化健康余姚建设。全力做好疫情防控工作，突出"保健康、防重症、遏病亡"，提升医疗救治能力、医疗物资保障能力、重点人群和重点场所保障水平，提高疫苗接种率，最大限度保障人民群众生命安全和身体健康。大力实施名医名院名科工程，加强与长三角名院名科合作交流、结对共建、资源引进，加快市第四人民医院等重大医疗基础设施建设，支持市中医医院创三乙、人民医院创三甲，努力争创全国基层中医药工作示范市、省级健康促进县。深化县域医共体改革，新建（改造）村卫生室80家，推动优质医疗资源扩容下沉和均衡布局。实施体育惠民工程，布局打造一批篮球公园、自行车俱乐部等时尚体育场地，加快构建城市社区"10分钟健身圈"，争创省体育现代化县市。

提升基层治理水平。高效运行"141"体系，建强社区、网格、微网格等治理单元，推动执法力量下沉，完善"网格呼叫、镇街响应、部门报到"工作机制，加快构建党建统领、平战一体、集成协同、精密数智的新型网格治理体系。开展矛盾纠纷大排查大化解行动，抓实初信初访工作，推进信访积案化解"清零"，从源头上减少重复信访、越级上访。支持工青妇等群团组织、公益性社会组织和人民群众参与社会治理，凝聚共建共治更强合力。多形式开展"八五"普法，持续深化各级民主法治村（社区）创建。统筹抓好食品药品监管、金融风险防范等工作。提升流动人口服务和管理水平。深化"智安小区""智安单位"创建，常态化开展扫黑除恶，从严打击新型网络犯罪行为，开展道路交通、消防安全、特种设备等重点行业领域安全专项整治，强化风险隐患闭环处置，全力护航杭州亚运会等重大活动召开，夺取平安余姚建设"十七连冠"。

各位代表！让老百姓过上好日子是我们一切工作的出发点和落脚点。今年，我们将继续围绕"群众提、大家定、政府办"的理念，按照实效性好、普惠性广、操作性强的原则，经过多渠道征集、多方面对接和多轮次会商讨论，筛选出12个民生实事候选项目提交审议和票决。我们将采取有力措施，高质高效办好各项民生实事，让发展成果更多更公平惠及全市人民。

三、全力打造高水平现代政府

重任在肩，容不得丝毫懈怠！我们将胸怀"两个大局"、心系"国之大者"，牢记习近平总书记重要回信精神，以强烈的政治责任感和历史使命感，走好每一步、干好每件事，推动政府治理理念、方法、手段现代化，全力打造高水平现代政府。

（一）打造高质高效的营商环境。强化"有求必应、无事不扰"，优化全天候、全过程、全方位企业服务，健全营商环境"无感监测"工作机制[20]，推进全国社会信用体系建设示范市创建，构建亲清新型政商关系，着力打造营商环境最优市。迭代升级、直达快享系列纾困政策，发挥产业发展基金撬动作用，推动财政资金"拨改投"改革，引导和支持企业创新创业。优化"提前办、模拟办、容缺办、同步办、不见面办"等方式，深化重点项目"拿地即开工"模式，持续提升行政审批效率。强化政务服务数字赋能，完善"跨省通办""异地通办"机制，推进"一件事一次办"向基层便民服务中心延伸，引领"可办易办"向"智办快办"转变，切实为百姓办事提供更好更优质的服务。

（二）打造公平公正的法治环境。坚持运用法治思维和法治方法推进工作，完善政府法律顾问制度，推动政府工作全面纳入法治轨道。严格落实重大行政决策程序制度，加强规范性文件、重大行政合同合法性审查，实现行政决策更加民主科学。优化县乡两级行政执法监督体系，开展重点领域行政执法监督。推进"阳光复议"工作，落实行政首长出庭应诉制度。强化政务公开标准化规范化建设，进一步规范政务新媒体管理。认真执行人大及其常委会决议决定，大力支持政协履职，广泛听取民主党派、人民团体和社会各界的意见，主动接受监察、司法和社会监督，高质高效办好人大代表建议、政协委员提案，让政府工作更加契合民意。

（三）打造节约集约的干事环境。牢固树立"今天再晚也是早、明天再早也是晚"的效率意识，突出"敢想敢干、当断则断"的务实作风，强化"工作项目化、项目清单化、清单责任化、责任考核化"的管理体系，完善容错免责制度，让"马上办、办就办好"在政府系统蔚然成风。持续优化财政体制，深化预算绩效管理改革，加强资金资产资源统筹，有效防范债务风险，确保集中财力办大事、用钱用在关键处。稳步推进国资国企改革创新三年行动，加快经营性业务拓展，推进混合所有制改革，完成市属国企重点亏损子企业专项整治，努力盘活闲置国有资产，不断壮大国有资本实力。大力倡导厉行节约，严控"三公"经费和一般性支出，真正把节约集约理念贯穿到政府工作的方方面面，积极打造节约型政府。

（四）打造廉洁廉明的政治环境。严格履行全面从严治党主体责任和"一岗双责"，抓实抓细政府系统党风廉政建设各项工作。从严落实中央八项规定精神，建立健全基层减负长效机制，大力整治慢作为、不作为等"中梗阻"问题，促进政令畅通、工作高效。加强招投标、政府采购、项目建设等重点领域监管，抓好各级巡视巡察、审计反馈问题整改，不断扎紧制度笼子。持续深化清廉余姚建设，大力整治群众身边腐败行为，推动“三不腐”一体协同集成，营造政府系统风清气正的政治生态。

名词解释

1.稳进提质八大攻坚行动：是指常态化疫情防控与经济社会发展共赢攻坚行动、强化政策集成落地攻坚行动、稳企业强主体攻坚行动、畅循环稳工业攻坚行动、扩投资优结构攻坚行动、稳外贸稳外资促消费攻坚行动、优化要素保障攻坚行动、稳就业惠民生攻坚行动。

2.“一扫七治”：是指以提升城乡人居品质为目的开展的环境整治攻坚行动，具体指“大清扫”活动和治垃圾、治违建、治绿化、治扬尘、治秩序、治工地、治行业等“七治”行动。

3.“一表一库两计划”：是指谋划项目表、政府性投资项目储备库、项目三年滚动计划和年度前期计划。

4.“三区三线”：是指生态空间、农业空间、城镇空间和生态保护红线、永久基本农田控制线、城镇开发边界控制线。

5.“141”基层治理体系：“1”是指市社会治理中心；“4”是指党建统领、经济生态、平安法治、公共服务四个平台；“1”是指基层网格。

6.“五问五看”：是指“问一问有没有奋力争先，看一看条线排名有没有进位”，“问一问有没有全力提效，看一看各项任务有没有高质量完成”，“问一问有没有尽力破难，看一看一线攻坚有没有实效”，“问一问有没有倾力服务，看一看基层评议有没有提升”，“问一问有没有合力团结，看一看团队精神有没有强化”。

7.“六定”：是指定性定量、定点定时、定责定人的工作机制。

8.“拘调融合”：是指基于拘留所风险化解需求，通过“风险预警、线上协同、线下联调”等举措，推动“法理+感化”“拘押+调解”双向发力，有效防范化解被羁押人员矛盾纠纷。

9.省“8+4”政策体系：是指扩大有效投资、科技创新、“415X”先进制造业集群培育、现代服务业高质量发展、世界一流强港和交通强省建设、扩大内需和对外开放、乡村振兴和城乡一体化发展、保障和改善民生等8个重点领域政策包和财政金融、自然资源、能源、人才等4张要素保障清单。

10.“1612”体系架构：“1”是指1个一体化智能化公共数据平台；“6”是指6个系统，分别是党建统领整体智治系统、数字政府系统、数字经济系统、数字社会系统、数字文化系统、数字法治系统；“1”是指1个基层治理系统；“2”是指2个体系，分别是指数字化改革的理论体系和制度规范体系。

11.“三库一图”：是指政策库、项目库、资源库、招商地图。

12.“一谷四基地”建设：是指前湾硅谷和新能源汽车及新材料产业基地、节能环保产业基地、空天一体化装备制造产业基地、生命健康产业基地。

13.“1+N”小微园区：是指由1家龙头企业和N家配套企业组成的小微园区。

14.“35”千百亿产业集群：是指新能源汽车及关键零部件、光电信息、智能家电“三大千亿”产业集群和新材料、机器人及集成、节能环保、精密模具、高端装备“五大百亿”产业集群。

15.数字孪生：是指充分利用物理模型、传感器、运行历史等数据，集成多学科、多尺度的仿真过程，作为虚拟空间中对实体产品的镜像，反映出相对应物理实体产品的全生命周期过程。

16.“腾笼换鸟、凤凰涅槃”攻坚行动：是指以“亩均论英雄”改革为导向，深入实施淘汰落后、创新强工、招大引强、质量提升四大攻坚行动，力争在亩均税收、制造业全员劳动生产率、单位工业增加值能耗、制造业投资、制造业研发经费投入等方面实现突破。

17.“七周边”：是指交通站场周边、市场周边、商业综合体和写字楼周边、商场超市周边、学校周边、医院周边、社区小区周边。

18.“两进两回”行动：是指科技进乡村、资金进乡村和青年回农村、乡贤回农村。

19.“数智文明”应用：是指聚焦数字文化系统文明创建跑道，按照“V字”模型拆解任务清单，归集40余个部门，构建了文明创建应用基本架构。

20.营商环境“无感监测”工作机制：是指运用数字化手段，以市场主体和基层“无感”方式，实现对企业办事过程情况、体外循环事项的监测，构建起更加客观、真实、科学的营商环境评价体系。

专记

民生实事项目（余姚市级）

2022年，余姚市级民生实事项目共十方面，涉及子项目26个，至年底全部完成。具体如下：

（一）老旧小区改造工程。1个子项目：

1.实施城镇老旧小区改造工程（三期），共涉及3个城区街道5个小区标段（含零星居住点集合），完成改造面积约35.24万平方米。

（二）治水防洪工程。3个子项目：

2.完成上姚江、最良江（蜀山大闸以上至城区段）堤防加高加固15公里。

3.下姚江区域叶泾浦、慈江堤防除险加固5公里。

4.治理5座山塘（梁弄镇坟龙、向盘田，河姆渡镇陈香、白罗香，大岚镇芝麻湾）。

（三）安全提升工程。3个子项目：

5.新建覆盖全市范围（除杭州湾水域外）的应急通信基站14个，配备市级通信终端190个，背负台2部，车载台2部。

6.对全市192台使用年限在15年以上的在用老旧电梯（住宅小区）开展一次全面的电梯安全评估，有针对性地对问题电梯提升“一梯一档”管理。

7.开展食品安全综合治理，对本地食品生产单位、农贸（批）市场、校园周边等重点区域实施食品安全监督抽检已超额完成双随机抽样5012批次，其中不合格111批次。

（四）天然气扩面工程。2个子项目：

8.完成丈亭、河姆渡、三七市三个镇天然气市域主干管网工程，铺设管道25公里。

9.完善朗霞、泗门、小曹娥、中意宁波生态园已通气乡镇（园区）市域主干管网，铺设中高压管道34公里，完成目标任务的100.24%。

（五）健康关爱工程。4个子项目：

10.为全市18~30月龄儿童开展婴幼儿孤独症筛查和管理，已完成5089名18~30月龄儿童开展婴幼儿孤独症筛查，发现可疑儿童54例，确诊2例，完成目标任务的101.8%。

11.为6000名以上新生儿开展一次免费的心脏杂音听诊和经皮脉搏血氧饱和度测定，已完成6573名新生儿开展先天性心脏病筛查，发现阳性新生儿102例，完成目标任务的109.6%。

12.为5000名以上的围绝经期妇女提供一次免费的妇女健康检查和围绝经期症状综合评估，按评估情况对有症状的人员进行围绝经期健康干预。

13.为6.83万名65周岁以上老年人免费接种流感疫苗，实际免费疫苗累计接种人数80676人。

（六）教育扩容减负工程。3个子项目：

14.推进公办幼儿园建设，新增公办幼儿园2所、扩建1所。小曹娥镇第二幼儿园完成政府回购；梨洲街道工业幼儿园移交完成；低塘街道实验幼儿园完工，预约竣工验收。

15.推进城区小学扩容，梨洲街道古路头小学、兰江街道锦凤小学、舜通集团城东校区(现名为北师大余姚实验学校)交付。

16.推进学生“双减”，全市义务段学校参加“5+2”课后服务学生9.4万人；全市初三年级学生参加晚自修8200余名。18所初中实现七、八年级晚自修全覆盖，参加学生达到5000余名。

（七）数字智治工程。3个子项目：

17.婚姻登记数字化项目，面向全市310个村（社区）设置“临时补证服务点”，对原在省内乡镇（街道）办理的婚姻登记（婚姻已有变化的除外）已完成补证工作，生成电子证照，实现数据共享，完成年度任务的102%。

18.智安小区建设项目，对全市10个居民小区安装感知设备及数据接入公安网，实现对小区人、事、物的精准化管理。

19.“宁波办事”综合自助服务设备扩面延伸项目，自助终端覆盖新增

25个重点村、社区及人流密集场所，有效推进政务服务业务“就近办”“集成办”“网上办”。

（八）交通保畅工程。3个子项目：

20.新建公交站点10个。

21.新增专线巴士5条（南站—梁弄—四明山、余姚—宁波高桥、余姚—慈城、火车站—梁弄—丹山赤水、火车站—陆埠—中村）。

22.新改建农村公路27.34千米，完成目标任务的101%。

（九）健身通道工程。2个子项目：

23.推进四明山千里登山步道建设，修建鹿亭乡、梁弄镇区域内的登山健身步道200千米。

24.开展环姚江、候青江健身绿道改造，新增慢行系统，增加绿道环线，建设总长度6.6千米。

（十）饮用水提质工程。2个子项目：

25.推进农村饮用水水质提升，开展梁弄、大岚、四明山供水站设备提升改造工程。

26.推进城区中高层住宅二次供水改造，覆盖君悦国际花园、金色兰庭、东城名苑等17个小区。

（市发改局）

抗击台风“轩岚诺”“梅花”

2022年汛期共有2个台风影响余姚市，分别是第11号台风“轩岚诺”、第12号台风“梅花”。

受2022年第11号台风“轩岚诺”影响，余姚全市过程面雨量213毫米，四明山区面雨量383毫米，姚江平原面雨量214毫米，姚北地区面雨量69毫米，单站最大大岚镇夏家岭站475.2毫米，城区206.4毫米，33个站超过200毫米，16个站超过300毫米，4个站超过400毫米。

受2022年第12号台风“梅花”影响，9月11日20时至15日08时余姚全市过程面雨量387.6毫米，四明山区面雨量567.5毫米，姚江平原面雨量387.8毫米，姚北地区223.2毫米，最大大岚镇夏家岭站706.6毫米，城区312.7毫米，64个站超过100毫米，63个站超过200毫米，41个站超过300毫米。其间，风力普遍8~9级，局部10~11级，8级以上大风累计15小时，沿海地区和高海拔山区12级以上大风累计3小时。“梅花”核心影响余姚时段恰逢农历八月十八（9月13日）前后的天文大潮期，风雨潮叠加。台风靠近时风暴迅速增水，多数海洋站增水超1米，甬江、奉化江区域出现高潮位，北渡站、澄浪堰站超保证潮位，对泄洪排涝极为不利。姚江主要控制站点水位超历史。“梅花”台风影响期间，奉化江北渡站最高水位4.46米，3米以上水位持续超45小时，姚江大闸上和姚江大闸下的最高水位分别为3.25米、3.13米，奉化江洪水抢道，对姚江的行洪造成明显影响。余姚全市近10个平原河道站最高水位超过历史最高水位，主要出现在余姚江干流及东江、中江和西江部分河道。其中姚江干流余姚站最高水位3.67米（超保证水位持续时间56小时，超警戒水位持续时间95小时），超过历史最高水位0.14米；丈亭站最高水位3.49米（超保证水位持续时间53小时，超警戒水位持续时间95小时），超过历史最高水位0.04米。

9月14日，省水利厅党组书记李锐（左一），在余姚指导防台防汛工作

（王燕飞　摄）

一、事前准备情况

台风来临前，市防指组织市气象局、市水利局等单位提前会商研判，在预测最大雨量的基础上，分析计算水库河网最大可容纳水量，并进行相应的调度工作，有效减轻姚江干流及余姚城区的防洪压力。市委、市政府主要领导科学指挥，尤其在台风“梅花”来临前，精准预判开展预排预泄，全市4座大中型水库共完成预泄3648万立方米（相当于腾出了2.6个西湖的容积），为“梅花”台风降雨留足防洪库容。在台风影响的强降雨期间，通过

应急启用余姚西分工程、逐步加大分洪流量，有效减少上游来水；全线关停沿姚江泵站，有效加快下游排水。同时，4座大中型水库拦蓄洪水7814万立方米（相当于腾出了5.6个西湖的容积），为下游河网错峰拦洪发挥了显著的作用，确保下游防洪的安全。

建立完善“1办13组”工作运行规则，实现了“防指办”统筹协调、指挥调度，“综合组”“人员转移组”“核灾救助组”等13个组各司其职的组织架构体系。集结部署救援队伍39支、救援力量5726人，各行政村（社区）的村级队伍超过3000人，提前部署落实发电机、水泵、卫星电话等“三大件”及冲锋舟、沙袋、手电筒、救生衣、食品等各类物资，余姚全市机关党员干部均进岗在位、一线作战。

二、监测预警和人员转移情况

台风“轩岚诺”和“梅花”期间，余姚市启动防汛防台应急响应2次，其中Ⅰ级响应2次。通过浙江省防汛防台应用、宁波市自然灾害风控平台等上报各类防御动态、工作落实、动态数据、相关信息等135（条）次，并由电子政务系统、传真、浙政钉等平台发出各类风险提示单、督办单、工作提示函等61份，防汛防台工作简报19期，通过短信预警平台发布工作动态短信、水雨情预警短信共1226批次、101712条，通过短信预警平台发布水雨情预警短信共845批次、80133条。市防指针对小流域山洪、地质灾害、危房等隐患点，对照气象、水利、资规等部门的预警等级，及时下发风险提示单，分级提醒各乡镇（街道）、开发园区和村（社区）基层防汛责任人到岗履职，按照叫应工作机制要求，做好受威胁人员“准备转移”“立即转移”及“扩面转移”等工作。通过各类媒体平台和三大运营商，加大台风动态、雨情水情、决策部署、防汛防台知识等信息的发布力度，引导全市群众做好防汛防台风险防范工作。

加强全市水库、山塘、堤防、海塘、闸泵、山区小水电等水利工程设施巡查检查，做好河道清障和设施设备的运维，全市13个小流域山洪影响的乡镇（街道），53个行政村，97个自然村均落实相应的防汛责任人、山洪灾害监测预警员及转移责任人；落实100名地质灾害群测群防员，通过“地灾智防”App加强全市137处地质灾害风险防范区的巡查排查，及时反馈地质灾害隐患点及灾害信息，地质灾害风险防范区739名常住人员实现安全转移；加强海上27艘渔船管控，黄家埠、泗门、小曹娥等沿海乡镇会同农业农村和公安部门，组织船上人员及时回港避风；出动特巡人员，检查地势低洼变电站和配电站房；对城区各个排涝泵站设备及泵站固定发电机等进行全面检查，并落实移动强排泵车提前在低洼区域布防。

在防汛防台应急响应启动后，第一时间启用全市235个避灾安置场所和78家临时安置点，做好人员转移工作。在防御台风“梅花”期间，通过避灾安置场所、学校、文化礼堂、安置小区、投亲靠友等方式，全市共转移79905人，集中安置4327人。

三、灾害损失情况

2022年汛期，余姚市总受灾人口82805人次；紧急避险转移人口990人次；紧急转移安置人口78915人次，其中：集中安置人口4413人次、分散安置人口74502人次。农作物受灾面积4249.48公顷，其中粮食作物受灾面积3282.67公顷；农作物成灾面积997.52公顷，其中粮食作物成灾面积886.66公顷；农作物绝收面积122.39公顷，其中粮食作物绝收面积106.67公顷；水产养殖受灾面积108.17公顷。

直接经济损失59022.96万元，其中农林牧渔业损失4345.15万元、工矿商贸业损失10430.91万元、基础设施损失38351.51万元、公共服务损失1905.59万元、房屋及居民家庭财产损失3535.8万元、其他损失454万元。

（市防指办）

东西部协作和山海协作工作

2022年，余姚市深入学习贯彻习近平总书记关于对口支援和区域合作工作的重要指示精神，围绕打造对口支援协作工作升级版总要求，推动东西部协作和山海协作工作取得积极成效，有效助力对口地区经济社会高质量发展。

一、东西部协作持续深化

年内，余姚市聚焦巩固拓展脱贫攻坚成果同乡村振兴有效衔接，助力昭觉县牢牢守住不发生规模性返贫底线，不断强化项目推进、产业协作、消费帮扶、劳务协作、社会帮扶、乡村振兴等重点工作，26项年度指标任务全部完成。推进帮扶项目，落实财政帮扶资金6200万元，实施帮扶项目17个，有效助力了昭觉县产业发展，民生改善，群众增收。加强产业协作，帮助昭觉县引进的宁波恒驰贸易有限公司和宁波志伦电子有限公司两家企业正式运营，通过“总部+基地+车间”的产业合作模式，在昭觉设立2个生产基地，5个社区就业帮扶车间，200余名昭觉脱贫群众实现“家门口”就业。拓展消费帮扶，开展消费帮扶新春行动等活动，推动昭觉农产品直销中心在余姚开业，推进“两地仓”建设，直接购买和帮助销售农特产品共7846万元。拓宽劳务协作，新增帮助昭觉县农村劳动力到余姚就业879人，其中脱贫人口253人，实现昭觉劳动力的有序输出和稳定就业。深化社会帮扶，持续推进镇镇结

5月26日，余姚市委书记傅贵荣（队伍右一）带队在四川省昭觉县企业考察

（市发改局　供稿）

7月7日，余姚市委副书记、代市长沃勇特（前排左三）带队在丽水市松阳县考察调研

（市发改局　供稿）

对、村企结对、学校结对、医院结对等工作，广泛动员社会力量参与东西部协作工作，累计捐赠社会帮扶资金和物资668万元。助力乡村振兴，持续打造横坎头村—三河村乡村振兴“共同体”，唱响东西协作“双村记”，开展“重温回信精神”消费帮扶直播带货、“山海情、彝家乐”彝族文艺表演等活动，相关做法被人民网、《经济日报》、《浙江日报》等媒体平台广泛宣传报道。

二、山海协作持续升级

年内，余姚市围绕山海协作20周年节点，充分发挥“山”“海”优势，推进产业发展、“飞地”共建、消费协作等行动，念好新时代“山海经”，打造山海协作工程升级版。产业合作成效显著，共落实财政援建资金424万元，筛选排定的5个援建项目全部完工。松阳—余姚山海协作产业园实现高质量发展，产业园规模以上工业总产值、工业增加值均同比增长70%以上。“飞地”建设稳步推进，“产业飞地”一期（47亩）为启动区，在建年产2万吨高端智能物流箱研发生产项目已完成总投资1.06亿元，预计今年上半年正式完工投产；二期（1453亩）完成选址调整，禾美新能源商用车项目即将落地，项目569亩用地已获宁波市自然资源和规划局批准，另有87亩土地正在进行农转用报批。“消薄飞地”园区已累计返利达1243.6万元，有效带动了松阳48个经济薄弱村增收致富。消费协作再创新高，推进松阳农副产品直销中心开业运营，加强线上销售力度，依托拼多多等电商平台拓展松阳县茶叶、香菇等产品消费市场。通过线上线下共同发力，共帮助松阳县销售农产品2748万元，销售额首次突破2500万元。此外，围绕山海协作20周年，广泛开展宣传活动，展示工作亮点，相关工作成效得到了宁波市市长汤飞帆的批示肯定。

（余姚市对口支援和区域合作工作领导小组办公室）

“五问五破、五比五先”机关作风建设专项行动

根据宁波市委统一部署，余姚市参加专项行动单位共96家，包括70家市级机关及其直属单位、5家市属企业、21个乡镇街道，涉及机关干部6632人，其中市领导32人、市管干部1038人、中层干部2406人。

在宁波市专项行动工作专班第四督导组的精心指导下，余姚市始终坚持高标准、全程体现高质量，专项行动举措有力、推进顺利、氛围浓厚，取得同时打赢防台抗疫“两场硬仗”、刷新宁波人才企业上市最快纪录、省“七张

问题清单”管控力指数连续四个月居全省二十、宁波第一等突出成绩，涌现出全国“人民满意的公务员”黄科威、“全国公安机关爱民模范”房敏杰等先进典型。累计报送信息30余篇，《奋力交出“双线作战”的高分答卷——余姚市党员干部防台抗疫一线侧记》《革命老区振兴共富的领头雁——记全国“人民满意的公务员”黄科威》《专班全程服务保障刷新最快上市纪录——余姚市专班化推动甬江人才工程企业甬矽电子上市侧记》均以单篇形式在宁波市“五问五破、五比五先”机关作风建设专项行动工作简报刊发，《拿地即开工 项目建设跑出“加速度”》等9项经验做法被《浙江日报》《宁波日报》等党报报道。

同时，强力推进改革，11个改革项目列入省级以上先行试点。聚焦数字化建设，区块链数据运营创新应用入选国家试点，“拘调融合”等应用全省复制推广，城市大脑2.0版建成投用，“医来兜应用”项目获2022全省数据开放创新应用大赛优胜奖；聚焦高效服务，“大综合一体化”行政执法改革取得阶段性成效，营商环境投诉监督中心投入运行，万人成讼率宁波各区县市最低。聚焦国有资产盘活利用，启动国资国企改革创新三年行动，新增市属国有控股上市公司1家，余姚市国有资产规模位居宁波各区县市首位，国资监管工作获省级表彰。强力推进攻坚，围绕环境治理、城市建设等痛点难点，梯次并进实施“一扫七治”、拆迁“清零”、“拆违治乱”等系列百日攻坚，新增违建势头得到有效遏制，黄湖片区3个月拆违35万平方米，古路头区块40天全面完成481户征收签约，全市房屋征收面积达127.48万平方米、超前三年总量，处置“两违”面积397.74万平方米。强力惠民保安，一般公共预算用于民生支出116.89亿元、增长6.1%，城镇和农村居民人均可支配收入分别达7.4万元、4.6万元，城乡收入比缩小到1.62，三级民生实事项目均已全面完成，社会事业再上台阶，城乡品质持续提升，第13次荣膺“中国最具幸福感城市”。

一、突出“姚味”设载体。在全面贯彻落实宁波专项行动部署的15项重点任务基础上，增加了“解民盼抓实大点改”“应民声抓实大问政”“优结对抓实大帮带”“晒排名抓实大发展”“重使用抓实大导向”等5项重点任务，将20项重点任务细化为72项主要工作，立足余姚本地实际，融入特色载体。一是深化主题宣讲。组织开展姚城青年联学联建活动，通过部门之间青年小组结对、青年主题宣讲、青年圆桌讨论等行动，激励引导青年干部加快凝聚“对标提神，先行有我”的思想共识和行动共识；依托“舜江青语”理论宣讲联盟，组织青年党员干部走进机关、农村、社区、学校，开展宣讲200余场次，受众达10余万人次，打通了传播党的理论的“最后一公里”；在《余姚日报》、余姚电视台、余姚人民广播电台等市级媒体推出“五问五破走在前、五比五先争一流”专栏，推出作风建设系列评论，及时刊载刊播各地各单位专项行动上的动态信息，大力营造全面动起来、全员紧起来、全速跑起来的赶考状态和奋斗姿态。二是强化舆论监督。制定《余姚市2022年加强媒体监督工作推动解决“治反复、反复治”问题实施方案》，以“四明聚焦”栏目为中心，重点围绕“七张问题清单”中多次反映、死灰复燃、久拖未决等典型共性、高频多发问题，集中推出舆论监督和调查性报道；开展“部门问政面对面”电视访谈活动，通过深入采访、明察暗访、民意调查、现场问答等方式发现和掌握问题，以面对面电视访谈节目的形式，让百姓问政于政府，让政府为百姓答疑解惑，用新闻的力量推动职能部门办实办好群众关切的关键小事、民生实事。三是畅通民意渠道。开展晒诺践诺活动，窗口单位干部根据岗位职责作出“勇担当、正作风、强服务”承诺，主动公开承诺内容和投诉举报电话；深化领导干部下沉接待群众信访机制；大力推广“一码听民意”数字场景应用；用好人大代表联络站、政协委员工作室等平台渠道，《察民情、聚民智、惠民生 余姚“乡村两官”进代表联络站为民解忧》在《宁波日报》“五问五破五比五先行动”专栏报道。四是浓厚争先氛围。结合公务员“双对考核”，积极探索“季度之星”评选；紧扣稳进提质、助企纾困、助力共富、防控疫情等大战大考，选树一批“担当作为好干部”，黄科威获评全国“人民满意的公务员”；组织开展全市“赛马争先、稳进提质”干部风采集中展示活动，8个在“赛马争先”抓落实专项行动、经济稳进提质等全市中心重点工作中担当有为、实绩突出的团队现场亮实绩、展风采；推出书记擂台、局长擂台、科长擂台、菁英擂台、人才擂台等五项擂台赛，通过亮绩赛绩、互学互鉴，助推各项工作提速提效，市级层面举办局长擂台4期，结合党委（党组）书记基层党建工作述职80名乡镇街道、市直部门党委（党组）书记参加擂台比赛，各地各单位举办科长擂台、人才擂台128场次，组织开展2022年度民主评议机关、千企评机关活动，推动形成争先创优、你追我赶的创业干事氛围。

二、便民利企出实招。坚持以问题为导向，以实效为目标，着眼便民利企零距离，服务延伸再升级，着力解决当前企业和群众最急最忧最盼的问题。一是精准服务企业。建立企业服务经理人制度，在全市选派部分经济管理部门的市管领导担任企业服务经理人，每人结对联系2~3家符合产业发展方向、具有高成长性的“大优强”培育企业、“350”培育企业和“专精特新”企业，截至2022年底，共有105名市管干部结对企业234家。市行政服务中心推出政务服务直通车为108个项目提供上门服务，累计行程1500多公里，涉及总投资283.72亿元，集中上门办理社保医保和不动产登记等业务700余人次，解答政策咨询1300余条，项目建设进度与审批服务效能得到显著提升。市四明山旅管中心依托“四明山记”抖音号免费为四明山区域22家民宿酒店拍摄宣传视频，帮扶山区住宿企业走出因疫情造成的困境，宣传视频发布2个月，房间预订量增加500间，预定金额近20万元。二是真情服务“三农”。市农业农村局送好政策“定心丸”，千方百计提高农民种粮积极性，累计下拨各类粮食补贴惠及农户12万户次，余姚市早稻和晚稻种植面积均居宁波大市第一。当好暖心“农小二”，选派30名农技指导员结对120个种粮科技示范户，推动技术要领直接到人、良种良法直接到田，2022年度累计发布有关病虫情报14篇，指导农户8000余人次，组织培训农户2000余人次，水稻小麦等主要种植品种良种覆盖率在98%以上。三是倾情改善民生。市教育局上线“姚优教”云课堂，首批惠及学生3万余人次。市医保局联动相关部门和乡镇街道首创“医来兜”数字应用平台，兜底困难群众高额医疗费用，减轻困难群众重特大疾病医疗费用负担。市卫健局加强乡村医疗卫生服务体系建设，建立县域急诊急救大平台，县域医共体体制进一步健全。各部门合力推动优化“一老一小”服务管理，深化“医养小屋”建设，率先出台托幼一体化服务体系建设意见，加快构建全生命周期健康服务体系。

三、攻坚破难见真章。坚持把作风建设专项行动作为攻坚克难的大抓手、比拼实绩的大平台，引导激励广大机关干部鼓足“走在前”的勇气、增强“争一流”的魄力，不断在实战中提升工作能力水平。一是持续强化项目攻坚。建立“1+5+X”工作体系，实施“1+7+N”扩投资抓项目行动，强化重大项目、重要问题、重点专项市领导挂帅推进、督办督导，实行“一对一”闭环管理，确保顺利完成全年投资计划。项目审批从立项到开工平均用时提速43%，7个重点工业项目实现“拿地即开工”，梁周线高架（一期）等一批重大项目实现开工建设。固定资产投资增长13.7%、增幅居宁波前三。二是持续集聚要素资源。全力保障项目用地用海需求，完成建设项目用地报批4277亩，争取规划新增建设用地5.47万亩，消化“批而未供”土地4307亩，完成海域使用报批801.86亩、腾出海域使用空间3600亩。资金方面，抢“政策窗口”，争取专项债43.35亿元、额度居宁波各区县市第一。突出政策集成，强化上下贯通、直达快享，及时出台稳链纾困助企一揽子政策，累计减（退、缓）税费76.4亿元，实现制造业贷款增长13.8%，完成政府性融资担保在保余额20.4亿元、居宁波各区县市首位。三是持续稳固安全底线。建强基层网格，强化“大数据+大脚板”，纵深推进拆违治乱、消防安全等专项行动，全域开展安全隐患排查化解；积极稳妥推进房地产等领域风险防范处置，落实12个风险楼盘“一楼一策一专班一工作群”的处置机制。主动高效应对新冠疫情和“轩岚诺”“梅花”台风双重考验，快速激活“163”应急响应体系，在防疫防台一线筑堡垒当先锋，坚决打赢防台抗疫“两场硬仗”。

四、亮晒比拼促实绩。以开展专项行动为契机，突出晾晒比拼、精准赋能、实干导向，激励广大党员干部比学赶超、争先创优，努力形成全域争先、全速争先、全员争先的生动局面。一是坚决稳住经济发展大盘。持续抓好稳进提质八大攻坚，突出专班推进，建立“定性定量、定点定时、定责定人”“六定”工作机制，推进工作清单化、闭环化落地落实，制造业高质量发展、企业上市等两项工作获省政府督查激励；制定主要经济指标“双底线”考核细则，面对经济下行压力的严峻挑战，专班推进、系统实施稳进提质八大攻坚行动，高频开展经济运行监测调度，强化经济运行“日日促”“周调度”和定期晾晒，晾晒结果纳入年度部门和乡镇（街道）考核成绩，倒逼相关部门有的放矢做好固强补弱工作，专题研究行业发展难题，携手各类市场主体共克时艰，加快推进产业结构优化、能级提升，全市经济运行企稳向好。二是坚持创新驱动首位战略。实施科创企业“育苗造林”工程，编制《余姚市重点领域核心技术申报目录》，支持龙头骨干企业联合高校、科研院所开展“揭榜攻关”，带动产业链上下游中小企业提升创新能力，全市规上企业研发投入强度继续保持宁波第一，实现科技服务业营收增长23.2%，余姚市作为唯一县（市、区）代表在2022年度全省科技创新大会上作交流发言；科技创新成效明显，超大尺寸高温镍基合金产品填补国内空白，国家重大科技专项工业机器人控制器项目通过验收，省级智能装备高新技术产业园区获批创建，全市研发经费投入强度达到3.54%、居宁波各区县市首位，新认定国家高新技术企业199家，余姚市被评为省科技工作成绩突出先进集体。三是培育专精特新企业群体。以推进省制造业高质量发展示范县市建设为契机，构建覆盖企业成长全生命周期的梯队培育体系，培育形成集群化发展、产业链协同、梯队结构良好的“专精特新”企业群，2022年余姚市新增国家级单项冠军示范企业（产品）4家、宁波级单项冠军培育企业51家、浙江制造精品企业6家，3家企业评上省级技术中心，数量均为宁波第一。江丰电子、大丰实业分获国家技术创新、国家服务型制造示范企业。

（市委组织部）

大事记

1月

5日 全市疫情防控工作会议召开。

6日 全市市政府工作报告决策咨询专题座谈会召开。

7日 “共享法庭”建设推进会暨全市授牌上线仪式举行。

8日 余姚市工商业联合会（总商会）第十次代表大会召开。

11日 省委常委、秘书长陈奕君到余姚开展“助企开门红”活动。

同日 全市安全生产暨春运工作会议召开。

12日 全市高层次人才座谈会召开。

14日 省级生态文明建设示范市、“无废城市”创建动员会暨生态环保委员会扩大会议召开。

同日 市委信访工作会议召开。

15日 第十三届中国余姚·河姆渡网上农业博览会落幕。

22日 全市党史学习教育总结会议召开。

22—24日 市政协十四届一次会议召开。

23—25日 市十八届人大一次会议召开。

28日 市政府举行第一次常务会议，传达学习习近平在省部级主要领导干部学习贯彻党的十九届六中全会精神专题研讨班开班式上的重要讲话精神、省“两会”精神。

29日 市政府召开全体（扩大）会议暨廉政工作会议。

同日 全市新冠疫情防控工作“六大机制”能力建设桌面推演活动举行。

30日 市委常委会召开党史学习教育专题民主生活会。

是月 2021年度美丽城镇考核结果出炉。大岚镇获评省级样板，朗霞马渚临山获评宁波市级样板。

是月 梁弄大溪入选“浙江省2021年度美丽河湖”。

2月

8日 全市“赛马争先”抓落实专项行动动员大会召开。

11日 市人大常委会与市政府就2022年重点工作进行面对面对接。

同日 市政府与市政协举行重点工作对接会。

15日 “亲清直通车·共建‘最名邑’”全市民营企业家元宵座谈会举行。

16日 省政协主席黄莉新到余姚调研。

18日 浙江比依电器股份有限公司在上交所主板上市。

20日 宁波市委副书记、代市长汤飞帆到余姚调研。

21日 全市基层党建和人才工作述职评议会召开。

同日 全市宣传思想文化工作会议召开。

23—24日 出席宁波市第十四次党代会的余姚代表团审议宁波党代会报告。

28日 市委常委会（扩大）会议召开，专题研究推进革命老区新时代共同富裕工作。

同日 广播剧《嘱托》赠送仪式暨余姚市横坎头红锋共富联盟区域发展有限公司揭牌仪式举行。

3月

1日 市委召开全市领导干部会议，传达学习宁波市第十四次党代会精神。

同日 宁波市资本市场工作现场推进会在余姚召开。

2日 全市拆违治乱、消防安全百日攻坚专项整治行动动员大会召开。

3日 全市统战工作会议召开。

5日 2022年余姚市“千年古姚城 现代最名邑”地产推介会举行。

7日 省委常委、宁波市委书记彭佳学来余姚调研粮食生产和乡村治理。

8日 余姚市“三八国际劳动妇女节”112周年纪念大会暨“巾帼助力共同富裕”主题文艺汇演举行。

9日 “喜迎二十大 青年话初心 共植青年林”宁波市党代会精神主题宣讲暨青年植绿护绿主题活动在梁弄镇横坎头村举行。

11日 2022年全市建议提案交办工作会议召开。

12日 全市扩大有效投资重大项目集中开工仪式在中铁十九局集团华东总部基地建设项目现场举行。

14日 市委召开全市领导干部会

议，传达学习全国两会精神。

15日　全市关心下一代工作会议召开。

16日　市一季度安全生产委员会全体（扩大）会议暨“除险保安”攻坚战推进会召开。

17日　全市推进“大综合一体化”行政执法改革动员会召开。

18日　全市乡镇街道党（工）委书记工作交流会暨一季度重点工作推进会召开。

同日　全市民族宗教工作会议召开。

同日　市深化全国文明城市创建部署动员会暨市文明委全体（扩大）会议召开。

24日　全市农村工作和粮食安全工作会议召开。

同日　全市基层党建工作会议召开。

29日　市委人才工作领导小组会议召开。

是月　余姚市获评2021年度浙江省清新空气示范区。

4月

1日　市委人才工作会议召开。

2日　余姚市平安建设实现“十五连冠”。

同日　全市“拆违治乱”百日攻坚专项整治行动推进会举行。

14日　市委常委会召开会议，传达学习宁波市两会精神。

19日　全市“除险保安”安全生产专项行动推进会举行。

20日　全市拆违治乱百日攻坚行动暨迎亚运“两路两侧‘三化一平’”专项整治行动推进会议召开。

21日　2022年余姚市防汛防台抗旱指挥部成员（扩大）会议召开。

27日　全市庆祝“五一”国际劳动节暨劳模工匠先进代表座谈会召开。

同日　市委民主协商座谈会召开。

28日　“姚江文艺讲堂”开讲仪式暨首讲活动举行。

29日　全市建设平安余姚暨政法工作会议召开。

30日　“在宁波，读懂共同富裕”书记领读行动举行。

5月

3日　第五届市城市规划委员会举行第一次会议。

6日　市委党风廉政建设和反腐败工作情况通报座谈会召开。

10日　市领导与全市各界青年代表集中收看庆祝中国共产主义青年团成立100周年大会盛况。

11日　庆祝“5·12”国际护士节座谈会召开。

12日　市政协召开“民生议事堂”建设现场推进会。

13日　全市“文明有礼‘最名邑’”专项整治月活动动员部署会召开。

14日　纪念杨贤江入党100周年暨“杨贤江纪念馆”开馆仪式在泗门镇中心小学举办。

20日　宁波市人大常委会主任张平到余姚参加宁波市人大代表余姚中心组活动。

23—24日　共青团余姚市第二十次代表大会胜利召开。

24日　丽水市松阳县委书记莫靓率松阳县党政代表团来余姚对接山海协作工作。

同日　赴昭觉县“组团式”帮扶人才座谈会召开。

26日　由宁波企业投资的凉山州恒驰服饰有限公司、凉山州志雪电子科技有限公司在四川省昭觉县投产。

25—27日　市委书记傅贵荣率余姚市党政代表团赴四川省凉山州昭觉县对接深化东西部协作，巩固脱贫攻坚成果。

27日　全市深化全国文明城市创建工作调度会召开。

5月31日至6月1日　副省长王文序到余姚调研城乡社区治理和康养事业工作。

6月

1—2日　安徽省蚌埠市固镇县党政代表到余姚考察。余姚市—固镇县结对合作帮扶工作联席会举行。

2日　十六届市委全面依法治市委员会第一次（扩大）会议召开。

同日　全市党管武装工作暨国防动员委员会（国防教育委员会）全体会议召开。

8日　省人大常委会副主任李学忠到余姚督查中央人大工作会议精神和相关文件落实情况。

同日　省人大常委会副主任李学忠带队到余姚开展《浙江省综合行政执法条例》执法检查。

同日　宁波市政协主席徐宇宁到余姚调研。

同日　市文化科技卫生“三下乡”集中示范活动暨第九届余姚市百姓文化节开幕式举行。

10日　市红十字会第六次会员代表大会召开。

同日　市人民调解协会第二次会员代表大会召开。

同日　由市档案局、市档案馆举办的“知行余姚”档案文献展开展。

16日　市委党建工作领导小组会议召开。

同日　市人大常委会组织开展“人大代表进两院”活动。

23日　市委理论学习中心组举行学习会，专题学习《干在实处　勇立潮头——习近平浙江足迹》。

同日　市委政法委员会全体（扩大）会议召开。

24日　全市建设平安余姚暨“除险保安”工作推进会召开。

同日　全市深化“拆违治乱”攻坚专项行动推进会召开。

25日　市决策咨询委员会召开特约咨询委员会议。

27日　市委召开全市领导干部会议，传达学习省第十五次党代会精神。

29日　市综合行政执法指挥中心重点领域联合执法组授牌仪式举行。

同日　全市对口支援和区域合作工作领导小组会议召开。

30日　全市村（社区）党组织书记工作交流会暨“三十佳”村（社区）干部表彰会召开。

同日　2022年全市食品药品安全工作会议暨省食品安全示范市创建动员大会召开。

7月

2日　市委召开“学习贯彻省第十五次党代会精神”专题学习会。

5日　第八届中国机器人峰会暨智能经济人才峰会筹备工作委员会第一次会议召开。

6日　宁波市人大常委会党组书记、主任张平到余姚开展乡村振兴“一法一条例一决定”执法检查。

同日　全市半年度安全生产工作会议暨深化消防安全百日攻坚整治行动部署会召开。

7日　市委副书记、市长沃勇特赴丽水市松阳县考察交流，推进山海协作工作。

9日　余姚市城市发展大会举行。

12日　中意宁波生态园2021年度工业经济表彰大会召开。

18日　市委城乡现代社区建设指导委员会第一次会议召开。

26日　浙江省2022年全民数字素养与技能提升月在余姚启动。

27日　“热血铸军魂·兵心永向党”2022年余姚市庆祝建军95周年暨首届“十最百美”最美退役军人系列颁奖仪式举行。

同日　迎“八一”军地座谈会召开。

8月

1日　全国文明城市创建工作部署推进会召开。

3日　全市半年度经济社会形势分析会召开。

同日　市政府与中建三局集团有限公司签订战略合作框架协议。

4日　全市“五问五破走在前、五比五先争一流”作风建设专项行动动员部署会召开。

5日　全市国资国企改革创新三年行动动员大会召开。

同日　全市安全生产委员会半年度工作会议暨“除险保安”攻坚战推进会召开。

9日　中共余姚市委十六届二次全体（扩大）会议举行。

12日　全市数字化改革推进会召开。

同日　黄湖片区开发建设攻坚动员会召开。

16日　全市商贸服务业企业座谈会召开。

18日　部分“重点类”督办代表建议面商座谈会举行。

同日　乡村法官、乡村检察官走进代表联络站工作举行启动仪式。

20日　全国文明城市创建工作调度会召开。

23日　市政府与海通证券签订战略合作协议。

25日　市委法院工作会议召开。

26日　市委教育工作领导小组（扩大）会议召开。

27日　第五届中国高校智能机器人创意大赛决赛开幕。市委副书记、市长沃勇特出席并致辞。

30日　全市经济稳进提质攻坚工作调度会召开。

9月

1日　农业农村部副部长马有祥到余姚调研粮食生产工作。

8日　“喜迎二十大，同心话共富”全市社会各界人士中秋茶话会举行。

10日　2022宁波（余姚）阳明文化季启动仪式暨“吾心自有光明月”中秋诗会举行。

13日　全市“代表评营商、助力最名邑”主题活动部署会召开。

14日　全市防御台风“梅花”视频调度会召开。

15日　省委常委、宁波市委书记彭佳学到余姚检查指导灾后恢复工作。

19日　市妇幼保健院等级医院现场评审启动会举行。

21日　市优秀教师表彰大会暨首届教书育人奖颁奖典礼举行。

同日　全市巡察工作会议暨十六届市委第二轮巡察动员部署会举行。

同日　国家中医药管理局副局长秦怀金带队到余姚调研中医药工作。

21—22日　四川省凉山彝族自治州副州长、昭觉县委书记马小合率昭觉县党政代表团到余姚开展东西部协作活动。余姚市领导傅贵荣、沃勇特、诸晓蓓等参加。

23日　市海外高层次人才联谊会年会举行。市委书记傅贵荣出席并讲话。

同日　市政协举行“请你来协商”·全会提案现场办理会议。

同日　2022年余姚市“全国科普日”活动启动仪式暨现场科普活动举行。

26日　全市除险保安暨二十大维稳安保工作推进会召开。

同日　全市村级集体经济“消薄”攻坚推进会召开。

28—29日　市委书记傅贵荣率余姚市党政代表团赴安徽省蚌埠市固镇县开展结对合作帮扶工作。

29日　2022四明山区域“旅游+”产业促共富主题活动举行。

同日　“喜迎二十大·同心向未来”余姚市书法美术作品展开幕。

30日　烈士公祭仪式举行。

10月

9日　省委常委、秘书长陈奕君在余姚接待群众来访。

13日　余姚市“赛马争先、稳进提质”干部风采集中展示活动举行。

27日　全市电商经济企业家座谈会召开。

29日 市委常委会召开（扩大）会议暨三季度经济社会形势分析会。

31日 纪念王阳明诞辰550周年礼贤仪典在瑞云楼举行。

11月

1日 “吾心光明”王阳明主题书画展在余姚博物馆开展。

2日 市委书记傅贵荣到余姚经济开发区调研。

4日 市残疾人联合会第七次代表大会召开。

同日 “诗路甬城”纪念王阳明诞辰550周年暨宁波市第二届古典诗词吟诵会在余姚举行。

4—5日 湖北省黄冈市红安县委副书记、县长胡广率红安县党政代表团到余姚考察。

8—9日 省人大常委会党组书记、副主任梁黎明到余姚调研人大工作和全过程人民民主基层单元建设情况。

9—10日 市委副书记、市长沃勇特率余姚市党政代表团赴四川省凉山州昭觉县开展东西部协作工作。

9—11日 全省人大农业农村工作座谈会暨全省人大农业农村工作培训班在余姚举行。

10日 梁弄镇新乡贤助力革命老区共同富裕教育先行区建设暨余姚市正蒙教育基金颁奖仪式举行。

17日 宁波市委副书记、市长汤飞帆到余姚督导“迎亚运”城乡环境综合整治工作。

23日 以“人类命运共同体的文化共鸣”为主题的世界阳明学大会在“阳明故里”余姚开幕。

同日 世界阳明学大会举行专家访谈。

24日 全市“冲刺四季度、确保全年红”经济稳进提质推进会召开。

25日 宁波市中华文化海外传播联盟成立仪式暨阳明文化海外传播主题论坛在余姚举行。

同日 市政府召开与市法院、市检察院联席会议。

同日 2022年度浙江乡村振兴共富带头人“金牛奖”评选活动在余姚启动。

26日 “舜宇杯”第四届“一带一路”中国四明山百公里山地户外运动挑战赛暨2022CHINA100山地越野系列赛（中国·宁波·余姚）开赛。

29日 市委理论学习中心组举行“习近平强军思想”专题学习会。

30日 宁波市委副书记、市长汤飞帆到余姚调研经济稳进提质工作。

12月

7日 文化和旅游部副部长、国家文物局局长李群赴余姚调研文物保护利用工作。

9日 全市高质量发展建设共同富裕先行地工作推进会暨市委社建委全会召开。

10—11日 “余山姚水·妈妈的味道”宁波市民间美食美物巧女秀活动在余姚举行。

23日 中共余姚市委十六届三次全体（扩大）会议举行。

26日 余姚代表团参加宁波市十六届人大二次会议。

（市档案馆）

市情概览

地域地貌

【地理位置】 余姚市境位于浙江省东部、杭州湾南岸，介于北纬29°39′~30°21′、东经120°52′~121°25′，东西相距58.5千米，南北相距79千米。区域总面积1526.86平方千米，其中陆地面积1336.8平方千米，海域面积190.06平方千米。地势南高北低，呈丘陵、平原、滩涂3级朝杭州湾展开，山地丘陵、平原（含海涂）、水域（含海域）面积比为53∶29∶18，素有“五山二水三分田”之称。

【地形地貌】 市境南部为中低山丘陵区，包括四明山镇、大岚镇、梁弄镇、鹿亭乡、大隐镇、陆埠镇（不含郭姆、沿江片）、河姆渡镇车厩片、梨洲街道（不含明伟片），占陆地面积的46.4%。区域内四明山脉自西南向东北方向延伸，低山丘陵起伏，地势由南向北逐步倾斜。其中，海拔500~1000米的中低山占21.2%，海拔250~500米的山丘占22%，海拔250米以下的丘陵占56.8%。最高峰为四明山镇青虎湾岗，海拔979米。

中部为姚江平原区，包括牟山镇、马渚镇、阳明街道、兰江街道、梨洲街道明伟片、凤山街道、丈亭镇、三七市镇、河姆渡镇（不含车厩片）、陆埠镇（不含兰山、洪山片），占陆地面积的34.8%。

北部为海涂冲积平原区，包括临山镇、黄家埠镇、泗门镇、小曹娥镇、朗霞街道和低塘街道。位于钱塘江、杭州湾以南，大古塘前后，50%的土地由海涂围垦而成，占陆地面积的18.8%。

（市委党史研究室）

气　候

【年度气候特点】 2022年余姚市气候年景差，气象灾害严重。主要气候特点：年平均气温偏高；年降水量偏多，降水日数偏少，有阶段性干旱；日照时数偏少。年内主要气象灾害：冬季寒潮过程、低温雨雪冰冻、雾、连阴雨，春、夏季强对流（雷电、大风、短时暴雨），其中7月强对流异常偏强，夏季高温破纪录、干旱严重，共有2个影响台风，“轩岚诺”“梅花”均影响严重。

【主要气象要素】 气温　年平均气温18.2℃，比常年偏高0.8℃，为有历史记录以来第四高。其中，2月、5月、9月、10月、12月平均气温较常年偏低，其他各月平均气温均比常年偏高。具体为：9月、10月分别较常年偏低0.3℃、0.8℃，2月、5月、12月较常年偏低1.5℃~1.8℃，1月、4月、6月较常年偏高1℃~1.6℃，其余各月偏高幅度在2.5℃~3.1℃。其中8月余姚市平均温度31.6℃，较常年偏高3℃，破历史同期最高纪录。年极端最高气温41.6℃，为历史第三高，出现在7月12日；年极端最低气温-3℃，出现在12月19日。年内有日平均气温≤5℃寒冷日39天，高温日59天（日最高气温35℃及以上）。

降水　年降水量为1674.5毫米，比常年偏多约8.8%。年降水日数142天，比常年偏少13天，其中暴雨日5天。4月、5月、6月、7月、8月、10月降水量较常年偏少，其中4月、5月比历史平均值偏少1~2成，6月、7月、8月、10月比历史平均值偏少3~6成；其余月份降水量均偏多，其中9月偏多近2倍，历史同期第二多，11月、12月偏多不到1成，其余月份偏多4~5成。7—8月，全市降水明显偏少，累计降水量仅为142.2毫米，较常年偏少约60%，气象干旱程度达到中旱局部重旱。

日照　年日照时数为1484.6小时，比常年偏少16.9%。除7月、8月、12月较常年偏多外，其他各月均偏少，其中2月、5月、11月偏少3~5成，其他月份偏少1~3成。

其他　2021—2022年度终霜日为2月25日，结冰终日为2月25日，降雪终日为2月23日。2022年度初霜日为12月13日。

【主要气候事件】 气温偏高多月破纪录，降水偏多分布不均　2022年余姚年平均气温18.2℃，比常年偏高0.8℃，为历史同期第四高。其中，3月、6月、8月的月平均气温均破历史最高纪录；年降水量1674.5毫米，比常年偏多约8.8%。年降水日数142天，比常年偏少13天，其中9月份降水量达523.2毫米，为历史同期第二多。

阴雨连绵雪满山，同期日照创新低　1月22日至2月23日，余姚出现多轮连阴雨（雪）天气，其中1月28日夜里至30日、2月6日傍晚至7日、16日至19日、22日至23日山区出现降雪，高海拔山区积雪最大超20厘米；23日凌晨2点前后平原出现雨夹雪或雪。在该时段内，全市累计降水量251.9毫米，为历史同期第一多；降水日数24天，为历史同期第二多；累计日照时数18.4小时，比常年同期偏少84.9%，创历史同期新低。

梅汛形势不典型，梅期频现强对流 2022年余姚梅期较短，仅16天，比常年偏少7天。出入梅时间均比常年偏早，6月10日入梅，较常年略偏早（6月12日），6月26日出梅，较常年偏早9天（7月5日）。梅雨形势不典型，以过程性降水为主，全市平均梅雨量80毫米，偏少68%（常年252.2毫米）。梅期6月22日下午到25日多次出现强对流天气，其中24日下午到夜里接连遭遇三轮强对流天气，并伴有局地雷雨大风和短时强降水，梅雨期内出现如此剧烈的强对流天气属历史罕见。

超强台风“轩岚诺”，“V”形路径史罕见 2022年第11号台风“轩岚诺”于8月28日14时在西北太平洋生成，其生成后的36小时内由热带风暴级迅速“五连跳”发展为超强台风级，“轩岚诺”路径整体呈“V”形，生成后一路西行，在台湾以东洋面发生“V”型转向，尔后向北偏西方向移动，沿浙江近海北上后在宁波沿海转向东北，逐渐远离余姚，这种“V”形怪异路径是有气象记录以来首次出现。受“轩岚诺”影响，余姚过程面雨量213毫米，单站最大大岚镇夏家岭站475.2毫米，城区206.4毫米，33个站超过200毫米；全市风力普遍达到7~8级，局部9级，8级以上大风出现时间累计16小时。

最强“梅花”正面袭，狂风暴雨来势汹 2022年第12号台风“梅花”于9月14日在舟山普陀沿海以强台风级登陆，正面袭击我市；“梅花”为2022年首个登陆华东沿海且登陆中国最强的台风。受台风“梅花”影响，9月11日20时至15日8时余姚过程面雨量387.6毫米，最大大岚镇夏家岭站706.6毫米，四明山区的东岗、范太坞、夏家岭、丁家畈和章雅山等站最大12小时雨量均在370毫米以上，分别为余姚有气象记录以来台风影响期间单站12小时雨量历史排第一、第二、第四、第五、第六。全市极大风风力普遍达到8~9级，局部11级，8级以上大风累计出现15小时。

夏季高温创纪录，热浪频频难出户 2022年夏季气温持续偏高，平均气温29.8℃，破历史最高纪录，全市大部极端最高气温达39℃~43℃。最高气温出现在7月9日的三七市镇幸福村，为43.9℃；余姚国家气象站监测到最高气温41.6℃（7月12日），为历史第三高。夏季高温日数达57天，为历史同期最多。全市共出现四轮大范围、持续性高温天气：第一轮6月26日至29日，第二轮7月4日至17日，第三轮7月20日至29日，第四轮7月31日至8月23日。

降水偏少夏旱现，人工增雨缓旱情 2022年夏季降水显著偏少，累计降水274.1毫米，为历史同期第三少。降水偏少导致干旱持续发展，七月中旬至八月下旬余姚气象干旱程度达到中旱，局部重旱。为缓解旱情，市气象局抢抓有利降水的时机，联合慈溪市人工影响天气领导小组办公室开展多轮人工增雨作业，有效增加水库蓄水，为缓解旱情起到积极作用。

国庆假期异常高温，强冷空气一夜送秋来 2022年国庆假期前三天最高气温均达34℃以上，其中2日和3日连续两天出现35℃以上的高温，姚西北平原普遍出现35℃~37℃，3日国家站最高气温36.2℃，打破历史10月气温最高纪录。4日受强冷空气影响，全市气温明显下降，日平均气温48小时降温幅度达到10.4℃，5日起全市平均气温稳定低于22℃，进入气象意义上的秋天。

十一月末遇寒潮，姚城速寒秒入冬 11月29日至12月2日，受寒潮影响，余姚迎来强降温、大风和小雨雪天气，日平均气温48小时降温幅度13.0℃，12月1日最低气温0.2℃，山区最低-5℃~-2℃，极端最低气温棠溪站-4.9℃，部分山区有积雪1~2厘米并伴有道路结冰。11月30日，余姚进入气象学意义上的冬天，偏早4天（常年12月4日）。

（注：本文采用的常年气象资料，年代平均值：1991—2020年，极值：1961—2022年）

8月23日，宁波首套稻田农业气象观测站启用　（陈丹丹　摄）

2022 年余姚市主要气象要素统计表

表 1

时段	气温（℃）		降水量（毫米）		雨日（天）		日照时数（小时）	
	实况	距平	实况	距平	实况	距平	实况	距平
1 月	6.5	1.3	137.8	42.8	12	-0.9	72.6	-28.9
2 月	5.4	-1.7	127.9	44.4	16	4	56	-50.9
3 月	14.1	3.1	190.6	63.4	15	-0.1	127	-3.1
4 月	17.6	1	89.8	-17	12	-1.9	132.9	-23.4
5 月	20.1	-1.5	104.4	-14.8	15	0.8	111.3	-56.7
6 月	26.5	1.6	131.9	-79	13	-3.1	102.6	-36.1
7 月	31.7	2.5	56	-96.5	9	-3.6	238.9	9.8
8 月	31.6	3	86.2	-118.9	7	-7.3	236.3	26.2
9 月	24.2	-0.3	523.2	346.6	9	-3.9	112.5	-43
10 月	18.5	-0.8	56.6	-39.3	11	1.6	106.6	-44.3
11 月	16.2	2.5	90.6	2.3	12	1	68.8	-51.5
12 月	5.7	-1.8	79.5	1.7	11	0.4	119.1	0.7
全年	18.2	0.8	1674.5	135.7	142	-13	1484.6	-301.2

说明：常年资料年代 1991—2020 年

（市气象局）

自然资源

【海洋资源】 余姚海岸线总长23千米，海域面积122平方千米，海洋生物种类包括、浮生植物约30种，浮游动物15种，渔业资源种类32种；蓝碳生态系统主要由盐沼、淤泥质光滩和海域水体三类构成，总面积12143.23公顷，其中盐沼1473.35公顷、淤泥质光滩2796.3公顷、海域水体7873.58公顷。余姚市大力保障重大项目用海，提速历史围填海开发利用，2022年支持中意宁波生态园完成用海报批53.46公顷和海域论证119.5公顷。

【森林资源】 全市林地面积56853.3公顷，其中乔木林地面积26520公顷，占林地总面积的46.64%；林木覆盖面积59773.3公顷，林木覆盖率41.32%。全市森林面积64180公顷，森林覆盖率44.36%，其中乔木林30293.3公顷，占47.20%；竹林23120公顷，占36.02%；灌木林10766.7公顷，占16.78%。

全市活立木蓄积3391628立方米，其中森林蓄积3207076立方米，乔木林单位面积蓄积量111.9立方米/公顷，包括天然乔木林单位面积蓄积量120立方米/公顷，人工乔木林单位面积蓄积量112.1立方米/公顷，林木蓄积量实现持续稳定增长，年增长率达到5%以上。

全市现有生态公益林面积40980公顷（其中余姚市本级37853.3公顷，宁波市林场3126.7公顷），其中四明山区域生态公益林面积31286.7公顷（含余姚市本级28160公顷，宁波市林场3126.7公顷）；水源涵养林面积21913.3公顷（含余姚市本级21766.7公顷，宁波市林场146.7公顷）。公益林建设直接保护了陆域近30%的生态空间和65%的森林生态资源，对调节气候，涵养水源，改善生态环境，恢复森林生态功能，构建绿化生态屏障起到重要作用。

【湿地资源】 全市湿地总面积21513.3公顷，其中：近海与海岸湿地（含河口水域、三角洲沙洲岛、海岸性淡水湖等）15600公顷，占湿地总面积的72.5%；河流湿地2133.3公顷，占9.92%；湖泊湿地26.7公顷，占0.13%；人工湿地3753.3公顷（其中库塘1873.3公顷、人工输水河700公顷、水产养殖场1180公顷），占17.45%。

截至2022年底，余姚经省政府公布的重要湿地有4处，分别为杭州湾河口海岸余姚段湿地、浙东运河余姚段湿地、牟山湖湿地和四明湖湿地，面积14693.3公顷，为宁波市数量之最。省级湿地公园1个（四明湖省级湿地公园），面积1553.3公顷。

【野生动植物资源】 国家重点保护野生动物　余姚境内分布的国家Ⅰ级保护动物有东方白鹳、黑鹳、中华秋沙鸭、黄腹角雉、白颈长尾雉、白鹤、白头鹤、遗鸥、黑麂、镇海棘螈、黄嘴白鹭、黑脸琵鹭、彩鹮、秃鹫、穿山甲、小灵猫等16种，国家Ⅱ级保护动物有虎纹蛙、角䴙䴘、卷羽鹈鹕、岩鹭、白琵鹭、鸳鸯、鸿雁、黑鸢、赤腹鹰、雀鹰、松雀鹰、白尾鹞、鹊鹞、鹗、黑翅鸢、白腹鹞、凤头蜂鹰、黑冠鹃隼、凤头鹰、日本松雀鹰、灰脸鹰、毛脚、灰背隼、红脚隼、红隼、燕隼、黄爪隼、白鹇、勺鸡、小杓鹬、红翅绿鸠、褐翅鸦鹃、小鸦鹃、草鸮、短耳鸮、红角鸮、领角鸮、雕鸮、斑头鸺鹠、鹰鸮、灰林鸮、长耳鸮、仙八色鸫、河麂等44种。

国家重点保护野生植物 余姚市境内分布的国家Ⅰ级重点保护野生植物有南方红豆杉、银缕梅等2种，国家Ⅱ级重点保护野生植物有千层塔、金钱松、榧树、六角莲、长序榆、榉树、金荞麦、软枣猕猴桃、大籽猕猴桃、中华猕猴桃、华顶杜鹃、香樟、野大豆、毛红椿、野菱、小勾儿茶、香果树、七子花、水禾、华重楼、荞麦叶大百合、白及、春兰、蕙兰、寒兰、建兰、多花兰、铁皮石斛等。

浙江省重点保护野生植物 余姚市境内分布有孩儿参、芡实、毛叶铁线莲、箭叶淫羊藿、天目木兰、山绿豆、野豇豆、三叶青、杨桐、菩提子、金刚大等省重点保护野生植物。

【矿产资源】 全市已查明有16个矿种、32处矿产地。其中，战略性矿产有铁、铜、萤石；非战略性矿产有锰、铅锌、金银、多金属、黏土、高岭土、石英、饰面石材、泥炭、矿泉水、地热等；乙类矿产有建筑用石料、砖瓦黏土。矿产资源特点是：建筑用石料资源丰富，矿泉水和萤石资源较丰富，其他矿产资源贫乏。目前开发利用的矿种有建筑用石料、矿泉水、地热。

建筑用石料 分布在丘陵低山区，资源储量巨大，质量优，主要由火山凝灰岩组成，开发利用潜力大。截至2022年底，已设7宗采矿权（黄家埠镇高桥村小岙山、凤山街道九垒山村莫海尖、阳明街道康山村华家山、阳明街道梁堰村龙王堂、马渚镇四联村太湾山、陆埠镇沿溪村、临山镇汝东村）。全年全市持证建筑用石料矿山开采量约994.10万吨（占设计产能42%），主要以供应本地市场为主，市场供需稳定。

萤石矿 分布在大隐镇芝林桥（中型矿床）和云溪（小型矿床）等地，经多年开采已关闭停采，仅留深部矿体，资源储量84.6万吨。

矿泉水 分布于梁弄镇与大岚镇，日涌水总量分别为410立方米/日（中型矿床）、60立方米/日（小型矿床）。截至2022年底，已设2宗采矿权（梁弄白水冲、四明山）。全年矿泉水开采量11.60万立方米（占设计产能80%），市场供给较好。

地热 分布于陆埠镇南雷村一带，控制的可开采量422立方米/日（小型矿床），设计生产量350立方米/日，井口水温34℃~36℃。截至2022年底，已设1宗采矿权（陆埠镇南雷村阳明温泉山庄）。全年地热开采量1.22万立方米（占设计产能14%），产能较低。

（市资规局）

【水资源】 余姚市位于中国浙江省宁绍平原，水域面积289.26平方千米，占总面积的18.94%，主要河流为姚江，源于境内四明山夏家岭，自西向东流经中部，汇入宁波市甬江出海，全长109千米，境内流长54千米，支流30余条。全市共有六种水域类别，分别为河道、水库、山塘、湖泊、人工水道和其他水域，水域总面积128.01平方千米（含钱塘江39.04平方千米），水域总容积为71428.3万立方米，水面率8.53%。

河道 共1679条，总长度2405.29千米，水域面积为96.07平方千米，水体容积为42923.94万立方米，其中市级河道4条、县级河道14条、乡级河道1660条，余姚共有62条暗渠，总长11.35千米。

水库 共56座，水域面积为24.69平方千米，水域容积为26704.35万立方米，其中大型水库1座、中型水库3座、小（1）型水库12座、小（2）型水库40座。

山塘 共217座，水域面积为1.31平方千米，水域容积为437.01万立方米。其中，高坝山塘11座、屋顶山塘53座、普通山塘153座。

湖泊 共2个，水域面积为3.35平方千米，水域容积为1149.19万立方米。

其他水域 共507个，水域面积为2.23平方千米，水域容积为200.71万立方米，其中池塘367个。

（市水利局）

历史文化

【历史沿革】 据《禹贡》记载，余姚在夏、商、周三代为“扬州之域”。春秋战国时属越国，战国后期“服朝于楚”。秦始皇三十七年（前210），始置余姚县（一说置于汉），属会稽郡。两汉及魏晋、南北朝，均隶会稽郡。隋开皇九年（589），撤余姚县，并入句章县，属越州，县治设城山（今大隐一带）。唐武德四年（621），复置余姚县，并置姚州，属越州。唐武德七年（624），废姚州。唐长庆元年（821），废上虞县，并入余姚县。次年复置上虞县。五代时，余姚仍属越州，隶吴越国。北宋时属越州，庆历年间（1041—1048）升为望级县。南宋绍兴元年（1131），升越州为绍兴府，余姚县属绍兴府。元元贞元年（1295），升余姚县为余姚州，属绍兴路。明洪武二年（1369），废余姚州复余姚县，属绍兴府。民国元年（1912）废府，余姚县为浙江省直辖，次年属会稽道。民国16年（1927）废道，余姚县复为省直辖。民国21年（1932），属浙江省第五特区行政专员公署。民国23年（1934），改属第三行政督察专员公署。民国30年（1941）4月23日，日军侵占余姚县城，县政府向南撤离，后至天台。民国34年（1945）9月，抗日战争胜利后，县政府还治。民国37年（1948），第三行政督察专员公署改称第二行政督察专员公署。民国38年（1949）5月23日，余姚解放，设余姚市军事管制委员会。次月建立余姚县人民政府，隶属宁波专区（1970年改宁波地区）。1983年7月，宁波地区与宁波市合并称宁波市，余姚县属宁波市。1985年7月，余姚撤县建市（县级市）。

【红色文化】 第一次国内革命战争时期，余姚境内已有共产党人活动。1926—1927年，中共坎镇支部、马家路支部、余姚支部相继建立，部分共产党员以个人身份加入国民党，会同外地回余姚同志筹建国民党县党部，发动群众，成立工会、农民协会、妇女联合会等群众团体，组织盐民暴动，茶民请愿，反对北洋军阀，掀起国民革命高潮。1927年初，策动姚北水巡队起义，改编为浙东人民自卫军，一度占领县城，给北洋军阀在余姚的统治势力以沉重打击。同年，蒋介石发动“四一二”反革命政变，中共组织一度被破坏，随即在1927年8月恢复活动，9月建立中共余姚独立支部。次年1月，中共余姚县委成立。

1930年7月，中共江苏省总行动委员会派遣余姚籍党员史济勋回乡，协助县委组织武装暴动，建立以费德昭为师长、史济勋为党代表的浙东工农红军第一师，转战姚北一带，11月遭失败。余姚党组织也遭到破坏。

抗日战争全面爆发以后，在中共宁绍特委领导下，余姚党组织得到恢复与发展。1938年5月，中共余姚县工委建立，并于1939年4月召开中共余姚第一次党代会，推动了余姚各项工作的发展。在中共地方组织领导下，余姚抗日救亡运动蓬勃发展，特别是共产党员参与领导的余姚县战时政治工作队，在宣传和组织群众方面发挥了积极作用。

1941年4月23日，余姚沦陷。5—9月，共产党领导的浦东抗日部队分批南渡姚北，开展武装抗日斗争。翌年7月，成立以谭启龙为书记的中共浙东区委员会和以何克希为司令的第三战区三北游击司令部，率部挺进四明山，建立以姚南梁弄为指挥中心的浙东敌后抗日根据地，成为抗日战争时期全国19块解放区之一。作为根据地的核心区，余姚人民为根据地的创建与发展作出了突出贡献。

抗战胜利后，根据地党政军和地方干部奉命北撤，留下少数人员坚持隐蔽斗争。1947年初，中共浙东工委和中共四明工委在四明山区建立。5月，于陆埠草茅庵重建革命武装，开展游击战争。1948年1月，中共浙东工委在陆埠孔岙村改建为中共浙东临时工作委员会，顾德欢任书记，并成立主力武装浙东人民解放军第三支队。5月，浦东党组织领导的部队300余人再次南渡浙东，在余姚南章雅山村改编为浙东人民解放军第五支队。浙东地区党组织和军队建设取得了很大发展，创建和巩固了浙东游击根据地，与浙南游击根据地一起，被毛泽东称为解放战争时期南方七大游击根据地之一。

新民主主义革命时期，余姚人民为国家独立和民族解放作出了重大贡献，一大批优秀儿女为之壮烈牺牲。中华人民共和国成立后，余姚被定为革命老区县（市）。2022年，根据省人民政府决定，余姚21个乡镇（街道）中有18个被认定为革命老区乡镇（街道）。

【河姆渡文化】 1973年6月，原丈亭区罗江公社在河姆村（今河姆渡镇芦山寺村）西南姚江渡口建排涝站时，发现大量陶器碎片、鹿角及各种动物骨骸的混合堆积物。浙江省考古队两次（1973年11月4日至1974年1月10日，1977年10月8日至1978年1月28日）对该区域进行较大规模的科学发掘，确定遗址面积约4万平方米，由四个相互叠压文化堆积层构成，遗址文物丰富，保存完好，属于新石器时代遗物，文物特征与长江流域其他新石器时代遗址出土文物不同，即命名为河姆渡文化。河姆渡文化的发现与确立，是中国新石器时代考古的重大突破，证明长江流域和黄河流域同为中华民族远古文化的发祥地。河姆渡文化遗址是指蕴含、反映河姆渡文化的人类生产生活及人与自然关系的文化遗存，丰富的栽培稻、成熟的干栏式木构建筑、独特的夹炭陶器和精美的象牙雕刻艺术品等是其主要文化内涵。河姆渡文化遗址主要分布于杭州湾南岸的宁（波）绍（兴）地区东部，越海东达舟山群岛，南至台州路桥区，迄今共发现40余处，集中分布于姚江流域，余姚市境内有20余处。

【历史名人】 余姚历代人文荟萃，名贤辈出，素有“文献名邦”之誉。

东汉有隐士严光，以高风亮节称世。三国时期吴国虞翻为著名易学家。晋虞喜，天文学家，最大贡献为发现“岁差”。隋唐时的文学家、书法家虞世南，被唐太宗誉为德行、忠直、博学、文辞、书翰五绝。

明清时期，“姚江人物甲天下”，余姚明代中进士389人，其中状元3人、武进士42人、征辟107人。王守仁，号阳明，集心学之大成，创立“致良知”学说，提倡“知行合一”，为“姚江学派之鼻祖”；同邑高足有徐爱、钱德洪等传人。嘉靖年间东阁大学士谢迁，“见事明敏，善持论”，名著朝野，时称贤相。明末清初黄宗羲，别号梨洲老人，博学多才，著述弘富，是民主主义启蒙思想家、浙东史学派奠基人。朱之瑜，号舜水，被梁启超誉为清初五

施岙遗址出土的河姆渡文化晚期陶片标本　　　　（市委宣传部　供稿）

大思想家之一，一生拒征不仕，抗清不息，60岁时定居日本，讲学23年，为中日文化交流先驱。

近现代有马克思主义教育家杨贤江，中共余姚第一任支部书记、文学家、出版家楼适夷，金融家宋汉章，教育家蒋梦麟，农学家沈宗瀚，病理学家谷镜汧，法学家严景耀，史学家黄云眉、王仲荦，诗人邵洵美，经济学家周伯棣，水利学家娄溥礼等。当代，有余姚籍中国科学院院士、中国工程院院士多人，专业领域涉及航天飞行力学、航空医学和生物工程、神经生理学、气象学、内科学、计算机研究、计算机软件开发等。

【文物保护单位】 全国重点文物保护单位8处。河姆渡遗址，位于河姆渡镇芦山寺村，1982年2月公布；浙东抗日根据地旧址，位于梁弄镇建成区及横坎头村，2006年5月公布；王守仁故居，位于阳明街道武胜门路，2006年5月公布；黄宗羲墓，位于陆埠镇十五岙村，2006年5月公布；鲻山遗址，位于丈亭镇汇头村，2013年3月公布；田螺山遗址，位于三七市镇相岙村，2013年3月公布；大运河（余姚段），2013年3月公布；通济桥，位于余姚市凤山街道宪卿第社区姚江上，2019年10月公布。

省级文物保护单位11处。五桂楼，位于梁弄镇学堂弄，1989年12月公布；胡公岩摩崖石刻，位于阳明街道胜归山，2005年3月公布；王守仁讲学处，位于阳明街道龙泉山，2005年3月公布；舜江楼，位于凤山街道北滨江路，2011年1月公布；大隐石宕遗址（含山王庙），位于大隐镇大隐村，2011年1月公布；白云桥，位于鹿亭乡中村村，2011年1月公布；泗门谢氏始祖祠堂，位于泗门镇后塘河社区，2011年1月公布；马渚横河水利航运设施，2011年1月公布；姚江（余姚）水利航运设施及相关遗产群，2011年1月公布；孙子秀墓，位于梁弄镇贺溪村，2017年1月公布；成之庄，位于泗门镇西大街社区望安路，2017年1月公布。

【方言】 余姚方言处于吴语太湖片临绍小片与甬江小片交会地，大部分地区属临绍小片，东南部分地区为甬江小片。自秦汉至中华人民共和国成立，建置和境域基本保持稳定，方言也相对单纯。城区及其周围属临绍小片，梁弄一带更接近于上虞方言；利济塘以北的滨海地区因绍兴移民较多，带有绍兴方言。中华人民共和国成立后，界域迭次更改，原余姚东北部划入慈溪，而原慈溪的西南部及奉化、嵊县、上虞的一部分划入余姚，于是两小片方言交汇。余姚方言既保留古代遗韵，又表现出鲜明个性。语音声调简单朴实，声母清浊有致，韵母丰富多彩。词汇形式灵活，结构丰富，语义生动。语法相当简略，又变化多样。

（市委党史研究室）

区划人口

【行政区划】 2022年末全市共有6个街道办事处、14个镇、1个乡。2022年7月陆埠镇上街居委与下街居委经区划调整后更名为上下街居委与洋溪居委；2022年12月凤山街道东城社区区划调整，拆分为东城社区、梦麟社区、望湖社区；2022年12月朗霞街道朗霞居委撤销。截至2022年年底，全市共有社区45个、居委会18个、行政村261个。

（市民政局）

【人口】 2022年末全市户籍总户数331187户，户籍人口830862人，其中城镇人口643408人；户籍人口男女性别比为96.2∶100；18周岁以下人口99966人，60周岁以上人口257583人。2022年全市出生3886人，在出生人口中，男性1990人，女性1896人，男女性别比为105.0∶100。人口出生率、死亡率分别为4.67‰和8.54‰，自然增长率为-3.87‰，比上年下降0.43个千分点。

（市统计局）

【流动人口】 2022年末全市流动人口登记在册人数为628496人，其中男性359512人；未成年流动人口90497人，60周岁以上流动人口18797人。

（市流管办）

名优特产

【杨梅】 余姚是中国杨梅的发源地之一，余姚杨梅有乌种、红种、粉红种、白种四大品种群系，荸荠种、粉红种、水晶种、荔枝种、湖南种、早大种、迟种等20余个品种，品种数量之多位居

余姚杨梅　　（市委党史研究室　供稿）

全国前列。2019年，余姚杨梅获农产品地理标志登记保护。荸荠种杨梅是余姚主要栽培品种，以其果实成熟时呈紫黑色，形似荸荠而得名，主要分布于三七市镇、丈亭镇、大隐镇、陆埠镇、凤山街道等姚东地区，俗称“东山乌杨梅”，其中，主产区三七市镇栽培杨梅800公顷，常年产量8000吨；丈亭镇杨梅栽培面积约1500公顷，常年商品果产量在1万吨，年产值约1亿元。姚西马渚镇、牟山镇、临山镇一带主产白种、粉红种杨梅，俗称“西山白杨梅”。水晶种杨梅又名白砂杨梅，为中国品质最优的白杨梅。

【葡萄】 余姚是浙江省葡萄的重点产区之一，明嘉靖《临山卫志》就有“东有临山卫，西有吐鲁番”的记载。余姚葡萄栽培区域集中分布在余姚西北临山、黄家埠两个乡镇，经过20余年培育，主栽品种已由过去的“金皇后”“巨峰”调整到“藤稔”“美国提子”等优良品种。其中，临山“味香园”葡萄以品质高、品种繁多而闻名，全镇葡萄种植面积800余公顷，拥有近100个国内外名优葡萄品种。

【榨菜】 余姚市是著名的榨菜生产加工基地，是全国最大的榨菜生产加工基地，1995年被农业部命名为“全国榨菜之乡”。2017年，余姚榨菜上榜“全国果菜产业绿色发展百佳地标品牌”和“全国十佳蔬菜地标品牌”。截至2022年，余姚市有榨菜基地面积8000公顷，年产鲜榨菜头5亿千克以上，全市有榨菜加工企业120余家，加工产值12亿元，全国市场占有率达到60%，并出口10余个国家和地区。

余姚北部榨菜秋种春收，菜色微黄，具有质地嫩、脆的特点，种植地主要集中于姚北濒杭州湾的泗门、临山、小曹娥、黄家埠等乡镇，种植连片集中，榨菜圆头大，特别鲜嫩，口感爽脆。其中，泗门镇榨菜生产、加工业态主要分布在余姚北大道北面的谢家路、小路下、湖北、万圣、相公潭等村，年产值约1亿元，榨菜全产业链产值达到5.81亿元；临山镇拥有中国名牌、中国驰名商标“国泰”品牌榨菜，年种植、加工能力超1.6万吨。

【茶叶】 据西晋王浮《神异记》记载，余姚人虞洪入山采茗，在瀑布山遇道士丹丘子赠大茗（即瀑布仙茗）。唐代陆羽在《茶经》中三次提及余姚瀑布仙茗，瀑布仙茗也是《茶经》中唯一有名号的茶叶。境内种植有乌牛早、翠峰、迎霜等十多种茶叶品种，形成了以“余姚瀑布仙茗”和“四明龙尖”为主的茶叶品牌。

“余姚瀑布仙茗”是浙江省名牌产品，因在梁弄镇白水冲瀑布一带出产而得名，曾多次荣获国内外大奖。“四明龙尖”则是大岚自创的品牌，浙江省著名商标，其茶外形坚挺似针、色泽翠绿，香气高而持久。2022年，大岚镇春茶产量120余吨。河姆渡镇全镇有茶山面积1.07平方千米，无公害茶场有6家，茶叶名茶产量26吨，产值3300万元。全镇拥有“古址曦茗”“四明十二雷”“丞相绿”等10余个茶叶品牌。此外，茶叶在余姚境内种植分布广泛，如河姆渡镇有茶山面积100余公顷，2022年名茶产量26吨；三七市镇有茶叶基地30公顷，有自主品牌“黄金韵”等。

【甲鱼】 余姚甲鱼外形色泽光亮，裙边光滑厚实富有弹性，体内脂肪较少呈自然黄，品质上乘，接近野生甲鱼。余姚甲鱼为国家农产品地理标志保护产品。全市生态甲鱼套养面积超2000公顷，年产值超3个亿，曾被授予中国生态甲鱼之乡称号，“余姚甲鱼”获国家农产品地理标志登记保护和地理标志证明商标。截至2022年，余姚境内甲鱼养殖已形成明凤甲鱼、冷江鳖、茭白田甲鱼等品牌，其中，茭白田甲鱼产于河姆渡镇，养殖面积150公顷，年产值连续6年突破6000万元。

【蜜梨】 余姚蜜梨具有个大、均匀、汁多、外观漂亮，含糖量高、品质好的优点。“舜水牌”“嫦娥牌”等蜜梨品牌多次在浙江省、宁波市评比中获奖，成为省、宁波市优质农产品。全市拥有宁波市专业特色村——小曹娥镇曹一村，低塘镇果木园等一大批优质、高效梨生产基地和低塘早熟蜜梨种苗基地。余姚蜜梨上榜“全国名特优新农产品目录”。

【番薯枣子】 番薯枣子俗称番薯瘪，为农家传统消闲食品，民国时期起开始有制作。番薯枣子两头尖，中间大，略扁，呈暗红色，表面有糖分溢出，泛着油光，软硬适中，吃起来糯而不腻，香甜可口，因味道类似蜜枣，有股清香味，而美其名曰番薯枣子。番薯枣子主产地在余姚市大岚镇及其周边区域。

【梁弄大糕】 梁弄大糕是余姚市梁弄镇的传统糕点，以外形美观、香甜柔糯、百尝不厌赢得口碑。梁弄大糕外形方正，雪白的大糕上面有用可食用红粉印的“恭喜发财”“吉祥如意”“福禄寿喜”等不同字样。制作大糕的手工技艺，是梁弄古镇的独创，其制作技艺已被列入余姚市非物质文化遗产代表作名录，梁弄镇上梁弄大糕售卖店较为集中，形成“大糕一条街”。

【河姆渡茭白】 据河姆渡遗址考证，早在七千年前已有野生茭白生长，在余姚东低洼地区历来有种植茭白的习惯。余姚河姆渡茭白历经多年选育，具有出苗早、孕茭早、个体大、肉质嫩、品质优、产量高的特点，多次在中国绿色食品博览会上获奖，并上榜“全国名特优新农产品目录”。2020年，河姆渡镇成立宁波市茭白种质资源圃，保存茭白品种44种，其中双季茭24种、单季茭20种。2022年，河姆渡茭白复种面积1000公顷，产量31808吨，总产值1.4亿元。

【鹿亭番薯粉丝】 余姚鹿亭番薯粉丝，是四明山区的传统美食，色泽鲜而白，易存储。主要原料是新鲜番薯，具有久煮不烂、清香可口、食法多样、老少皆宜的特点。现有“鹿亭牌”“白云桥牌”“东岗山牌”等品牌。其制作工序繁杂，需经历“洗、榨、淀、蒸、刨、晒”等步骤，才能制成晶莹剔透、细腻爽滑的粉丝成品。2022年，番薯粉丝成品产量约75吨。

【笋干】 笋干是以笋为原料，通过去壳切根修整、高温蒸煮、清水浸漂、手工切片/压榨成型处理、自然晾晒/烘干等多道工序精制而成，有着色泽黄亮、香气内敛、鲜嫩可口的特色余姚笋干主产区在鹿亭乡及其周边区域。鹿亭乡的笋干菜制作技艺已成为宁波市非物质文化遗产、宁波市非遗“三位一体”保护示范项目，荣获第四届中国竹博会银奖。鹿亭乡以笋干为主导的竹产业年产值在6000万元以上，被中国林学会竹子分会授予“中国笋干特色之乡”称号。

【朗霞豆浆】 朗霞豆浆是余姚风味小吃，有100余年的历史，曾入选浙江著名地方特色小吃，获评甬尚小食十佳，朗霞豆浆制作技艺入选宁波市级的非物质文化遗产。朗霞豆浆以“干大林豆浆”为正统，其选用本地产的花沟、八月黄黄豆，用纯净的天落水制成，色泽清白、浆汁肥润、外观醇厚、入口香鲜、营养丰富、四季皆宜。

（市委党史研究室）

经济和社会发展

【经济总量】 2022年，全市实现地区生产总值1513.59亿元，按可比价格计算，增长1.9%。分产业看，第一产业实现增加值53.76亿元，增长3.2%；第二产业实现增加值898.27亿元，增长0.1%；第三产业实现增加值561.56亿元，增长4.5%。第一、第二、第三产业占比分别为3.6%、59.3%、37.1%。按常住人口计算，全市人均地区生产总值为119889元（按年平均汇率折合17824美元）。

【财政收支】 2022年，全市完成财政总收入205.79亿元，比上年下降9.1%；一般公共预算收入120.74亿元，下降6.9%，扣除留抵退税因素后增长0.1%。全市一般公共预算支出148.96亿元，增长4.5%，其中教育、文化体育与传媒、社会保障和就业、医疗卫生、节能环保等民生支出116.89亿元，增长6.1%，占一般公共预算支出的78.5%。落实稳链纾困助企一揽子政策，全年累计减（退、缓）税费76.4亿元。

【农业、农村】 2022年，全市实现农林牧渔业增加值56.67亿元，比上年增长3.3%；实现农林牧渔业总产值84.40亿元，增长3.5%。全年粮食作物播种面积41.38万亩，增长0.5%，粮食总产量18.21万吨，增长3.8%；生猪年末存栏数12.24万头，下降0.1%，生猪出栏17.78万头，增长14.8%；肉类产量增长4.4%，生牛奶产量增长18.8%，淡水产品产量增长2.7%。全年新增宁波级农业龙头企业3家，累计58家，其中产值上亿元的12家。2022年，全市成功创建省级美丽乡村示范乡镇1个、特色精品村4个，宁波市级美丽乡村示范乡镇4个，省级休闲农业与乡村旅游精品线1条；创建省级高标准农村生活垃圾分类示范村2个，新建省级星级公厕36座；新增省级数字农业工厂2家，宁波市级数字农业工厂3家、数字化种养基地6家。新增无公害农产品12个，绿色食品2个；新增创建省级高品质绿色科技示范基地3家、低碳生态农场3家，组织开展各类农民培训3200余人次。

【工业、建筑业】 2022年，全市规模以上工业企业实现增加值529.39亿元，同比下降2.5%。分行业看，在33个行业大类中，19个行业增加值实现正增长，其中计算机、通信及其他电子设备制造业增长12.9%，仪器仪表制造业增长11.1%。规模以上工业企业实现销售产值2302.79亿元，下降6.8%，其中出口交货值为676.20亿元，增长2.3%。全年规模以上工业企业实现利税总额176.13亿元，下降26.9%，其中利润总额132.20亿元，下降33.2%。全年全市规模以上工业企业研发费用89.76亿元，比上年增长14.0%；新产品产值率达到40.5%。规模以上工业中，战略性新兴产业、高技术产业、新材料和人工智能等新兴产业增加值增速较快，分别增长4.6%、7.0%、13.3%和4.3%。新增国家级“单项冠军”企业4家，累计10家；新增国家级专精特新“小巨人”企业13家，累计31家；新增“品字标”企业24家，累计58家，发布“浙江制造”标准6项，累计41项。

2022年，全市统计在库资质以上建筑业188家，其中二级及以上资质企业59家；实现资质以上建筑业总产值156.50亿元，增长12.1%。房屋建筑施工面积998.5万平方米，增长12.4%。

【固定资产投资、城市建设】 2022年，全市固定资产投资增长13.7%，其中工业投资、高新技术产业投资、交通投资、生态环境和公共设施、民间投资分别增长17.7%、13.9%、52.0%、45.8%和6.9%。全年全市商品房销售面积157.82万平方米，比上年下降16.5%。

2022年，首度召开城市发展大会，完成城中村改造77.03万平方米、老旧小区改造35.24万平方米、拆迁区块“清零”16个。建设完成金型三路道路延伸工程、南河沿路（阳明西路—舜水北路）、北滨江路西延（开丰桥—长安路）、舜水南路（巍星路—东旱门路）等6条新建道路工程；完成开丰路与兰墅路交叉口、世南西路与兰馨路交叉口等12个堵点路口改造工程。建设公共充电站43座、充电桩392个，完成各类停车位建设3017个。高标准完成民生实事工程，全面贯通总长近7公里的环姚江、候青江绿道改造工程，城区道路“补丁减量”行动完成四明西路、新建北路等道路10万平方米的改造提升。

【贸易、旅游】 2022年，全市商品销售总额比上年增长12.2%，其中批发业销售额增长13.6%，零售业销售额增长5.3%。全年完成社会消费品零售总额454.47亿元，增长1.1%。从限额以上主要商品类别看，中西药品类、金银珠宝类、汽车类和石油制品类商品零售额分别增长15.0%、12.7%、4.9%和23.9%。年末全市限额以上贸易企业达553家，全年实现营业收入1055.02亿元，实现利润总额3.83亿元。全年累计精准发放消费券1.1亿元，新增跨境电商企业48家、海外仓3个。

2022年，全市加快全域旅游发展，创建省AAAA级景区镇1个，省AAA级景区镇2个；成功申报省级乡村旅游重点村1个，宁波市乡村旅游共同富裕示范村2个，首批宁波市民宿产业集聚区5个。阳明故居文化公园（阳明古镇）项目列入宁波"十四五"期间十大重点文化项目，梁弄镇列入宁波市乡村旅游共同富裕示范区（首批）创建名单。举办"2022中国旅游日'共游幸福城·共富最名邑'主题活动——'游遍余姚'文旅体促消费"，累计发放文旅体专项消费券370万元。

【对外经济】 2022年，全市实现外贸进出口总额1096.75亿元，比上年下降7.1%，其中出口829.06亿元，增长4.8%；进口267.69亿元，下降31.2%。从企业类型看，三资企业完成出口204.47亿元，下降2.0%，贸易流通企业和自营生产企业分别完成出口107.55亿元和517.04亿元，分别增长15.4%和5.6%。从产品结构看，机电产品出口526.54亿元，下降11.6%，占全部出口比重为63.5%；高新技术产品出口111.18亿元，增长7.4%。从贸易伙伴看，欧美市场出口额占出口总额的58.8%，其中对美国的出口额下降10.2%，对欧盟的出口额增长10.3%。全年新增对外贸易经营备案登记企业592家，累计达8123家。自营出口实绩企业3165家，比上年净增101家，其中超亿元企业145家。

2022年，全市商务部口径实到外资9607万美元，比上年下降62.7%；宁波市外实到内资135.1亿元，余姚市外实到内资143亿元，浙商创业创新实到资金91.7亿元，均实现小幅增长。全年全市签约招商引资项目66个，总投资98.62亿元。

【交通、邮电】 2022年，全市公路客运量40.82万人次，公路客运周转量4057.3万人公里；公路货运量1417.64万吨，公路货运周转量199292万吨公里。完成新建农村公路18.49公里，大中修26.55公里，公路服务站新建5个。完成新增公交线路7条，优化调整3条，新（改）建农村港湾式停靠站20个。年末出租汽车拥有量286辆；公交线路129条，更新新能源公交车111辆。年末小型汽车保有量399396辆，其中私人小汽车345170辆。

2022年末全市共有固定电话用户数21.21万户，移动电话用户数185.14万户，互联网宽带接入用户数67.66万户；完成电信业务收入15.14亿元，下降0.7%。全年完成邮政业务收入2.73亿元，同比增长8.3%。

【保险、银行】 2022年末全市金融机构本外币存款余额2729.38亿元，比上年增长14.6%；金融机构本外币贷款余额2228.65亿元，比上年增长16.0%。年末银行不良贷款率为0.4%，比上年下降0.22个百分点。年末全市银行业金融机构达32家，其中政策性银行1家、大型银行4家、股份制商业银行12家、城市商业银行12家、邮储银行1家、农村合作金融机构1家、新型农村金融机构1家。

2022年，全市共有证券营业部15家，期货营业部5家。全市股票账户数20.72万户，全年股票交易额4971.15亿元；期货投资者开户数5095户，全年期货交易金额5392.67亿元。全年新增上市公司2家，累计上市公司17家；新三板挂牌企业6家，甬股交挂牌企业263家。

2022年，全市实现原保险保费收入37.86亿元，增长14.5%；财产险实现保费收入16.67亿元，增长8.2%，赔付支出10.54亿元，下降1.1%；人身险实现保费收入21.19亿元，增长20.0%，赔付支出3.16亿元，增长7.0%。

【科技、教育、人才】 2022年，全市实现技术交易额37.5亿元，比上年增长66.7%；新认定高新技术企业199家，累计数量达到580家；新认定省科技领军企业2家、科技"小巨人"企业4家；新认定省级重点企业研究院1家，省级企业研究院2家，省级研发中心18家。全市累计拥有各级研发机构860家，其中国家级3家，省级71家，宁波级190家；省级智能装备高新技术产业园区获批创建。获得省科技进步奖三等奖2项，11家企业列入2022年度省高新技术企业创新能力500强企业名单。全年新增专利申请7612件，授权11093件，其中新增发明专利申请1314件，授权1147件，占专利总量的比例分别为11.8%和2.5%。

2022年末全市共有各级各类学校272所，在校学生总数165684人，15年教育普及率为100%。其中，普通高中9所，在校学生12122人；中职学校6所，在校学生10132人；初中28所，在校学生30484人；小学65所，在校学生75210人；幼儿园166所，在园幼儿37573人；特教中心1所，在校学生163人。全年新（改、扩）建北师大余姚实验学校等5所学校，新增学位9180个，新增省现代化学校9所、省一级幼儿园4所；公办幼儿园招生覆盖率提升至51.93%，比上年提高1.63个百分点；全年共实施教育基建项目19个，投入资金7.8亿元。

2022年，全市新增博士26人，新增国家重点人才计划专家5人、省重点人才计划专家4人、宁波市甬江引才工程项目26个，15个高层次人才项目被列入"姚江英才项目"，获得"5个500万"政策支持，2名专家成功当选俄罗斯自然科学院外籍院士，5人新获评"阳明学者"。新增技能人才11140人，遴选余姚工匠23人、"阳明蓝领"20人，国外人才总量98人。新建院士工作站（院士科创中心）3家、博士创新站10家、博士后工作站5家、技能大师工作室3家，新引进人力资源服务机构45家。

【文化、卫生、体育】 2022年，全市建成85个"15分钟品质文化生活圈"、356个小而美公共文化空间、2个城市书房和1个文化驿站。成功举办世界阳明学大会、宁波（余姚）阳明文化季，“阳明文化”入选省首批十个文化标识建设创新项目，市公共文化中心建成启用，姚剧《乡村心事》等2部作品获省“五个一工程奖”。全年图书馆接待读者39.03万人次，外借图书76.97万册次。全年公共文化配送（送戏下乡）193场，电影下乡3000场。全年河姆渡遗址博物馆、余姚博物馆、王阳明故居等教育基地共接待观众近49万人次。

至2022年底，全市实有病床3842张，卫生技术人员8704人，其中执业医师（含助理）3815人，注册护士3626人。全市适龄儿童七苗覆盖率96.96%，实现孕产妇零死亡，全年户籍人口婴儿死亡率1.39‰，5岁以下儿童死亡率2.77‰，均稳定在较低水平。全市居民健康素养水平为40.1%。全市无偿献血10187人次，献血总量322.29万毫升，用血6723人次，用血总量250.19万毫升，无输血安全事故发生。

2022年，全市完成各类民生实事工程12项，校核“浙里办”公共体育场地937条，人均体育场地为2.7平方米。梁弄镇入选省级运动休闲乡镇培育名单，初新营地获评2022年浙江省十佳户外露营地，河姆渡镇翁方村创建为国家级体育现代化社区（村）标准化试点单位。举办2022浙江省第十一届运动休闲旅游节、第四届“一带一路”中国四明山百公里山地挑战赛等。体彩销售突破3亿元大关，年销售额达3.08亿元，比上年增长36.0%，创余姚体彩销售历史新高。

【居民收支、社会保障、慈善事业】 2022年，全市全体居民人均可支配收入65773元，比上年增长3.8%。其中，城镇居民人均可支配收入73749元，增长3.1%；农村居民人均可支配收入45665元，增长5.2%。按一体化城乡住户调查新口径统计，城乡居民人均可支配收入比为1.62。全年全市城镇居民人均生活消费支出46729元，增长5.1%，农村居民人均生活消费支出31338元，增长7.0%。

2022年末全市职工基本养老保险、失业保险、工伤保险参保人数分别达44.51万人、37.17万人、45.11万人，其中职工基本养老保险比上年末净增1.06万人，余姚市户籍人口养老保险参保率达99.22%。年末职工医疗保险、生育保险分别达60.00万人、42.64万人，其中职工医疗保险比上年末净增4.1万人。全市拥有各类社会福利机构1处，养老机构37家，养老机构床位总数5963张，每千名老年人拥有社会养老床位数为58.4张，社区居家养老服务站57家。年末全市共有低保对象6562户8267人，每月支出低保资金841万元。

2022年，全市慈善总会募集善款1.05亿元，比上年增长11.0%；全年救助支出9491万元，增长13.0%；累计募集善款已达11.91亿元，累计救助支出10.36亿元，受助73万人次。年末，全市共有网站注册志愿者0.89万余人，共开展各种市级志愿服务活动430场。

【生态建设、社会安全】 2022年，全市空气质量优良天数317天，比率为86.8%，比上年下降6.4个百分点；创建省级“污水零直排区”乡镇（街道）6个，隐溪河、最良江入选省级美丽河湖，环境空气质量六项指标连续三年稳定达到国家二级标准并保持无重度污染及以上天气，“省清新空气示范区”成功创建。饮用水源地达标率继续保持100%；宁波市控以上地表水断面达标率为100%。推进34个工业园区“污水零直排区”建设，完成10个村级一般工业固废收运点建设。年末省固废平台已上网注册1.23万余家，签约企业7200余家，全年共收运一般工业固废1万余吨。

2022年，余姚市被授予“一星平安金鼎”。全年全市共发生各类生产安全事故12起、死亡8人，按可比口径（前三年平均数），事故起数、死亡人数分别下降51.8%、38.5%。全年共立案查处食品安全各类违法案件570件，罚没款191.92万元，主要药品安全抽检合格率100%。全年共受理刑事案件1083件，审结1036件，同比分别下降17.8%和21.4%。依法严惩严重危害群众安全的犯罪，审结故意伤害、盗抢骗、黄赌毒、食药环等犯罪案件489件，有力维护社会安定、人民安宁。推进清廉余姚建设，审结贪污、受贿等职务犯罪案件5件。

（市统计局）

中国共产党余姚市委员会

综　述

【概况】 2022年，中共余姚市委领导班子认真学习贯彻党的二十大精神，坚决落实党中央和浙江省委、宁波市委决策部署，把握稳中求进工作总基调，统筹疫情防控和经济社会发展，组织开展“赛马争先”抓落实专项行动，余姚经济社会发展保持总体稳定。

【政治建设】 以“七张问题清单”为引领，坚定不移推进全面从严治党。深入学习贯彻习近平总书记重要讲话、重要指示精神以及党的二十大精神，“理论在线”指数列全省第一。深化红色根脉强基工程，构建“一指数、七行动、七机制”抓党建格局，“分类定级、组团包联”机制高效运用。制定实施十六届市委巡察工作规划，完成市委第一轮、第二轮常规巡察和宁波涉水生态问题专项巡察。查处违反中央八项规定精神问题43起、76人，全年立案337件、给予党纪政务处分343人，1人向纪检监察机关主动投案。支持市人大及其常委会依法履职，建立国家机关重点工作下沉人大代表联络站机制。支持市政协发挥专门协商机构作用，建强“民生议事堂”等载体，围绕市委中心工作开展协商议政。迭代法治余姚建设“八大抓手”，开展“法助共富、法护平安”专项行动，“乡村检察官制度”获评浙江省共同富裕最佳实践。开展“同心向党·献礼党的二十大”主题系列活动，实施同心助力共同富裕、统战品牌“评标立项”行动，打造鹿亭同心共富等品牌阵地。

【组织建设】 开展干部政治素质专项调研、大考大赛一线调研，提拔或进一步使用政治过硬、表现突出的干部68名。落实省委巡视选人用人专项检查“回头看”反馈问题整改。激活“163”应急响应体系，累计动员机关干部2.9万余人次参与疫情防控、防汛抗台，1个集体和2名个人获评省抗疫先进集体和个人。实施领导干部培养人选“1+3”成长计划、年轻中层干部选配计划，将8名培养人选提任至乡镇（街道）中层正职岗位压担培养、7名优秀年轻干部制度性交流到紧缺单位担任中层干部，全市新增年轻中层干部116名。选派36名优秀中青年干部到“四线一岗”综合历练，推动年轻干部在攻坚一线实战磨砺成长。探索建立涉干风险预警多跨场景应用项目，累计提示预警信息169条。举办“赛马争先、稳进提质”干部风采展示等活动，1名干部获评全国“人民满意的公务员”，10名干部入选“宁波市担当作为好干部”拟表彰人选。

【经济建设】 组建产业领导小组，推进“腾笼换鸟”和数字经济核心产业提质，省级智能装备高新技术产业园区获批创建，实现规上工业增加值529.4亿元，制造业高质量发展、企业上市两项工作获浙江省政府督查激励；服务业对经济增长贡献率达89.2%；农业增加值增长3.2%，获评省农业“双强”行动“赛马”激励地区。创新推出“企业服务经理人”行动，办理退、减、缓各项税费76.4亿元。投放1.1亿元消费券，实现社会消费品零售额454.5亿元。实现外贸出口830.24亿元。高新技术企业数增长49.5%，获省党政领导科技进步目标责任制考核优秀，获评省科技工作成绩突出先进集体。出台新时代人才强市“1+X”新政策，35人入选宁波市级以上人才工程。固定资产投资增长13.7%，争取专项债额度43.35亿元。总投资92.68亿元的60个项目签约落地，实到内资143亿元、外资9607万美元。新增省级以上先行示范试点11个。

【城市建设】 国土空间“三区三线”划定成果启用，城市设计导则落地实施，总体城市设计方案和中心城区分区规划方案通过论证，“多规合一”实用性村庄规划编制全面开展。统筹一扫七治、拆迁清零等系列攻坚，召开城市发展大会部署打造“余山姚水 阳明心城”，房屋征迁面积超127.5万平方米，处置“两违”397.74万平方米。编制新一轮美丽乡村建设五年计划，创建宁波级以上示范镇村项目99个，落实四明山区域生态发展项目24个，列入省未来乡村试点4个，集体经营性收入30万元以下村全面清零。

【文化建设】 健全意识形态工作清单化知责明责、常态检查、闭环管理工作机制，完善管网治网机制，建成投运市融媒体中心“中央厨房”，“舜江快播”入选省首批理论宣讲名师工作室。建立市文明委双主任制，推进文明有礼“最名邑”“4+19”等行动，“道德银行”获评省宣传文化领域共同富裕最佳案例。举办2022宁波（余姚）阳明文化季、世界阳明学大会，市公共文化中心等建成投用，河姆渡国家考古遗址公园完成立项申报，4部作品参评省“五个一工程奖”，5个项目获评省级优秀解码项目，“阳明文化”入选省首批十个文化标识建设创新项目，阳明故居文化公园列入宁波“十四五”期间十大重点文化项目。

【民生建设】体系化推进63项重点工作和40项重大改革事项，一般公共预算用于民生支出116.89亿元、增长6.1%。完善“扩中提低”行动方案，城镇新增就业2.53万人，新增市场主体2.39万家，城乡居民人均可支配收入分别增长4.5%和6%。落实企业职工基本养老保险全国统筹和失业保险、工伤保险省级统筹，户籍养老、医疗保险参保率稳定在99%以上。做好长期护理保险制度试点工作，婴幼儿照护服务站实现乡镇（街道）基本覆盖。建立县域急诊急救大平台，市人民医院登上国家三级公立医院绩效考核A榜。修编学前教育、教育设施布局专项规划，建成北师大余姚实验学校等5所学校。成功抗击台风“梅花”，实现“六个零发生”目标，获评全省信访工作先进集体，捧回省“一星平安金鼎”。

（市委办公室）

重要会议

【中共余姚市委十六届二次全体（扩大）会议】中共余姚市委十六届二次全体（扩大）会议8月9日举行。市委常委会主持会议。市委书记傅贵荣代表市委常委会向全会作报告，并在全会结束时讲话。市委副书记、市长沃勇特，市政协主席陈长锋，市委副书记王娇俐等出席会议。

全会坚持以习近平新时代中国特色社会主义思想为指导，深入贯彻省第十五次党代会和宁波市第十四次党代会、十四届二次全会精神，认真落实市第十六次党代会部署要求，回顾总结上半年工作，研究部署全市贯彻落实的具体举措及下半年任务，审议通过《中国共产党余姚市委员会工作规则》《余姚市关于打造“余山姚水 阳明心城”促进城市品质大提升的意见》《中共余姚市委十六届二次全体(扩大)会议关于打造“余山姚水 阳明心城”促进城市品质大提升意见的决议》，动员全市上下坚决拥护“两个确立”，坚决做到“两个维护”，忠实践行“八八战略”，奋力推进“两个先行”，在高质量发展中加快建设现代化美好活力“最名邑”，为全省、全宁波大局贡献更大余姚力量。

【中共余姚市委十六届三次全体（扩大）会议】12月23日，中共余姚市委十六届三次全体（扩大）会议举行。市委常委会主持会议。市委书记傅贵荣代表市委常委会向全会作报告，就《中共余姚市委关于全面学习贯彻党的二十大精神 坚定捍卫“两个确立” 坚决做到“两个维护” 以“两个先行”引领现代化美好活力“最名邑”建设 高水平打造中国式现代化县域样板的决定（审议稿）》向全会作了说明，并在全会结束时讲话。市委副书记、市长沃勇特，市人大常委会主任诸晓蓓，市政协主席陈长锋，市委副书记王娇俐等出席会议。

全会坚持以习近平新时代中国特色社会主义思想为指导，深入贯彻党的二十大和中央经济工作会议精神，按照省委十五届二次全会暨省委经济工作会议，以及宁波市委十四届三次全会、宁波市委经济工作会议部署要求，回顾总结今年工作，研究部署明年任务，审议通过《中共余姚市委关于全面学习贯彻党的二十大精神 坚定捍卫“两个确立” 坚决做到“两个维护” 以“两个先行”引领现代化美好活力“最名邑”建设 高水平打造中国式现代化县域样板的决定》，动员全市上下坚决拥护“两个确立”，坚定推进“两个先行”，以奋斗奋进之姿高水平打造中国式现代化县域样板，奋力推动高质量发展走在前列。

（市委办公室）

市委办公室工作

【概况】2022年，中共余姚市委办公室坚持以习近平新时代中国特色社会主义思想为指导，以迎接党的二十大召开和学习宣传贯彻党的二十大精神为主线，发挥“首脑机关、中枢机关、服务机关”职能，保障市委高效运转和各项部署全面落实。

【办文办事办会】2022年下发市委文件143份、市委办文件102份、会议通知32份。全年组织市委常委会等各类会议280余次，成功举办市委全会、城市发展大会、世界阳明大会。全年接待检查考察80余批次，接待宾客340批次3288人次。

全年共办理各类电报1100余份，保障各类党政涉密视频会议147场。举行各类保密培训20批次，制作宣传悬挂横幅200余条，投放电子屏广告近600处，对全市12000多台非涉密机进行拉网式检查，收集、处置线索8100余条，上交涉密文件3500余件，上交纸质涉密载体90余吨，电子设备1300余套。

全年报送备案党的规范性文件42件，备案通过率为99%，审查下备文件95件，直接通过77件，给出建议18件，下备一级工作基本实现制度化、常态化。

【决策协调沟通】2022年完成各类领导讲话稿件、调研文章、汇报材料、经验介绍等文字材料300余篇，内容涉及上级领导专题调研、重大会议报告、经济高质量发展等各个方面。全年共审核市委及主要领导新闻稿250余篇。

全年编发本级《每日信息》248期、《领导专报》45期、《工作交流》18期、《信访周报》50期，录用各地各部门上报信息1000余条，上报信息500余条，其中被中办综合录用1篇、省委办录用21篇、宁波市委办录用60余篇。

完成预决算、资产月报等各类报表40余份，高分做好“机构编制系统”“干部之家”等网站日常维护、离退休干部管理、年鉴编写、文明城市台账上报、党报党刊征订、办公物品采购、公务派车等行政后勤工作。

【督查考核】 完成上级决策督查或专项督办事项11项，落实上级和本级党委领导批示指示件348件和241件，督促完成省市两级“七张问题清单”问题99个，省“七张问题清单”管控力指数年度评价列全省第19，省委巡视反馈问题“四明山革命老区发展还不够快”整改案例入选省级示范榜。

制定优化市绩效考评办法，消除考评体系“隐形膨胀”，2022年审核考核细则近70个，制定《余姚市年度考核奖分配办法》，布置完成2021年度考核奖发放工作。

【干部队伍建设】 贯彻党的干部路线方针政策，执行《干部任用条例》，坚持“集体领导、民主集中、个别酝酿、会议决定”原则，全面履行选人用人主体责任。2022年市委办共提拔干部13名，12名干部进行职级晋升。全年共组织开展理论中心组学习14次、主题党日活动12次、各党支部学习40余次，开展业务交流、心得研讨3次，组织党员开展志愿者服务30次，低收入帮促12次。推进“清廉示范机关”创建，牵头制定全市党风廉政建设和反腐败领导小组责任分工文件，并结合“五问五破 五比五先”机关作风建设专项行动，形成班子、科室、个人等作风问题清单50份，问题99个。

（市委办公室）

组织工作

【概况】 2022年，余姚市深入实施“习近平新时代中国特色社会主义思想教育培训计划”，组织举办学习贯彻党的十九届六中全会精神专题研讨班、省第十五次党代会精神轮训、新时代基层干部推动共同富裕主题培训，实现市管干部轮训全覆盖。浙江四明山干部学院顺利通过中央组织部办学质量考察评估，全年累计承接培训67个班次，培训学员7000余人次。《激活创新小细胞 共绘发展新画卷》被浙江省委组织部录用为教学案例。开展“五问五破走在前、五比五先争一流”作风建设专项行动，举办“赛马争先、稳进提质”干部风采展示活动。机关干部参与疫情防控、防汛防台等急难险重任务2.9万余人次，1个集体和2名个人获评省抗疫先进集体和先进个人。余姚市获评2022年度宁波市组织工作先进单位。

10月13日下午，余姚市“赛马争先 稳进提质”干部风采集中展示活动举行
（市委组织部 供稿）

2022年，余姚市深化“四明红炉”机关党建品牌建设，探索“六联”工作法。开展两新组织“六星争创”，完成新一轮两新党组织集中换届，承办全省第十期新生代企业家“双传承”培训示范班。组建市交通运输行业党委，完成快递物流行业党委分设，探索“甬爱E家”与用人单位共建，交通运输行业党建“12328”工作法在全省交通系统学习推广。“红芯党建”品牌入选《非公有制企业党建》杂志“2022年度百个两新党建创新案例”。横坎头村入围全省“百个支部看共富”案例。2个融合型大社区大单元落实“一社一策”，物居业党建实现267个小区党组织全覆盖。

【人才工作】 2022年，余姚市选派36名优秀中青年干部到“四线一岗”开展综合历练、31名干部人才到重要平台开展工作，10名干部入选宁波市“担当作为”好干部。开展优秀年轻干部交流和乡镇（街道）团（工）委书记、团市委中层干部综合比选，全年新增年轻中层干部108名。1名干部获评全国“人民满意的公务员”。实施村社党组织书记市委备案和统筹管理操作细则，修订市“三十佳”村社干部评选办法并完成第5次评选，建立市镇两级村社书记工作交流会制度并举行全市村社书记工作交流会，推选宁波“金牌导师”9名、名师工作室9个和教学教育基地8个。成功举办市第十届党员教育电视片观摩交流活动。开展领导干部经商办企业、因私出国（境）、企业社团兼职等排查行动，诫勉1人次、批评教育17人次。成立省委巡视选人用人专项检查“回头看”整改落实工作领导小组，细化制定19条整改措施，处理责任人11人。

2022年，余姚市实施“姚江英才”等人才工程，打造“姚江英才项目”3.0版，22家人才企业达到规模以上。点对点帮助甬矽电子梳理二期项目建设人才政策支持资金超1亿元，该企业刷新宁波人才企业上市最快纪录。出台新时代“1+X”人才政策体系，全年申报宁波级以上重点人才工程260个，新入选国家级和省级重点人才工程9人、宁波甬江引才工程22个、甬江育才工程18个，1名浙江杰出工匠荣获全国五一劳动奖章，2名“姚江英才项目”专家当选俄罗斯自然科学院外籍院士，舜宇集团列入省级人才发展体制机制综合改革试点。

【"赛马争先、稳进提质"干部风采集中展示活动举行】 10月13日下午，余姚市"赛马争先、稳进提质"干部风采集中展示活动举行。宁波市"五问五破、五比五先"机关作风建设专项行动第四督导组组长、宁波市委督查专员包晓莹，余姚市领导傅贵荣、曹敬之、郎客宾、张明、余烽、华红等出席。活动现场，城市品质提升重点工作、科技创新服务、"凤凰行动"推进、招商引资、地方政府专项债发行、数字化改革重点应用建设、对口支援协作、疫情防控保障等8个攻坚团队通过事迹陈述、现场访谈、情景模拟等方式展示攻坚故事和工作实绩。

【浙江省第十期新生代企业家"双传承"培训示范班在余姚举行】 12月7日，浙江省第十期新生代企业家政治传承、事业传承"双传承"培训示范班在浙江省委党校四明山分校、浙江四明山干部学院开班。培训分两个阶段进行，第一阶段采取集中授课、现场教学、分组讨论、交流体会等形式进行，第二阶段学员通过"浙里学习"平台完成线上课程学习。省委组织部部务会议成员、省委两新工委专职副书记李强作开班动员讲话并全程指导。集中培训阶段围绕学习党的二十大精神、党建引领高质量发展、党的艰苦奋斗历程等主题开展专题辅导，并组织学员赴舜宇集团、江丰电子、横坎头村、中共浙东区委旧址等现场考察学习交流。30名新生代企业家参加培训。

（市委组织部）

宣传思想工作和精神文明建设

【概况】 2022年，市委理论学习中心组举行"学习贯彻党的二十大精神"专题学习会，全市各级党（工）委（党组）理论学习中心组以专题学习、交流研讨等形式开展集中学习。开展党的二十大精神宣讲"六进"活动200余场次，受众40余万人次。创新学习形式，推动结合转化。在本地新闻网站、移动客户端开设"二十大回响""踔厉奋发新时代 勇毅前行谱新篇""二十大精神在身边"等专题专栏。举办"文艺与新时代同行"系列活动，推出"献礼二十大"主题征文、书法美术摄影展、音舞戏曲演出等展示展演活动。

市委理论学习中心组开展习近平新时代中国特色社会主义思想等专题学习、报告会28场次。组织对8个乡镇（街道）和7个市直部门进行巡听。全市各基层党（工）委（党组）理论学习中心组累计开展各类理论学习1600余场次。征集基层党（工）委（党组）理论调研文章76篇。成功承办省"上新吧，00后talker"理论宣讲训练营活动。开展全市青年理论宣讲大赛暨第十五届微型党课大赛、2022年理论说唱大比武活动，承办宁波市青年宣讲暨微型党课大赛决赛。"舜江快播"理论宣讲工作室成功入选首批浙江省理论宣讲名师工作室。向"学习强国"学习平台供稿2000余条，签发通过近700条，其中两篇稿件在全国平台"我的航天梦"主题征文活动中荣获三等奖，一篇稿件荣获浙江学习平台第三届春拍大赛摄影组三等奖。举办全市"学习党的二十大 强国复兴有我""学习强国最强学习者"答题挑战赛。

策划开设"砥砺奋进新时代·勇毅前行谋新篇"等专题专栏，持续聚焦"六个余姚"建设报道和机器人峰会、阳明文化季等市重大经贸文化活动宣传。在《人民日报》、央视、新华社、《浙江日报》等上级主流媒体推送报道6749篇（条），其中中央级媒体发稿达2044篇（条），总量较上年增长75%。建成投运市融媒体中心"中央厨房"。承办"滨海宁波、扬帆世界"大型融媒新闻行动，举办中国日报宁波读者俱乐部第二届粉丝节海外传播等活动，开设脸书（Facebook）、照片墙（IG）、油管（YouTube）等海外社交互动平台余姚机构账号，开展余姚地域品牌主题词征集推选活动，确定"阳明故里·智汇余姚"为余姚市地域品牌主题词，第13次成功登上最具幸福感城市榜单。制定出台《余姚市加强媒体监督工作推动解决"治反复、反复治"问题实施方案》《市重大舆情风险预警处置工作方案》，深化打造《四明聚焦》新闻舆论监督栏目。启动建设总投资1.5亿元的浙东红村红色旅游综合体项目，提质改造四明山革命烈士碑园区等12个教育基地，招募培训"小小讲解员"600多人，成为省红色资源在线系统项目全省首个县级试点。在"余姚发布"微信微博开设"赛马争先在一线""战'疫'先锋""文明有礼'最名邑'"等，累计转载各类稿件3800余篇，发布原创稿件2100余篇，多条发布阅读量达10万+，阅读人数达400余万人次。成立"最名E"余姚视觉达人联盟，组织全市短视频大赛，累计向社会征集优质短视频作品500余部，新建抖音话题"最名E余姚"点击量超300万人次。

【文明城市创建】 建立文明城市"条抓块统""小切口"推动城市"大文明"、重点路段责任包干等机制。制定实施《"浙江有礼·'余'你同行"市民文明素质养成行动实施方案》，打造"浙江有礼·'余'你同行"区域文明品牌。深化"数智文明创建"应用场景，丰富"文明指数"画像内容，全年办结问题25.31万个，入选浙江省数字文化系统第一批优秀应用。打造"道德银行"应用场景，59万人完成道德评议，提供道德信贷25.32亿元。组建有礼宣讲队开展"有礼讲堂"宣讲活动300场次。打造"中国红村行""姚江红史汇"等5条学习体验线路，设立"公共文化日"开展各类文化活动1300余场次。围绕"迎亚运 讲文明 树新风"主题，开展"宣讲进万家""文艺送万家""服务到万家"等主题志愿服务1万余场次。出台《关于深化全市移风易俗工作的实施方案》，入选《"浙江有礼"省域文明新实践案例汇编》。"点亮黑楼道

8 月 8 日，“上新吧，00 后 talker”理论宣讲训练营开营

（市委宣传部　供稿）

温暖回家路”入选第二批“浙江有礼”为民办实事项目。

【第九届余姚市百姓文化节开幕式暨余姚市“三团三社”文艺团队大展演举行】 6月8日上午，第九届余姚市百姓文化节开幕式暨余姚市“三团三社”文艺团队大展演在三七市镇浦东公园举行。开幕式由“三团三社”文艺团队展演拉开了百姓文化节的帷幕，音诗画、广场舞、组合唱等主题表演赢得阵阵喝彩。现场还举行了“文艺家·三团三社”共建仪式和“文化先行官”聘任仪式。文化节围绕“文艺与新时代同行 文化让生活更美好”主题，坚持“百姓办、百姓乐”理念，以培育社会主义核心价值观，传播弘扬优秀传统文化，迎接宣传贯彻党的二十大，喜迎杭州亚运会等为重要内容，推出一批群众喜闻乐见的优秀文化活动。文化节持续到年底，从市、镇两个层面安排了“才艺展示”“艺术鉴赏”“艺术培训”“文化消费”“弘扬优秀传统文化”等五大板块共62项活动。

【市青年理论宣讲大赛暨第十五届微型党课大赛决赛举行】 7月5日上午，由市委宣传部、市直机关工委、市教育局、市国资办和团市委联合主办的“喜迎二十大 奋进新时代”余姚市省党代会精神宣讲暨第十五届微型党课大赛决赛在泗门镇新时代文明实践所举行。市委常委、宣传部部长沈小贤，市委常委、泗门镇党委书记张明出席活动。

决赛中，选手们以“喜迎二十大 奋进新时代”为主题，结合自身所思所想、所见所闻，在 6 分钟内为现场观众和网友带来常规、美术、音乐、电影四大类型微宣讲。决赛全程通过新媒体平台现场直播。决赛后，主办单位以此次大赛的优秀选手为主组建宣讲团并开展省第十五次党代会精神宣讲进企业、进农村、进机关、进校园、进社区、进网络等“六进”活动。

【省“上新吧，00后talker”理论宣讲训练营活动举行】 8月8日，由省委宣传部、省教育厅、省国资委主办，天目传媒承办的青年理论宣讲主题活动——“上新吧，00后talker”理论宣讲训练营在余姚市梁弄镇横坎头村初新营地开营。本次训练营邀请“舜江快播”主播赵永焕作为指导老师。20名00后宣讲员调研参观基层理论宣讲点、红村风貌区、农家乐、浙东抗日根据地旧址群等地，完成训练营设置的“专家授课”“参观学习”“实地调研”“名师指导”“集体备课”“宣讲实践”“现场宣讲”等课程，并围绕红色根脉、共同富裕等主题，创新宣讲形式，形成宣讲作品。

【2022宁波（余姚）阳明文化季启动仪式暨“吾心自有光明月”中秋诗会举行】 9月10日，2022宁波（余姚）阳明文化季启动仪式暨“吾心自有光明月”中秋诗会在阳明开元观堂酒店举行。宁波市社科院（联）院长（主席）、党组书记傅晓，宁波市委宣传部副部长胡文飞，余姚市领导傅贵荣、诸晓蓓、陈长锋、王娇俐、沈小贤、李昭、林体等出席。“吾心自有光明月”中秋诗

9 月 10 日，“吾心自有光明月”中秋诗会情景剧表演

（市委宣传部　供稿）

会是2022宁波（余姚）阳明文化季的首场活动，“阳明文化季”也随之启幕。此次中秋诗会分为《姚江源》《四明心》《光明月》三个篇章，采取视频直播、现场互动等线上和线下相结合的方式，呈现了一幅诗与月、光与景相融合的美好画面。阳明心学专家学者和爱好者“云端”聚首诗会现场，通过朗诵、独唱、姚剧等艺术形式，展现千古圣心启航的余姚，感怀清风明月，体悟阳明匠心，携手共赴一场曲水流觞的至善之约。

【世界阳明学大会在余姚开幕】 11月23日上午，以“人类命运共同体的文化共鸣”为主题的世界阳明学大会在“阳明故里”余姚开幕。大会由省政府主办，省委宣传部、宁波市政府承办。十三届全国政协副主席、九三学社中央常务副主席邵鸿，中国历史研究院副院长李国强发表视频致辞，省委常委、宁波市委书记彭佳学，省委常委、宣传部部长王纲致辞，省政府党组成员刘忻主持，十三届全国政协常务委员、民族和宗教委员会主任王伟光，中国明史学会会长、厦门大学国学院院长陈支平，国际儒学联合会副理事长、湖南大学岳麓书院国学院院长朱汉民作主旨发言。省委宣传部副部长、省社科联主席盛世豪，宁波市委常委、秘书长张文杰，宁波市委常委、宣传部部长金彦，宁波市副市长朱欢和余姚市领导傅贵荣、沃勇特、诸晓蓓、陈长锋、王娇俐、沈小贤、张明、华红、朱卫东等出席开幕式。出席开幕式的嘉宾有贵州省人大常委会原副主任、贵州省文史研究馆原馆长顾久，武汉大学文明对话高等研究院院长、哲学学院教授吴根友，赣南师范大学国学研究院院长、江西省王阳明研究会会长周建华，浙江大学哲学院党委书记李恒威，美国夏威夷大学哲学系终身教授、国际环境决策管理咨询委员会环境哲学总顾问成中英等。

【余姚第13次上榜“2022中国最具幸福感城市”】 12月21日，“2022中国幸福城市论坛”在杭州举行，现场发布了“中国最具幸福感城市”系列榜单。余姚获评“2022中国最具幸福感城市（县级市）”，为余姚市第13次上榜。市委常委、宣传部部长沈小贤出席论坛并作主旨演讲。

“中国最具幸福感城市调查推选活动”由《瞭望东方周刊》、瞭望智库联合举办，至2022年已连续举办16年。2022年度的调查推选活动以“非凡十年，致敬奋斗”为主题，以城市攻坚克难、砥砺创新，努力实现让人民生活幸福这个“国之大者”为主线，对中国城市的幸福感进行调查，推介幸福城市建设的生动实践。

（市委宣传部）

统一战线工作

【概况】 2022年，出台《中共余姚市委关于贯彻落实〈中国共产党统一战线工作条例〉的若干任务》《中共余姚市委统一战线工作领导小组运行机制系统性重塑方案》，构建“1+1+N”组织体系。围绕“甬同心 跟党走”主题，组织开展“喜迎二十大 姚商心向党”、民主党派“同心永向党，奋进新时代”等各类主题活动10余场。组织开展“同心聚力共同富裕”大走访大调研行动，走访慰问统战成员、困难群众800余名（户），各类企业60余家。落实市领导列名联系新的社会阶层党外代表人士机制，实施“部长谈心日”机制，开展党外年轻市管干部、宗教界代表人士等谈心活动。

在杭州成立“乡贤驿站”，打造“一路一山一水”三条新乡贤助力共同富裕示范带。举办“阳明心、故里情”主题短视频大赛、“侨爱梅乡 海外高层次人才感受美丽余姚”、“探阳明故里 访十里梅乡”台青余姚行、姚台邻里节中秋云上茶话会等活动。河姆渡遗址博物馆被评为中国华侨国际文化交流基地。成立“安商护企”检察服务联络站，建立涉案企业合规第三方监督评估工作机制。组织召开“亲清直通车·共建‘最名邑’”全市民营企业家元宵座谈会、“亲清直通车·政企恳谈会”非涉案企业合规第三方服务座谈。制定2022年度“建设现代化美好活力最名邑”专题民主监督实施方案，组织各民主党派、工商联、无党派人士召开民主协商会、座谈会、情况通报会等6次，召开对口联系工作会8次，提交各类意见建议、议案提案200余件。

组织开展铸牢中华民族共同体意识和“民族团结一家亲”主题实践系列活动，推进宁波尹球五金制造有限公司等创建省级“浙里石榴红”品牌。实施“订单种养”计划、设立“邮掌柜”农产品直销网点，新增签约重点少数民族种植养殖大户25户。出台《抵御境外利用宗教进行渗透专项行动方案》《防范宗教向养老机构和儿童福利领域渗透专项行动方案》等。12月14—17日，市委常委、统战部部长李昭赴澳门参加联谊交流活动。

组织开展统战工作“评标立项”和品牌培育行动，完成统战工作品牌项目申报34项，形成重点品牌12项。推进“多彩四明·多党情”乡村振兴品牌、“心联天下”——以阳明文化助推海外联谊等品牌项目建设，中标2022年度省级统战理论课题1项、宁波市统战理论政策研究课题3项。推进工商联企业家执委履职评价项目应用场景建设，被纳入“浙商在线”试点项目，并列入“一本账S3”在全省贯通。出台基层统战工作标准化建设实施方案和民营企业统战工作标准化建设测评表，推进兰江街道飞智电商园、梨洲道多元文创园、阳明街道新城市社区、凤山街道东江社区等开展基层统战工作标准化建设试点工作，在江丰电子、舜宇集团等民营企业试点统战工作标准化建设。

【全市统战工作会议召开】 3月3日下午，全市统战工作会议召开。会议传达了全国、省、宁波统战部长会议精神，总结2021年全市统战工作，安排部署2022年工作任务。市委书记傅贵荣对全市统战工作作出批示，市委常委、统战部部长李昭出席会议并讲

5月13日，余姚市统战工作品牌“评标立项”活动举行

（市委统战部　供稿）

12月13日，宁波市统一战线“鹿亭同心实践基地”建设十周年暨“鹿亭同心共富基地”启动仪式上，有关单位、各民主党派与鹿亭乡12个行政村签订共建协议书

（市委统战部　供稿）

话，市委统战部常务副部长阮坚定主持会议。

【统战工作品牌“评标立项”活动举行】 5月13日下午，余姚市举行统战工作品牌“评标立项”活动。市委常委、统战部部长李昭出席活动。宁波市统战系统相关单位处室负责人担任评标嘉宾。该活动采取入围赛的形式对各地各单位申报的品牌进行初选，最终确定12个品牌进行上台路演展示，并邀请嘉宾作指导点评。

【全市统战干部培训班开班】 7月25日，全市统战干部培训班开班。余姚市委常委、统战部部长李昭出席开班仪式并讲话。此次培训班邀请省委统战部、省侨联、省民宗委、江苏省委党校等专家学者，并安排余姚市委统战部各条线分管领导现场授课，着力提升参训学员统战理论素养和实践能力。市委统战工作领导小组成员单位分管负责人，各乡镇、街道统战工作分管领导，市纪委监委派驻第五纪检监察组组长，市委统战部、市侨联、市工商联、市台办全体机关干部近70人参加培训。

【宁波市中华文化海外传播联盟成立仪式暨阳明文化海外传播主题论坛举行】 11月25日，宁波市中华文化海外传播联盟成立仪式暨阳明文化海外传播主题论坛在余姚举行。浙江传媒学院党委书记杨立平，浙江省委统战部副部长吴炳芳，宁波市委常委、统战部部长卞吉安，余姚市委书记傅贵荣，市委常委、统战部部长李昭等出席仪式。在随后举行的阳明文化海外传播主题论坛上，浙江传媒学院党委书记杨立平作了题为《学习党的二十大精神，增强文化自信自强，推动文化国际传播》的讲座。活动期间，还举行了“阳明心·故里情”主题短视频大赛颁奖典礼、《异域“心”声》《心学智慧》新书发布仪式、阳明文化海外传播大使聘请仪式。

【宁波市统一战线“鹿亭同心实践基地”建设十周年暨“鹿亭同心共富基地”启动仪式举行】 12月13日，宁波市统一战线“鹿亭同心实践基地”建设十周年暨“鹿亭同心共富基地”启动仪式在余姚鹿亭乡举行。宁波市委统战部副部长、市侨办主任傅岳炳，余姚市委常委、统战部部长李昭出席并讲话。

启动仪式上，播放了“鹿亭同心实践基地”十年回顾视频，举行了“鹿亭同心共富基地”启动仪式。宁波、余姚两级统一战线各单位、各民主党派和统战社团与鹿亭乡12个行政村签订了共建协议书。当天，与会人员实地视察了“鹿亭同心实践基地”建设十年重点项目。宁波、余姚两级统一战线的志愿服务团开展了义诊、法律服务、农技等群众性服务活动。

（市委统战部）

侨务工作

【概况】 发挥侨界政协委员作用，召开侨界政协委员座谈会。推荐新一届侨界政协委员，走进阳明街道和马渚镇，就亩产论英雄、城中村改造、涉侨纠纷多元调解等主题开展实地走访调研，组织多场“民生议事堂”活动。邀请省侨联经济科技部俞根君部长到

1月9日下午，“阳明心、故里情”主题短视频大赛启动仪式暨“阳明讲堂”开讲活动举行　　（市委统战部　供稿）

余姚为全市统战干部开展业务知识讲座。

打造市级“侨胞之家”——宁波市阳明文化海外传习基地。组织开展了“2022新春送祝福·相片留温情”、“余山姚水 阳明心城——壮阔这十年”国庆摄影公益展、“余姚摄影名家走进江丰电子”等活动。市海创会在中国云城揭牌成立活动基地，举办2022“侨谊杯”足球赛。联合国家外汇管理局余姚市支局开展“阳明故里说外汇 纾困解忧暖民心——汇侨携手”外汇政策直播宣讲活动。邀请余姚籍知名侨胞郑永年教授回乡作《国际地缘政治急剧变动下的中国经济》专题报告。组织开展“侨千代你看家人”中秋走访活动。走访、联系侨企21家，搜集问题23个。开展“侨爱永行 帮企一把”系列活动，举办巡回讲诊会15场。开展“阳明心、故里情”全球短视频大赛、“多彩四明山”全省摄影大赛。借助微信公众号、抖音、哔哩哔哩、TIKTOK四大直播平台，开展访谈类、讲演类、风俗类等栏目的海外直播。承办2022年“亲情中华·为你讲故事”网上夏令营（余姚营）活动，吸引澳大利亚新金山中文学校的45名华裔青少年参加。举办“阳明心、书友情”中日书法云上交流会。

【“阳明心、故里情”主题短视频大赛启动仪式暨“阳明讲堂”开讲活动举行】 1月9日下午，“阳明心、故里情”主题短视频大赛启动仪式暨“阳明讲堂”开讲活动在宁波市阳明文化海外传习基地举行。活动由宁波市委统战部（侨办）指导，宁波市阳明文化海外传承基地、余姚市委统战部（侨办）共同主办，以“我在余姚的一天”“味蕾里的余姚故事”“如画余姚”“我记忆中的故乡”为四大主题，面向全球有奖公开征集阳明故里自拍短视频。

中共余姚市委常委、统战部部长李昭，余姚市委统战部副部长、侨办主任、侨联主席周姚平，宁波市阳明文化海外传习基地负责人、余姚市互联网发展联合会精品分会会长熊杰共同启动大赛。活动聘请中国新闻摄影学会副秘书长、余姚市作家协会主席徐渭明，中国音乐家协会会员、余姚市音乐家协会主席吕余龙，中国摄影家协会会员、余姚市摄影家协会主席黄孟丹为指导老师。启动仪式后，举行了“阳明讲堂”首讲——短视频制作技巧系列公益讲座第一课。

【2022“侨谊杯”足球赛举行】 3月5日，2022“侨谊杯”足球赛在余姚市肖东第二小学足球场举行。比赛在余姚海创足球队与江丰侨联足球队间开展。市委统战部常务副部长阮坚定，市委统战部副部长、市侨办主任、市侨联主席周姚平等出席观赛。

【“侨爱梅乡·海外高层次人才感受美丽余姚”活动举行】 6月12日，由市侨联、三七市镇人民政府、丈亭镇人民政府和三七市镇相岙村村委联合主办的“侨爱梅乡·海外高层次人才感受美丽余姚”活动举行。市委统战部副部长、市侨办主任、市侨联主席周姚平出席活动并讲话，来自市留联会、市海创会、三七市镇侨联、丈亭镇侨联、江丰电子侨联和相关侨企代表共30余人参加活动。

活动现场，与会人员观看了三七市镇、丈亭镇杨梅节宣传片，参观了小镇生活集市的梅乡农特产品、非遗产品展示，参与了小镇“甬桃音乐会”等活动。活动现场还举行了“侨爱梅乡生活体验基地”设立仪式。

【“亲情中华·为你讲故事”网上夏令营开营】 6月20日，由中国侨联主办，浙江省侨联、宁波市侨联、余姚市侨联、象山县侨联承办，澳大利亚新金山中文学校、澳大利亚宁波同乡会协办的2022年“亲情中华·为你讲故事”网上夏令营（余姚营）开营。此次活动有来自澳大利亚新金山中文学校的近百名华裔青少年参加。在为期10天的网上夏令营中，海外华裔营员以网络互动方式学习中华文化，内容包括云游中国、古诗成语、先锋人物介绍、西游记故事，以及富有余姚地域特色的非遗文化和人文故事等，并且通过聆听中华传统故事、学习心得交流、每日打卡等，提升汉语言学习能力。

【“余山姚水，阳明心城——壮阔这十年”宽幅摄影作品展、“飞羽魅影”鸟类摄影公益展开幕】 9月29日，由市美丽余姚建设工作领导小组办公室指导，市侨联、市文联主办，市摄影家协会、阳明古镇文德园承办的“余山姚水，阳明心城——壮阔这十年”宽幅摄影作品展、“飞羽魅影”鸟类摄影公益展在阳明古镇开幕，市委统战部副部

9月29日，“余山姚水，阳明心城——壮阔这十年”宽幅摄影作品展、“飞羽魅影”鸟类摄影公益展开幕 （市委统战部 供稿）

10月12日，“阳明心、书友情”中日书法云上交流会举行 （市委统战部 供稿）

长、市侨联主席、市侨办主任周姚平出席并讲话。开幕式现场，市摄协主席黄孟丹代表参展作者向余姚市美丽余姚建设工作领导小组办公室捐赠参展作品，用于余姚市环保公益宣传。宁波市生态环境局余姚分局党组成员、总工程师李鹏向参展作者颁赠捐赠证书。本次活动共展出作品130余幅，分别展出于文德园与盐集坊。展览共持续15天。

【“阳明心、书友情”中日书法云上交流会举行】 10月12日下午，市侨联、市文联和日本余姚同乡会以及中日双方近20位书法家以视频连线的方式在宁波市阳明文化海外传习基地以及日本高岛、京都同步举行中日书法云上交流会。

（市委统战部）

民族宗教事务

【概况】 2022年，余姚市贯彻落实全省、宁波市宗教工作会议精神，与乡镇街道等签订安全责任协议书。制作完成民族宗教工作宣传片，召开全市民族宗教工作会议。完成民族宗教领域应急管理全覆盖责任体系建设。出台《抵御境外利用宗教进行渗透专项行动方案》等。组织宗教团体和场所开展“12·4”国家宪法日活动，开展法治专题培训班2次。依法办理私设聚会点举办宗教活动案件2起。开展民间信仰活动场所非法活动清查整治。

指导马渚镇、低塘街道宁波星煌光电有限公司、小曹娥镇朗海村、梨洲小学等打造“四明石榴红”品牌。新增25户重点少数民族种植养殖大户与“邮掌柜”平台进行签约，拓宽“邮掌柜”农产品服务网点，2022年各民族农产品销量突破800万元。指导四明山镇搭建“云游四明山”直播带货平台，注册“四明农物”商标。依托陆埠二小民族融合馆和民族工作展示馆等阵地，组织开展30余次铸牢中华民族共同体意识和“民族团结一家亲”主题实践系列活动。完成全市527名少数民族中考考生加分事项的资格审查工作。

支持宗教界举办传统文化系列讲座，其中东明寺怡偲书院举办讲座2期，龙泉寺举办阳明心学与龙泉寺论坛。指导三七市镇陆家岙庙开展“一庙一场景”建设；推荐鹿亭乡仙圣庙和梁弄镇上岳殿参加全省“百个民间民俗好故事”评选。撰写《坚持“三个着力”以文化润教助推宗教中国化》等理论文章。

【全市民族宗教工作会议召开】 3月18日下午，余姚市全市民族宗教工作会议召开。市委书记傅贵荣在会上强调，要深入学习习近平总书记关于加强和改进民族工作的重要思想、关于宗教工作的重要论述，认真贯彻上级决策部署，强化政治自觉、积极担当作为，奋力开创新时代民族宗教工作新局面。市委副书记、市长沃勇特主持会议，市领导张明、李昭、潘健红出席会议。会上，与会人员观看了余姚市民族宗教工作宣传片，余姚市委宣传部、余姚市教育局、低塘街道、陆埠镇、凤山街道季卫桥社区作了交流发言。

8月1日，余姚市佛教界“爱党爱国爱社会主义”主题教育暨宗教政策法规培训班开班
（市委统战部　供稿）

11月28日，宗教界“纪念王阳明诞辰550周年”书画展举行
（市委统战部　供稿）

【佛教界“爱党爱国爱社会主义”主题教育暨宗教政策法规培训班开班】 8月1日，2022年度全市佛教界“爱党爱国爱社会主义”主题教育暨宗教政策法规培训班开班。本次培训班为期2天，邀请宁波市民宗局专家现场授课。市佛教协会全体班子成员、各佛教场所负责人等60余人参加。

【宗教界“纪念王阳明诞辰550周年”书画展举行】 11月28日上午，余姚市宗教界举行“纪念王阳明诞辰550周年”书画展，全市宗教界人士和书法爱好者共百幅书画作品参展。宁波市民宗局二级调研员周磊，市委统战部副部长、市民宗局局长翁贤权等出席。

【“之江问道　崇俭戒奢　共同富裕”佛教教职人员轮训班开班】 12月19日，“之江问道　崇俭戒奢　共同富裕”2022年余姚市佛教教职人员轮训第一期培训班开班仪式在佛光寺举行，全市佛教教职人员共50人参加此次培训班。市委统战部副部长、市民宗局局长翁贤权出席，市佛教协会代会长智常法师参加并致辞。培训班为期3天，设有宗教中国化专题、宗教政策与法规、清规戒律、中国佛教史、中国文化概论、寺院管理等课程，同时还安排了“从严治教”“共同富裕”两个主题的研讨会。

（市委统战部）

政策研究

【概况】 开展小曹娥镇托管、工业园区高质量发展、四明山区域旅游管理等重大体制机制研究，调研形成相关工作方案和实施意见，并在市委专题会议、市委常委会议上讨论研究、审议通过。对余姚市制造业、服务业等政策的实施情况进行总结评估，全面排摸余姚扶持大学生创业政策的制订和落地情况，指导市委宣传部、市商务局等部门开展产业政策制订。完成市委学习贯彻党的二十大精神决定、促进城市品质大提升决议等文件起草，形成《加快建设现代化美好活力“最名邑”在奋进“两个先行”中交出高分答卷》等3篇重要理论文章。总结形成《党建引领四明山革命老区加速走向共同富裕》等4个典型案例，推荐上报省《政策瞭望》和《宁波通讯》。收集整理习近平总书记有关山区共同富裕和涉姚方面重要论述，组织开展理论溯源，研究形成专题报告。

【全面深化改革】 2022年，余姚市以数字化改革为牵引，一体推进各类重大改革，形成了一批彰显余姚辨识度的特色成果：数智文明创建获评全省数字文化系统第一批优秀应用；“拘调融合”获省委常委、宁波市委书记彭佳学两次批示肯定；“减假暂”“薪资执行一件事”在全省复制推广；“道德银行”入选省信用数字化改革应用场景十大示范案例和省宣传文化领域共同富裕最佳案例；“四明红”方案通过宁波深改委会议审议并组织实施。

2022年，余姚市共新增14项省部级以上试点，其中，“区块链+道德银行”入选国家区块链创新应用试点，“红色资源在线”“拘调融合”“发改系统专家库监督”“执委履职评价”等

4个项目入选省“一本账”。梁弄镇打造革命老区共同富裕样板镇的改革经验在“浙里改”录用，并被省委改革办推荐上报中央改革办；“拘调融合”相关做法在省委改革办《数字化改革（工作动态）》刊发；《山洪灾害防御新模式》等4篇信息在宁波《改革先锋》刊发。

（市委政研室）

机构编制工作

【概况】2022年，余姚市推进完善“大综合一体化”行政执法体制机制、基层管理体制机制、牟山湖休闲旅游度假区开发建设管理体制机制、生态环境保护委员会及办公室体制机制、专业安委办体制机制、中意宁波生态园区域开发建设体制机制、重大项目管理体制机制、招商工作机制、四明山区域开发建设管理体制机制等。成立深化“大综合一体化”行政执法改革规范执法队伍人员编制管理试点领导小组。组建泗门镇等10个赋权镇街综合行政执法队，10个赋权镇街综合行政执法队锁定参公事业编制140名。全市各部门认领省、宁波市监管和执法事项清单10101项，其中综合执法事项占全部执法领域的61.5%，68.3%的高频率、高综合、高需求执法事项已纳入综合执法范围。市级执法队伍整合为综合执法、市场监管、生态环境、交通运输、文化市场、农业农村、应急管理、自然资源、卫生监督9支，不再保留民政、劳动保障、节能监察、水利4支执法队伍。通过常驻、随叫随驻等形式下沉执法人员683人。市综合执法、自然资源和规划、卫生监督、市场监管、司法、生态环境6个部门派出机构人员实行“市属、镇管、共用”，除人员编制、工资仍由相应派出部门统一管理外，党群关系迁至派驻地乡镇（街道）。

建立健全乡镇（街道）机构“一对多”“多对一”的工作机制，理顺与市直单位的工作对接、请示汇报和沟通衔接关系。制定乡镇（街道）人员岗位管理办法，编制三级24岗目录清单。乡镇（街道）行政编制和事业编制实行编制分类管理、人员统筹使用；建立乡镇（街道）编制和中层干部职数周转池；推动人员编制向任务重的乡镇（街道）和领域倾斜。从市属事业单位调剂12名事业编制，下沉到基层一线。

根据省、宁波市关于城乡社区“五定”（定编码类型、定功能职责、定组织架构、定岗位员额、定保障机制）工作有关部署和具体要求，梳理公布城市社区工作事项93项，农村社区工作事项105项；按标准核定43个城市社区员额657名。完成43个城市社区“五定”规定、124个城镇化村“五定”方案拟制和报批工作。

2022年，余姚市开展编外用工新一轮调查摸底，按编外用工控制数管理范围内的编外用工人数、编外用工控制数管理范围外的聘（雇）用人数、服务外包承接单位派驻人数3类进行了调查摸底。研究制定《余姚市市级机关事业单位编外用工管理办法》和《余姚市乡镇（街道）编外用工管理办法》。实行编外用工使用全流程网上办理，实现了实名制系统对编外用工使用数使用申请、人员聘用及解聘的“一站式”审核。

2022年，完成2021年度事业单位法人年度报告公示工作，完成公示321家，年度报告报送率为100%。完成事业单位法人设立登记5家，变更登记137家次，注销登记5家，因证书到期换领13家。做好机关群团赋码，办理初领2家，变更38家次，到期换领1家。累计收回相关市属事业单位空余事业编制10余名。

修订完善党政机构职责管理办法，制定安全生产领域职责分工争议协商协调管理办法，完善部门职责分工争议协调工作机制；协调各类职责分工争议事项10余件；做好政务服务事项认领，并对不认领事项的理由进行审核。

【9个镇街启动行使部分市级部门行政处罚权】8月16日，凤山街道、阳明街道、梨洲街道、兰江街道、朗霞街道、低塘街道、马渚镇、陆埠镇、梁弄镇等9个乡镇人民政府（街道办事处）在各辖区范围内启动行使部分余姚市级部门行政处罚权及与之相关的行政检查权、行政强制权。本次交由乡镇（街道）行使的行政处罚权包括发展改革、经信、教育、公安、自然资源、生态环境、建设、水利、农业农村、广电、应急管理、气象、地震、人力社保、市场监管、人防、档案、科技、民宗、民政、退

9月，兰江街道组织人员行使行政检查权

（市综合行政执法局　供稿）

役军人事务、粮食物资、林业、消防救援、体育、交通运输、文化旅游、卫生健康等28个条线，共计1606项。涉及作出没收较大数额违法所得、没收较大价值非法财物、降低资质等级、吊销许可证件、责令停产停业、责令关闭、限制从业等重大行政处罚决定的案件，仍由余姚市级部门依法管辖。2022年8月16日前已立案未结案案件和历史遗留案件仍由原余姚市级部门继续负责办理，并承担相应行政复议、行政诉讼等工作。

【乡镇（街道）"1+4+X" 机构改革落地】 8月底，全市21个乡镇（街道）按照一般乡镇6个、较大乡镇（街道）7个、特大乡镇（街道）8个对内设机构、事业单位以及部门派驻机构完成限额整合。内设机构设置全部实施"1+4+X"模式，其中"1"为综合信息指挥室；"4"即统一设置的党建综合办公室、发展服务办公室、平安法治办公室、社会事务办公室；"X"为根据乡镇（街道）发展特色和工作需要设置的内设机构。各内设机构主要负责人由乡镇（街道）党政领导兼任，并结合实际相应调整领导班子分工。挂牌机构按照"非必要不挂"的原则设置。

（市委编办）

信访工作

【概况】 2022年，研究出台《关于开展市、镇、村三级领导干部下访接待群众的工作方案》，由市领导每月下沉到镇、镇领导每周下沉到村、村干部常态化下沉到户。全年，市四套班子领导共下沉接待群众204批429人次，直接答复75批，批示交办129批并纳入闭环管理，相关做法在宁波全市信访工作会议上作经验介绍。启动"暖心来访'信'好有你"信访人心理疏导活动，每周二在市矛调中心开展心理帮扶疏导"坐诊"，并针对特定信访户组建"一对一"心理疏导团队。信访"一码听民意"场景应用实现用户扫码20余万人次，征集到各类意见建议1074条，部门办理率100%，群众评价满意率99.5%，相关做法在宁波全市推广。制定《关于进一步加强信访工作及信访行为双向规范的实施方案》，推动党政主体和信访主体双向规范。

2022年，全市共受理群众来信481件次、四级走访651人次、网上信访66002件次、来电272960件次，其中来信、走访分别较近3年均值下降29.3%、41.21%，网上信访、来电上升584.9%、55.36%（网上、来电数量上升主要受疫情影响），咨询投诉举报"网电管用"导向作用日益明显；全年初次来信、走访、网上信访事项化解率分别达到98.53%、95.3%、98.69%；党政主要领导批阅群众来信量占比70.62%，网信量占比27.53%；共化解国家级信访积案160件，省级信访积案186件，成功创建"全省无信访积案市"。

【市委信访工作会议召开】 1月14日，市委信访工作会议召开，为余姚市首次，市委书记傅贵荣在会上强调要用心用情用力解决好人民群众信访诉求，为建设现代化美好活力"最名邑"提供坚强保障。市委副书记、代市长沃勇特主持会议，市领导诸晓蓓、曹敬之、钱秉湧、姚俊杰、陈莹、吴伟民出席，市委副书记王娇俐传达省委、宁波市委信访工作会议精神。

【市"12345"政务热线划转信访局管理】 7月，市"12345"政务服务热线中心由原市矛调中心划转到市信访局管理，工作经费、固定资产和劳务外包人员的划转工作同步完成，原市矛调中心2名事业编制一并划入市"12345"政务服务热线中心。

（市信访局）

老干部工作

【概况】 截至2022年末，全市共有离休干部76人、副市级及以上老领导45人（其中离休干部2人、退休干部43人）。全市建有离退休干部党支部163个（其中离退休干部党支部129个、银辉党支部34个）。

2022年，余姚市开设"初心讲堂""银耀四明大讲堂""夕阳红讲坛"，通过举办读书活动、政治理论辅导报告、支部书记学习培训、就近考察等，引导离退休干部争当"两个确立"忠诚拥护者和"两个维护"示范引领者。举办市级老领导读书活动1期、老干部党校政治理论辅导报告1次、离退休干部党组织书记示范培训班1次、老干部座谈交流活动3次、市级老领导就近考察活动2次等，参与老干部800余人次。组织开展"永葆本色守初心、传承基因耀四明"喜迎二十大活动，全市离退休党组织集中学习和主题党日活动150余次，参与老干部4000余人次；离退休支部书记为1400余名老干部上党课65次；近4000名老同志参与"建言二十大、礼赞新成就""党员走基层、齐心助共富"等活动；600多位老干部参与"我与党旗合张影，向党说句心里话"活动，撰写心里话126篇；113位老干部送宣讲送文化进基层，为2600余名群众送去精神食粮；开展"我眼中的家乡"主题作品征集和书画摄影作品展，举办"银艺嘉年华"校园文化艺术节等活动。依托"3+X"信息化平台，将银辉党建基地、学习活动阵地、志愿服务平台实现"云共享"。拍摄制作《一片赤心映晚霞》老干部工作纪实宣传片，2022年上报信息被上级新闻媒体录用170余篇，其中国家级媒体31篇、省级媒体73篇、宁波级媒体53篇，多篇信息刊登在《中国老年报》头版头条或市委《工作交流》专刊上。

【志愿服务】 2022年，余姚市开展"共同富裕示范区 银辉助力姚先行"六大行动，组织文明宣讲、科技帮扶、社会自治等志愿服务500余次，受益群众1.2万余人次。推动宁波市首批"银辉之家"规范化建设示范点创建工作。银辉志愿者联合会建立定期会商机制，每季度1次组织各团队骨干交流研讨。评比表彰“银辉之星”100名、“银辉优秀志愿服务团队”20个。老年大学、老干部活动中心和老党员驿站全方位向各“银助团”和银辉志愿者开放，举办兰江专场、凤山专场、共富先行银助团等“银辉开放日”活动5次、“银辉嘉年华”专场活动1次，共有800余人次参与。

全年上门走访老干部1535人次，电话联系2261人次，帮助解决困难问题39个。完善“一键通”居家养老服务系统，利用社会家政资源为老干部提供上门理发、足浴修脚、钟点保洁、家电维修等十余项生活服务，全年共接受老干部求助求救服务575人次，为老干部提供家政等生活服务301人次，联系落实保姆或钟点工72人（户）。发挥老干部保健室、就医绿色通道作用，专人陪同就医看病，本年度共接待服务老干部1340人次。

打造志愿服务人才培育中心，开设6个兴趣活动小组，开展讲座培训、心得交流等，实现志愿培训资源共享。打造“银尚乐活”品牌，培育省级“银尚达人”候选人24名，“银尚达人”候选团队5支，“银尚之家”4户。老干部活动中心被评为“余姚市新时代文明实践示范基地”。作为全省首批老年教育资源整合工作试点单位，推进“五大校园”建设，以市老年大学、浙江开放大学余姚学院、老年电视大学为龙头示范带动，围绕“123+N”思路推动老年教育资源全面整合提升。成立老年教育联盟，制定出台《余姚市高质量推进老年教育实施意见》等5个文件和10件实事项目清单，建立联盟指导委员会工作例会、联络员会议等制度。老年学共体建设案例被评为2022年度全省老干部工作优秀创新案例。

【余姚市“世南红锋”党建联盟小组成立】 5月25日下午，余姚市委老干部局、市信访局、市妇联、市工商联四家单位在市委老干部局报告厅举行“世南红锋”党建联盟小组成立仪式。市直机关党工委副书记诸永刚，市信访局党组副书记、副局长张叶飞，市妇联党组成员、副主席陈励，市工商联党组成员、副主席徐毅等出席会议。市委老干部局副局长叶银主持会议。诸永刚为小组成员单位授牌，随后市委党校教授陈云以《奋进新征程　建功新时代》为题解读全国两会精神。

【“倾听——9090”暖心“留声机”活动】 7月，余姚市委老干部局组织开展“倾听——9090”暖心“留声机”活动。活动对象主要为在语言交流正常、思维逻辑清晰的“90+”高龄的离休干部，机关干部上门倾听离休干部的奋斗青春、战火岁月和人生感怀，并拍摄视频留声留影，每个影片时长约90分钟。活动共上门走访拍摄离休干部27人，制作11个微视频留声留影。

【余姚老年教育联盟指导委员会第一次会议召开】 11月2日上午，余姚老年教育联盟指导委员会第一次会议在余姚市老年大学召开。余姚市委常委、组织部部长郎客宾出席会议并讲话。副市长林体向余姚老年教育联盟指导委员会授牌。余姚市委组织部副部长、老干部局局长唐飞琴主持会议。会上，通报了《中共余姚市委教育工作领导小组关于组建成立余姚老年教育联盟的通知》，传达了省老年教育资源整合工作有关精神并通报了全市老年教育工作情况，审议通过了《余姚老年教育资源全面整合提升工作推进方

5月25日，“世南红锋”党建联盟小组成立仪式　（傅月　摄）

7月，“倾听——9090”暖心“留声机”活动留影　（傅月　摄）

11月2日，余姚老年教育联盟指导委员会第一次会议召开　（傅月　摄）

案》《余姚市高质量推进老年教育的实施意见》等草案。老年教育联盟各成员单位对照省、市教育资源“整合”提升工作要求，围绕“职责分工、自身资源、下步考虑”进行了交流发言。

【宁波市首届银辉党建优秀创新案例展示活动在余姚举行】 11月24日上午，宁波市首届银辉党建优秀创新案例展示活动在余姚举行。浙江省委老干部局二级巡视员施建荣，宁波市委组织部副部长、老干部局局长俞小勋，余姚市委常委、组织部部长郎客宾等出席展示活动。活动现场，通过“线上+线下”“现场讲演+图文直播”的方式，集中展示了银辉党建优秀创新案例的好经验、好做法。由余姚市委老干部局选送的“银助联盟”集聚创新动能激发银辉党建新活力等16个银辉党建案例获得最佳创新案例，另有23个银辉党建案例获优秀创新案例。全宁波市2万余名老同志通过网上直播的方式同步收看。

（市委老干部局）

党校工作

【概况】 2022年，市委党校（省委党校四明山分校、浙江四明山干部学院）共举办余姚市级主体班次14期、姚江讲坛6期，培训学员4175人次，宁波市委组织部委托班次5期，培训学员414人次。建立“年初制定培训计划、年中开展检查指导、年底实行考核评比”机制，全年共举办培训班次270期，培训基层党员3.9万余人次。举办对外培训班次57期，培训学员4135人次。增设“共同富裕”“全面从严治党”“打造八个高地”“党的二十大精神”等专题培训。依托余姚本地红色资源，新开发浙东抗日军政干校等3个现场教学基地配套课程，更新横坎头村新时代文明实践站现场教学基地配套课程。获宁波党校系统优秀现场教学课1门。编制完成全市党校系统精品教学课程库和路线图。

全年累计组织参与省市科研活动7次、省市教师队伍培训活动3次、基层调研活动2次、校内科研沙龙6次。完成浙江省委党校、浙江省社院系统课题结题5项，新立项5项，宁波市委党校课题结题6项，新立项11项，承接浙江省委党校重大课题1项。公开发表理论文章5篇，其中省、市级党报党刊各1篇，提交省、市级党校理论研讨会论文18篇，获省级一等奖1篇、三等奖1篇，市级二等奖1篇、三等奖1篇，获浙江省哲学学会与社会主义经济研究会学术研讨会优秀奖1篇。提交宁波市级咨政1篇、余姚市级咨政9篇。

【浙江四明山干部学院办学质量评估通过验收】 2022年7月17—18日，中共中央组织部干部学院办学质量评估工作组到余姚对浙江四明山干部学院开展办学质量评估，评估工作采取座谈交流、个别谈话、现场教学等方式进行。2022年9月，中共中央组织部印发《关于发布省（自治区、直辖市）党性教育干部学院目录的通知》中公布浙江四明山干部学院顺利通过办学质量评估验收，入列中共中央组织部党性教育干部学院目录。

7月17日，中组部干部学院办学质量评估工作组在浙江四明山干部学院开展办学质量评估交流座谈　（翁张翔　摄）

【驻省委组织部纪检监察组到余姚市委党校调研】 12月14日，省委组织部部务会议成员、省纪委省监委驻省委组织部纪检监察组组长周鲁明一行到余姚市委党校调研指导工作。余姚市委常委、组织部部长、党校校长郎客宾，宁波市委党校副校长杨国元、余姚市委党校常务副校长谢向前等陪同调研。调研以座谈会形式进行，会上，余姚市委党校常务副校长谢向前介绍了学校的基本情况、近年来办学情况以及全面从严治党能力培训教学提升工程推进情况。周鲁明组长一行还参观了横坎头村新时代文明实践站等廉政现场教学基地。

（市委党校）

党史和地方志研究

【概况】 2022年，余姚市以构建“大党史”工作格局为目标，有序推进党史专题研究、党史胜迹保护、地方志书编纂、年鉴编写出版、地方文化挖掘、史志宣传教育等工作，获评全省党史和文献部门先进集体，《中国共产党余姚历史》第三卷（1978—2002）获优秀科研成果三等奖。《余姚革命遗址揽胜》出版，《余姚口述史料》形成初稿，开展《余姚构建“大党史”工作格局探索》和《四明抗日根据地的建立与巩固及其对浙东抗日根据地发展壮大的决定性意义》以及余姚忠实践行“八八战略”相关课题《弘扬老区革命精神 建设现代化美好活力“最名邑”》研究。鼓励基层开展红色革命纪念场馆建设和修缮，出台《余姚市党史教育基地创建管理办法》。胜归山烈士陵园完成修缮升级，于4月重新开放；黄明故居、草茅庵建军纪念馆、红色十六户纪念园等完成了重新布展；启动余姚党史馆和浙东抗日根据地纪念馆布展方案设计，四明山革命烈士纪念碑整体提升工程进入实施阶段。

《牟山镇志》《大岚镇志》正式出版并举办首发仪式，《鹿亭乡志》进入出版程序，《小曹娥镇志》《大隐镇志》《朗霞街道志》完成评审，《丈亭镇志》《陆埠镇志》《马渚镇志》《河姆渡镇志》完成初稿，进入内审阶段。其他基层志方面，凤山街道《胜一村志》完成出版前期流程，黄家埠镇《横塘村志》完成初稿。宁波地区首部的民营企业志《五谷企业志》进入出版程序，《余姚工会志》启动编写。出版《余姚进士录》《黄梨洲著作解读》等著作，《余姚地名漫谈》《余姚古代艺文》进入出版程序，《余姚史志》杂志保持每季度出刊。

【省委党史和文献研究室主任刘芸到余姚调研】 3月9—10日，省委党史和文献研究室主任刘芸率队到余姚就高标准、高质量开好全省第十次党史工作会议开展专项调研。9日下午，调研组在梁弄召开专题座谈会。宁波市委党史研究室主任陈银绍主持会议，并作汇报发言，梳理了宁波党史工作的特色亮点，围绕调研提纲提出了相关建议。随后，余姚市委党史研究室、慈溪市委党史研究室、梁弄镇、陆埠镇、大隐镇、市档案局、横坎头村等单位领导围绕构建“大党史”工作格局、加快党史和文献部门数字化改革、建设党史人才队伍和挖掘利用红色资源促发展等作了交流发言。调研期间，刘芸一行在四明山革命烈士陵园和浙东革命根据地领导人纪念碑林瞻仰了革命先烈，并考察了浙东抗日根据地旧址群、浙东临委驻地展馆和泗门党史馆。

【纪念杨贤江入党100周年暨“杨贤江纪念馆”开馆仪式举行】 5月14日上午，余姚市在泗门镇中心小学举办纪念杨贤江入党100周年暨“杨贤江纪念馆”开馆仪式，宁波市委党史研究室室务会议成员、二级巡视员赵传斌，余姚市委副书记王娇俐，市委常委、泗门镇党委书记张明，市委党史研究室主任高李生等出席。活动中，张明、赵传斌先后致辞，赵传斌、王娇俐为“杨贤江纪念馆”揭牌，杨贤江之孙杨杰通过录制视频发表感言。10名泗门镇青年在现场进行了入党宣誓。

【《余姚进士录》出版】 7月，由中共余姚市委党史研究室主编，王孙荣编著的《余姚进士录》出版。全书按光绪《余姚县志》《慈谿县志》及《上虞县志》选举志收录，个别散佚资料据登科录、碑志、文集、总谱等文献详细考证后补入，共收录余姚历代进士701人，其中武进士74人。每一登科进士列一小传，包括姓名、字号、亲族、籍贯、仕宦等。

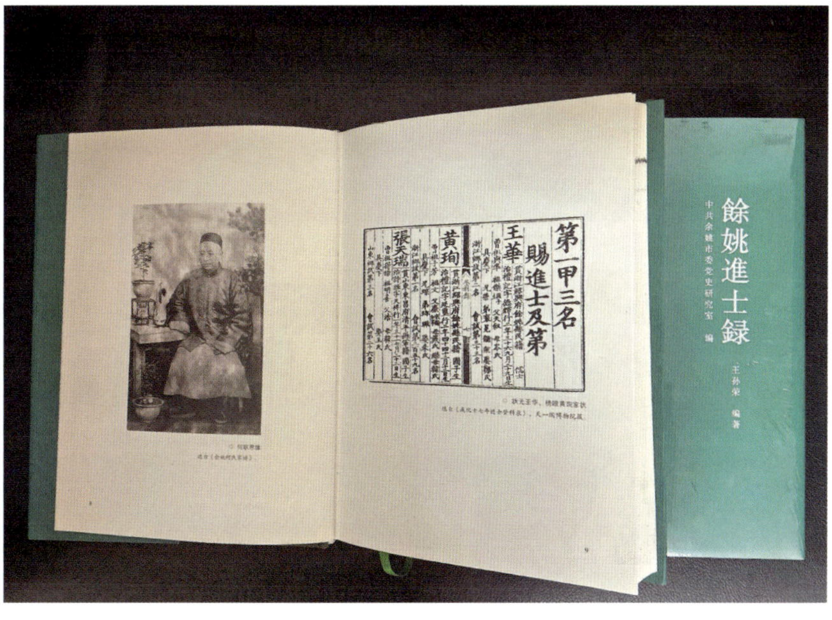

7月，《余姚进士录》出版　　（市委党史研究室　供稿）

【《黄梨洲著作选读》出版】 8月，由余姚市史志办原副主任、《余姚市志（1988—2010）》责任编辑徐泉华编著的《黄梨洲著作选读》出版。全书对黄宗羲《明夷待访录》《明夷留书》《破邪论》等著作中的30余篇文章，通过背景介绍、相关内容分析、原文释读，进行了深刻解读，全面体现了黄宗羲在政治、哲学、教育等方面的重要思想。

【符锦惠被批准追认为烈士】 9月27日，浙江省人民政府发布《烈士通知书》，批准追认余姚籍红军早期指挥员符锦惠为烈士。符锦惠1904年出生，余姚市朗霞街道天华村人，早年加入中国共产党，1927年任国民革命军第4军25师75团1营营长，率部参加过南昌起义，并参与创建海陆丰革命根据地和东江革命根据地。先后担任过中国工农红军第11军政治部主任、东江军委常委，东江红军独立第2师政治部主任等职务，1933年5月牺牲。符锦惠为已知极少数参加过南昌起义的余姚籍战士和参加早期革命军职最高的余姚烈士。

【中共余姚市委党史工作领导小组成员单位联席会议召开】 12月21日上午，余姚召开市委党史工作领导小组成员单位联席会议，会议总结了前阶段党史工作成果，安排部署了下阶段相关重点任务。市委副书记、市委党史工作领导小组组长王娇俐出席会议并讲话，市委常委、组织部部长、市委党史工作领导小组副组长郎客宾主持会议。会上，介绍了余姚党史馆的初步建设方案，相关单位作了补充说明。市委党史研究室汇报了余姚市党史工作开展情况、存在问题以及下步打算。

【《五谷企业志》出版】 2022年12月，《五谷企业志》由杭州出版社出版。本志由余姚市政协主席陈长锋作序，市史志办原副主任、《余姚市志（1988—2010）》责任编辑徐泉华主编。全志上起自1981年5月余姚县东风公社塑料冲件厂（宁波五谷金属制品有限公司前身）创建，下断至2021年底，全面记述了宁波五谷金属制品有限公司及其联合企业40年来的发展历程。《五谷企业志》是余姚市和宁波市首部民营企业志，反映了余姚乡镇企业由小到大、由公有制到非公有制改革、由计划经济向社会主义市场经济转变的过程，是余姚乡镇企业和民营经济发展的一个缩影。

（市委党史研究室）

12月21日，中共余姚市委党史工作领导小组成员单位联席会议召开

（市委党史研究室　供稿）

新四军历史研究

【概况】 2022年，余姚市依托自身红色资源，探索浙东抗日根据地创建、巩固、发展的历史过程。完成《草茅庵重建四明主力武装的重要意义》《余姚参加“八一”南昌起义的前辈》《志愿军一级战斗英雄余新发》《红色政权货币史》等专题史料15篇。《余姚革命斗争史料汇编》第一辑“大革命和土地革命战争时期”完成初稿编辑。

组织新四军研究会成员开展党史宣讲30余场次。在市博物馆举办“红色记忆——革命根据地货币展”，被国家文物局列入“核心价值观主题展览”，在网上展览平台首页公展。在《余姚日报》开展专版“红色政权货币——一场没有硝烟的战斗”。组织“浙东抗日根据地开辟80周年学术研讨会”“纪念草茅庵重建四明主力武装75周年”“纪念抗战胜利77周年座谈会”等活动。

【纪念草茅庵重建四明主力武装75周年活动举行】 5月16日，纪念草茅庵重建四明主力武装75周年活动在余姚市陆埠镇余鲍陈村草茅庵举行。余姚市委党史研究室主任高李生主持活动。活动中，与会人员以徒步行军方式，从陆埠余鲍陈村文化广场起始步行至草茅庵。宁波军分区代表向余鲍陈村捐赠了扶贫帮建资金，宁波市委党史研究室、市新四军历史研究会向余鲍陈村赠送红色书籍，陆埠镇党委书记韩杭城宣读了征文获奖名单并颁奖，陆埠镇青年代表宣读了倡议书。活动最后，市委党史研究室党史文献科科长张志伟作了题为“发扬历史主动精神的成功实践”的党课。

【纪念浙东区党委成立暨浙东抗日根据地创建80周年文艺会演举行】 8月12日下午，“纪念浙东区党委成立暨浙东抗日根据地创建80周年”专场文艺演出在梁弄横坎头村新时代文明实践站大礼堂举行。省新四军历史研究会及浙东分会、余姚市委党史研究室、市新四军历史研究会及梁弄分会、阳明文旅集团、梁弄镇横坎头村干部群众参加活动。文艺会演由省新研会浙东分会、余姚市委党史研究室、余姚市阳明文旅集团、余姚市梁弄镇党委、余姚市新四军历史研究室五个单位主办，由省新四军历史研究室合唱团、余姚市姚保中心和余姚市新四军历史研究室梁弄分会等单位协办，由梁弄镇横坎头村党委和村委会、旧址群景区管理办公室承办。

【纪念抗日战争胜利77周年座谈会召开】 9月3日，纪念抗日战争胜利77周年座谈会在市委党史研究室召开。市委党史研究室主任高李生，市新四军历史研究会会长宋建勋，副会长张杰、周优、李大炜、梁成纪及理事参加了会议。座谈会由高李生主持。会上，张杰就不忘历史、立足当前、放眼未来三个中心作系统发言。高李生就推进党史学习教育常态化长效化作了小结。随后，宋建勋主持召开了市新四军历史研究会季度例会。

【市新四军研究会八届三次会员代表会议召开】 11月29日上午，余姚市新四军历史研究会在市政府召开了八届三次会员代表会议。副会长兼秘书长张杰作工作报告及财务报告。会长宋建勋讲话，列举何克希司令冒险同田岫山谈判、毛泽东的棉裤、北辙时的《告浙东父老兄弟姊妹书》以及一级战斗英雄余新发等事例。市委副书记王娇俐代表市委对会议的召开表示热烈祝贺，并对新四军历史研究会两年来取得的成绩表示充分肯定。最后，全体与会人员唱《新四军军歌》。

（市新四军历史研究会）

5月16日，纪念草茅庵重建四明主力武装75周年活动举行

（市人武部 供稿）

8月12日，纪念浙东区党委成立暨浙东抗日根据地创建80周年文艺会演举行

（市委党史研究室 供稿）

档案工作

【概况】 2022年，余姚市持续深化“互联网+公共服务”模式，持续扩大“异地查档、跨馆服务”覆盖面。市档案馆全年共接待查询利用6452人次，有效利用5735卷/2771件次，打印10089页，复印715页，出证明176次，摘抄1877页。浙江档案服务网查档435件、咨询答复5件、配合做好部队、公证处等单位协助调查查档3件、长三角异地查档1件。加大投入力度，提升数字化水平。

2022年数字化扫描共计3349卷，1703件，625693页，条目283735条，保管期限30年以上的档案全部完成数字化，总体数字化率超过99%。征集档案、图书资料共842册（件、张），征集内容涵盖家谱、残奥会金牌、实物档案、图书资料以及个人档案等。“知行余姚”档案文献展在固定展厅向公众开放，纪念王阳明550周年诞辰书画展、“红色四明谱芳华”——纪念浙东区党委成立80周年暨浙东抗日根据地创建80周年书画展、“喜迎二十大 档案颂辉煌”王水铨从军档案专题展、“献礼二十大 青春向未来”——余姚市第三届青年美术作品展、“舜水缶韵”董芷林师生书画联展、“高山仰止”王阳明与东亚学者墨迹展等在临时展厅展出。接收凤山街道办事处移交的各类档案共计369卷/13654件，做好档案的消毒工作。对市农村土地确权办、市水泥厂、商务局改制企业、文广局等开展进馆指导。为退役军人提供线上线下查档服务，提供军人入伍档案115件，其中以单位名义调取档案20件，收到线上跨馆查档3件，向外市申请调取档案1件。支持“独生子女”“双女户”奖扶政策，提供婚姻档案查询服务2000余人次，利用档案超1000卷。

推进电子公文全流程流转后的归档工作，与市OA系统完成对接，完善数字档案服务“一件事”工程。完善政务网档案馆室一体化平台，延伸至全市各村、社区。研究制定村级档案管理基本目录、建立市、镇、村三级档案工作管理网络，在阳明街道、凤山街道、梨洲街道、兰江街道、河姆渡镇、大隐镇6个街道、镇开展档案工作服务农村基层社会治理试点，验收后在全市推广。助力推进“浙里档案”数字应用建设，开展档案数据资源归集共享工作，涉及民生档案（婚姻、土地承包、山林、知青）、开放档案、声像档案（照片、视频）、编研成果、档案展览、镇馆之宝等档案数据。

【“知行余姚”档案文献展开展仪式举行】 6月10日，市档案馆举行“知行余姚”档案文献展的开展仪式。仪式由市档案馆党组书记、馆长周斌主持。市委副书记王娇俐出席仪式并宣布开展。文献展以“知行余姚”为主题，通过“知史　行千秋”“知贤　行仁德”“知民　行大道”“知城　行宏图”四大板块系统地展现余姚历史。

【档案工作服务基层社会治理工作培训会召开】 8月9日，余姚市档案局、余姚市档案馆联合组织召开档案工作服务基层社会治理工作培训会。市档案局、档案馆相关科室负责人就“余姚市档案工作服务农村基层社会治理工作验收方案”“集中式档案室管理系统”等进行了解读和介绍；对档案库房建设和归档文件整理进行了逐项讲解。余姚市档案馆副馆长邵亚辉出席并讲话，重点就基层档案工作需要完善档案基础管理机制、加强实体档案管理工作和突破档案传统管理模式等三方面作了具体要求和强调。

【“红色四明谱芳华”书画展举办】 8月8—20日，“红色四明谱芳华”——纪念中共浙东区委成立暨浙东抗日根据地创建80周年书画作品巡回展在余姚档案馆举行。活动由省委宣传部指导，省新四军历史研究会、省文联主办，省美协、省书协、省新四军历史研究会书画院、余姚市委宣传部、余姚市委党史研究室等单位承办。

开幕式上，省文联原副主席柳国平、省美协副主席骆献跃、省新四军历史研究会副会长兼书画院院长骆振龙、市人大常委会副主任高权出席开幕式并讲话或致辞。省新四军历史研究会书画院向余姚市档案馆、市文联、梁弄横坎头村赠送书画作品集，并向书画家代表颁发入展证书。本次书画展以“红色四明谱芳华”为主题，累计收稿300余件，共评出120幅作品展出。这些书画作品主要以浙东抗战奋斗历程和革命老区发展面貌为题材。

【两项编研成果获评2021年度全省优秀档案编研成果】 9月14日，浙江省档案学会公布2021年度全省优秀档案编研成果评选结果，余姚市档案馆、余姚市政协教科卫体文化文史和学习委员会、余姚市文化和广电旅游体育局、中共余姚市委党史研究室编研作品《红色四明映初心——余姚典藏革命文物释读》获优秀档案编研成果二等奖，余姚市档案局、余姚市档案馆、余姚市政协教科卫体文化文史和学习委员会、余姚市文化和广电旅游体育局编研作品《斯人已去清风在——楼适夷书信选集》获优秀档案编研成果三等奖。

（市档案馆）

6月，“知行余姚”档案文献展在市档案馆展出　　（徐冰青　摄）

涉台工作

【概况】 2022年，余姚市委深入贯彻落实党的二十大精神和新时代党解决台湾问题的总体方略，全面落实中央和省、宁波市委对台工作会议精神。召开市委对台工作领导小组会议暨全市对台工作会议。下发《关于开展2022年台资企业服务月活动的通知》《关于做好近两年涉台领域工作情况小结的通知》，整理形成台企问题、项目“两张清单”。迎接宁波对台工作督查组专项督查。

推进重大台资项目进展，在浙江合作周宁波专场上签约温泉山庄三期项目。贯彻落实各级惠台政策及《宁波市台湾同胞投资保障条例》，协调宁波吉诺电子有限公司劳资纠纷、远东工业城属地调整后服务支持诉求、台胞子女转学读书、台胞办理医保、

6月，余姚“台青之家”揭牌仪式在阳明古镇举行　　（市台办　供稿）

台青突发感染求医等求助件10余件。推荐张金清、杨志佩等4人为台胞参与共同富裕典型人物，陆文杰、叶斯水为宁波招商引智大使，蔡税地获浙江青年创业奖，连振宇为宁波海外传播官。

加强文化交流，以王阳明故居省级交流基地为载体，开展以两岸青年为主体的阳明文化研学活动。在第五届海峡两岸乡村振兴论坛活动上推出两岸农创品牌“阳明茶”，授予宁波复懋品牌管理有限公司（匠心馆）甬台乡村振兴合作实践基地称号。开展第三届姚台邻里节暨“庆中秋话团圆”中秋云上茶话会活动，以视频连线的方式，在阳明古镇及台湾南投同时举行。加强青年交流，在阳明古镇挂牌“台青之家”，开展“探阳明故里，访十里梅乡”2022台青余姚行、甬台青年企业家论坛等活动，并在阳明古镇引进台湾小吃青创项目。

【余姚开展“探阳明故里，访十里梅乡”2022台青余姚行活动】 6月10日，“探阳明故里，访十里梅乡”2022台青余姚行活动在阳明古镇拉开序幕，在甬台青、甬青代表40多人参与，开展了王阳明传习录研学课堂、甬台青年交流论坛、“我为余姚杨梅代言”杨梅采摘活动等一系列活动，让两岸青年在研学交流中感受传统文化的熏陶、创业分享的碰撞和时令杨梅的美味。活动期间，余姚“台青之家”揭牌仪式在阳明古镇举行，宁波市台办副主任顾海飞到场致辞。

【第三届姚台邻里节暨“庆中秋话团圆”中秋云上茶话会圆满举行】 9月9日下午，第三届姚台邻里节暨“庆中秋话团圆”中秋云上茶话会活动在余姚市阳明古镇及台湾南投同时举行。此次活动以视频连线的方式进行，两地同胞在一片其乐融融的氛围中，共度好佳节、共叙两地情。市委常委李昭出席活动。活动现场，余姚、台湾两地居民通过健康舞蹈、汉服展示等精彩的文艺表演以及月饼制作、梁弄大糕分享等特色文化、美食的交流互动，拉近了两地民众的距离，营造了“姚台一家亲”的美好氛围。此外，两地还围绕“茶产业”开展了深入交流，分享两地茶叶发展的优势、成果与经验。

（市台办）

9月9日下午，第三届姚台邻里节暨“庆中秋话团圆”中秋云上茶话会余姚会场　　（市台办　供稿）

余姚市人民代表大会

综　述

【概况】 2022年，余姚市人大常委会认真落实中央人大工作会议及省、宁波市和余姚市党代会精神，聚焦新时代人大工作的新定位新任务，完成市十八届人大一次会议确定的各项目标任务。全年共召开常委会会议7次，主任会议23次，听取和审议专项工作报告32项，作出决议决定12项，任免国家机关工作人员54人次。市十八届人大常委会实有组成人员41人，其中主任1人、副主任6人、委员34人。组织召开党组理论学习中心组会议、常委会读书会等各类理论学习活动30余次。向市委请示报告重大事项、重点工作、重要活动18件次。

【专项监督】 2022年，余姚市人大常委会落实市委打造“余山姚水 阳明心城”决策部署，作出《关于加强国土空间规划监督的决定》。完成政府资产专项监督，作出《加强政府资产监督管理 提升政府资产使用绩效的决议》。余姚市委主要领导出席十八届人大首次常委会会议和常委会读书会，先后8次对常委会工作作出批示。

组织全市1364名四级人大代表开展助力经济稳进提质八大攻坚行动和“代表评营商、助力最名邑”主题活动，深入一线倾听企业呼声。督促市政府对环卫保洁等5个政府采购项目开展重点绩效评估。听取和审议审计发现问题整改落实情况报告，推动政府建立健全《余姚市项目支出绩效评价管理办法》等规章制度47项，完成问题整改38个，涉及资金5.13亿元。开展乡村振兴“一法一条例一决定”执法检查，在横坎头村挂牌成立宁波市首个乡村振兴助力站。

开展全市优育服务体系建设、外来民工子弟学校规范管理、义务教育资源布局调整和职业教育发展等情况监督。聚焦综合养老服务、基层常用药配药、劳务派遣中介等群众普遍关切的问题，开展社会保障“微民生”专题询问，多部门集体应询、清单式交办询问意见。调研市域交通“外联内畅”情况，关注综合交通中长期发展规划、轨道交通线网规划和四明山路网提升、断头路打通等专项规划编制实施情况，推动区域交通互联互通、城市品质持续提升。首次听取和审议市监委关于整治群众身边腐败和作风问题专项工作情况报告，实现对“一府一委两院”监督的全覆盖。作出《关于深化乡村法官乡村检察官制度、推进诉源治理工作的决定》。

【汇集民意】 2022年，余姚市人大常委会邀请34名代表列席常委会会议，194人次代表参与人大常委会视察调研、执法检查、专题询问等工作，组织代表参加政府工作重要情况通报会和“代表进两院、进部门”活动。启动市代表联络总站建设，构建形成“市总站+乡镇（街道）联络站+村（社）联络点”三级贯通、全域协同的工作架构。建成财经议事站、重点群体“汇民驿站”等5个专业站点。全市21个基层单元开展各类主题接待活动533次，1.1万余人次代表群众参与，收集意见建议5561条，推动解决问题1200余个。

【自身建设】 2022年，余姚市人大常委会作出《关于聚焦“四个机关”定位 加强自身建设的决定》。创新建立

6月16日，市人大代表进检察院活动　（市人大常委会办公室　供稿）

乡镇（街道）人大重点工作交流机制，“乡村两官进站”获评全省基层单元建设最佳实践案例。成功承办全省人大农业农村工作会议。2篇理论文章获省、宁波人大工作理论研究会优秀奖，30余篇稿件被省级以上媒体录用，3件作品获宁波人大新闻奖。

（市人大常委会办公室）

重要会议

【市十八届人民代表大会第一次会议】 2022年1月23日，余姚市第十八届人民代表大会第一次会议在余姚影城召开。会议听取和审查市人民政府代市长沃勇特所作的政府工作报告；审查和批准关于余姚市2021年国民经济和社会发展计划执行情况与2022年国民经济和社会发展计划草案的报告，批准2022年国民经济和社会发展计划；审查和批准关于余姚市2021年预算执行情况与2022年预算草案的报告，批准了2022年预算；听取和审查了市人大常委会主任诸晓蓓所作的余姚市人大常委会工作报告；听取和审查市人民法院代院长吴伟民所作的余姚市人民法院工作报告；听取和审查市人民检察院检察长陈莹所作的余姚市人民检察院工作报告。

会议审议余姚市2021年政府民生实事项目完成情况，并进行满意度测评；会议通过表决，确定余姚市2022年政府民生实事项目共10项，分别为：老旧小区改造工程；治水防洪工程；安全提升工程；天然气扩面工程；健康关爱工程；教育扩容减负工程；数字智治工程；交通保畅工程；健身通道工程；饮用水提质工程。

会议依法选举诸晓蓓为市十八届人大常委会主任，卢建国、郑利刚、余烽、黄和庆、高权、阮岳军为市十八届人大常委会副主任，干亚群、马安平、王娜、王军辉、方斌全、史勇军、戎伟军、吕银森、朱建立、许建生、孙保定、严定汉、杨军、杨荷锋、吴建平、余鹏、沈继忠、陈江龙、周苏、周建春、宓贤勇、胡蔚波、闻淼、姚文昌、姚惠平、姚滨彬、徐小军、徐周康、黄银强、戚劲杉、韩健、韩静安、鲁定峰、鲁树峰为市十八届人大常委会委员；选举沃勇特为市人民政府市长，曹敬之、毛丕显、钱秉湧、董盛益、林体、吕军云、潘健红为市人民政府副市长；选举虞存斌为市监察委员会主任；选举吴伟民为市人民法院院长；选举陈莹为市人民检察院检察长。大会选举产生余姚市出席宁波市第十六届人民代表大会的代表。会上，诸晓蓓、沃勇特、虞存斌、吴伟民依次接受当选证书，并进行宪法宣誓。

大会以举手表决的方式，通过市十八届人大专门委员会组成人员名单，通过关于政府工作报告的决议、关于余姚市2021年国民经济和社会发展计划执行情况及2022年国民经济和社会发展计划的决议、关于余姚市2021年预算执行情况和2022年预算的决议、关于市人大常委会工作报告的决议、关于市人民法院工作报告的决议、关于市人民检察院工作报告的决议。市委书记傅贵荣在会议闭幕时讲话。

3月25日，市第十八届人大常委会第一次会议（市人大常委会办公室　供稿）

【市十八届人大常务委员会会议】 2022年，共举行市人大常委会会议八次。部分会议具体情况如下：

1月14日，召开市十七届人大常委会第三十六次会议。会议表决通过有关人事任免事项和宁波市人大代表辞职事项；补选宁波市人大代表。

3月25日，召开市十八届人大常委会第一次会议。会议听取和审议市政府关于2021年度生态环境状况和环境保护目标完成情况的报告；作出市人大常委会关于深化乡村法官、乡村检察官制度推进诉源治理工作的决定；听取和审议各街道人大工作报告，并作出市人大常委会关于人大街道工委年度工作报告的决议；审议通过市人大常委会2022年工作要点（草案）；审议决定有关人事任命事项；会议开展专题学习，宁波市人大常委会办公厅原主任钱政作专题讲座，省人大代表钟建波和市人大常委会委员杨军作履职经验介绍，市委书记傅贵荣出席会议并讲话。

5月27日，召开市十八届人大常委会第二次会议。会议听取和审议关于市公安局打击治理电信网络诈骗犯罪工作情况的报告；听取和审议市政府关于2021年度城乡规划实施情况的报告；作出市人大常委会关于聚焦“四个机关”定位加强自身建设的决定；审议决定有关人事任免事项；会议开展专题学习，市委常委、市纪委书记、市监委主任虞存斌作专题讲座。

7月27日，召开市十八届人大常委会第三次会议。会议听取和审议市政府关于2021年市财政决算工作情况的报告，并作出了相关决定；听取和审议市政府关于2021年市财政预算执行和其他财政收支的审计工作报告，并进行满意度测评；听取和审议市政府关于2022年上半年全市国民经济和社会发展计划执行情况的报告；听取和审议市政府关于2022年上半年预算执行情况的报告；听取和审议市政府关于2022年上半年市2000万元及以上政府投资项目计划完成和调整情况的报告；听取和审议市政府关于全市食品安全工作情况的报告；审议市经信局、市民政局关于2021年部门预算执行情况的报告；审议关于2021年余姚市财政决算草案的审查报告；审议关于将杭甬高速公路余姚服务区增扩建项目纳入《余姚市国民经济和社会发展第十四个五年规划和二〇三五年远景目标纲要》的报告；审议关于市公安局打击治理电信网络诈骗犯罪工作情况审议意见研究处理情况的报告；审议决定有关人事任免事项。

9月27日，召开市十八届人大常委会第四次会议。会议听取和审议关于余姚市政府资产专项监督工作情况的报告，并作出市人大常委会关于加强政府资产监督管理，提升政府资产使用绩效的决议；听取和审议市政府关于企业梯度培育工作情况的报告；听取和审议市政府关于历史文化遗迹保护和利用情况的报告；听取和审议市政府关于杨梅、榨菜、茶叶产业提升行动实施情况的报告；作出余姚市人大常委会关于加强国土空间规划监督的决定；听取和审议市监委关于整治群众身边腐败和作风问题专项工作情况的报告；审议市政府关于2021年度余姚市国有资产管理情况的报告；审议市政府关于全市食品安全工作审议意见研究处理情况的报告。

11月25日，召开市十八届人大常委会第五次会议。会议听取和审议市政府关于2022年财政预算调整情况的报告，审议市人大财经委员会关于2022年预算调整方案的审查报告，并作出相关决议；听取和审议市政府关于姚江流域水环境治理工作情况的报告；听取和审议关于市十八届人大一次会议代表建议办理情况的报告；审议通过余姚市第十八届人大常委会代表资格审查委员会组成人员名单；审议了关于《浙江省综合行政执法条例》贯彻实施情况的报告;审议关于市十七届人大常委会规范性文件备案审查工作情况的报告；审议市政府关于政府资产专项监督工作整改计划情况的报告；审议市政府关于历史文化遗迹保护和利用情况审议意见研究处理情况的报告，关于杨梅、榨菜、茶叶产业提升行动实施情况审议意见研究处理情况的报告；审议决定有关人事任免事项和辞职事项。

12月22日，召开市十八届人大常委会第七次会议。会议听取和初审了市政府关于2022年国民经济和社会发展计划执行情况与2023年国民经济和社会发展计划（草案）的报告；听取和初审市政府关于2022年预算执行情况与2023年预算（草案）的报告；听取和初审市政府关于2022年政府民生实事项目完成情况和2023年政府民生实事候选项目形成情况的报告；听取和审议市政府关于2022年市2000万元及以上政府投资项目和重点工程计划安排完成情况、2023年市2000万元及以上政府投资项目和重点工程计划安排情况的报告；听取和审议市人大常委会主任会议关于召开市十八届人大二次会议的说明，并作出相关决定；听取和审议市人大常委会主任会议关于提请审议市十八届人大二次会议议程和各项名单草案的议案；审议市人大常委会工作报告稿；听取和审议市十八届人大常委会代表资格审查委员会关于代表变动情况和补选代表的代表资格审查报告；初审市科技局、市教育局2个部门2023年预算编制情况，6个街道、经济开发区2022年预算执行情况及2023年预算安排情况的报告，市人大财经委员会关于计划、预算报告（草案）的审查报告；审议决定有关人事任免事项和辞职事项。

（市人大常委会办公室）

视察活动

【视察深化文明城市创建工作】 5月20日上午，宁波市人大代表余姚中心组举行视察活动，专题视察深化文明城市创建工作。宁波市人大常委会主任张平、秘书长彭朱刚，余姚市委书记傅贵荣、市长沃勇特、市人大常委会主任诸晓蓓、市人大常委会副主任卢建国、副市长吕军云参加活动。代表们先后来到新时代文明实践中心、阳明古镇府前路历史文化街区、上菱新村小区，实地了解文明旅游特色街区建设、老旧小区环境整治提升等情况，听取余姚市深化全国文明城市创建工作情况的汇报，并就文明创建全民参与、

6月23日，市人大常委会视察城乡环境“一扫七治”整治情况

（市人大常委会办公室　供稿）

文明素养养成、城市基础设施提升、建立健全创建长效机制等方面提出意见建议。

【视察城乡环境"一扫七治"整治情况】 6月23日上午，市人大常委会组织常委会组成人员和部分市人大代表视察余姚市城乡环境"一扫七治"整治情况。市人大常委会主任诸晓蓓，副主任卢建国、余烽、黄和庆、高权参加视察，副市长董盛益陪同视察。视察组一行先后实地视察建筑装修（大件）垃圾分拣利用处置中心、胜山路市容环境卫生秩序提升情况，并围绕如何推进城乡环境整治建言献策。

【视察重点工程和民生实事项目】 11月24日下午，市人大常委会组织常委会组成人员和部分市人大代表视察政府重点工程和民生实事项目建设情况。市人大常委会主任诸晓蓓，副主任卢建国、郑利刚、余烽、黄和庆、高权、阮岳军参加视察，副市长吕军云陪同视察。视察组一行先后视察富巷南二小区老旧小区改造工程、姚江上游西分工程Ⅱ标段工程等进展情况。在随后的座谈会上，市发改局有关负责人汇报民生实事项目进展情况，部分人大代表围绕如何推进重点工程和民生实事项目建言献策，副市长吕军云代表市政府作表态发言。

（市人大常委会办公室）

建议办理

【概况】 深化"重点类"建议督办机制，首次召开"重点类"建议办理工作面商座谈会，市政府主要领导同人大代表面对面交流协商，市妇幼保健院周边交通治堵、城郊片区供水等一批群众关切问题在督办中得到落实。强化建议办理跟踪问效，持续开展建议办理工作绩效评估，落实"不满意件"二次交办机制，首次在市人大、市政府官网全面公开建议办理情况，切实推动办理工作由"重答复"向"重落实"转变。市十八届人大一次会议以来，代表提出的270件建议均在规定时限内答复代表，建议办理落实率较上年上升11.3个百分点。

【代表建议办理情况】 全年共受理市人大代表提出的建议270件，其中人代会期间260件、闭会期间10件，均已全部办结，促成问题解决或部分解决的124件占77.8%。其中，承办单位承诺解决（A类）和部分解决（B类）的建议占98.2%，办理结果满意及基本满意的建议占99.3%。2022年度代表建议办理工作先进单位：市公安局、市水利局、市交通运输局、市住房和城乡建设局、市经济和信息化局、市自然资源和规划局、市卫生健康局、市市场监管局。

【代表建议办理工作绩效评估会召开】 2022年10月25日上午，余姚市人大常委会召开代表建议办理工作绩效评估会，对市财政局、宁波舜通集团有限公司两个单位办理代表建议的绩效情况进行评估。余姚市人大常委会主任诸晓蓓出席并讲话，市委常委、常务副市长曹敬之，市人大常委会副主任卢建国、郑利刚、余烽、黄和庆、高权、阮岳军出席会议。会上，市财政局、宁波舜通集团汇报了代表建议办理情况，人大常委会相关工委汇报调查评估情况，建议领衔代表、常委会组成人员及各乡镇人大主席对办理工作提出意见建议，并进行满意度测评。

（市人大常委会办公室）

10月25日，代表建议办理工作绩效评估会召开

（市人大常委会办公室　供稿）

余姚市人民政府

综　述

【概况】 2022年，面对严峻复杂的国际环境、多发散发的国内疫情和超预期因素的叠加冲击，余姚市人民政府坚持以习近平新时代中国特色社会主义思想为指导，认真学习贯彻党的二十大精神，牢牢把握稳中求进工作总基调，高效统筹疫情防控和经济社会发展，扎实开展“赛马争先”抓落实行动，经济社会发展保持总体稳定。全市经济运行企稳向好。全年实现地区生产总值1513.59亿元、增长1.9%，一般公共预算收入120.74亿元、同口径增长0.1%。

【工作成效】 2022年，余姚市实施“一扫七治”、拆迁“清零”、“拆违治乱”等系列百日攻坚，黄湖片区3个月拆违35万平方米，古路头区块40天全面完成481户征收签约，全市房屋征收面积达127.48万平方米、超前三年总量，处置“两违”面积397.74万平方米。有效应对“轩岚诺”“梅花”连续台风侵袭和高温干旱不利影响，打赢多轮疫情防控阻击战，推进房地产等领域风险防范处置，护航党的二十大。第13次荣膺“中国最具幸福感城市”。全年争取专项债43.35亿元、额度居宁波各区县市第一，项目审批从立项到开工平均用时提速43%，梁周线高架（一期）等一批重大项目实现开工建设，11个改革项目列入省级以上先行试点，制造业高质量发展、企业上市等两项工作获省政府督查激励，农业水价改革经验入选水利部典型案例，创新百强县（市）排名跃居全国第三，中国县域知识产权竞争力百强中进入前十。

（市政府办公室）

重要会议

【市政府全体（扩大）会议暨廉政工作会议】 1月29日，市政府全体（扩大）会议暨廉政工作会议召开。市政府市长、副市长，市政府工作部门主要负责人，各乡镇长、街道办事处主任，市直有关部门主要负责人，市府办副主任，邀请有关部门负责人列席会议。市委常委、常务副市长曹敬之主持会议。会上，市府办主任胡建立对2022年《政府工作报告》任务分解作有关说明，市委副书记、市长沃勇特讲话。

【市政府第二次全体（扩大）会议】 8月5日，市政府第二次全体（扩大）会议召开。市政府市长、副市长，市政府工作部门主要负责人，各乡镇长、街道办事处主任，市直有关部门主要负责人，市府办副主任，邀请有关部门负责人列席会议。市委常委、常务副市长曹敬之主持会议。会上，市委副书记、市长沃勇特讲话。

【市政府常务会议】 2022年，市政府召开常务会议14次。会议具体情况如下。

1月28日，召开市政府第1次常务会议。会议传达学习习近平在省部级主要领导干部学习贯彻党的十九届六中全会精神专题研讨班开班式上的重要讲话精神，研究部署相关工作；传达学习省十三届人大六次会议、省政协十二届五次会议精神，研究部署相关工作。听取并审议市卫生健康局局长李斌关于当前疫情防控工作、调整完善余姚市突发疫情指挥长制度和加强核酸检测等应急能力建设相关情况的汇报；听取并审议市交通运输局关于《余姚市经济开发区西南园区配套道路（一期）工程建设方案》的汇报；听取并审议市人力资源和社会保障局《关于市农村商业银行原统筹事业试点养老保险参保人员养老保险关系衔接方案》的汇报；听取并审议市政府办公室关于《2022年〈政府工作报告〉主要任务责任分解》的汇报。会议书面审议市农业农村局提交的《余姚市高水平建设新时代美丽乡村的实施意见（2021—2025年）》《余姚市新时代乡村富裕富足样板村建设三年行动方案（2022—2024年）》，市政务服务办公室提交的《余姚市加强行政服务中心建设的实施方案》，市水利局提交的《浙江省海塘安澜千亿工程余姚市规划方案（2020—2030）》，市应急管理局提交的《余姚市雨雪冰冻灾害应急预案》，市政府办公室提交的《市政府领导班子成员工作分工》。

2月21日，召开市政府第2次常务会议。会议传达学习《河南郑州“7·20”特大暴雨灾害调查报告》，研究部署相关工作；传达学习习近平总书记在中央政治局集体学习会上关于双碳工作的重要讲话精神。听取并审议市发展和改革局关于《余姚市低碳试点县建设实施方案》的汇报；听取并审议市综合行政执法局关于《余姚市“拆违治乱”百日攻坚专项整治行动方案》的汇报；听取并审议市应急管理局关于《余姚市消防安全（森林防火）百日攻坚暨重点领域整治行动的方案》的汇报；听取并审议市经济和信息化局关于《余姚市产业提能攻坚行动实施方案》《余姚市“亩均论英雄”评价主体差别化电价实施细则（试行）》的汇报；听取并审议市发展和改革局关于《余姚市“项目提速攻坚”行动方案》的汇报；听取并审议市招商中心关于《余姚市招商提效攻坚行动方案》的汇报；听取并审议市住房和城乡建设局关于《余姚市城市提质攻坚行动实施方案》的汇报。会议书面审议市卫生健康局提交的《余姚市高水平全面推进爱国卫生运动的实施方案》、市经济和信息化局提交的《关于宁波江丰电子材料股份有限公司年产5.2万个超大规模集成电路用超高纯金属溅射靶材产业化及半导体材料研发中心项目用地资格评价的情况汇报》《关于宁波奥盛模具有限公司年产10亿套饮料瓶胚瓶盖智能化工厂项目用地资格评价的情况汇报》《关于宁波世裕五金电器有限公司年产4500万套混凝土用高强度紧固件生产建设项目用地资格评价的情况汇报》。

3月9日，召开市政府第3次常务会议。会议听取并审议市卫生健康局局长李斌关于当前余姚市疫情防控相关工作情况的汇报，听取并审议市发展和改革局关于一季度主要经济指标预测和《“项目入库，数据落地，确保GDP数据颗粒归仓”工作方案》的汇报，听取并审议市统计局关于《余姚市全面推进基层统计网格智治工作实施意见》的汇报，听取并审议市房屋征收管理中心关于2022年度全市房屋拆迁征收计划情况的汇报，听取并审议市水利局关于余姚市防洪调度决策支撑系统有关情况、宁波高质量发展建设共同富裕先行市标志性工程——农村规模化供水“应通尽通”工程有关情况的汇报，听取并审议市政府督查室关于人大建议政协提案工作情况的汇报。会议书面审议市市场监督管理局提交的《余姚市农贸市场周边生鲜门店专项整治行动实施方案》、市司法局提交的《关于2021年度法治政府建设工作情况的报告》、市政府发展研究中心提交的《关于2021年度政府工作创新奖评审结果的汇报》。

3月23日，召开市政府第4次常务会议。会议传达学习《信访工作条例》。听取近阶段信访工作情况，研究部署相关工作；听取并审议市政府办公室《关于对真抓实干成效明显的地方加大激励支持力度的实施方案》的汇报；听取并审议市财政局关于加强乡镇财政运行和债务有效管控情况的汇报；听取并审议市发展和改革局《关于建立余姚市产业领导小组及相关工作制度的方案（试行）》的汇报；听取并审议市委人才办《关于实施新时代人才强市战略 推进人才管理体制机制综合改革的实施意见》的汇报；听取并审议市教育局《关于整体划拨原市第二人民医院场地用于市第一实验小学实施扩容改造的方案》《余姚市规范民办义务教育发展专项工作实施方案》的汇报；听取并审议市卫生健康局《关于推进余姚市托幼一体化服务体系建设的实施意见（试行）》《关于进一步加强乡村医疗卫生服务体系建设的实施意见》《余姚市四明山区域卫生健康高质量发展行动计划（2022年—2025年）》和市第四人民医院建设工程有关事项的汇报。会议书面审议市经济和信息化局提交的《关于宁波湛京光学仪器有限公司年产100万套精密光学仪器项目用地资格评价的情况汇报》《关于宁波佳音机电科技股份有限公司年产2000万套智能家电控制系统核心零部件项目用地资格评价的情况汇报》《关于宁波德昌电机股份有限公司年产300万台EPS汽车电机生产项目用地资格评价的情况汇报》，市商务局提交的《余姚市菜篮子商品应急保障预案》，市委宣传部提交的《关于探索文明城市“条抓块统”机制建设的意见（试行）》《关于打造文明有礼“最名邑”的实施意见》，市住房和城乡建设局提交的《余姚市违法建设和违法违规审批专项清查行动工作方案》《余姚市房屋建筑和市政基础设施工程生产安全事故应急预案》，市农业农村局提交的《2022年余姚市四明山区域生态发展建设任务表》，市人大常委会办公室提交的《市人大常委会关于开展政府资产专项监督的实施方案》。

4月29日，召开市政府第5次常务会议。会议传达学习习近平总书记对安全生产作出的重要指示和全国安全生产电视电话会议精神。听取并审议市应急管理局关于余姚市第一季度安全生产工作情况、《关于进一步强化安全生产责任落实 坚决防范遏制较大及以上事故的实施办法》和《关于进一步提升应急管理和消防救援能力的实施方案》的汇报；听取并审议市人力资源和社会保障局《关于加快培育新时代余姚工匠队伍的实施意见》的汇报；听取并审议市农业农村局《关于切实做好2022年粮油生产保供工作的实施意见》的汇报；听取并审议市房屋征收管理中心关于《2022年度中心城区（含城西）拆迁征收安置房建设计划》的汇报；听取并审议市交通运输局关于《余姚市创建“四好农村路”全国示范县实施方案》的汇报；听取并审议市防控办隔离专班关于全市集中隔离点建设管理及租用舜宇新基地等宿舍公寓作为隔离用房情况的汇报；听取并审议市国有资产管理办公室关于要求开展余姚市2022年度国有房屋租金减免工作的汇报。会议书面审议市公安局提交的《关于深化打击治理电信网络诈骗违法犯罪工作实施意见》《余姚市财政供养人员宣传防范电信网络诈骗专项行动实施方案》，市市场监督管理局提交的《余姚市人民政府质量奖管理办法（2022年修订）》，市经济和信息化局提交的《2021年度余姚市规模以上工业企业“亩均论英雄”综合评价结果情况说明》，市民政局提交的《余姚市城市道路名称统一试点工作方案》《余姚市集中开展补领婚姻登记证工作实施方案》《关于残疾人两项补贴省政策移交范围外对象处理情况的汇报》，市残疾人联合会提交的《关于创建市级残疾人托养机构相关事宜的情况汇报》，市委组织部提交的《关于统筹落实疫情防控一线工作人员关爱举措的相关建议》，市发展和改革局提交的《关于进一步推进经济开发区高质量发展的实施意见》，市文化和广电旅游体育局提交的《余姚市全民健身实施计划（2021—2025年）》。

5月23日，召开市政府第6次常务会议。会议听取并审议市卫生健康局局长李斌关于当前余姚市疫情防控相关工作情况的汇报，听取并审议市住房和城乡建设局关于自建房安全排查整治开展情况和《关于“十四五”期间发展保障性租赁住房的实施方案》《余姚市保障性租赁住房建设管理办法》的汇报，听取并审议市发展和改革局关于《余姚市优化营商环境攻坚行动实施方案》《余姚100MW农光互补光伏发电项目“一事一议”政策建议方案》《余姚市2022年粮食订单政策方案》的汇报，听取并审议市交通运输局关于余姚市经济开发区西南园区配套道路一期工程（梁周线快速道路）投资估算进行调整情况的汇报，听取并审议市教育局《关于深化新时代教师队伍建设改革的实施意见》的汇报，听取并审议市市场监督管理局关于《余姚市关于推进电动自行车综合治理集成改革工作实施方案》的汇报。会议书面审议市自然资源和规划局提交的《关于黄湖区块控制性详细规划编制工作的汇报》《关于2022年度全市土地整治任务分解的情况汇报》《关于要求解除“原江南电影院地块”成交结果的情况汇报》，市农业农村局提交的《余姚市村级集体债务风险分级管理办法》，市残疾人联合会提交的《余姚市残疾人事业发展“十四五”规划》，市发展和改革局提交的《关于余姚市稳链纾困助企发展若干措施的汇报》，市人民政府办公室提交的《2022年宁波政府工作报告目标任务责任清单》，市应急管理局提交的《关于全面深化开展“七张问题清单”有限空间作业安全整治工作的情况汇报》。

6月16日，召开市政府第7次常务会议。会议传达学习《国务院关于印发扎实稳住经济一揽子政策措施的通知》《浙江省贯彻落实国务院扎实稳住经济一揽子政策措施实施方案》。听取并审议市发展和改革局关于余姚市经济稳进提质八大攻坚行动方案情况、《关于进一步支持服务业稳健发展的实施意见（试行）》《关于进一步支持服务业高质量发展的实施意见（试行）》《2022年余姚市对口支援和区域合作工作要点及任务分解》的汇报；听取并审议市房屋征收管理中心关于《余姚市国有土地上房屋征收补偿、补助、奖励规定》的汇报；听取并审议市住房和城乡建设局《关于支持刚性和改善型住房需求的暂行办法》的汇报；听取并审议市委人才办《关于深化实施“姚江英才计划”加速引进高层次人才和高端创业创新团队的实施意见》的汇报；听取并审议市金融发展服务中心主任宋越敏关于《余姚市促进政策性融资担保体系建设实施方案》的汇报；听取并审议市农业农村局关于2022年市新时代乡村富裕富足样板村建设安排的汇报；听取并审议中意宁波生态园区域开发建设指挥部财政局关于设立甬矽电子二期项目专项投资基金情况的汇报；听取并审议市财政局关于乡镇（街道）财政基本保障调整方案的汇报。会议书面审议市发展和改革局提交的《关于将杭甬高速公路余姚服务区增扩建项目纳入〈余姚市国民经济和社会发展第十四个五年规划和二〇三五年远景目标纲要〉的报告》《余姚市级电力接入工程费用分担机制实施办法》，市财政局提交的《余姚市政府采购履约验收管理办法》，市经济和信息化局提交的《余姚市通信保障应急预案》《关于余姚市增资扩产类工业投资项目（第一、二批）土地出让联合评审的情况汇报》，市卫生健康局提交的《余姚市创建省级健康促进县（区）工作实施方案》，市公安局提交的《关于调整余姚市城区养犬重点管理区、一般管理区范围的通告》，市金融发展服务中心提交的《余姚市人民政府与浙商银行股份有限公司宁波分行全面战略合作协议》。

7月5日，召开市政府第8次常务会议。会议听取并审议市应急管理局关于上半年安全生产工作情况及下半年工作建议的汇报；听取并审议市综合行政执法局关于《深化“拆违治乱”攻坚整治行动工作方案》《关于进一步健全新增违法建筑管控工作机制的实施意见》《余姚市中心城区环卫保洁一体化实施方案》的汇报；听取并审议市经济和信息化局《关于创建“专精特新”活力之城的实施意见》《关于加快培育制造业“大优强”企业的实施意见》的汇报；听取并审议市金融发展服务中心关于《余姚市支持小微企业发展融资贴息实施方案》的汇报；听取并审议市公安局关于《余姚市“智安小区”建设工作实施方案》的汇报；听取并审议中国塑料城管理中心关于《第二十三届中国塑料博览会开展方案》的汇报，听取并审议市卫生健康局关于当前余姚市疫情防控工作情况的汇报。会议书面审议市科协提交的《余姚市全民科学素质行动规划纲要实施方案（2021—2025年）》，市公安局提交的《余姚市公共视频监控建设一体化改革实施方案》，市应急管理局提交的《余姚市防汛防台抗旱应急预案》，市农业农村局提交的《余姚市创建浙江省农业“机器换人”高质量发展先行县实施方案》《关于大力实施科技强农机械强农行动加快提升农业生产效率的若干意见》，市交通运输局提交的《关于建立余姚市高等公路建设工作领导小组及指挥部的情况汇报》，市发展和改革局提交的《2022年余姚市有序用电方案》。

7月22日，召开市政府第9次常务会议。会议听取并审议市政府办公室关于省、宁波民生实事项目推进情况和关于2022年余姚市政府民生实事项目推进情况的汇报；听取并审议市政府办公室关于建议提案办理工作进展情况的汇报；听取并审议市发展和改革局《关于余姚市2022年上半年国民经济和社会发展计划执行情况的报告》、关于2022年上半年全市2000万元及以上政府性投资项目计划完成和调整情况的汇报；听取并审议市财政局关于2021年余姚市财政决算草案、关于2022年上半年预算执行情况的汇报；听取并审议市综合行政执法局关于《余姚市赋权乡镇（街道）“镇队合一”行政执法体制改革方案》的汇报；听取并审议市人力资源和社会保障局关于机关事业单位编外聘用人员实行劳务派遣制度情况的汇报；听取并审议市住房和城乡建设局关于切实防范化解业主强制“停贷”风险工作、《关于综合智慧杆的建设和运维管理实施方案》的汇报；听取并审议市国有资产管理办公室关于《余姚市国资国企改革创新三年行动实施方案（2022年—2024年）》的汇报；听取并审议市金融发展服务中心关于《余姚银河产业基金组建方案》的汇报。会议书面审议市发展和改革局提交的《余姚市市场价格异常上涨事件应急预案》，市水利局提交的《余姚市山洪灾害防御预案（2022年修订）》，市民政局提交的《关于进一步选优配强专职社工队伍的情况汇报》《关于调整和新建陆埠镇下属居委规模的情况报告》，市审计局提交的《2021年度余姚市本级预算执行和其他财政收支的审计工作报告》，市市场监督管理局提交的《全市食品安全工作情况报告》，市国有资产管理办公室提交的《余姚市市属国有企业负责人经营绩效考评暂行办法（2022年修订版）》《余姚市人民政府与海通证券股份有限公司战略合作协议》，宁波舜建集团提交的《余姚市人民政府中建三局集团有限公司战略合作框架协议（征求意见稿）》，市城中村改造管理中心提交的《关于打造“余山姚水阳明心城”促进城市品质大提升的意见（征求意见稿）》，市政府办公室提交的《半年度政府工作报告》。

8月19日，召开市政府第10次常务会议。会议听取并审议市卫生健康局关于方舱医院建设方案和当前余姚市疫情防控相关工作情况的汇报；听取并审议市住房和城乡建设局关于全市房地产市场风险防控处置有关情况的汇报；听取并审议市经济和信息化局《关于促进我市小微工业企业上规模的实施意见》的汇报；听取并审议市文化和广电旅游体育局关于《余姚市文旅行业稳经济若干政策意见》的汇报；听取并审议市交通运输局关于《余姚市县乡公路网规划》的汇报；听取并审议市自然资源和规划局《关于进一步健全违法违规用地管控工作机制的实施意见》的汇报。会议书面审议市商务局提交的《余姚市2022年度消费帮扶对口地区巩固拓展扶贫攻坚成果实施方案》，市市场监督管理局提交的《中国余姚（塑料制品）知识产权快速维权中心运行实施方案》，市经济和信息化局提交的《关于宁波鹏辉微孔科技有限公司年产80亿支中高端微孔产品开发和制造项目用地资格评价的情况汇报》《关于宁波正欣消防设备有限公司年产20万套医用氧气装置生产项目用地资格评价的情况汇报》《关于余姚中淳高科桩业有限公司节能环保预制桩生产基地建设项目用地资格评价的情况汇报》，市民政局提交的《关于加快推进慈善事业高质量发展助力共同富裕先行地建设的实施意见》，低塘街道办事处提交的《黄湖片区综合整治推进情况汇报》，经济开发区管委会提交的《关于黄湖电子材料产业园土地建筑政策处理建议的汇报》。

9月16日，召开市政府第11次常务会议。会议听取并审议市发展和改革局《关于加快推进我市政府性投资项目前期工作的意见》的汇报；听取并审议市自然资源和规划局关于《2022年度余姚市土地资源利用百日攻坚行动方案》的汇报；听取并审议市商务局《关于加快商贸服务业和开放型经济发展的若干政策意见》《关于促进我市商贸企业上规模的实施意见》的汇报；听取并审议中国人民银行余姚市支行《关于财政支持汇率避险和跨境投融资一揽子政策的实施方案》的汇报；听取并审议市住房和城乡建设局《关于进一步支持建筑业做大做强的实施意见（试行）》《余姚市中心城区市政设施及退红空间管养一体化实施方案》的汇报；听取并审议市大数据发展管理局关于《余姚市信息化项目建设管理办法》的汇报。会议书面审议市发展和改革局提交的《余姚市政府投资项目审批管理流程优化实施意见》《余姚市关于鼓励参与对口地区合作的实施办法》《余姚市人民政府、延吉市人民政府对口合作框架协议》，市退役军人事务局提交的《余姚市2022年度符合政府安排工作条件退役士兵安置工作方案》，市经济和信息化局提交的《关于余姚市增资扩产类工业投资项目（第四、五批）土地出让联合评审的情况汇报》《关于2021年度余姚市“亩均论英雄”规下工业地块综合评价结果的情况汇报》《余姚泰速自动化科技有限公司年产200台（套）高端智能全自动汽车零部件生产线项目用地资格评价的情况汇报》，市文化和广电旅游体育局提交的《余姚市创建浙江省体育现代化市工作实施方案》，市住房和城乡建设局提交的《余姚市2022年城市体检工作方案》《余姚河悦府项目风险化解处置方案备忘录》。

10月20日，召开市政府第12次常务会议。会议听取并审议市卫生健康局关于当前余姚市疫情防控相关工作情况的汇报；听取并审议市政府办公室关于“梅花”台风水毁修复改造工程进展情况的汇报；听取并审议市住房和城乡建设局关于要求国企收购相关股权解决雍舜府项目二期资金缺口情况的汇报；听取并审议市国有资产管理办公室关于《余姚舜欣产业发展基金（母基金）管理办法》《余姚战略新兴产业母基金优化调整方案》的汇报；听取并审议市科学技术局关于《余姚市科技创新投资引导基金管理办法（暂行）》的汇报。会议书面审议市农业农村局提交的《关于开展未来乡村建设的实施方案》《余姚市村级集体经济持续提升行动计划》《余姚市高标准农田建设“十四五”规划》，市科学技术局提交的《2022年度“姚江英才计划”第一批高层次人才（团队）项目评审及大赛引才项目情况汇报》，市自然资源和规划局提交的《关于规范我市耕地占补平衡管理工作的通知》《2022年余姚市地质灾害防治方案》《关于黄山编制单元控制性详细规划修编的工作汇报》《关于市政府周边编制单元控制性详细规划的工作汇报》，市金融发展服务中心提交的《余姚市人民政府甬兴证券有限公司全面战略合作框架协议》《余姚市人民政府北京证券交易所全国中小企业股份转让系统有限责任公司服务基地共建协议》《余姚银河产业创投基金合伙企业（有限合伙）合伙协议》，市发展和改革局提交的《余姚市社会信用体系建设五年规划（2022—2026年）》，市城中村改造管理中心提交的《余姚市城市更新管理办法（试行）》。

11月18日，召开市政府第13次常务会议。会议传达学习习近平总书记关于做好当前疫情防控工作的重要讲话和指示批示精神、国家优化疫情防控20条措施及省、宁波市相关精神。听取并审议市卫生健康局关于当前余姚市疫情防控相关工作情况、余姚市方舱医院建设方案情况的汇报；听取并审议市农业农村局关于《余姚市强村富民乡村集成改革实践试点实施方案》的汇报；听取并审议宁波舜通集团关于进一步规范全市渣土消纳管理工作情况的汇报；听取并审议市公安局《关于加强城区人力客运三轮车规范管理工作的实施方案》的汇报；听取并审议市自然资源和规划局关于《余姚市关停矿山自然生态环境治理基金（备用金、保证金）处置办法》《余姚市废弃矿山生态修复与治理工程施工招标和多余土石料公开处置方案》的汇报；听取并审议市金融发展服务中心关于《2022年余姚市银行业金融机构考核办法》的汇报；听取并审议市财政局关于2022年财政预算调整方案的汇报。会议书面审议市经济和信息化局提交的《关于余姚市增资扩产类工业投资项目（第七批）土地出让联合评审的情况汇报》《关于余姚市增资扩产类工业投资项目（第八批）土地出让联合评审的情况汇报》，市招商中心提交的《2022年度第一批工业投资项目（招商引资类）联合评审情况汇报材料》，余姚经济开发区管委会提交的《关于中兴宁波智能科技产业园项目处置情况汇报》，宁波舜通集团提交的《余姚市高风和剑江地块共同富裕项目实施方案》《余姚市梨洲街道古路头村及周边片区城市更新项目实施方案》，市房屋征收管理中心提交的《关于要求作出原阳明东路居委周边地块项目房屋征收决定的情况汇报》，市自然资源和规划局提交的《关于余姚市“田长制”“耕地智保”应用场景工作的汇报》，市卫生健康局提交的《余姚市创建全国基层中医药工作示范县（市）实施方案》，市教育局提交的《宁波幼儿师范高等专科学校（宁波教育学院）与余姚市人民政府教育协同创新合作框架协议书》，市民政局提交的《余姚市养老服务设施布局专项规划（2021—2035）》，市市场监督管理局提交的《关于进一步强化食品安全属地管理责任和企业主体责任的实施方案》，市农业农村局提交的《余姚市姚江及主城区公共水域禁渔期管理实施方案》，市科学技术局提交的《余姚市创新型县（市）建设方案（2023—2025年）》。

12月21日，召开市政府第14次常务会议。会议听取并审议市疫情防控办关于近期余姚市疫情防控工作情况的汇报；听取并审议市应急管理局关于全市安全生产工作情况及下步工作建议的汇报；听取并审议市委社建委《关于余姚市2022年国民经济和社会发展计划执行情况及2023年国民经济和社会发展计划（草案）的报告》，2022年余姚市2000万元及以上政府投资项目（国企投资的基础设施项目）、重点工程计划完成情况及2023年计划安排情况，2022年度政府民生实事项目完成情况和2023年度政府民生实事候选项目形成情况的汇报；听取并审议市财政局关于《余姚市城建和交通基本建设领域市与乡镇（街道）财政事权和支出责任划分方案》《余姚市水利领域市与乡镇（街道）财政事权和支出责任划分方案》、余姚市2022年预算执行情况和2023年预算草案的汇报；听取并审议市自然资源和规划局关于固北路西侧历史围填海报部备案情况、《余姚市耕地保护专项资金使用管理办法》的汇报。会议书面审议市经济和信息化局提交的《关于宁波杰立化妆品包装用品有限公司年产15亿件高档化妆用具智能工厂项目用地资格评价的情况汇报》《关于2022年度“350”示范企业及培育企业评选的情况汇报》，市招商中心提交的《2022年度第二批工业投资项目（招商引资类）联合评审情况汇报材料》，市农业农村局提交的《第十四届中国余姚·河姆渡农业博览会网上举办总体方案》，市发展和改革局提交的《2022年余姚市迎峰度冬负荷管理方案》《余姚市县级储备粮轮换管理办法》《余姚—松阳共建山海协作“产业飞地”合作协议》《余姚市产业地图的相关情况报告》，市流动人口管理服务中心提交的《余姚市流动人口量化积分管理实施意见》，市财政局提交的《余姚市市级行政事业单位房屋土地类资产管理暂行办法》，市国有资产管理办公室提交的《余姚市属国有企业对外投资监督管理暂行办法》，市公共资源交易管理办公室提交的《余姚市抢险和应急工程管理办法》，市自然资源和规划局提交的《关于落实最严格的耕地保护制度全面推行田长制的实施意见》，市民政局提交的《关于凤山街道社区调整、朗霞街道居委会撤销的报告》，市文化和广电旅游体育局提交的《关于〈宁波市推进阳明文化建设三年行动计划（2023—2025）〉（征求意见稿）的相关情况报告》，市住房和城乡建设局提交的《余姚市城镇社区建设专项规划》《余姚市海绵城市专项规划修编》《余姚市全面推进未来社区建设实施方案》，市水利局提交的《余姚市水域保护规划》《余姚市水资源节约保护和利用总体规划》《余姚市全域幸福河湖建设规划》，市政府办公室提交的《关于聘请陆国栋同志为市人民政府高级经济顾问的报告》，市人力资源和社会保障局提交的《余姚市工程建设领域农民工工资专用账户管理实施细则（试行）》。

（市政府办公室）

市政府办公室工作

【概况】 2022年，市政府办公室发挥“首脑机关、中枢机关、服务机关”职能，对上级下发任务、领导交办事项，专门制订出台交办重点事项工作办法，建立工作闭环，保障市政府的高效运转和各项决策部署的全面落实。

【办文办会信息】 全年共起草各类综合文稿260多篇量化公文收发流转的办理时限，要求文件提交后当天可以办理原则上必须当天处理完毕，不能直接办理的简单文件3天办结、复杂文件7天办结，需要会签反馈的承办单位3天反馈意见。全年累计清理滞留办文系统积压文件500余件。落实重大行政决策程序，强化规范性文件合法性审查，审核行规文件8件，审核违法建筑强拆类16件，房屋拆迁征收类2件。

取消市长办公会议，设立市政府专题会议，实施议题分类申报制度，议题上常务会议前，需经专题会议对具体问题充分讨论分析，有效避免了议而不决和其他市领导无效陪会的问题，大大提高了会议效率。

向上级报送信息538条，录用218条，其中宁波市政府领导批示13条，省政府领导批示2条。主动公开政务信息2.3万余条，裁减运营弱和不符合省政府要求的政务新媒体94个，构建起整体联动、集体发声的“1+N”政务新媒体矩阵。

【干部队伍建设】 2022年，市政府办公室中层干部提拔为市管领导干部2名，提拔中层干部3人，职级晋升为一级主任科员2人、二级主任科员4人、三级主任科员2人。各支部共开展周二夜学学习活动120余次。市政府理论中心组（扩大）专题学习11次，学习习近平总书记重要指示、讲话精神18次，学习上级会议精神19次，学习重要文件3次。选举产生新一届总支委员会。

（市政府办公室）

【决策咨询】 2022年，完成《关于余慈一体化发展中余姚战略路径抉择的若干建议》《关于建立健全四明山区域统筹发展体制机制的几点建议》等重点课题报告7篇，编发《决策咨询》7期。针对性收集资本招商、国资基金、混合用地、营商环境、模具产业等方面的典型案例做法，编发《决策参考》27期。刊发《决策咨询研究2017—2021报告成果集》500本。

优化调整专家委员队伍，至2022年底共有特约咨询委员17名。组建16人的市决咨委专业智库团队，参与课题研究、考察调研等。邀请省咨询委学术委员会副主任徐志宏到余姚开展关于“咨询对策研究与参阅要报撰写”专题讲座。开展2022年度政府工作创新奖评选工作，8个项目获政府工作创新奖。全年累计组织市内外调研活动20次，共计214人次参加。

（市政府办公室）

机关事务管理

【概况】 2022年，完成全市91家机关事业单位的人员、房产、配置使用等数据采集和初步整理工作。调整市矛调中心等6家单位的办公用房，整合腾退1幢6840平方米，连片连层约5000平方米。完成全市91家机关事业单位楼堂馆所专项整治督导检查工作，共计调查建筑面积51万余平方米。完成市政府会议群二楼空调更换、政协楼外墙整修、大院垃圾分类用房建设等各类工程5项，完成大院日常维修600余件。

完成全市应急保障用车接入省公务用车管理集成应用平台工作，开展省平台统筹调度试运行。完成“大综合一体化”行政执法车调整，为市应急管理局等3家单位临时保障8辆应急用车。规范处置24辆使用年限长、里程数多的公务车辆。审核审批车辆补贴257人次。完成580辆公务用车数据统计报告。

张贴公共机构节能管理主题宣传画、发放节能宣传手册及物品1000余份，鼓励干部职工“135”模式出行，发送节能公益短信4万余条。完成14家创建浙江省节约型机关单位线上培训和业务指导。建设85个充电桩，其中快充24个、慢充61个。对全市215家公共机构建筑屋顶光伏建设数据进行排摸，对13家基本符合安装要求的单位进行踏勘，装机总容量45.7千瓦的太阳能光伏发电项目完成勘察设计。对全市72家党政机关及所属下属事业单位节能及垃圾分类工作进行督查检查。

完善“机关事务通”App系统，升级智慧点餐等服务功能，上线7个品

11月23日，全市党政机关办公用房数字化平台建设培训会议召开

（市机关事务局　供稿）

6月，“绿色低碳，节能先行”主题签名活动举办

（市机关事务局　供稿）

类的名特优农副产品及知名小家电，为四川凉山、丽水松阳等地的扶贫产品搭建销售平台。组织开展农特产品展销活动，建设“悦享心晴、共享驿站”，开展“我们的节日”主题活动，机关食堂全面落实制止餐饮浪费行为各项举措，餐厨垃圾减量明显。

制定完善《市政府大院疫情防控工作方案》等制度。落实“测温、亮码、戴口罩”、人员排查、信息登记等制度，组织人员对机关食堂、会议室、楼道、卫生间以及院落等重点区域进行定时定点清洁消毒，严格落实垃圾分类及处置工作流程。对市政府大院疫情防控措施落实情况开展集中督查检查。落实全市集中隔离点启用、撤点、调度、收尾等各项工作措施，推进集中隔离点的规范化建设。对接上海等14个区（县、市），完成1.5万余人次跨区转运隔离任务。

【节能宣传月系列活动开展】 6月，在市行政服务中心举办“绿色低碳，节能先行”主题签名活动，通过发放宣传手册、宣传物品、展板展览等方式，向广大干部职工宣传节能理念、普及节能知识、倡导垃圾分类，提高节能降碳意识。张贴“落实‘双碳’行动，共建美丽家园”主题宣传画，鼓励干部职工通过“135”模式出行、较低楼层减少电梯使用及规范空调设置和杜绝公共区域“长明灯”等行动以提升节能实效。通过电子政务网、浙政钉等平台向全市公共机构工作人员发送节能公益短信4万余条。

【全市党政机关办公用房数字化平台建设培训会议召开】 11月23日，全市党政机关办公用房数字化平台建设培训会议召开，全市各单位办公用房信息采集人员参加培训。会议邀请党政机关办公用房数字化管理平台开发公司技术人员，围绕平台的架构、组成、使用等内容进行细致讲解，同时就业务问题开展座谈交流。会议要求加快了解平台的运行方式，熟悉掌握平台的使用方法，对办公用房超出标准部分按照相对集中原则进行腾退，并配合开展测绘工作。

（市机关事务局）

外事工作

【主要礼宾接待】 5月22日，市委常委、常务副市长曹敬之，前湾新区党工委副书记、管委会副主任韩柏顺接待安赛乐米塔尔集团代表团一行，就安赛乐米塔尔集团新能源软磁材料项目进行座谈交流。

【友好交流】 1月22日，日本常陆太田市市长宫田达夫、教育委员会教育长石川八千代、议会会长藤田谦二、日中友好协会会长中原一博等向余姚市市长沃勇特发来新年贺信。

2月1日，波兰凯尔采市市长波格达·文塔向余姚市市长沃勇特发来新年贺信。

11月4日，参加第23届中日韩友好城市线上交流大会。

11月21日，市长沃勇特向日本常陆太田市致新年贺词。

【涉外管理】 2022年，按照“统一领导、归口管理、分级负责、协调配合”的原则，市外事办加强与市有关部门及乡镇（街道），与宁波海警局余姚工作站签订《工作协作联合办法》，在市

3月12日，余姚市涉外安全知识讲座举行　（市外事办　供稿）

公安局出入境大队行政服务中心大厅举行“领事保护”展板巡展活动。稳妥处置多起涉外案（事）件。

【余姚市涉外安全知识讲座举行】 3月12日，由余姚市外事办、余姚市侨联主办的余姚市涉外安全知识讲座在宁波阳明文化海外文化传习基地举行。30余名侨胞留学人员及家属、企业家代表参加。宁波市政府外事办公室涉外管理处处长针对海外安全和中国领事保护、如何获取准确的海外安全提醒、外国人来华等问题做了讲解。

（市外事办）

安全生产与应急管理

【概况】 2022年，余姚市调整安委会“1+13”组织架构，撤去危化、工矿两个专委会，成立重点工业、工业企业本质提升两个专委会，建立完善警示、约谈、督办、履职报告等工作机制，晾晒各地、各重点行业领域问题库和整改库12期，晾晒问题企业7133家，发现并完成闭环整改隐患23155条。下发隐患排查整治作战任务书52份、工作任务1378项，检查企业5万家次，排查整改隐患13.9万条。推进“417”事故举一反三电镀（铝氧化）排查、7类重点行业工业企业整治、“25项专项整治”等系列整治专项行动。检查涉危企业746家，发现并整改隐患3579条。开展化工医药企业、各类危险化学品、烟花爆竹等专项检查，共查处非法违法案件29起，发现并整改问题隐患575条，查扣危化品5.7吨，罚没收烟花爆竹195箱。

2022年，余姚市继续全面落实行政执法“三项制度”。开展“筑安”“护航”等系列执法行动，共检查各类生产经营单位1789家次，发现生产安全隐患4290条，立案处罚393起，案件处罚均值3.44万元，其中5万元以上案件37起。制定《余姚市工矿行业安全生产信用管理办法（试行）》。

2022年，余姚市开发叫醒在线编辑小程序，全年累计叫应各类责任人员12.4万人次。建立了二级应急响应后“1办13组”工作运行规则，明确落实基层防汛责任人4207人，绘制村级防汛形势图317张。围绕“八张风险清单”排查风险隐患2365处，并及时落实各项管控措施。

2022年，余姚市启动防汛防台应急响应2次，其中Ⅰ级响应2次，发出灾害天气预警信息单57份，发布风险提示单43份，调度通知单26份。“梅花”期间，余姚市姚江水位（3.67米），全市近10个平原河道站最高水位超过历史最高水位。全市4座大中型水库共完成预泄3648万立方米，启用235个避灾安置场所和78家临时安置点，指导危险区梯次有序转移人员61694人，扩面转移1987人，集中安置3297人。

2022年，余姚市开展农事、祭祀、休闲用火等违规野外用火行为集中治理，派出检查人员1232人次，排查并整改火灾隐患79处，查处、制止违规用火行为56次。制定“一图、一表”，每日发布救火队伍兵力分布情况，组织306名护林员开展常态化防火巡护，劝导制止违法违规用火行为1133起。全年修订完成专项预案26个，完成专项应急演练7次，企业应急演练2.8万次，近30万人次参加演练。截至2022年底，全市共有各类专业队伍27支，2280人。完成4支社会救援队的培育任务，完成产业工人安全和消防技能提升培训8.2万人次，开展各类安全生产、防汛减灾等现场宣教活动37场次，发放宣传资料7000余份，接受群众咨询800余人次。

2022年，余姚市开展应急指挥窄带无线通信系统建设。推动电镀（铝氧化）企业全覆盖实现可燃气体、有毒气体报警探头安装，落实人脸识别上岗、培训“安全码”、智慧消防、智慧用电等技术。开发数据报送一张表模块。推进余姚市森林防火梁弄镇试点项目。依托中国铁塔公司现有通信塔架资源，开展梁弄镇森林防火高位监控试点项目建设，已完成15个监控点位安装，实现火情报告、扑救的闭环管理。

【消防救援】 2022年，余姚市共接到灭火救援警情2087起，出动车辆4687辆次，出动人员26964人次，抢救疏散被困人员193人，抢救财产价值1亿余元，同比2021年接警数下降31.03%，直接经济损失下降7.9%。

2022年，余姚市实施消防安全（森林防火）百日攻坚暨重点领域整治行动，成立市级行动专班，于3月1日至6月1日构建了组织、工作、政策、考评等4个体系，开展了工业企业、居住出租房屋、沿街店铺、高层建筑、森林防火5个领域整治，排查各类企业（单位、场所）21900家（个），排查整治各类隐患17918条。同时，持续开展消防安全风险排查整治，实现年度“遏较大、控亡人”目标。

【喷漆企业火灾事故警示教育现场会召开】 1月5—6日，余姚市喷漆企业

1月5—6日，喷漆企业火灾事故警示教育现场会召开

（市应急管理局　供稿）

1月13日，宁波市消防救援队伍执勤规范化建设推进会在余姚举行

（市消防大队　供稿）

火灾事故警示教育现场会在泗门镇举行。会议由余姚市应急管理局主办，市应急管理局、市消防救援大队、余姚市经济开发区相关工作人员和全市喷漆企业主要负责人共500余人参会，会议分5批次举行。会上，与会人员查看了余姚市现合喷涂厂“1·4”事故现场，市消防结合全国典型火灾案例进行火情回顾，通报火灾基本情况，市应急管理局对火灾中的安全隐患问题作了分析。

【宁波市消防救援队伍执勤规范化建设推进会在余姚召开】1月13日，宁波市消防救援队伍执勤规范化建设推进会在余姚市消防救援大队召开，宁波市消防救援支队支队长傅松良、副支队长黄华出席会议并讲话，宁波市消防救援支队机关、宁波市各消防救援大队大队长、各消防救援站站长参加会议。会议期间，与会人员先后观摩了余姚消防救援大队执勤训练规范化建设成果，参观了凤山站“2+1”最小作战单元力量编程及车辆装备配备，观看了灾害事故类型大队级复盘推演、观摩了举高喷射单元、灭火主战单元、灭火救援班组操法展示。余姚市、鄞州区、大榭开发区、海曙区四支消防救援大队分别就执勤规范化建设暨“一短三快”初战机制、三级灭火救援圈工作机制、队站实战能力指标体系建设、政府专职队建设提档升级作经验交流发言。

【防灾减灾日大型宣教活动举行】2022年5月12日上午，以“减轻灾害风险，守护美好家园”为主题的5·12防灾减灾日大型宣教活动在玉皇山公园举行。活动由余姚市减灾委员会办公室牵头组织，市应急管理局承办，市气象局、市水利局、市资规局、市住建局、市农业农村局、团市委、市科协、市红十字会、市供电局、市消防大队、人保余姚支公司、市天然气公司、国能浙江余姚电厂和余姚众益应急救援队等单位共同协办。活动现场设置宣传咨询服务区、急救互动体验区、科普图板展示区和装备展示区等。活动总共放置展板40余块，展示声呐、无人机、热成像仪、急救AED等救援设备20余种，发放宣传资料2000余份、宣传品600余份。

（市应急管理局、市消防大队）

5月12日，全国防灾减灾日大型宣教活动举行　（市应急管理局　供稿）

政协余姚市委员会

综　述

【概况】 2022年，市政协共召开常委会会议4次、主席会议13次、主席议政会3次，常委会会议专题协商2次，主席会议视察2次，专题视察1次。组织各类专题协商议政活动35项，报送履职成果30件，298件提案全部办复，满意和基本满意率达到100%。

建成“民生议事堂”21个，协商驿站152个。“民生议事堂”平台落实财政资金200万元，创设“委员微协商”履职品牌，四明山村村级消防站建设、华山村“华山工社”建设等13个项目得到资金补助，带动地方和社会资金投入逾1000万元，助解群众关键小事71件，化解基层信访纠纷39件，受益群众超3万人次。各党派团体参与政协各类协商议政活动19次，会议发言30余人次，提交集体提案20件，最广泛的爱国统一战线得到有效巩固。支持市政协联谊社、余姚书画院、姚江诗词楹联社等政协各类社团发挥作用，参与王阳明550周年诞辰系列活动，先后组织“吾心光明”王阳明主题书画展、“诗路甬城”古典诗词吟诵会、“守住红色根脉 共富绿水青山”诗书交流活动等主题活动，开好中秋茶话会。编纂出版《良知乃吾师》《论师明道》等文史书籍，完成《浙江城市名片》“余姚篇”征编任务。

【参政议政】 出台《市政协党组关于加强自身建设的意见》《市政协常委会关于加强自身建设的意见》。建强委员履职平台，建成省级委员会客厅，委员工作室累计达到21家。提交集体提案31件、个人提案266件，反映社情民意信息137条，撰写理论研究文章17篇，评选优秀委员50名、优秀提案15件。

召开常委读书会专题协商城市建设和品质提升，就城市精细化管理提出全会提案，相关建议纳入市委《关于打造“余山姚水 阳明心城”促进城市品质大提升意见的决议》；围绕提升制造业亩均效益和社会组织培育发展召开专题议政性常委会会议，协商关于提升制造业亩均效益，助力出台《2022年深化“亩均论英雄”改革工作任务清单》；组织委员专题视察“精特亮”工程推进情况，就四明山区域农文旅融合发展和老旧小区改造开展主席会议成员视察，民主监督城中村改造、文明城市建设和城乡环境“一扫七治”，聚焦“一老一小”、数字化改革、人民医院创三甲医院等议题开展民生恳谈协商、界别协商或对口协商，完成加快推进甬西智能科创走廊发展、加强律师队伍建设、提升教育现代化水平、优化四明山区域特色农产品加工营销服务等4个重点课题调研。

重要会议

【市政协十四届一次会议】 1月22—24日召开。会议听取和审议政协第十三届余姚市委员会常务委员会工作报告；听取和审议政协第十三届余姚市委员会常务委员会提案工作报告；列席市第十八届人民代表大会第一次会议，听取并讨论政府工作报告；组织大会发言；听取市政府关于市政协十三届五次会议全会提案办理情况的通报；选举政协第十四届余姚市委员会主席、副主席、秘书长和常务委员；审议并通过政协第十四届余姚市委员会第一次会议全体会议提案；讨论并通过政协第十四届余姚市委员会第一次会议决议等。

【市政协常委会会议】 2022年，市政协召开常委会会议4次。会议具体情况如下。

1月24日下午，召开市政协十四届第一次常委会会议。审议通过有关人事事项。

6月30日下午，召开市政协十四届第二次常委会会议。听取余姚市提升制造业亩均效益工作情况介绍，听取余姚市“工业用地一张图”情况介绍，开展专题协商，市政协主席讲话。

9月8日上午，召开市政协十四届第三次常委会会议。听取余姚市社会组织培育发展情况介绍，开展专题协商，市政协主席讲话。

9月28日上午，召开市政协十四届第四次常委会会议。审议通过《中国人民政治协商会议第十四届余姚市委员会常务委员会关于加强自身建设的意见》，常委代表交流发言，市政协主席讲话。

（市政协办公室）

提案工作

【概况】 市政协十四届一次会议以

来，政协各参加单位和广大政协委员，以习近平新时代中国特色社会主义思想为指导，认真学习宣传贯彻中共二十大精神，深入贯彻落实习近平总书记关于加强和改进人民政协工作的重要论述，聚焦中心大局和民生关切，积极通过提案履行职能。一年来，共提出意见建议320件，经审查，立案298件，其中全会提案1件，集体提案31件，委员个人提案286件。

提案分别送交79家承办单位办理，现已全部办复。其中，采纳229件，占76.9%；部分采纳或列入计划采纳62件，占20.8%；因条件、能力所限近期尚不能落实的7件，占2.3%。提案者对办理情况给予了反馈，对承办单位办理工作一次办理满意的298件，基本满意1件，办理满意率99.67%；对办理结果满意的297件，基本满意2件，满意率99.33%。

市政协十四届一次会议重点提案目录

表2

序号	撰写者	案由	主办单位	政协督办领导	政协联系单位
1	秦冠军	关于信息化城市公共预警终端在自然灾害、安全突发事件预报预警发布和防御知识宣传等方面作用的建议	市应急管理局	姚俊杰	提案委
2	民　进	关于疫情防控“持久战”背景下，公共场所消防安全管理能力亟待提升的建议	市消防大队	朱光煦	社法委
3	袁洪立	关于大力发展机器人与智能装备等优势产业的建议	市经信局	华　红	委工委
4	农业界	关于打造现代农业科技内核 推动农业增效农民增收的建议	市农业农村局	缪正刚	农业农村委
5	刘　湛	关于推进“双减”政策落地见效的建议	市教育局	朱卫东	教科卫体委
6	九三学社	关于加强污水收集处理能力的建议	市住建局	赵银海	经城资环委
7	黄文杰	关于加大扶持余姚跨境电商力度的建议	市商务局	赵银海	经城资环委

【“请你来协商”·全会提案现场办理会议举行】 9月23日下午，市政协举行“请你来协商”·全会提案现场办理会议，邀请市长与委员面对面，围绕“推进城市精细化管理提升城市品质”开展协商交流。市委副书记、市长沃勇特出席并讲话，市政协主席陈长锋主持，市政协副主席赵银海、姚俊杰，秘书长张建培参加。会上，副市长吕军云介绍全会提案办理情况，来自不同界别的政协委员聚焦党政所需、群众所盼，围绕城市精细化管理积极提问并建言献策。沃勇特等市领导和相关职能部门负责人与政协委员进行了交流互动，就具体问题作了详细解答。

（市政协办公室）

9月23日，“请你来协商”·全会提案现场办理会议举行

（市政协办公室　供稿）

重要活动

【市政府与市政协重点工作对接会】 2月11日下午，市政府与市政协举行重点工作对接会。市委副书记、市长沃勇特出席会议并讲话，市政协主席陈长锋主持会议。市政府和市政协领导班子成员参加会议。会上，市府办主任、市政协秘书长分别通报了市政府、市政协2022年主要工作安排。随后，与会市领导进行了交流发言。

【老旧小区改造工程视察活动】 4月24日下午，市政协组织主席会议成员视察老旧小区改造工程，并召开“请你来协商”专题座谈会。市政协主席陈长锋，副主席华红、赵银海、朱卫东、缪正刚、姚俊杰、朱光煦参加，副市长吕军云应邀参加。视察组一行先后到兰江街道下菱新村、阳明街道长安新村北小区，实地查看老旧小区改造工作有关情况。在随后召开的座谈会上，市住建局汇报了余姚市老旧小区改造工程推进情况，市政协主席会议成员和部分政协委员围绕规划设计、项目施工、后期管理等方面积极建言献策。

【四明山区域农文旅融合发展视察活动】 6月1日下午，市政协组织主席会议成员视察四明山区域农文旅融合发展工作，并召开“请你来协商”专题座谈会。市政协主席陈长锋，副主席华红、朱卫东、缪正刚、姚俊杰、朱光煦参加，副市长董盛益应邀参加。视察组一行先后来到余姚市林夕园艺场、天一活性炭有限公司，视察绣球花、铁线莲种植基地及活性炭项目。在随后召开的座谈会上，市农业农村局、市四明山旅游度假区管理中心、河姆渡镇汇报了区域农文旅融合发展情况，市政协主席会议成员和部分政协委员在前期调研的基础上积极建言献策。

【“精特亮”工程推进情况视察活动】 8月19日上午，市政协组织政协委员专题视察“精特亮”工程推进情况，并召开“请你来协商”座谈会。市政协主席陈长锋，副主席赵银海、朱卫东、缪正刚、姚俊杰、朱光煦参加，市委常委、常务副市长曹敬之应邀参加。视察组一行先后实地视察了市公共文化中心建设项目、北师大余姚实验学校建设项目两个亮点工程，沿城东路车览“阳明之光”余慈同心路精品线路，视察新城之光——华润五彩城特色街区。在随后召开的座谈会上，市委办相关负责人介绍“精特亮”工作总体情况。5位政协委员从教育事业、精品线路、公共文化、特色街区、乡镇参与等角度积极建言献策。

8月19日，市政协专题视察“精特亮”工程推进情况

（市政协办公室　供稿）

【市政协举行常委读书会】 9月27日至28日，市政协举行常委读书会。市委副书记、市长沃勇特出席会议并讲话，市政协主席陈长锋主持会议，副市长吕军云，市政协副主席华红、赵银海、朱卫东、缪正刚、姚俊杰、朱光煦，秘书长张建培参加。宁波市自然资源和规划局地区规划处处长张凌以“国土空间规划和治理的宁波探索”为题作了专题讲座。吕军云以《倾心打造“余山姚水 阳明心城”用心建设现代化美好活力“最名邑”》为题，介绍了余姚城市发展情况。余姚市委书记傅贵荣作出批示。

9月27日至28日，市政协常委读书会举行　（市政协办公室　供稿）

【市政协联谊社九届一次会议召开】 11月11日下午，市政协联谊社九届一次会议召开。市政协主席陈长锋出席会议并讲话，副主席华红、朱卫东，秘书长张建培、办公室主任黄方参加。会议听取并审议了市政协联谊社八届理事会工作报告；审议修订了市政协联谊社章程；选举产生了新一届市政协联谊社理事会成员，朱卫东当选为市政协联谊社九届理事长。

（市政协办公室）

11月11日，市政协联谊社九届一次会议召开　（市政协办公室　供稿）

中国共产党余姚市纪律检查委员会·余姚市监察委员会

综　述

【概况】 2022年，市纪委、市监委协助市委制定"五张责任清单""一季一盘点""一年一考核"，督促各级党组织夯实履行主体责任基本盘。严格执行市委加强对"一把手"和领导班子监督的22项制度，同12名新任和转任的单位主要负责人开展"三交底"廉政谈话，13名"一把手"向市纪委全会报告主体责任履行情况。打造"廉情专报"2.0版，向市委常委会汇报4次，推动整改问题10项、建章立制9项。制定《规范监督提醒函使用的实施办法》，发出监督提醒函21份，推动各地各部门切实履行监管责任。回复干部选拔任用党风廉政意见2187人次，提出否定性意见7人次。认真落实"三个区分开来"，为14名党员干部澄清正名，对86名受处分人员开展回访教育。

【清廉建设】 2022年，市纪委、市监委系统梳理五大方面262条建设指标，协助市委出台"余姚市七大清廉单元建设标准体系"，探索形成可学习复制和推广应用的基层清廉单元建设标准。培树清廉典型，横坎头村入选全省100家清廉建设成绩突出单位，并在清廉浙江建设推进会上被通报表彰，舜宇集团荣获第三届"浙江省基层清廉建设十大创新经验"创新提名奖，市妇幼保健院、新城市社区等6家单位被评为宁波市清廉建设典型基层单位。打造基层样板，协助市委出台《新时代梁弄"全域清廉示范镇"建设行动计划》。

【专项监督】 梯度完成"三公"、国企等领域公权力大数据监督应用建设任务。构建大数据监督驾驶舱和视频会商系统，创新开发"基层公权力监督之窗"和"党员、监察对象信息比对系统"。深入推进"数智廉村"工程，村社覆盖率100%。发改系统专家库大数据监督纳入省级试点，上线运行数据监督模型24个，相关经验做法在全省推广使用。

开展社保基金、扫黑除恶等37项专项监督，建立年度"专项监督任务库"，查处群众身边腐败和作风问题23起31人、党纪政务处分19人。会同9家单位对教育健康、养老社保、食品药品安全等领域的10项重点问题开展集中治理，整改问题12个、完善制度6项。

完善"廉情室站"网络，落实领导包案、下沉接访等制度，推动涉纪信访工作规范化、制度化。全年受理检举控告124件，其中初次举报95件、重复举报29件，同比分别下降33%、24.6%、50.9%。

（市纪委、市监委）

纪检监察工作

【党风政风监督】 2022年，制定实施《关于全面推进政治监督常态化具体化实施办法》，运用"1+1+5"专项监督机制，开展防疫防汛监督，累计督查70次，提出加强监管责任等方面建议47项，助力市委、市政府有序强力战疫、成功防御"梅花"台风。查处不担当不作为乱作为等形式主义、官僚主义问题25起40人，党纪政务处分14人。查处享乐主义、奢靡之风问题18起36人，党纪政务处分25人。开展正风肃纪，累计发现问题1548个，处理545人次。协同9个部门推进党员和公职人员酒驾醉驾问题专项整治行动，曝光典型案例5起，立案数逐季下降。针对疫情，全市累计出动纪检监察干部994人次，对1796个点位开展监督检查，撰写督查工作专报31期，向市委、市政府主要领导提出建议47项，向宁波市纪委报送监督检查情况45次，下发《监督提醒函》4份，问责疫情防控中履职不到位的人员38人。

【纪律审查】 2022年，共处置问题线索784件，立案337件，党纪政务处分343人，移送司法机关处理8人，采取留置5人，紧盯粮食购销、机动车检测、安全生产等领域，严肃查处一批严重违纪违法案件，1人向纪检监察机关主动投案。运用"四种形态"批评教育帮助和处理937人次，第一种形态处理587人次，占比62.6%。深化以案促改、以案促治，严格落实"一案五必须"，针对行业性倾向性问题，向市委报送分析报告5份，制发纪检监察建议书52份，制定《典型案件通报实施办法》，实名通报7起10人。

【巡察工作】 2022年，组织开展2轮常规巡察，完成对14个市直部门党组织的巡察，发现问题124个，移交问题

2月8日，市第十六届纪律检查委员会第二次全体（扩大）会议召开

（市融媒体中心　供稿）

线索5个。完成十五届市委第十一、十二轮的巡察整改工作，通过巡察整改推动被巡察单位第一种形态处置98人，调整岗位3人，收回资金354.6万元，建章立制210项。制定出台《中共余姚市第十六届委员会巡察工作规划（2022年—2026年）》。协助市委实现省委巡视问题“四明山革命老区发展不够快”整改销号，作为典型案例被“七张问题清单”省级示范榜录用。制定出台《关于建立健全“巡纪一体”融合机制的实施意见》。

【宣传教育】 2022年，推进新时代廉洁文化建设，浙东（四明山）抗日根据地旧址群、王阳明故居、黄宗羲龙虎草堂等6家单位入选省、宁波市廉洁文化教育基地。整合王阳明故居等36个重点基地，并运用数字媒体矩阵，打造5条“四明红廉 姚江清韵”廉洁文化经典线路。制作《余姚市党员干部和公职人员酒驾醉驾警示教育手册》，组织3个部门机关干部赴法庭接受现场庭审旁听教育，组织参观“镜·鉴——宁波市党员干部违纪违法典型案例专题展”，覆盖102个党组织、2.75万余人次。2022年，新闻稿被中央、省、宁波市级媒体录用437篇，其中国家级媒体96篇、省级媒体121篇。

【市纪委十六届二次全会召开】 2月8日，市第十六届纪律检查委员会第二次全体会议召开。会议传达习近平总书记在十九届中央纪委六次全会上的重要讲话、中央纪委常委会工作报告、省纪委十四届七次全会、宁波市纪委十三届七次全会精神，回顾总结2021年纪检监察工作，研究部署2022年任务。会议审议通过《中国共产党余姚市第十六届纪律检查委员会第二次全体会议决议》。市委书记傅贵荣讲话，市委常委、市纪委书记、市监委主任虞存斌代表市纪委常委会作工作报告。

【“树清廉家风、创最美家庭”领导干部家属廉政教育活动举行】 3月10日下午，余姚市纪委、市监委联合市妇联举办“树清廉家风、创最美家庭”领导干部家属廉政教育活动，各市直部门主要负责人家属、各派驻纪检监察组组长或副组长共40余人参加。与会人员参观了宁波家风馆和御史第，并观看廉政教育纪录片。

（市纪委、市监委）

3月10日，“树清廉家风、创最美家庭”领导干部家属廉政教育活动举行

（市妇联　供稿）

民主党派·工商联

中国国民党革命委员会余姚市总支部

【概况】 2022年，民革余姚市总支部获评2022年度全省社会服务工作先进集体、2022年度市政协社情民意信息工作先进单位。下属三支部获宁波市委会评选的2022年度反映社情民意信息先进集体三等奖。组织全体党员开展为期三天的专题培训和浙商银行余姚支行党支部签约党建共建协议。和黄家埠镇十六户村党委开展互动交流活动。

2022年，民革总支部召开小组会议4次，通过“精准选题、确定执笔、合理组队、以老带新”的方式，积极撰写社情民意和调研课题，2022年撰写社情民意30余篇，其中25篇被各级平台录用，3篇分别被全国政协、民革中央、省委统战部同时录用，8篇被市委会录用；完成理论研究文章1篇，调研文章6篇，其中理论研究文章荣获2022年统战文化理论研究优秀成果二等奖。1篇调研文章被市委书记批示，2篇调研文章入选省委会参政议政材料汇编。邵锐锋、冯馨丹被市委会评选为反映社情民意信息先进个人。邀请优秀老代表、老委员对新一届人大代表、政协委员开展专题讲解，着重围绕“如何当好代表、委员，如何写好建议、提案，如何开展讨论、发言，如何加强监督问效，如何进行调查研究”五个方面进行交流，并组建代表委员微信工作群。代表委员的建议提案相互参考补充修改，高质量提交政协集体提案1件，人大建议4件、个人提案13件。其中，钱荣麓、邵锐锋被评为2022年度市政协反映社情民意信息工作先进个人。组织赴慈溪、大岚镇等地去调研，组织党员代表赴检察院旁听诉讼案件。

2022年通过11名新党员、确定3人为发展对象。5月份发起一次募捐活动，筹得资金14万余元，用于慰问党员家属并资助孩子完成学业。走访慰问鹿亭乡龙溪村困难群众，与华山村同心帮扶续约，为华山村设计“明窗流岚”茶叶包装品牌。积极开发林下经济、农产品品牌建设等工作，推动结对村共同富裕。和检察院开展“益心为公”志愿者服务。为大岚镇华山村筹建“仁良书屋”一个，捐赠图书一批，新结对助学学生一名。继续做好兰江中学、余姚中学、开元小学等2万元奖学助学活动。分赴全市中小学、幼儿园、规上企业等开展视力保护、法律知识宣讲、新兴产业发展等讲座14次。“博爱讲坛”品牌入选余姚市委统战部2022年度统战工作品牌“评标立项”活动。

【同心帮扶续约仪式举行】 5月19日上午，民革余姚市总支部与余姚市大岚镇华山村同心帮扶续约仪式在华山村文化礼堂举行。市人大常委会副主任、民革余姚市总支部主委阮岳军出席活动。活动现场，“明窗流岚”茶叶包装品牌揭晓。是日，“仁良书屋”揭牌，民革余姚市总支部向华山村捐赠了图书。

【民革余姚市总支部开展党员培训】 6月21—23日，民革余姚市总支部组织开展2022年度党员培训。培训旨在围绕“矢志不渝跟党走 携手奋进新时代”政治交接主题教育，引导全体学员

5月19日，民革余姚市总支部与大岚镇华山村同心帮扶续约仪式举行

（民革余姚市总支部　供稿）

认真学习贯彻民革浙江省第十五次代表大会精神和余姚市委民主协商座谈会讲话精神，牢记肩上责任使命，夯实多党合作共识，发挥民革界别特色，进一步为余姚经济社会高质量发展注入新资源、展现新作为、发挥新作用。市人大常委会副主任、民革余姚市总支部主委阮岳军全程出席。培训邀请宁波民革市委会专家讲授了《如何做好民主党派课题调研工作》，人工智能方面的专家讲解了《我国新兴产业发展的现状与发展》。同时，组织学员赴殷夫故居开展中国共产党党史教育，还赴象山县大徐镇和黄避岙乡就美丽乡村建设、生态保护等课题进行实地调研。

【民革余姚市总支部与浙商银行宁波余姚支行党建共建联盟成立】 10月20日，民革余姚市总支部与浙商银行宁波余姚支行党支部举行党建共建签约仪式。市人大常委会副主任、民革余姚市总支部主委阮岳军参加。

（民革余姚市总支部）

中国民主促进会余姚市基层委员会

【概况】 2022年，民进余姚市基层委员会新加入会员4人，会员人数达到98人，王建永、杨丰获评2017—2021年度省民进优秀会员，何展展荣获2017—2021年度获评省民进优秀会务工作者。杨丰、钱秧钧、余静凯、宓丽文被评为宁波民进优秀会务工作者，余静凯的论文获民进浙江省委员会参政议政二等奖。

2022年，民进余姚市基层委员会组织学习民进十三大和民进省代会和市委会全会精神。参与宁波民进组织的民进会史基地宣讲比赛，会员宓丽文对严景耀历史资料陈列馆进行了宣讲。拍摄了《心怀赤忱，铿锵前行》的宣传片。

2022年，民进余姚市基层委员会开展开明沙龙9期，主题包括：新一届政协委员、人大代表履职交流、参政议政调研课题申报讨论、组织建设、社会服务等头脑风暴、民进会规学习研讨、喜迎二十大系列活动讨论筹备等，参与会员达300余人次。撰写社情民意被民进中央录用3篇、省委统战部录用2篇、民进宁波市委会录用30篇。会员中共有各级人大代表、政协委员24人，2022年共提交集体提案5篇、个人提案、建议25篇。基层委提交的《关于加强我市国有企业投资风险防控的建议》被评为政协优秀提案。会员胡素音被评为余姚市“十佳最美政协委员”，金晶被宁波市政协评为反映社情民意信息积极分子，宁波市人大代表余静凯在宁波人代会期间就提出的《加快公共充电站点建设 完善新能源车辆使用配套设施》建议，接受宁波晚报、甬上新闻等媒体专题采访。如期完成宁波民进参政议政调研课题四项。承接中共余姚市委要求的《助推大综合一体化行政执法改革，促进现代化美好活力“最名邑”》民主监督课题，于10月下旬形成调研文章《关于深化推进余姚“大综合一体化”行政执法改革的建议》上报市委统战部。

【民进余姚市基层委二届六次（扩大）会议召开】 4月1日下午，中国民主促进会余姚市基层委员会二届六次（扩大）会议召开。民进宁波市委会专职副主委徐建成，市委常委、统战部部长李昭，市委统战部常务副部长阮坚定等出席会议，市基层委委员、各支部委员参加。

【开展“助推大综合一体化行政执法改革，促进现代化美好活力‘最名邑’建设”民主监督调研活动】 6月2日，民进余姚市基层委员会主委吴建平带队赴余姚市综合执法局开展“助推大综合一体化行政执法改革，促进现代化美好活力‘最名邑’建设”民主监督调研活动。基层委员会8名会员参加活动。调研组一行参观了试点单位——马渚镇社会治理综合指挥中心，听取了综合执法局关于大综合一体化行政执法改革情况介绍，并就推进过程中碰到的实际问题进行了深入座谈交流。市综合执法局副局长叶云炯陪同。

【走进中意宁波生态园实验学校同心服务活动举行】 6月15日，民进余姚市基层委组织会员走进中意宁波生态园实验学校开展同心服务，赠书普法开讲座，助力文明校园创建，主委吴建平参加，中意宁波生态园实验学校校长励娜陪同。其间，余姚民进会员、作家符利群从内容、创作和题材等角度给孩子们分享他创作的少儿童书《花冠村的秘密》系列丛书，并与孩子们互动朗读。余姚民进会员、律师宓丽文

6月15日，民进余姚市基层委组织会员走进中意宁波生态园实验学校开展同心服务

（民进余姚市基层委 供稿）

10月10日，举行“献礼二十大　致敬先贤者”——民进余姚市基层委“阳明号”城际列车系列惠民活动　（民进余姚市基层委　供稿）

讲授法律课“法律与我——七个为什么”，讲解民法典中有关压岁钱保管、动物饲养、隐私保护、高空抛物等法律规定。吴建平代表余姚民进给中意宁波生态园实验学校赠送民进会员创作书籍，并开展座谈交流。

【“阳明号”城际列车系列惠民活动举行】10月10日下午，由中共余姚市委宣传部、中共余姚市委统战部指导，民进余姚市基层委员会、余姚市总商会企业家家属联谊会主办，宁波城铁公司承办的“献礼二十大　致敬先贤者”——民进余姚市基层委“阳明号”城际列车系列惠民活动，在“阳明号”城际列车及宁波城铁广场举行。活动中，举行了《风定鄱阳湖》新书首发式，民进会员、企业家家属联谊会代表、恒修学院学员和部分旅客在指定车厢进行作家签名赠、售书活动，并举行了别开生面地“行进式朗读”。

（民进余姚市基层委）

中国农工民主党余姚市基层委员会

【概况】2022年，农工党余姚基层委共发展新党员9名，其中医药卫生界6名，其他界别3名，至年底共有党员132名。2022年，农工党余姚基层委共向宁波市委会报送22篇社情民意信息，其中4篇被农工党中央录用，2篇转送全国政协；在向市政协报送的社情民意中，《关于促进余姚本土信息技术企业和产业发展壮大的建议》分别被市委傅桂荣书记和沃市长批示，并交由相关市领导和市经信局跟进调研；基层委承接余姚市委课题《关于加快四明山区域卫生健康高质量发展的若干建议》被沃市长批示。被农工党宁波市委会评为反映社情民意信息工作先进集体。

2022年，农工党余姚基层委向同心结对的鹿亭乡石潭村开展慰问活动，向困难群众发放慰问金5000元，并在11月份开展了送医下乡活动。继续开展“特奥健康计划筛查”进特教中心活动，七年来共为300余名特教中心的特殊小朋友开展健康筛查服务。与市卫健局、市交通局等单位分别开展了对口联系活动，并就各部门分管的相关领域进行了深入的探讨；赴三七市镇开展了翠屏山大遗址文化传承地专题调研活动，赴树兰医院开展民营医院发展的相关调研，赴小曹娥镇开展智慧农业建设的调研活动。

【翠屏山大遗址文化传承地专题调研活动】5月13日上午，农工党余姚市基层委组织部分党员赴井头山遗址和田螺山遗址现场馆开展翠屏山大遗址文化传承地专题调研。市政协副主席、农工党余姚市基层委主委缪正刚等十余名党员参加此次活动，市文广旅体局副局长董斌陪同。调研组先后参观了井头山考古挖掘现场和田螺山遗址现场馆，认真听取了考古专家对当前井头山、施岙等处考古发掘进展、考古发现、文物保护等各方面情况，近距离参观了各类出土文物。

【特奥健康计划筛查活动举行】6月9日下午，由特奥东亚区、农工党余姚市

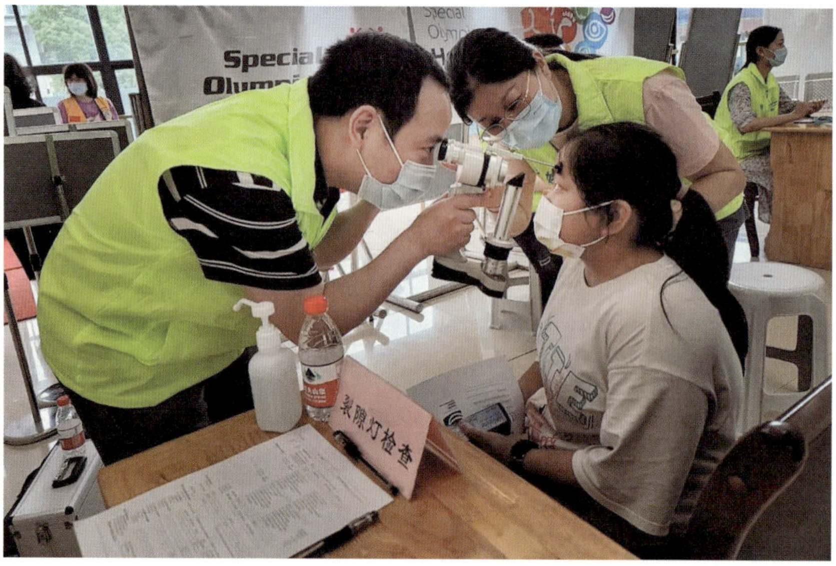

6月9日，特奥健康计划筛查活动举行　（农工党余姚基层委　供稿）

基层委主办的2022年特奥健康计划筛查活动在市特殊教育中心举行，市政协副主席、农工党余姚市基层委主委缪正刚出席活动。活动现场，由15名专业医师、10名志愿者组成的服务团队为30多名特教中心的特殊小朋友们提供专业的健康筛查服务。本次活动总共开展“明亮眼睛”“健康微笑”等两个特奥健康检查项目，涉及眼科、口腔科两个专业科室。

【赴鹿亭乡石潭村开展医疗服务】12月8日，农工党余姚市基层委组织十余名党员专家赴同心结对的鹿亭乡石潭村，开展“服务山区百姓、同心助力共建美丽乡村”社会服务活动，为该村送去专业的医疗服务。市政协副主席、农工党余姚市基层委主委缪正刚出席活动。

活动现场，来自耳鼻咽喉科、眼科、肝胆胰胃小肠外科、肛肠外科、心血管内科等科室的农工党专家医生们为前来问诊的村民提供专业的医疗诊断和建议，并向村民普及了相关健康知识。现场还安排了中医艾灸、测血压和血糖等医疗服务。此次活动共为60余位村民提供了各类医疗咨询服务。村民们纷纷表示，感谢农工党的专家医生们来村里开展义诊活动。

（农工党余姚基层委）

九三学社余姚市基层委员会

【概况】2022年，共召开委员会议7次，集体审议事项5项。发展社员5名，其中高级职称1人，占比20%。参加新社员培训班5人，推荐6名社员参加上级组织的各类培训，在九三学社宁波市委的各工作机构中担任主任1人，副主任1人，委员18人。改原青年工作小组为青年工作委员会，实行副主任、副秘书长的轮值制。在参政议政工作委员会下设4个专门小组。设立社情民意信息工作委员会，下设4个小组，开展组团式帮扶。社员陈铁获2022年第19届亚运小组委员会宣传部颁发的“参加2018年第18届（雅加达—巨港）亚运会闭幕式接旗仪式和‘杭州时间’文艺演出工作，作出贡献”纪念证书、庆祝中国共产党成立100周年文艺演出领导小组颁发的“参与庆祝中国共产党成立100周年大型情景史诗《伟大征程》，作出积极贡献”荣誉证书、中国航天科技集团冬奥专项办公室颁发的“执行北京2022冬奥会及冬残奥会开闭幕式技术保障任务”荣誉证书，社员马高峰获“2022年浙江工匠”荣誉。组织社员企业家至“同心服务基地”鹿亭乡沿夹岙村开展乡村发展帮扶调研。主动慰问沿夹岙村困难户，送上5000元慰问金。实地考察村集体经济发展现状，送去帮扶资金3万元。联系省农科院科技资源帮扶二职校现代农业实验园成为“甬九同心·余姚二职校助农服务基地”，列入宁波首批共建社会服务基地。与市科技局、市科协和宁波市农科院农技专家共同赴黄家埠镇杏山村开展“送科技下乡”活动，共赠送农技书籍资料200份、蔬菜种子包150份，接待农户咨询100余人。开展“小小好奇心，大大科学梦”甬九同心营之公益科普志愿活动，组织中小学生参观浙大机器人研究中心、塑料研究院检验检测实验室，开展机器人互动教学公益课。一支社赴梨洲街道雁湖村与村委班子就如何深化美丽乡村建设，提升农村生活品质等进行了调研帮扶。

2022年，九三学社余姚基层委开展了“喜迎二十大、同心跟党走”红色经典诵读比赛，二十大精神与青年社员担当为主题的社员论坛，参观镇海九龙湖红色教育主题馆。在九三学社宁波市委员会、同心微余姚等公众号上发稿14篇。看云楼科举文化博物馆共接待2.2万多人，其中学生6000多人，开展党史学习100场，各类研学活动近50场，讲授阳明文化3场，同时开辟读书室，新增藏书3000余册。完成余姚市委统战部2022年度统战文化理论研究课题《智慧城乡养老，实现共同富裕》，完成余姚市政协理论调研文章《发挥协商民主优势，助力基层社会治理》。提交宁波市人大代表建议7件、议案1件，宁波市政协提案3件，余姚市政协提案44件，其中集体提案4件。1件集体提案和2件个人提案获余姚市“十件最有影响力的提案”。报送社情民意信息20篇，其中《警惕医院等级评审成为“面子工程”》和《耕地保护必须“量质并重”，警惕土壤污染退化和“占优补劣”蚕食耕地红线》被全国政协采用，《经营性自建房监管“真空”亟待政策填补》被九三学社中央采用，7篇被九三学社浙江省委采用，20篇被九三学社宁波市委采用。与市发改局就加快现代服务业发展、与市住建局就未来社区建设和城市有机更新、与市资规局就全域国土空间综合整治、与市农业农村局就加快乡村振兴开展相应的对口联系与协商。完成《关于我市高质量实施“2966”乡村产业振兴行动的专项民主监督报告》。

【赴鹿亭乡沿夹岙村开展捐赠帮扶活动】1月12日，九三学社余姚市基层委赴“同心服务基地”——余姚市鹿亭乡沿夹岙村开展捐赠帮扶活动。九三学社余姚市基层委副主委陈杰参加活动。基层委一行实地考察了当地竹制品生产作坊，并送去了基层委联合宁波乔士橡塑有限公司、浙江五谷铜业股份有限公司、朗威（宁波）包装科技有限公司、浙江舜辰健康产业（集团）股份有限公司等多家单位筹措的项目帮扶资金3万元，用以帮助村集体经济更新升级。同日，基层委一行慰问了沿夹岙村5名困难户，并送上了5000元慰问金。

【“送科技下乡”活动开展】5月25日，九三学社余姚市基层委会同市科技局、市科协和宁波市农科院农技专家共同赴黄家埠镇杏山村开展“送科技下乡”活动，为当地广大农户、农场负责人送去农业科学技术。活动当天，各位专家干部在杏山村村委中心广场摆摊设点，开展“服务一条街”活

6月29日，“同心永向党 奋进新时代”红色经典朗诵比赛举行

（九三学社余姚市基层委 供稿）

动，现场不仅为农户发放资料，还面对面就农技、政策等方面问题答疑解惑，并赠送新种子、新农资。活动共赠送农技书籍资料200份、蔬菜种子包150份，接待农户咨询100余人。在随后的座谈会上，九三学社农技专家社员还围绕产业帮扶和农技服务，就家庭农场、种植大户提出的农业政策和农技服务等方面问题给予一一解答，并就如何加快杏山村产业发展进行深入交流探讨。

【“同心永向党 奋进新时代”红色经典朗诵比赛举行】 6月29日下午，九三学社余姚市基层委举办“同心永向党 奋进新时代”红色经典朗诵比赛。市政协副主席赵银海，市科技局局长、九三学社余姚市基层委主委梁红霞出席，基层委各支社参赛选手及社员代表参加活动。比赛角逐出一等奖1名、二等奖2名、三等奖3名。

【九三学社宁波市委会在余姚开展“九三科技服务月”活动】 7月22日，九三学社宁波市委会组织新能源、新材料、智能制造、自动控制等领域社员专家组成九三科技专家服务团赴余姚开展“稳进提质·助企发展——九三科技专家服务团走进企业”活动。其间，专家服务团成员深入浙江佳贝思绿色能源有限公司、宁波丞达精机股份有限公司、宁波天瑞精工机械有限公司开展实地考察，与企业负责人深入交流，详细了解企业的生产经营管理、产品创新研发、人才队伍建设等情况，以及技术改造、产品升级等方面的具体困难和需求，并在现场开展点对点的技术指导，提出具有针对性的意见建议。

【“小小好奇心，大大科学梦”甬九同心营之公益科普志愿活动开展】 8月6日上午，九三学社余姚市基层委联合市科技局在市科创中心科技大市场组织开展“小小好奇心，大大科学梦”甬九同心营之公益科普志愿活动，近30名中小学学生参加本次活动。活动期间，志愿者带领学生参观浙大机器人研究中心，讲解中心陈列机器人的构成和工作原理，现场演示机器人的工作过程，并邀请小朋友们与机器人进行互动。在塑料研究院检验检测实验室，志愿者讲解塑料的检验检测流程以及相关设备的工作原理，让学生们了解塑料检验检测的知识。

【“迎重阳”退休社员茶话会举行】 9月29日，九三学社余姚市基层委举行“迎重阳”退休社员茶话会。九三学社基层委班子成员、各位退休社员20余人参加。茶话会上，基层委班子成员向全体退休社员致以节日的问候和祝福，并向大家介绍了余姚市基层委近期发展和工作开展情况。活动邀请市交通局为退休社员们介绍余姚未来五年交通规划及建设情况。

（九三学社余姚市基层委）

中国民主同盟余姚市支部

【概况】 2022年，民盟余姚市支部新增盟员6名，储备发展对象10名，至年底共有盟员32名。开展“矢志不渝跟党走 携手奋进新时代”系列活动。举行“矢志不渝跟党走 携手奋进新时代”政治交接主题活动主题精神传达

8月6日，“小小好奇心，大大科学梦”甬九同心营之公益科普志愿活动

（九三学社余姚市基层委 供稿）

会；联合民盟宁波市委会、民盟宁波机关支部前往梁弄横坎头村开展现场教育，开展新盟员进行入盟宣誓活动。结合“借力乡贤，助推最名邑”主题，走访市农业农村局、市工商联，了解乡贤项目及乡贤工作；走访市科技局、市审计局、市统计局开展民主监督。

2022年，民盟余姚市支部成员提交政协提案、人大议案5件。提交社情民意38篇，其中1篇被民盟省委录用；提交民盟宁波市委课题3篇，1篇被列为重点课题。先后前往宁波同生材塑胶科技有限公司、宁波世纪工矿灯具有限公司、浙江佳贝思绿色能源有限公司开展助企纾困调研活动，了解公司的生产运营情况及目前主要存在的困难问题，并就相关的扶持政策进行了讲解。

2022年，民盟余姚市支部联合宁波工会力量开展电商助农活动2次；前往鹿亭乡开展困难老人结对走访活动；前往鹿亭中心小学开展支教活动；组织两期“小候鸟”活动，带领外卖骑士子女及舜宇集团外来员工子女参观余姚名胜，开展动手拓展活动；结对阳明街道设立民情诊所。

【“3·19”建盟日主题活动举行】 3月19日下午，民盟余姚市支部举行建盟日纪念活动，组织盟员对支部建设及发展进行讨论展望，交流近期学习心得体会。随后，组织开展茶艺展示和学习活动。

【“喜迎二十大　同心护成长”“小候鸟”关爱行动开展】 8月29日，民盟余姚市支部联合宁波市科学技术协会和市总工会开展新一期“喜迎二十大　同心护成长”“小候鸟”关爱行动，40余名外来农民工子女（“小候鸟”）及其家长参加活动。本次活动以“科学面对面”为主题，邀请外卖员、快递员等夏季高温户外作业人员子女近距离感受科学实验的趣味性，传播科学的种子。活动现场，“小候鸟”们零距离接触“辉光球”“永动机神话”“莫尔条纹”“雅各布天梯”等科普展品，深入参与“火云掌”“液氮火山”“液氮爆米花”等生动有趣的科学实验。随后“小候鸟”们还在指导老师的带领下自己动手制作纸蜻蜓，学习“蜻蜓和豆娘的区别”。

（民盟余姚支部）

8月29日，“喜迎二十大　同心护成长”“小候鸟”关爱行动

（民盟余姚支部　供稿）

余姚市工商业联合会（总商会）

【概况】 2022年，与融媒体中心合作开设“姚商心向党 喜迎二十大”《姚商之声》专栏，以访谈、专稿、视频等形式制作“姚商心向党”“亲清直播室”“青蓝心传承”三个版块内容6期。开设“聚焦二十大，姚商话心声”专栏，推出市工商联（总商会）、新生代企业家代表学习心得和感想体会系列报道。深化“走进名企”“走进民企”品牌活动，全年共组织线上线下活动班次20次，受众企业家1000多人次。召开6次政企恳谈会，梳理汇总意见建议50多条。设立“共享法庭”，建立“预防调处+专业审判+宣传教育”三管齐下的企业服务模式；成立“姚法惠企法治宣讲团”，开展每季度一次的宣讲课。召开“营造一流营商环境，推进企业合规发展”会议，设立“安商护企”检察服务联络站，在塑料城商会设立“安商护企”检察服务联络点。

2022年，市工商联与市检察院组织全市13家单位会签《关于建立涉案企业合规第三方监督评估工作机制的意见（试行）》，建立由工商联、检察院牵头的、由15家单位组成的第三方监督评估机制管委会。督促3家小微企业进行简式合规。成立走访调研组，走访调研73家企业和22家商会，调研“稳链纾困助企47条”“稳经济16条”等政策措施落实落地情况。开展中国民营企业500强、省民营企业百强调研申报工作，走访企业409家。与市纪委联合开展“四廉访”活动，在梁弄镇开展消防、灯具两个“清廉企业创建联盟”试点；在泗门镇商会大厦打造“亲清园”阵地。联合市纪委出台《余姚市清廉民企建设标准》和分级评定制。

2022年，完成工商联（总商会）换届工作。选定“执委履职评价系统”数字化开发项目，将“企业家执委履职评价”应用正式呈现在党建跑道和数字经济2个跑道（S3一本账），承担项目先行先试。余姚市工商联（总商会）被评为中华全国工商联2022年调查点工作先进基层单位、全省工商联系统先进集体、2022年度全省工商联服务“两个健康”工作成绩突出集体，《擦亮亲清底色，助力“两个先行—基

1月8日，余姚市工商业联合会（总商会）第十次代表大会召开
（市工商联　供稿）

于余姚清廉民企建设的实践分析与思考"》获2022年全省工商联系统优秀调研成果二等奖、《发挥社情民意小"信息"大作用　帮助民企纾困解难》入选2022年全省工商联四季度服务"两个健康"最佳实践案例，同时余姚市河姆渡镇商会被评为2021—2022年度全国"四好"商会。

【余姚市工商业联合会（总商会）第十次代表大会召开】 1月8日，余姚市工商业联合会（总商会）第十次代表大会召开。宁波市委统战部副部长、市工商联党组书记陈少春参加，余姚市领导傅贵荣、沃勇特、诸晓蓓、陈长锋、王娇俐、毛丕显、李昭、郑利刚、华红、缪正刚、姚俊杰到会祝贺。会上，与会代表还听取审议了余姚市工商业联合会（总商会）第九届执委会工作报告，选举产生了余姚市工商联(总商会)第十届执行会委员，143名通过了余姚市工商联第十次代表大会决议。戎伟军当选为市工商联（总商会）主席（会长）。

【"亲清直通车·共建'最名邑'"民营企业家元宵座谈会召开】 2月5日下午，余姚市召开"亲清直通车·共建'最名邑'"民营企业家元宵座谈会，市委书记傅贵荣讲话。市委副书记、市长沃勇特主持座谈会，市领导诸晓蓓、陈长锋、王娇俐等出席，市委常委、常务副市长曹敬之通报2022年度全市经济发展情况。市工商联组织28位执常委企业家参加此次座谈会。座谈会上，围绕高水平打造中国式现代化县域样板、优化营商环境、政府服务供给、共同富裕先行地建设、传统产业转型升级、关键核心技术攻关、高端人才引育、企业所需所盼等主题，8位企业家先后发言，就本行业本领域的发展提出了一系列意见建议。

【市总商会企业家家属联谊会恒修学院学习基地授牌】 4月29日上午，市总商会企业家家属联谊会恒修学院学习基地授牌仪式在梁弄镇横坎头村举行。余姚市委常委、统战部部长李昭出席活动。此次授牌成立的家属联谊会恒修学院学习基地，涵盖了红色文化、阳明心学、传统文化、经济金融等4方面内容的学习阵地，聘请各领域具有影响力的导师进行授课，旨在加快打造"四位一体"的新时代高质量企业家家属成长平台，培育民营经济发展"贤内助"。

（市工商联）

2月5日，"亲清直通车·共建'最名邑'"全市民营企业家元宵座谈会召开
（市工商联　供稿）

余姚市总工会

【概况】 2022年，余姚市单独建立工会企业2237家，工会联合会23家，联合工会257家，会员人数40万人。全市有五星级示范工会221家（其中宁波级示范工会42家，五星级活力基层工会208家），四星级活力基层工会137家，三星级活力基层工会280家，星级以上基层工会占全市工会的28.5%。余姚市内有省级产业工人队伍建设改革试点企业1家，宁波级试点企业2家，余姚级试点企业22家，全市90%以上的规上工业企业开展产业工人队伍建设改革工作。2022年，全市产业工人队伍建设改革标准化推进乡镇达到100%，其中标准化推进示范乡镇达到60%以上。

2022年，市总工会开展转岗再就业职工就业技能培训，200名市民参加培训。开设了收纳整理、西式面点、直播电商技能等课程，邀请经验丰富的老师为学员们授课。其中，参加收纳整理的转岗再就业职工100名，考证合格获得家政服务证书。将职工子女暑期“爱心托班”服务活动列入工会服务职工实事项目，统一为每名参加工会托管班的职工子女购买意外险。以统一购买服务方式为职工子女托管班送师上门。为70名从事家政、快递、外卖等新就业形态的劳动者安排专场免费健康体检和休养活动。体检内容包括肿瘤筛查、彩超、肝功能、肾功能等。为从事脏苦累险、有毒有害工种和劳动强度大岗位的一线职工（含新就业形态劳动者）、抗疫一线工作人员660人安排分批次体检休养活动，赴象山参观。《余姚工会志》启动编纂工作。

【全市庆祝“五一”国际劳动节暨劳模工匠先进代表座谈会召开】 4月27日，余姚市召开的全市庆祝“五一”国际劳动节暨劳模工匠先进代表座谈会，来自各行各业的劳模工匠代表分享奋斗故事。参会的先进代表有：全国劳模叶辽宁、全国公安系统二级英模胡建江、全国商务系统劳模杨军、全国教育系统先进工作者余如玉、全国五一劳动奖章获得者王益楠、宁波市劳动模范姚伟根、余姚市劳动模范陈均魁、裘明辉等。

【余姚工会劳动关系调解国家级标准化试点项目通过评估验收】 7月6日，以马渚镇总工会“阿良调解工作室”为主要试点单位的“余姚工会劳动关系调解国家级标准化试点”高分通过评估验收，试点考核结果为优秀，为宁波市工会工作首个通过国家级标准化评估验收的项目。市人大常委会副主任、市总工会主席黄和庆出席评估验收。按照国家标准化试点评估验收的相关要求，专家组通过现场检查、听取汇报、资料验收等形式，对试点项目进行了全面考察并逐项打分。专家组肯定了该项目前期试点建设成果，同时在亮点工作体现、标准实施应用等方面提出了建设性意见。

4月27日，全国公安系统二级英模胡建江在庆祝“五一”国际劳动节暨劳模工匠先进代表座谈会上发言 （市总工会　供稿）

8月31日，2022年度余姚市产业工人队伍建设改革工作联席会议召开
（杨月云　摄）

【2022年度余姚市产业工人队伍建设改革工作联席会议召开】 8月31日，2022年度余姚市产业工人队伍建设改革工作联席会议召开，市总工会、市人社局、市教育局等14个成员单位和市文广局、市司法局、市工商联等12家相关部门参加会议。市人大常委会副主任、市总工会主席黄和庆出席会议。会议上对2022年以来全市产业工人队伍建设改革工作进行总结，明确在非公企业产改综合全域试点落地过程中，余姚市各部门协同发力，构建制度框架，出台10余项包括保障政治地位、提升技能素质、健全成长体系、提供公共服务等在内的产业工人扶持政策，破解新生代产业工人关注的工作待遇、子女教育、落户等现实难题。

（市总工会）

中国共产主义青年团余姚市委员会

【概况】 2022年，余姚市全面深化县域共青团基层组织改革，加速推进青年发展型城市建设。梁弄镇横坎头村团总支获评全国五四红旗团总支，舜宇集团团委书记获评全国优秀团干部，东风小学教育集团少先队员获评全国优秀少先队员，另有3个集体和个人获评省五四红旗荣誉。

精心打造“舜江青语”青春巴士移动课堂，制作推出“舜江青语·话共富”“学习二十大·余姚青年说”等系列专题宣讲视频23期，阅读量达2.5万余人次。开展“六进”宣讲活动610余场，覆盖40余万人。推出“YAO·青春铸魂”等八大工程。创设“送烟头回家”“夏日炎炎‘暑’你最美”等志愿服务项目，组织30余名青年志愿者完成世界阳明学大会志愿服务工作。组织动员80余支青年突击队，上万名青年志愿者奋战在抗疫最前线。出动青年志愿者4000余名迎战台风“烟花”，服务受灾群众1.1万人，4支青年突击队被当地党委、政府授予锦旗。

在机关、社区、企业等地推出实习岗位326个，推报浙江青年工匠24名，宁波青年工匠35名。3家集体被认定为一星级全国青年文明号，3家集体荣获省青年文明号，1人荣获省青年岗位能手。组建松阳青春帮共体，签署常态化合作协议，搭建青联小屋，捐助帮扶资金10万元。举办“余昭连心 携手同行”夏令营活动，捐助250份“青暖大礼包”和2000余套校服，价值20余万元。“99”公益日发动全市2.3万余人次团员青年参与募捐，筹得善款32.6万元，创新打造“手掌工作法”凝聚引领新兴青年，团结签约作家、快递小哥等新兴青年120余人。深化快递物流行业团工委和互联网行业团工委建设，搭建“小哥驿站”等阵地80余个，开展“暖心行动”12场，覆盖3000余人次。开展“团聚余姚过大年”系列活动。打造了全省首家“肯德基青年之家”。

2022年，召开共青团余姚市第二十次代表大会和余姚市青年联合会第十届委员会第一次全体会议，形成“青联大讲堂”“青联委员服务千村”等品牌。挂牌成立余姚市青少年综合服务中心并新增事业编制1名，新增非公企业团组织439家。各类经验做法被新华社等国家级媒体报道46次，被《浙江日报》等省市级媒体报道72次，3篇经验文章被《中国共青团》纸媒报道。承办宁波市党代会精神宣讲暨青年植绿护绿活动、第二届宁波市青少年体育舞蹈大赛、宁波市“亲青课堂”暑托班主题云队课第一讲等活动。代表宁波在省“青年创业伙伴计划”现场推进会上作交流发言，参加宁波市党团知识竞赛决赛并荣获二等奖。

【“喜迎二十大　青年话初心 共植青年林”党代会精神主题宣讲暨青年植绿护绿活动在余姚举行】 3月，宁波团市委赴余姚梁弄镇开展“喜迎二十大 青年话初心 共植青年林”党代会精神主题宣讲暨青年植绿护绿活动。宁波团市委机关干部、宁波市青年理论宣讲员代表、优秀青年代表、青年志愿者代表等80余名青年参加本次活动，宁波团市委副书记（主持工作）马荧波与余姚市委副书记王娇俐共同为宁波（余姚）青年生态林揭牌，活动为生态环保青年突击队和青年理论宣讲小分队授旗，生态环保青年志愿者代表宣读倡议书。

【共青团余姚市第二十次代表大会召开】 5月23日，共青团余姚市第二十次代

3月，“喜迎二十大 青年话初心 共植青年林”党代会精神主题宣讲暨青年植绿护绿主题活动在余姚举行 （团市委 供稿）

5月23日，共青团余姚市第二十次代表大会召开 （团市委 供稿）

7月16—18日，“余昭连心 携手同行·团团伴你共成长”夏令营举行 （团市委 供稿）

表大会召开。市领导傅贵荣、沃勇特、诸晓蓓、陈长锋、王娇俐、林伟、曹敬之、林振宇、李昭等出席开幕式。共青团宁波市委副书记（主持工作）马荧波代表共青团宁波市委到会祝贺并向大会致辞。傅贵荣代表市四套班子对大会召开表示热烈祝贺。

会上，团市委书记戚劲杉代表共青团余姚市第十九届委员会作工作报告。报告回顾总结了市第十九次团代会以来余姚市的共青团工作，提出了今后五年全市共青团工作的主要任务。开幕式上，少先队员代表上台献词，市总工会代表群众团体向大会致贺词。

【第二届宁波市青少年体育舞蹈大赛在余姚举行】 7月3日，2022年第二届宁波市青少年体育舞蹈（国标舞）公开赛在余姚开赛，为2022年浙江省举办的首场线下体育舞蹈大赛。本次大赛设置了近200个组别，包括各年龄段标准舞、拉丁舞两个大类。累计收到了来自宁波10个区（县、市）600余位选手的报名申请，其中最小的参赛选手年仅4岁，最大的16岁。其中，来自慈溪的曹莹莹、余姚的周子桓、鄞州的马欣怡等人分别获得了单人11~12岁精英A组拉丁舞、单人9~10岁精英A组拉丁舞、单人7~8岁精英A组拉丁舞等组别的冠军。

【“余昭连心 携手同行·团团伴你共成长”夏令营举行】 7月16—18日，由余姚团市委联合浙江大学研究生支教团队共同举办的“余昭连心 携手同行·团团伴你共成长”夏令营在余姚开展，30余位来自四川昭觉的学生和教师代表参加了本次活动。为期三天的夏令营活动涵盖了红色教育、手工制作、非遗体验等特色课程。在工作人员的带领下，同学们走进城市展览馆，通过3D体验等，全面了解余姚这座文明古城；来到王阳明故居，品读倡导“知行合一”“致良知”的心学发展历程。在河姆渡遗址，同学们从木杵、石刀、古镰中，感受祖先们的智慧，并体验了梁弄大糕等非遗项目。

【余姚市青年联合会第十届委员会第一次全体会议召开】 8月1日上午，余姚市青年联合会第十届委员会第一次全体会议胜利召开。市委书记傅贵荣在开幕式上讲话，市领导诸晓蓓、陈长锋、王娇俐、林伟、曹敬之、李昭出席会议。宁波团市委副书记、宁波市青联副主席吴生莲出席会议并讲话。来自社会各界的160余名青联委员参加。

会上，市妇联党组书记、妇联主席干亚群代表群众团体向大会致贺词。市青联九届委员会科教卫体政法、工交财贸、企业、文艺新闻4个界别被授予“余姚市青年联合会优秀界别”荣誉称号；叶聪等21名委员被授予“余姚市青年联合会优秀委员”荣誉称号。团市委书记、市青联主席戚劲杉代表市青联九届常委会向大会作题为《绽放青春梦想，磅礴青年伟力，团结带领全市广大青年为加快建设现代化美好活力“最名邑”贡献青春力量》的工作报告。大会选举产生了新一届市青联领导班子，戚劲杉当选为市青联第十届委员会主席。

【团中央赴梁弄镇调研青少年思想政治引领工作】 9月24日，团中央宣传部副部长金芙蓉一行到革命老区梁弄镇开展青少年思想政治引领工作专题调研，团中央宣传部产品处处长连李生参加调研，团省委常委、宣传部部长凌霄，宁波团市委书记马荧波、副书记计允斌，余姚市委副书记、政法委书记王娇俐等陪同调研。

当日上午，“喜迎二十大，永远跟党走，奋进新征程”青年大学习宣讲交流主题活动火热开展。青年宣讲员郑丹婷在古树下从念好“精”“创”“实”三字诀出发，讲述余姚“舜江青学”红色研学品牌在强化青少年思想政治引领、守好“红色根脉”上的丰富实践成果。随后，宣讲交流主题活动走进横坎头村新时代文明实践站、青年之家。下午，在初新农庄，青年宣讲员应佳玮介绍初新青创农场的四个孵化项目，各个孵化项目相互赋能，从文化传承、人才培养、产业提升三个方面探索，有效带动周边青年共同致富；归国返乡创业青年黄徐洁为大家讲述了自己的创业奋斗故事；青年宣讲员施哲锋一边演示非遗文化项目大糕的制作，一边向大家讲述了自己如何通过小小的大糕，传承非遗文化、助推红色经济的创业故事。

（团市委）

余姚市妇女联合会

【概况】 2022年，余姚市抓住“共同富裕巾帼有行动”这一主题主线。深入学习贯彻党的二十大、省市党代会精神，开展“四明女儿大宣讲”活动，打造“姚家小姐姐”微课品牌，开展微课50余堂，获宁波市新时代文明实践志愿服务项目大赛铜奖、宁波市巾帼志愿服务项目大赛优秀奖。“姚家小姐姐”优秀代表入选全国“我奋斗·家国美”优秀短视频大赛，受邀参加省妇联巡讲活动。

2022年，承办“余山姚水·妈妈的味道”2022宁波市美食美物巧女秀集市活动，吸引52位女工巧手参与，现场效益额近10万元。持续推进“姚江巧姐”行动，组织“姚江巧姐”系列直播活动10场。在“建行生活”App开设“姚江巧姐”专栏，9家巧姐商铺入驻。完善《小额贴息贷款实施细则》，全年发放贴息贷款近14万元、巾帼创业贷2500余万元、巾帼农创贷300余万元。举行“余昭情牵·千里梦圆”余姚昭觉妇联云签约仪式，爱心人士认领微心愿100个，拨付资金与物质10万元，帮助昭觉建设妇儿驿站。全年申报建设10个美丽庭院精品村、5条（个）美丽庭院特色带（区块）、7个巾帼苗圃，成功建设美丽庭院精品户1000户、美丽庭院示范户2000户。

2022年，新建余姚市级妇儿驿站22家，新城市社区妇儿驿站被评为2022年首批浙江省三星级妇女儿童驿站，市妇儿驿站完成建设。市妇联会同市文广局打造适儿化书店6家，联合兰江街道打造最美上学路。举办“文明城 幸福家”第七届家庭文化节，开展了好家庭人人建、好家教户户学、好家风代代传三大系列活动，推出礼遇最美家庭十大举措，开展“悦读·越美”余姚女作家作品分享活动，建立6家姚家阅读基地，评选认定66户余姚市级文明家庭、77户最美家庭、61户书香家庭等。开展“教子有方”节目48期，举行全市家庭教育讲师团培训活动，推出家庭教育公益课

年内，“姚江巧姐”直播秀活动开展10场 （市妇联 供稿）

堂，会同教育、卫健等单位开发“姚优家”家庭教育应用1.0版本，为家长学校及0~3岁婴幼儿家长提供育儿知识必修和选修课程。

2022年，乡镇（街道）妇联组织完成换届工作，举办新任妇联主席培训会。推动省“浙里家·连心桥”应用平台的推广和使用，做好执委“四必访四必应”工作，加强执委工作室建设。成立“四明红嫂”联盟，组建阳明古镇商圈妇联，成立余姚市快递行业妇联。指导成立宁波大沃科技有限公司妇联、树兰（宁波）妇产医院妇联等乡镇（街道）级四新领域妇联。指导培树千年渡公益服务中心、兰心公益红娘、四叶草公益红娘等开展新型婚育文化课堂建设。联合市法院、市巾帼志愿者协会成立“心和家事”妇女儿童关爱项目，为5名困难妇女、儿童发放爱心补助金1万元。联合市检察院对5个涉罪未成年人家庭开展家庭教育监护督促跟踪服务。认定99户市级平安家庭示范户。成立金凤工作室、兰馨工作室、余大姐谈心室等一批婚姻调解工作室，建成1个市级家事特设共享法庭。“童馨乐园·书房改造”项目完成99户困境（留守）儿童家庭环境改造。“姚妈妈健康”项目筹资25万元，用于慰问患病母亲。

【“家事流动门诊老区行”活动举行】 3月6日上午，在梁弄镇巾帼法治文化园举办了“家事流动门诊老区行”活动，来自宁波市妇联、宁静港湾、余姚市妇联、市人民法院、市司法局、市民政局、市总工会、金石榴余姚分站、市心援协会、宁波律协婚家委等部门和单位的10多名法律专家、心理咨询师、女法院、女检察官等，为当地群众送去了妇儿维权、平安家庭建设、心理援助、家事调解等现场咨询服务活动。该活动作为“三八”维权周系列活动之一，共为200多名群众提供现场咨询服务。

【余姚市庆祝“三八国际妇女节”112周年纪念大会暨巾帼助力共同富裕主题文艺汇演举行】 3月8日，余姚市“三八国际妇女节”纪念大会在梦麟中学报告厅举行，余姚市各乡镇（街道）妇联主席、机关妇委会主任、各界优秀妇女代表等参加了会议，同时邀请乡镇（街道）党（工）委分管党群工作的副书记、市直部门分管领导和副局级以上女领导干部参加会议。市妇联党组书记、主席干亚群主持会议。市委副书记王娇俐到会并讲话。会上，余姚市妇联认定38名在余姚经济和社会发展中作出突出贡献的优秀女性典型为余姚市三八红旗手，宁波市妇女联合会家儿部部长夏喜琼、余姚市人民检察院检察长陈莹、余姚市政协党组副书记、副主席华红，余姚市人大常委会副主任余烽依次为38位余姚市三八红旗手颁发证书。会上还举行了“四明红嫂”妇建联盟成立仪式。随后，“美好活力最名邑 共富先行巾帼红”巾帼助力共同富裕主题文艺汇演举行。

【“余昭情牵 千里梦圆”余姚·昭觉妇联云签约仪式举行】 3月8日下午，余姚市妇联和昭觉县妇联举行了“余昭情牵 千里梦圆”余姚昭觉妇联云签约仪式，两地妇联约定在关爱帮扶、创业创新、交流合作等巾帼项目上开展深度互动，携手奔向共同富裕。仪式现场，余姚的6位爱心女士通过视频连线的方式，认领了昭觉小朋友们的小心愿，为他们提供课外书、桌椅、校服、文具等用品。

【“文明城·幸福家”余姚市第七届家庭文化节举行】 5月15日至12月10日，“文明城·幸福家”余姚市第七届家庭文化节举行。5月15日活动开幕式上，家庭文化节活动安排发布，并举行“姚家阅读”联盟线上启动仪式，阳明书坊、河姆渡书店、普文明书局、低塘街道“阿拉低塘”乡村亲子阅读公益基地、余姚书城“hello·阅读”亲子公益课堂体验基地、牟山镇新东吴村东吴网格亲子家“hello·阅读”亲子公益课堂体验基地等6家单位被确定为首批“姚家阅读”联盟基地。12月10日下午，在阳明古镇举办闭幕式，表彰2022年度余姚市级绿色、平安、书香、最美、文明家庭，并发布余姚市最美家庭礼遇机制。

【第三届“幸福圆梦 哈罗同行”公益夏令营活动举行】 8月1—5日，余姚市妇联、余姚市巾帼志愿者协会、哈罗贝贝国际幼儿园、余姚市东风小学教育集团联合开展了第三届“幸福圆梦 哈罗同行”公益夏令营活动。余姚市妇联副主席吕幼萍出席开幕式并讲话。市巾帼志愿者协会会长袁志红向夏令营授旗。来自梨洲街道、兰江街道、陆埠镇、马渚镇等12个乡镇的19

3月8日，余姚、昭觉两地妇联举行“余昭情牵 千里梦圆”云签约仪式

（市发改局 供稿）

名品学兼优的孩子参加本期夏令营活动。

【开展“幸福e家”家庭教育讲师团培训】 8月22日，市妇联、市教育局联合举行“幸福e家”家庭教育培训班，来自全市21个乡镇的妇联主席和家庭教育讲师团成员共近百人参加了此次培训。本次培训邀请了南京师范大学的殷飞教授，为全市家庭教育工作者带来了题为《适合儿童发展的家庭与家庭关系》的讲座。

【“四明女儿心向党·姚讲巾帼‘最名邑’”姚家小姐姐微课说课比赛决赛举行】 11月25日，“四明女儿心向党·姚讲巾帼‘最名邑’”姚家小姐姐微课说课比赛决赛在余姚市委老干部局报告厅，以直播和现场观看的形式举行。各乡镇（街道）妇联主席受邀观看比赛。比赛共收到参赛作品22件，决赛共选出一等奖2名、二等奖3名、三等奖5名、优秀奖12名。

【“余山姚水·妈妈的味道”2022宁波市美食美物巧女秀集市活动举办】 12月10—11日，“余山姚水·妈妈的味道”2022宁波市美食美物巧女秀活动在阳明古镇举办，宁波市妇联党组书记、主席俞泉云，宁波市农业农村局党组成员、副局长茅黎鸿，宁波市文化广电旅游局党组成员、二级巡视员徐小设，宁波市妇联党组成员、副主席张月，余姚市委副书记、政法委书记王娇俐，余姚市人民政府副市长、党组成员林体等共同出席活动并巡展。活动中，来自全宁波市的十个县区市共52家美食、美物展位参赛参展，由大众评委和专家评委评选出10个2022宁波市“妈妈的味道”民间美食巧女奖。活动吸引2万人次来到古镇，销售额达10万余元。

（市妇联）

12月10—11日，“余山姚水·妈妈的味道”2022宁波市美食美物巧女秀集市活动举行
（市妇联　供稿）

11月25日，“四明女儿心向党·姚讲巾帼‘最名邑’”姚家小姐姐微课说课比赛决赛举行
（市妇联　供稿）

余姚市科学技术协会

【概况】 2022年，余姚市科学技术协会组织深化“科创中国”创新服务平台建设。促成中国云城与中国材料研究学会签订《中国云城科创中国基地合作框架协议》，引导国内塑料领域优质创新资源不断向余姚聚集。新建院士工作站2家，院士科技创新中心1家；博士创新站12家。大力开展重点学术交流活动，承办宁波市第十二届学术大会“智能制造”分会场论坛活动、中国宁波“青茶计划”全国研讨会、科创中国直播间“海智宁波之旅”暨全球招才引智英国站活动及“海智宁波之旅”中瑞智能制造项目技术和人才对接会。

2022年，余姚市印发《余姚市全民科学素质行动计划纲要（2022—2035）》。设立30万元创建专项资金，被列入2021—2025年第二批全国科普示范县（市、区）公示名单。指导全市各中小学校开展校园科技节、科技周，开展“科技创新大赛”等系列活动60余次，受益70余万人次。形成余姚15分钟科普圈，“老年人智能手机技能操作普及工程”被列入2022年宁波市政府民生实事项目。印发《2022年度余姚市科协服务科技创新项目申报指南》。在余姚市临山镇味香园葡萄专业合作社开展“味香园葡萄话共富，共建品牌集群化”学术活动；在余姚市机器人与智能装备学会开展“浙江省机器人标准化基础知识培训”沙龙活动；市老科协开展了《“一大三中”山塘水库、平原河湖水体富营养化新技术——生物净水魔方推广的建议》的课题研究；市统计学会开展《2019至2021年余慈农林牧渔业发展情况对比分析》的课题研究。

市领导带队走访慰问科技工作者代表，春节期间线上慰问10位余姚籍院士和10余位建站院士。表彰先进基层科协组织52个和优秀科技工作者131名，举荐张祎伟、谢前森参评宁波市“最美科技追梦人”、王学泽、赵烈烽参加中国科协科技人才奖项评审专家评选。服务市级学会（协会）开展科技创新项目申报，2个重点学术活动获宁波市科协2022年度“智库、科创、科普”三类资助项目，1个项目入选2022年度长三角优秀科技志愿服务项目。调整市科协十一届委员会常委5名、副主席3名。完成乡镇（街道）科协换届选举。新建科普组织67个，吸纳“三长”志愿者620名，开展活动600余次。审查推荐宁波市科协十一届委员会代表人选18名。

【中国宁波“青茶计划”全国研讨会在余姚举行】 7月27—28日，2022中国宁波“青茶计划”全国研讨会在余姚举行。国家茶叶产业技术体系首席科学家、中国茶叶学会名誉理事长杨亚军，副市长董盛益出席开幕式并讲话。研讨会由中国茶叶学会、宁波市科学技术协会主办，余姚市科学技术协会、中国茶叶学会茶叶机械专业委员会承办。

【第三十一期“海智宁波之旅”暨全球招才引智英国站活动在余姚举行】 7月28日下午，由宁波市科协、余姚市科协、中意宁波生态园区域开发建设指挥部主办的第三十一期“海智宁波之旅”暨全球招才引智英国站活动在余姚举行。本次“海智宁波之旅”暨全球招才引智英国站活动，依托启迪控股在全球的创新资源网络，联动启迪英国，邀请海外人才、团队进行线上“云路演”活动，5个项目方围绕新材料、智能制造、生命健康等前沿战略性新兴产业，对各自项目的基本情况、市场定位、盈利模式、发展规划等进行了全方位展示。现场的点评嘉宾针对路演项目的核心优势、应用前景、销售模式等内容进行提问和交流，深挖项目投资价值，为下步项目引进落地提供意见参考。

【2022年余姚市全国科普日活动举行】 9月23日下午，余姚市科协与中共余姚市委宣传部及余姚市教育局、气象

7月27—28日，中国宁波“青茶计划”全国研讨会　（市科协　供稿）

7月28日下午，第三十一期“海智宁波之旅”暨全球招才引智英国站活动　（市科协　供稿）

9月23日，2022年余姚市全国科普日活动现场　（市科协　供稿）

局、科技局、自规局、人社局、市场监督管理局、农业农村局、卫健局、应急管理局共同主办的2022年余姚市“全国科普日”活动启动仪式暨现场科普活动在万达广场举行。宁波市科协主席刘立群、中共余姚市委副书记王娇俐出席本次活动。市科协在现场开展3D打印演示、专家义诊、科普咨询等科普活动。

【线上系列科普讲座举行】 11月21日—11月25日，余姚市科协邀请了陈洪、焦维新、李建军、朱进、郭耕、王康、孙保卫7位中国科学院科普讲师团的老科学家教授，开展8场线上科普讲座，辐射全市19个学校，取得了良好成效。

【宁波第十二届学术大会智能制造分会举办】 12月16日，以“创新驱动发展，智造引领未来”为主题的宁波第十二届学术大会智能制造分会在余姚召开。本次大会由宁波市科学技术协会和余姚市政府主办，邀请俄罗斯工程院教授、浙江大学机器人研究院王志坚，余姚市原副市长、浙江大学教授陆国栋等专家作专题报告。智能制造相关领域科技工作者和行业代表共200余人参会。余姚市科协副主席朱卫东致欢迎辞。宁波市科协副主席汤丹剑对宁波市开展智能制造的重要性和本届学术大会的盛况及分会场论坛做了简要的介绍，宣布宁波市第十二届学术大会余姚分会开幕，并预祝本次大会成功举办。

主题报告环节，浙江大学陆国栋教授分享了《机器助人与机器拟人》报告、浙江大学机器人研究院王志坚教授分享了《健康与安全机器人的“智行合一”》报告、宁波大学乔志军研究员分享了《绿色能源助力企业跨越发展》报告、浙大宁波理工学院数字化设计与制造学科群首席科学家杨勇教授分享了《金属增材制造装备创新与探索》报告、浙江大学机器人研究院副院长许力教授分享了《人工智能与智能制造》报告、宁波职业技术学院胡克满教授分享了《电子信息赋能智能生活》报告。

（市科协）

余姚市文学艺术界联合会

【概况】 2022年，余姚市继续加大文艺精品创作和文艺人才培养，组织开展重大文艺活动。长篇小说《风定鄞阳湖》《漫山红》《多马林的一天又一天》，小小说《黑蝴蝶——故乡古人》，人物传记《达人严子陵》，散文集《与你同行》，歌曲《美丽新画卷》，舞蹈《爷爷的红缨枪》，摄影画册《姚江诗影》等9个文艺作品列入2022年余姚市文化精品工程重点项目。长篇小说《多马林的一天又一天》、歌曲《美丽新画卷》、书法主题创作《王阳明经典语录》、相声《学化妆》4件文艺作品被列入宁波市文联重点扶持项目。

策划开展第七届“文艺与新时代同行”系列活动，内容涵盖各个艺术门类的18场活动。组织“姚江文艺讲堂”项目二期活动，“我们的节日·元宵”新年民族器乐音乐会、余姚摄影名家走进江丰电子、2022年第二届宁波市青少年体育舞蹈（国标舞）公开赛、余姚作家“四明大地行”采风创作交流、“运河新风貌 献礼二十大”运河风情摄影展、市第三届青年美术作品展览等活动。开展文艺志愿服务活动20余场。举行《王阳明语录》首发座谈会、“悦读·越美”余姚女作家作品分享会、鲁永平新书发布会，参与了青年文化文艺工作座谈会、文化科技卫生三下乡和百姓文化节开幕式等活动。

出台《关于进一步加强市级文艺家协会规范化建设的意见》《2022年度市级文艺家协会工作考评办法》《市文联党组成员联系市级文艺家协会》。推进“万名文艺舜军”人才培育工程，部署全市“万名文艺舜军”数据库完善工作，组织文艺家先后到牟山魏家村和大隐芝林村开展书画笔会和采风创作。散文集《带不走的处方》获宁波市文艺奖特别荣誉奖，姚剧小戏《亲家母小吃店》获宁波市戏剧奖作品奖，姚剧《格格蓝齐儿》获宁波市戏剧奖表演奖，歌曲《巍巍四明山》获宁波市音乐奖作品奖，篆刻作品《王杰篆刻》获宁波市书法奖作品奖，中国画《宗旨——深化开展“三服务”活动》、油画《宅院深深》获宁波市美术奖作品奖，摄影《厉害了井头山，又把中华文明前推了一千年——浙江省首个贝丘遗址发掘探秘》获宁波市摄影奖作品奖，民间工艺《祈愿》获宁波市民间文艺奖作品奖，电视纪录片《四明忠魂归故里》获宁波市电视艺术奖作品奖，文学系列评论《小小说创作方法论系列》获宁波市文艺评论奖作品奖。陆伊青的姚剧折子戏《游西湖·鬼怨》列入宁波市青年文艺人才“春蕾计划”创作扶持项目，凤山街道凤山社区的朗诵节目、黄家埠镇文体中心的腰鼓节目、牟山镇欢乐艺术团的古典舞等三个节目列入宁波市青年文艺人才下基层帮扶文艺团队项目。作协沈亚云、民协施灵敏被列入宁波市青年文艺人才“春蕾计划”“名师带徒”项目。

【我们的节日·元宵“新年民族器乐音乐会”举行】 2月15日晚上7点，余姚市第七届“文艺与新时代同行”暨

2月15日，新年民族器乐音乐会 （市文联　供稿）

献礼党的二十大系列活动——我们的节日·元宵“新年民族器乐音乐会”在龙山剧院演出。该活动由中共余姚市委宣传部支持，余姚市文化和广电旅游体育局、余姚市文学艺术界联合会主办，余姚市姚剧保护传承中心、余姚市戏剧家协会承办，浙江省民族管弦乐学会指导。音乐会以民族音乐特有的形式全面唱响歌颂党、歌颂祖国、歌颂人民的时代主旋律。

【“悦读·越美”女作家读书分享会举行】 4月23日下午，市妇联、市作协在市妇儿活动中心举办2023年“悦读·越美”女作家读书分享会。分享会上，余芳华、吕芳、沈亚云、邵立新、何桂英等5位余姚籍女作家通过自己的人生经历和生活经验，畅谈个人的创作经历，用生动的事例讲述了为什么读书、读书有什么好处，并就如何培养阅读兴趣、更好推动全民阅读等内容与文学爱好者进行互动交流。

【“余山姚水好光景——徐渭明余姚文化遗产风光摄影展”举行】 10月1—20日，“余山姚水好光景——徐渭明余姚文化遗产风光摄影展”在余姚博物馆举行。展览由余姚市文化和广电旅游体育局、余姚市融媒体中心、余姚市申报国家历史文化名城工作领导小组办公室主办，余姚博物馆、余姚市市民摄影联合会承办。展览共展出了徐渭明先生创作的80余幅摄影作品，分为三个篇章，包括名邑表情，内容为文化遗产、文化活动、海涂风光等；诗路叠韵，内容为四明山四季风光，再现唐诗之路中段风光的若干意境；运河新声，内容为浙东运河（虞余段）的部分风光及遗存纪录图片。

（市文联）

余姚市残疾人联合会

【概况】 2022年，余姚市制定实施《余姚市残疾人事业发展“十四五”规划》。完成市、镇、村三级残疾人组织换届选举工作。完成创建1家省级规范化残疾儿童康复机构。完成5家“残疾人之家”的规范化建设，2家“残疾人之家”获评五星级。完成11个重要公共场所无障碍改造，指导阳明街道锦江社区和兰江街道姚江社区成功创建为省级无障碍社区，完成141户残疾人家庭无障碍改造。全年安装假肢、矫形器等45条（只），验配助听器、助视器和智能眼镜等105台，适配辅具器具670件，提供辅助器具租赁服务50名，完成脊髓损伤伤友训练、运动功能康复训练等30人。发放残疾儿童和少年定点机构康复补助175万元，受惠100人。发放精神病人专项医疗救助卡3714张，资金370余万元；实施困难残疾人大病和精神患者住院医疗救助150余人，资金40余万元。23482名持证残疾人得到康复服务，康复服务率达到100%，对22660名持证残疾人实施家庭责任医生签约服务，签约率92%。

2022年，完成残疾人两项补贴“零缝隙”“无感化”移交，移交在册困难残疾人生活补贴对象7584人，在册重度残疾人护理补贴对象13875人。市残联配合市民政局组织对2838名原残保对象重新进行经济状况核查，完成政策衔接。实施残疾人综合医疗保险、城乡居民基本医疗养老保险和个体工商户城镇职工养老医疗保险补助政策。全年共投入198万元为2.4万余名残疾人免费参加了综合医疗保险；为8263名残疾人实施城乡居民基本医疗养老保险补助；为87名残疾人提供个体工商户职工基本养老（医疗）保险缴费补助近8万元。广泛开展残疾人走访慰问活动，为101名残疾人提供临时救助，发放资金19万元。对6名残疾人购置机动轮椅车进行补助，发放资金23560元。实施困难残疾人家庭子女助学帮扶，共计帮扶60余人次，资金约15万元。实施开展残疾人种植户无偿扶持，共帮扶50户，资金约10万元。全年开展残疾人证新办等事项2103件次，其中残疾人证新办、换领、迁移、挂失补办、注销、残疾类别/等级变更6项事项“省内通办”“跨省通办”141件次。

2022年，组织线上线下残疾人就业专场招聘会5场，新增就业200余人。打造残疾人就业培训、职业介绍、技能比赛“三合一”服务举措，参加上级技能比赛。各乡镇、街道残联为400余名残疾人组织了各类培训。办理残保金抵扣备案手续企业达437家，涉及近1800名残疾人。全市共创建7家残疾人种养业扶贫基地，安置及辐射带动了周边140余名残疾人。滚动播出60余个自强或助残真人故事。在《余姚日报》等主流媒体刊登助残新闻36篇，在残联微信公

2022年4月23日下午，余姚女作家作品分享会在阳明古镇普文明书局三楼举行

（市文联　供稿）

9月26日，省残联在余姚市第三人民医院西院区开展现场验收残疾人托养中心工作　　（市残联　供稿）

众号推送信息124条。阳明街道专职委员沈茹芬荣获省第二届“最美残疾人工作者”称号。两个作品获宁波市残疾人微视频大赛二等奖，两个视频获“最勇敢”奖和“最阳光”奖。组织开展无障碍观影活动15场次，受益残疾人469人次。开展文化助残“五个一”工程和特殊艺术“六进”活动18场次，受益残疾人510余人次。王益楠助残圆梦工作室组织开展第三期“幸福方向盘——跟着残奥冠军学技能”活动。完成15户困难残疾人家庭“净居亮居”项目改造。举办了“3·5”学雷锋日暨“爱心助残 共富圆梦”系列活动，开展5项助残项目。开展庆祝第39个国际盲人节暨喜迎二十大·健康携手行、“关爱特困人群，精准康复山区行”等活动，开展困难残疾人家庭入户访视工作。畅通“12385”残疾人服务热线，处理来信来访30余件，办结率达到100%。

【“关爱特困人群，精准康复山区行”活动举行】 7月4日上午，余姚市残联在鹿亭乡开展了“关爱特困人群，精准康复山区行”活动。市、乡两级残联工作人员与残疾人及家属300余人参加活动。活动中，市残联王益楠助残圆梦工作室等在鹿亭乡卫生院向22位特困人群人员发放价值1万余元的轮椅、助听器等器械。

【省残联到余姚验收残疾人托养中心工作】 9月26日上午，省残联教育就业部主任赵海明、计划财务部调研员陈仁燕到余姚市第三人民医院西院区开展现场验收残疾人托养中心工作。宁波市残联教育就业部主任吕筱敏、余姚市残联理事长沈红、副理事长陈铭科等人陪同。验收组实地查看了托养中心病房、康复中心、室外活动场地和农疗区的环境，对基础设施、专业设备、人员配置、安全保障、延伸服务等方面一一询问、详细了解，对环境设施等给予肯定。

【市残联开展庆祝第39个国际盲人节暨喜迎二十大·健康携手行活动】 10月13日上午，余姚市残联联合市盲人协会和社会爱心助残团队，在余姚市全民健身中心组织开展了庆祝第39个国际盲人节暨喜迎二十大·健康携手行活动。活动中，在余姚市有邻社会工作服务中心爱心团队的带领下，视障人士席地而坐、围成一圈，阅读书籍《让世界因我而美丽》；心明跑团的志愿者们协助视障人士进行跑步运动，志愿者一对一指导做好热身准备，在跑步过程中不断交流跑步要领和呼吸调整。余姚市关心关爱银助团为每位参加活动的视障人士赠送一份爱心小礼物。

【余姚市残疾人联合会第七次代表大会召开】 11月4日，余姚市残疾人联合会第七次代表大会胜利召开。市委书记傅贵荣出席大会开幕式并讲话，代表市委、市人大、市政府、市政协，对大会的召开表示祝贺。市残联党组成员、副理事长杨英到会讲话。市委副书记、市长沃勇特，市人大常委会主任诸晓蓓，市政协主席陈长锋，市委副书记王娇俐，市委常委、组织部部长郎客宾，市人大常委会副主任余烽，副市长董盛益，市政协副主席朱光煦出席开幕式。市总工会、团市委、市妇联、市工商联、市科协、市文联、市侨联、市台联、市慈善总会、市红十字会等部门主要负责人参加会议。市妇联主席干亚群致贺词。

大会回顾了过去五年残疾人工作发展历程，谋划部署此后五年残疾人事业发展目标及奋斗任务，选举产生

11月4日，余姚市第七次残联代表大会现场　　（市残联　供稿）

了新一届主席团、出席宁波残疾人联合会第八次代表大会代表，推举产生了新一届执行理事会，聘请了市人大常委会主任诸晓蓓、市政协主席陈长锋为市第七届残联主席团名誉主席。大会闭幕式上，新当选的市残联第七届主席团主席董盛益作表态发言。市委副书记王娇俐出席闭幕式并讲话。

（市残联）

余姚市红十字会

【概况】 2022年，市红十字会召开第六次会员代表大会，产生新一届理事会、监事会。指导乡镇（街道）红十字会做好任期届满后换届工作，协调推进“救在身边”十大专项行动，出台《余姚市乡镇（街道）红十字应急救护培训基地“六有”标准化建设实施方案》。市红十字会被评为浙江省红十字工作先进单位、宁波市红十字工作先进单位。

加强“数字红会”建设，造血干细胞志愿捐献者招募、人体器官（遗体、角膜）捐献志愿者登记、会员入会等实现“网上办”。协同推进“智慧急救”应用场景建设工作。策划“5·8”人道公益日、“99”公益日网络筹资活动；组织开展“为凉山孩子送冬衣”“梦系凉山、与爱‘童’行”公益活动，红十字海燕救援队将288件羽绒服和300余份新年礼物交到当地孩子们手中；“暖心专项资金”“博爱阳光专项资金”等公益项目健康运行。全年募集爱心款物516.47万元，支出508.28万元。

实施“救在身边·能力提升”行动，举办救护师资培训班，完成泗门镇标准化救护培训基地建设省级试点项目，接受省专项督导组对余姚市应急救护工作的实地调研。全年完成救护持证培训8808人，普及培训47216人；新增公共场所AED投放17台，累计125台。新增造血干细胞志愿捐献者181人，实现捐献3人。人体器官（遗体、角膜）捐献志愿登记新增878人，实现器官（遗体、角膜）捐献7例。

策划第75个“5·8”世界红十字日系列宣传活动，以“生命教育·人道伴行”为主题，联动开展人道宣传、线上筹资、救护培训、知识竞赛等系列活动。联合市卫健局举办第19个世界献血者日暨余姚市第五届无偿献血公益文化节活动。联合市融媒体中心策划红十字青少年公益夏令营、世界骨髓捐献者日、人道筹资、“防溺零计划”等专题活动。

市属14支志愿队开展专业化服务350余场，服务时间3950余小时。实施救援队“一核两翼”计划，4支救援队党组织实现全覆盖。“姚·平安”爱的援助项目获宁波市红十字会志愿服务项目扶持。红十字志愿服务总队获2022年度余姚市最佳志愿服务组织。推选12名志愿者（团队）、会员评为各级“好人”“中国红十字会会员之星”“浙江省工作成绩突出会员（志愿服务团队）”“宁波市最美志愿者”“感动余姚”人物。

【红十字博爱送万家活动开展】 1月18日，余姚市红十字会2022年“红十字博爱送万家”活动正式启动。实行市、镇、村三级联动，慰问造血干细胞捐献者、器官（遗体、角膜）捐献者困难家庭，抗击疫情和突发事件中做出突出贡献的会员、志愿者和应急救援队员等困难群体。全市共发放慰问款物119.59万元，受益5000多余人。

【3人实现造血干细胞捐献】 2月22日，阳明街道新桥村委会黄涛在宁波市第一医院完成185毫升造血干细胞混悬液采集，成为全市第12例、宁波市第129 例、浙江省第758例非血缘关系造血干细胞捐献者。

8月16日，新余姚人徐金友在宁波市第一医院完成96毫升造血干细胞混悬液采集，成为全市第13例、宁波市第136例、浙江省第815例非血缘关系造血干细胞捐献者。

12月2日，朗霞街道卫生院护士俞国锦在宁波市第一医院通过颈静脉采集的方式完成270毫升造血干细胞混悬液采集，成为全市第14例、宁波市第144例、浙江省第858例非血缘关系造血干细胞捐献者。

【网络筹资活动开展】 5月7—9日，余姚市红十字会组织开展“5·8人道公益日”互联网众筹活动，依托腾讯公益平台开设“红十字救在身边”“红十字生命教育”两个项目专场，推出“余姚市救在身边—博爱家园”“余姚为生命救援赋能”2个项目，参与人员达1640人次，线上线下共筹集资金333249.75元，居宁波大市第二名。

9月7—9日，一年一度的腾讯

5月7日上午，余姚市红十字会造血干细胞捐献志愿者血样采集活动举行

（阮佳颖　摄）

6月10日上午，余姚市红十字会第六次会员代表大会召开

（市红十字会　供稿）

7月26日，2022年余姚市红十字青少年“金海豚”公益夏令营在阳明温泉山庄开营

（阮佳颖　摄）

“99”公益日活动正式开启，余姚市红十字会发起“为凉山孩子送冬衣”项目。公益项目共有1705人次参与捐赠，获得筹款65644.18元。

【第六次会员代表大会召开】 6月10日，余姚市红十字会召开第六次会员代表大会。市委副书记、市长沃勇特出席开幕式并讲话，市人大常委会主任诸晓蓓，市政协主席陈长锋，市委副书记、政法委书记王娇俐，副市长、党组成员林体出席会议。宁波市红十字会党组书记、常务副会长许伯强应邀出席会议。团市委书记、市青联主席戚劲杉代表群众团体致贺词。149名代表参加会议。

【“金海豚”公益夏令营开营】 7月26日，2022年余姚市红丨字青少年“金海豚”公益夏令营在阳明温泉山庄开营。本次夏令营以“爱在太平洋，红十字伴我共成长”为主题，由宁波太平洋慈善基金会全额资助。营员们来自该基金会结对单位二六市小学及省红十字达标校市子陵中学教育集团世南校区、市丰北小学，品学兼优的45名红十字青少年度过为期4天3夜的夏令营之旅。

【浙江省专项督察组到余姚督察应急救护工作】 10月11日，省交通运输厅二级巡视员叶卫军等督察组一行到余姚督察应急救护工作，宁波市红十字会党组书记、常务副会长许伯强，余姚市副市长、市红十字会会长林体，余姚市红十字会党组书记、专职副会长丁素兰及相关领导陪同督察。督察组督察了梨洲街道三江口社区应急救护工作开展情况，参观了市子陵中学教育集团世南校区红十字文化长廊、宣传展厅、主题教室、开放式体验基地等宣传阵地，实地走访了马渚镇红十字应急救护培训基地（站）、市红十字战狼应急救援队。

（市红十字会）

法治·军事

政法工作

【平安建设】2022年，余姚市以“平安护航二十大”为主线，全力防风险、保平安、护稳定、促发展，完成党的二十大、北京冬奥会冬残奥会等安保任务，实现“社会面平稳平静”。全市刑事、治安警情同比分别下降8.9%、12.4%，交通事故亡人数同比下降17.5%，各类生产安全事故数同比下降40%，火灾接警数同比下降17.9%。

全年聚焦平安护航党的二十大，实现“六严防、六确保、六个零发生”目标。护航老旧小区改造、城中村改造等重大项目和梁周线高架、杭甬高速复线二期、余慈城际二期等重大工程。开展常态化扫黑除恶斗争，持续打击黄赌毒、食药环、盗抢骗等传统案件以及损害群众切身利益的新型犯罪。2022年共审结一审刑事案件1039件，判处罪犯1588人；审结方某荣恶势力犯罪集团案、黄某锋黑社会性质组织案，电信网络诈骗案件受理数、损失金额分别同比下降15.67%、21.51%，万人发案数13起。全年推进“判实未执、应收未收”、办理减刑假释案件、规范诉讼行为等难题破解和制度的落地，执法办案管理中心办案占比达到82.1%，“政法一体化”协同办案应用率达到99%。“万人成讼率”降至53.87件/万人，为宁波地区最低。

【数字法治】2022年，余姚市数字法治系统建设在全省考核中获五星评价。市公安局“拘调融合”应用纳入全省数字化改革重大应用“一本账S3”；市法院“证人在线作证”系统，获评全国2022政法智能化建设智慧法院创新案例；市检察院“乡村检察官”获评“浙江省高质量发展建设共同富裕示范区最佳实践”案例；市司法局“智慧矫正中心”被省司法厅推荐为创建示范单位。加大惠企便企保障力度，统筹打击经济犯罪、强化知识产权保护、延伸司法服务等方面的协作机制。

（市委政法委）

综合指挥

【概况】2022年，余姚市共归集人口信息126.5万条、商事主体信息13.5万条，基础信息完整率99.8%。建立了以“人、地、房、物”数据信息为基础、网格事件信息为关键资源的“社会治理一张网”。定期对社情民意、疫情防控、违章建筑、流动摊贩、交通拥堵、水污染等情况进行动态监测和预警分析，全年编写《每日信息》187期、《每周反馈》35期、《每月社情民意专报》8期，有针对性地提出对策建议。开展“平安三率”集中宣传专项拉练，对中心城区绿化情况开展专项普查，开展文明典范城市创建、打击整治养老诈骗专项行动、“除险保安”相关情况大排查，上报或推送各类信息1424条。

2022年，余姚市建立“党委领导、党政统筹、平台运行、岗位管理”的组织体系和运行模式。全市共有网格1510个，其中城市社区386个、农村1039个、专属85个，共有网格长、专职网格员、微网格长、民情联络员等网格力量2.9万余名。基层网格在加强政治引领、源头信息采集、矛盾前端化解、风险感知报告、服务凝聚群众、承接协同事项、应急快响处置、做好疫情防控等方面发挥作用。将养犬治理相关事项集成为高效联办、闭环运转的“犬类管理一件事”，明确了公安、市场监管、农业农村、综合执法等部门及属地乡镇（街道）联络员名单。市大数据局、综合行政执法指挥中心及“1+8”执法力量、智慧城管等整体“常驻”市社会治理中心，并建立“141”体系战时模式。

推动第一批省级应用对应牵头单位的责任落实和工作开展，完成e行在线、社区矫正重大应用贯通任务，全年网格力量走访巡查社区矫正4652人次、e行在线相关商事主体1170次。针对“镇街智治平台”、“智管家”、省级“重大应用”贯通等组织操作培训。整合全市监控资源4万余路，应用场景23个，建立功能集成、综合研判、统一指挥、扁平高效的综合指挥体系。指导乡镇（街道）综合信息指挥室应对突发性事件。视频智能分析系统推送至基层智治综合应用平台，对机动车乱停、无照经营游商、店外经营、临时广告、暴露垃圾、人员聚集、犬类识别、积存渣土、非机动车占道9种场景开展视频识别率。

制定《“基层治理四平台”运行质效评估办法》，汇总归集业务线月度考评数据，形成办件质量月报，并及时反馈至各乡镇（街道）及市直部门，被评

9月，余姚市社会治理中心智治云图　　（市社会治理中心　供稿）

为省级制度范例。出台《余姚市基层治理“141”体系平战结合工作机制》《全面强化网格工作管理办法》《余姚市网格事务准入审查工作办法》《乡镇（街道）综合信息指挥室工作规程》等制度。建立民情联络员“包联制度”，每个民情联络员包片联系微网格，结对联系20户居民，实现民情“一口清”“及时清”。

【城市运营指挥中心纳入社会治理指挥大厅】 4月，市矛调中心整体搬入南雷大厦，大厦主楼4楼全部作为办公场所。原位于南雷大厦主楼4楼的城市运营指挥中心（宁波市智能公共数据平台余姚分平台）全部纳入市矛调中心社会治理指挥大厅，大厅总面积1000余平方米，实现所有公共数据和业务协同在前端大屏上展示汇聚、处理、分析、发布，真正实现“一屏指挥”。

【余姚市社会矛盾纠纷调处化解中心更名为余姚市社会治理中心】 7月，余姚市社会矛盾纠纷调处化解中心更名为余姚市社会治理中心，市委编办印发《余姚市社会治理中心主要职责、内设机构和人员编制规定》。市社会治理中心为市委、市政府管理的公益一类事业单位，机构规格为正科（局），挂市社会矛盾纠纷调处化解中心、市智慧城管中心牌子。原市矛调中心“12345”政务服务热线管理相关职责调整为由市信访局所属的市12345政务咨询投诉举报中心承担。

（市社会治理中心）

法治政府建设

【概况】 2022年，余姚市紧扣打造法治中国示范区“最名邑”目标，围绕《2022年度法治余姚建设重点工作清单》，实施开展“法助共富 法护平安”等专项行动。组织召开市委全面依法治市委员会会议，开展习近平法治思想“八进”活动，完善“一把手”负总责的法治建设推进机制。构建法治“大督察”格局，发挥法治余姚建设合力，开展“两代表一委员”满意度提升专项行动。完成法治调研任务，迎接中央编办、浙江省、宁波各级领导到余姚调研10余次。制定出台《法治保障全过程人民民主实施方案》《保障共同富裕制度体系建设实施方案》两大抓手，升级确立法治余姚建设“八大抓手”。印发全市2022年度重大行政决策事项目录，全面落实《宁波市重大行政决策程序实施规定》，督促、指导21个乡镇街道以及26个市级部门制定、公布本地本单位重大行政决策事项标准。深化乡镇（街道）法治化综合改革，落实省级、宁波级乡镇法治化综合改革试点（泗门镇、小曹娥镇）。完成《宁波市政府规章立法后评估办法》等18部地方性法规和政府规章的立法（修订）意见征集，提出意见建议163条。着力抓好行政机关负责人出庭应诉、行政诉讼指导工作，出庭应诉率从2021年的86%上升至100%，复议后败诉率为0。

打造“大综合一体化”行政执法改革样板，设立市“综合行政执法指挥中心”及乡镇（街道）“综合行政执法指挥室”，推进事项认领和划转。全市各部门共认领监管事项10108项，监管事项认领率和行政检查事项覆盖率均达到100%。综合行政执法事项划转24个领域共1329项，综合执法事项领域和“三高”执法事项占比均达60%以上。推进乡镇执法赋权，印发《余姚市“镇队合一”行政执法体制改革方案》和乡镇街道赋权行政执法事项目录清单。通过常驻、轮驻、随驻等方式下沉执法人员683人，并按照“2+N+X”或者“1+1+X”模式建立执法巡查片区。建立轻微违法行为免罚清单，拓展执法领域“非现场”执法。全面推行监管“一件事”和“综合查一次”，拓展监管“一件事”场景应用，构建全闭环监管体系，组织电动自行车“监管一件事”联合检查等。全市监管事项入驻率99.21%、应用信用规则率97.82%。

推进商事主体登记确认制、准入准营“一件事”、企业简易注销改革，拓展企业开办全流程“一件事”一日办结服务链，推进企业注销“照章联办、照银联办、证照联办”。制定《余姚市市场主体歇业备案“一件事”改革实施方案（试行）》。与舟山市、南京市江宁区、福建省漳州市、四川省昭觉县4个地区完成政务服务事项跨省通办服务，“异地通办”地区数量达到10个，通办事项数量达到300余项。完成100项高频政务服务事项和66项“一件事”服务事项数字化导服上线工作。实施公平竞争审查，加强反垄断和反不正当竞争执法，开展破除地方保护和市场分割专项行动，查处不正当竞争案件14件，罚没款156万

6月2日，十六届市委全面依法治市委员会第一次（扩大）会议召开
（市司法局　供稿）

6月17日，2022年度“法助共富、法护平安”法治建设（行政复议）暨法治督察员培训班开班
（市司法局　供稿）

12月12日，“余你共享·姚城法治”普法大篷车系列法治宣传活动启动
（市司法局　供稿）

余元。全市数字法治系统共完成上级门户建设交办任务24项，认领省揭榜挂帅项目2个、获全国创新案例2项、省级重点项目11个，2022年新增项目4个。

【十六届市委全面依法治市委员会第一次（扩大）会议召开】 6月2日，十六届市委全面依法治市委员会办公室第一次（扩大）会议召开，研究部署2022年法治浙江年度考核工作和法治余姚建设集中宣传工作。市委副书记、政法委书记、市委依法治市办主任王娇俐主持会议并讲话。会上，市委依法治市办副主任、市司法局局长郑少军通报相关情况，就开展2022年度法治余姚建设集中宣传活动作了部署。兰江街道、梁弄镇、市教育局就落实法治余姚建设集中宣传活动作了经验交流和表态发言。市委全面依法治市委员会各协调小组联络员单位就《2022年法治余姚建设重点工作》《“法助共富　法护平安”专项行动实施方案》落实情况、余姚标志性法治成果培育等相关工作情况进行了书面交流。

【余姚市举办2022年度“法助共富、法护平安”法治建设（行政复议）暨法治督察员培训班】 6月17日，市委依法治市办、市司法局组织开展2022年度“法助共富、法护平安”法治建设（行政复议）暨法治督察员培训班。市委依法治市办副主任、市司法局党组书记、局长郑少军作开班动员。全市各乡镇（街道）、市直有关单位法治工作分管领导及科室负责人，各乡镇（街道）、开发区司法所负责人、法治督察员共计140余人参加培训。

培训围绕全面依法治市、加快建设法治政府这个主题，邀请中共浙江省委党校教授褚国建、省司法厅调研督查处副处长黄江疆分别讲授《习近平法治思想》和《浙江省法治政府建设实施纲要（2021—2025）》解读。

【“余你共享·姚城法治”普法大篷车系列法治宣传活动启动】 12月12日

上午，“余你共享·姚城法治”普法大篷车系列法治宣传活动启动。活动由市司法局、市普法办牵头，市人社局、市资规局、市市场监管局、市统计局、市综合执法局、市检察院、市总工会和红盾社会服务中心8个单位参与，以余姚万达广场“12·4”宪法大篷车为主阵地开展法治盲盒、有奖竞答、剪纸、糖画、捏面人等花式普法活动，并进行为期两天的法治微视频展播。另有四辆大篷车分别作为“宪法宣传专车”“行政复议服务专车”“法治余姚宣传专车”“公共法律服务专车”，到凤山、梨洲、朗霞等14个乡镇（街道）开展流动宣传、定点咨询、法律援助等服务。

（市司法局）

公　安

【概述】 2022年，余姚市围绕“疫情要防住、经济要稳住、发展要安全”三件大事，扎实做好战疫情、防风险、保安全、护稳定、促发展各项工作。全市未发生重大群体性事件、重大恶性刑事案件、有影响的涉黄涉赌涉枪治安问题、较大以上交通和火灾事故。全市共受理案件1.53万起，与上年相比下降17.0%；立刑事案件4941起，立盗抢骗侵财型案件9411起（包括治安案件），破获侵财型案件1467起，刑事拘留3866人，移送起诉2363人；立行政案件1.03万起，查处2273起，行政拘留1670人。年内，余姚市公安机关2名个人荣立个人二等功，33名个人荣立个人三等功，15个集体、26名个人荣获省级以上荣誉，房敏杰被评为“全国公安机关爱民模范”。至2022年年底，机关工人13人、事业编制职工10人，民警数占全市户籍人口的1.07‰。

2022年，余姚市建强公安局大数据侦查实战中心，开展夏季治安打击整治“百日行动”、打击跨境赌博犯罪活动、“扫黄禁赌”等专项行动，打击整治枪爆、“盗抢骗”、“黄赌毒”、“食药环”等违法犯罪。全市共立刑事案件4941起，同比下降9.1%；破获刑事案件1846起，同比下降2.1%，刑事案件破案率37.4%，同比上升7.8%。移送起诉犯罪嫌疑人2363人，同比下降17.8%。破获6起，命案破案率100%，破获命案积案4起。深入推进常态化扫黑除恶斗争，完成上级下发线索9条，抓获犯罪嫌疑人295人，侦办涉网黑恶团伙1个，破获案件6起，移送起诉恶势力犯罪集团案件6个，冻结扣押资产160余万元。建设“公安大脑”，推进“看守所罪犯减刑假释多跨协同场景一体化网上办理”项目，被浙江省公安厅列为试点项目。

7月，开展全省公安机关夏季治安打击整治“百日行动”第一次集中统一行动暨重点场所区域清查行动 （市公安局　供稿）

【打击涉赌涉黄涉毒犯罪】 2022年，余姚市推进“利剑3号”等专项行动，共侦办涉赌刑事案件345起、行政案件478起，抓获违法犯罪嫌疑人2451人，其中跨境赌博刑事案件56起，捣毁涉案团伙25个，摧毁实体赌场和网赌平台26个，冻结扣押资金300余万元；侦办涉黄刑事案件29起、行政案件335起，打处涉黄犯罪嫌疑人638人，其中“小苹果”开设赌场案被宁波市局列为市督案件并被中央二套宣传报道，3起案件被列为浙江省公安厅2022年度第二批挂牌督办案件。

2022年，余姚市加强禁毒工作，开展“云战8号”“一打三防”“清源断流”等专项行动，抓获涉毒犯罪嫌疑人50人，移送起诉涉毒犯罪嫌疑人46人，查获吸毒人员30人；创新推广使用余姚市吸毒人员管控系统（异地人员板块）。

【打击新型网络犯罪】 2022年，余姚市推进宣防、预警、打击三方面工作，构建“全警反诈、全社会反诈”新格局。受理电信网络诈骗案件1937起，损失金额8491.78万元，分别同比下降15.67%和21.55%，其中侦破电信网络诈骗案件441起，打处电信网络诈骗犯罪嫌疑人670人，移送起诉犯罪嫌疑人436人，摧毁5人以上涉诈团伙17个，摧毁“两卡”团伙23个，追赃挽损1870.9万元，成功预警劝阻370人、劝阻金额1355.8万元。成功破获全国首例利用远控软件侵入电商物流园窃取快递面单数据的侵犯公民个人信息案件，该案入选公安部“百日行动”期间打击网络违法犯罪十大典型案例。

【打击经济犯罪】 2022年，余姚市开展防范化解金融风险、打击突出经济犯罪、服务经济高质量发展等各项工作。是年，共受理经济案件89起，立案侦查79起，破案54起，抓获犯罪嫌疑人88人，涉案总金额2亿余元，挽回损失1000万元。

【打击食药环领域违法犯罪】2022年，余姚市开展“昆仑2022”“剑锋”“打击甬江流域禁渔期非法捕捞工作”“净水清源联合执法”“矿产资源非法盗采联合整治”等专项行动，侦破危害食品药品、污染环境等违法犯罪案件91起，抓获犯罪嫌疑人193人，分别同比上升207%和268%，均采取刑事强制措施，其中公安部挂牌督办案件1起，省标案件3起，发起全国集群协查案件1起，连续三季度成绩均位列宁波市第一。

【打击涉枪涉爆违法犯罪】2022年，余姚市推进打击整治枪爆违法犯罪专项行动，破获涉枪刑事案件3起，其中1起案件被列为全国打击整治枪爆违法犯罪专项行动挂牌督办案件。核查反馈触网预警1468条，检查重点行业单位及场所416家，共发现问题和隐患51处，下发专项检查通报2期，开具问题整改通知书4份，约谈责任单位1家。

【行政管理】2022年，余姚市公安局推进政务服务2.0平台应用，共受理政务服务办件151.2万件，其中政务服务2.0平台及互联网申报件10.5万件。批准公民因私出国（境）3176人次，与上年相比下降34.15%，其中，公民赴港澳签注2106人次，公民因私出国护照978人次，公民赴台签注17人次，单程证2人次；受理港澳居民来往内地通行证14人次；代受理台胞证59人次；接待临时到余姚的国（境）外人员3266人次，与上年相比下降15.78%；查处“三非”案件18起，共打处“三非”外国人25人，与上年相比上升38.89%，遣送“三非”人员12名。

完成各级党代会、全国两会、北京冬奥会冬残奥会、2022CHINA100山地越野系列赛、中国机器人峰会等大型安保活动18次，妥善处置群体性、突发性治安事件23起。开展“初信初访清零、疑难积案清底、信访老户清雷”三清专项行动。公安部、省公安厅、省信访工作联席办、省委政法委以及市公安局交办信访积案91起全部化解。打击非访对象19人次，其中刑事处罚10人，行政处罚9人。局领导集中下访、接访群众53批56人次。

指导派出所开展“枫桥式公安派出所”创建工作，梁弄派出所被省委办公厅、省政府办公厅授予省级“枫桥式公安派出所”荣誉称号，阳明派出所被命名为宁波市第二批“枫桥式公安派出所”。培育“我要养犬”警务品牌，有效破解规范养犬难题，清理收容街面流浪犬、无主犬1394只，办理电子犬证3368个，教育劝导养犬不合规行为3500余人次，查处无证养犬等行为119起、罚款3.0万元，处罚不文明养犬行为270起。开展春季交通安全整治、压事故交通安全百日攻坚行动、交通安全集中整治百日行动、“安畅”交通安全行动等专项行动，推进路口信号灯“一灯一带”建设，完成G228、姚北大道2条样板公路。

【警务保障】2022年，市公安局成立“公安大脑”办，稳步推进政治处“余姚市公安局辅警队伍管理‘智能画像’集成应用”、法制大队“执法重点领域（伤害类）智治应用”、监管大队“看守所罪犯减刑假释多跨协同场景一体化网上办理”、拘留所“拘调融合”多跨场景建设平台、治安大队“出租房屋安全智慧监管应用”“我要养犬”“平安商贸”和“关爱帮”精神病人帮扶智管系统等8个数改项目。

成立“余姚市公安局工程建设项目领导小组及项目专班”，稳步推进重点项目建设，提升公安所队基础设施。是年，共有1个派出所、1个交警中队和1个执法办案管理中心的建设项目竣工；1个派出所迁建工程立项并开展前期工作。开展深化法治公安建设五大专项行动，出台《行动实施意见》及九项措施，全面恢复“1+3”相对集中办案机制，并推动“执法重点领域（伤害类）智治应用”系统落地应用。

【队伍建设】2022年，市公安局推进“五问五破、五比五先”作风建设专项行动。组织全警开展“对标找差距、先行必有我”主题大讨论44次、支部书记上党课45次，确定各单位学习标杆45个，对局党委班子及成员作风建设提出意见建议17条，总结整理出各科室所队意见建议85条，全局民警查摆个人问题744个。

2022年，市公安局完成四级高级警长及以下职级的常态化晋升229人，开展困难民警、春节慰问、因公受伤、生病住院、退休老干部、英模慰问。开展辅警队伍“一转变、三提升、三下降”集中教育、辅警管理等级评定等系列工作，持续深化“1+4+5”工作机制和辅警专责化管理“1+X”模式，推进辅警队伍管理‘智能画像’集成应用上线运行，落实“民警+辅警”责任捆绑机制。是年，累计开展辅警队伍专项活动集中教育47轮、覆盖3024人，深入查纠整改问题隐患195个，涉辅信访有理投诉同比下降32.6%，视频督查辅警违规违纪同比下降43.3%。打造精品政务新媒体矩阵，出台《基层所队警营文化建设提档升级实施方案》《实施“文化润警”工程推进新时代公安文化建设实施方案》《2022年度全市公安机关新闻宣传绩效评估办法（试行）》。举办新闻发布会5场，在各级各类媒体累计刊发稿件320余篇，其中53篇被中央电视台、《人民日报》、新华社、《人民公安报》、中国警察网等中央级、公安部媒体录用；征集“抗‘疫’风采·最美逆行”摄影、短视频作品60余部；房敏杰被评为“全国公安机关爱民模范”，梁弄派出所被授予省级“枫桥式公安派出所”称号，低塘派出所被评为省级“青年文明号”。

制定实施“民（辅）警工作室（岗）”创建工作实施方案和管理办法，开展全局社区民警大比武、“练兵月”系列活动，落实警师“一对一传帮带”制度。组织数改应用、反诈能力、执法办案、公文写作、财务管理等各类专业培训70余场次，拍摄制作110接处警执法教学视频2部，民警完成线上政治学习896人次，人均线上学时50小时以上，线下自学学时100小时以上，并为31名新警聘请警师。制定出台《队伍清廉指数评定办法（试行）》，定期评定清廉指数，开展队伍重点风险隐患集中防范化解专项整治活动。开展各类督察87次，发现查纠各类问题1873个，编发《督察通报》36期；组织“突击查”“飞行查”21次，专项检查8次，共抽测民警辅警847人次；运用第一种形态处理4人，其中诫勉谈话3人、通报批评1人。

【破获4起命案积案】 2月19日，市公安局在云南省临沧市沧源佤族自治县抓获犯罪嫌疑人王某。经审讯，王某交代2004年1月12日，与受害人陈某因赌场分赃纠纷，纠集罪犯郑某、何某、胡某（已判刑），在凤山街道汽车东站附近，用砍刀劈砍致受害人陈某死亡的犯罪事实。

5月14日，市公安局在湖南省湘西土家族苗族自治州花垣县抓获犯罪嫌疑人夏某。经审讯，夏某交代1990年10月19日凌晨，窜至大岚镇柿林村供销社实施盗窃，被受害人蔡某、马某发现后，持刀将2人捅伤，涉嫌入户抢劫杀人的犯罪事实。

6月15日，市公安局在江苏省新沂市抓获犯罪嫌疑人张某。经审讯，张某交代2001年4月19日晚，在阳明街道富巷村竹笆，与受害人郑某发生卖淫嫖娼行为，因嫖资纠纷，将郑某杀死后逃离现场的犯罪事实。

8月18日，市公安局在江西省上饶市婺源县、景德镇市两地抓获犯罪嫌疑人程某等2人。经审讯，该两人均交代2004年10月18日晚，与受害人李某、王某因赌场纠纷，纠集罪犯余某、程某（已判刑）等人，在凤山街道新建北路原星光灿烂娱乐城门口，用砍刀劈砍等手段致受害人李某死亡、王某轻伤的犯罪事实。

【公安部督办非法采矿案侦破】 3月10日，市公安局会同市资规局开展统一行动，成功抓获以王某、陈某为首的非法采矿犯罪团伙成员13人，当场扣押作案工具。该案为公安部督办案件，团伙自2020年以来，分别在王某和陈某的指使下，在黄家埠镇杏山村和临山镇临南村等地非法开采石料并出卖，涉案金额达300万元。

【梁弄派出所授牌“枫桥式公安派出所”】 5月25日，余姚市公安局梁弄派出所正式挂牌“枫桥式公安派出所”，浙江省公安厅治安总队总队长陈凯到余姚为梁弄派出所授牌。2022年3月中共浙江省委办公厅、省人民政府办公厅下发《关于表扬全省第二批“枫桥式公安派出所”的通报》，梁弄派出所荣获全省第二批“枫桥式公安派出所”称号。

【特大侵犯公民个人信息案侦破】 6月13—17日，余姚市公安局到浙江省金华市、广东省汕头市、辽宁省鞍山市、安徽省宣城市、山东省阳谷市、江西省萍乡市等地开展统一收网行动，成功抓获犯罪嫌疑人蓝某等19人，加之前期抓获的犯罪嫌疑人鲍某、谢某等8人，成功摧毁该特大侵犯公民个人信息团伙。经查，该犯罪团伙由线下马仔通过假装应聘或半夜翻墙潜入电商云仓安装打印机木马程序，并回传电子快递面单数据至技术人员处，再以单价4元至7元不等价格出售给缅北诈骗团伙，案损金额852万元。

【全省“看守所罪犯减刑假释多跨协同场景一体化网上办理”现场评估活动在余姚召开】 6月21日下午，全省

5月25日，全省“枫桥式公安派出所”授牌仪式在梁弄派出所举行

（市公安局　供稿）

6月21日，全省“看守所罪犯减刑假释多跨协同场景一体化网上办理”现场评估活动在余姚举行

（市公安局　供稿）

“看守所罪犯减刑假释多跨协同场景一体化网上办理”现场评估活动在余姚市公安局监管大队开展。省高级法院减刑假释庭庭长冯旭峰、省检察院二级巡视员蒋元青、省看守所所长叶建军、省监狱管理局刑罚执行处处长周祥贵、宁波市公安局副局长施大年等相关领导出席并发言。宁波市、温州市政法系统共30余人的观摩团参加活动。

活动由宁波市公安局监管支队长闻彬主持，余姚市副市长、公安局党委书记、局长钱秉湧致欢迎词，余姚市公安局监管大队负责人对“减刑假释集成应用项目”进行了介绍和解读，余姚市公安局监管大队、余姚市检察院、宁波市公安局、宁波市中级人民法院等工作人员依次进行了现场操作和演示，参与活动的各政法部门对演示流程进行现场点评、提出了完善意见和建议。最后由宁波市公安局副局长施大年作活动总结。

【“弘扬英模精神 锻造‘三能’铁军”荣誉仪式举行】 6月30日下午，余姚市公安局举行“弘扬英模精神 锻造‘三能’铁军”荣誉仪式。余姚市副市长、公安局党委书记、局长钱秉湧出席仪式并为受表彰先进单位和个人，“光荣在党50年”纪念章获得者授牌、颁奖。余姚市公安局党委副书记、政委章国庆主持仪式。

会议通报了2022年度部分受表彰先进单位和个人，“光荣在党50年”纪念章获得者。并对全国公安机关爱民模范房敏杰同志先进事迹进行了宣讲。余姚市公安局党委班子成员，驻局纪检监察组，全局各单位主要负责人等参加仪式。全体民警（除值班执勤民警外）以电视电话会议形式收看仪式。

【全市公安机关夏季治安打击整治“百日行动”决战决胜誓师大会举行】 8月29日晚，余姚市公安局在全民健身中心召开全市公安机关夏季治安打击整治“百日行动”决战决胜誓师大会。姚市人民政府副市长、公安局党委书记、局长钱秉湧，余姚市政法委常务副书记王华威，余姚市委“五问五破、五比五先”机关作风建设专项行动第八督导组组长陈仰富，余姚市公安局部分党委班子成员，各科（中心、处、室）、各业务大队、城区四所、交警江南、江北中队主要负责人，余姚市公安局民警辅警代表，城区四街道政法干部、公益救援队代表，共计370余人参加仪式。公安局党委委员、副局长姚永尧主持大会。誓师大会现场，来自刑侦大队、巡特警大队、阳明派出所主要负责人分别作了表态发言，发出了“增强使命感、提振精气神、鼓足实干劲”之声。

6月30日，“弘扬英模精神 锻造‘三能’铁军”荣誉仪式举行

（市公安局　供稿）

【特大侵犯公民个人信息案侦破】 9月20日，市公安局到四川南充，射洪，台州临海，余姚，慈溪等地抓获犯罪嫌疑人胡某等48人。经查，该团伙自2022年5月以来，以犯罪嫌疑人胡某、唐某、雷某为首，在宁波余姚、慈溪，台州，四川南充、遂宁等地利用联通手机卡派送员身份作为掩护，在客户不知情的情况下将客户手机号+验证码信息发送到接码群中，“人工接码”被用于注册微信、抖音、快手等App账号，贩卖给上游号商团伙和境外诈骗集团进行非法牟利，涉案金额达300余万元。

【特大生产、销售有毒有害食品案侦破】 9月23日，市公安局在上海、广东、余姚、海曙、宁海等地抓获犯罪嫌疑人马某等14人。经查，该团伙自2015年以来，购买原料并设计外观进行包装，通过微信平台发布广告或熟人介绍，在全国发展层级代理270余人，涉及全国30个省份，共销售上述食品5万多盒，金额达4000多万元，食用人数在20000人以上，严重危害人民身体健康。

（市公安局）

检　察

【概况】 2022年，市检察院全年办理各类案件4732件，其中受理的审查逮捕、审查起诉案件同比下降29.4%，主动履职的诉讼监督、公益诉讼案件同比上升23.3%，审结率同比上升9.3个百分点，28个案件获评全国、省级、宁波市级精品、典型案例。17个集体、48人次荣获国家级、省级、宁波市级荣誉。市检察院获评“全省成绩突出的基层检察院”“宁波市基层检察院综合先进单位”。

2022年，市检察院受理移送审查逮捕案件373件、479人，受理移送审查起诉案件1752件、2387人，依法批捕犯罪嫌疑人329人、起诉1553人。依法起诉省级挂牌督办重大涉黑涉恶案件，办理宁波市首例交通运输领域重大责任事故案。起诉故意杀人、强奸、抢劫等严重暴力犯罪较上年同比下降32%，聚众斗殴、寻衅滋事等扰乱社会秩序犯罪下降47.3%，盗窃、敲诈勒索等侵财类犯罪下降19.8%。起诉电信诈骗、网络赌博、帮助信息网络犯罪等538人，占起诉总量34.6%。深挖吴某某团伙开设赌场案，检察环节追加犯罪金额4.7亿余元，严厉打击跨境网络赌博黑灰产业链。立足案件办理推动解决电商云仓行业客户信息泄露的行业监管问题。

【改革创新】 推进涉案企业合规改革试点，涉企案件不起诉率同比上升11.8个百分点。探索余姚特色的中小微企业简式合规程序。制定加强法治化营商环境建设的12项举措，成立营商环境投诉监督中心，所办案件获评宁波市服务保障打造营商环境最优市典型案例。对知识产权案件实行“一案三查”，同步审查是否涉刑事追诉、行政违法、民事追责等情形，办案数量同比增长25%。3个案件分别获评最高人民检察院知识产权综合性司法保护典型案例，全省检察机关保护知识产权典型案例，省检察院、省市场监督管理局协同保护典型案例。知识产权检察办公室获评“全省知识产权保护工作成绩突出集体”。针对红色文化史迹、古树名木保护问题开展公益诉讼，乡村检察官制度获评“浙江省高质量发展建设共同富裕示范区最佳实践”。督促侦查机关查扣涉案财产3700余万元，督促犯罪嫌疑人退出违法所得320.2万元，退赔被害人损失2467万元，依法处置不起诉案件涉案财物315件，向法院提出涉案财物处置建议718条。为40个确有困难的被害人或家属争取司法救助金，金额同比上升86%。

推行“数字检察”+“带案下乡”“乡村检察官云平台”“检察办事”功能模块嵌入覆盖各街道、乡镇、村社“宁波办事”综合自助服务终端机。对295件涉法申诉、线索举报事项，均在7日内告知“已收到、谁在办”，3个月内办理过程或结果答复率100%。践行乡村检察官“五线工作法”。探索“法治体检进企业”“法治课堂进校园”“方言普法进村社”“身边案例上电台”等多种普法形式。“带案普法”项目入选浙江省社会大普法“六优”名单，市检察院获评全国检察宣传先进单位。

2022年，市检察院落实少捕慎诉慎押刑事司法政策、认罪认罚从宽制度，依法不批准逮捕151人、不起诉948人，诉前羁押率降低至16.1%，量刑建议采纳率提升至98.4%。完善与行政执法衔接，对不起诉案件建议行政处罚363人。深化刑事诉讼监督，监督立案、纠正漏捕漏诉、提出抗诉72件。设立宁波市首家“智慧社矫中心”派驻检察室。创新试点审查起诉阶段律师辩护全覆盖、“余姚阳光检律”机制。办理各类民事检察案件90件。提请抗诉、提出再审检察建议30件，做好释法说理、矛盾化解工作。开展网络司法拍卖、车辆查封扣押等专项监督，提出检察建议50件。聚焦司法网拍中虚构“长期租赁”规避执行的问题，所办案件被浙江省人民检察院作为“司法网拍监督”典型案例推广。办理行政检察案件40件。协同开展社会抚养费强制执行专项清理，促进环境违法行政罚款强制执行和解。办理公益诉讼案件38件。督促行政机关挽回、复垦耕地180余亩，清除固体废物1280余吨，追回国有财产1900余万元，追偿生态修复费用700余万元，增殖放流鱼苗540余万尾。探索“益心为公”志愿者工作模式。推进“净化空壳公司”、社保补助资金监管等专项监督，3个案件入选全省数字检察办案指引，3个项目纳入全省数字法治系统、全省数字检察“一本账”。2个监督模型先后在全国控申检察会议、全国高级检察官研修班作经验介绍，“空中走廊”监督线索协同场景应用获评全国政法智能化建设创新案例。市检察院获评全省首批数字检察示范院。

【公益服务】 2022年，市检察院开展“检察蓝守护夕阳红”专项行动，对涉老年人权益案件依法支持起诉、提起刑事附带民事公益诉讼，所办案件获评浙江省检察机关打击整治养老诈骗犯罪典型案例。深化未成年人综合司法保护，起诉侵害未成年人犯罪36人，不起诉并跟踪帮教涉罪未成年人108人。办理的未成年人正当防卫案获评浙江省检察机关未成年人保护典型案例，“姚·蓝”工作室获评“浙江省巾帼文明岗”。针对畜禽内脏提炼“地沟油”问题，督促关停和整治违法养殖场。监督纠正早餐店售卖“铝包子”、非餐饮商户超范围经营等食品安全问题。打击马某某等16人微信销售有毒有害减肥药犯罪，开展“消”字号抗菌制剂药品安全公益诉讼专项监督。

【党建品牌】 2022年，市检察院向同级党委和上级检察院党组请示报告重大事项28次。打造“姚检红锋”党建品牌，被确定为“机关党建示范点创建单位”。培育“阳明思辨”检察文化品

6月8日，“安商护企”检察服务联络站揭牌　（市检察院　供稿）

牌，受邀参加全省检察文化品牌建设成果展评。搭建“青春心向党 姚检青年说”、青春检影等青年党建品牌，原创视频获全国检察系统优秀奖。“检爱”青年志愿队积极参与疫情防控、抗击台风、文明城市创建等1880人次，获评余姚市“表现突出的青年志愿服务集体”。1名干警入选优秀公诉人省赛备战团队，2名干警获宁波市十佳公诉人提名。14篇调研成果获省级以上奖项，8名干警入选市委首席法律咨询专家库、宁波市知识产权讲师团、市县两级商业秘密领域专家人才库。办结代表委员建议、提案15件，向市人大常委会备案法律文书1170件。落实市人大“乡村检察官走进代表联络站”创新机制，开展“代表关注·检察回声”专项活动，代表答复满意率100%。举办检察开放日4场，邀请143名各界人士走进检察院、走近检察官。

【“助力企业健康发展 营造一流营商环境”会议召开】 6月8日，市检察院、市工商联联合召开余姚市“助力企业健康发展 营造一流营商环境”会议。余姚市委常委、统战部部长李昭，市检察院党组书记、检察长陈莹出席会议并讲话。市委统战部副部长、市工商联党组书记周强和第三方监督评估机制管委会成员单位（市公安局、市司法局、市财政局、市人力资源和社会保障局、市自然资源和规划局、市农业农村局、市应急管理局、市市场监督管理局、宁波市生态环境局余姚分局、市法院、市金融发展服务中心、市国资办、市税务局）负责领导，市检察院班子成员及相关部门负责人等参加会议。

会上，市检察院与市工商联签订“安商护企”检察服务合作协议，协议明确了市检察院在市工商联设立检察服务联络站，并选取重点行业协会作为联络点，通过延伸检察服务实现“治理完善、管理规范、经营合规、守法诚信”的企业法治建设目标。余姚市委常委、统战部部长李昭，市检察院党组书记、检察长陈莹共同为“安商护企”检察服务联络站揭牌。

【胡东林赴余姚调研指导工作】 7月11日上午，浙江省人民检察院党组成员、副检察长胡东林，第三检察部主任楼丽、案件管理办公室副主任吴小倩一行到余姚市人民检察院调研指导职务犯罪检察和数字检察工作。宁波市人民检察院党组副书记、副检察长吴巧森，余姚市人民检察院党组书记、检察长陈莹参加调研。

【余姚市营商环境投诉监督中心启用仪式暨第一次联席会议在市检察院召开】 11月11日下午，余姚市营商环境投诉监督中心启用仪式暨第一次联席会议在市检察院召开。市委政法委和市纪委市监委机关、市信访局、市发改局、市经信局、市司法局、市市场监管局、市综合行政执法局、市政务服务办、市检察院9家联席会议成员单位的相关领导及职能部门负责人参加会议。

11月11日，余姚市营商环境投诉监督中心启用仪式暨第一次联席会议召开

（市检察院　供稿）

【余姚市召开市政府与市法院、市检察院联席会议】 11月25日上午，市政府与市法院、市检察院联席会议召开。余姚市委副书记、市长沃勇特在会上强调，要深入学习贯彻习近平法治思想，全面落实中央、省、宁波有关决策部署和会议精神，加强府院、府检良性互动，合力打造最优法治环境，为建设现代化美好活力“最名邑”、打造中国式现代化县域样板提供法治支撑。市委常委、副市长毛丕显主持会议，副市长、市公安局局长钱秉湧，市法院党组书记、院长吴伟民，市检察院党组书记、检察长陈莹出席会议。市政府各有关部门主要领导，市法院、市检察院领导班子及有关部门负责人参加。

（市检察院）

法　院

【概况】 2022年，市法院有在编188干警，其中员额法官75人，全年新收案件13720件，同比下降11.99%，办结13838件，同期结案率达100.86%；通过诉前调解化解纠纷4206件，万人成讼率降至53.87；办结执恢、执保案件2936件。44个集体和个人获得宁波市级以上表彰，27个案例入选全国、省级、宁波市级精品案例。

2022年，市法院审结刑事案件1039件1588人，同比下降21.40%和22.12%。打击整治养老诈骗，审结案件4件，涉案金额822万余元，入选宁波市、浙江高院和最高人民法院典型案例。开展打击整治养老诈骗专项行动。审结涉教育、医疗、养老、育幼、住房等民事案件8453件。化解婚姻、抚养、赡养等家事案件749件。通过调解、和解、引导自动履行等方式解决劳动争议372件，“因疫情导致效益工资发放迟延无须补偿”等2则案例入选宁波法院劳动争议精品案例。审结行政诉讼86件，行政机关败诉率下降2.39个百分点。强化败诉风险预警，调撤率达46.84%。行政机关负责人出庭应诉率达100%。审结金融借款、保险、票据以及洗钱、非法吸收公众存款等案件1104件。成立房地产案件工作专班，参加问题楼盘“保交楼”协调工作。出台服务保障“最名邑”实施意见。发挥破产审判功能，29家“僵尸企业”有序退出市场，化解不良债权96亿元，安置职工163人，盘活土地253亩、厂房23.6万平方米，首创“共益债+经营管理”模式。与市政府联合举办“司法助力中小微企业高质量发展四明论坛”。“余姚司法服务经济政协委员会客厅”升格为全省唯一设在基层法院的省级会客厅。成立农村土地保护法官工作室、“共富产业司法服务站”，化解新业态纠纷25件。开展“助企纾困保民生”专项集中执行行动，为农民工追回拖欠工资1025.2万元；运用司法救助金、司法援助保险、慈善基金为64名困难当事人发放113.62万元，“短期救济+长远保障”机制被《法治日报》报道。

2022年，市法院执结案件3945件，执行到位金额15.07亿元。移送涉嫌拒执犯罪案件31件次，蒋某峰等占据已拍卖房屋妨碍买受人使用拒执案入选浙江法院典型案例。通过上级法院终本案件专项司法巡查，全年实施查控61549次，处置房产土地172件，网拍成交额4.83亿元，发放案款11787笔。设置智能“云柜”，为律师和当事人材料转递、文书获取等提供24小时司法文书自助服务，累计服务660人次。健全适老型诉讼服务机制，提供诉讼辅导、立案、保全、送达、评估鉴定、调解等一站式服务。联合建立未成年犯判后回访、重新接受教育、妇女儿童经济关爱工作机制。建立涉性侵害犯罪人员从业禁止机制。联合市教育局开展“法润校园”活动，为6500余名中小学、职校学生开展法治教育。“共享法庭”实现镇街、村社全覆盖，另设立人大代表联络站、环境资源、维护国防利益、塑料行业等特设“共享法庭”18个，入选共同富裕宁波市级最佳实践培育案例。12个月以上未结案件保持“清零”。评查案件503件，追究差错责任17件，一审判决案件改判发回瑕疵率降至0.02%。深化刑事诉讼制度改革，实现律师辩护全覆盖，通知证人、侦查员、鉴定人等出庭作证47人次。准确适用认罪认罚从宽制度，适用率达92.57%。推进审判领域“当事人一件事”集成改革，将1130个纠纷合并为177个案件予以办理。

在线诉讼成为常态，电子诉讼运用率达98.02%。首创“活冻结”制度，迭代升级“薪资执行一件事”应用，获评宁波法院数字化改革首批“最佳应用”。与市公安局、司法局联合打造“拘调融合一件事”应用，纳入省高院执行“一件事”第三批子场景应用和数字法治“一本账S3”。打造“证人在线作证”系统，获评全国2022政法智能化建设智慧法院创新案例。创新搭建“知行讲堂”“姚法青年说”等多元教育培训平台。“姚法红锋”宣讲团获评市优秀理论宣讲团队。完善升级党建e中心和“一厅一室一长廊”党建文化阵地，获评余姚市直单位机关党建示范点。

【妇女儿童经济关爱项目签约仪式举行】 3月2日妇女儿童经济关爱项目签约仪式在市法院举行，市妇联、市法院、市巾帼志愿者协会三方签订协议，对涉家事纠纷、刑事性侵案件中的困难妇女儿童实行经济关爱。2022年为5名困难妇女儿童下发爱心补助金1万元。

【“优化法治营商环境，服务民营经济发展”联席会议召开】 5月24日下午，市法院联合市工商联（总商会）共同召开“优化法治营商环境，服务民营经济发展”联席会议。市法院党组成员、副院长余国英，市工商联（总商会）主席（会长）戎伟军等近30名会长参加会议。余姚市统战部副部长、市工商联党组书记周强主持会议。 会议就担保物权方面的几个实务问题进行详细解答，并面向参会人员发布了《余姚法院2017—2021年度劳动争议案件司法大数据报告》，分享了部分涉企典型案例。

【“凤凰涅槃 法护营商 司法助力中小微企业高质量发展四明论坛”举行】 7月8—9日，“凤凰涅槃 法护营商 司法助力中小微企业高质量发展四明论坛”通过“线上+线下”的方式在余姚召开。论坛以“司法助力中小微企业高质量发展”为主题，旨在通过司法服务纾解中小微企业难题，有效发挥司法对中小微企业的挽救功能，助推法治化营商环境建设。论坛由余姚市人民政府、余姚市人民法院联合主办，宁波市破产管理人协会协办。来自最高人民法院、浙江省高级人民法院、宁波市中级人民法院的相关领导，全国破产法学领域知名专家、教授，宁波两级法院的相关负责人，以及余姚市20余家单位、金融机构、工商联、企业负责人、破产管理人、媒体记者等80余人参加。

浙江省高级人民法院审判委员会专职委员张敏；中国人民大学教授、博士生导师、破产法研究中心主任，北京市破产法学会名誉会长王欣新；宁波市中级人民法院党组成员、副院长陈文岳，上海交通大学教授、博士生导师、民商法研究所所长，上海市法学会破产法研究会会长韩长印；余姚市委常委、常务副市长曹敬之；宁波市中级人民法院清算和破产审判庭庭长蔡惠娜；中国政法大学副教授、金融机构风险处置研究中心主任、中国法学会银行法学研究会副秘书长苏洁澈，浙江省人大代表、余姚市人大常委会委员、宁波市工商联副主席、余姚市工商联副主席；浙江华联商厦有限公司党委书记、董事长杨军；宁波市破产管理人协会会长董俊；上海律协破产与不良资产业务研究委员会主任、上海市方达律师事务所合伙人李凯受邀出席开幕式。开幕式由余姚市人民法院党组书记、院长吴伟民主持。论坛在工商联“共享法庭”、塑料行业“共享法庭”设分会场，部分企业负责人在分会场参会。

论坛闭幕式于7月9日举行，由余姚市人民法院党组书记、院长吴伟民主持。参会各方聚焦司法助力中小微企业高质量发展主题，交互各方观点，为司法助力优化营商环境，帮助中小微企业纾困解难提供“善策良方”。

【“枫桥式人民法庭”建设发展研讨会在余姚召开】 7月28日上午，由宁波市中级人民法院主办，余姚市人民法院、西北政法大学马锡五审判方式研究院、杭州师范大学枫桥经验与法治建设研究中心承办的“枫桥式人民法庭”建设研讨会在市法院举行。研讨会采用线上线下方式进行，并通过余姚法院视频号、姚界App进行全程直播，近万名网友在线观看。

中国人民大学法学院教授、博士生导师、革命根据地法制研究所副所长、中国法学会法治文化研究会副会长赵晓耕，西北政法大学中华法系与法治文明研究院院长、教授、博士生导师、浙江大学新时代枫桥经验研究院执行院长汪世荣，西北政法大学教授、博士生导师张师伟，西北政法大学教授、博士生导师、杭州师范大学数字法治研究中心主任陈京春，山东大学法学院教授、博士生导师刘加良，杭州师范大学沈钧儒法学院副院长、枫桥经验与法治建设研究中心主任余钊飞，浙江工业大学文化与法制研究中心主任、教授、浙江省人民政府法律顾问石东坡，西北政法大学马锡五审判方式研究院院长、教授马成，西北政法大学枫桥经验与社会治理研究院副院长王斌通，安庆师范大学六尺巷和解文化研究中心主任、副教授邱少晖，西北工业大学副教授、法学博士韩伟，宁波市中级人民法院副院长王水维，余姚市人民法院党组书记、院长吴伟民，余姚市人民法院党组成员、副院长韩利荣，宁波市中级人民法院民一庭庭长马金平，余姚法院梁弄法庭庭长刘湛以及西北政法大学、杭州师范大学法学院部分学生参加会议。

开幕式由余钊飞主持，王水维与汪世荣致辞。研讨会分“枫桥式人民法庭”的探索与实践、中国传统优秀法律文化的创造性转化、红色法治文化的历史传承3个单元举行。

【市法院维护国防利益“共享法庭”和军营法治文化基地揭牌】 7月29日下午，余姚市人民法院维护国防利益“共享法庭”和军营法治文化基地在余姚驻地部队军营揭牌成立。驻地部队政委徐庆东，副政委、政法委书记王春光，政治工作部主任黎开洪，市法院党

9月28日，余姚司法服务经济政协委员会客厅揭牌 （郑珊珊 摄）

11月，5G+VR智慧法庭在2022年世界互联网大会乌镇峰会展出 （郑珊珊 摄）

11月8日，余姚市人民法院清廉法庭揭牌成立 （郑珊珊 摄）

组书记、院长吴伟民等出席活动。徐庆东与吴伟民为军营法治文化基地揭牌。吴伟民和王春光共同为维护国防利益“共享法庭”揭牌。驻地部队分别与市法院、余姚市农商银行签订拥军协议。

维护国防利益“共享法庭”日常配备4名轮值法官、1名庭务主任和6名特邀调解员，开展在线诉讼、调解指导、法律咨询、联席会议、普法宣传、特色延伸服务等业务。

【余姚司法服务经济政协委员会客厅正式揭牌】 9月28日下午，余姚司法服务经济政协委员会客厅揭牌仪式在市法院召开。宁波政协副主席、农工党市委会主委陈为能，宁波政协社法和民宗委主任励健，宁波中院党组副书记、常务副院长沈海东，余姚市政协主席陈长锋，余姚法院党组书记、院长吴伟民等出席活动。余姚市政协副主席朱光煦主持会议。陈为能与沈海东为会客厅揭牌。余姚司法服务经济政协委员会客厅为全浙江省唯一设在基层法院的省级会客厅。

【“5G+VR智慧法庭”在世界互联网大会乌镇峰会展出】 11月9—11日，2022年世界互联网大会乌镇峰会举行，市法院推出的“5G+VR智慧法庭”在峰会“数字法院 共绘共富和谐新图景”板块中展出。在智慧法庭场景中，用全景相机360度摄像头代替传统单一摄像头，VR相机视频采集全景庭审现场，通过5G网络传输至VR云平台，借助眼镜等设备，让当事人仿佛置身庭审现场，更大限度地调动诉讼参与人的主观能动性，有效提升问题的解决效率。

【余姚市人民法院清廉法庭揭牌成立】 11月8日上午，余姚市人民法院清廉法庭在马渚镇人民法庭揭牌设立。宁波中院党组成员、宁波市纪委市监委驻法院纪检监察组组长王荣水，余姚市委常委、市纪委书记、市监委主任虞存斌，市人民法院党组书记、院长吴伟民出席仪式。宁波中院、余姚市纪委市监委、余姚法院的相关领导和干警代表参加活动。

（市法院）

司法行政

【概况】 2022年，余姚市锚定四阶段八方面以及百项清单指标，建立健全专题推进部署、及时梳理汇总、实时反馈进度等闭环机制。推进“守正与矫心”阳明心学修心教育、行政复议“复式楼”搭建、行政执法案卷“标准化示范”“余司蓝——智学库”云课堂等项目和工程。市司法局获得全省“七五普法”先进集体、“七五”全省依法治理创建活动成绩突出单位等荣誉称号。出庭应诉率达到100%。浙江电视台专题报道《数字法治——余姚市司法局：法护平安、勇立潮头》。

开展涉及高质量发展建设共同富裕示范区等方面规章的专项清理6次。下发《关于进一步加强行政机关合同管理及履约监管工作的通知》。全市行政机关合同录入政府法律事务平台411件。打造行政执法案卷“标准化示范”工程，编制《余姚市行政执法文书标准化通用示范文本》和专业执法部门标准化示范文本183个，开展“三项制度”等专项监督，省统一处罚办案系统的录用率达99.61%。国家统一执法证件和新证申领基本完成，持证人数达2726人，乡镇街道持证率达到90.7%。

下发《余姚市2022年普法依法治理工作要点》，开展844个普法实效化平台专项行动133次，落实“谁执法谁普法”的责任制。设立红盾社会服务中心与梁弄镇横坎头村两个公民法治素养观测点，其中红盾社会服务中心被列为首批省级观测点。开展“两人”（法治带头人、法律明白人）筛选培育工作，全市304个村社区“两人”达1540名。11个省级、73个宁波级民主法治村（社区）完成创建工作。梁弄司法所成功创建为省级“枫桥式”司法所，兰江、泗门司法所成功创建为宁波级“文明规范公正”司法所。

部级“智慧矫正中心”通过省级专家组验收，被省司法厅推荐为创建示范单位。研发暂予监外执行对象监督管理应用。搭建“浙政钉”合法性审查“一网两端办理”平台，审核用时平均节省50%以上，审核量同比增长119.6%。参与“浙里社区矫正”应用贯通，完成全市社区矫正对象走访任务7272人次。“法治微管家”小程序提供智能咨询、法治宣传、赔偿计算等线上服务6369次。发布法治信息658条，被省司法厅“之江法云”转载录用168篇。

马渚镇“两圈一圆桌”模式（镇村两级“4小时合法性审查流转圈”及“重大复杂合法性审查事项圆桌会”）纳入省级基层合法性审查“最佳实践”试点。案例《审查维度迭代升级 防范化解行政争议——基于一起废弃矿山生态环境治理招投标项目审查的实证分析》入选《浙江省合法性审查典型案例汇编》。全市21个乡镇（街道）审查行政合同、规范性文件、执法决定等2933件，审查意见采纳率达99.2%；16.2万家市场主体法律顾问服务网格化实现全覆盖。开展“法治体检”“法援携手共富年”等活动，体检企业5551家，为企业排查解决纠纷和难题525个。市法律援助中心被浙江省司法厅评为“全省司法行政系统法治建设工作成绩突出集体”。开展“公证E通”全流程在线功能，全年在线办理2137件。创设行政复议“涉企绿色通道”，累计接受涉企复议咨询164起，平均办案时间缩短10天。

2022年，组织调解案件13862起，调处成功13799起，成功率达99.54%。“致和调解工作室”被命名为省级金牌人民调解工作室。全年累计接收矫正对象541人，解除535人，年底在册676人。与多个监狱对接，开展远程视频会见195次。推进监地协作“法律服务进大墙”全省试点。

【余姚市人民调解协会第二次会员代表大会举行】 6月10日，余姚市人民调解协会第二次会员代表大会举行。市司法局局长郑少军致开幕词，宁波市司法局二级巡视员周静风致贺词。余姚市

6 月 10 日，余姚市人民调解协会第二次会员代表大会开幕

（市司法局　供稿）

委副书记、政法委书记王娇俐出席开幕式并讲话，市领导曹敬之、余烽、朱光煦、王华威出席。大会选举产生了市人民调解协会新一届理事会和领导班子。

【2022 年度全市律师优秀论文颁奖仪式举行】 6月13日下午，宁波市律师协会余姚分会举行2022年度全市律师优秀论文颁奖仪式，市司法局党组书记、局长郑少军，党组成员、副局长韩立波出席并讲话。郑少军代表市司法局党组获得2022年度优秀论文的获奖作者和对致力于推进律师业务理论研究工作的各律师事务所取得的成果给予肯定。论文比赛共收到18名律师撰写的18篇论文，经过评委会认真、审慎评选，最终评选出一等奖两名、二等奖三名、三等奖四名及优胜奖若干。

【宁波市司法局在余姚开展《宁波市大运河世界遗产保护办法》立法调研】 11月3日，宁波市司法局立法一处处长林坚东同宁波市文广旅体局、资规局、文化遗产管理研究院、宁波大学等一行6人到余姚市开展《宁波市大运河世界遗产保护办法》立法调研工作，听取余姚市相关部门、乡镇代表的意见建议。市文广局、市资规局、市交通局、市水利局、市住建局、市农业农村局、市司法局、生态环境余姚分局等市级部门相关负责人，以及运河沿线的马渚镇、丈亭镇相关负责人共20余人参加了座谈会。

【社区矫正中心开放日活动举行】 12月4日上午，余姚市举行社区矫正中心开放日活动，来自宁波、余姚两级人大代表、政协委员、法治监督员等人员通过现场参观和座谈交流等形式，了解社区矫正中心任务、场所功能和工作流程，听取社区矫正开展情况、特色做法和发展成效等情况介绍。该活动为余姚市“宪法与浙江”主题宣传月暨国家宪法日活动之一。

（市司法局）

人民武装

【概况】 2022年，余姚市人民武装工作突出应急力量、专业力量和特殊力量三个重点，完成基干民兵编组任务。依托《余姚日报》、姚界、微信朋友圈等社会媒体开展线上“云端”征兵宣传，印发宣传手册20000余份，发送征兵短信40余万条，完成了新兵征集任务。参加征兵重点问题研究“一人讲大家评”活动获得第2名。

应对台风“梅花”，协调省级支援应急力量428人（其中省武警总队200人、省消防总队138人、省应急厅90人）、各县市区人武部支援力量和本地驻军参与抢险救灾。组织装填沙袋50600个、加固堤坝3.2千米、转移群众3100余名、封堵缺口10余处。

【2022 年春季新兵欢送仪式举行】 3月20日上午，余姚市2022年春季新兵欢送仪式举行。余姚市副市长、市征兵工作领导小组副组长董盛益，市征兵工作领导小组相关负责人出席启动仪式，并向新兵赠送“从戎之剑”。“从戎之剑”剑长81厘米，剑首镶刻着中国人民解放军军徽，鞘口镶刻着中国人民解放军帽徽，剑正中铭刻着“从戎之剑”字样，代表中国军人忠诚、坚毅、果敢的精神气质。欢送仪式上，新兵代表、新兵家长代表分别做了表态发言。2022年春季入伍的新兵陆续启程。

【党管武装暨国动（教）委全体会议召开】 6月2日，余姚市召开党管武装工作暨国防动员委员会（国防教育委员会）全体会议。市委书记、市人民

6 月 2 日，党管武装工作暨国防动员委员会（国防教育委员会）全体会议召开

（市人武部　供稿）

武装部党委第一书记傅贵荣出席并讲话。市领导沃勇特、王娇俐、林振宇、董盛益，市人武部部长殷锐出席会议。会议传达浙江省民兵建设“十四五”规划文件精神、宁波市委议军会暨党管武装工作会议精神，宣读了表彰通报，总结2021年余姚市党管武装、国防动员和国防教育工作情况，部署2022年工作任务，向新任基层武装部教导员颁发任命书。阳明街道、河姆渡镇党（工）委书记就武装工作作口头述职，其他乡镇（街道）党（工）委书记书面述职。

【宁波市“民参军”业务培训班在余姚举行】 6月22—24日，由中共宁波市委军民融合发展委员会办公室（宁波市国防科技工业办公室，简称宁波市委军民融合办）主办的“民参军”业务培训班在余姚阳明温泉山庄举行，来自宁波市150余家单位参加了培训。6月22日上午举行的开班动员大会由宁波市委军民融合办二级巡视员郭鑫祥主持，宁波市委军民融合办常务副主任娄国闻到场作动员讲话。培训班邀请来自军队、科研机构、优质参军企业等相关单位的多位领导和专家进行授课和交流。

（市人武部）

人民防空

【概况】 2022年，余姚市人民防空办公室（简称市人防办）按照“战时防空、平时服务、应急支援”要求，在“5·12”全国防灾减灾日、“9·18”警报试鸣日，余姚市37台警报器参与试鸣，鸣响率和统控率均为100%。市人防办组织学校教师通过播放人防视频，给学生们详细讲解人防知识。在玉皇山公园、人防宣教馆实地摆放人防知识展板，发放《防空防灾手册》、应急急救包，解读《浙江省人民防空工程管理办法》和《浙江省人民防空工程标识技术管理规定》两个政策。利用街道小区、各大商场470个点位的LCD楼宇广告牌，在企事业单位、小区、广场等处悬挂横幅，通过微信公众号、微博等新电子媒介宣传人防知识。

【实施人防工程安全生产大检查和“双随机”抽查】 6月，市人防办组织人员重点开展人防工程、警报设施安全生产大检查及人防工程维护管理“双随机”抽查。人防工程、警报设施安全生产大检查着重检查自建人防工程及结建人防工程的安全通道是否通畅、防空设施是否完好、消防设备是否齐全、使用管理是否存在人为安全隐患等，并对安全生产管理、安全风险防范措施、应急预案制定等工作进行了检查指导；对固定在楼顶、平台的警报器逐一检查和加固，排除潜在安全隐患，对排查发现的个别警报故障进行了及时修复。人防工程维护管理“双随机”抽查通过掌上执法平台按10%的比例随机抽取了20个已竣工的人防工程进行实地检查，重点检查人防工程的维护管理和平时使用情况，对检查中发现的擅自拆除人防设施、人防设施设备锈蚀严重、人防工程堆放废弃物等问题，出具了书面整改通知书，并将问题严重的人防工程列入后续重点整改跟踪对象。

【“人防防护实验室”互动体验课开设】 7—8月，市人防办在余姚城市展览馆（余姚市人防宣教中心）人防展示厅开设社会大课堂之“人防防护实验室”互动体验课，为暑期学生提供近距离学习人防知识的平台。由授课老师带领学生们参观人防展示厅，向孩子们讲述发生在近代国内和国际社会的重大空袭事件，以动画形式播放防空防灾警报的识别，讲解人防设施的概念和应急自救的方法，利用三维模型展示灾害来临时如何快速找到人防工程入口和如何正确进入人防工程。

（市人防办）

4月，泗门镇中心小学给学生讲解人防知识　（市住建局　供稿）

7—8月，“人防防护实验室”互动体验课开设　（市住建局　供稿）

农业·水利

农业经济

【概况】2022年，余姚市大力实施农业"双强"行动和乡村"双富"建设，加快推进农业产业、人居环境、农民生活等协同发展，获评省农业"双强"行动"赛马"激励地区、省第四届"河姆渡杯"粮食生产先进县银奖，入围省强村富民乡村集成改革实践试点名单。全年农林牧渔业总产值84.4亿元、同比增长3.5%，全市村集体经济总收入9.46亿元、同比增长5.3%，村集体经营性收入总额3.6亿元、同比增长14.9%；四明山区域村集体经济总收入1.65亿元、经营性收入4524.76万元。

2022年，余姚市落实粮食播种任务288.8平方千米，产粮18.21万吨。其中早稻76.67平方千米，产量3.17万吨；晚稻148.2平方千米，产量11.62万吨；小麦38.67平方千米，产量2.07万吨；其他旱粮玉米、高粱、大豆25.27平方千米，产量1.35万吨；油菜8.93平方千米。蔬菜面积187.2平方千米，产量72.83万吨。水果面积86.47平方千米，产量15.05万吨。

截至2022年末，余姚市生猪存栏12.54万头，同比增加1.3%，年出栏18.59万，同比增加18.1%；家禽存栏83.4万只，同比增加4%，年出栏143.7万只，同比增加1.7%；牛存栏4417头，同比减少2.7%，年出栏1813头，同比增加13.6%；羊存栏1.19万只，同比增长13.9%，年出栏0.83万只，同比下降12.4%；兔存栏2.2万只，同比减少13.04%，年出栏9.2万只，较去年增加4.3%。畜禽价格波动明显，其中生猪养殖亏损严重。全年，余姚市肉类总产量24264吨，同比增加13.6%；禽蛋产量2989吨，与上年基本持平；奶牛产量13455吨，同比增加21.9%。

截至2022年末，余姚市水产品产量26565吨，同比增长2.56%。其中海洋捕捞产量1409吨，同比增加0.71%；淡水捕捞产量6667吨，同比增加0.05%；淡水养殖产量18489吨，同比增加3.64%。

【彭佳学到余姚调研粮食生产和乡村治理工作】3月7日下午，省委常委、宁波市委书记彭佳学到余姚调研粮食生产和乡村治理。彭佳学考察余姚市第三中心粮库，询问粮食品种、储量、来源、保障能力等情况，并同当地种粮大户交流，详细了解粮食种植面积、收成效益、政策兑现等情况。随后，彭佳学到泗门镇谢家路村考察村容村貌和基层治理情况。

【2022中国宁波"青茶计划"全国研讨会在余姚举办】7月26—28日，由中国茶叶学会、宁波市科学技术协会主办的2022中国宁波"青茶计划"全国研讨会于在宁波余姚举办。中国茶叶学会名誉理事长、国家茶叶产业技术体系首席科学家、中国农业科学院茶叶研究所原所长杨亚军研究员，宁波市农业农村局总农艺师赵新立等领导出席研讨会。余姚市副市长董盛益出席并致辞。

研讨会上，中国茶叶学会名誉理事长、国家茶叶产业技术体系首席科

3月7日，省委常委、宁波市委书记彭佳学（右一）在余姚马渚镇与当地种粮大户交流　（市农业农村局　供稿）

7月26—28日，2022中国宁波“青茶计划”全国研讨会

（市农业农村局　供稿）

学家、中国农业科学院茶叶研究所原所长杨亚军研究员，中国茶叶学会副理事长兼秘书长、中国农业科学院茶叶研究所副所长阮建云研究员，国家茶产业体系茶饮料与食品加工岗位科学家、中国农业科学院茶叶研究所团队首席科学家尹军峰研究员等人分别作了题为《推动茶产业高质量 助力乡村振兴》《绿色低碳生产技术推动茶叶高质量发展》《茶深加工与多元化利用新技术及展望》等报告。

（市农业农村局）

农业产业化

【概况】 2022年，余姚市农副产品销售收入突破18亿元。农产品溯源区块链项目完成建设并验收，试点河姆渡茭白田甲鱼、余姚杨梅、瀑布仙茗茶叶3个品种9个基地，累计赋码1.5万余个、追溯扫码1.8万余次。组织品牌农产品参加森博会12家次、参加境内外网上农博及省市农业展会45家次等。

2022年，余姚市新增省级数字农业工厂2家（博凯奶牛、谢家路水产），宁波市级数字农业工厂3家（博凯奶牛、谢家路水产、腾宇蛋鸡）、数字化种养基地6家（凯凯菌菇、蔚蓝种植、立华SPF、科态种养、英苗种养、裕绿种养），监测合格及保留称号94家，余姚市农业龙头企业数量达到100家。出台余姚市农旅融合示范管理办法，认定余姚市级农旅融合示范点4家。培育农创客300名，培育农业领域高新技术企业2家（姚江源茶叶、明凤甲鱼）。宁波市级以上家庭示范农场14家，其中省级新认定6家，成功创建宁波种植业“六园”示范基地5家，为3200余户散小农户开展托管业务，服务面积15平方千米以上。3个项目完成技术改造并通过宁波验收，总投资1032万元。帮助农业龙头企业开展贴息补助申报24家，兑现补助资金586万元。早晚稻种植保险完全成本保险财政补助比例提高到95%以上，实现全覆盖。

推进余姚榨菜产业大脑数字化项目。建成省级休闲农业与乡村旅游精品线1条。开展植保无人机“全民飞手”培育工程，新建山地轨道机30条、总长1.3万余米，建成农机服务中心3个、全程机械化应用基地3个，其中田螺山农机合作社入选省首批现代化农事服务中心创建单位，建成农机创新试验基地2个。明凤淡水养殖场入选省水产种业阵型企业。“甬青獭兔”新品种接受农业农村部现场审核，“梁弄红”樱桃新品种通过省级审定，新引入的绿花菜、茭白完成适宜品种筛选。3个农业品种入选省级农业文化遗产储备库。

【第十三届河姆渡农业博览会举行】 1月1—15日，第十三届中国余姚·河姆渡农业博览会在线上举行。展会以“数字赋能、共创共富”为主题，运用云计算、大数据、物联网等新一代信息技术和数据库信息系统，搭建网上农博会平台，组织余姚市200余家农业龙头企业、农民专业合作社、家庭农场等经营主体参展，展示展销各类优质绿色农副产品。展会期间，开展省网上农博余姚主题馆日、乡村振兴成果展示、对口帮扶农产品展示展销推介、四明臻货品牌推介直播、农博一键送

1月，第十三届河姆渡农业博览会线上直播间　（市供销联社　供稿）

礼推介直播、鹿亭粉丝直播、姚农荟专场直播、区块链溯源农产品宣传推介专场等活动。据统计，本届农博会农副产品累计成交额近2000万元，其中网上总销售额895.28万元、批发零售额946.92万元、其他交易额135.03万元。余姚农博平台入驻商家195家，上线10大类、33个子类别共1392个农产品，吸引浏览51.11万人次，累计成交25898单。

【余姚横坎头上榜宁波首批市级田园综合体】 10月，第一批宁波市市级田园综合体公布，余姚市横坎头村田园综合体上榜。余姚市横坎头村田园综合体位于余姚市梁弄镇，建设范围包括横坎头村、汪巷村、甘宣村3个建制村，总面积约12.14平方千米。项目立足独特的红色基因、农业基础、山水生态本底，依托新希望集团的农旅产业基础，通过区域统筹、产业赋能、功能提升、新农民培训，逐步建成环境美、产业美、农民富、生态优、一、二、三产融于一体的田园综合体，累计完成4大类29个项目，总投资约4.23亿元。

（市农业农村局）

农业执法

【概况】 2022年，余姚市推进"大综合一体化"行政执法改革，梳理下放农业行政处罚事项167项，锁定执法编制18个，下沉一线随叫随驻52人，加强资规部门海洋综合行政执法68项事项的划转衔接。累计办理行政审批事项231件，其中行政许可审批127件、行政确认25件、行政征收事项79件。累计共审核行政处罚案件70件，举行听证案件1件，重大行政执法案件集体案审2件。增量审查局涉及市场公平竞争政策措施14件，清理往年政策措施10件。

开展"绿剑"执法、农资打假、种子专项等专项执法行动，出动执法人员648人次，检查生产经营主体324家次；完成农业投入品监督抽检工作，完成农业投入品监督抽检32批次；办结种植业违法案件9起，其中移送公安1起。调查处置宅基地违建线索128起，立案1起，结案2起。联合市场监管、综合执法、生态环境等部门完成"监管一件事综合查一次""双随机、一公开"等联合检查，出动执法人员98人次，检查各类主体49家次；指导"肥药两制"农资示范店创建7家。完成普法宣传13次，印制普法宣传资料7000余份，发放5000余份。

2022年，余姚市检查兽药经营企业29家次、饲料生产企业12家次、畜禽养殖场95家次、屠宰企业34家次、动物诊疗机构41家次，病死动物处理厂5家次，出动执法人员247人次。对19家养殖主体和2家畜禽屠宰场进行抽样，共抽取47个样品。办理畜牧类行政处罚案件17个，办结16个，处罚款金额3.78586万元。调查处理各类信访46起。

2022年，余姚市开展港口检查135次，海上检查14次，检查渔船353艘次，出动人员619人次，责令渔船现场改正13艘次。开展联合检查21次。开展内陆巡查102次，出动执法人员及护鱼队员550余人次，立案57起，其中市检察院移交的姚江禁渔期不起诉案件7批次，共计51起。立案查处海洋违法案件14起，其中市检察院移交12起，办结14起，罚款4.3万元，查扣涉渔"三无"船舶5艘。

【宁波、余姚联合开展节前拖拉机道路交通执法行动】 9月，宁波市农业农村局农业行政执法队和余姚市农业综合行政执法队二中队联合开展节前拖拉机道路交通联合执法行动。联合执法检查组对余姚陆埠镇、河姆渡镇、梨洲街道、兰江街道等乡镇（街道）的主要乡村道路行驶、安放的拖拉机进行检查，重点检查报废拖拉机上路、假牌套牌、拼装改装、超限超载、违法载人、闯禁行、闯红灯等违法行为。检查人员按照拖拉机及道路交通有关规定，做到逢车必查，严格执法，认真检查驾驶证、行驶证、车险、车辆基本安全状况及载货等情况，对存在违法行为的，当场指出，坚决查处，并现场进行安全教育。检查中，执法人员发现其他省籍报废变型拖拉机3台，督促车主按规定要求报废淘汰。

（市农业农村局）

农村经营管理

【概况】 2022年，余姚市创建省级示范乡镇1个、特色精品村4个、达标（精品）村63个；宁波级示范乡镇4个、小集镇式中心村2个，梳理式改造村25个，新创建余姚市级"富裕富足"样板村6个，"富裕富足"示范带1条，培育创建浙江省善治（示范）村37个、清廉村居63个。落实四明山区域生态发展项目24个，梳理省级历史文化村落保护名录25个村。推动"村民赋能·艺术振兴乡村"建设，成功创建宁波级艺术赋能村6个，打造"果香姚北线"宁波"精特亮"工程和"绿谷樟溪线"宁波"一环十线"精品线2条。

申报宁波级示范农民合作社3家，完成16家示范社监测工作，申报余姚市级示范农场12家、宁波市级示范农场8家、省级示范农场6家，并完成监测任务；继续推进农业生产社会化托管服务项目，共完成三批次服务验收，服务面积共计6.65平方千米。组织召开家庭农场整县提升现场会，开展2022年度家庭农场积分制评优，推进家庭农场"一码通"试点。培育宁波市级农机示范合作社2家、农机区域性服务中心2家、农机功能培育1家，建设农机库房4家。

2022年，余姚市安排四明山区域生态发展任务24个，总投资10160万元，下达项目预拨资金5080万元。开工建设项目13个，12个工程完成工程量50%以上。完成乡土专家续聘37人，累计53人，线上线下教育培训3200余人次，支持36位大学生农业领域创业就业。对全市7336户、9558人低收入农户，做好医疗帮扶，赔付801人、93.9万元。

21个乡镇（街道）的194个村经济合作社申请交易1479笔，交易底价总额33139.74万元，其中已完成交易674笔，较上年新增241笔，完成交易金额累计20932.7万元，较上年新增4576.41万元，交易溢价3298.16万元，溢价率16.71%。全面推广“浙农经管”平台各项应用，开展集中业务培训3次，推动基础数据、事权审批、预警监督、阳光公开、银农直连等功能普及。出台《余姚市村级集体债务风险分级管理办法》。

围绕四明山革命老区特色资源，紧扣发展富民产业和优化强村支撑两个维度，加快数字化改革步伐，推进四明山革命老区富民强村（“四明红”）应用场景建设，形成10个创新应用场景。开展“一扫七治”环境整治行动，督查整改公路两侧问题点位600余处。督促乡镇街道落实分车装运职责，完善分类体系，落实第三方督查机制和“红黑榜”公示机制。全年创建浙江省农村生活垃圾分类高标准垃圾分类处理示范村2个，宁波市农村生活垃圾分类处理示范镇3个、典范村6个。深化农村人居环境“数字+”工程，对接农村公厕智慧管理系统。创建浙江省级星级农村公厕34座、示范性公厕2座，推动农村公厕改造100座。

【“果香姚北”乡村文明线精品线路完工】 年内，“果香姚北”乡村文明线精品线路完工。“果香姚北”乡村文明线西起于319省道与姚北大道交叉口，止于329国道复线（姚北大道）余姚市和慈溪市的交界处，全长23千米，沿线涉及牟山、黄家埠、泗门、临山、小曹娥5个乡镇，18个行政村。项目总投资1.826亿元，沿线共安排21个建设项目，其中包括投资8000万元的姚北大道路面提升工程、投资3100万元的G329国道复线路面提升工程等重点项目。项目落实到位宁波“一环十线”建设资金950万元，余姚市精品线路专项资金1000万元用于精品线路创建。

（市农业农村局）

种植业管理

【概况】 2022年，余姚市供应种子量为63.04万千克，较2021年增长78%，其中调入商品种子10.55万千克，动用省级储备种子25万千克。主供品种为“中早39”“甬籼15”，搭配示范新品种“中组143”“中组18”。晚稻商品种子31.4万千克，供应商品种子量29.9万千克，较2021年增长32.9%，主供品种“宁88”“秀水134”。10万千克早稻种子和3万千克晚稻种子作为储备种子入库。完成农产品质量安全抽检9500余份，合格率在98%以上。建成区块链溯源基地9个。新增宁波级绿色精品农产品基地2个、无公害农产品13个、产地1个、绿色食品2个。

2022年，余姚市参保政策性农险的农户达3.2万户次，保费7822万元，同比增长31%。完成理赔3755户次，赔付5917万元。新增农信担保85笔全。全市在保保险额6165万元，累计保险额3.77亿元，减免担保管理费13.5万余元。

2022年，余姚市推进耕地“非粮化”整治，完成粮功区优化调整22.4平方千米，抛荒耕地复耕1.54平方千米、种植草皮专项整治1.14平方千米。编制高标准农田建设五年规划，新（改）建高标农8.67平方千米，高效节水（喷微灌）农田0.41平方千米、绿色农田1.33平方千米。

2022年，余姚市推进“肥药两制”改革，创建省级改革示范农资店7家、种养大户52家，完成配方肥应用1.5万吨，建成化肥减量技术示范区2个，创建省级高品质绿色科技示范基地3个、低碳生态农场3家，建成农田生态拦截沟5条，总长约9600米。推进正大、三七市秸秆综合利用中心建设，新建“无废乡村”10个（累计达到16个），蔬菜腌制池生态环境治理工作有序推进。组建废旧农膜回收体系，建立回收网点170个，回收处置农药废弃包装物104.1吨。

2022年，全市拥有茶园面积42.47平方千米，其中有机、无公害茶叶基地20平方千米。市茶文化促进会组织“国际茶日”系列活动宣传，开展全民饮茶活动进机关、进乡镇、进社区、进党校和校园、进企业“五进”活动，拓展高山云雾茶、茶文化遗迹等方面宣传。“余姚市茶文化特色教育基地”市第二实验小学继续开设茶艺班。12月，余姚瀑布仙茗协会成功注册“阳明翠韵”“阳明金韵”茶叶商标。

【生态拦截沟渠新技术科技示范项目通过验收】 1月，兰江街道沈湾村、夏巷村农田氮磷生态拦截沟渠新技术科

1月，兰江街道农田氮磷生态拦截沟渠新技术科技示范项目通过验收

（市农业农村局　供稿）

技示范项目通过验收。项目主要利用现有排水沟渠条件，探索实施经济实用、便于推广的农业面源污染生态拦截技术，并采用人工湿地、生态塘、曝气装置等治理工艺，设置透水坝、除磷装置等设施，合理种植沉水、挺水植物。项目覆盖农田1.53平方千米，建设生态沟渠18条共5910米，改造建设生态塘16900平方米、湿地1799平方米，总投资约160万元。

（市农业农村局）

畜牧业管理

【概况】 2022年，余姚市出台《余姚市能繁母猪临时补助实施细则》。创建省级“美丽牧场”3家，创建省级数字农业工厂（数字牧场）2家，正大生猪养殖基地完成竣工验收。至2022年年底，全市能繁母猪存栏数达到1.465万头。全年肉类总产量约2.43万吨，同比增加13.6%；禽蛋产量0.3万吨，同比增加1.53%；奶牛产量1.35吨，同比增加21.9%。

2022年，全市新验收通过兽药减量化试点场2家、饲料环保化试点场2家，总数分别达到14家、7家。全年累计免疫家禽禽流感286.23万羽次、牲畜口蹄疫49.74万头次、猪瘟31.18万头次、猪蓝耳病7.74万头次、鸡新城疫201.41万羽次、羊小反刍兽疫2.5万只次。全市规模饲养场免疫密度常年保持100%，散养畜禽常年保持在70%以上，其中春秋集中免疫季节达到100%。针对非洲猪瘟开展常态化防控，累计排查养殖场1216场次、屠宰场912场次、病死动物无害化处理场304场次，排查生猪45.46万头。实施产地检疫生猪18.07万头，家禽123.83万羽。实施屠宰检疫生猪45.473万头，监督处理屠宰环节病死猪1156头。

2022年，余姚市共有余姚市级动物疫情测报点10个、宁波市级动物疫情测报点5个、省级禽病监测点1个和省级羊病监测点1个。全年累计抽检样品9014份次，其中，禽流感免疫抗体4944份次，合格率为89%；H7N9流感血清学检测1668份次，病原学检测850份次；口蹄疫检测1406份，合格率为83%；猪瘟检测440份，合格率为91%；蓝耳病检测440份，合格率为97%；新城疫检测519份，合格率82%。开展了小反刍兽疫检测415份，均合格。

2022年，余姚市完成畜禽养殖场无公害农产品复查换证5家、完成畜禽养殖场无公害农产品申报3家。完成畜产品质量安全抽样送检287批次。对3家屠宰场的进场生猪抽取生猪尿样3413份、菜牛尿样900份，对每个样品同时进行“莱克多巴胺”“盐酸克伦特罗”和“沙丁胺醇”的快速检测，结果均为阴性。

（市农业农村局）

渔业管理

【概况】 2022年，余姚市创建省级数字渔场1家，培育宁波市水产绿色健康养殖“五大行动”示范单位1家。启动渔业设施项目建设3个，其中工厂化养殖设施项目2个，涉及面积1.02公顷，补贴资金123.59万元；水产养殖钢棚建设项目1个。指导市欣农兔业有限公司培育的甬青獭兔通过农业农村部畜禽新品种审定的现场审核，填补国内彩色獭兔品种的行业空缺。

2022年，市农业农村局组织开展水生生物增殖放流活动5次，在全市陆水域合计投放滤食性鱼苗、鱼种（鲢鱼、鳙鱼、草鱼、鲫鱼）1500余万尾。对市13家养殖主体实施水产养殖尾水治理项目，涉及面积55公顷。

2022年，余姚市开展涉海涉渔领域安全生产“春雷行动”“除险保安”“一打三整治”“伏季休渔”、平安护航月等行动，组织执法人员、护鱼队员450余人次，开展禁渔期专项执法检查80余次，市农业综合行政执法队查获行政违法行为33起，年内作出处罚31起，罚款6.15万元；会同市公安局查获姚江电鱼、毒鱼等涉刑案件59起，承接市检察院移交的姚江禁渔期不起诉案件3批次，共计31起。

【开展溪流鱼工厂化养殖调研指导】 9月21日，市农业农村局养殖业发展和管理科联合市水产技术推广中心到牟山镇清源水产养殖场开展调研指导。该养殖场以养殖马口鱼、光唇鱼（淡水石斑鱼）为主，通过将废弃砖瓦厂改建成大棚，安置20个帆布圆桶养殖池，并配以水泵、增氧机、尾水处理等设施设备，实现24小时不间歇循环水流。渔业专家针对溪流鱼自身特性，现场指导养殖户如何注意水质、水

9月21日，牟山镇清源水产养殖场的光唇鱼养殖　（市农业农村局　供稿）

温及光照等环境因素，科学投喂，做好疫病预防等措施。

【省农科院水生所专家在余姚开展渔业资源与环境调查】 9月28日，省农科院水生所专家组一行4人到余姚开展姚江流域渔业资源与环境调查。此次调查主要包括水生动物种类组成、水生生物资源现状、渔业生态发展环境以及水质分析。现场调查期间，专家组收集水质资源样本，并在余姚江流域捕捞鲫鱼、鲢鱼、刀鲚等6种鱼类100余尾，带回省农科院作详细研究，以便初步掌握姚江水生生物资源现状和变化趋势，为余姚水生生物资源保护、增殖放流成效等提供依据。

（市农业农村局）

林业管理

【概况】 2022年，余姚市落实林长制责任体系，推动各级林长开展常态化巡林督查，抓好森林防火、林业资源保护、松材线虫防控等重点工作，全市共设立市级林长（警长）17名，乡镇级林长（警长）84名，村级林长（警长）528名，护林员306名，出台配套制度5项，开展巡林248人次，累计阻止野外违规用火637起，发现并治理林区输配电设施火灾隐患61个。

2022年，余姚市完成年度松材线虫病除治任务，清理发病面积543.74公顷、清理病死松树5210株，分别比上一年度下降26.3%和36.7%。做好建设项目征占用林地工作，全年共计办结林地征占用项目29宗，其中长期占用18宗，占用面积17.6220公顷；临时占用11宗，占用面积72.5707公顷，全年共计收缴森林植被恢复费1445.6475万元。做好林木采伐审核审批工作，全年共计审核、审批林木采伐许可证96宗，合计采伐林木2457.50立方米。

2022年，余姚市开展森林、草原、湿地调查监测，及时掌握森林、草原、湿地资源现状和变化情况，科学评价其质量和生态状况。开展补充林地库建设，全年共划定补充林地385.52公顷。推进古树名木修复保护，通过对古树进行支撑、树洞修复、树池改造、吊营养针、白蚁防治等措施，加大对古树抢救修复力度，全年共投入保护资金52万元，完成22株古树保护修复工作，同时开展古树名木"云认养"等工作。

【余姚市发布首个总林长令】 9月，余姚市发布2022年1号总林长令，为余姚市发布的首个总林长令。林长令围绕全面推深做实林长制重点工作作出部署，要求压实各级林长责任，扎实做好林业资源保护发展各项工作，推动余姚市林长制由"全面建立"到"全面见效"。

【余姚市开展林业外来入侵物种外业普查工作】 11月，余姚市资规局联合中国林科院亚林所普查团队到大岚镇、四明山镇开展外来入侵物种外业普查工作。普查组按照预先设定的普查路线，实地查看外来入侵物种的分布、数量与发生危害情况，并采集标本做进一步研究。该次普查设置了踏看线路4条，每条线路覆盖3~5个乡镇（街道），做到踏查点覆盖21个乡镇（街道）和所有生境类型，重点清查余姚市林业三大生态系统重点外来入侵物种的发生种类、分布、发生面积、危害程度、寄主等基本情况，建立林草外来入侵物种信息数据库，为开展外来入侵物种风险和危害评估、提出余姚市林业和草原外来入侵物种预防及治理策略等提供基础数据支撑。

（市资规局）

水利建设

【概况】 2022年，姚江上游余姚西分工程基本完工，输排水通道工程新开河道全线贯通，乐安湖泵站及排水隧洞通过通水阶段验收，西横河泵闸完工，主汛期前具备通水运行条件。陶家路江三期整治工程I~IV标段完工，V标段北虹桥部分完成下部结构施工，河道部分完成东岸扶壁式挡墙900米。四明湖自溃坝改闸工程1月开工，至2022年年底主体工程基本完工，完成新建重力式挡水坝和非常泄洪闸。

2022年，余姚市推进规模化供水"应通尽通"项目。开展陆埠镇余鲍陈村等10个村级水站水源改造、梨洲街道三溪村等22个村级管网更新改造，实施七里浦水厂管网延伸兼并兰江街道3座村级水站、姚东水厂管网延伸兼并丈亭镇5座村级水站等项目，开展梁弄水厂管网延伸兼并水站及大岚水厂新建项目的前期工作，完成28座千人以上村级水站的数字化提升改造和15座村级水站膜处理制水工艺提升工程。开展镇村水环境整治工程，全市共实施4个村级水环境整治工程，整治河道1.3公里。开展农业水价综合改革工作，在"五个一百"创建评审活动中，余姚10座农业灌溉泵站机埠、1个灌片、2个农民用水主体、3个示范村等16个典型案例全部成功入选宁波市级优秀典型案例名单。2022年，下达精准补贴、节水奖励及更新升级专项补助资金约434万元，实施开展农业灌溉工程更新升级行动，提升改造泵站机埠、堰坝水闸91座，其中41座列入省政府民生实事工程。余姚市《全面开展水价改革 促民生保粮食安全》入选《水利部农业水价综合改革典型案例》。《余姚市推行农村供水工程区域统管》入选水利部工作简报。

2022年，余姚市开展最良江、隐溪河美丽河湖创建工作。开展梁弄镇美丽河湖片区建设，项目顺利通过宁波市级验收。编制印发《一大三中水库饮用水源突发性事件应急预案》《一大三中水库"一库一策"藻类防控方案》。开展"甬水清"江河湖库环境整治专项行动，会同余姚市五水共治办下发《关于做好"甬水清"江河湖库环境整治专项行动工作的通知》《关于进一步强化河湖"清四乱"及河道保洁工作的通知》，加强与乡镇（街道）、检察院、渔政等有关部门联动，拖离不合规停放驳船9艘，清理障碍物2处、地笼1273个、拦网2道。开展河道管理保洁工作。对全市镇、村级河道进行每月1次的河道保洁长效管理监督考核,现场检查河道1556条,发现问题225处,向乡镇、街道发出问题反馈整改函117份。

11月29日,余姚首条生态清洁小流域水土流失综合治理工程接受现场检查 (倪金火 摄)

【余姚市海塘除险治江围涂四期工程临海北顺堤堤顶道路、堤岸防护及河道配套工程获宁波市“甬江建设杯”优质工程奖】 4月19日,2021年度宁波市“甬江建设杯”优质工程奖评选结果公布,余姚市海塘除险治江围涂四期工程——临海北顺堤堤顶道路、堤岸防护及河道配套工程获奖。该工程位于余姚市临山镇,临海北顺堤属于百年一遇的2级堤防工程,临海北顺堤总长为1986米,合同造价4741.9181万元,通过修建堤坝,来消减潮势达到海塘除险的目的,同时通过砌筑河道达到治江的目的,使围区和周边的水利系统得到较大改善。

【余姚市陶家路江三期整治工程项目部获浙江省工人先锋号荣誉】 4月27日,陶家路江三期整治工程项目部获浙江省工人先锋号荣誉。陶家路江三期整治工程是完善“浙江水网”——平原高速水路工程的节点性工程,被省委、省政府定为“五水共治”及百项千亿防洪排涝工程。该工程承接上游西分工程的来水及西上河、姚西北部分区域的洪涝水,为姚江干流的洪水“西导北排”入杭州湾开辟出路,有效减轻姚江干流及余姚、宁波城区的防洪压力。

【姚江上游余姚西分工程乐安湖泵站及排水隧洞通过通水阶段验收】 7月12日,姚江上游余姚西分工程乐安湖泵站及排水隧洞通水阶段验收会议召开。宁波市发展和改革委员会、宁波市水利局、宁波市水利工程质量安全管理中心、余姚市发展和改革局、余姚市水利局、工程所在地乡镇和特邀专家以及各参建单位代表参加会议。验收委员听取各方的工程建设管理工作报告、宁波市水利工程质量安全管理中心的质量评价意见、相关专家及单位意见,经充分讨论后,验收委员会一致同意通过通水阶段验收。

7月12日,姚江上游余姚西分工程乐安湖泵站及排水隧洞通水阶段验收会议 (宋丹丹 摄)

【余姚首条生态清洁小流域水土流失综合治理工程通过竣工验收】 11月29日,余姚市鹿亭乡白鹿大溪石潭至李家塔连接段生态清洁小流域水土流失综合治理工程竣工验收会议召开。宁波市水利局、宁波市河道管理中心、余姚市发改、财政、水利等部门及鹿亭乡人民政府、各参建单位等参加会议。会上,验收组通过现场检查、听取参建各方汇报及档案资料审核后,一致认为该工程已按设计和批复要求完成,实现了进度达标、质量合格、投资可控、安全生产无事故的建设目标,同意工程通过竣工验收。

【余姚市“五个一百”示范创建中10个典型案例成功入选浙江省级优秀典型案例名单】 12月13日,浙江省水利厅印发《浙江省水利厅关于公布全省农业水价综合改革“五个一百”优秀典型案例名单的通知》,余姚6座机埠泵站(关庄机埠、湖舍江机埠、潘家种植圃机埠、陶家路村排灌1号泵站、陶家路村排灌2号泵站、陶家路江东排灌站)、1个灌片(梨洲街道东姜灌片)、1个农民用水合作主体(河姆渡镇芦山寺村农民用水管理小组)、2个示范村(河姆渡镇车厩村、泗门镇万圣村）等10个典型案例成功入选浙江省级优秀典型案例名单。

（市水利局）

水政水务

【概况】 2022年，余姚市各自来水厂、企业缴纳水资源费计2889.73万元、水土保持补偿费计276.17万元。完成水务行政审批133件。开展“甬水清”江河湖库环境整治专项行动，拖离不合规停放驳船9艘，清理障碍物2处，地笼1273个，拦网2道。结合“拆违治乱”百日攻坚专项整治行动，水政监察员共巡查河道长度9964千米，巡查水域面积2654平方千米，出动执法人员5826人次，处理各类河道涉水案件53起。

【妨碍河道行洪突出问题排查整治行动工作会议召开】 1月7日，余姚市水利局召开妨碍河道行洪突出问题排查整治行动工作会议。会议传达宁波市水利局妨碍河道行洪突出问题排查整治行动和迎亚运“两路两侧”“三化一平”专项整治行动河道有关工作视频会议精神，布置和落实余姚境内河道专项整治工作。市水利局副局长何明出席会议并讲话。余姚市水政监察大队、海塘管理所、5个河区水利管理中心、浙东引水管理所等负责人参加了会议。

【“世界水日”和“中国水周”系列宣传活动举行】 3月21日，余姚市“世界水日”和“中国水周”系列宣传活动在余姚市行政审批中心举行。活动由余姚市水利局主办，主题为“深入贯彻新发展理念，推进水资源集约安全利用”。活动现场通过数字电视LED屏幕滚动播出宣传主题内容，并派发《节水宣传资料》《节水知识手册》等宣传资料共800余份。次日，市水利学会在阳明古镇布置“世界水日”和“中国水周”相关展板进行宣传。

（市水利局）

防汛抗旱

【概况】 2022年汛期（4月15日至10月15日），余姚市平均降水量为1182.2毫米，比常年偏多83.9毫米。汛期强对流天气频发，常伴有局地短时强降水、雷雨大风、雷电和冰雹等，全市共有26天出现强对流天气过程，其中9天出现全市大范围强对流，3天出现10级以上雷雨大风（8月6日鹿亭乡东岗和梨洲街道上王岗、8月12日梨洲街道上王岗和凤山街道蜀山大闸、8月13日凤山街道文山），8月6日四明山区出现局地小冰雹。

汛期共有2个台风影响余姚市，分别是第11号台风“轩岚诺”、第12号台风“梅花”。受第11号台风“轩岚诺”影响，余姚市过程面雨量213毫米，其中四明山区面雨量383毫米，姚江平原面雨量214毫米，姚北地区面雨量69毫米，单站最大大岚镇夏家岭站475.2毫米，城区206.4毫米，33个站超过200毫米，16个站超过300毫米，4个站超过400毫米。受第12号台风“梅花”影响，9月11日20时至15日08时，余姚市过程面雨量387.6毫米，其中四明山区面雨量567.5毫米，姚江平原面雨量387.8毫米，姚北地区223.2毫米，最大大岚镇夏家岭站706.6毫米，城区312.7毫米，64个站超过100毫米，63个站超过200毫米，41个站超过300毫米。

2022年，余姚市“一大三中”水库共完成预泄402万立方米，拦蓄水量3823万立方米。平原河网共排泄水量7243万立方米，其中蜀山大闸排水5861万立方米，陶家路和临海浦2座海闸累计排水1382万立方米。姚江沿线219座泵站运行纳入日常管控及监测。

2022年，余姚市共启动防汛防台应急响应2次，其中Ⅰ级响应2次。通过浙江省防汛防台应用、宁波市自然灾害风控平台等上报各类防御动态、工作落实、动态数据、相关信息等135条次，并由OA系统、传真、浙政钉等平台发出各类风险提示单、督办单、工作提示函等61份，防汛防台工作简报19期，通过短信预警平台发布工作动态短信、水雨情预警短信共1226批次，共101712条，通过短信预警平台发布水雨情预警短信共845批次，共80133条，并通过电视、广播向公众滚动播报台风防御指引，第一时间向群众发出预警信息。

【余姚市组织开展汛前检查督查】 3月16—23日，市防指组织应急、水利、资规、建设、交通、农业农村等部门分7个小组，到全市21个乡镇（街道）、2个开发园区进行检查督查，共检查水利设施64处、在建工程19个和低洼易涝易积水地5处。督查组汇总、梳理后，下发意见反馈书21份，提出整改隐患问题61项，要求乡镇（街道）和有关单位5月底前完成限期整改。

【市防汛防台工作会议召开】 4月21日，余姚市召开2022年余姚市防指全体成员暨防汛工作会议，会议传达4月15日国家、省、宁波防汛防台视频工作会议精神。市防指指挥长，市长沃勇特重点部署汛期防汛防台各项工作。市防指全体成员单位主要负责人和各乡镇（街道）、开发园区主要负责人、分管负责人等参加全市防汛防台工作会议。

【水旱灾害普查项目验收会召开】 11月8日，市水利局组织召开水旱灾害普查项目验收会，会议邀请省市有关专家和相关单位代表参加。本次普查主要包括干旱灾害致灾调查、水利工程洪水灾害隐患调查和山丘区重点集镇山洪风险调查三方面内容，摸清全市水旱灾害风险隐患底数、查明水旱灾害抗灾能力、客观认识余姚市水旱灾害风险防御水平，为开展水旱灾害防治工作提供依据。与会代表及专家听取普查报告，审阅相关材料，经认真讨论，一致同意该项目通过验收。

（市水利局、市应急管理局）

工业·工业园区

工业经济

【概况】2022年，余姚市贯彻落实推进制造业高质量发展的各项决策部署，实施“稳企业强主体”“畅循环稳工业”两大攻坚行动，推进产业数字赋能、优质企业培育、“亩均论英雄”改革、项目用地评价等系列行动。全年实现规模以上企业产值2407.2亿元，规模以上工业增加值529.4亿元。完成工业投资144.7亿元、增长17.7%，其中完成制造业投资135.7亿元，增长19.2%。培育数字经济核心企业264家，其中规模以上数字制造企业纳统数达250家。实现规模以上数字经济核心产业（制造业）增加值123.35亿元，增加值占宁波市总增加值的17.4%。

2022年，余姚市坚持“企业主导、政策促动”，出台《关于加快培育制造业“大优强”企业的实施意见》《关于创建“专精特新”活力之城的实施意见》《关于促进我市小微工业企业上规模的实施意见》等政策，全年新增国家级“单项冠军”企业4家、宁波级单项冠军培育企业51家；新增国家级专精特新重点“小巨人”企业2家、国家级专精特新“小巨人”企业13家；新增“小升规”企业177家。加强企业创新能力建设，新增省级以上首台（套）10家；新增省级企业技术中心3家、“浙江制造精品”6家；大丰实业获评国家级服务型制造示范企业、江丰电子获评宁波唯一的国家技术创新示范企业。推动企业绿色化发展，76家企业新获评三星级“绿色工厂”，其中宁波级以上32家。

2022年，余姚市深化“拿地即开工”机制，出台《余姚市工业投资项目土地出让联合评审实施办法》，21个项目通过工业用地联合评审，计划总投资72.2亿元，拟购置土地91.67公顷；7个项目获重点产业项目用地资格，其中5个成功摘地并实现20天内开工建设。深化“腾笼换鸟、凤凰涅槃”行动，完善工业集聚区专项规划，全年开展低效地块改造项目19个，改造面积150.67公顷；整治提升高耗低效、“散乱弱”企业482家，入园集聚企业426家。出台《深化余姚市“亩均论英雄”改革工作任务》《工业企业“亩均效益”综合评价办法 3.0 版》，8家企业入选省、市亩均效益领跑者名单，全年建成小微园区2个。

【江丰电子获评国家技术创新示范企业】10月25日，工业和信息化部公布了《2022年国家技术创新示范企业名单》，宁波江丰电子材料股份有限公司凭借优异的技术创新能力以及超高纯金属材料及溅射靶材行业领军地位上榜。“国家技术创新示范企业”是工业和信息化部为深入实施创新驱动发展战略而认定的一批技术创新能力较强，创新业绩显著，创新效益突出，具有重要示范和导向作用的企业。评价体系围绕创新投入、人才激励、创新合作、创新队伍建设、技术积累储备、技术创新产出、技术创新效益等方面，入选企业在关键核心技术攻关及产业化突出成果方面颇有建树的企业。本次评选共有65企业入围。

【大丰实业获评国家级服务型制造示范企业】12月28日，工业和信息化部办公厅下发了《关于公布第四批服务型制造示范名单的通知》，浙江大丰实业股份有限公司入选国家服务型制造示范企业名单。2022年工业和信息化部服务型制造示范遴选和评估评价工作主要面向定制化服务、供应链管理、检验检测认证服务、全生命周期管理、总集成总承包、节能环保服务、生产性金融服务及其他服务型制造创新模式开展。

2022 年工业前 50 强企业名单

表 3

序号	企业名称	序号	企业名称
1	宁波舜宇光电信息有限公司	8	宁波容百新能源科技股份有限公司
2	余姚领克汽车部件有限公司	9	甬矽电子（宁波）股份有限公司
3	宁波世茂铜业股份有限公司	10	宁波大沃科技有限公司
4	浙江舜宇光学有限公司	11	宁波富佳实业股份有限公司
5	宁波昊阳新材料科技有限公司	12	余姚舜宇智能光学技术有限公司
6	宁波长振铜业有限公司	13	宁波江丰电子材料股份有限公司
7	宁波舜宇车载光学技术有限公司	14	余姚大发化纤有限公司

续表3

序号	企业名称	序号	企业名称
15	浙江大丰实业股份有限公司	33	宁波生久科技有限公司
16	宁波德昌电机股份有限公司	34	浙江晶源光电科技有限公司
17	浙江比依电器股份有限公司	35	宁波唯尔电器有限公司
18	国能浙江余姚燃气发电有限责任公司	36	宁波瑞成包装材料有限公司
19	宁波王龙科技股份有限公司	37	宁波盈瑞聚合科技有限公司
20	富诚汽车零部件有限公司	38	浙江丰茂科技股份有限公司
21	浙江美源新材料股份有限公司	39	宁波舜宇红外技术有限公司
22	浙江金瑞薄膜材料有限公司	40	宁波舜宇精工股份有限公司
23	宁波天邦饲料科技有限公司	41	余姚市舜江电器有限公司
24	神通科技集团股份有限公司	42	宁波捷丰现代家俱有限公司
25	浙江峻和科技股份有限公司	43	余姚杭湾包装有限公司
26	宁波大叶园林设备股份有限公司	44	宁波天瑞智能科技股份有限公司
27	浙江松原汽车安全系统股份有限公司	45	余姚中淳高科桩业有限公司
28	浙江舜宇智领技术有限公司	46	浙江硕奇家纺用品有限公司
29	基伟休闲用品有限公司	47	宁波可可磁业股份有限公司
30	浙江正庄实业有限公司	48	宁波更大集团有限公司
31	宁波明禾新能源科技有限公司	49	余姚市元翔电器有限公司
32	余姚世纪华通金属实业有限公司	50	宁波正欣消防设备有限公司

（市经信局）

中意宁波生态园

【概况】 2022年，中意宁波生态园区全年实现工业总产值348亿元，同比增长3.05%；完成财政总收入14.50亿元，其中一般公共预算收入5.36亿元；完成固定资产投资52.2亿元，同比增长25.66%。全年园区新签约项目17个，总投资50.16亿元。实现余姚市外实到内资33.18亿元，宁波市外实到内资30.06亿元，浙商创业创新资金30.41亿元。新引进高级人才2名，园区特优人才、领军人才、拔尖人才、高级人才和基础人才总数分别达2人、11人、5人、37人和2672人。新引进高层次人才（团队）创业创新项目13个，成功入选宁波市“甬江引才工程”项目或个人共3个（人），宁波市杰出人才1人。铭时基因数字PCR创新公共平台投入运营，诺奖领衔的NK细胞项目等项目有序推进，与清华、浙大、浙商大等高校就招生就业、合作办学、技能培训等开展深度洽谈。中意复旦（张江）科创中心投资孵化项目4个，引进签约项目3项，完成落地6项。上海虹桥中意楼已有14家企业入驻。

2022年，中意宁波生态园区共安排政府投资项目28个，总投资52.6亿元，完成年度投资9.22亿元。固北北路道路完成路基建设，科兴路东延（余姚段）完成一标段主体施工，前湾客运中心新建工程开工建设。中意宁波生态园标准厂房四期、五期完工，六期、七期进度超过或基本符合计划安排。总投资10.62亿元的综合配套提升工程已完成立项、规划选址和用地预审，14个子项目中8个完成施工招标并已陆续开工。电力系统三期、DN1000给水管安装等项目扎实推进，220千瓦楚屿变、LNG供气站正式投用，110千瓦望海变、姚北水厂新建工程一期等项目开工建设。

2022年，中意宁波生态园区聘请第三方专业机构，重点整治10家臭气异味排放突出企业。每月开展1次大气质量抽检。高分通过“污水零直排区”省级创建。通过企业雨污分流改造、市政管网闭路电视检测排查修复等手段，创新应用四级智慧监测系统、智慧排口改造、市政污水管网“下改上”等方式推进水体总磷污染控制。定期开展执法检查和夜查，累计查处违规企业24家，其中责令整改18家，行政处罚1家，关停4家。

【中意宁波生态园区域开发建设指挥部成立】 3月31日，余姚市政府办公室印发《余姚市人民政府办公室关于成立中意宁波生态园区域开发建设指挥部和余姚市牟山湖休闲度假区开发建设指挥部的通知》。指挥部是隶属余姚市委、市政府管理的临时机构，临

5月16日，中意宁波生态园“纾困解难”企业座谈会

（中意宁波生态园区域开发建设指挥部　供稿）

时承担中意宁波生态园区域规划，项目建设谋划、协调、推进，招商、企业管理服务、要素平衡保障等职责。

【中意宁波生态园召开“纾困解难”企业座谈会】 5月16日，中意宁波生态园区域开发建设指挥部召开“纾困解难”企业座谈会。中意宁波生态园区域开发建设指挥部党组副书记、常务副总指挥韩柏顺出席会议，党组成员、副总指挥夏康本主持会议。会上，宁波锦兴化纤有限公司、宁波华远电子科技有限公司、宁波科浩电子有限公司等12家企业代表先后发言，反映企业遇到的原材料价格上涨、物流运输、房屋租金、融资等方面的困难和问题。会议现场，指挥部相关负责人对上述问题一一作回应，并现场协调解决。

【中意宁波生态园与余姚农商银行签订战略合作协议】 6月13日下午，中意宁波生态园与余姚农商银行战略合作签约仪式在余姚农商银行三楼阳明厅举行。中意宁波生态园区域开发建设指挥部副总指挥褚立军与余姚农商银行党委书记、董事长王军辉签署战略合作协议，中意宁波生态园区域开发建设指挥部财务部部长韩胜余等出席签约仪式。双方就如何进一步深化合作共建、加强资源共享、提升业务联动进行了深入交流。

7月12日，中意宁波生态园经济工作会议召开

（中意宁波生态园区域开发建设指挥部　供稿）

【中意宁波生态园经济工作会议召开】 7月12日下午，中意宁波生态园召开经济工作会议，指挥部领导沃勇特、韩柏顺、夏康本、褚立军出席活动。市委副书记、市长，中意宁波生态园区域开发建设指挥部党组书记、总指挥沃勇特出席并发表讲话，总结回顾园区2021工作，部署2022年的工作任务。会上还表彰了2021年度获得各类先进称号的园区企业。

【中意宁波生态园关工委授牌成立】 9月20日下午，中意宁波生态园区域开发建设指挥部关心下一代工作委员会授牌成立，为余姚市首个成立的园区关工委组织。余姚市关心下一代志愿者协会中意宁波生态园区域开发建设指挥部分会也同时成立，面向青年职工提供精准化、专业化的服务。

6月13日，中意宁波生态园与余姚农商银行战略合作签约仪式举行

（中意宁波生态园区域开发建设指挥部　供稿）

【匈牙利创新项目路演活动在余姚举行】 11月30日，由宁波市科学技术协会、中国—中东欧国际产业合作园主办的中国（宁波）—中东欧国家科技成果洽谈会暨匈牙利创新项目路演活动在余姚中东欧国际会客厅举行，宁波中东欧创新基地组织执行。此次中国（宁波）—中东欧国家科技成果洽谈会暨匈牙利创新项目路演上，共邀请到人工智能联邦学习、Kuube智能座椅、水稻增产技术等6个匈牙利创新技术项目。

（中意宁波生态园区域开发建设指挥部）

浙江省余姚经济开发区

【概况】 2022年，浙江省余姚经济开发区（浙江省余姚人才创业园）直属口径共有工业企业121家，其中规模以上企业34家，高新企业33家。全年实现工业总产值71.7亿元，同比增长15%；其中规模以上工业总产值68.0亿元，同比增长16.3%。实现规模以上工业增加值17.5亿元，同比增长12.5%。实现高新技术产业增加值16.3亿元，同比增长12.6%；数字经济核心制造业增加值7.6亿元，同比增长31.9%。实现进出口额29.1亿元，同比增长9.5%，其中自营出口20.4亿元，同比增长1.3%。基合半导体（宁波）有限公司被认定为国家级专精特新“小巨人”企业，丞达精机、金雨科技、力松注塑、智昌科技等4家企业被认定为宁波市专精特新中小企业。2022年，园区共有国家制造业单项冠军企业1家、国家企业技术中心1家、国家专精特新重点“小巨人”企业2家、国家专精特新“小巨人”企业8家、省级隐形冠军培育企业4家。

2022年，余姚经济开发区完成余姚市外实到内资16.8亿元，宁波市外实到内资18.6亿元，浙商创业创新到位资金15.0亿元，实到外资932.9万美元。组织申报各类“姚江英才计划”项目23个，其中第一批申报14个，入选6个；第二批申报9个，6个进入尽调环节。申报宁波“甬江引才工程”各类项目31个，入选12个。入选各类国家级重点人才计划2人、省级重点人才计划2人。黄湖区块开发建设规划于6月编制完成，明确黄湖区块开发总体目标与功能定位。完成21.3亿元的园区综合配套工程政府专项债，到位资金2.68亿元，出资1.2亿元收储原宁波黄湖监狱土地23.33公顷。总投资10亿元、占地11.47公顷的江丰电子二期项目启动建设。

【余姚经济开发区与松阳经济开发区签订结对协议】 5月24日，丽水市松阳县委书记莫靓率松阳县党政代表团到余姚考察，并与余姚市委、市政府领导召开海协作工作联席会议。会上，余姚经济开发区与松阳经济开发区签订结对协议。在余姚期间，松阳县党政代表团参观考察了位于余姚经济开发区的宁波江丰电子材料股份有限公司、浙江大学机器人研究院。

【余姚经济开发区成立30周年暨2021年度先进企业表彰会召开】 7月27日下午，余姚经济开发区成立30周年暨2021年度先进企业表彰会议在科创大厦召开。余姚市委常委、副市长毛丕显出席会议，余姚经济开发区班子成员、科室负责人、派驻部门主要负责人，园区商会会长、副会长，相关企业负责人参加会议。大会表彰了综合发展十强企业10家、绩效贡献优胜企业10家、创新成长示范企业8家、智能制造标杆企业10家，并举行颁奖仪式。

【延吉市与余姚市对口合作交流座谈会在延吉举行】 8月15日，延吉市与余姚市对口合作交流座谈会在延吉举行。会上，延吉国际空港经济开发区与余姚经济开发区签署战略合作框架协议。双方约定在延吉保税物流中心（B型）运营、跨境电子商务、新能源汽车上下游配套领域、长白山资源林特产品等方面展开深入合作。延吉市委副书记、市长吴贤哲，余姚市委常委、常务副市长曹敬之出席座谈会。延边州政府副秘书长、发改委副主任潘帅轶，延吉国际空港经济开发区党工委书记、管委会主任李福祥，市委常委、常务副市长王启章，延吉国际空港经济开发区管委会副主任、市林业局局长张强参加座谈会。

【国内最大热等静压工艺超大尺寸高温镍基合金出炉】 9月5日上午，高4.1米、重3.5吨的国内最大热等静压工艺超大尺寸高温镍基合金在江丰电

7月27日，余姚经济开发区成立30周年暨2021年度先进企业表彰会议召开

（陈波　摄）

9月5日，国内最大热等静压工艺超大尺寸高温镍基合金出炉

（余姚经济开发区　供稿）

子子公司宁波江丰热等静压技术有限公司出炉。该产品的成功研制，标志着江丰电子超大规格热等静压设备能为我国大尺寸高温合金开发提供支持，填补了国内热等静压制备超大尺寸高温合金的空白。

（余姚经济开发区）

高铁新城

【概况】 2022年，余姚市高铁新城建设指挥部下属余姚市高铁站场建设投资有限公司总资产148.53亿元，负债总额96.54亿元，净资产52.44亿元；营业总收入8.4亿元，净利润0.3亿元，资产负债率为65%。债务余额95.48亿元。全年累计融资46.42亿元，累计偿还借款35.704亿元，累计支出约19.058亿元，其中项目建设支出6.172亿元，利息支出4.456亿元。下属子公司余姚市舜源能源有限公司累计销售收入4.02亿元；余姚市捷高贸易有限公司累计销售收入7.67亿元，浙江金舜均和供应链管理有限公司累计销售23.99亿元，余姚市韵泽贸易有限公司累计销售5.28亿元。四家公司共计销售收入40.96亿元。

“中国云城总部基地配套道路新建工程”专项债总投资4.23亿元，申请专项债额度1亿元，全部发行。融湾产业园区基础设施项目（一期）启动。中国塑料城综合配套基础设施项目中舜宇路工程2.5亿元及北环路工程1.5亿元资金已到位。高铁云城周边中山路、站南路、站北路、金盛北路、舜宇路等基础设施建设完成，屯山公园建成并开放。全市第一条地下综合管廊投入使用，全长1853米。高铁板块共有6个房产项目在建、在售，实现商品房成交面积约53万平方米，签约成交额70亿元。

【融湾产业园区基础设施项目（一期）启动】 7月，融湾产业园区基础设施项目（一期）启动。项目位于余姚城北区域，范围西至兴诚路，东至城东路—中山北路，北至舜达东路，南至胜山路。建设内容包括道路新建、建筑及停车场新建工程等32个子项目，由余姚市舜源能源有限公司报批立项。项目拟申请专项债31.7亿元，市场化融资10亿元。项目先行启动区位于永丰村，共分为8个征迁区块。区域面积93公顷，拆迁面积32.28万平方米，拆迁总金额41.5亿元，区域内基础设施投资14亿元。

（市高铁新城建设指挥部）

余姚工业园区

【概况】 2022年，余姚工业园区管理范围内有规模以上企业302家，限额以上批零住餐企业、国家重点服务业企业10家，进出口企业606家，固定资产投资项目77个。全年实现规模以上工业总产值411亿元，自营进出口总额205亿元，固定资产投资26亿元。余姚智能光电小镇实现规模以上工业产值207亿元，同比增长13.11%；余姚海吉新城农副产品批发市场实现销售额32.34亿元，同比增长2%；新增固定资产投资项目3个，完成固定资产投资3.8亿元。舜宇光学科技（集团）有限公司总部8月进驻城西产业基地。开展智能光电配套产业园区规划方案编制，完成招商引资的宣传片拍摄和宣传册制作，专项规划设计智能光电配套产业园。

2022年，余姚工业园区落地规划指标（2021—2035年）93.53公顷。推进基础设施项目11个，其中马鞍山路、徐家内江、丰悦路、五庙江、智能光电小镇污水纳管一期、智能光电小镇入口节点6个项目完工，丰茹路、河角路、肖朗路和通环路绿化二期、智能光电小镇污水纳管二期5个项目在建；开工项目1个。城市综合体耀悦云庭项目基本完工，总面积21万平方米；安置房一期（南区）投资9.4亿元完成顶板结顶和部分单体主体结顶，占地4.2公顷、建筑面积11.6万平方米，共有安置房674套。国开行专项贷款资金获批。宁波职业技术学院余姚校区公共体育中心等项目形成草案，总体建设范围用地114公顷，其中建设用地面积约92.93公顷，可用于商住开发用地约20.87公顷，公建项目用地约18.87公顷。完成“非粮化”耕地整治25宗，共2.85公顷，消化批而未供土地9.67公顷。

【舜宇集团总部进驻城西产业基地】 8月，舜宇光学科技（集团）有限公司总部进驻余姚工业园区直属片区城西产业基地。该公司主要从事设计、研发、生产及销售光学及光学相关产品，产品包括光学零件、光电产品及光学仪器。总部基地位于丰乐村委东侧，规划用地面积0.52平方千米，有员工5000余人。

（余姚工业园区管委会）

8月，舜宇光学科技（集团）有限公司总部进驻城西产业基地

（舜宇集团　供稿）

商务·贸易

综　述

【外贸】 2022年，余姚市外贸进出口总值1096.75亿元，同比下降7.1%，占宁波市进出口总值（1.27万元）的8.7%，较2021年下滑1.3个百分点，占全国比重万分之26.07，较2021年下降4.12个万分点。其中出口829亿元，同比增长4.8%，出口份额占全国比重万分之34.59，较2021年下降1.83万分点；进口267.7亿元，同比下降31.2%。

【消费】 2022年，余姚市社会消费品零售总额454亿元，同比增长1.1%。其中限额以上社会消费品零售额102.6亿元，同比下降0.3%。批发零售业销售额同比增长12.2%。其中批发业销售额同比增长13.6%，零售业销售额同比增长5.3%。限额以上批发零售业销售额1153.7亿元，同比增长12.5%。其中限额以上批发业销售额1053.4亿元，同比增长13.5%，限额以上零售业销售额100.3亿元，同比增长3.2%。餐饮业营业额同比增长8.9%。限额以上餐饮业营业额5亿元，同比增长14%。

2022年，余姚市网络零售额191.59亿元，同比增长7.7%。纳入统计的网络零售额5.85亿元，同比下降12%。其中限额以上网络批发销售额3.71亿元，同比增长14%，限额以上网络零售销售额2.14亿元，同比下降37%。实现跨境电商出口172.01亿元，同比增长39.09%。其中纳入“9710”（B2B直接出口）、“9810”（出口海外仓）出口额4.83亿元。

（市商务局）

商贸流通

【概况】 2022年，余姚市围绕桐江桥核心商区、万达广场、五彩城开展商圈更新改造和服务提升行动，全年引入知名品牌31个，其中首店品牌10个。扎实推进市—镇—村（社区）三级回收体系建设，市级分拣中心项目初步确定建设地块和合作意向企业。泗门、丈亭、梁弄、牟山、大隐和小曹娥6个乡镇已完成镇级分拣站建设或确定建设地块。村级回收体系全市共计设置回收站点474个，其中建成人工站点272个，投放智能回收箱202组，实际覆盖率100%。

2022年，余姚市组织开展商贸领域“安全生产月”活动，举办消防技能比武运动会、商业综合体等重点商贸企业人员应急疏散演练等特色活动11场次，发放企业主体责任告知书300余份。组织开展沿街店铺消防安全百日攻坚整治活动及深化活动，累计排查各类沿街店铺15893家次，累计排查发现隐患企业5706家次，累计完成整改5009家次。对1个油库、23个加油站反恐等级进行重新定级。委托第三方机构对全市63个加油站安全生产工作进行了全面巡查，共发现隐患单位44个，问题隐患85条。对22家涉及散装汽油供应的加油站重新进行资质验证。

【“诗画浙江·百县千碗”——余姚市地标菜评选活动举行】 8月18日，市商务局、市文广局主办的“诗画浙江·百县千碗”——余姚市2022年

8月18日，“诗画浙江·百县千碗”——余姚市地标菜评选活动举行

（吴大庆　摄）

地标菜评选活动在雷迪森世嘉酒店举行。这次活动的主题是：传承、创新“地标菜”，补充、优化“余姚十大碗”。评选活动共有余姚26家餐饮企业的30多位厨师参加，选送了49道菜肴。评选活动小组聘请了5位资深餐饮专家作为评委，最终评选出6家银奖单位、10家金奖单位、10家特等奖单位。

【余姚购物节·姚界夏季云上车展开展】 8月9—29日，市商务局主办的2022余姚购物节·姚界夏季云上车展举行。受疫情影响，本届车展创新“云展览”模式，主办方在余姚本地主流媒体——姚界客户端开通报名通道，24个汽车品牌携旗下全系列车型参与，吸引了余姚本地及周边地区的众多消费者参加，总销售额21793.94万元，上牌车辆1185辆，均价突破18万元。

（市商务局）

对外经济贸易

【概况】 2022年，余姚市发挥小微统保平台保障收汇安全、提振接单信心的作用，推进“能降快降”“应降尽降”减费让利政策，平台费率降至0.031%、降幅达11.5%，受惠企业超600家，受案20余件，累计赔付70余万美元。同步联合中信保成立理赔专项小组，为海外涉损企业，设置专人催办、跟踪、处置机制，全年共计赔付案件38则、企业26家，累计赔付463万元。

2022年，余姚市推进商务便利化工作，推出“商请函”制度简化流程、缩减资料，全年有企业100余家、160余人次办函。推进中小微企业单单可融项目，为“中信保保单+国外买方订单”的客户提供线下签约、线上申请、在线审批、即时提款“四合一”的“信保+信贷”综合金融服务，方便企业短期融资。2022年累计授信94户、授信1.89亿元，用信63个客户、用信余额0.98亿元。

2022年，余姚市外贸企业参加市重点涉外及国内展会，指导企业实施“代参展”，实现传统市场、新兴市场“两手抓、两手硬”。累计推出重点国际展会60余个，国内重点展会10个，共组织摊位350个，参展企业200多家，其中通过“代参展”模式36个，代参展累计成交意向金额2000余万美元。协助做好中国进出口商品交易会（广交会）和中国国际进口博览会（进博会）的筹备组织工作，共组织207家企业参加第132届广交会，362家企业参加第5届进博会。

9月3日，余姚市商务包机工作推进会议召开　　（市商务局　供稿）

【余姚市商务包机工作推进会议召开】 9月3日上午，余姚市商务包机工作会议在市政府会议楼二楼西会议室召开，相关政府职能部门、各乡镇街道、中意产业园的负责人，各商会会长以及企业家代表共50余人参会。会上，市商务局局长周建铭对余姚市外贸基本情况和宁波商务包机工作的开展情况做了汇报，各乡镇街道、商会和企业就前期包机相关工作开展和参与情况、存在问题、下一步打算等方面依次发言。针对各单位和企业提出的疫情防控、出入境便利化、航班航线增设等共性问题，市疫情防控办、市公安局、市商务局等相关职能部门一一作了解释说明。

（市商务局）

电子商务

【概况】 2022年，余姚市开展“2022余姚电商助农有奖促销”、余姚特色农产品专场直播等活动30余场，累计实现农产品销售240余万元，其中依托网上农博云闪付平台实现农产品销售140余万元。全年共计创建电商专业村55个。对具有较好电商基础配套设施的电商专业村提供政策辅导、资源匹配等点对点服务。全年共计创建省级电商示范村4个，其中泗门镇棟树下村年网络零售额达10亿元。开展村级电子商务服务点建设工作，分派专人对服务网点日常进行管理，并定期开展设施设备检查，确保网点顺利运营。全年共计创建村级电商服务点39个。

【数智生活直播基地成立暨余姚优品展示中心开馆仪式举行】 10月26日上午，浙江数智生活直播基地成立暨余姚优品展示中心启动仪式在阳明电子商务产业园举行。余姚市委副书记、市长沃勇特，余姚市人民政府副市长潘健红出席。活动现场，举行了直播基地入驻企业签约仪式，中心共入驻产品500余个，培育吸引电商企业20家。

（市商务局）

10月26日，数智生活直播基地成立暨余姚优品展示中心开馆仪式举行
（市商务局　供稿）

招商引资

【概况】2022年，余姚市实到外资9607万美元，同比下降62.7%。宁波市外实到内资135.1亿元，余姚市外实到内资143亿元，浙商创业创新实到资金91.7亿元，分别同比增长1.38%、1.06%、0.08%。

2022年，全市新增签约项目66个，总投资约98.62亿元，其中总投资1亿~10亿元（含1亿元）项目有21个，包括年产2000万套智能家电控制系统核心零部件项目；10亿元及以上项目有3个，包括总投资10.8亿元的超大规模集成电路用超高纯金属溅射靶材产业化项目和总投资1.5亿美元的哔哩哔哩（B站）增资项目等3个。

【驻外招商工作培训会举行】2月8—10日，余姚市驻外招商工作培训会举行。余姚市驻北京、上海及深圳三个驻外招商办全体干部参加了此次培训。培训以实地走访考察和集中交流的方式进行。培训班成员先后考察了舜宇集团、甬矽电子、智昌集团等余姚市"35千百亿"产业代表企业，了解企业主营业务、市场地位、主要客户及上下游产业链企业等情况，同时赴中意宁波生态园、余姚经济开发区、四明山旅管委及城中村改造办等余姚市重要产业平台调研，了解各大平台的招商引资政策、流程、要素保障等情况。

9月初，市委书记傅贵荣（左五）携余姚代表团在北京招商
（市招商中心　供稿）

【新时代基层干部推动共同富裕暨全市招商引资工作培训班开班】6月10日，由市委组织部和市招商中心联合举办的新时代基层干部推动共同富裕暨全市招商引资工作培训班于6月10日在浙江省委党校四明山分校开班。各乡镇、街道分管工贸（招商）工作的副乡镇长、办事处副主任及发展服务办（招商办）主任，市直有关单位分管领导、职能科室负责人，在余姚的驻外招商办人员和市招商中心全体干部参加此次培训。本次培训班由市招商中心党组书记、主任唐成波作开班动员。中意宁波生态园区域开发建设指挥部常务副总指挥韩柏顺结合自己的工作体会，向与会人员分享《如何提高招商引资能力》；市招商中心副科局级干部武彦就招商引资基础理论及应用、招商准备工作和项目包装进行了讲解；市委党校高级讲师陆银辉作《坚持共建共享，走向共同富裕》专题讲座。
（市招商中心）

供销合作

【概况】2022年，余姚市深化"三位一体"农合联改革，完成市、乡镇两级农民合作经济组织联合会（农合联）换届工作，完成新一届理事会执委会聘任。建设综合为农服务数字平台，探索"浙农服"平台地方特色应用，"农博会"小程序嵌入平台。田螺山农事服务中心被评为首批省级现代化农事服务中心，新建1家余姚市粮食产业农合联为省级产业农合联，在陆埠、大隐等地建成20家村级服务社。梁弄镇通过四明红锋服务社等平台大力推销竹笋、樱桃等四明山区特色农产品；鹿亭乡通过农合联平台推销番薯粉丝，年人均增收达1400元。全年供应农资31000吨，让利150余万元，同时大力推行农田病虫害专业化防治，推进“配方肥替代平衡肥”行动。

2022年，余姚市拓展农产品直销渠道，发展互联网新型销售，推进农产品线上线下融合销售。推进“姚农荟”“四明臻货”等区域公共品牌运营推广，建成农合联农产品展示展销中心，推出系列线上线下融合的“杨梅节”“葡萄节”等品牌推介、直播带货、农产品展示展销活动30余场次，杨梅、葡萄等农副产品直接销售额达1300余万元。举行社区团购优质农产品活动10余场，推广销售本地优质农产品梁弄花生、河姆渡茭白、泗门玉米等，销售额达到200余万元。举办“品牌农业+互联网”营销活动。新推出道德信用贷、公益林补偿收益权质押贷款等信贷产品，年利率最低4.7%，服务客户19542人，信贷余额2.6亿元。

3月4日，2022年余姚市备春耕生产暨科技下乡活动举行

（市供销联社　供稿）

【“四明臻货”区域公用品牌展示展销中心落户海吉星】 3月，“四明臻货”区域公用品牌展示展销中心落户余姚海吉星农产品批发市场，并依托省“网上农博”、宁波“甬农鲜”“余姚农博”三大平台开展网络销售，入驻平台体系及自营主体各类商家累计达到370余家、上线农产品超过1500种。“四明臻货”区域公用品牌展示展销中心管理运行公司同步成立，公司注册资金人民币1000万元，由舜农集团、供销社集体资产经营中心和余姚海吉星农产品批发市场有限公司按比例实资入股共同组建，其中供销社集体资产经营中心出资20%，出资金额为250万元。“四明臻货”是余姚市重点推进的四明山区域公用农业品牌，内含中国地理标志农产品1个、绿色食品3个、无公害农产品15个，形成“瀑布仙茗”茶叶省级全产业链。

【余姚市备春耕暨科技下乡活动开展】 3月4日，2022年余姚市备春耕暨科技下乡活动在三七市镇进行。本次活动以“惠农保春耕 合力助丰收”为主题，由余姚市人民政府主办，市供销联社、市农业农村局、三七市镇人民政府、市农村商业银行、人保余姚中心支公司共同承办，市直相关部门单位、乡镇（街道）分管农业领导、农资销售企业、种粮大户代表合计100余人参加。现场会上，市农业农村局介绍了2022年备春耕情况及相关政策；市供销联社介绍了“百店联动”春耕农资优供月活动方案，并向种粮大户赠送了50万元的农资优惠礼包；市农商行介绍了春耕金融优惠服务方案；人保余姚中心支公司介绍了水稻保险业务。余姚市副市长董盛益部署了工作。活动现场设置了农资服务、农技咨询、金融服务、保险服务等多个咨询服务点，展示了农业机械，向农民群众提供全方位、一站式的农事咨询服务。

【余姚市农民合作经济组织联合会第二届第一次会员大会召开】 7月5日，余姚市农民合作经济组织联合会第二届第一次会员大会在太平洋大酒店召开。余姚市人民政府副市长董盛益、余姚市供销联社主任杨宇光、余姚市农业农村局局长鲁海滨等134名农合联会员参加会议。宁波市农合联执委会副主任姚旭飞、中共余姚市委副书记王娇俐出席会议并致辞。会上，余姚市农合联副理事长、执委会主任杨宇光作了第一届理事会工作报告，会

“四明臻货”区域公用品牌展示展销中心内景　　（董惊鸿　摄）

12月11日，余姚四明山农特产品推介会暨第五届鹿亭粉丝节举办
（市供销联社　供稿）

议书面审议通过余姚市农合联第一届理事会财务工作报告及余姚市农合联第一届监事会工作报告，表决通过《余姚市农民合作经济组织联合会章程》及《余姚市农民合作经济组织联合会选举办法》，选举产生了第二届农合联理事、监事以及出席上级农合联的会员代表。在随后召开的第二届第一次理、监事会上，选举产生了理事长、副理事长、监事长，聘任余姚市农合联执委会。董盛益当选为市农合联第二届理事长。

【余姚四明山农特产品推介会暨第五届鹿亭粉丝节活动举办】 12月11日，由宁波市供销合作社联合社、宁波日报报网、余姚市委组织部、余姚市委社会建设委员会指导，余姚市供销合作社联合社、鹿亭乡人民政府、中国宁波网民生e点通主办的余姚四明山农特产品推介会暨第五届鹿亭粉丝节在宁波南塘老街举办。本次活动以“逐梦美好新时代，奋进共富新征程”为主题。宁波市供销联社党委委员，副主任汤毅，《宁波日报》报网民生互动部主任陈冬冬，余姚市委组织部副部长金军，余姚市供销联社党委书记，主任杨宇光，鹿亭乡党委书记丁东青，余姚市委社建委专职副主任朱柯等领导出席活动。汤毅为此次活动致辞，鹿亭乡党委副书记、乡长袁文庆为第五届鹿亭粉丝节进行推介。活动现场签订了余姚市名优农特产品推广销售合作协议，并为“鹿亭农合·共富工坊”举行了授牌仪式，发布了鹿亭粉丝吉祥物“粉宝”。

现场举行了番薯粉丝免费品尝、有奖互动、摇一摇抽大奖、超值福利购等活动。《宁波日报》民生e点通“助农大表哥”携手余姚市供销合作社联合社推出助农义卖活动，零利润帮助受困农户。本次推介会的人流量达上万人，四明山农特产品共计销售15万余元。

（市供销联社）

烟草专卖管理

【概况】 2022年，余姚市实现卷烟销售56090.15箱，同比增长2.24%，占宁波地区比重14.09%；含税销售额29.19亿元，同比增长3.29%，毛利8.34亿元，同比增长3.52%；实现单箱销售额5.2万元，同比增幅3.52%。实现重点品牌销量53193.15箱，同比增长4.17%；实现云端系列销售144.83箱，同比增长95.72%；国产雪茄烟销售额达287.92万元，同比增长26.76%。合理统筹“红色驿站”选点布局，完成14家旗舰店及19家标准店建设工作，覆盖重要交通枢纽、核心热门商圈、红色教育基地等主要区域。完成建设2家专业雪茄吧和15家雪茄终端。

2022年，余姚市共查获涉烟草案件359起，其中5万元以上案件38起，查获违法卷烟52437.7条，侦办销售假冒境内外雪茄烟案1起。查获省外流入卷烟23988.5条，外流卷烟537条。违法违规大户案件查办率86.89%，重点籍查办率26.67%，取缔违法大户3户。全年共办理烟草专卖申请1132本，准予许可595本，通过率52.56%，同比下降24.35%，歇业、注销、收回烟草专卖许可574本，清退“空壳证”商

8月，余姚市烟草局开展市场走访调研　（市烟草局　供稿）

户189户。针对余姚市内现存的22家电子烟许可零售户开展市场主体排查与标签化维护，查处向未成年人销售电子烟案件1起，针对“上头”电子烟刑事立案4起，判刑2人、刑拘8人。

【富巷小学举行“控制烟草对未成年人危害”教育周启动仪式】 2月28日上午，富巷小学举行了主题是“控制烟草对未成年人的危害”的“控烟周”启动仪式，结合学校实际，举行“控制烟草对未成年人的危害”宣传教育周活动，副校长曹永江发表讲话。全校学生每班10名代表在控烟横幅上签字，表决心。

【余姚市老方桥小学开展控烟健康知识讲座】 4月26日下午，余姚市烟草专卖局走进老方桥小学开展控烟健康知识进校园活动。讲座由梁煜城和吕品两位烟草专卖局工作人员主讲。讲座从吸烟的危害、什么是二手烟、戒烟的好处、青少年吸烟心理及青少年控烟倡议几个方面，通过多媒体方式大屏展播，图文并茂、深入浅出地进行讲解，完整诠释了控烟主题。老方桥小学利用直播技术手段将控烟讲座通过钉钉直播给五六年级全体同学。

（市烟草局）

盐业管理

【概况】 2022年，余姚市共销售各类盐产品19080吨，其中腌制盐13151吨、食用精盐2477吨、小包装盐2427吨。

2022年，余姚市政府食盐日常储备计划1250吨，其中小包装盐250吨；榨菜腌制用盐季节性总量为5000吨，包含日常储备1000吨，季节性政府储备2000吨，储备期2个月。

【“防治碘缺乏病日”宣传及健康教育活动举行】 5月17日，市盐业公司会同市疾控中心、市人民医院等单位在兰江小学内开展了以“智慧人生健康路，科学补碘第一步”为主题的“防治碘缺乏病日”宣传及健康教育活动。活动中，宣传人员向300余名师生发放防治碘缺乏病宣传手册、折页以及纪念品，向其讲解碘缺乏病的危害、怎样科学补碘、如何保障胎儿以及婴儿智力的正常发展、如何保存碘盐，如何识别加碘食盐标志。同时，余姚市人民医院营养科专家进行了碘缺乏病、膳食营养科普讲座。

（市盐业公司）

中国塑料城

【概况】 2022年，中国塑料城实现市场总交易额760亿元，同比增长2.7%；总交易量690万吨，同比增长3%。中国塑料城荣获“全国商品交易市场十大著名品牌市场”“中国商品市场百强”等称号。市场内重点企业宁波华腾首研新材料有限公司为北京市化学工业研究院有限责任公司（国有）的全资子公司，全年产值达3.5亿元，后续产能达6万吨。

2022年，中国塑料城发放政策奖励资金1048万元，惠及企业564家，其中兑现授奖企业564家，较上年增加134家；“小升规”企业124家，额外争取“小升规”补助资金248万元。创新设立余姚法院塑料行业协会共享法庭，成立“安商护企”中国塑料城商会检察服务联络点。举办期货服务实体经济培训班，破解期货服务实体经济的难点堵点，推进期货行业更好服务实体经济发展。东方物流全年完成进仓量17.5万吨，出仓量17.4万吨。配合台州动产质押金融服务公司，发挥监管仓作用，解决塑料城经营户融资难、融资贵等问题，为客户融资600万元。

【招商引资暨优化营商环境专题会议召开】 3月2日，中国塑料城召开招商引资暨优化营商环境专题会议，中国塑料城管委会相关科室、中塑房地产、塑料行业协会（商会）、中塑集团科技招商部相关部门负责人参加会议，中国塑料城管委会副主任郑文杰主持会议。会上，参会单位分别汇报上年工作情况和今年工作思路，探讨当前塑料城招商和营商环境方面存在的困难和问题，郑文杰发言并提出“三个一”工作思路。

【期货服务余姚实体经济培训班开班】 5月30日下午，期货服务余姚实体经济培训班在中国塑料城管理中心开班。此次培训由宁波市证券期货业协会、余姚市金融发展服务中心主办，南华期货股份有限公司协办。宁波证监局党委委员、副局长、二级巡视员吴志华，宁波证监局一级巡视员陆意琴，余姚市人民政府副市长潘健红，宁波市证券期货业协会会员部负责人陈洋，南华期货股份有限公司副总经理张哲

5月30日，“期货服务余姚实体经济”培训班在余姚开班

（市金融中心　供稿）

等出席开班仪式。中国塑料城管理中心党组书记、主任周煜铭，金融发展服务中心党组成员、副主任姚竞雄和部分塑料城企业代表参加了培训。

培训会邀请浙江南华资本管理有限公司副总经理李智渊授课。培训内容围绕“含权贸易在塑料产业中的应用”主题，以“基差点价+含权贸易”助塑料产业链管控风险的案例引开去，介绍了二次点价、促进上下游客户互惠共赢、产业链生态圈等含权贸易关键词，对含权贸易模式的操作重点进行了深度解读。参加培训的部分塑料城企业代表围绕期货操作中的具体问题及需求，分别交流发言。

（中国塑料城管委会）

海　关

【概况】 2022年，余姚海关共审核验放进出口报关单1750份，监管进出口货物3.6万吨、货值2.1亿美元，征收税款2.2亿元；检验检疫进出口货物1.4万批、货值5.7亿美元；签发各类产地证书3.9万份、金额17.3亿美元；审核减免税证明116份，减免税款5206万元；新增注册企业561家，实有注册企业7064家。推出促进外贸保稳提质细化措施14条，惠企政策落实到“最后一公里”。持续推广实施原产地证书“智能审核”及自助打印等便利措施，自助打印率97%。

2022年，余姚海关持续推广应用“汇总征税”“两步申报”等通关便利化措施。全年进口整体通关时间为30.29小时，比宁波总体水平快1.98小时。开展“口岸危险品综合治理”百日专项行动，举办危险货物打火机、锂电池企业安全生产和相关检验标准培训4次，排查关区涉危险品生产企业20余家，对危险品企业实施清单化管理，做到“一物一档”“一企一策”，制定《余姚海关常态化危险品综合治理工作方案》。

2022年，余姚海关检验检疫出口食品农产品7604批次、金额24952.8万美元。增加进出口货物收发货人备案561家，注销182家，增加出口食品生产企业备案3家，增加食品进口商备案3家，辖区现有注册企业7064家，高级认证企业达13家。制定《余姚海关2022年全员打私暨“国门利剑2022”行动方案》。

【RCEP（区域全面经济伙伴关系协定）培训会举行】 3月10日下午，余姚海关组织开展RCEP（区域全面经济伙伴关系协定）培训会。余姚海关综合业务二科科长樊晓涛为辖区60余名企事业代表介绍了RCEP的由来、注意事项、优惠举措、申报要求等内容。

【余姚海关开展消防安全演练】 6月15日下午，余姚海关联合余姚消防大队开展消防安全演练。演练开始前，消防大队官兵为在场人员讲授消防安全基本知识，并现场演示消防器材使用。余姚海关关员30多人参加演练。

（余姚海关）

财政·税务

财 政

【概况】 2022年，余姚市财政总收入205.79亿元，下降9.1%，其中一般公共预算收入120.74亿元，下降6.9%。一般公共预算支出148.96亿元，增长4.5%。一般公共预算收入占财政总收入的58.7%，税收收入94.34亿元，占一般公共预算收入的78.1%。加强非税收入管理，2022年全市非税收入26.40亿元，增长67.5 %。

2022年，余姚市完成财政电子票据改革单位584家，其中行政事业单位401家、社会组织183家。推进“智慧财政”建设，做好乡镇纳入市级“智慧财政”预算执行系统试点工作。行政事业单位财务核算云、资产云、甬易办国库集中支付系统上线运行，开发全市预算单位和国有企业资产监督管理系统。开展动用财政资金违规兴建楼堂馆所专项核查和地方财经秩序、代理记账行业违法违规行为专项整治。开展部门绩效整体评价2个、重点项目绩效评价5个。健全政府采购内控和监管制度，开发建设自行采购管理系统，实施自行采购全流程电子化，余姚市加强自行采购内控制度建设被宁波市纪委、宁波市财政局评为党政机关坚持过紧日子优秀案例。2022年新增政府专项债券43.35亿元，额度位居宁波各县（市、区）第一。

【预算执行情况】 2022年，余姚市一般公共预算收入120.74亿元，完成调整预算的100.3%，下降6.9%，转移性收入84.84亿元（包括上级补助收入41.50亿元，上年结余结转收入9.11亿元，调入资金13.47亿元，动用预算稳定调节基金5.37亿元，债务转贷收入15.39亿元），收入合计205.58亿元。全市一般公共预算支出148.96元，完成调整预算的100.3%，增长4.5%，转移性支出36.40亿元（包括上解上级支出24.40亿元，安排预算稳定调节基金12.00亿元），债券还本支出15.39亿元，年终结余4.83亿元，支出合计205.58亿元。收支相抵，全市一般公共预算收支平衡。全市政府债务限额198.75亿元，其中当年新增限额43.35亿元。至2022年底，全市政府债务余额194.85亿元。

2022年，余姚市政府性基金预算收入106.23亿元，完成调整预算的104.8%，下降32.9%，转移性收入68.84亿元（包括上级转移支付收入7300万元，上年结余结转收入15.26亿元，债务转贷收入52.85亿元），收入合计175.07亿元。全市政府性基金预算支出124.67亿元，完成调整预算的88.9%，下降17.2%，加上转移性支出17.40亿元（包括上解上级支出5.40亿元，调出资金12.00亿元），债务还本支出11.50亿元，结转下年21.50亿元，支出合计175.07亿元。收支相抵，全市政府性基金预算收支平衡。

2022年，余姚市国有资本经营预算收入7812万元，完成调整预算的99.5%，转移性收入21万元，收入合计7833万元。全市国有资本经营预算支出721万元，完成调整预算的100.0%，转移性支出7112万元，支出合计7833万元。收支相抵，全市国有资本经营预算收支平衡。余姚市社会保险基金预算收入72.42亿元，完成调整预算的104.0%。全市社会保险基金预算支出49.48亿元，完成调整预算的99.7%。

【财政管理】 2022年，余姚市拨付各项企业奖励补助资金12.71亿元，减（退、缓）税费76.40亿元。综合运用预留采购份额、价格评审优惠等措施支持中小企业参与政府采购，2022年面向中小微企业采购金额9.45亿元。推进和发挥政采云平台“政采贷”功能，推动金融机构对余姚小微企业的资金扶持计划，推广应用“政采贷”产品。全年一般公共预算用于民生支出116.89亿元，增长6.1%，占一般公共预算支出的78.5%。

2022年，余姚市出台《关于全面规范和强化乡镇财政管理的实施意见》。对全市乡镇收支情况进行全面调查，根据乡镇财政运行情况，调整部分项目保障机制，增加乡镇支出基数4.5亿元，重新梳理交通、住建、水利等领域市级和乡镇的财权、事权，财力进一步向乡镇倾斜。开展清产核资，摸清乡镇债务和资产底数，分类处置乡镇债务。

2022年，余姚市制定《余姚市项目支出绩效评价管理办法》《余姚市市级预算事前绩效评估管理暂行办法》。成立财经秩序专项整治行动工作专班，围绕落实减税降费、落实政府过紧日子、兜牢兜实“三保”底线等领域开展自查自纠并接受宁波监管局对地方财经秩序专项整治情况的复查抽查。

（市财政局）

税　务

【概况】 2022年，余姚市共实现税收收入186.83亿元，同比下降12.93%，还原留抵退税后实现税收收入214.42亿元，同比下降4.24%。其中，中央级税收收入89.16亿元，同比下降12.20%，地方级税收收入97.67亿元，同比下降13.58%。国内增值税100.74亿元，同比下降7.95%，其中直接收入53.14亿元，同比下降32.36%，免抵调库47.60亿元，同比增长54.15%；营业税0.04亿元，同比增长620.37%；消费税5.64亿元，同比下降8.94%；企业所得税32.86亿元，同比下降22.53%；车辆购置税3.96亿元，同比下降18.64%；个人所得税15.75亿元，同比下降8.33%；城市维护建设税5.83亿元，同比下降17.48%；房产税5.22亿元，同比增长53.01%；印花税1.51亿元，同比下降3.43%；土地使用税4.42亿元，同比增长43.43%；土地增值税2.52亿元，同比下降64.90%；车船使用税1.14亿元，同比增长2.64%；资源税0.22亿元，同比下降18.34%；耕地占用税0.19亿元，同比下降72.77%；契税6.77亿元，同比下降32.68%；环保税0.02亿元，同比下降25.45%。

2022年，余姚市其他税收收入合计82.08亿元，同比增长1185.59%，其中，教育费附加2.78亿元，同比下降17.91%；地方教育费附加1.86亿元，同比下降17.89%；残疾人就业保障金0.37亿元，同比增长3.60%；文化事业建设费0.04亿元，同比增长13966.67%；国有土地使用权出让收入67.28亿元；矿产资源专项收入8.76亿元；海域使用金收入0.71亿元；其他收入0.27亿元，同比下降26.70%。完成社保基金收入87.33亿元，增长16.20%，其他非税收入82.08亿元，同比增长1185.59%。同时，办理出口退税72.45亿元，同比增长4.24%。

2022年，余姚市累计新增减税降费及退税缓税缓费89.75亿元。全年增值税留抵退税27.61亿元（其中4月份起实施大规模增值税留抵退税后总计26.94亿元）。全年新增减税降费共计27.19亿元，其中高新技术企业购置设备器具一次性扣除及加计扣除优惠减免10.40亿元、小型微利企业所得税减免4.23亿元、“六税两费”优惠减免3.68亿元、小规模纳税人免征增值税2.19亿元、社保费减免1.99亿元、困难企业房产税、城镇土地使用税减免1.21亿元、其余减税降费3.47亿元。缓税缓费共计34.96亿元，其中制造业中小微企业缓缴税费31.87亿元、阶段性缓缴企业社会保险费3.07亿元、城镇垃圾处理费、水土保持补偿费阶段性缓缴0.02亿元。

【税收营商环境优化】 2022年，余姚市推广“非接触式”办税缴费服务，落实187项“最多跑一次”涉税事项和91项“全市通办”事项，推行“网上办”“邮寄办”“容缺办”服务，实现全年综合网办率96%以上。落实简并税费申报便利化改革，将纳税次数压减至每年6次，年纳税时间80个小时以内，总税收和缴费率降至60%以下。推出5大类20项121条便民办税缴费措施，并组织开展系列特色服务项目：升级打造“舜穗前哨”，推进前哨阵地进小微企业园区；组建“春风行动”服务团队24个，招募志愿者176名，解决急难愁盼问题93件，惠及纳税人缴费人1196户次；开展“一把手走流程”体验，现场回应纳税人缴费人诉求；开展税费服务体验师活动，定向邀请市人大代表、政协委员、人民银行、企业财务人员、涉税专业服务人员等参与税费办理流程体验43人次；组建“多语”税费服务团队，提供“零门槛”涉外政务服务。

2022年，余姚市完成企业纳税信用年度评价4.5万户，动态调整信用级别385户，落实D级纳税人内部惩戒措施1111户（含“黑名单”33户），并定期开展信用管理风险排查，共计自查123户次。截至2022年底，累计授信银税贷4686笔，贷款总金额26.93亿元，贷款余额13.32亿元。

【纳税服务与管理】 2022年，余姚市税务政务服务好评率达99.99%。优化升级12366智能咨询及“税小蜜”7×24小时在线服务，小呼中心共受理咨询电话3.1万通，受理智能咨询并解答税费疑难近4万次，受理12366涉税举报340余件；自然人电子税务局留言平台共受理咨询问题2410个，答复率和答复及时率均为100%。设置“公职律师涉税争议咨询调解中心”，实现现场调解涉税争议350余件，成功调解率达95%以上。开展涉税专业服务机构培训和问需活动。

2022年，余姚市配置税务法制审核人员13人，拿掉行政许可事项10046件，行政处罚事项792件，作出“首违不罚”决定808次，产生执法全过程音像记录768件。非强制性执法的宁波模式被国家税务总局选为模板在全国税务系统中发文推广，被《中国税务报》聚焦报道。全年共计发生司法拍卖业务77笔，涉及协同税款9318.44万元，征收入库7410.24万元。承接税收调研课题15个，撰写税收调研论文110篇，全年获宁波市级以上优秀税收调研成果奖励13篇。

2022年，余姚市开展税务“精准监管”专项试点，12个监管项目列入宁波确认项目，4个项目在宁波复制应用，2个项目推介其他区（县、市）借鉴，全国首个在国家税务总局介绍工作经验的县级单位。2022年余姚市税收征管质量5C综合评价A级。建立“1+1+3+N”精准监管机制，实现风险疑点管理和监管全流程“两个闭环”管理。为19家上市（拟上市）公司提供一对一涉税咨询，为121户规模以上制造企业提供“一户式”体检报告，助企精准享受税费减免优惠1.6亿元。搭建“数据集成+行业指标+风险赋分”反避税选案模型。推进发票电子化改革，增值税电子普票推行率达71.3%，自然人代开电子普票推行率52.5%。

2022年，余姚市持续完善高新技术企业“全周期梯次培育机制”，建立高新技术企业梯次培育库，开展“科技型中小企业—高新技术培育企业—

5月30日，智慧税务助力“智造”企业启动仪式举行　（陈超超　摄）

高新技术企业—创新型领军企业”全周期梯次培育。年内共开展高新技术专题培训5场次，入户问需走访、精准辅导企业290户次，1090户企业提前享受前三季度研发费用加计扣除优惠58.87亿元，助力199户企业成功申报2022年度高新技术企业，70户企业成功复评认定高新技术企业，余姚市高新技术企业增速位居宁波第一。升级打造“舜穗前哨”2.0版“云税e站”，构建农村半小时、市区15分钟自助办税圈，全市共有驻乡村社区便民服务中心、工业园区“舜穗前哨”网点11个，驻市农商行自助办税点18个，开展线上专题辅导、线下政策讲堂等宣传活动146场次，召开中介机构负责人座谈会3次，组织中介代理员的直播培训2次，惠及纳税人缴费人4.2万户次。

【智慧税务助力“智造”企业启动仪式举行】5月30日，市税务局阳明税务所党支部、大丰实业第一党支部结对暨智慧税务助力“智造”企业启动仪式举行。活动现场，阳明税务所党支部、大丰实业第一党支部签署结对协议。全市首个“舜穗前哨·‘智造’企业税收服务点”在大丰实业公司授牌成立。税务干部通过“智能画像”为大丰实业及旗下公司近三年来涉税大数据及22项财务指标进行现场体检。随后，大丰实业财务人员体验税务“云服务”，远程连线“舜穗云”直播间，通过征纳沟通平台在线向税务干部咨询软件企业增值税即征即退、股权激励等涉税难题。

【“红锋共富联盟”深化协作仪式举行】9月28日，市税务局与横坎头红锋共富联盟、余姚农村商业银行、共富爱心企业举行“红锋共富联盟”深化协作仪式，创新推出税、村、银、企四方联动的共富共建新模式。市税务局主要负责人朱识华同志介绍本次项目的意义以及市税务局助力共同富裕的特色举措，宁波江丰电子材料股份有限公司和横坎头村相关负责人分享各自在推进共同富裕方面的见解和经验。现场演出“税务牵头爱心企业助振兴”“税务牵头电商园区爱心助农”“税务牵头银税协作助共富”3场情景短剧，带领现场观众在情景演绎中沉浸式感受共富前景。市税务局联合横坎头红锋共富联盟为江丰电子、宁波科环、阳明188文化创意等7家爱心企业授牌“助力共同富裕示范单位”。

【关于深化检税协作机制建设备忘录签署】12月16日，市检察院与市税务局在余姚金融中心大厦联合举行《关于深化检税协作机制建设备忘录》会签仪式。会签仪式上，检税双方简要汇报前期协作情况。市检察院党组书记、检察长陈莹和市税务局党委书记、局长朱识华分别代表协议双方签署《关于深化检税协作机制建设备忘录》，并向特邀检察官助理与特邀调解员现场发放聘任书。活动现场，市检察院工作人员为到场的税务干部作行政公益诉讼专题讲座。

（市税务局）

9月28日，“红锋共富联盟”深化协作仪式　（陈超超　摄）

金　融

综　述

【银行业】 2022年，余姚市银行业金融机构本外币存款余额2729.38亿元，同比增长14.62%，比年初增加348.04亿元。存款余额位列宁波第四，增速位列宁波第七。全市银行业金融机构本外币贷款余额2228.65亿元，同比增长15.98%，比年初增加307亿元，贷款余额位列宁波第四，增速处于宁波第五。制造业贷款余额604.16亿元，同比增长13.74%。全市银行机构不良贷款余额8.98亿元，同比减少2.93亿元，不良贷款率0.4%，同比减少0.22个百分点，不良率为历年最低。

【保险业】 2022年，全市中心支公司以上的保险机构共计36家，累计实现原保险保费收入37.86亿元，同比增长14.49%。其中，财产险实现保费收入16.67亿元，同比增长8.15%，赔付支出10.54亿元，同比减少1.07%；人身险实现保费收入21.19亿元，同比增长20.03%，赔付支出3.16亿元，同比增长6.96%。全市拥有小额贷款公司3家，总注册资金4.2亿元，贷款余额为3.48亿元，同比下降12.56%；累计贷款总额为14.45 17.86亿元，同比下降19.09%；不良贷款余额3365万元，同比下降21.03%，不良率为9.67%，同比下降1.03个百分点。

【股权交易】 2022年，余姚市新增上市企业2家，宁波股权交易中心挂牌企业47家。全市境内外上市企业17家，新三板挂牌企业6家，宁波股权交易中心挂牌企业263家。年内，市金融中心走访企业超60家次，破解上市难题6个，提供政策咨询等服务40余次，对56家次企业给予宁波及余姚两级“凤凰行动”补助资金超5000万元。

截至2022年底，全市股票账户数20.72万户，证券经营机构累计代理交易额4971.15亿元，实现证券经纪佣金累计收入0.96亿元；全市期货投资者开户数5095户，期货经营机构累计代理交易量为864.27万手，累计代理交易金额5392.67亿元。

（市金融中心）

金融服务与管理

【概况】 2022年，余姚市制定实施《余姚市支持小微企业发展融资贴息实施方案》，为1737家企业给予融资贴息877.0354万元。市金融中心分别与浙商银行宁波分行和宁波银行签订专项合作协议。推进数字人民币试点工作，开展2期共100万元的数字人民币消费红包活动。深化“金融超市”建设，与宁波“甬金通”平台贯通，“金融超市”上线金融产品80件，注册企业13162家，发布融资需求100.48亿元，累计解决融资需求75.22亿元。

2022年，余姚市出台《关于促进政策性融资担保体系建设的实施方案》，要求政府性融资担保机构落实惠企政策支农支小，年内担保费率一般不高于0.8%，平均担保费率控制在0.5%以下，力争降至0.3%以内，对与银行合作的“总对总”批量业务实行免收担保费。至2022年底，余姚市政策性融资担保业务余额为20.42亿元，同比上升68.76%。

5月31日，余姚市数字人民币试点领导小组第一次（扩大）会议召开

（郑建华　摄）

【宁波市资本市场工作现场推进会在余姚召开】 3月1日下午，宁波市资本市场工作现场推进会在余姚召开。宁波市副市长李关定，余姚市委副书记、市长沃勇特，副市长潘健红出席会议。会上，各相关主管部门就余姚市资本市场发展情况、推进企业上市的经验做法和下一步打算作汇报发言，相关金融机构、企业代表结合自身实际作交流发言。会上，宁波市政府与北交所、全国股转系统签署战略合作备忘录，北交所向"甬股交"授予"北交所宁波服务基地"牌。

2月18日，浙江比依电器股份有限公司以"云挂牌"形式上市

（应泽云　摄）

【数字人民币试点领导小组第一次（扩大）会议召开】 5月31日下午，余姚市召开数字人民币试点领导小组第一次（扩大）会议，贯彻落实省、宁波市关于稳妥推进数字人民币研发试点的战略部署，有序推进全市数字人民币试点工作。副市长潘健红参加会议。会上，农业银行余姚分行、建设银行余姚支行就数字人民币试点工作作表态发言。

【北交所上市专题培训会举行】 8月18日下午，余姚市组织开展北交所上市专题培训会。企业上市工作领导小组成员单位分管负责人，各乡镇街道、中意生态园和经济开发区分管负责人、"专精特新"企业及其他意向企业主要负责人等120余人参加培训。余姚市副市长潘健红出席会议并致辞，余姚市府办副主任谢海东主持会议。

（市金融中心）

企业上市

【浙江比依电器股份有限公司在上交所上市】 2月18日，在上海证券交易所主板挂牌上市，是IPO形式上市的空气炸锅行业第一股，股票代码"603215"，股票简称"比依股份"。本次公开发行股票4666.50万股，发行价格为12.50元/股，募资总额5.19亿元。本次募投项目均围绕公司现有主营业务、产品研发与生产工艺核心技术以及发展规划展开。

8月18日，余姚市北交所上市专题培训会召开　　（杨晟曌　摄）

【甬矽电子（宁波）股份有限公司在上交所上市】 11月16日，甬矽电子（宁波）股份有限公司在上交所上市，成为宁波第5家科创板上市公司，股票代码"688362"，股票简称"甬矽电子"。甬矽电子的首发价为18.54元/股，发行市盈率25.83倍，发行6000万股。截至早盘结束，甬矽电子股价为30.00元，上涨61.81%，总市值达122亿元。

（市委党史研究室）

银行业

【概况】 2022年，余姚市金融运行总体平稳。截至2022年年底，全市金融机构本外币存款余额2729.38亿元，同比增长4.62%；金融机构本外币贷款余额2228.65亿元，同比增长15.98%。截至2022年底，全市银行业金融机构达32家，其中政策性银行1家、大型国有商业银行5家、股份制商业银行12家、城市商业银行11家、邮储银行1家、农村合作金融机构1家、新型农村金融机构1家。

【金融管理】 2022年，中国人民银行余姚市支行坚决贯彻国务院33条稳经济一揽子政策和总行总局“金融23条”等稳增长和助企纾困政策，召开货币信贷形势分析会。指导银行运用免息券、内部转移定价优惠等手段降低融资成本，新发放贷款加权平均利率4.09%，为5万余家市场主体减免息、降费逾1.5亿元。引导银行对191家“专精特新”企业授信380.2亿元，融资覆盖超80%。截至2022年底，全市制造业中长期贷款余额236.8亿元，同比增长47.8%。争取碳减排、交通物流、科创等再贷款48.6亿元、惠及企业122家。截至2022年底，全市涉农贷款余额1676.1亿元，同比增长13.9%。

2022年，余姚市优化涉外金融服务。全年新增汇率避险“首办户”319家、超出既定目标70%，落地宁波首笔政策性担保个体工商户汇率避险业务；贸易外汇收支便利化试点企业数由年初9家增至69家，经常项目外汇业务实现“秒申请、分钟办”；新型离岸国际贸易量实现240%增长；跨境人民币收付增长超38%，创2017年以来最高；资本支付便利化与外汇行政许可“网上办”比例超90%。

2022年，余姚市深入开展电信网络诈骗和洗钱犯罪打击治理。通过强化“新开账户”资金链源头治理、约谈涉案账户较快增长的银行“一把手”等措施严厉打击电信网络诈骗，指导银行成功拦截涉诈案件5起。中国人民银行余姚市支行与余姚市公安局等五部门建立反洗钱联席工作机制，1起毒品洗钱案成功宣判。

【普惠金融】 2022年，余姚市大力开展数字人民币试点。宁波市内首发“数币红包”，累计三轮发放600万元，惠及6.6万人次。落地数币贷款、企业代发薪、数币缴纳职工社保费等多个首创场景，打造阳明古镇、华润五彩城等数币特色商圈，创建五彩梁弄、鹿亭中村等乡村振兴场景，推进超市、医院、天然气、自来水、市场等生活支付场景，全年共开立数币个人钱包41.5万个、对公钱包1.6万个，建成特色场景1.5万个，累计交易31.2万笔、交易额17.1亿元。推进“移动支付应用示范县”创建工作，开展移动支付劳动竞赛，加大农村偏远地区移动支付受理环境改造力度，实现移动支付应用城乡基本覆盖。开展2次暗访及1次交叉互访，推动银行在基础支付服务上让利市场主体，全年累计为5.0万户小微企业和个体工商户减免支付手续费822.0万元。

2022年，余姚市有力推动国债下乡全域覆盖。全市国债累计销售笔数2065笔，累计销售金额39214.6万元，其中，乡镇及以下国债销售金额13431.9万元，同比增长174.6%。指导银行在泗门、梁弄和丈亭共4家乡镇网点新布放征信自助查询机。开展“征信修复”乱象治理活动，排查治理6家企业。在中小学校开展36次课程，为3100名学生带去存款保险、人民币反假、预防金融诈骗等金融知识。在四明山区开展“走基层 送服务 促共富”活动。指导银行在外来务工人员聚集地设立存款保险重点工作站28个，处理各类群众诉求28件。

9月，市金融中心、阳明派出所、泰隆银行、浙行律所联合举行防范“养老诈骗”专题讲座（黄维　摄）

2022年，余姚市实现“道德银行”“红锋信贷”“银税合作”“营商合作”“信易贷”等信用贷款产品扩面提质，扩大信用贷款占比，切实提高小微企业贷款可得性。构建“园区+实体+金融”金融服务新模式，为小微企业园区建设提供全流程金融服务。截至2022年底，普惠小微贷款余额473.58亿元，同比增长23.73%，其中普惠小微信用贷款69.75亿元，占比14.73%。12月末普惠小微首贷户共3430户，首贷率7.85%。

（中国人民银行余姚市支行）

【中国工商银行股份有限公司余姚分行】 2022年，中国工商银行余姚分行各项存款余额180.69亿元；各项贷款余额165.86亿元；自营口径不良贷款余额为2375万元，不良贷款率为0.14%。

（中国工商银行余姚分行）

【中国银行股份有限公司余姚分行】 至2022年底，中国银行余姚分行本外币时点存款余额155.99亿元，较年初增加22.48亿元；本外币时点贷款余额144.21亿元，较年初增加13.77亿元。2022年，全行实现营业净收入44772万元，同比增加1518万元；实现拨备前利润35625万元，同比增加1049万元；实现净利润23428万元，同比减少4394万元。积极推广手机银行、中银支付通等惠民便民金融产品，向7600多家企业、40余万名个人客户提供优质的金融服务。带动国际结算量逆势增长，国际结算客户数同比净增68户，累计国际结算量30.48

9月20日，中国银行余姚分行与余姚文广局下属文旅企业专项对接签约仪式举行（郑建华 摄）

亿美元，同比增长2.48%，市场份额提升至18.82%，较年初提升1.66%。推进渠道5.0升级项目落地，推动网点智能化转型，打造以客户体验为中心的网点新形象。新投放便携式移动柜台6台，便携式移动柜台网点覆盖率达91.66%。

（中国银行余姚分行）

【中国建设银行股份有限公司余姚支行】 至2022年底，中国建设银行余姚支行本外币一般性存款时点余额137.43亿元，较年初新增3.44亿元；本外币各项贷款时点余额160.39亿元，较年初新增31.4亿元。内设9个部门，下辖15个营业网点。开展"高新技术企业""专精特新""双优工程""农业龙头"等客户走访六大行动，累计走访近千户，开展各级商会对接活动8场，全年新增民营经济贷款26.22亿元，新增涉农贷款17.18亿元，新增个体工商户贷款1.42亿元。借力新授权政策，持续做好常态化客户走访及沟通，加码基础设施建设、城市更新等项目。至2022年底，政府平台贷款余额27.79亿元，较年初新增13.45亿元。普惠小微贷款余额30.2亿元，较年初新增10.07亿元。创新推广智甬贷、甬新贷、厂房快贷、跨境快贷、种植贷等线上业务。

至2022年底，中国建设银行余姚支行共开通个人数币钱包63349户、对公数币钱包4392户、商户258户，实现余姚市首单数字人民币缴税、首单土地出让金缴纳等场景应用，与余姚市政府、人民银行、金融服务中心、商务局及全市4S店联合成功开展数币红包满减活动，联合余姚市横砍头村开展"山海情·彝家乐"对口帮扶数字人民币活动。全年柜面成功拦截4起电信诈骗汇款，并通过"进企业""进社区""进乡镇""进学校"等形式，深入开展防范电信诈骗宣传活动，提升企业和大众的防电信诈骗能力，部分案例在中国人民银行宁波市中心支行窗口宣传推广。

（中国建设银行余姚支行）

【宁波余姚农村商业银行股份有限公司】 截至2022年底，宁波余姚农商银行本外币各项存款683.54亿元，较年初增加120.21亿元，增幅21.34%；本外币479.39亿元，较年初增加76.71亿元，增幅19.05%。不良贷款率0.63%，较年初下降0.01%，拨备覆盖率611.22%。2022年，余姚农商银行实现营业净收入148745万元，增幅11.51%，账面利润65469万元，增幅16.73%。全年制造业贷款余额191.53亿元、新增24.15亿元，1000万以下普惠小微贷款余额180.64亿元。组织开展"服务个体工商户"专题活动，发布纾困帮扶"20条"。面向余姚市"专精特新"及"350"入库培育企业，依托"红锋信贷"平台打造专项优惠信用融资产品，支持入库培育企业99家，授信总额40.46亿元，名单内企业授信覆盖率达42.31%，贷款余额20.48亿元，较年初增长21.18%。

2022年，余姚农商银行出台春耕备耕金融服务方案，发放余姚市首笔"公益林补偿收益权质押贷款"，涉农贷款余额375.19亿元，较年初增加56.04亿元，增幅17.56%。完成道德银行3.0二期开发并顺利迁徙至"浙里办"App。"道德银行"入选2022年浙江省信用数字化改革应用场景十大示范案例、2022年浙江省宣传文化领域共同富裕最佳案例，覆盖全市21个乡镇（街道）、261个行政村（社区），完成58.10万人的道德评议，授信签约44254户、金额86.63亿元，贷款19325户、余额26.13亿元。

（余姚农商银行）

【上海浦东发展银行股份有限公司宁波余姚支行】 至2022年年底，上海浦发银行余姚支行人民币一般存款余额达59.17亿元，较年初增加7.67亿元，其中对公一般性存款余额46.34亿元，较年初增加6.45亿元，个人存款余额12.83亿元，较年初增加1.22亿元。本外币贷款余额59.27亿元，较年初减少0.3亿元，其中对公贷款余额48.91亿元，较年初减少2.64亿元，零售贷款余额10.36亿元，较年初增加2.34亿元。不良贷款余额261万元，较年初增加131万元，不良率0.01%，与上年持平。国际业务量5.18亿美元，其中出口4.62亿美元；进口5616万美元。全年实现账面利润1.02亿元，其中营收1.30亿元，中收791万元，税前利润较2021年减少5000万元。

（浦发银行余姚支行）

【中国农业发展银行余姚市支行】 至2022年底，中国农业发展银行余姚支行各项贷款余额49.13亿元，贷款日均余额37.91亿元，各项存款余额9.86亿元，存款日均余额7.85亿元。全年累放贷款32.25亿元，累收贷款3.64亿元。发放地方储备粮油贷款0.62亿元，支持轮换地方储备粮4.3万吨；发放粮食调控贷款2.2亿元，完成粮食收购工作。全年累计发放中长期贷款28.81亿元。

（农业发展银行余姚支行）

【宁波银行股份有限公司余姚中心区支行】 2022年，宁波银行余姚中心区支行设立分支机构14个，包括营业部、阳明支行、泗门支行、低塘支行、丈亭支行、黄家埠支行、小曹娥支行、梁辉支行、余姚肖东支行、余姚中意支行、凤山社区支行、余姚世南社区支行、余姚胜山社区支行、余姚姚东社区支行。员工人数超过200人，其中本科及以上学历占比98%以上。

2022年，宁波银行余姚中心区支行AUM达231亿元，新增量为33亿元。截至年末，存款余额127亿元，存款规模位列区域同业第8位，较年初新增28亿元，区域市场占有率4.77%，其中活期化占比40%，公司存款37亿元，占比29%。贷款余额61亿元，较年初新增5亿元。2022年，余姚中心区支行连续五年获辖区内银行业金融机构综合评价A类行，连续五年获得余姚市人民政府颁发的金融工作荣誉奖项。

（宁波银行余姚中心区支行）

【中信银行股份有限公司宁波余姚支行】 截至2022年底，中信银行余姚支行实现本外币一般性存款时点余额104.14亿元，较年初新增12.66亿元，其中个人存款时点余额为19.42亿元。本外币各项贷款时点余额107.89亿元，较年初新增4.05亿元。通过中长期贷款向余姚土地经营权流转及经营项目提供中长期授信10亿元，该项目为中信宁波分行管辖范围内首单。深入企业、街道、社区、乡村、校园开展反诈反假币等金融知识普及活动。

（中信银行余姚支行）

【中国民生银行股份有限公司宁波余姚支行】 截至2022年底，民生银行余姚支行各项存款余额42.01亿元，各项贷款余额19.51亿元，"专精特新"企业投放4.5亿元。2022年全新升级小微金融产品体系，推出"商贷通""工贷通""农贷通""网贷通"四大产品体系，专属贷款产品十余种。

（民生银行余姚支行）

【中国光大银行股份有限公司宁波余姚支行】 2022年，光大银行余姚支行设有办公室、公司业务部、零售业务部、营业部四个部门，辖属一个小微支行。推出"阳光e抵贷""房抵快贷""民宿贷"等特色金融产品。截至2022年12月末，支行本外币各项存款余额达16.58亿元，本外币各项贷款余额30.67亿元，无不良贷款，资产质量良好，风险整体可控。2022年度，光大银行余姚被评为中国光大银行总行级先进集体。

（光大银行余姚支行）

【广发银行股份有限公司宁波余姚支行】 截至2022年底，广发银行余姚支行本外币各项存款余额28.57亿元，较年初减少10.32亿元，存款年日均27.41亿元，较上年日均增加8.99亿元。各项贷款余额40.14亿元，较年初增加1.58亿元，其中对公贷款余额30.82亿元，较年初增加1.12亿元；个人贷款余额9.32亿元，较年初增加0.46亿元；民营企业贷款余额13.95亿元，较年初增加0.60亿元；制造业贷款余额5.6亿元、较年初增加0.56亿元；普惠小微贷款户数151户，较年初增加43户；普惠小微贷款余额2.53亿元，较年初增加0.66亿元。

（广发银行余姚支行）

【平安银行股份有限公司宁波余姚支行】 截至2022年底，平安银行余姚支行存款余额110250万元；贷款余额112607万元；个体工商户全年新发放贷款11116万元；小微企业贷款全年新发放15255万元。

（平安银行余姚支行）

【上海银行股份有限公司宁波余姚支行】 截至2022年底，上海银行余姚支行各项存款余额18.16亿元，各项贷款余额47.79亿元，不良贷款余额为零。

（上海银行余姚支行）

【兴业银行股份有限公司宁波余姚支行】 截至2022年底，兴业银行余姚支行本外币各项存款余额24.01亿元，较年初增加4.57亿元；其中结算性存款较年初增长5.51亿元，理财业务余额46.53亿元，较年初增加9.79亿元。零售贵宾客户较年初新增450户，其中私行客户新增16户。本外币各项贷款余额52.33亿元，较年初增加8.03亿元。

（兴业银行余姚支行）

7月29日，宁波银行与余姚市人民政府专项合作签约仪式举行

（宁波银行余姚中心区支行　供稿）

6月15日下午，浙商银行宁波分行与余姚市人民政府专项合作签约仪式举行（郑建华 摄）

【浙商银行股份有限公司宁波余姚支行】 2022年，浙商银行余姚支行推动市政府对小企业的纾困政策，加大对小微企业的扶持，落地300余户纾困贷企业投放业务，累计投放资金6亿多元。截至2022年底，浙商银行余姚支行本外币一般性存款时点余额35.13元，较年初减少5.94亿元。本外币各项贷款时点余额62.72亿元，较年初新增15.38亿元。小企业贷款余额13.48亿元，较年初增加6.5亿元。支行不良贷款余额145万元，不良贷款率0.27%。

（浙商银行余姚支行）

【浙江民泰商业银行股份有限公司宁波余姚支行】 截至2022年底，民泰银行余姚支行各项本外币存款余额93169万元，较年初增加18758万元；各项本外币贷款余额72183万元，较年初增加7899万元；不良贷款余额494万元（后三类口径），不良率0.68%。年内，民泰银行余姚支行依照总行的"惠企19条"举措，履行社会责任，无还本续贷191笔，金额15679万元；延期还本付息4笔，金额1050万元；支小贷发放24笔，金额3467万元；减费让利总金额325.59万元。

（民泰银行余姚支行）

【杭州银行股份有限公司宁波余姚支行】 截至2022年底，杭州银行余姚支行本外币各项存款余额37亿元，表内外贷款余额80亿元。

（杭州银行余姚支行）

【临商银行股份有限公司宁波余姚支行】 2022年，临商银行余姚支行各项存款4.21亿元，较年初增加1.93亿元，增幅84.65%；各项贷款5.62亿元，较年初增加1.19亿元，增幅26.86%；不良率0.048%，不良率下降5.83%。2022年，临商银行余姚支行推广"裘皮贷""塑料贷"等特色商户专属信贷产品，全年增加小微商户160户，累计投放信贷资金超过1.33亿元，帮助商户减负纾困、恢复发展。2022年，临商银行余姚支行获得临商银行四星级支部称号，深入开展"学悟见创""正勇干树"专项活动。

（临商银行余姚支行）

【温州银行股份有限公司宁波余姚支行】 截至2022年底，温州银行余姚支行本外币存款余额140683.59万元，较年初新增14777.17万元，本外币贷款余额263053.57万元，较年初新增33318.58万元，个人经营性贷款余额36218.63万元，温信贷余额31559万元，不良贷款余额0元。

（温州银行余姚支行）

【宁波通商银行股份有限公司余姚支行】 2022年，通商银行余姚支行完成考核利润6886万元，完成率88.28%。至2022年底，存款余额28.44亿元，较年初增长3.48亿元，其中储蓄存款4亿元，较年初增长1.1亿元；贷款余额33.79亿元，较年初增长0.15亿元，其中大企业贷款27.21亿元、中小企业贷款4.09亿元、小微企业贷款2.14亿元、消费贷款0.35亿元；不良贷款余额289万元，不良率0.09%，对公客户持续五年无不良产生，风险控制良好。

2022年，通商银行余姚支行新增批复民营企业授信客户41户（含个人经营性贷款8户）。至2022年底，民营企业表内贷款余额6.72亿元，较年初增加1.97亿元；制造业贷款余额6.89亿元，较年初增加0.53亿元，其中中长期制造业贷款余额5.31亿元，较年初增加1.37亿元；普惠小微贷款余额1.75亿元，较年初减少0.69亿元，新拓普惠小微首贷户4户，普惠小微信用贷款占比28%。

2022年，通商银行余姚支行制定《余姚经济开发区金融服务方案》。在余姚经济开发区内新增中小微授信客户27户，合计批复授信敞口2.15亿元。至2022年底，表内贷款余额2.01亿元，其中普惠小微企业21户，贷款余额8000万元。

自2022年6月起，通商银行余姚支行每周举办一次"通商会客厅"厅堂主题活动。举办通商"甬助老"门球友谊赛。在保庆社区、四明社区等多个社区核酸检测点开展"送清凉、进社区"等志愿者服务活动，针对性地宣传"打击整治养老传销""打击整治养老诈骗""电信诈骗""存款保险"等金融知识。结对余姚市住房保障中心，上门开展反诈专项宣讲活动。走进余姚阳明古镇开展"健康安全生活、幸福美满全家"外拓宣传活动。

（宁波通商银行余姚支行）

【浙江稠州商业银行股份有限公司宁波余姚小微企业专营支行】 截至2022年底，稠州银行余姚支行各项存款余额6.85亿元，其中对公存款0.44亿元，储蓄存款6.41亿元；贷款总余额5.72亿元，较上年贷款余额增加1.01亿元；全年乡村振兴贷签约提款

2100户，余额超过1亿元。

（稠州银行余姚支行）

【台州银行股份有限公司宁波余姚支行】 截至2022年底，台州银行余姚支行各项存款余额5.47亿元，较年初增加1.91亿元；各项贷款余额5.39亿元，较年初增加0.93亿元，其中小微企业贷款余额4.52亿元，制造业贷款2.8亿元；不良贷款余额降至424.5万元，不良率0.79%。

（台州银行余姚支行）

【恒丰银行股份有限公司宁波余姚支行】 2022年，恒丰银行余姚支行有行长室、综合管理部、营业部、公司业务一部、公司业务二部、零售业务部、普惠业务部7个部门，员工22人。截至2022年底，支行存款余额86839万元，较年初新增46114万元。其中零售存款余额22984万元，较年初新增18284万元；对公存款余额63855万元，较年初新增27830万元。各类贷款余额270133万元，较年初新增94425万元。

（恒丰银行余姚支行）

保险业

【概况】 2022年，余姚市制定《2022年余姚市保险创新工作推进要点》，贯彻落实"燎原计划"保险创新项目，做好创新项目复制推广工作。积极推动全域保险，在经济发展、乡村振兴、社会治理、民生保障各方面积极发挥作用，2022年推出余姚特色保险创新项目2个，其中肉牛养殖保险项目为全省首创，叉车智慧化安全监管项目入选宁波市第一批数智金融应用场景。做好2021年保险创新政策兑现。发展城乡小额贷款保证保险，为小微企业和创业者融资增信。协调相关保险机构，配合市医保局做好2023年度"天一甬宁保"的宣传推广工作。

【中国人民财产保险股份有限公司余姚中心支公司】 2022年，人保财险余姚中心支公司实现保费收入72483万元，增速11.52%，保费增量7488万元，市场增量占比43.31%；当年市场份额为39.91%；车险增速8.99%，非车险增速16.39%。2022年向地方财政上缴税款6028万元。

年内，人保财险余姚中心支公司扎实推进财产险业务优化整改，针对台风"梅花"影响，快速理赔助企帮农；创新落地肉牛养殖保险、三年期生猪价格指数保险、粮油农业从业人员雇主险等，落地余姚市城镇职工重大疾病医疗补充保险。

（人保财险余姚中心支公司）

【中国人寿财产保险股份有限公司余姚市支公司】 2022年，人寿财险余姚支公司完成保费收入8624.43万元，增速9.73%，保费增量764.61万元；当年市场份额为4.74%；车险增速7.95%，非车险增速15.4%。积极落实"甬宁保""稳业保"业务的推广开展。

（人寿财险余姚支公司）

【中国太平洋人寿保险股份有限公司余姚支公司】 2022年，太平洋寿险余姚支公司完成总保费29654.92万元，当地市场份额15.08%，其中个人代理20912.59万元，银行邮政代理5.2 万元，公司直销8544.68万元，保险专业代理4.24万元，其他兼业代理188.23万元；死伤医疗给付金额2519.62万元，满期给付金额818.4万元，年金给付金额2491.98万元，退保金额1362.26万元；个人代理人月末人数211人，当月出单人数108人，13个月留存率50%。继续承办余姚市基本医保经办服务、大病保险和工伤调查服务。

（太平洋寿险余姚支公司）

【中国平安财产保险股份有限公司余姚支公司】 2022年，平安产险余姚支公司实现保费收入34133万元，增速13.14%，保费增量3963万元，市场增量占比22.9%；当年市场份额为18.8%；车险增速11.48%，非车险增速20.53%。全年向地方财政上交税款3529万元。

2022年，平安产险余姚支公司强化消费者合法权益保护，深化推进数字化生态化建设。依托"好车主""好生活"等线上平台搭建网格化客户服务体系。推进"保险+服务"创新业务发展模式。通过平安企业宝App、平安好帮手App、团体智慧经营平台三大线上平台，实现客户在线、销售在线、核保在线、经营管理在线。

（平安财险余姚支公司）

【富德生命人寿保险股份有限公司余姚营销服务部】 2022年，富德生命人寿余姚营销服务部完成总保费2245.20万元，其中个人营销998.26万元，银行代理1246.94万元；短险赔款支出0.53万元，死伤医给付金额120.26万元，满期给付226.55万元，年金给付26.87万元。

（富德生命人寿余姚营销服务部）

综合经济管理

发展与改革

【概况】 2022年，余姚市实现地区生产总值1513.59亿元，按可比价格计算，增长1.9%。分产业看，第一产业实现增加值53.76亿元，增长3.2%；第二产业实现增加值898.27亿元，增长0.1%；第三产业实现增加值561.56亿元，增长4.5%。按常住人口计算，全市人均地区生产总值为119889元。全年全市固定资产投资增长13.7%，其中工业投资、高新技术产业投资、交通投资、生态环境和公共设施、民间投资分别增长17.7%、13.9%、52.0%、45.8%、6.9%。

2022年，余姚市编制完成2022年一季度“开门红”136专项行动方案、“颗粒归仓”方案、经济运行监测体系方案，开展主要经济指标监测分析、经济运行“日日促”“红绿灯”晾晒等工作。完成《新形势下余姚战略定位研究》，推进《余慈一体化三年行动计划编制方案（2023—2025）》《宁波余慈地区统筹规划研究》等课题。经济开发区申报省级高能级平台获宁波推荐，获上级推荐列入省城镇化试点申报名单。出台《余姚市稳链纾困助企发展若干措施》，形成《余姚市助企纾困政策汇编》，督促各部门使用“甬易办”平台兑付财政资金，推动累计减（退、缓）税费74.3亿元。

2022年，余姚市起草《关于加快推进我市政府性投资项目前期工作的意见》，完成项目储备库、三年滚动计划、年度计划，编制2000万元及以上政府性投资项目计划、亮点工程计划、重点工程计划等近10项计划。制定“1+7+N”扩投资抓项目行动方案，搭建“145+X”工作体系，起草《2022年余姚市有效投资及项目建设督查激励措施配套实施办法》，做好政府投资项目概算、项目工程变更等工作。全年，余姚市有效投资增速位居宁波各区（县、市）第三。发行专项债项目29个、43.35亿元；储备专项债项目37个，涉及2023年需求115.35亿元；申报“三区三线”项目67个，列入省“4+1”项目7个、省重点建设项目4个，宁波市重点建设工程34个。

2022年，余姚市4家企业入围2022年度重点领域新兴产业和战略性新兴产业发展专项资金补助名单，获评省级双创示范基地1处，省级农村产业融合发展示范园1处。出台“一城两镇”试点建设工作方案，完成智能光电小镇三年行动计划编制。起草服务业高质量发展三年行动计划，出台服务业高质量发展及稳健发展两个扶持政策，推动服务业招引工作，喜宣文化等30家服务业企业招引落地，新增服务业规模以上企业117家，全年服务业增加值完成561.6亿元，增长4.5%。完成宁波科环新型建材股份有限公司关停搬迁，实施重大节能改造项目30个。全年新增光伏新增装机容量18.03万千瓦，完成年度任务的225.4%，前三季度GDP能耗下降4.1%，位列宁波第二，GDP电耗下降4.8%，位列宁波第一。升级智能收储平台、健全粮食质量管理，以第三中心粮库为试点建设智能粮库管理平台，实现粮仓温度、湿度、充氮、病虫害等环节智能精准控制，并与省级平台对接实现信息共享，深化推进“好粮油供应平台”入选“一地创新、全省共享”应用，全年粮食储备量8.065万吨，同比增长6.26%。

2022年，余姚市争创全国信用示范区，制定出台《余姚市社会信用体系建设五年规划（2022—2026年）》，2022年12月在全国383个县级城市中排名第29位，省内排名连续7个月保持前三。开展政府投资项目流程优化，建立重点项目专项台账制及计划表，政府投资项目主线审批时间压缩到25个工作日。优化营商环境。制定并印发《余姚市优化营商环境攻坚实施方案》，建立营商环境“无感监测”工作机制，浙江省营商环境评价位居宁波第二，赛迪投资全国竞争力百强县排名位居第九。2022年，余姚市依托宁波市社会信用平台，在干部监督、流动人口量化积分、评优评先等方面，信用核查11873次。推广联合奖惩云桌面平台，全年在稳岗返还工作、发放一次留工培训补贴和发放各项创业补贴等方面信用核查33000余次。

【全市扩大有效投资重大项目集中开工仪式举行】 3月12日上午，余姚市全市扩大有效投资重大项目集中开工仪式在中铁十九局集团华东总部基地建设项目现场举行。余姚市委副书记、市长沃勇特宣布全市扩大有效投资重大项目开工。中铁十九局集团有限公司党委书记、董事长杨哲峰，市领导诸晓蓓、陈长锋、王娇俐、毛丕显、高权、吕军云出席。开工仪式由市委常委、常务副市长曹敬之主持。此次集中开工的81个项目总投资238亿

3月12日，全市扩大有效投资重大项目集中开工仪式举行

（市发改局　供稿）

元，年度计划投资68亿元，其中10亿元以上项目6个。这批项目涉及智能制造产业类、现代服务类、汽车零部件类、基础设施类、数字产业类、新材料类等六大方面。

【"人大代表进市发改局"活动开展】 5月20日下午，余姚市人大常委会组织开展"人大代表进市发改局"活动，来自梨洲街道、低塘街道、泗门镇、小曹娥镇、大岚镇的40余位市人大代表参加。市人大常委会副主任郑利刚参加活动。代表们先后视察了市公共文化中心、市城市展览馆，实地了解余姚市经济社会发展成果。在随后召开的座谈会上，代表们听取了市发改局负责人关于部门基本情况、上年及2022年以来工作推进情况以及下一步工作任务的介绍。与会人大代表结合实际，就区域发展、产业提升、基础设施建设等建言献策。

（市发改局）

土地资源管理

【概况】 2022年，余姚市土地征收成片开发方案通过省政府批准（属于宁波大市首个获批方案），全年完成建设项目用地报批总面积285.13公顷，确保梁周线改扩建项目、中意生态园"产业飞地"项目、黄山未来社区建设项目、余姚市第四人民医院迁建工程等9个计划批次和2个单独选址项目的用地。全年供应土地161宗面积301.27公顷，公开出让土地47宗125.33公顷，实现土地供应收入91.16亿元，工业用地占公开出让土地的51.78%，重大平台、重大区块、重大项目保障用地占全部工业用地的71%。开展土地资源利用百日攻坚行动，消化"批而未供"土地202.53公顷、"供而未用"土地128.4公顷，盘活存量建设用地78.33公顷，完成城镇低效用地再开发110.6公顷。增加保障房、安置房用地供应，出让保障性租赁住房土地7宗8.53公顷、安置用地4宗18公顷。

2022年，余姚市建立"田长制"责任体系，贯通落实"耕地智保"应用场景，推动出台"余姚市违法违规用地管控工作机制"，完成耕地"非粮化"整治652.07公顷、耕地流出整改312.13公顷、"非农化"整改1027.27公顷。余姚市"千万"生态造地建设项目获得浙江省土地利用优秀成果奖三等奖，全域土地综合整治河姆渡项目被评为浙江省土地利用优秀成果奖一等奖，梁弄镇全域土地综合整治与生态修复工程被省自然资源厅评为"省级精品工程"，黄家埠镇十六户村垦造耕地项目入选宁波市土地整治示范工程并获得第一，马渚—牟山跨乡镇项目完成省级试点申报。

2022年，余姚市打通政银平台数据端口，推进不动产抵押登记"全程网办"，全市23家银行业金融机构31个网点全程网办抵押登记业务30000件，涉及抵押金额507亿元。推广"不动产智治应用"，通过"浙里办"平台查询不动产信息月均用户达6000余人次。设立企业专窗，开展并升级导诊式服务，专人受理、专岗审核，通过企业专窗办理业务1300多件。通过午间岗办理业务50余件，开展上门服务8次、延时服务近50人次。新建商品房、小微企业园实现"交房即办证"，单次受理时间仅需15分钟。推出不动产"带抵转"组合登记新模式，业务办理环节精简66%，办事效率提升50%，办理业务8笔，帮助企业和群众减少过桥资金近1.5亿元。全年共受理各类不动产登记事项77459件，办结68205件，发出不动产权纸质证书60985本、纸质证明19980份，电子证书21748本、电子证明18563份，查档9655件，查封753件，解封533件，行政限制58项。

2022年，余姚市加大自然资源执法力度，出台实施《余姚市自然资源行政处罚裁量基准（土地类）》和《关于进一步健全违法违规用地管控工作机制的实施意见》。严厉打击违法违规建设行为，全年共查处非法开采行政案件22起，收缴罚没款共计54.91万元；共查处土地违法案件61起，涉案土地面积8.73公顷，其中耕地1.98公顷，涉及没收地上建筑物（构筑物）40240平方米、拆除建筑物（构筑物）15385平方米，罚没款245.03万元。落实大综合一体化行政执法改革，划转执法事项87项，下沉执法人员73名。全力做好信访工作，依法化解争议纠纷，全年共登记自然资源和规划信访819件，其中受理群众来访201批、410人次，办结率为100%。做好行政复议行政应诉工作，全年共办理行政复议案件5件，较上年下降16.7%，无败复案件；共办理行政诉讼案件19件，较上年下降5%，已裁判案件中无败诉案件发生。

2022年，余姚市开展全层级全类型推进确权登记工作，完成国有林场7个片区的林权类不动产权籍调查，开展东岗山森林公园和七横塘江、慈江等河流的自然资源统一确权试点，建立农房确权登记发证长效机制。提升基础测绘支撑能力，1∶500、1∶2000基础地理信息数据库持续更新，天地图年度融合顺利实施，城市地下市政基础设施普查基本完成，三维实景数据库实现市域全覆盖。加强自然灾害风险隐患双控，确认地质灾害风险防范区137处，完成专群结合监测预警点建设3处，实施地质灾害治理排险工程27处、验收5处，有效应对“轩岚诺”“梅花”台风袭击带来的地质灾害。

【8家测绘单位换发新资质证书】 1月6日，浙江省自然资源厅公布浙江省测绘资质单位名单，共682家测绘单位通过了资质审核，包括甲级测绘单位48家、乙级634家。其中，余姚市境内余姚市规划测绘设计院、余姚市交通规划设计研究院等8家测绘单位资质获批，按照新测绘资质管理办法和测绘资质分类分级标准，换发乙级测绘资质证书。

【全市第26次地产市场领导小组（扩大）会议召开】 1月27日，余姚市第26次地产市场领导小组（扩大）会议在市政府会议楼召开。余姚市委常委、常务副市长曹敬之、副市长潘健红出席会议并讲话，市地产市场领导小组成员及相关单位负责人参加了此次会议，会议由市委办公室主任吕军云主持。会上，市资规局局长陈国军就2021年全市地产市场工作情况和2022年工作思路进行了汇报，副局长石运通对2022—2024年前期准备地块和2022年重点出让地块情况进行了介绍。各相关单位负责人就如何做好2022年土地出让工作进行了交流发言。

1月27日，市第26次地产市场领导小组（扩大）会议召开

（市资规局　供稿）

【2021年度国土变更调查问题整改工作推进会召开】 2月17日，2021年度国土变更调查问题整改工作推进会在余姚市政府召开，余姚市委常委、常务副市长曹敬之出席会议，市资规局局长陈国军主持会议，各乡镇长、街道办事处主任，各平台部门主要领导及分管领导，各资规所所长参加会议。会上，陈国军对2021年国土变更调查工作中涉及耕地地块整改工作进行了布置，并提出有关工作建议。曹敬之针对下一步工作开展讲话。

【地质灾害风险调查评价任务完成】 2月，余姚市全面完成地质灾害风险调查评价任务。为贯彻落实地质灾害防治最新要求，实现从静态地质灾害隐患点管理向动态地质灾害风险管控的转变，余姚市先后组织实施了余姚市1∶50000地质灾害风险普查和梨洲街道等6个乡镇（街道）1∶2000地质灾害风险调查评价项目，所有调查结果于2月全部通过最终成果验收并按要求完成省级系统“入库”工作。

4月1日，圣融小微园交房即办证现场　（史双娟　摄）

【首次实现小微企业园“交房即办证”】 4月1日，余姚市不动产登记服务中心会同国家税务总局余姚市税务局，在马渚镇小微企业园区，为园区部分企业现场办理了不动产登记，并为首家办理业务的企业代表现场发放了不动产权证书。在现场，市行政服务中心不动产登记窗口工作人员和税务派驻人员共同为前来办理不动产权证业务

的企业代表，现场审核申请材料，通过宁波市不动产登记网上云平台完成不动产登记在线申请、在线缴税，经线上审核登簿后，同步生成不动产权电子证书，现场颁发不动产权证书或提供免费寄证服务，该次“交房即办证”现场共计为9家企业办理了业务。

【余姚市召开地产市场领导小组（扩大）会议】 5月27日，余姚市召开地产市场领导小组（扩大）会议。余姚市委副书记、市长、地产市场领导小组组长沃勇特出席会议并讲话，市委常委、常务副市长曹敬之主持会议，市领导吕军云，市地产市场领导小组成员及相关单位负责人参加会议。会上，地产市场领导小组成员及相关单位分别汇报了2022年全市地产市场工作、房地产市场形势、安置房建设、征地拆迁等方面的工作情况及措施建议。最后沃勇特讲话。

【余姚市土地征收成片开发方案获批】 7月1日，余姚市2022年土地征收成片开发方案获省政府批准，系宁波大市首个获批方案。该方案涉及全市6个乡镇街道8个成片开发片区，总面积211.35公顷，拟征收集体土地面积75.1438公顷。

【浙江省自然资源系统安全生产工作会议在余姚召开】 9月1日，浙江省全省自然资源系统安全生产工作会议在余姚召开。省自然资源厅二级巡视员邱建平出席会议并讲话，省自然资源厅地质勘察管理处处长吴玮主持会议。会上，杭州市、宁波市等11个地级市自然资源主管部门以及厅国土空间规划局、厅国土测绘处、厅执法局、省地质院、省测绘科学技术研究院、省自然资源厅服务中心等有关人员就安全生产工作情况进行了交流发言。厅办公室、厅矿业权管理处、厅海洋预警预报处、省自然资源厅信息中心、省地环监测中心、省海洋监测预报中心、省自然资源集团等厅安全生产委员会成员单位参加会议。

【余姚市获宁波市首批土地整治奖励资金】 9月29日，宁波市财政局、宁波市自然资源和规划局、宁波市农业农村局联合发文，下达2022年度首批土地整治奖励资金2175万元，余姚市两个整治项目入选，共计获得奖励资金700万元。其中，黄家埠镇十六户村垦造耕地项目入选宁波市2021年度土地整治示范工程，并荣获2021年度土地整治示范项目宁波第一，奖励资金200万元；河姆渡镇全域土地综合整治与生态修复工程入选2020年度省级精品工程，并获评2020年度省级精品工程全省第九位，奖励资金500万元。

（市资规局）

生态资源管理

【概况】 2022年，余姚市以“美丽余姚”建设为主线，推进新增百万亩国土绿化行动，组织实施山地、坡地、城市、乡村、通道、沿海“六大森林”建设，全年完成新增百万亩国土绿化268.53公顷，完成省、宁波市下达任务数的108.9%。开展森林抚育、湿地（海防林）生态修复和美丽林相建设，全年完成森林质量精准提升1897.07公顷，其中战略储备林474.67公顷，美丽生态廊道1017公顷，健康森林405.4公顷，完成省、宁波市下达任务数的131.1%。创建省级“一村万树”示范村创建3个（临山镇临浦村、泗门镇陶家路村和小曹娥镇滨海村）、生态文化基地1个（鹿亭乡白鹿村）、森林氧吧1个（白鹿狮峰观景台）。

2022年，余姚市组织力量对人工繁育、餐饮饭店、农贸市场、超市、花鸟市场、野生动物主要分布区、迁徙路线等重点场所开展专项检查，全年共出动执法人员100人次，检查人工繁育及各类经营利用场所86家。做好陆生野生动物收容救护工作，全年共计接警118件，救助伤病及幼小野生动物141只，其中成功放归99只、送雅戈尔动物园6只。做好6个野生动植物保护小区建设和日常管理，定期开展巡护检查，发现野生动物异常死亡及时报告。市资规局联合余姚市第二职业技术学校在四明湖畔共同开展以“珍爱湿地，保护野生动植物，促进人与自然和谐共处”为主题的宣传活动，并成立市野生动植物保护小组。编制完成森林防火“十四五”规划，建设“引水灭火”工程2个，清理防火道13.5万米，安装森林防火语言提示器25台，全面开展野外火源专项治理行动。

【“世界野生动植物保护日”宣传活动暨市野生动植物保护小组成立仪式举行】 2月，市资规局联合余姚市第二职业技术学校在四明湖畔共同开展以“珍爱湿地，保护野生动植物，促进人

2月，“世界野生动植物保护日”宣传活动暨市野生动植物保护小组成立仪式举行

（市资规局　供稿）

10月11日，余姚市首本告知承诺制林草种子生产经营许可证颁发

（陈奕西　摄）

与自然和谐共处”为主题的“世界野生动植物日”宣传活动暨市野生动植物保护小组成立仪式。该校30余名优秀学生志愿成为保护小组的一员，同时余姚市陆生野生动物收容救护中心工作人员为队员进行培训，并通过发倡议书、承诺上墙等形式引导更多年轻力量加入保护队伍。

【全市“田长制”“林长制”工作部署大会召开】 5月21日，余姚市委常委、常务副市长、市副总田长、市副总林长曹敬之牵头召开2022年全市“田长制”“林长制”工作部署大会。会上，余姚市自然资源和规划局局长陈国军对“田长制”、“林长制”及“耕地智保”、“浙江省林长制应用场景”等工作的前期开展情况和下一步工作计划进行了全面介绍和布置。

【林场林权指界首次应用三维实景技术】 5月30日，余姚市首次借助三维实景技术，实现了林区林权指界工作。这项技术通过supermap（超图）软件导入三维实景影像数据，套合已有林场边界线进行图上三维指界，并通过GPS接收机对指界中存在疑问及三维影像模糊的地方进行现场指界测量补充，实现林区指界确权。这是宁波大市范围内第一次将三维实景应用于林场确权发证工作。

【首本告知承诺制林草种子生产经营许可证颁发】 10月，余姚市三七市独山杨梅专业合作社成功办理“林草种子生产经营许可证”，是全市采用告知承诺制后颁发的首本证书，办理时限由原7个工作日缩短至现场踏勘后即刻办理，审批资料由原8项精减至3项。

【梁弄镇全域土地综合整治与生态修复工程入选省级精品工程】 11月4日，浙江省自然资源厅公布2021年度省级精品工程名单，全省共有25个项目入选，余姚市梁弄镇全域整治工程被评为“2021年度乡村全域土地综合整治与生态修复省级精品工程”。工程涉及范围总面积96.04平方千米，总投资7.58亿元，建成高标准基本农田49.33公顷，完成耕地功能恢复286.67公顷。

【鹿亭乡白鹿村获评省级生态文化基地】 12月，省林业局、省文化和旅游厅、省生态文化协会联合公布2022年浙江省生态文化基地名单，其中余姚市鹿亭乡白鹿村上榜。该村建成宁波十大观景台之一的狮峰观景台、农民生态公园、登山游步道及华东地区“十佳”最美油菜花观赏基地等，森林覆盖率63.62%，核心区负氧离子浓度6860个/立方厘米。

（市资规局）

公共资源交易

【概况】 2022年，余姚市公共资源交易平台共完成工程建设项目招投标423项，涉及预算金额87.87亿元，成交金额78.51亿元，节减资金9.36亿元，节减率10.66%；进场交易项目数和成交金额分别比2021年度增加7.91%和72.78%，项目数和成交金额分别位列宁波县（市、区）第1和第7。完成政府采购9877项，涉及财政批准预算金额14.65亿元，成交金额13.82亿元，节减资金0.83亿元，节减率5.67%；进场交易项目数和成交金额分别比2021年度增加28.18%和81.20%。完成国有产权交易204项，成交价7.08亿元，溢价2255.80万元。完成农村产权交易23项，成交价5747.39万元，溢价1705.45万元。

2022年，余姚市实现政府采购远程异地评标。在“政采云”平台拓展“远程异地评标”模块，通过线上监控等方式开展交易监管，实现投标人线上讲标、专家远程评审、过程在线直播、数据云端储存，评标专家足不出户完成评标全流程活动。建成“姚易招”小额交易服务系统，实现余姚市乡镇（街道）法定限额以下小额工程建设项目网上交易、网上监管。完成“数字档案管理系统”和电子监察系统（二期）软硬件建设，实现交易电子档案、环境监控、桌面录制等数据自动抓取备份。

2022年，余姚市推行工程建设项目招标“容缺受理”等机制，实现工程建设项目招标审批和备案同步推进，梁周线高架快速路（一期）、余姚市第四人民医院迁建等重点工程开工建设，全年共实行备案审批资料“容缺受理”共83项。实现公共资源交易全领域零收费，全年为投标企业减免交易服务费约200万元。推行建筑业企业投标保证金“包年”制度，推广电子保险保函、银行保函、担保保函，1428家企业选择保函方式递交保证金，涉及交易44127次（笔），累计减轻企业短期资金压力73.1亿元。

2022年，余姚市推进“评定分离”改革，修订《余姚市抢险和应急工程管理办法》。优化“农村产权超市”交易流程，起草《余姚市废弃矿山治理工程多余土石料公开拍卖文件范本》，针对不设置采矿权的废弃矿山生态修复治理工程及其多余土石料处置项探索“工程+产权”跨专业交易模式。推进上级纪委试点的小额工程建设项目全流程电子化和县级小额工程建设项目评审专家库应用，制订《余姚市小额工程建设项目评审专家库和评审专家管理暂行规定》，建立健全全市小额工程建设项目发包评审行为监督管理机制。修订《余姚市公共资源交易代理机构动态评价暂行办法》等文件，对评标专家和代理机构实行“动态评价”管理。依托“数字侦探”（数字评标系统）开展行政执法工作，依法查处4起串通投标案件，处罚8家企业罚款33.3万元。

【义乌市数字合同综合服务平台采购项目实现义乌、余姚异地评标】 6月24日，义乌市数字合同综合服务平台采购项目以远程异地评标方式完成，除主会场义乌市公共资源交易中心外，在余姚市公共资源交易中心设置副会场。本次评标由“政采云”平台在宁波和余姚专家库里抽取专家，与义乌当地专家通过音频视频设备在线沟通，两地开展同步评审、共同形成评标报告。两地监管机构实行现场监管，确保全过程留痕。

【“姚易招”小额交易平台上线】 8月26日，“姚易招”小额交易平台上线，并启动余姚首个乡镇层面的全流程“不见面开标”项目——余姚市泗门镇垃圾中转站附属工程施工项目开标。本次开标有84家单位投标，所有投标单位均未到现场，而是在网上远程参与。“姚易招”小额交易平台由市公共资源交管办牵头开发，主要为乡镇层面的项目提供全流程“不见面开标”服务。

（市公共资源交管办）

国有资产管理

【概况】 2022年，余姚市共有国有及国有控股企业160家，在编职工3281人。全市国有及国有控股企业资产总额2537.29亿元，净资产901.4亿元，分别同比增长12.18%和12.23%，全年实现营业收入170.3亿元，同比增长4.38%；利润总额9.11亿元，同比增长74.83%。完成镇海股份第二期5.04%股权和围海股份公司部分股权收购。新成立市属全资及控股企业13家，启动金瑞建投等11家国企出资人变更和资产划拨。新拓展国企经营项目44个，2022年开展项目21个。统筹推进全市国企整体重组改革及行政事业单位资产清理后改性及注入工作，2022年向国企注入房屋建筑物、土地、可盘活竞配房、车位等资产合计账面价值约1.21亿元。

甬矽电子股份有限公司11月16日登陆科创板，2279万股甬矽电子股份投资总收益率超过1600%。筹备成立舜欣投资公司，筹建舜兴母基金。全市国有平台公司直接投资企业25家、投资金额15亿元，在投产业基金20个、投资金额11.5亿元。出台《余姚市属国有企业资金管理办法》，实现市属国有企业资金竞争性存放全覆盖。推广“乐采云”政企区平台，2022年全市有45家市属国有企业200个采购项目通过该平台开展网上交易，预算金额共计11.14亿元。出台《在市属国有企业中开展国家审计与内部审计协同工作的意见》，印发《余姚市国有企业内部审计共性问题清单》，2022年共审计发现问题27个，同比减少70%。

2022年，余姚市完成供水1.12亿吨、供气1.24亿立方米、污水收集0.91亿吨，提供停车服务1203万车次。更新采购新能源公交车111辆，新建新能源充电桩32座，新建和修复候车亭69个。完成“350”培育企业在保39笔金额3.55亿元、“姚创贷”项目在保13笔金额0.46亿元、“总对总”在保1036笔金额14.68亿元，签约投标保证金保函业务2610笔，提供保证金5.44亿元，远期结售汇担保落地12笔。2022年全市国企充分运用中期票据、PPN、债券融资等新型工具多方融资100亿元，有效投资170亿元。出台《余姚市国资国企改革创新三年行动实施方案》和《国资国企三年行动经营业务目标清单》。

【国有经营用房租金减免政策出台】 5月5日，余姚市印发《余姚市国资办做好国有经营用房租金减免工作的通知》，明确2022年度国有经营性用房租金减免工作中的减免对象、减免范围、减免幅度、办理流程并提出相关工作要求。同时加强与企业主管部门和集团公司的对接协调，鼓励混合所有制企业的非国有股东同步落实政策，推动减租政策及时落地，该政策共为全市1815余户国有经营用房承租户减免租金1749.79万元。

（市国资办）

国有企业

【宁波舜建集团有限公司】 2022年，宁波舜建集团有限公司合并总资产435亿元，资产负债率61%，较2021年下降一个百分点。余姚市自来水公司、余姚市第二自来水公司平稳合并，统筹实施城区和姚西北地区供水管网的建设和运维。余姚市天然气公司加大管网互联互通投入，供气能力和企业营收明显增长。宁波智邦市政工程有限公司实施委托代建项目36个，投资11.4亿元，推进中心城区环卫保洁一体化项目。景邑停车公司在新增停车位（道路泊位）3220个，并推进医院、高铁站场等国有、社会停车资源接入和市级停车诱导系统建设。组建成立余姚市舜耀新能源有限公司，完成高铁北等停车场40个直流桩和南雷大厦20个交流桩建设。余姚舜智投资发展有限公司出资政府数字化项目，组建混改公司浙江舜智城市建设有限公司，承接智慧杆投建运一体化工程，深化智慧城市建设。余姚市产权服务中心有限公司成立，注册资本人民币500万元。

2022年，舜建集团推进黄山未来社区建设，实施方案完成省级备案，实施单元完成初步设计，1-4号土地完成挂牌出让。黄山公园周边区块推进规划和方案招标设计。开展洪家岙、堰头、后菖蒲塘等地块征地拆迁和阳明古镇府前路、武胜门历史文化街区改造提升工程房屋征收（收购）工作。启动山树堰、电大路西侧、史家河西、新建中医院东侧等新开发区块。全年实现收入1.51亿元，出让土地21.4公顷，实现收入32.44亿元。

（舜建集团）

【宁波舜通集团有限公司】 2022年，宁波舜通集团有限公司完成融资71.2亿元，比2021年增加6.99%；完成投资11.06亿元，比2021年增加80.13%。截至2022年年底，舜通集团共有下属子公司43家，合并总资产318.56亿元，净资产125.45亿元，资产负债率60.62%。

交通项目 2022年，舜通集团投资新建交通项目2个，续建交通项目3个，总投资15.32亿元，2022年实际完成投资6.39亿元。杭甬高速牟山连接线拓宽改造工程建成通车，城东路（舜水大桥北至阳明东路）拓宽改建工程完成主体施工。截至年底，规划S309荷梁线改建工程一期隧道主体施工形象进度达40.5%、余姚市城西工业园区配套道路（一期）新建工程隧道主体施工形象进度达35.5%。完成余梁公路北延工程（规划省道S206）后续资金支付。启动北环路（中山北路至梁周线）拓宽改建工程、S206省道华家山隧道非机动车道及接线工程。参与“都市融合”山水文化带项目、“水韵之旅”城乡康庄路精品线项目等建设，完成古乍线（城东路至黄箭山段）两侧绿化景观提升、余梁公路（K1+600–K3+800段）两侧环境整治等绿化工程。

公交运营 2022年，舜通集团新增公交线路3条，优化调整5条，推出定制公交业务，新增旅游专线2条、大站快线3条。更新采购新能源公交车111辆，共投运公交车660辆。全年完成客运量1542.62万人次，总运营里程2997.96万千米，实现营业收入2093.15万元。余姚市公路运输有限公司共运营客运班线9条，投运班车和旅游包车等客运车辆56辆，全年完成客运量16209人次，实现营业收入984万元。余姚市舜通客运站场有限公司新建新能源充电桩32座，新建改造候车亭69座、站牌灯箱2座。投运出租车72辆，完成客运量约119.94万人次，总运营里程1132.76万千米，全年实现营收2093.26万元。升级舜通出行App，下载量67万人次。

建设工程 2022年，舜通集团征收土地66.67公顷，挂牌出让剑江区块城东路东侧、阳明东路南侧，阳明东路南侧、云晖路东侧，阳明东路南侧、云晖路西侧及余慈公路北侧、新建路西侧地块4幅，累计出让面积15.53公顷；启动拆迁凤山街道剑江村上畈、射龟桥区块，梨洲街道古路头自然村地块，梨洲街道办事处东南角区块等三处地块。完成剑江区块配套项目——舜通集团城东校区新建工程（北京师范大学余姚实验学校建设项目）竣工验收。

2022年，舜通集团完成梨洲街道苏家园村柴西岩矿区、梨洲街道三溪村溪西采石场及梁辉镇之伟采石场三个废弃矿山生态环境治理工程的生态修复治理。完成余姚市东港区改扩建工程的备案、初步设计审查、施工图审查。余姚市交通汽车维修有限公司全年完成车辆维修22496台次，抛锚救济947台次，实现营业收入1716.85万元。余姚市大顺汽车综合性能检测服务有限公司全年实现营收305万元。完成余姚市舜环渣土运营有限公司的组建，实现独立运作业务，实际营收达427万元。余姚市保安服务有限公司完成年度营收3503万元。余姚市通途建材有限公司实现货物贸易销售37380万元。余姚市浙石油综合能源销售有限公司、余姚市丰山石化有限公司完成滨海产业园、余梁公路北延康山、世南西路3个综合供能服务站的建设并投入运营。宁波舜通新材料科技有限公司绿色环保型沥青混合料生产基地项目全年实现销售总产值2.68亿元。宁波舜邦城市服务有限公司，实现销售额达2215万元。完成对上市公司——镇海石化工程股份有限公司二期股份收购达16.52%，实现控股。投资取得宁波舜宇智能科技有限公司股权28%。实施凤山街道余慈公路北侧、新建路西侧地块保障性租赁住房项目和低塘街道保障性租赁住房项目，总投资约2.56亿元。下木桥南安置房—商住用房建设项目（北姚江路北侧、云晖路东侧地块；北姚江路北侧、云晖路西侧地块）新建工程开工建设，可配建安置房12幢、701套。下木桥北安置房—阳明东路南侧、云晖路东侧地块开工建设，可配建安置房22幢、1334套。商住用房建设项目（丰杨河开发地块）新建工程完工，累计完成销售额达3.44亿元。

（舜通集团）

【宁波阳明文化旅游集团有限公司】 2022年，河姆渡文旅集团及下属17家子公司总资产75亿元，净资产27亿元，债务规模约为44.06亿元，资产负债率58.7%，全年累计完成融资18亿元，其中还本付息14.53亿元，新增建设资金、资产收购等融资3.94亿元，综合融资成本5.81%，较2021年度下降0.26%。

2022年，组织实施工程项目3个，立项总投资2.3亿元，完成年度投资9200万元。其中投资1.5亿元的浙东红村游客服务中心完成主体工程建设；投资0.6亿元的四明山游客集散中心项目完成外立面改造和一楼室内装修，室外附属及停车场完成政策处理。

2022年，宁波阳明旅行社激活运作，开拓国企领域疗休养业务、余姚市中小学研学业务。新增人力资源服务业务板块，与宁波东方人力资源服务有限公司混改成立的东方阳明人力资源服务公司作为全市机关事业单位编外人员劳务派遣服务机构，承接新进的机关事业单位编外员工的派遣业务。完成资产管理问题整改22项，共签订租赁、使用管理协议6份；确权和补办权证4处（包括已协调可补办的）、划转5处，共计土地面积2406.98平方米，房屋面积1229.16平方米。

（阳明文旅集团）

【宁波舜工集团有限公司】2022年，宁波舜工集团有限公司合并总资产24.74亿元，同比增长8.70%，净资产12.57亿元，同比增长8.08%，资产负债率49.19%。全年实现转贷27.94亿元，同比增长60%，为企业节省融资成本440万元。完善减费降费政策，平均担保费率下降至0.07%，为余姚市企业节约担保费用1581.93万元，降低企业融资门槛和融资成本。担保在保余额19.15亿元，同比增长75.85%。全年投标保证金保函业务签约2610笔，累计担保金额5.44亿元；工程履约保函及远期结售汇担保落地破零。

2022年，舜工集团对阳明基金、甬矽电子二期等基金出资1.25亿元，通过基金平台跟投优质企业19家（其中余姚市企业2家），直投余姚市企业1家，基金投资收益1347.86万元。启动兴马智能智造产业园建设，项目占地面积4.04公顷，总投资3.3亿元，完成该地块土地竞拍及项目前期工作。与国网余姚宏宇输变电公司合作成立工作专班，推进工业企业屋顶和机关企事业单位公共建筑屋顶光伏安装，全年累计投建光伏4026万元，安装规模13.49MW，完成年度目标的134.9%。

（舜工集团）

【宁波舜农集团有限公司】2022年，舜农集团向全市重大项目投入资金逾30亿元。委托代建项目17项，涉及总投资为39.58亿元，主要包括：陶家路江三期整治工程、姚江上游余姚西分工程、四明湖水库自溃坝改闸工程、湖塘江堤防加固工程（牟山江至青山港段）、上姚江、最良江堤防加高加固工程、梁辉及向家弄水库水安全联通工程、余姚市海塘安澜工程（陶家路江以东）、海塘塘外防冲丁坝及抛石棱体加固工程等。其中，陶家路江三期整治工程完成资金拨付4.94亿元，姚江上游余姚西分工程拨付资金1.63亿元，四明湖水库自溃坝改闸工程拨付资金1776万元。2022年，舜瑞集团为曹朗直堤东侧区域生态治理项目提供资金支撑，向耕地“非粮化”项目拨付资金5.17亿元。完成余姚市三江文化休闲区城市宜居提升工程、余姚市海塘安澜综合提升工程（陶家路江以东段）、大中型水库原水供给能力提升及上下游综合治理工程（一期）、余姚市姚江流域水利基础设施建设及生态综合治理（一期）等工程立项工作。其中，三江文化休闲区城市宜居提升工程完成征收拆迁范围图，完成拆迁的土地面积15.95公顷，并完成东朝街竹山区块实施性城市设计方案。

2022年，舜农集团发行三年期中期票据10亿元。申报专项债项目4个，申报专项债总金额34.6亿元。帮助小微企业和个体工商户落实疫情防控期间租金减免40.64万元。对集团本级房屋、建筑物、土地、山林、水库、海涂土地等资产进行系统清查合计67处，其中已委托资产9处，已使用、无委托资产6处，市属相关单位使用资产11处，自营管理资产25处，未利用资产共计16处。完成产权办理注入集团体内的资产11处，收购大隐镇章山村双溪口水库部分资产。对计划注入的林场资产、粮食收储公司资产进行前期现场踏勘和摸底工作，编制完成资产的现状影像拍摄、使用情况文字说明及相关处置建议等资料。完成三江口（北）新村部分楼座、皇山桥铁路北侧区块城中村改造项目征收工作。2022年，舜农集团与央企地产商洽谈子陵路北侧、城东路西侧地块合作开发事宜，东朝街地块拆迁项目由广州城市规划勘测设计研究院参与编写实施性城市设计方案，蛇山地块规划设计方案成果优化调整。做好大隐双溪口地块高端康养品牌项目落地对接工作。

2022年，四明臻货项目通过“精品+名品”“线下+线上”“节点+景点”等方式，拓宽销售渠道，完成营业收入1050万元。推进全市殡葬项目专项规划修编落地。养老集团组建方案编制完成，南雷居家养老服务中心施工准备完成。校园食堂食材统一配送主体公司组建运营方案和混改实施方案编制完成。余姚市现有大中型排涝泵站、水库、水闸等水利实施通过政府购买服务的形式由集团进行统一管理。余姚市现有碳汇资源储量的测算工作完成。推进朗霞街道龙王堂村分拣中心项目用地方案的编制和审批工作。

（舜农集团）

市场监督管理

【概况】2022年，余姚市抓实冷链物防、农贸市场等重点场所疫情防控工作，查处进口冷链食品违法案件175件，专业市场和农贸市场从业人员核酸检测分别达229.9万人次和35.4万人次。实施全球二维码迁移计划（GM2D）建设，探索二维码从生产、流通到消费的全链条应用推广，推进全市4693家食品生产经营主体率先转码、扫码、用码，出入库扫码359万余条。推动“余姚榨菜”地理标志、企业品牌码与GM2D二维码有机融合，50家酱腌菜生产企业在产品种转码率100%。制定基层建设党建统领的“14211”标准体系数字化建设指南，实现基层全貌“一屏掌控”、核心业务“一链闭环”。深化叉车“智能监管+保险+服务”模式。完成餐饮单位“微监管”实名认证1615家，开展远程视频检查2653家次，在线调解13起。

2022年，余姚市清理长期未经营市场主体795家。全市“互联网+监管”事项入驻率99.37%，参与跨部门双随机抽查2449户次，跨部门监管率27.74%。全市企业、个体工商户、农民专业合作社非接触式年报率分别为97.52%、92.02%、99.77%。推行“监管一件事”“综合查一次”，认领备案事项34项，开展餐饮单位“综合查一次”22次。完成法制机构案件审核330件、抽查96件。推动办案区接入“浙江执法在线”平台。开展2022民生领域“铁拳”行动、“亮剑2022”执法行动、“药剑”专项整治及打击网络传销、养老诈骗等专项行动，查处各类违法案件1390件，同比增长13.93%，其中大要案286件，罚没款1328.7万元，移送涉嫌刑事犯罪案件12件，入选省、宁波市局典型案例6件，药械化案件124件，罚没款135.18万元。

【工商行政管理】 2022年，余姚市新设企业网办率99.94%，办理歇业登记22户、准入准营"一件事"93件。实有各类市场主体17.42万户，同比增长7.03%。深化商事制度改革，加强事中事后监管，获宁波市政府督查激励。组建个体工商户纾困工作专班，推出3个专项文件，开展"两增一畅保主体"个体工商户金融服务能力提升专项行动，从融资贷款、品牌创建、示范奖励等9个方面开展纾困帮扶，为8.6万余户个体工商户减负增补4.63亿元，全市个体工商户首贷户拓展2064户，新增经营性贷款50.52亿元。实施"小微企业三年成长计划"，办理"个转企"441户，其中转公司制企业占比94.56%；新增小微企业6260家、八大万亿重点产业小微企业1793家，余姚市获评2021年度"小微企业三年成长计划"工作优秀市。发挥信用管理示范企业引领作用，新认定省和宁波市信用管理示范企业5家和21家。

2022年，余姚市创建宁波市政府质量奖企业1家，评选余姚市政府质量奖企业5家。照明灯具产业质量提升项目获宁波市级立项。新增"品字标浙江制造"企业24家。深化"标准化+"战略，发动企业主持及参与制（修）订国家标准76项，发布"浙江制造"标准6项，江丰电子获中国标准创新贡献奖三等奖。标准化试点项目通过国家级、宁波级评估验收各1项。余姚市知识产权保护服务中心揭牌，新增PCT境外专利申请117件、有效发明专利5047件。新获评国家知识产权优势企业17家、省知识产权示范企业14家、知识产权贯标认证企业60家。新增省级商业秘密保护示范点企业5家。

2022年，余姚市新增绿色产品认证企业6家、证书11张。实施"地标富农"战略，新增国家地理标志证明商标1件、进入初审公告阶段1件，1件地理标志作为宁波唯一获宁波市地理标志运用促进工程项目立项。开展放心消费单位创建、金融赋能和消费维权提质活动，推广"消费宝"应用，建成放心消费单位3259家，授信放心消费单位640户，信用贷款余额40.16亿元；新建全国12315平台在线纠纷解决（ODR）企业17家、消费维权绿色通道企业20家，创建消费教育基地15个。处置投诉举报12478件，投诉调解成功率63.63%。新增"消费宝"注册用户6461户。

【食品药品监督管理】 2022年，余姚市完成市食检中心搬迁和数字化实验室建设。开展"守底线、查隐患、保安全"专项行动等执法整治，查处食品违法案件597件，开展食品抽检5009批次，不合格104批次。开展食品安全宣传周、"你点我检"等活动，实施餐饮"红黑榜"管理，推送宣传信息430万余条，公示抽检信息11期，发布"红黑榜"18期，完成商业食责险投保880家。深化"浙里药店"系统应用、化妆品生产企业安全智慧监管"黑匣子"工程推广，探索开发宁波市化妆品智造在线系统，完成药品抽检302批次，未发现不合格产品，上报药品不良反应1679例、医疗器械不良事件506例、化妆品不良反应265例。

【质量技术监督】 2022年，余姚市查处不合格产品116批次、质量违法案件168件，淘汰备案非标电动自行车43.5万辆。加强特种设备安全监管，对192台使用年限15年以上的住宅小区电梯开展安全评估工作。推广"保险+服务"电梯安全综合保险，累计97家单位1074台电梯参保。全市范围内制造单位实现"阳光工厂"全覆盖，锅炉作业扫码率保持在98%以上，特种设备高风险隐患处置率100%。检定燃气表、血压计、加油枪等强制计量器具64389台（件），同比增长32.12%。减免强检费用199.56万元。

【价格监管】 2022年，余姚市查处价格违法案件76件，罚没款50.52万元。开展行业协会商会收费联合检查、涉企收费专项检查、转供电专项整治，责令退还违规收取耕地开垦费292万元，监督企业退降电费17.84万元，查处转供电案件5件，罚没款5.67万元。开展学校收费专项检查，督促清退违规收费10.7万元。

【"3·15"国际消费者权益日现场活动举行】 3月10日上午，余姚市消费者权益保护委员会组织市市场监管局、市商务局、市住建局等15个部门，在阳明古镇联合开展了"3·15"国际消费者权益日现场活动。2022年，消费维权年主题是"共促消费公平"，活动现场，各部门设立咨询服务台，发放宣传资料并接受市民的投诉与咨询。同时，市市场监管局消保分局与余姚农商银行一同为阳明古镇的商户"何记面馆"发放"放心贷"授信信用贷款50万元。

【市场监督管理系统行政执法制服换装仪式举行】 4月27日上午，余姚市市场监督管理系统举行新式行政执法

4月27日，余姚市市场监督管理系统新式行政执法制服换装仪式举行

（市市场监管局　供稿）

制服换装仪式。市市场监管局党委书记、局长孙峰作动员讲话，局党委委员、副局长杨文峻主持换装仪式。换装仪式现场进行了升国旗仪式，行政执法人员列队方阵向宪法宣誓。

【余姚市知识产权局上榜知识产权保护全国先进】 6月2日，国家知识产权局、公安部联合发文表扬2021年知识产权保护工作成绩突出集体和个人，余姚市知识产权局（余姚市市场监督管理局）上榜。

【市场监管丈亭所入选“一星级全国青年文明号”】 8月11日，全国创建青年文明号组委会办公室对青年文明号星级认定工作进行通报，余姚市市场监管局丈亭市场监督管理所被认定为“一星级全国青年文明号”。

【浙江省余姚市知识产权保护服务中心揭牌成立】 8月29日下午，浙江省余姚市知识产权保护服务中心揭牌仪式暨企业知识产权海外维权培训举行。余姚市委常委、常务副市长曹敬之为市知识产权保护服务中心揭牌，宁波市市场监督管理局党委委员、总工程师胡晓峰、余姚市副市长潘健红分别致辞。揭牌仪式后，余姚市知识产权保护服务中心开展了首次活动——企业知识产权海外维权培训。中国（宁波）知识产权保护中心快速维权部副部长陆晶晶就海外知识产权纠纷应对、跨境电商知识产权保护等内容为60家重点企业代表讲解。

（市市场监管局）

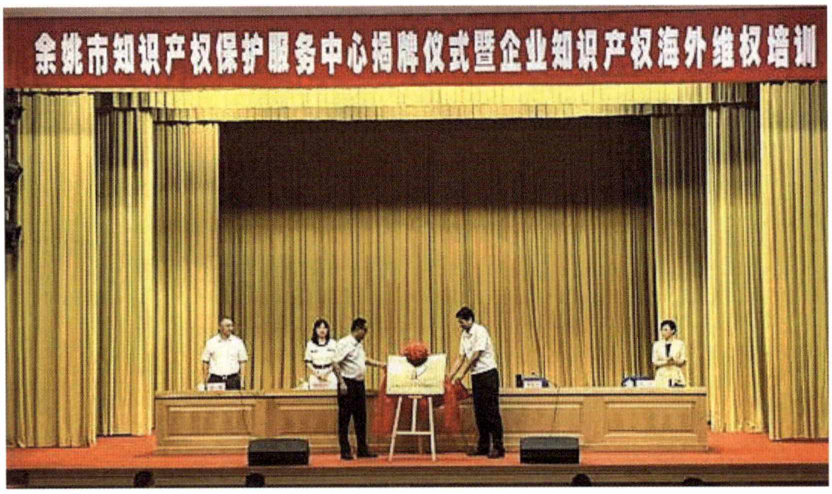

8月29日，浙江省余姚市知识产权保护服务中心揭牌仪式暨企业知识产权海外维权培训举行

（市市场监管局　供稿）

审　计

【概况】 2022年，余姚市完成审计项目22个，查出主要问题金额1.52亿元，其中违规金额9862万元、管理不规范金额4003万元。移送纪检监察机关和有关部门处理事项17件。审计促进整改落实有关问题金额6.57亿元，避免损失1141万元，推动被审计单位制定整改措施62项，促进被审计单位制定、完善规章制度36项。2个审计项目获得宁波市优秀审计项目二等奖，1个审计项目获得宁波市优秀审计项目三等奖。2022年度审计考核中，余姚市获得省、宁波市“双优秀”，被评为2022年度“全面深化改革”建设工作突出贡献集体。

2022年，余姚市重点实施余姚市储备粮管理情况专项审计调查、余姚市住房与城市建设专项资金使用和绩效专项审计调查、余姚市人才用房保障情况专项审计调查、余姚市2016年至2020年民生建设实事项目专项调查审计4个政策跟踪审计项目，其中储备粮专项审计调查7个问题情况纳入浙江省审计厅综合报告。结合项目库管理使用情况、0~3岁婴幼儿照护服务、政府单一来源采购等6个专题，采用“1+N”方式，实现专题审计纵深化。通过实施财政数据校验、统一预算项目名称、构建总分研究体系，首次实现财政预算执行全过程精准分析，涵盖全部2368个预算项目。对11家单位16位领导干部实施了经济责任审计。

2022年，余姚市完成余姚市住房与城市建设专项资金使用和绩效专项审计等4个投资类审计项目，核减资金1112.60万元。完成结（决）算核查流程项目54个，提出核查意见450条，共核减资金8443.68万元。继续对市中医院迁建工程等3个民生项目开展跟踪审计。组织14个乡镇、街道实施公立幼儿园同步审计项目，16名内审人员参与了国家审计项目，对中介机构出具的9个审计（审核）报告质量进行了核查。内审项目获宁波市优秀项目2个、表彰项目3个，其中省内审优秀项目1个、省内审表彰项目1个。

2022年，余姚市出台《余姚市“七张问题清单”重大审计问题工作运行机制》《余姚市审计局“七张问题清单”重大审计问题实务操作规程》，完善重大审计问题从筛选、入库到跟踪、销号的闭环管理流程，促进重大审计问题清单问题举一反三和建章立制。组织开展审计整改联合督查3次，开展举一反三工作16项，其中1个案例入选宁波市审计清单示范榜。将175个问题及时纳入重大审计问题清单，完成16个宁波市级重大审计问题清单的问题整改，整改金额20.90亿元。重大审计问题清单指标排名宁波市第3、全省第28。

【市委审计委员会第四次会议召开】 3月8日，中共余姚市委审计委员会第四次会议召开。市委书记傅贵荣主持会议并讲话，市领导沃勇特、林伟、虞存斌、曹敬之、郑利刚出席会议。会议传达学习习近平总书记关于审计工作的重要指示精神和李克强总理重要讲话精神，以及省委审计委员会第七次会议

3月8日，余姚市委审计委员会第四次会议召开　（李其锋　摄）

精神、宁波市委审计委员会第六次会议精神，听取2021年全市审计工作主要情况和2022年审计工作总体安排、2021年余姚市审计整改落实情况报告，审议通过《市委审计委员会成员单位工作协调制度》《审计工作重大事项督察督办办法》2个制度。增补市发改局为委员会成员。

【市第十五次经济责任审计工作联席会议召开】 10月18日，余姚市第十五次经济责任审计工作联席会议召开，市委审计委员会办公室主任、市审计局局长、市经济责任审计工作联席会议召集人熊剑锋主持会议并讲话。会议通报2021年度经济责任审计情况，传达学习《镇乡（街道）党（工）委书记离任交接办法（试行）》，研究部署下一步工作。

（市审计局）

统　计

【概况】 2022年，余姚市建立"一业一月一分析"制度，聚焦重点行业、领域、区域发展状况，每月梳理21个GDP支撑性指标数据排名情况。推进第五次经济普查筹备工作，组建成立筹备领导小组及办公室，认领浙江省第五次经济普查专题研究课题。开展千分之五人口抽样调查，完成第七次人口普查工作情况汇编本出版和相关数据开发利用工作。完成季度GDP核算和数字经济核心产业、文化产业等领域产业核算，组织实施工业、商贸、服务业、投资、能源等重点统计调查任务，加强"246"万千亿级产业集群、十大重点产业链、高新技术产业、战略性新兴产业等近20个重点产业跟踪监测，开展企业发展环境、企业增值税留抵退税实施情况等专项调查。

2022年，余姚市持续开展数据质量自查自纠和税务数据专项比对行动，落实国家统计督察反馈意见整改。开展统计单位（项目）入库退库专项检查，对65家单位进行了统计执法检查，对2家单位作出当场警告处罚，拟对1家单位作出警告并处6000元罚款的行政处罚。

2022年，余姚市印发《余姚市全面推进基层统计网格智治工作实施意见》，统计网格智治进入实质性运转阶段。全市设置统计网格112个，覆盖企业2416家，建成镇级统计之家16个，开展小规模业务培训等网格活动30余次。编印《余姚服务业统计知识分享》等培训教材，累计开展各类培训20余场次，参加1600余人次。

【市经济稳进提质攻坚工作调度会召开】 8月30日，余姚市经济稳进提质攻坚工作调度会召开。余姚市委副书记、市长沃勇特出席会议并讲话。市委常委、常务副市长曹敬之主持会议，市领导毛丕显、董盛益、潘健红出席会议。会上，市发改局汇报了经济稳进提质攻坚行动指标晾晒监测情况及下步工作举措，市统计局汇报了GDP支撑性指标情况及相关建议，各参会单位作了交流发言。

（市统计局）

国家统计调查

【概况】 2022年，国家统计局余姚调查队开展城乡居民收支调查、粮食产量监测调查、月度劳动力调查等常规统计调查12项，开展了全面从严治党民意调查、春耕备耕调研等专项调查研究16个，其中农民工市民化进程动态监测调查共抽取8个点，80户农民工户，主要调查内容有农民工及随迁家属基本情况，农民工就业、健康与医疗、居住条件、社会融合状况，未随迁的农民工家庭成员基本情况，农民工子女教育情况，农民工及共同居住家庭成员的收支情况，以及农民工在城镇的定居意愿。构建企业生产、民情民意和民生诉求调查机制，强化区域经济社会发展统计监测预警，在粮食安全、居民就业、共富创建等方面为党委政府、社会公众提供统计服务，全年撰写调查分析和调研报告16篇次，完成浙江调查总队立项课题2项。

2022年，国家统计局余姚调查队进村（社）入企入户开展工作指导、业务督导、调查陪访，累计走访126户（家）调查对象。推进应用《全省调查员服务平台》，将全市54个调查点、105家样本企业、350户样本户加载入库，完善"两库"信息建设维护。全年共组织各类培训20余场次，参与人数合计800余人次。开展专业数据质量检查累计626户（家）。设立公职律师1人，外聘法律顾问1人，对10家样本企业开展统计执法。做好中国统计开放日、统计法颁布纪念日等重要节点集中宣传，推进"送法进社区""送法进乡村""送法进企业"，强化公众普法宣传，营造依法统计氛围。

2022年国家统计局余姚调查队调查项目情况表

表4

项目类别	调查项目名称	样本数量及单位
常规调查项目	粮食产量调查监测	20个村
	住户收支与生活状况调查	350户居民
	农民工市民化进程调查	80户居民
	主要农产品中间消耗统计调查	5家种粮大户，9家禽养殖户
	农产品生产者价格调查	32家农产品经营户
	月度劳动力调查	256户居民
	新设立小微企业和个体经营户跟踪调查	20家企业
	采购经理调查	41家企业
	工业生产者价格统计调查	64家企业
	畜禽监测调查	152家养殖户
	农贸市场价格调查	1家
	土地流转调查	5个村
专项调查研究项目（部分）	全面从严治党民意调查	100户
	余姚市假日经济新模式情况调研	
	中职院校毕业生就业情况调研	1家企业、1家学校、39位学生
	春耕备耕调研	6家种粮大户、1家乡镇
	余姚市老年人社会保障现状调研	30名
	余姚市灵活就业人员从业情况调研	30位从业人员
	余姚市横坎头村“富民强村”建设情况调研	
	余姚市“菜稻轮作”情况调研—以泗门镇为例	
	余姚市扎实稳住一揽子政策实施情况调研报告	16家企业和个体
	余姚市退役军人就业创业情况调研	21名退役军人
	余姚市居民消费情况调研	161份
	余姚市老旧小区改造情况群众满意度调研	30户居民

【住户调查样本轮换完成】 11月，余姚市住户调查样本轮换工作。新换样本的样本量为35个调查点，涉及350户调查户。本次样本轮换主要流程为抽样框核实、调查员选聘和培训、小区地图绘制、建筑物清查、入户摸底、开户、试记账等。样本轮换完成后，启动为期5年的住户调查工作。

【粮食产量调查监测样本轮换完成】 11月，余姚市粮食产量调查监测样本轮换工作完成，经前期试点、全区范围分村摸底，抽选出10个国家级样本村和10个省级样本村，又经样方抽选、样方核实和调查员选聘等环节，在样本村内确定总计60个样方，用于采集抽样调查数据。新换样本从12月起正式使用。

（市国调队）

交通·邮政

交通建设与管理

【概况】 2022年，余姚完成交通固定资产投资26.08亿元。2000万元及以上交通建设项目建设完成7个，基本完工1个。城东路（舜水大桥至阳明东路）拓宽改造工程、科兴路东延工程（余姚段）一期、杭甬高速牟山连接线拓宽改造工程、三河线路面提升工程、余慈连接线积水点整治工程、S213浒溪线余姚段（K14+550–K22+240）路面提升工程、S213浒溪线（K30+810–K93+835）路段边坡整治工程等7个项目建成投用；余姚市首条城市高架快速路余姚经济开发区西南园区配套道路（一期）于9月底开工建设，总投资超40亿元。

2022年，余姚市推进前期项目16个，除余姚经济开发区项目开工外，东环南路（北姚江路至南滨江路）工程、北环路、华家山隧道人非通道及接线工程等3个项目获得《工程项目可行性研究报告》批复，荷梁线二期、329国道等11个项目完成立项。上报“三区三线”申报项目35个，完成新立项项目32个，其中省级项目7个，余姚市级项目7个。争取省级土地保障建设项目7个，余姚市级土地保障项目16个。

2022年，余姚市共出动执法人员16362人次，发现各类交通违法行为4936起，其中，道路运输违法案件966起，公路违法案件3970起。承办交通行政处罚案件5623件，其中运政案件934件、路政案件4689件（其中非现场执法2819件），罚没款总额约1008.5万元。以外省籍大中型客车、全市旅游包车、10座以上客运车辆、租赁客车及危险品运输车等为检查重点开展“两客一危”联合执法专项整治10次，查处违法车辆322辆。开展超限超载治理，查扣车辆576辆，移交交警处理287辆（包括百吨王13辆），现场超限处理案件322起，罚款118.7万元；处理干扰电子地磅118件，罚款33.6万元；处理非现场电子地磅4359起，处罚金额731.98万元；处理“抛洒滴漏”194件，罚款21.7万元；处理无证营运18起，罚款33.5万元；处理指使、强令车辆驾驶人超限运输货物1起，罚款8000元。

2022年，余姚市开展交通领域安全生产大检查5次，督查企业487家次，共出动检查人员1242人次，发现隐患684处。全年检测15座桥梁及3座隧道，完成2座桥梁特殊检测；完成桥头跳车治理44处；完成10座桥梁维修工程，完成2座桥梁改造工程。开展低温雨雪冰冻天气和“轩岚诺”“梅花”防汛防台的防御工作，共出动检查人员163人，检查地质灾害危险区域、排涝设备设施等387处，发现隐患568处，整改完成566处。推进“梅花”灾后重建工作，共出动应急人员350人次，巡查、抢险车辆55辆次，50装载机8台班，600立方米/小时移动排水泵1台，25立方米/小时小型抽水泵20台，沙袋500余袋。排除道路积水90处，5300余平方米；清理边坡塌方20余处，3000余立方米。

【余姚经济开发区西南园区配套道路（一期）工程开工】 9月28日，余姚经济开发区西南园区配套道路（一期）工程开工，道路起点位于梁周线与南雷路路口，终点至梁周线与西石山路路口，全长8.448千米，系余姚市首条城市高架快速路。项目位于余姚市中心城区规划范围内，采用高架+地面道

9月28日，余姚经济开发区西南园区配套道路（一期）工程开工

（市交通局 供稿）

路的建设形式。地面道路起点位于梁周线与南雷南路路口，沿梁周线老路自南向北途经梨洲街道、兰江街道、阳明街道，终点至梁周线与西石山路路口；高架路线走向与地面道路一致，起点在新庄路以西留跳台，终点在规划玉立路以西留跳台，全长6.204千米（其中左线高架长6.380千米、右线高架长6.204千米）。高架采用一级公路标准兼顾城市快速路功能，设双向六车道，设计速度80千米/小时，其中整体式高架桥宽26米，分离式高架桥单幅宽度13.25米；地面道路采用一级公路标准兼顾城市主干路功能，除姚州大桥段维持现状双向四车道外，其余路段均设双向六车道，设计速度60千米/小时，其中姚州大桥以南标准段路基宽度50米，姚州大桥以北段充分利用老路宽度，结合分离式高架桥建设需要进行局部改造；出入口平行匝道设计速度均为40千米/小时，匝道路基宽度9米。

【余姚市高等级公路建设指挥部成立】 10月，《余姚市人民政府办公室关于建立余姚市高等级公路建设工作领导小组及指挥部的通知》（余政办发〔2022〕82号）印发，余姚市高等级公路建设指挥部成立。指挥部主要职责包括：承担投资10亿元以上高等级公路建设的立项、工程可行性研究、勘察设计等前期管理工作；组织实施投资10亿元以上高等级公路建设项目的征地拆迁等政策处理工作；承担投资10亿元以上政府还贷（债）、国有投资经营性高等级公路建设项目管理，负责项目招标、合同、质量、进度、安全、环保、交（竣）工验收等工作；参与政府和社会资本合作项目（PPP）建设期监管工作；承担高等级公路建设管理行政辅助性工作；承办市委、市政府和上级有关部门交办的其他事项。

【杭甬高速牟山连接线拓宽改造工程通过验收并通车】 12月28日，由宁波舜通集团有限公司投资建设的杭甬高速牟山连接线拓宽改造工程通过交工验收并通车。杭甬高速牟山连接线拓宽改造工程起自西吴江桥北侧，终点至牟山互通北收费站接线交口，线路全长0.574千米，按照双向四车道一级公路标准进行设计，设计时速为每小时60千米。该项目总投资5858万元，于3月10日正式开工建设，3月24日完成西吴江桥右幅第一根桩基施工，6月21日完成西吴江桥右幅梁板架设，7月30日开放西吴江桥右幅桥梁通车，并于12月15日完成施工。

（市交通局）

12月28日，杭甬高速牟山连接线拓宽改造工程通车　（倪红微　摄）

公共交通

【概况】 2022年，余姚市完成新改建公交站点10个，新改建公共汽车首末站1个，新建公交电子站牌5个。新增更新公交车111辆，新增优化公共汽电车线路4条，发展定制客运线路2条。至2022年底，全市共有公交车712辆、运营公交线路127条。其中余姚公交公司车辆660辆、运营公交线路121条，泗门公交公司车辆52辆、运营公交线路6条。

【交邮合作运输协议签订】 8月18日，经余姚邮政管理局牵头，余姚市公共交通有限公司与中国邮政余姚市分公司携手签订了《交邮合作运输协议》，“交邮合作”项目启动。“交邮合作”项目主要依托现有公交532线路，利用每天两个非高峰班次承接梁弄镇公交站和鹿亭乡上庄村两个点位间的普服邮件、快递、农产品、消费品等物件的双向运送。负责“送快递”的公交车辆由余姚市公交公司设计改装，是具备独立载货空间的客货邮一体公交车，能够做到乘客与邮件的物理隔离。

年内，具备“送快递”功能的公交车辆投运　（市公交公司　供稿）

【四明山快线E02特色公交线路优化完成】 10月17日，四明山快线E02特色公交线路走向及站点分布均调整优化完成。调整后的线路走向为：余姚南站—黄山西路—南雷南路—世南西路—梁周线—谭家岭西路—余梁线—浒溪线—四明山，全程66.5千米。调整后线路站点设置为：余姚南站—市政府—兰江站（市妇幼保健院、市二院）—兰江街道办事处—西南公寓—梁弄镇政府—东溪村（梁弄）—大岚老站—西岭下—四明山公交站。

（市交通局）

铁 路

【概况】 2022年，余姚境内铁路旅客发送371.3万人次，到达368.7万人次；铁路货运发送47.12万吨（另有汽车厢发送73328辆汽车），到达133.85万吨。至2022年底，每日经停余姚的图定旅客列车182列，其中经停余姚北站列车133列，经停余姚站列车31列，宁波与余姚间城际列车18列。2022年，受疫情影响，铁路余姚北站日均发客0.81万人次；城际余姚站全年运送旅客73.5万人次。境内拥有客运火车站点2个，城际铁路站点1个，货运火车站点2个。

2022年，完成余姚市轨道交通线网规划研究方案编制。推进宁波至余慈城际铁路一期增设站点工作，配合宁波城铁公司继续完成城际牟山站古运河影响评估、施工图设计、土地预征收等前期工作，完成城际牟山站配套工程招标前期工作，协助宁波城铁公司完成铁路方代建费用报价审核等工作。启动城际丈亭站、三七市站项目设计。配合开展通苏嘉甬铁路余姚段用地预审、先行用地报批等相关工作。开展"迎亚运铁路两侧'三化'"专项整治行动工作，进行4批次铁路沿线外部环境卫生问题自查，完成367个问题点位整改。

【余姚市轨道交通线网规划研究论证会召开】 12月中旬，余姚市轨道交通线网规划研究论证会召开，会上依据宁波国土空间规划、铁路枢纽规划等上位规划的调整，对原定三个方案进行比选，优化形成余姚市轨道交通线网规划研究方案。该方案规划新设宁波至余姚市域（郊）铁路11号线，计划与宁慈线（10号线）、宁象线（12号线）互联互通。另外规划构建余慈内部轨道交通网（N线），依托市域（郊）轨道网支撑余慈一体的宁波余慈中心区布局。相关内容收入《2022—2035宁波市轨道交通线网规划》。

（市铁建中心）

公路运输

【概况】 2022年，余姚市公路运输总周转量19.97亿吨 · 千米。至2022年底，全市公路里程2032.078千米，其中国道（包括杭甬高速公路）82.555千米，省道（包括余慈高速公路）176.79千米，县道397.014千米，乡道345.408千米，村道1030.311千米。高速公路65.031千米，一级公路209.35千米，二级公路105.346千米，三级公路189.674千米，四级公路1462.677千米，全市公路密度达135.47千米/百平方千米。

2022年，余姚市新改建农村公路33.97千米，农村公路总里程达到1772.87千米，排名宁波第一。余姚市入选2022年"四好农村路"全国示范县创建单位。莫家湖村至大岭顶村农村公路入选浙江省首批"十大最美农村路"。

【莫家湖村至大岭顶公路入选浙江省首批"十大最美农村路"】 7月30日，浙江省交通运输厅公布浙江省首批"十大最美农村路"，余姚市莫家湖村至大岭顶公路获评。莫家湖村至大岭顶公路起自兰江街道莫家湖村，接谭家岭西路，沿四明山山脚向西南敷设，沿途经过上虞区永和镇，傍四明湖水库东南角南行，至梁弄镇人民政府，绕镇政府西侧，经镇北路、省县道西连接线接横坎头至大岭顶公路，终点接大岭顶村，由余梁公路、镇北路、省县道西连接线和横坎头至大岭顶四条农村公路串联而成，路线全长26.6千米。该公路是余姚市主城区连接南部山区的主要通道，同时也是一条自驾游精品路。

【中共余姚市交通运输行业委员会成立】 9月，《关于成立中国共产党余姚市交通运输行业委员会的通知》（余组通〔2022〕29号）印发，成立中国共产党余姚市交通运输行业委员会成立。委员会统筹负责全市道路货运企业（网约货运平台）、网约出行企业、网约车司机和货车司机群体党建工作，直接指导或联系重点企业党组织。行业党委由市交通局党委领导和管理，党组织关系隶属市直机关党工委，接受市委组织部、市委两新工委工作指导。

莫家湖村至大岭顶公路大岭顶入口　　（市交通局　供稿）

【科兴路东延工程（余姚段）一期完工】12月20日，科兴路东延工程（余姚段）一期工程完工。科兴路东延工程起点接余姚大道（K21+700）处，终点至余慈交界处，路线全长4.52千米，工程分为两期实施，一期实施范围为K0+000至K2+014.48和K2+338.66至K4+548.27段，全长4.224千米。工程沿原科兴路往东，依次与园兴路、朗海北路、园发路、建民路相接，终于余慈交界处。工程按双向四车道二级公路标准兼顾城市道路功能进行建设，路基宽度22米，设计速度60千米/小时。

（市交通局）

水路运输

【概况】2022年，余姚境内航道里程45千米，为国家级重点四级航道。杭甬运河余姚段船舶累计过闸量达15349艘次，水路周转总量2317万吨·千米，同比增长11.5%。货运量为7.76万吨，同比增长32.8%。

【东港2#作业区一期码头工程开工】4月23日，东港2#作业区一期码头工程开工。工程位于余姚市丈亭镇龙南村庙山脚下姚江北岸，距离上游1#作业区约1.1千米，与319省道和萧甬线铁路相邻。码头自西向东拟新建5个500吨级泊位（水工结构按1000吨级设计），依次为3个散货泊位和2个件杂货泊位，泊位总长度308米，码头可使用作业岸线308米。码头规划吞吐量为140万吨/年，设计通过能力为185万吨/年。用地面积2.75公顷，配套建设堆场、道路及生产生活辅助建筑等设施。

（市交通局）

海　事

【概况】2022年，余姚重点对杭甬运河余姚段下行运输船舶、姚江旅游公司船舶及杭甬运河通航秩序维护等开展现场监管，并做好应急处置工作。共开展水上巡航308次，巡航时间620小时，巡航里程5740余千米，陆上巡查468次，巡查时间953小时，巡查里程1.2万千米，共检查船舶988艘次，出动执法人员1290人次。

开展全市“摩托艇、小快艇”联合整治行动，对多次违规下水活动的艇主进行联合约谈，并签署警示教育告知书，有力打击了摩托艇、小快艇违规下水活动违法行为。整合杭甬运河余姚段沿岸重点闸口CCTV远程监控设备，实现与地方监管资源共享共用，以海上智控平台、深蓝智享等，实现辖区水上“可视化”管理，重点闸口动态全掌控。对余姚渔船船东、船长就防范商渔船碰撞、公共航路等进行安全教育，并结合辖区水域实际情况及身边案例进行引导教育。

【一货船在杭甬运河余姚段搁浅】8月，一艘货船在杭甬运河余姚段西分大闸下游约500米处的河中央搁浅，船底出现破损。搁浅船只装载货物为粉煤灰，从江苏江阴开往余姚风顺码头。事发后，该河段上游通明船闸和下游蜀山船闸临时关闭，并在上下游各200米处派专人瞭望。海事余姚办事处联合市交通局、上虞区港航部门，出动3艘船舶联手施救，经过4个小时求援，搁浅货船脱困，航道恢复正常通行。

（海事余姚办事处）

邮　政

【概况】2022年，余姚市实现邮政业务总收入2.72亿元，实现经营利润（含寄递事业部）3540万元。其中，金融业务收入1.52亿元，同比增长13.96%，资产管理规模年增12.46亿元，总量突破140亿元，全年累计标准保费2.39亿元，同比多增4100万元，高效基金累计销量1.5亿元，理财年增1.02亿元。寄递业务收入7457万元。农村电商分销收入2237.6万元，累计实现线上自营批销额1855万元。函件业务累计收入420万元，集邮业务收入318.6万元，报刊业务收入930.4万元。

【“崇军联盟”战略合作协议签约】3月15日，“崇军联盟”战略合作签约仪式在邮政余姚邮政分公司举行。签约仪式上，邮政余姚分公司介绍余姚邮政各板块业务发展以及退役军人综合服务工作情况。余姚邮政分公司总经理范力源、余姚市退役军人事务局局长柳雅敏参加仪式，并代表两个部门签订“崇军联盟”战略合作协议。

【中国邮政—丈亭杨梅产销寄递接洽会举行】6月8日，邮政余姚分公司联合丈亭镇人民政府，在丈亭镇梅溪

3月15日，“崇军联盟”战略合作协议签约　（黄海燕　摄）

6月8日，中国邮政—丈亭杨梅产销寄递接洽会召开　（郑丁琪　摄）

村梅园召开中国邮政—丈亭杨梅产销寄递接洽会，余姚市丈亭镇副镇长祝永权、邮储银行余姚支行副行长余哲航、余姚邮政分公司总经理范力源、余姚邮政分公司寄递事业部副总施建波、华标杨梅合作社负责人俞华标参加本次会议。会上，余姚邮政分公司与低收入农户代表签订《邮政"助农惠农"产销对接合同》，与12位低收入农户建立结对帮扶关系，承诺在杨梅旺季期间为低收入农户共销售杨梅不少于600筐。

【王阳明个性化邮票首发】 10月31日，《知行合一——王阳明诞辰五五〇周年》个性化邮票首发仪式在余姚王阳明故居广场举行。开幕式现场设有邮票展区，还有邮票设计者现场签名、个性化邮戳盖章等活动。

（邮政余姚分公司）

物流快递

【概况】 2022年，余姚市制定《余姚市三级物流体系建设实施方案》，2个县级共配中心建成并投用。全年快递业务总量31113.6万件，同比增长8.4%。

【2022年度四明山区域"邮快合作"协议签订】 4月26日，余姚邮政分公司与圆通、申通、中通、韵达、极兔五家品牌快递区域负责人签订2022年度四明山区域"邮快合作"协议，统一由邮政公司为四明山革命老区3个乡镇、38个行政村群众提供末端配送服务。

【四明山区域共配中心建成投运】 6月，四明山区域共配中心建设完成并投入运营。该共配中心位于余姚市梁弄镇如意路140-2号，占地1200平方米，具有快递共配、农产品常温仓、冷链仓等功能，共配范围包括梁弄、大岚、鹿亭、四明山4个乡镇。

【余姚市快递共配中心建成投运】 10月，余姚市快递共配中心于10月建设完成并投入运营。该共配中心位于余姚市丰山西路1097号，占地3500平方米，共配范围辐射余姚市除四明山区域以外的17个乡镇（街道）。

（市交通局）

6月，余姚市四明山区域快递共配中心建设完成并投运　（郑丁琪　摄）

城乡建设与管理

城乡规划

【概况】 2022年，余姚市国土空间总体规划“三区三线”成果通过省级审查，并获得自然资源部批复。推进市、乡镇两级国土空间总体规划编制，形成国土空间规划一张图系统平台。深化余姚市中心城区分区规划研究编制、城市重大公共服务设施专项规划研究。开展全域详细规划评估和城市体检评估工作，完成涵盖全域261个行政村的村庄规划评估报告和涉及全域各城镇建成区的城镇详细规划评估，完成年度城区范围划定并有序推进年度城市体检工作。

2022年，余姚市推进重点片区控规编制工作，完成编制余姚市黄山编制单元控制性详细规划修编、余姚市黄湖地块控制性详细规划、余姚市市政府地块周边编制单元控制性详细规划。完成新桥、古路头—明伟、城西工业园一期等多个单元控规局部调整。开展“多规合一”的实用性村庄规划试点工作，推进陆埠镇沿溪村、阳明街道康山村村庄规划覆盖工作。完成陆埠镇南雷村、泗门镇镇南村、牟山镇青港村等多个村庄规划局部调整。首次开展余姚市总体城市设计，打造“余山姚水，阳明心城”。编制完成火车站北侧城市更新规划。编制完成新西门路两侧规划更新方案。开展龙泉山片区规划研究，提出了“龙山圣心，姚城客厅”的片区新定位。开展东南组团核心启动区城市设计，研究东南组团发展定位和结构形态。开展东朝街—竹山实施性城市设计，研究探索竹山岛未来的开发设想。开展北部融湾新城核心区城市设计，打造余慈城市副中心的“融湾新引擎、空间新形象、未来新中心”。

【余姚市城市设计导则编制完成】 1月初，《余姚市城市设计导则》通过市政府常务会议审议，该导则于2020年底启动编制，历经一年多的编制时间，其间，充分征求和吸收了社会公众、人大代表、政协委员等各方面的意见建议，形成完善的城市设计导则成果。城市设计导则的成果体系包括：城市设计导则总报告；参考规划研究报告分册、总体城市设计战略研究分册、重点空间体系导则分册、专项风貌研究分册和实施行动指导分册，其中专项风貌研究分册主要包含高度、色彩、照明及环境设施等研究专题；《余姚市城市设计管理办法》。

【余姚市第二届城市发展策略专业委员会第一次会议召开】 5月4日，余姚市第二届城市发展策略专业委员会召开第一次会议。余姚市委常委、常务副市长曹敬之参加会议。会议就中铁十九局职工生活基地、马渚镇云楼村臧墅湖地块、余姚高速夏巷西出口东侧工业项目、牟山绿城玫瑰园四项目规划设计方案、黄山编制单元控制性详细规划修编等议题进行了审议。会上，各设计单位详细介绍了项目设计理念和规划方案，市城市发展策略专业委员会委员、相关部门和专家等分别就各方案进行了讨论和评议。

5月4日，第二届城市发展策略专业委员会第一次会议现场 （吴珊 摄）

【余姚市“三区三线”成果率先通过省级审查】 8月3日，余姚市国土空间总体规划“三区三线”成果率先通过省级审查，成为全宁波第一个通过省级审查的县（市、区），并于9月30日获得自然资源部批复。该成果争取到规划新增建设用地3646.67公顷，976个重点项目得到空间落实，其中57个项目列入“三区三线”重点项目保障。

（市资规局）

住房和城乡建设

【概况】 2022年，余姚市建设完成金型三路道路延伸工程等8个道路桥梁工程（含6条断头路），开丰路与临溪路交叉口等12个路口改造工程，合计总投资约2.1亿元。中心城区全年累计新增停车位3017个。推进水韵之旅·城乡康庄路精品线路建设，完成年度投资3.79亿元。

2022年，余姚市基本建成市域污水输送复线工程，完成市域污水输送工程二期丈亭、临山段，推进首创农村生活污水扩面、丈亭—东郊6千米污水总管大修等7个污水工程。完成滨江新村、北长安小区等7个生活小区污水零直排建设，农村生活污水处理设施工程已开工41个，其中完工65.8%。累计完成农村生活污水处理设施标准化运维508个，农村污水治理行政村覆盖率从44%提升到58%。全年累计发放315本排水许可证，并持续跟进批后监管。

2022年，余姚市完成富北一、二小区等6个老旧小区及零星居住点的改造项目，总建筑面积达35.24万平方米，实现全市中心城区2000年前建成的老旧小区改造全覆盖。推行菜单式改造，增加主路面“白改黑”等改造内容，延伸改造监管范围至地下空间。完成凤山街道万丰苑等7台加装电梯的交付。截至2022年底，全市有9个省级未来社区创建项目，其中新建类5个、旧改类4个。完成总投资约990万元的全域未来社区智慧服务平台项目建设，成功创建四明之窗红诗路县域风貌样板区等城乡风貌样板区2个。6个乡镇（街道）完成美丽城镇创建验收，实现全覆盖。创建2个省级样板美丽城镇，余姚市被评为全省美丽城镇建设工作年度优秀县（市、区）。泗门镇镇北村等3个省级美丽宜居示范村创建成功。完成环姚江—候青江绿道等约15千米的绿道建设，贯通省级绿道大运河诗路线和滨海绿道。

7月29日，舜通集团城东校区新建工程通过竣工验收

（舜通集团　供稿）

2022年，余姚市房地产投资164.53亿元，同比增幅8.5%。商品房销售面积157.82万平方米，同比下降16.5%。成立余姚市房地产风险防控处置工作专班，出台《关于支持刚性和改善型住房需求的暂行办法》等文件，对风险项目采取压实责任、资金共管、资产保全和印章监管等措施，推行“一楼一策”、预售资金“红橙黄绿”四灯警示制度等风险管控制度，完成全市21个房地产项目的交付，合计交付商品房12365套。编制《保障性租赁住房专项规划（2022—2025）》，全市建设筹集保障性租赁住房9113套（间），争取到中央支持住房租赁市场发展试点奖补资金超1亿元。

2022年，余姚市完成宁波市民生实事口袋公园建设改造项目3个。其中中山家园东侧口袋公园位于凤山街道中山路与文山路交叉口东北侧，改造面积3300平方米，投资约24.75万元；星光华府东侧及南侧口袋公园位于兰江街道，共计新增绿化面积5700平方米，投资约320万元。三江六岸景观照明工程基本完成。

【舜通集团城东校区新建工程通过竣工验收】 7月29日，剑江区块配套项目——舜通集团城东校区新建工程（北京师范大学余姚实验学校建设项目）通过主体和附属工程验收。该学校按Ⅰ类九年一贯制学校标准建设，设计规模78班，其中小学48班、初中30班，可容纳3510名学生就读。

【余姚市第二条环线（环姚江、候青江）绿道开通投用】 12月，余姚市环姚江、候青江绿道改造工程完工。环姚江、候青江绿道位于余姚市中心城区，全长约6950米，工程总投资2943.11万元，于8月开工。建设范围为姚江—候青江环线内。其中姚江沿线为北岸，范围为龙泉山至玉皇山公园，长约2500米；候青江沿线为南岸，范围为玉皇山公园至龙泉山，长约4450米。市环姚江、候青江绿道途经玉皇山、龙泉山、阳明古镇等大型公共空间，沿线建设8个休息驿站，形成了一个畅通、无障碍的环形城市慢行系统。

12月，环姚江、候青江绿道改造工程完工　　（市住建局　供稿）

12月30日，梨洲街道古路头小学（暂名）新建工程项目完成竣工验收　　（市住建局　供稿）

【梨洲街道古路头小学（暂名）新建工程竣工验收】 12月30日，梨洲街道古路头小学（暂名）新建工程项目完成竣工验收。该工程位于余姚市梨洲街道古路头村，立项资金1.5亿元，总用地面积27583平方米，总建筑面积28967.1平方米，地下室面积6599.58平方米。工程按浙江省《九年制义务教育普通学校建设标准》学校三类标准建设，设计规模36班，可容纳学生人数1620人，教职工95人。主要建设内容包括新建普通教学楼、专业教学楼（含报告厅）、行政楼、食体楼、门卫、连廊、配电房等，同时配套建设运动场、道路、停车位绿化景观及给排水、电气等相关附属设施。该项目工程于2021年10月18日开工建设，工期历时450天。2022年7月，该项目通过宁波优质结构验收。

（市住建局）

城中村改造

【概况】 2022年，余姚市出台《关于打造“余山姚水 阳明心城”促进城市品质大提升的实施意见》。出台《余姚市城市更新管理办法（试行）》，把中心城区拟改造地块划分为北部融湾新城片、古城余韵核心片、东南智慧文化片、姚江东部门户片、黄山未来活力片、创新绿谷核心片、西部双创门户片等7大片区。编制城中村改造专项规划，对中心城区52平方千米范围内的城中村现状作进一步梳理，建立完善基础数据库。

2022年，余姚市开展中心城区工业腾退和产业更替实施方案研究、中心城区强电入地排摸调查、龙泉山周边前期研究、“精特靓”工程前期研究、龙泉山周边前期研究和一职校周边、老党校周边和玉立宾馆周边等地块改造研究。谋划建立城市更新发展基金，主要用于余姚市城市更新类相关项目的投资建设。

2022年，余姚市实施城中村改造项目19个（延续项目3个），其中拆除重建类14个，拆整结合类2个，梳理式改造类3个。经各方努力，拆除重建类项目中，累计签约1324户、面积764508平方米，其中堰头地块、皇山桥铁路以北、康山北、新西门西侧等7个项目房屋基本拆除，拆除965户、面积434196万平方米；古路头自然村地块、梨洲街道办事处东南角地块、射龟桥上畈自然村区块、黄山公园周边一地块（前后菖蒲塘、石家跳）等7个项目签约基本完成。拆整结合类项目中，武胜门历史街区、府前路历史街区二期累计签约128户，面积22008平方米。梳理式改造类项目中，菱池片完成改造，面积0.55万平方米；万年小区、庙弄村2个梳理式改造项目完成改造工程招标。

【余姚首次举办高规格举办城市发展大会】 7月9日，余姚首届城市发展大会举行，中国工程院院士吴志强、宁波市副市长杨勇受邀出席，余姚市四套班子领导、乡镇（街道）和市直部门主要负责人，在余姚落户的大型房地产企业、建筑业企业以及金融机构代表参加会议。会议邀请中国铁建华东区域总部、中铁上投等23家大型客商参加。大会由余姚市委副书记、市长

7月9日，城市发展大会签约仪式现场　　（苏英英　摄）

沃勇特主持。会上，播放了余姚城市宣传片并进行了城市推介。余姚市委常委、常务副市长曹敬之，副市长吕军云分别与中国铁建华东区域总部、中建国际投资（浙江）有限公司、甘建投华东建设有限公司（大悦城）、浙商银行宁波分行、中铁（上海）投资集团有限公司、中国电建华东院、宁波城建投资控股有限公司、中交城市投资控股有限公司代表签订合作协议。

（市城中村改造中心）

三改一拆

【概况】 2022年，余姚市开展以“拆违建、优环境、促发展”为主要目标的“拆违治乱”百日攻坚专项整治行动及深化“拆违治乱”专项行动。全年，依法依规、分类处置各类“两违”行为3403宗，面积397.74万平方米，其中拆除违法建筑218.19万平方米，同比上升34.43%，退还耕地111.42万平方米。制定出台《存量用地有机更新项目管理办法》。建立考评机制和不定期抽查督查制度，形成“拆违治乱”工作简报13期，周通报14期，月度考核通报7期，数据晾晒周报表20期。

2022年，余姚市出台《关于进一步健全新增违建即违即拆工作的实施意见》。发现新增“两违”47宗，全部处置到位。各乡镇（街道）主动发现并拆除新增违建128宗，面积16212平方米。开展违法建筑大起底行动，累计排查上报17351宗，违法建筑面积761.14万平方米，形成全市的拆违“底图”。

【全市拆违治乱、消防安全百日攻坚专项整治行动动员大会召开】 3月2日上午，全市拆违治乱、消防安全百日攻坚专项整治行动动员大会以视频形式召开，各乡镇（街道）、余姚经济开发区设分会场。余姚市委副书记、市长沃勇特出席并讲话。市委常委、常务副市长曹敬之主持会议并部署消防安全（森林防火）百日攻坚暨重点领域整治行动，副市长吕军云部署“拆违治乱”百日攻坚专项整治行动。余姚市领导黄和庆、钱秉湧、朱光煦参加会议。会上，各乡镇（街道）、余姚经济开发区、中意宁波生态园的相关负责人领取了任务书。市公安局、市自然资源和规划局、市综合行政执法局、市应急管理局围绕部门职责和行动保障作表态发言，凤山街道、低塘街道、三七市镇、阳明街道二高村围绕“拆违治乱”作表态发言，泗门镇、马渚镇围绕消防安全作表态发言。

【余姚市深化“拆违治乱”攻坚专项行动推进会召开】 6月30日，余姚市深化“拆违治乱”攻坚专项行动推进会召开。余姚市委副书记、市长沃勇特出席会议并讲话。市委常委、常务副市长曹敬之主持会议，副市长吕军云布置深化“拆违治乱”工作，副市长、市公安局局长钱秉湧出席会议。会上，市综合行政执法局汇报了“拆违治乱”百日攻坚专项行动进展情况。

（市“三改一拆”办）

建筑业

【概况】 截至2022年底，余姚市建筑业类企业共381家。其中，建筑业

3月2日，全市拆违治乱、消防安全百日攻坚专项整治行动动员大会召开

（市“三改一拆”办　供稿）

企业346家，包括一级施工总承包11家，二级施工总承包32家，三级施工总承包148家，一级专业承包18家，二级专业承包79家，三级专业承包12家，不分等级专业承包24家，纯劳务企业22家；另有工程监理企业14家（含监理综合1家，监理甲级2家），工程设计企业14家（含行业设计企业11家），工程勘察企业4家（含工程勘察甲级2家），工程检测企业3家。

2022年，余姚市建筑业总产值156.5亿元，省内产值132.8亿元，同比分别上涨12.19%、28.1%；省外产值23.7亿元，同比下降33.05%。落实《浙江省绿色建筑条例》，完成民用建筑节能审查项目42个，总建筑面积约167万平方米，其中达到绿色建筑二星级设计标准的项目18个，建筑面积约89万平方米，占比53.3%。

2022年，余姚市机制砂上线企业新增4家，共有9家。持续推进“甬砼码”场景应用，规划实行《建设用砂》新国标、《宁波市机制砂生产技术规程》和《宁波市机制砂混凝土应用技术规程》。新增绿色建材认证企业2家，共有3家，分别为浙江华宅建筑科技有限公司（陶粒板材企业）、余姚市万成新型材料有限公司（加气砌块企业）、余姚市高桥建材有限公司（烧结砖企业），全年新墙材企业工程渣土类建筑垃圾接纳量为495950吨，利用量为547947吨；拆除装修类建筑垃圾接纳量为9030吨，利用量为9278.3吨；废弃泥浆类建筑垃圾消纳量为214400吨，固化土为71299吨。

2022年，余姚市实现建设、消防、人防、气象施工图联合审查。全年建筑合同金额1138.05万元，建筑面积514.36万平方米，完成项目数498个，其中房屋建设项目176个，专项建设项目290个，市政建设项目21个，改扩建项目9个，石油化工项目2个。22家建筑施工企业获得做大做强项目奖励255万元，3家企业获得创优获杯、资质晋升、人员培训奖励20万元。建筑业奖励金额共计275万元。

10月27日，余姚市散装水泥专用车辆驾驶员培训（第二期）举办

（市住建局　供稿）

【余姚市散装水泥专用车辆驾驶员培训（第一期）举办】 6月28日，余姚市散装水泥、预拌混凝土和预拌砂浆专用车辆驾驶员业务技能与安全培训在辰茂河姆渡酒店举办。培训分上午、下午两批次开展教学，全市16家预拌混凝土企业、2家预拌砂浆企业，300余名专用车辆驾驶员及各企业车队长参加培训。培训邀请市公安局交警大队宓水旺警官进行授课，讲授道路交通安全形势、道路交通安全常识、典型事故案例分析、司机的责任与担当等内容。培训结束后，新聘驾驶员进行了书面考试，成绩合格者获得全省统一印制的浙江省散装水泥、预拌混凝土和预拌砂浆专用车辆驾驶员业务技能和安全知识培训证书。

【宁波市建材中心赴余姚开展预拌混凝土企业质量和安全督查】 9月，宁波市建材中心分成两个专家督查组对余姚市预拌混凝土企业进行考核，重点对照3月1日开始施行的《宁波市预拌混凝土管理暂行规定》和《宁波市预拌混凝土生产企业试验室管理细则（试行）》，对全市预拌混凝土企业从企业资质、质量控制、安全生产、专用车辆管理、清洁化生产以及“甬砼码”使用情况等方面开展实地检查，结果显示余姚市预拌混凝土企业整体督查结果情况良好。

【余姚市散装水泥专用车辆驾驶员培训（第二期）举办】 10月27日，市建材中心组织余姚市各预拌混凝土、预拌砂浆企业未获得浙江省散装水泥预拌混凝土预拌砂浆专用车辆驾驶员业务技能和安全知识培训证书的驾驶员进行安全培训。培训结束后，学员进行了书面考试，成绩合格者获颁全省统一印制的浙江省散装水泥、预拌混凝土和预拌砂浆专用车辆驾驶员业务技能和安全知识培训证书。

（市住建局）

房地产业

【概况】 2022年，余姚市房地产发展趋势较为缓慢。全年完成房地产投资164.53亿元，同比增长8.5%，占宁波市房地产投资的7.72%。全年新批准预售面积156.85万平方米，同比减少28.87%，其中住宅122.01万平方米，同比减少32.44%；商业用房7.45万平方米，同比减少29.88%；办公用房4.83万平方米，同比增长9.25%；车库车位22.56万平方米，同比下降9.26%。全年新建商品房成交157.82万平方米，同比减少16.5%，占宁波全市的13.98%，其中住宅130.32万平方米，同比减少27.06%；商业用房18.76万平方米，同比增长53.42%；办公用房2.35万平方米，同比增长18.62%；车库车位18万平方米，同比下降32.06%。全年二手房成交量61.27万平方米，其中住宅54.27万平方米，同比减少29.4%。

2022年，余姚市商品住宅购买对象本市户籍占比为49.04%，其中城区四街道商品住宅购买对象余姚市户籍占比为65.02%；各乡镇、朗霞街道、低塘街道购买对象非余姚市户籍占比为75.05%。全年全市新建商品房住宅成交均价13948元/平方米，同比上涨10.54%。其中城区15868元／平方米，同比增长11.39%；乡镇9400元／平方米，同比下降5%。全年共交付21个项目，总建筑面积203.33万平方米。

2022年，余姚市完成恒大地产、蓝光地产问题楼盘资金资产保全，涉及房屋1013套、车位4153个、资产价值约14.83亿元。推进恒大河悦府项目，项目一期完成交付备案857户，交付率超90%。启用房地产项目预售资金"红橙黄绿"四灯警示模式，明确房地产公司、监管银行每周报送项目资金信息，根据重点监管资金覆盖情况进行分级警示，及时处置监管银行违规支出预售资金等情况。

【梨洲街道雍舜府项目（一期）启动交付】 11月2日，余姚市梨洲街道雍舜府项目（一期）1#楼—12#楼具备交付条件，启动交付。该项目位于梨州街道城东路与远东中午路交会处，梨州街道办往南约200米，于11月1日完成房地产开发项目交付使用备案。

（市住建局）

业　衍

【概况】 2022年，余姚开展绿化带、停车位、楼道等专项整治行动6次，累计常态化检查小区1317次。评选推选"平安小区"12个、"洁美小区"10个、"无废小区"10个、"美好家园"9个、"特色项目部"9个。继续推行"红黑榜"制度，翰林园、绿城明园明理苑、乔登国际花园、悦龙湾、河姆渡国际花园5个小区物业管理情况纳入"红榜"，郡王府、守望家园、翰府3个小区物业管理情况纳入"黑榜"。印制并派送《余姚市物业行业防台防汛应知应会及注意事项》3000余册，组织21个乡镇街道、62家物业企业人员参加防汛知识培训暨防汛应急抢险演练，组织56家物业企业、150余名负责人和项目经理参加《宁波市住宅小区物业管理条例》宣贯培训。

【物业行业防汛知识培训暨防汛应急抢险演练举行】 6月24日上午，由余姚市住房和城乡建设局主办、余姚市物业和房屋安全管理中心、余姚市物业管理协会承办，众安智慧生活服务有限公司协办的物业行业防汛防台应急抢险演练暨防汛知识培训在余姚市众安时代广场二期举行，市住建局副局长朱建江、凤山街道党委委员谢霞波和余姚物安中心领导莅临现场指导，全市各物业企业负责人、项目经理和各乡镇街道物管员近100人到场观摩并开展交流。本次活动采取讲解和示范相结合的方式进行，环节包括PPT形式的防台防汛知识要点分享，防汛防台相关知识的抢答互动，小区大面积内涝模拟抢险，桥架渗水处理演示讲解、心肺复苏及AED的使用方法讲解。活动耗时约1小时30分钟。

【余姚市无物业小区清零行动完成】 9月底，余姚无物业管理小区清零攻坚行动完成。2022年初，余姚市尚有26个无物业管理小区，通过攻坚行动，其中3个小区转为专业化物业管理，2个小区转为业主自治，21个小区转为社区托管。

（市住建局）

市政公用事业

【市政道桥管养】 2022年，余姚市出台《余姚市中心城区市政设施及退红空间管养一体化实施方案》，明确了一体化管养范围、资金保障、部门职责等重点内容。全年共计投入养护资金3500万元，维修沥青路面43007平方米，混凝土路面2675平方米，人行道33688平方米，完成139座桥梁常规评定，中山桥等25座桥梁进行结构性检测，维修退红空间2800平方米。

【给排水管理】 2022年，余姚市完成小曹娥城市污水厂2.5万吨扩建工程和清洁排放提标改造工程，城镇污水集中处理能力达到25万吨/日，出水标准达到浙江省《城镇污水处理厂主要水污染物排放标准》。新建污水管网29.2千米，创建污水零直排小区7个，

6月24日，余姚市物业行业防汛知识培训暨防汛应急抢险演练举行

（市住建局　供稿）

实施农村生活污水治理项目43个。完成了中江浅水湾、云河绿洲、全民健身中心、长城路周边等4处重点易积水区域的改造和35处道路零星积水点改造。新增排涝泵站2个，新增应急强排能力1000立方米/小时。安装在线积水监测设备53套，形成城区“积水地图”，并实现百度、高德、浙里办等App数据共享。推进供水设施自然灾害风险普查。总投资2.4亿元的姚北水厂（一期）新建工程建设有序推进，2022年完成投资8073万元，完成建筑主体及基础工程。世纪名苑、绿城明园守诚苑等11个居民小区申请创建省级节水型小区，创建成功3家。方圆人家、金盛玉苑小区申报节水标杆小区创建。向南雷里社区居民发放节水器具150套。

【公共自行车管理】 2022年，余姚市公共自行车租用量112.8万人次，日均租用量3090人次，最高单日租用量3998人次。

【余姚城区道路“积水地图”上线】 7月，余姚市智慧排水综合管控平台防汛模块——余姚城区道路“积水地图”上线，并纳入“宁波大市积水地图”板块。该模块主要依托余姚市城区53处低洼路段和下穿立交的积水检测站点，实时推送现场积水情况。同时，该模块同步入驻浙里办、百度地图、高德地图、甬派App。

【“灵桥杯”市政设施养管工作考核会议召开】 11月25日上午，“灵桥杯”市政设施养管工作考核会议在市住建局召开。宁波市市政设施中心市政管理行业专项考核组、市住建局副局长余美芬，市住建局、市综合执法局相关科室负责人参加本次考核会议。会上，余姚市市政发展管理中心、余姚市园林风景管理中心和市综合行政局分别汇报道路桥梁设施的管养、城市照明管养和余姚公共停车场工作情况，并提出2023年的工作计划。考核组查看“灵桥杯”评比申报的台账资料，并针对市政设施养管提出具体的意见和建议。

（市住建局）

供　气

【概况】 2022年，余姚市管道燃气供气量12402万立方米，同比增长29.4%，瓶装燃气供气量达48461吨，全市燃气用户达31.05万户。12月9日，余姚市全日供气量达到50.56万立方米，单日供气量首次突破50万立方米。开展燃气“瓶改管”、橡胶管改金属管、燃气泄漏报警器安装等工作，完成“瓶改管”15处，软管改造10000户，餐饮等行业燃气泄漏报警器安装达100%。

2022年，余姚市实施天然气“镇镇通”工程，完善泗门镇、小曹娥镇、中意宁波生态园高中压管线34千米，丈亭镇、三七市镇、河姆渡镇主干管接入25千米，其中丈亭镇和三七市镇主管网于10月底正式通气。1.3万户乡镇居民接入天然气。上线智慧燃气平台，实现线上缴费、业务单线上派送、智能抄表等功能，并开通居民供用气电子合同以及通气点火工单模块。开通非居民用户“一卡通”扣费功能。

2022年，余姚市完成天然气管网巡线63万余千米，管网查漏1300余千米，阀门井、调压柜（箱）维护维修2400余次，入户安检47000余户，出警抢修约2000次。完成检验整改15年以上的PE管道和12年以上的钢管共计110余千米，改造老旧中压管网300米、户内立管9000米，更换10年以上调压箱800余台，对已通气的900余户餐饮等用户安装燃气泄漏报警装置。

【丈亭镇天然气接入工程完工】 4月，丈亭镇天然气接入工程——319省道（铜翔路—凤东路）天然气项目全线完工，顺利通过保压测试，具备投用条件。该工程管道沿319省道南侧保护绿地、农田敷设，东起丈亭镇凤东路西至铜翔路，长8250米，管道敷设De110～De315中压天然气PE管8415米（管道压力4公斤/平方厘米），其中牵引7808米，敷设$\phi 325\times 8$无缝钢管30米及附属设施安装等。

【低塘塘创园压缩空气集中供应项目协议签订】 6月14日下午，国网余姚市供电公司与低塘街道塘创园多家企业签订了压缩空气集中供应项目合作协议。该项目由宁波综合能源公司投资建设，建成后每年可向园区内的企业提供4320万立方米的压缩空气，是目前宁波最大园区级压缩空气集中供应站。其中，供气站一期占地面积为300平方米，集中供气范围覆盖12家中微企业，建成后最大供气能力可达240立方米每分钟，全年可为全社会节约用电69万千瓦时，减少二氧化碳排放441.6吨。

【共享空压站牟山小微园站建成投用】 11月8日，浙江省首个企业共享型空气压缩站“智慧气岛”空气压缩站牟山小微园站建成投用。当天成功连接余姚市牟山工业园内的两家企业并成功送气。该空气压缩站由宁波供电公司投资建设，站内共配备4台空气压缩机，最大供气能力可达每分钟94.8立方米，每年可为企业提供2376万立方米的压缩空气。“智慧气岛”空气压缩站运行气电比基本保持在每立方米0.09千瓦时，为两家企业减少用能成本130万元/年。

【LNG应急气源站主体建成】 12月，LNG（液化天然气）应急气源站主体建成并进入调试阶段，站内共设8台150立方米液化天然气储罐，储气能力72万立方米。调试完成后，LNG应急气源站与邵巷调压站、九垒山门站连接，在储备充足情况下可满足全市居民用户和非居民用户（工业用户除外）5天应急用气需求。

（舜建集团）

供　水

【概况】 2022年，余姚市总供水量11253万吨，同比增长1.15%。推进姚北水厂新建工程（一期）、姚东水厂二期扩建工程等项目建设，其中，城区中高层住宅二次供水改造工程完成金色兰庭、东城名苑、晨光家园等17个小区改造，姚东五镇镇级管网及一户一表改造工程一至三期基本完成。提升滨海泵站加压供水能力，从2万吨/日提升至4万吨/日。完成供水主管网、二级（市政、镇级）管网的冲洗工作，全年水质总体平稳，出厂水、管网水抽检合格率均为100%。启动市农村规模化供水"应通尽通"工程，农饮水数字化管理中心主体工程落成，逐步推进各供水站数字化管理接入工作，涉及农村供水站173座，服务用户约4.56万户。

【滨海泵站加压二期工程完工投用】4月11日，滨海泵站加压二期工程通过验收并投入使用。该工程于2月中旬开工，重点为泵站增设一台功率为90千瓦的水泵及相关附属设备。投用后，滨海泵站运行模式从"2用1备"调整为"2用2备"，供水能力从2万吨/日提升至4万吨/日。

【市农村饮用水管理交流培训会召开】6月24日，余姚市农村饮用水管理交流培训会在余姚首创水务有限公司城东水厂召开。市水利局、舜建集团、首创水务及属地乡镇（街道）共30余人参加了会议。市水利局副局长吴劭辉、舜建集团党委副书记胡益蓉出席会议并讲话。与会代表重点围绕农饮水运维管理系统App开发、农饮水巡检采样、水质检测、应急支持、技术培训、药剂派送、水费收缴及社会舆情等内容进行了交流。会后，全体与会代表还参观了城东水厂，了解规模化制水和精细化管理下城市供水系统的具体情况。

【再生工业水扩建工程启动】9月，舜建集团所属余姚市城市排水有限公司启动总投资1.54亿元的再生水扩建工程，新建设计规模为3.25万吨/日的再生水生产设施及其他配套附属设施，预计2024年7月完成，扩建后，再生水最大日供水能力由原0.75万吨/日提高至4万吨/日。

（舜建集团）

9月，再生工业水扩建工程开工仪式现场　（舜建集团　供稿）

电网建设与电力供应

【概况】截至2022年年底，余姚电网拥有500千伏变电所2座、220千伏变电所8座、110千伏变电所40座、35千伏变电所10座，合计变电容量1289.1万千伏安。110千伏线路92条，共466.15千米；35千伏线路20条，共172千米；10千伏公用线路820条，共6693.72千米。

2022年，国网浙江余姚市供电有限公司完成固定资产投资4.4亿元，售电量118.16亿千瓦时，营业收入81.30亿元，同比增长14.70%。资产总额42.36亿元，同比增长9.32%。全员劳动生产率达250.3万元/人·年。全域供电可靠性提升至99.9943%，停电时户数同比下降26%。用户资产、迁建资产接收入账3.17亿元，配网工程转资3.28亿元，全年配网项目转资率85%以上。新增有效资产6.53亿元。试点应用配网精准投资管理系统，首次将需求评估单元细化至供电网格。完成12.15万只表轮换，改造13.36万个老旧采集设备，存量高、负损台区全面清零。试点应用辅助经营决策模型。建立专项激励机制，台区综合线损率降至2.217%，同比下降0.2个百分点。开展产业盈利提升专项行动，构建VIP客户服务机制。

2022年，余姚市投产220千伏楚屿变等8个输变电工程，境内变电站规模突破60座。110千伏检修超周期变电站实现清零。整治226座地下、低洼配电站房。建成全国首个UHPC近零碳变电站110千伏双河变，投运全省首台分布式光伏智能并网微型断路器，投用省内首家园区级共享空压站牟山小微园站。累计投入建设资金82亿元，投运输变电工程48项，110千伏及以上变电站数量、变电容量分别增长56%和68%。新增10千伏线路402条、配变容量419.3万千伏安。建成覆盖全域、灵活互动的配电自动化网络，全市户均停电时长减少92%。最高用电负荷突破250万千瓦，全社会用电量规模增长90%。清洁能源装机容量达47.37万千瓦，实现超16倍巨幅增长。

2022年，余姚市四级及以上风险作业实现远程稽查全覆盖，全年查处违章问题339项，同比增长95%。编制应用严重违章预控卡，出台现场小白板、安全协管员等制度，推行低压业扩"1+1+2"作业模式。增设"无违章"专项奖，累计拆除隐患农灌表箱2045只，建立用户侧分布式光伏和自备电源台账。科学制定"海涂防风、城区及姚江下游防涝、山区防洪"的差异化防御策略，9月"梅花"台风全面复电时间较2021年7月"烟花"台风下降55%。

9月29日，全国首个UHPC近零碳变电站110千伏双河变电站投用

（徐相杰　摄）

2022年，余姚市成立电力负荷管理中心，出台空调负荷柔性控制支持性政策。最大压减负荷超过50万千瓦。落地电力接入工程费用分担机制，为宁波市首个。建立业扩项目供电方案分级管控制度，“获得电力”指标在全省营商环境评价中被评为第一档。低塘塘创园共享空压站落地投运。构建“三网一平台”能源服务生态，292家企业的分布式光伏接入统一运营管理平台，数据规模位居宁波大市首位。试点推进“营销+交易”体系建设，在行政服务中心设立全省首家“电力交易咨询服务站”。“甬电小云”全面进驻342个社群。16个乡镇街道实现公共充电桩“镇镇通”。

【谢家路村分布式光伏智能并网微型断路器投用】 6月13日，浙江省首个屋顶分布式光伏智能并网微型断路器安装调试成功，在余姚市泗门镇谢家路村正式投用。该并网断路器由国家电网首席专家陈蕾工作室团队研制，融入先进的物联网通信技术，实现对户用屋顶光伏的可观、可测与就地调控。调试中，该并网断路器运行状态正常，光伏发电状态受电网企业及电力调度机构实时监控。

【全国首个UHPC近零碳变电站110千伏双河变电站投用】 9月29日，全国首个UHPC近零碳变电站110千伏双河变电站在余姚市投用。该变电站位于余姚市凤山街道东环北路东侧。于2021年4月启动建设，占地面积约3640平方米，总建筑面积1135平方米，采用超高性能混凝土（UHPC）框架结构，并通过装配式方法建造，在国内电建领域属首次，相较于普通钢结构变电站节约混凝土57%，钢筋30%，减少808吨碳排放，工期缩短2个月。

（市供电公司）

城市投资建设管理

【概况】 2022年，余姚市实施建设任务项目30个，总投资120.63亿元，其中宁波舜建集团有限公司组织实施的建设任务项目15个，完成项目投资18.31亿元。完成城区中高层住宅二次供水改造工程17个小区改造、姚东五镇镇级管网及一户一表改造工程一至三期、姚东三镇及姚北四地天然气主干管网敷设、LNG应急气源站工程、再生水水质提标改造工程等。持续推进南兰江西路文化休闲广场建设工程、姚北水厂新建工程、农村饮用水达标提标工程、城区西片老旧供水管网改造工程等项目。

2022年，余姚市城市投资实际资金支出119亿元，其中支付工程、拆迁、投资款54亿元，还本付息65亿元。舜建集团通过稳定集团公司和城投公司AA+主体信用评级，三年及以上中长期融资额占比已达98%以上。发行小公募12亿元、中票5亿元、永续中票5亿元、地方政府专项债14.4亿元，其中5亿元中票发行时以3.16%的票面利率创下全国同评级同期限同类型债券历史新低。至2022年底，舜建集团实现全年营收32亿元，同比增长6.67%；资产负债率61%，较2021年下降一个百分点。

【余姚市舜耀新能源有限公司成立】 7月，由余姚市景邑停车产业有限公司和宁波能耀新能源汽车有限公司共同出资组建的余姚市舜耀新能源有限公司成立。公司主要负责公共停车场新能源充电桩项目的投建运营，2022年

高铁北站新能源充电站　　（舜建集团　供稿）

在玉皇山公园、大丁街、高铁北站、舜北公园、中医院、姚江中学等公共停车场建设40个直流充电桩，每个充电桩配有双枪，可供80辆新能源汽车同时充电，同时建设20个交流充电桩。

【黄山社区项目竞标成功摘地】 11—12月，黄山社区项目的谭家岭西路北侧、俞家桥路西侧地块和黄山西路北侧、开丰路两侧地块由余姚市城市建设投资发展有限公司先后竞得，总价约32亿元，土地用途为住宅、商业用地（商业比例不超过10%）。黄山社区已列入浙江省第三批未来社区创建名单，总投资约95亿元，配建教育、邻里、创业、建筑等未来社区九大场景。

（舜建集团）

综合行政执法与城市管理

【概况】 2022年，余姚市深化“大综合一体化”综合行政执法改革，推动执法事项划转，印发《余姚市综合执法事项划转实施方案》。市镇两级指挥中心成立运行，组建9支重点领域联合执法组。在推进凤山街道等9个镇街开展赋权执法。全年组织发起跨部门“综合查一次”66起，办理行政处罚案件1.57万余件，编写教科书式案例78件。

2022年，余姚市开展“一跨十乱”常态化整治和“解难题解民忧”执法行动。开展企业排水和餐饮店铺燃气、文明养犬、公共电话亭等专项执法行动。优化街面日常勤务，升级“门前三包”智慧监管平台，探索实施市容领域问题AI智能抓拍，推行城区保洁体制改革。全年新创14条宁波市级市容环境卫生责任区示范路、2个宁波市级市容环境卫生责任区示范街区，1个市级街容示范街，1个省级高品质示范街区。巩固深化“拆违治乱”攻坚行动，全面落实生活垃圾分类三项机制，完成居住小区垃圾分类设施“清单式销号”工作。推进安全生产“除险保安”和城镇燃气安全等专项整治，实现生产安全事故“零发生”。

2022年，余姚市梳理包含门前三包、燃气安全、油烟排放、垃圾分类、食品安全、污水排放、证照齐全、经营环境等7个领域12个事项，形成“综合查一次”清单。以兰江街道四明西路为试点，对沿街餐饮店铺开展“综合查一次”联合检查。完成对“餐饮一件事”基础场景的创建、录入，建立餐饮店铺管理档案，梳理监管职责清单、部门检查表单，并结合省关于“监管一件事”工作推进要求，配置完善相关应用场景。

【市综合行政执法指挥中心成立】 5月16日，余姚市综合行政执法指挥中心挂牌成立并投入运行，“1+8”部门（综合行政执法+交通运输、市场监管、自然资源规划、农业农村、文化、卫生健康、应急管理、生态环境）抽调骨干力量进驻中心。该指挥中心按照“统一平台、一体运转、分工指挥、协作配合”原则，实现行政执法协调相对独立指挥。同时，在各乡镇（街道）依托“基层治理四平台”综合信息指挥室设立镇级“综合行政执法指挥室”，实现指挥体系上下贯通。

【《浙江省综合行政执法条例》实施情况执法检查座谈会召开】 6月8日，《浙江省综合行政执法条例》实施情况执法检查座谈会在泗门镇综合行政执法队召开。省人大常委会执法检查

6月29日，余姚市综合行政执法指挥中心重点领域联合执法组授牌仪式举行

（市综合执法局　供稿）

6月8日，省人大常委会执法检查组实地检查泗门“镇队合一”行政执法体制改革试点工作情况

（市综合执法局　供稿）

组、“1+8”部门和泗门镇相关负责人、余姚市部分人大代表出席座谈会。会议由省人大常委会副主任李学忠主持。会前李学忠实地检查泗门“镇队合一”行政执法体制改革试点工作情况。会上，相关部门负责人、人大代表围绕《浙江省综合行政执法条例》实施和改革推进中存在的困难、问题提出意见建议。

【余姚市指挥中心重点领域联合执法组授牌仪式举行】 6月29日，余姚市综合行政执法指挥中心重点领域联合执法组授牌仪式举行。余姚市委书记傅贵荣向9个重点领域联合执法组授牌。9个重点领域联合执法组分别为市容环境领域、市场秩序领域、生态环境领域、交通运输领域、文化市场领域、农业农村领域、安全生产领域、建设环境领域、公共卫生领域联合执法组，由“1+8”执法部门分别牵头成立。

【余姚市综合行政执法局搬迁新址】 10月24日，余姚市综合行政执法局搬迁至余姚市南雷南路399号，办公电话号码不变，原办公地址余姚市丰山路199号同步停止办公。

（市综合执法局）

基层政权与社区建设

【概况】 2022年，余姚市推进社区编码“五定”管理工作，为全市261个村、43个社区编制“身份证号”。培育阳明街道新城市社区为余姚市清廉社区建设典型社区。2022年实现新增社区综合服务体（居民会客厅）3个、居民自治服务站5个，推荐评选第五批省级引领型农村社区7个，4个社区入选浙江省第六批未来社区创建名单。

2022年，余姚市开展“千人大招聘、万员驻社区”行动，建立健全招聘机制，按照不高于1∶1的比例设立新进人员“蓄水池”，共推出专职社工岗位225个，其中35%以上名额侧重应届高校毕业生招聘，截至2022年底全部到岗到位，平均每万城镇常住人口拥有社工数18名。选送优秀社区工作者参加全国、全省社区工作者培训班，开展社区服务管理能力提升活动，2人获评浙江省“社区工作领军人才”，3人获评宁波市级“社区工作领军人才”。

【4个社区入选浙江省第六批未来社区创建名单】 11月15日，浙江省住房和城乡建设厅、浙江省城乡风貌整治提升工作专班办公室公布浙江省第六批未来社区创建名单，余姚有4个社区入选。其中，余姚光电小镇社区、三江口社区入选引领型未来社区创建名单，时代云图里社区、剑江社区入选普惠型未来社区创建名单。

（市民政局）

四明山旅游开发建设

【概况】 2022年，余姚市四明山区新增民宿、客栈10家，其中梁弄镇新增2家，分别为悠然客栈，紫溪鹿鸣客栈；大岚镇新增4家，分别为大岚茶事美学客栈、不二山庄、忘归谷客栈、怡乐丹枫；鹿亭乡新增4家，分别为鹿山亭、山乡小阁楼、庭庭语里、古树农庄。

新增旅游业态3处，分别是梁弄镇村口大树小酒馆、梁弄镇四明山耕生态农场、大隐镇小Y星动露营基地。

【“浙东唐诗之路——多彩四明山”全省摄影大赛启动作品征集】 3月30日，“浙东唐诗之路——多彩四明山”全省摄影大赛启动。该大赛由浙江省摄影家协会、市委宣传部、市四明山旅管委主办，余姚市摄影家协会、余姚市四明山区域侨联承办，全面征集余姚市境内四明山区域的自然风光、城镇建设、乡村振兴、旅游景点、文明风尚、人文风俗、百姓生活等题材的摄影及短视频作品，截止时间为2023年2月28日。大赛入选作品设金质收藏1件、银质收藏3件、铜质收藏6件、优秀作品70件，短视频作品20件。

【“喜迎二十大 同心奔共富”四明山区域“旅游+”产业促共富主题宣传活动举行】 9月29日，“喜迎二十大 同心奔共富”四明山区域“旅游+”产业促共富主题宣传活动在余姚市鹿亭乡中村白云桥举行。余姚市委副书记、市委社会建设委员会主任王娇俐出席活动，市政协副主席、市四明山旅游度假区管理中心主任缪正刚出席活动并讲话。活动通过音乐情景剧推介四明山典型富民产业。活动中，市四明山旅管中心与太保产险宁波分公司签订“太享购”平台合作协议，相关领导介绍了四明山区域共同富裕发展规划。王娇俐带领8个山区乡镇（街道）主要负责人作促进共同富裕宣誓。

（市四明山旅管委）

9月29日，“喜迎二十大 同心奔共富”四明山区域“旅游+”产业促共富主题宣传活动举行

（市四明山旅管委 供稿）

生态环境

生态环境保护

【概况】 2022年，余姚市空气质量综合指数3.37。优良天数比率86.8%，$PM_{2.5}$浓度28微克/立方米，均达到宁波市定考核目标。臭氧浓度为160微克/立方米，达到国家二级标准。环境空气质量六项指标连续三年稳定达到国家二级标准并保持无重度污染及以上天气。市控以上断面水质达标率为100%，姚江国控断面水质指标月平均浓度达到Ⅱ类水标准，2条入海河流均达到总磷、总氮控制目标要求。

2022年，余姚市委托第三方专业机构编制《余姚市生态环境重点专项整治五年规划》。组建生态环境保护委员会，并实体化运作。完成上级生态环境督察反馈问题整改，涉及生态环境类重复信访下降22.6%。完成在库投资项目9个，累计投资额1.6897亿元，同比增长608.8%。完成姚江流域水环境治理项目51个、挥发性有机物治理项目120个。创建省级“污水零直排区”乡镇（街道）6个，姚江国控断面水质达到Ⅱ类水标准，隐溪河、最良江入选省级美丽河湖，“甬有碧水”考核获宁波优秀，获得奖金2.235亿元。获评省首批低碳试点县。

【“为所有生命构建共同的未来”——余姚市生物多样性保护宣传活动举行】 5月19日，“5·22”国际生物多样性日——“为所有生命构建共同的未来”宣传活动在余姚市阳明古镇举行，活动由生态环境余姚分局联合市农业农村局、市资规局、市法院联合举办。活动中，志愿者们通过现场悬挂横幅、宣传展板、分发宣传资料、讲解授课等方式，全方位向市民普及生物多样性相关知识和与环境保护相关的法律法规。活动共展出宣传展板16块，现场解答群众关于生物多样性及生态环境保护方面的疑问近300人次，发放《生物多样性保护宣传手册》等资料500余份。

5月19日，“5·22”国际生物多样性日——“为所有生命构建共同的未来”宣传活动举行

（生态环境余姚分局 供稿）

【“共建清洁美丽世界”主题“六五”世界环境日宣传活动举办】 6月1日和6月5日，生态环境余姚分局分别在余姚城区新建公园和万达广场举办两场“共建清洁美丽世界”主题“六五”世界环境日宣传活动。活动现场，工作人员通过展板展示、发放宣传资料以及现场解答群众关于生物多样性、五水共治、无废城市建设、与环境保护相关的法律法规等咨询问题的形式，向公众普及生态环保知识。同时，“回帖赢红包！世界环境日，邀你一起共建美丽余姚”线上科普宣传活动和各乡镇（街道）环保宣传活动同步举行。

【3个村庄入选省级美丽宜居示范村】 9月25日，浙江省建设厅、省美丽宜居办联合印发了《关于公布2021年度全省美丽宜居示范村创建、传统村落风貌保护提升、村庄设计与农房设计落地试点验收结果的通知》，泗门镇镇北村、梁弄镇雅贤村及马渚镇开元村3个创建村庄全部通过验收，入选省级美丽宜居示范村。截至2022年底，余姚共有国家级美丽宜居示范村1个，省级美丽宜居示范村24个。

6月1日，“共建清洁美丽世界”主题“六五”世界环境日宣传活动在新建公园举行
（生态环境余姚分局 供稿）

【“凤山蝴蝶谷”教育实践基地入选第一批宁波市级生物多样性体验地培育名单】 9月30日，宁波市生态环境局公布了第一批市级生物多样性体验地评选结果。其中，余姚市凤山小学“凤山蝴蝶谷”教育实践基地入选培育名单。该实践基地于2017年建立，主要组织学生开展拯救濒危物种金裳凤蝶的行动，开发的课程“蝴蝶探秘”曾获宁波市第九届精品课程一等奖。

【一镇五村（社）入选省第二批低（零）碳创建试点】 10月31日，浙江省碳达峰碳中和工作领导小组办公室公布了全省第二批低（零）碳乡镇（街道）、村（社区）试点创建单位名单，余姚市四明山镇以及兰江街道冯村、阳明街道新城市社区、黄家埠镇五车堰村、小曹娥镇南新庵村、河姆渡镇芦山寺村1个镇、5个村（社区）成功入选。

（生态环境余姚分局）

生态文明促进

【概况】 2022年4月，余姚市成立市生态文明促进中心，从体制上补齐水环境治理短板。优化调整余姚市生态环境保护委员会对机构设置和工作规则，余姚市专业环保委员会由6个增至11个，专业环保委员会的工作职责数由30条增至129条。2022年，余姚市生态环境保护委员会制定各专业环保委员会年度重点任务清单，共签发通报7份、提醒督办函18份，部署年度重点任务38项。市生态文明促进中心会同生态环境、住建、农业农村、水利、综合执法等职能部门统一谋划治水思路，牵头组织编制《余姚市水环境重点专项整治五年规划（2022—2026年）》。

【余姚市生态文明促进中心成立】 4月，市生态文明促进中心成立，挂市水环境治理中心牌子，属正科（局）级公益一类事业单位，设综合科、生态环保服务科、治水科、督查科4个科室。主要负责生态文明促进、生态环境保护、水环境治理等有关的调查研究、综合协调、工作指导、督查考核等事务。同时承担市生态环境保护委员会办公室、市“五水共治”工作领导小组办公室、市“河长制”办公室的日常工作。

（市生态文明促进中心）

环境综合整治

【概况】 2022年，余姚市制定实施《余姚市2022年度清新空气实施计划》，完成挥发性有机污染物（VOCs）治理项目120个，排查整改问题点位156个，涉及10个关键环节。制定实施《余姚市中轻度污染天气应急管控实施方案》，开展应急管控33天，组织走航监测74天，发现处置问题153个、落实企业错峰生产3900余家次。督办大气面源污染问题231个。开展秸秆露天禁烧管控工作，$PM_{2.5}$浓度同比降低17.6%，PM_{10}浓度同比降低18.0%，未出现污染天气。

2022年，余姚市入网全国固废平台的企业共计1.2万余家，入网率达到107%（以第二次全国污染源普查11519家为基数），签约企业7200家，收运一般工业固废1.05万吨，危废800余吨。建立集约型工业固废“三级网格化管理体系”，完成10个村级一般工业固废收运点建设。完成105个“无废城市细胞”建设任务初审，创新建立10余个无废小区、无废车站等“无废城市细胞”。督促全市年产危废100吨以上的55家产废单位和5家危废经营单位安装在线视频监控装置。对24个建设用地地块编制土壤污染状况调查报告，重点建设用地安全利用率100%。完成小曹娥电镀园区和13家地下水污染严重在产企业地下水污染风险管控方案并通过上级验收。

2022年，余姚市印发《2022年度余姚市“甬有碧水”绩效考评目标》和《余姚甬有碧水考核资金管理办法》。小曹娥电镀园区通过省级工业园区“污水零直排区”验收，临山工业园区北区和黄家埠工业园区已通过宁波预验收。87条姚江一级支流水质优良率60%。推进陶家路江、临海大浦2条入海河流的总磷总氮浓度控制，保障入海河流水质。建立国控菁江渡断面水质日通报机制，做好省控浦口闸断面水质自动站建设前的生态治理。获2021年度全省跨行政区域河流交接断面水质保护管理考核宁波唯一优秀县（市、区）。

【工业固废闭环管理推进会召开】 3月2日和3月3日，宁波市生态环境局余姚分局分别在阳明街道和陆埠镇两地召开工业固废闭环管理推进会。生态环境余姚分局副局长周立锋出席并讲话，市生态环境行政执法队、宁波中再金环保科技有限公司、余姚市工业固废产废企业代表参会。会上，行政执法队指出余姚市产废企业在固体废物贮存、处置等方面存在不少问题，从审批程序合法性、固废仓库设置规范性、固废贮存规范性、标识标牌设置合理性、签约单位资质合规性、台账记录完善性6个方面提出了相关建议和要求。宁波中再金环保科技有限公司介绍“市、镇、村”三级网格化管理分贮站项目建设情况。

【余姚市获评“浙江省清新空气示范区”】 3月25日，浙江省美丽浙江建设领导小组生态环境保护工作专班通报了2021年度清新空气示范区评价结果，余姚获评2021年度浙江省清新空气示范区。2021年，余姚市环境空气质量优良率为93.2%，空气质量6项指标稳定达到环境空气质量二级标准。

【低VOCs涂料源头替代恳谈会召开】 9月29日，低VOCs涂料源头替代恳谈会在生态环境余姚分局召开。宁波市涂料与涂装行业协会秘书长吴晓明率领省内涂料行业专家组受邀参会，余姚市金属、木器、塑料基材涂料应用企业和生产企业代表参加恳谈。恳谈会上，各位企业代表针对目前各自产品需求及源头替代过程中遇到的问题畅所欲言、积极提问。各位涂料专家对企业关注的附着性、盐雾试验、硬度、成本和工艺等问题作了一一解答，同时对现在低VOCs涂料的发展情况、标准规范及水性涂料发展前景作了介绍。

（生态环境余姚分局）

9月29日，低VOCs涂料源头替代恳谈会召开

（生态环境余姚分局　供稿）

生态监管与执法

【概况】 2022年，余姚市严格落实审批管控，办结环评审批（含备案）项目347件，发放排污许可证272本、辐射安全许可证42本，指导12个重大投资项目落地。推进全市域生态环境问题“举一反三”大排查大曝光大整改，开展全市砂石、混凝土等行业专项整治、“绿剑2022”专项执法、挥发性有机物治理专项检查、信访专项检查、双随机检查等行动，出动执法人员1.3万余人次，检查服务企业5000余家。全年立案查处环境违法行为103件（含不予处罚11件），处罚金额1400.12万元，其中《中华人民共和国环境保护法》配套办法五类案件13件，包括查封4件、扣押1件、移送公安环境违法案件8件（行政拘留2件、刑事犯罪6件）。

2022年，余姚市建立执法正面清单管理制度，39家优质企业纳入执法正面清单管理体系。对三七市镇全部31家磁材加工企业开展专项摸底排查整治，共立案处罚3家，包括取缔2家。取缔黄湖区域“散乱污”企业8家。开展了2022年度闲置放射源“清零行动”，对10家企业共计63枚闲置放射源依法进行安全收贮，注销放射源企业辐射安全许可证4家。

2022年，余姚市开展机动车联合执法专项行动，人工抽测疑似超标柴油货车101辆，入户抽测柴油货车10辆，完成非道路移动机械抽测351台，登记编码发牌3180余辆。完成全市29家加油站油气回收装置抽测，对5家机动车检验机构开展每月常规检查。启动道路黑烟抓拍系统，抓拍数据纳入交警平台。

2022年，余姚市建立生态环境信访联调联动机制，实施属地和市直有关职能部门“双交办”制度。市生态环境保护委员会对全市各乡镇街道、市直部门生态环境信访办理工作进行通报、检查、督导、考核。全年，余姚市生态环境类信访总数同比下降14.8%，其中重复件同比下降22.6%。

【省级核查组到余姚开展长江经济带警示片披露问题整改销号技术核查工作】 11月17日，浙江省生态环境厅党组成员、总工程师韩志福率技术专家，会同省长江办、省治水办相关人员组成长江经济带生态环境警示片披露问题省级核查组，到余姚开展“宁波余姚市小曹娥工业园区对水体总磷污染控制不力问题”整改销号技术核查工作。上午，省级核查组赴宁波中意生态园东河泵站排涝口、世茂铜业有限公司及华信电镀有限公司，现场检查河道综合治理情况、园区“污水零直排区”建设情况，同时核查问题整改相关台账资料。下午，省级核查组召开长江经济带警示片披露余姚问题整改销号技术核查反馈会。会上，余姚市委常委、副市长毛丕显汇报余姚小曹娥工业园区问题整改推进情况、宁波市生态环境局局长林伟明汇报余姚小曹娥工业园区问题整改工作督导和销号核查情况。经核查组讨论，“宁波余姚市小曹娥工业园区对水体总磷污染控制不力问题”整改情况达到省级验收标准，同意通过省级验收。

【余姚市生态环境综合监管与协同平台（一期）投入运行】 年内，余姚市生态环境综合监管与协同平台（一期）完成建设并投入试运行。平台围绕气、水、污染源等监管核心业务，建设部门数据仓，实现生态环境数据资源的统一管理和融合应用。平台共接入大气环境点位70个、水环境点位734个，汇总各类污染源54324个。

（生态环境余姚分局）

“五水共治”工作

【概况】 2022年，余姚市实施“五水共治”工程项目72项，完成投资11.03亿元，其中，防洪水完成投资6.81亿元，治污水完成投资3.26亿元，排涝水完成投资1300万元，保供水完成投资8300万元。姚江平均水质总体稳定在Ⅲ类水标准，其中菁江渡国控断面水质达到Ⅱ类水标准，浦口闸、城山渡省交接断面水质达到Ⅲ类水标准。

2022年，余姚市西分工程完成投资3.67亿元。西分工程Ⅰ标段瑶街弄调控枢纽工程完工，实现主河道通水、通航；Ⅱ标段的西横河泵闸基本完工，贺墅江节制工程、乐安湖泵站及排水隧洞通过通水验收，新开河道全线贯通，具备应急通水运行条件。陶家路江三期整治工程完成投资2.0亿元，陶家路江三期整治工程Ⅴ标段开工，完成桥梁、堤防桩基础及东岸汝虹桥至洪明桥段搅拌桩基础施工。

投资4000余万元的丈亭至东郊输送复线工程及临山泵站东延工程投入使用。启动总投资8000万元的东郊—排海1#泵站输送能力提升工程建设。推进东7#泵站污水输送管工程施工。完成丈亭输送主干管大修工程招标，计划投资2500万元。推进东1#泵站—城东路污水输送管工程、东6#泵站—东3#泵站污水输送管工程规划选址。

2022年，余姚市推进朗霞、黄家埠、小曹娥、丈亭、河姆渡、临山镇6个镇（街道）省级“污水零直排区”创建，实施创建项目47个，完成投资2.29亿元。推进13个工业园区“污水零直排区”创建。启动城区污水收集系统六期工程，投资1.5亿元。完成75个小区污水设施改造，完成污水管网建设28.7千米。加强农业面源治理，全年化肥、农药各减量130吨、7.5吨，20家规模水产养殖场尾水治理设施完成改造。建成5条农田氮磷生态拦截沟渠。建立废弃农药包装物、废弃农膜回收网点170余个，回收农药包装废弃物104.4吨、废弃农膜368吨。

2022年，余姚市启动全市水环境重点专项整治五年规划编制，谋划重点工程项目439个，市委、市政府召开专题会议3次。农村生活污水治理、工业园区（集聚区）污水纳管改造提升等九大行动的治理项目调整优化为196个，项目完工165个，开工建设6个，累计完成投资7.37亿元。建成并投运的水质自动监测站共40个。实施姚江支流绩效评估工作，87条姚江支流分年度考核目标和治理任务下发至各乡镇（街道）。制订余姚市“甬有碧水”资金奖惩考核办法。继续开展“找寻查挖”专项行动，排查上报宁波各类问题597个，584个已完成整改。

2022年，余姚市启动总投资约3.63亿元的39个农村生活污水治理项目，年内7个项目完工，1个项目完成主体工程建设，完成投资1.36亿元。推进57个农村生活污水治理设施项目建设，其中25个续建项目完工、32个新建项目开工。安排首创扩面工程项目13个，总投资约8000万元，其中5个项目已开工。508个污水治理设施实现标准化运维。

2022年，余姚市推进陶家路江、临海大浦2条入海河流的总磷总氮浓度控制，落实排口动态监管及问题预警督办机制。排定总投资11404.8万元的26项治理项目，15项已完成，2项已开工，完成投资6459.4万元。临海大浦和陶家路江水质均达到Ⅲ类水质要求，陶家路江总氮浓度优于上级削减目标。

2022年，余姚市实施4个村级水环境整治工程，涉及4个乡镇街道，计划投资503万元，整治河道1.3千米。开展河湖塘库清淤工作，完成河道清淤20.67万立方米。4座大中型水库对下游适时进行生态补水，改善河道水体水质。完成最良江、隐溪河2条省级美丽河湖创建和大隐镇省级水美乡镇创建。公众护水绿水币注册人员52762人，河湖巡查99929人次，平均活跃度41.41%，公众发现问题7183个，办结率99.93%。

【陶家路江三期整治工程Ⅴ标段2022年度防汛演练举行】 4月14日，余姚市陶家路江三期整治工程Ⅴ标段2022年度防汛演练在陶家路江三期整治工程Ⅴ标段（河道部分）项目部及施工现场举行。本次演练模拟条件为：余姚市遭遇特大暴雨，河道出现超警戒水位，某河道围堰出现破口，随时有漫围堰的危险，直接威胁某区域内群众的生命及财产安全。演练中，指挥部立即启动防洪应急预案，迅速集结Ⅴ标段项目部的禹顺生态、路歌交通2个救援抢险队伍，装载防汛救援物资，迅速开展救援，最终成功封堵围堰破口。整个演练持续约1小时，完成既定程序。

【2条河流入选省级“美丽河湖”】 12月，浙江省水利厅发布了2022年“美丽河湖”名单，全省共计142条（个）河湖上榜。余姚市最良江、隐溪河2条河流入选。隐溪河（含森林溪、云溪河）美丽河湖创建范围自大隐镇双溪口水库至汇入姚江处，长约5.5千米，自西向东以双溪口水库为界，以西为山区性河道，向东为大隐集镇平缓河道。最良江（含老最良江、竹山江）西起兰墅大桥，东至姚江，全长约7千

米，集新丰河、中山河、东山河等河流汇入，是姚江进入余姚城区的重要支流，也是余姚城南地区行洪排涝、农田灌溉的主要河道。

（市“五水共治”办）

10月，余姚市中心城区环卫保洁一体化项目招标商讨现场

（市环卫中心　供稿）

城市环境卫生

【概况】 2022年，余姚市完成新一轮中心城区环卫保洁一体化项目招标，将公交候车亭和护栏等城市家具的清洗纳入中心城区环卫保洁一体化项目，推广“以桶换桶”生活垃圾分类收运模式和深入探索沿街店铺生活垃圾上门收运模式。推进城乡一体化环卫保洁同标化。华润五彩城、阳明公园成功创建“席地而坐”城市客厅示范区域。

2022年，余姚市继续推进“厕所革命”，对25座市政公厕（其中10座陈旧公厕、15座流道槽公厕）进行整体改造。完成了6座公厕信息化和133座公厕智能化改造提升，增加了人流监控、智能报警等设施设备，2座公厕创建为宁波四星级公厕。中心城区12座生活垃圾中转站中，除黄山西路站关停外，其余11座完成雨污分流改造，东风站完成负压除臭工艺改造。

2022年，余姚市开展市级卫星遥感非正规垃圾堆放问题点位排查3批次，接受宁波市对余姚市域范围开展卫星遥感非正规垃圾堆放问题点位排查1批次，核查发现问题点位295处，全部督促落实整改，并下发通报5期。落实人员开展常态化巡查检查，发现非正规垃圾堆放问题点位578处，全部督促落实整改，并下发通报8期。完成小曹娥工业区垃圾堆场整治；推进余姚市原生活垃圾应急填埋场整治工程，完成筛分车间建设、全场覆膜工作，至2022年底工程进度30%。

10月，兰江公园公厕完成翻新改造后投用　（市环卫中心　供稿）

【余姚市中心城区环卫保洁一体化项目招标完成】 10月14日，浙江省余姚市中心城区环卫保洁一体化项目公布中标结果。项目按区域分为4个标段，其中凤山街道环卫保洁一体化项目由浙江振兴物业管理有限公司中标，中标金额5449.57万元/年；阳明街道环卫保洁一体化项目由宁波市美宇环保科技有限公司中标，中标金额4254万元；兰江街道环卫保洁一体化项目由浙江飞龙环境服务有限公司中标，中标金额3797.1万元；梨洲街道环卫保洁一体化项目由宁波市景胜城市综合物业服务有限公司中标，中标金额3222万元。4个标段服务总期限均为3年，合同一年一签。服务内容为余姚市中心城区环卫保洁一体化项目服务区域内道路（含机动车道、非机动车道）的环卫保洁（包括人工作业、机械作业、果壳箱保洁、油污清洗、环卫城市家具清洗、道路绿化带动态保洁等环卫保洁作业）。

【小曹娥工业区垃圾堆场整治工程通过省级核查】 12月20日，浙江省第二轮中央生态环境保护督察整改核查小组对小曹娥工业区垃圾堆场整治工程完成情况进行核查，浙江省住建厅二级巡视员朱永斌带队。核查小组先对小曹娥工业区垃圾堆场整治情况进行现场检查，然后朱永斌主持召开核查会议。会上，余姚市人民政府副市长吕军云做了整改工作情况汇报，宁波市综合行政执法局二级巡视员沈光新作补充发言；核查小组成员检查台账资料；最后，朱永斌代表核查小组肯定整治工作成果，宣布该整治工程通过省级核查。

（市环卫中心）

生活垃圾分类

【概况】 2022年，余姚市城乡生活垃圾总量48.65万吨，较2021年下降2.68%，厨余垃圾分出率达到25.22%。城镇居住小区垃圾房监控设备安装实现全覆盖，小区“两点一房”改造提升达到90.6%，并通过线上验收。生活垃圾回收利用率达到74%。创建省级垃圾分类高标准示范片区1个、省级垃圾分类高标准示范小区25个、宁波市级垃圾分类典范场所4个。

2022年，余姚市制定《余姚高质量推进生活垃圾治理2022年实施方案》《余姚市城中村生活垃圾分类百日攻坚行动实施方案》，落实“管行业管垃圾分类”“属地管理”两大原则，累计检查居住小区、城中村、行业单位等场所5073个次，下发通报14期。城镇范围内小区全面落实“撤桶并点、定时定点、桶边督导”三项机制，源头分类精准率保持在90%以上，对损坏、磨损的容器完成一轮更换。累计进小区（村）宣讲300余场次，参与人数10000余人，累计入户宣传户数32万户，在各级各类新闻媒体刊发生活垃圾分类专题报道360余篇。累计检查垃圾分类各类投放环节5000余处，教育劝阻979起，立案查处867起，罚款11.42万元。3月初至6月中下旬，开展城中村垃圾分类百日攻坚专项行动，实现25个行政村投放点设施规范率100%，投放点、归集点分类收运率100%，群众分类知识知晓率90%以上，户内源头分类精准率50%以上。

2022年，余姚市推动垃圾转运和处置设施升级。焚烧发电厂第四台炉排炉完成招标，落实餐厨（厨余）垃圾处置厂二期工程土地。在中心城区建成年处置能力达20万吨的建筑装修（大件）垃圾分拣利用中心，探索建设建筑装修（大件）垃圾收运处置一体化，并创新数字化应用场景，实行网上“一键”预约上门回收，全年接收订单5490份，收运处置零星建筑（大件）垃圾5.3万吨。完成15座生活垃圾中转站改造提升工程。

2022年，余姚市加强生产、销售环节执法检查，排查日化包装企业7家，塑料餐盒2家，抽样检查购物袋5批次，合格率100%。浙江大风车教育装备有限公司宁波新材料分公司可降解塑料袋生产项目投产。推进大中型超市净菜上市，在大型连锁超市、商业综合体中推广“菜篮子”“布袋子”。强化过度包装治理，快递行业大力推行绿色包装材料，推广使用循环中转袋，重点对45毫米以上胶带、不可降解快递塑料包装袋、一次性快递编织袋违规使用情况进行检查。开展餐饮行业“厉行节约，反对浪费”专项行动，发放“不剩菜、不剩饭”提示桌贴超2万份。

【“清道夫建筑装修（大件）垃圾收运服务平台”上线】 3月，微信小程序“清道夫建筑装修（大件）垃圾收运服务平台”上线试运行。该平台实行从源头到终端的全流程监管，通过收运车辆安装的GPS定位系统，系统后台可实施检测车辆运行轨迹和工作状态，归集的建筑装修（大件）垃圾经过分拣、利用和处置，确保建筑装修（大件）资源化利用率在85%以上。

【“新时代文明实践，齐动手送烟头回家”快闪活动举行】 8月3日上午，由余姚市新时代文明实践志愿服务总队主办、余姚市小卷毛公益服务中心承办的“新时代文明实践，齐动手送烟头回家”快闪活动在余姚市四明广场举行。来自余姚多个小学的环保小志愿者们利用暑假期间捡到的烟头拼出“烟头回家记”5个大字，倡导不乱扔烟头。

【迎接“宁波垃圾分类典范场所创建”检查验收】 10月28日，“宁波垃圾分类典范场所创建”验收小组对余姚市开展检查验收。验收小组到余姚市东风小学“艺”起秀小屋、“绿韵东风”生态教育展厅和黄清堰村进行实地检查，随机抽取村民查看家中分类质量。

（市分类办）

8月3日，“新时代文明实践，齐动手送烟头回家”快闪活动举行

（市综合执法局　供稿）

人力资源·社会保障

劳动就业

【概况】 2022年，余姚市城镇新增就业2.53万人，失业人员实现再就业1.87万人，就业困难人员实现就业3579人，城镇登记失业率2.25%；新增创业实体2.25万家，创业带动就业11.17万人。实施“名邦乐业”和稳就业惠民生攻坚行动，开展就业援助月、春风行动等专项活动。优化企业用工服务，落实社保缓缴、失业保险稳岗返还等助企纾困政策。完善灵活就业保障体系，推广“灵活保”，激发新业态灵活就业活力，截至2022年底，“灵活保”参保2.34万人。全年新增宁波市级高质量就业社区（村）10个。

2022年，余姚市发放贷款2476万元。做好宁波市创业导师推选工作。参与“甬上乐业”就业创业服务交流大会，承办创业集市活动。制定出台《关于加快培育新时代余姚工匠队伍的实施意见》，开展职业技能培训3.4万人次，新增高技能人才0.55万人；新建余姚市高技能人才公共实训基地1家、余姚市技能大师工作室3家，获评浙江工匠5名、浙江青年工匠21名、宁波工匠8名、宁波青年工匠35名。

【市返乡入乡合作创业带头人培训班举行】 7月13日，余姚市返乡入乡合作创业带头人培训班暨乡村振兴领头雁培训班在梁弄镇横坎头村会议室开班，全市80余名创业者参加培训。培训主要通过集中授课、现场教学、实践调研、专题讨论、拓展训练等方式开展，邀请相关领域专家为学员系统讲解习近平总书记乡村振兴有关论述和乡村经济发展理论，对乡村旅游、农村电商等乡村振兴重点产业发展情况及前景进行专业授课，系统学习研讨“1+3+N”乡村合作创业组织模式，宣讲乡村就业创业相关政策。

【“创享新乡村、同筑共富梦”第六届创业大赛暨“三省五地”创业之星评选决赛举行】 7月15日，“创享新乡村、同筑共富梦”第六届创业大赛暨“三省五地”创业之星评选决赛举行。活动由市人社局主办，市就业管理服务中心、市就业创业联合会承办，邀请四川省昭觉县、贵州兴义市和望谟县、浙江省松阳县相关部门共同参与。大赛共收到参赛项目达30余个，最终获奖项目12个，其中“菜小九”净菜加工配送中心项目获得金奖。活动在央视频移动网、新华社现场云、新浪微博、哔哩哔哩、抖音、快手、西瓜视频、爱奇艺、一直播、中搜搜悦等媒体平台同步直播。

【市人力资源服务产业园开园仪式举行】 10月26日，余姚市人力资源服务产业园开园仪式举行。余姚市委常委、常务副市长曹敬之，宁波人力资源服务行业协会会长周永全以及宁波、余姚相关职能部门负责人出席开园仪式并为园区揭牌。活动现场，还举行了产业园运营项目签约仪式和产业园入驻协议签署仪式，余姚市东方阳明人力资源服务有限公司、宁波鼎祥人力资源管理有限公司、重驰（宁波）管理服务有限公司、浙江阳明江丰企业管理咨询有限公司、余姚众鑫人力资源有限公司5家机构现场签约入

7月15日，“创享新乡村、同筑共富梦”第六届创业大赛暨“三省五地”创业之星评选决赛举行
（市人社局 供稿）

10月26日，余姚市人力资源服务产业园运营项目签约仪式举行

（市人社局　供稿）

驻。同时，余姚市人力资源发展协会成立，周永全向会长何琪钧授牌。

（市人社局）

劳动监察

【概况】 2022年，余姚市受理欠薪劳动监察案件6537件，办结6142件，为2.12万名劳动者追回被拖欠克扣的工资2.9亿元，常务副市长曹敬之在宁波市根治欠薪工作领导小组（扩大）会议上作经验交流。受理劳动仲裁案件2445件，结案2391件（包括上年未结案件65件），结案率95.3%，调解成功率88.1%，网络办案率47.6%。

2022年，余姚市开展清理整顿人力资源市场秩序、高温作业超时加班、绿色治欠“除险保安”百日攻坚等专项行动，规范各类市场主体用工行为。启用标准化数字仲裁庭，全年线上开庭16次、网络调解9次、线下开庭43次。引入15名律师参与劳动仲裁，全年共处理案件254件。向11家企业发送“用工问题”仲裁建议书。

【欠薪投诉集中接访活动开展】 1月11日，为推动解决春节前夕各类欠薪问题，市委常委、常务副市长曹敬之带领市住建局、市人社局、市信访局、市人民法院、市公安局等部门负责人到市矛调中心开展欠薪投诉集中接访活动。接访人员面对面倾听劳动者心声，认真记录劳动者投诉内容并分析原因，商讨解决方案。当日，共接待来访群众9批100余人次。

【高温季节劳动用工专项执法检查开展】 8月，余姚市开展全市高温季节劳动用工专项执法检查，以室外露天作业和高温区域作业的建筑施工、交通运输、物流快递、加工制造等行业为重点，检查用人单位落实高温天气期间工作时间规定情况、依法支付加班费情况、高温津贴发放情况、用人单位对女职工和未成年工特殊劳动保护落实情况等。检查企业近600家，涉及员工2.5万余名。

【余姚市人社局驻舜宇劳动纠纷调解室成立】 10月24日，余姚市首家“余姚人社驻企劳动纠纷调解室”在舜宇集团正式挂牌成立。市人社局党委副书记、副局长黄洋、舜宇集团副总裁董克武出席挂牌仪式。调解室的建设旨在提高劳动纠纷化解效率，有效破解劳动纠纷易发多发问题，通过定点、定人、定时进驻，力争欠薪等劳动纠纷“不出企”就地化解。

（市人社局）

人事工作

【概况】 2022年，余姚市根据《关于县以下事业单位建立管理岗位职员等级晋升制度的意见》（中办发〔2021〕29号）要求，完成首轮293名管理人员的职员等级晋升，其中晋升七级职员6名、八级职员287名。

2022年，余姚市事业单位招聘共推出岗位117个，指标122人，报名人数6719人，通过资格初审并缴费4490人。组织开展面向2022届优秀高校毕业生选聘高层次紧缺人才活动，共推出岗位7个、指标20人，报名人数221人，通过资格初审192人，最终录用事业人员13人并分配至各有关单位。组织城区四街道及部分事业单位

10月24日，余姚市人社局驻舜宇劳动纠纷调解室成立

（市人社局　供稿）

11月16日，宁波江丰电子材料股份有限公司召开中级职称自主评审会议

（市人社局　供稿）

公开选调，推出岗位8个、指标9人，最终选调事业人员5人。教育系统共招聘2批次，推出招聘指标148人，报名人数3835人，录用135人；卫健系统共招聘3批次，推出招聘指标311人，报名人数1800人，录用120人。开展2022年度事业单位工作人员年度考核工作。共授予嘉奖事业人员3516人，其中教育、卫健系统分别为1442人和1461人。规范开展事业单位岗位设置和人员聘任，加强事业单位绩效工资管理，加强机关事业单位编外用工规范管理，推行实名制管理系统，实施绩效考核和劳务派遣制度。

2022年，余姚市推荐宁波富诚汽车零部件有限公司和宁波生久科技有限公司开展企业职称自主评审试点申报，推荐舜宇集团有限公司设立光学光电工程全省行业高评委试点。舜宇集团有限公司、宁波江丰电子材料股份有限公司首次开展企业自主评审工作，共有209名专技人员参加评审，其中57人取得初级专业技术资格证书、100人取得中级专业技术资格证书。

【江丰电子工程专业中级职称评审会议召开】 11月16日，宁波江丰电子材料股份有限公司召开中级职称自主评审会议，为该公司首次开展中级职称评审工作。此次评审由申报材料审核和现场答辩环节结合，评审会专家严格按照职称评审程序，通过参评人员的职业道德、专业技术能力、专业工作能力、继续教育学习以及现场答辩表现对11名参评人员作出综合评价，提出评审意见。

（市人社局）

社会保障

【概况】 截至2022年底，余姚市职工基本养老保险、城乡居民社会养老保险、工伤保险、失业保险参保人数分别达到44.51万人、19.66万人、45.11万人、37.17万人，余姚市户籍人口养老保险参保率99.22%。

2022年，余姚市开展全民参保工作，落实低保、残疾等困难群体参加城乡居保“应保尽保、应补尽补”，职工基本养老保险参保人数比2021年年底净增8971人。健全“社银合作”机制，将高频人社业务下放到余姚农商银行网点，7家合作银行社保卡即办网点增至121个。开展工伤“政保合作”，加大“工伤认定勘验一键通”系统应用力度。开展社保基金管理提升年行动。完成职工基本养老保险经办全国统筹工作，线下线上业务于5月恢复经办。开展基层社会保险基金管理风险排查，对各乡镇（街道）社保经办岗位权限管理、“基层办”业务运行、内部控制管理、监督制度落实等内容开展监督检查。

【“敬老助老、暖心社保”主题宣传活动举办】 10月14日，市人社局会同农村商业银行在梨洲街道南庙村广场举办“敬老助老、暖心社保”主题宣传活动。活动现场，工作人员耐心受理群众咨询、讲解资格认证政策，并手把手引导老人们通过“浙里办”App线上操作资格认证。

（市人社局）

10月14日，“敬老助老、暖心社保”主题宣传活动举办

（市人社局　供稿）

医疗保障

【概况】 截至2022年底，余姚市职工医保参保人数60.00万人，比2021年年底净增4.10万人；城乡居民医保参保人数39.75万人；余姚市户籍人员医保参保率为99.93%。办理退休职工医保补缴业务28082人，总金额13.97亿元。全年医保基金收入约45.89亿元，同比增加27.28%；当年医保基金结余17.21亿元，基金累计结余82.38元，其中职工医保统筹基金累计结余28.44亿元，同比增幅116.38%，基金抗风险能力25.05个月；城乡居民医保统筹基金累计结余9.80亿元，同比增幅27.94%，基金抗风险能力10.65个月。全市225名住院医疗保险在职及延缴人员全部“清零”完成转保。调整机关事业单位在编工作人员基本医疗保险缴费基数。机关事业单位在职职工纳入生育保险范围，符合规定的灵活就业人员同步参加生育保险，享受生育保险津补贴待遇，实现职工医保生育保险待遇全覆盖，全面享受生育保险待遇人数增加8万多人。

2022年，余姚市扩大城乡居民医保覆盖面，将非本市户籍0~6周岁儿童纳入参保范围，全市医疗保险参保人数达到99.75万人。执行统一的城乡居民医保筹资标准，成年居民医保A、B档合并，成年居民财政补助资金提高到每人每年2090元。完成市人民医院医保移动支付应用接口改造，医保电子凭证结算率达45.41%，超出目标任务数5个百分点。全市享受医疗保险待遇1072万人次，产生医疗费用38.68亿元，同比增幅1.72%；医保基金支出28.68亿元，同比增幅5.41%。落实大病保险及特殊药品待遇，大病报销42699人次，大病赔付3583万元。共有9859人次享受生育保险待遇，支出生育医疗费用3648万元，支付生育津补贴7805万元。开通跨省异地就医直接结算定点医疗机构达到91家，开通率为68.42%。

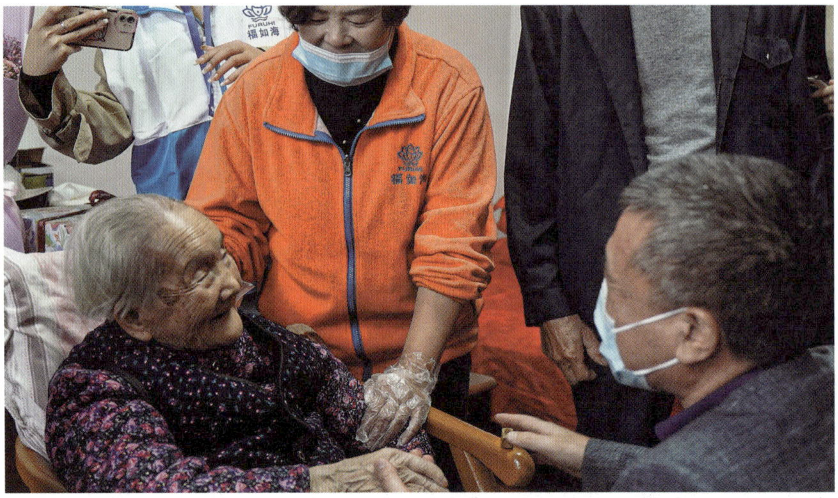

9月4日，余姚市为失能老人马秋莲（左一）提供长护保险居家护理服务
（刘雪姣　摄）

【医疗救助】 到2022年底，余姚长期护理保险参保人数达到99.75万人，筹集长护保险基金8867.86万元。全市通过失能等级专业评估被认定为重度失能的老人共2781人，其中重度失能Ⅰ级1074人、重度失能Ⅱ级1379人、重度失能Ⅲ级328人。全市有定点长期护理服务机构23家，能提供机构护理床位608张，持证护理人员777人（其中居家护理持证护理员607人）。提高低保对象医疗救助比例，符合规定的个人自付费用按80%的标准予以医疗救助。提高规定救助对象的年度救助限额至每人每年10万元，门诊和住院共用年度救助限额（其中门诊2万元），共有10277人次享受医疗救助待遇，支付医疗救助费用2000余万元。调整因病致贫对象追溯救助政策，认定前6个月政策范围内医疗费用纳入医疗救助范围。提高救助对象省内转诊就医待遇，执行参保地同等待遇政策。城乡居保全额免缴14634人，财政补助费用676万元；财政为困难群众投保“天一甬宁保”支出241万元。35名困难群众个人自负金额按规定化解到5万元以下，化解保障医疗费用108.32万元。5名困难群众完成白内障复明手术并出院。

【医保合作】 2022年，余姚市推进政企协作“大数据+医保基金监管”模式，建立健全医保基金监管长效机制。驻点检查30家医疗机构，巡查181家医药机构，专项检查50家、宁波市交叉检查1家。处理医药机构103家，其中行政处罚3家，协议处理17家（其中约谈8家，限期整改5家，暂停医保结算4家），追回医保基金74.43万元。对三家定点医药机构作出行政处罚决定，共退回骗取支出的医保基金2624.20元，合计罚款5248.40元，暂停6个月涉及医疗保障基金使用的医药服务。开展“织密基金监管网 共筑医保防护线”基金监管集中宣传月活动，发放宣传资料5000余份，张贴海报1350张，启用电子屏400余个，微信推送9期共22条、互动人数3000余人次。

2022年，余姚市进一步与中国太平洋保险人寿公司宁波分公司加强合作，全流程参与医保巡查、驻点管理、视频监控、智能审核、业务经办等医保监管和服务。实施总额预算管理下的多元复合式支付方式改革，落实门诊按总额付费，住院按DRGs点数法付费，精神类疾病、安宁疗护及其他长期住院服务按床日DRGs付费等多元复合式支付方式。提取当年职工住院基金预算总额的5‰用于医疗机构评价激励，预留基金115万元，对2021年度DRGs点数付费评价等次为优秀的三家单位进行评价激励。11家定点医疗机构开展医保种植牙项目，限定国产品牌3000元/颗，进口品牌3500元/颗，累计种植494颗，为群众减负超200多万元。落实药品医用耗材集中带量采购政策。

【医保政策统一调整】 3月1日起，余姚市多项医保政策调整。退休人员因年限不足申请一次性补缴的缴费比例调整为6.3%。门诊个人自付医疗费补助比例调整为60%。全市机关事业单位在职职工纳入生育保险范围。职工在宁波市外异地生育医疗费用报销、城乡居民参保人员生育医疗待遇，由定额补偿调整为按相应医保待遇享受。余姚市参保人员在省外临时就医免备案。三级甲等医院住院起付标准从1500元降低到1200元；城乡居民医保成年居民参保人员市内转诊住院费用的医保基金支付比例不再上浮。启用新的家庭共济模式，采用一对一绑定、单向授权的模式，被绑定人可直接使用授权人全部历年账户资金，取消共济账户和家庭共济网。

【余姚市医保系统接入省“智慧医保”信息平台】 3月1日，余姚市完成医保系统切换过渡，正式接入省“智慧医保”信息平台暨国家医疗保障信息平台，融入全国医保信息“一张网”。4月起，“智慧医保”系统接入余姚农商银行网点，17个事项可在27个网点经办。

5月，“医来兜”困难群众高额医疗费用化解平台上线推进会召开

（市医保局　供稿）

【“医来兜”平台上线浙政钉】 5月，“医来兜”困难群众高额医疗费用化解平台在浙政钉应用平台上线。平台通过整合医疗保障、社会救助、慈善帮扶等资源，多部门协同化解高额医疗费用负担问题，降低因病致贫返贫风险。“医来兜”平台上线时有4个模块27个功能字段，将全市10个部门、21个乡镇（街道）纳入协同范围。

【余慈地区失能评估骨干专家培训会举行】 7月24日，余慈地区失能评估骨干专家培训会举行，19位余姚、慈溪有关医院高年资医学专家参加培训。培训由宁波市第二医院骨科主任医师陈良、第一医院神经内科主任医师董俭和宁波大学医学院附属医院内科主任医师毛玉山组成作为专家成员进行授课。培训内容主要围绕《长期护理失能等级评估标准（试行）》制定背景、发展方向、评估标准及操作指南；重点就日常生活活动能力、认知能力、感知觉与沟通能力的专业评估内容、评估技巧、细节把控一一展开分析。培训后，8月19日，首批长期护理保险定点护理服务机构确定，共计19家。12月1日，梁弄镇启动长期护理服务试点工作，该镇55名重度失能老人享受长护保险居家护理服务。

【市医保协议网上签订管理系统正式启用】 9月5日，余姚市医保协议网上签订管理系统正式启用。余姚市医保经办机构与新申请定点的余姚益健内科诊所有限公司成功通过该平台签订医保定点服务协议。实现宁波市内首次采用网签模式签订医保服务协议。

【市长期护理保险制度试点工作动员会举行】 12月22日，余姚市长期护理保险制度试点工作动员会举行，余姚市副市长林体出席会议并讲话。会议通报余姚市长期护理保险制度试点工作推进情况，解读长期护理保险试点工作实施方案，部署下一阶段主要

12月22日，余姚市长期护理保险制度试点工作动员会举行

（市医保局　供稿）

工作；梁弄镇、长期护理保险定点机构代表作交流发言。

（市医保局）

住房保障

【概况】 2022年，余姚市印发了《关于加快发展保障性租赁住房实施方案（2022—2024年）》和《余姚市保障性租赁住房建设管理办法》，明确了2022—2024年每年的保租房筹集任务、户型面积、新建方式、改建原则、政策支持等实施细则。委托市规划测绘设计院，启动《余姚市保障性租赁住房专项规划》编制工作，并召开“专项规划（草案）”座谈会，听取各方单位建议意见。通过宣传引导，凝聚共识，抓紧房源建设筹集工作。利用各类新兴、传统媒体，宣传“保租房”典型案例，以“接地气”的项目样板来招引社会资本，引导市场主体及国有企业主动参与，吸引新青年、新市民租赁使用。按照浙江省、宁波市总体要求，“十四五”期间余姚需筹集2.7万套保租房。余姚市本级计划2022年、2023年各1万套、2024年7000套。截至2022年底，全年完成筹集8952套，累计筹集12600套，其中竣工6800套，面积34.3万平方米，受益2.3万人。

【余姚市在2022年度省级保障性租赁住房工作考核中获评优秀档次】 年内，余姚市完成了省民生实事任务（6340套）和宁波市民生实事任务（8870套）。在浙江省住建厅、发改委、财政厅联合公布的2022年发展保租房监测评价复评结果中，余姚市获评优秀档次。

（市住建局）

住房公积金管理

【概况】 2022年，余姚市归集住房公积金21.69亿元，完成年度计划的96.4%；提取住房公积金17.62亿元，完成年度计划的107.69%；发放住房公积金个人贷款9.92亿元，完成年度计划的100.83%；回收贷款4.66亿元，完成年度计划的103.51%；实现增值收益6308.58万元，完成年度计划的116.83%。截至2022年年底，住房公积金余额49.63亿元，住房公积金个人贷款余额45.53亿元，存贷比达91.74%。

2022年，余姚市开展公积金基数调整工作。住房公积金缴存基数上限确定为宁波市2021年度职工月平均工资的3倍，即36789元；缴存基数下限为2021年度宁波市市区职工最低工资标准，即2280元。共计1670家单位12万职工完成基数调整。落实住房公积金缓缴政策为支持受疫情影响的企业和职工渡过难关，为3家企业办理缓交业务，职工79人享受缓交政策，缓缴金额30.54万元。落实“租购并举”，租房提取额由原先700元/月提高至1500元/月，累计2426人享受最高提取额度，提取金额2783.20万元。全年缴存职工通过“浙里办”App受理公积金业务41823笔，其中公积金个人提取业务24675笔，单位业务17148笔。支持职工购买住房面积148221.4平方米。

2022年，余姚市推进住房公积金扩面，开展公积金制度宣传月活动，利用主流媒体对公积金阶段性支持政策宣传报道。强化企业住房公积金年度验审工作，开展政策宣传及业务培训工作。全年新增开户企业530家，新增缴存职工25500人。加强公积金业务账的日常账务处理，做好贷款逾期的催收工作，全年通过法院拍卖收回逾期贷款70.69万元；加强申请住房公积金贷款合作楼盘的审核，召开风控会和贷审会各2次，保证金抵押1150万元。新增合作楼盘12个，为“保交楼”项目提供住房公积金贷款13953万元。

【购房公积金贷款上限提高】 6月1日起，余姚市提高购房公积金贷款上限，其中首套房公积金贷款上限提高至100万元，二套房贷款上限提高至80万元，生育二孩或三孩家庭住房公积金最高贷款额度在上述基础上再上浮20%。同时，下调首套个人住房公积金贷款利率0.15个百分点。

【新一轮公积金银行账户项目完成招标】 12月1日，宁波市住房公积金管理中心余姚分中心账户及单位公款存放银行招标项目开标。中国建设银行余姚

2022年7月，余姚市开展乡镇（街道）、合作银行公积金业务培训

（市公积金管理中心 供稿）

支行、中国农业银行余姚分行、中国工商银行余姚分行、中国银行余姚分行、余姚农村商业银行、宁波银行中心区支行、中信银行余姚支行、交通银行余姚支行依次中标。该项目协定存款利率在国家规定的即期央行基准利率基础上加40BP，存期≤一年的定期存款利率在国家规定的即期央行基准利率基础上加40BP，一年＜存期≤三年的定期存款利率在国家规定的即期央行基准利率基础上加40BP（其中中国建设银行股份有限公司余姚支行、中国农业银行股份有限公司余姚分行、中国工商银行股份有限公司余姚分行、中国银行股份有限公司余姚分行的一年＜存期≤三年的定期存款利率为在国家规定的即期央行基准利率基础上加25BP）。

（市公积金管理中心）

行政审批

【概况】 2022年，余姚市通过政务服务中心受理各类政务服务事项1099292件（其中分中心221431件），办结1093744件（其中分中心221431件），收取各类税费43.5亿元（其中分中心0.036亿元）。完成“三区一中心”（“24小时自助服务区”、“互联网+政务服务”体验区、政务服务综合受理区和后台集中审批协同中心）融合布局改造，线上线下“一网通办率”97.62%，依申请政务服务事项进驻率100%，政务服务“好差评”评价满意率99.99%。推进行政备案管理省级试点，编制调整行政备案事项257项，推进行政备案网上办、掌上办、智能办。该项试点成效作为改革经验被国务院办公厅推广。确认全市30个行政许可事项部门，确定余姚市实施行政许可事项清单268项并发文公布。依托农商行政务服务2.0一网通办平台和丰收互联App，将政务服务拓展到全市87个农商行网点和164个金融服务点。

2022年，余姚市与舟山市、南京市江宁区、福建省漳州市、四川省昭觉县等10个地区开展政务服务事项“跨省通办”“异地通办”服务，实现两地企业群众政务服务事项“就近办理、一次办成”。创建宁波级示范型便民服务中心5个、标准型便民服务中心9个。投放“宁波办事”综合自助服务终端120台，实现“宁波办事”综合自助服务终端全市乡镇（街道）便民服务中心、重点村（社区）全覆盖。在市政务服务中心、税务分中心、阳明街道便民服务中心、新城市社区等15个点位开展市、镇、村三级24小时自助服务。推广宁波市网上中介超市推广应用力度，全年在中介超市项目成交数2992个，其中审批服务中介事项成交166个。

2022年，余姚市开通“政务服务直通车”，采用“现场综合受理、后台流转审批、快递统一出件”服务模式打造移动智慧政务服务体系，实现108项政务服务事项“足不出户”办理，累计服务群众1000余人次。出台《余姚市重大项目审批服务工作方案》，打造重点工业投资项目“拿地即开工”项目审批新模式，累计服务江丰电子、德昌电机等“拿地即开工”项目7个，项目开工时间较原计划提前60%以上。

【首笔不动产“带抵转”组合登记业务办理】 9月28日，余姚市办理由不动产相关企业与中国银行余姚分行联合发起申请的不动产“带抵转”组合登记业务，该业务为全市首笔“带抵转”组合登记模式业务。“带抵转”组合登记模式，即由买卖双方和银行共同申请“不动产转移登记+抵押权变更登记”，不动产登记窗口受理相关材料后完成不动产“带抵转”组合登记业务，并同步发放新的不动产证书及不动产登记证明，办理环节精简66%，办事效率提升50%，实现“一次申请、一个窗口、一套材料、一日办结”。

（市政务服务中心）

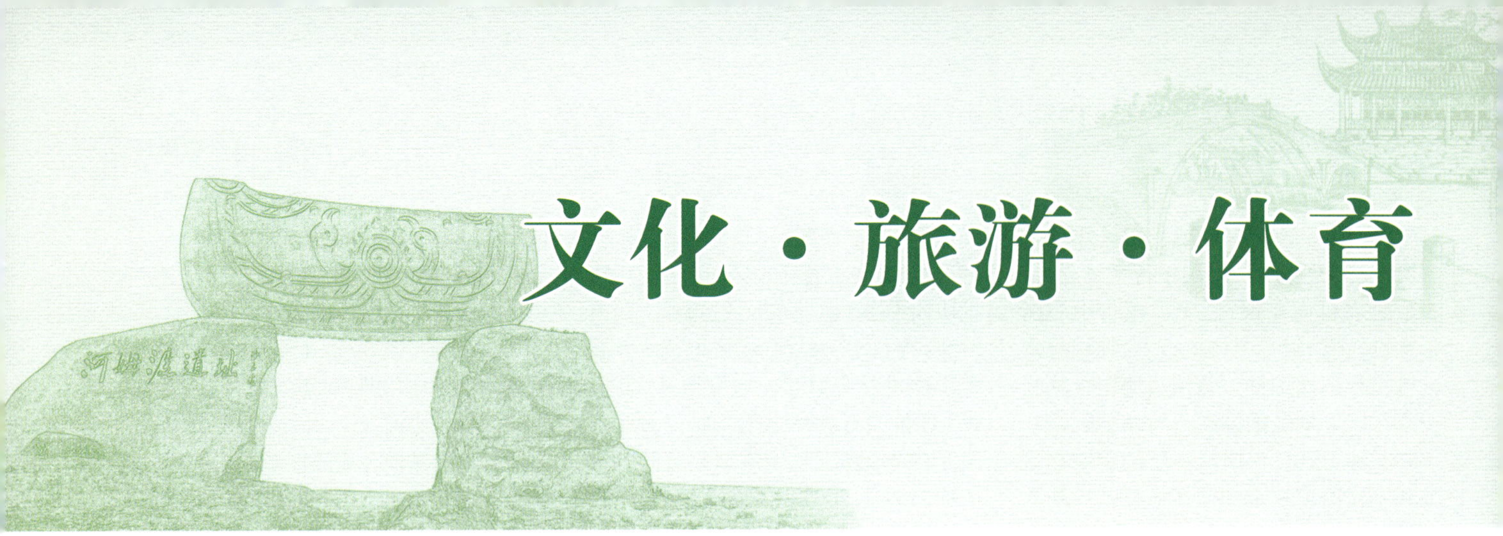

文化·旅游·体育

综　述

【概况】 2022年，余姚市举办2022宁波（余姚）阳明文化季活动，承办世界阳明学大会，创设“阳明读书社”，开展阳明文化“六进”活动。“阳明文化”品牌入选省首批文化标识创新项目。举办长篇传记文学《达人严子陵》首发式和作品研讨会、第九届余姚市百姓文化节、“三团三社”大展演、“吾心自有光明月”中秋诗话会、“三下乡”集中示范活动、“礼赞新时代　奋进新征程”——迎接党的二十大优秀影片公益电影主题放映现场连线活动等余姚“公共文化日”线上线下活动1000余场。

【文化普及】 2022年，余姚市完成戏曲、综艺等公共文化配送活动90余场，发放“阳光文化爱心卡”6600余张。完成宁波级农家书屋示范点建设10家、余姚级5家。低塘街道成为宁波首个街道农村文化礼堂全民阅读的“数字大脑”。开展“书记领读”行动，启动第十二届“书香余姚”全民读书节。修订下发《余姚市文艺精品工程扶持奖励办法》。举办“见证新时代　逐梦新征程”余姚作家“四明大地行”采风创作系列活动。长篇小说《风定鄱阳湖》等14部作品列入2022年度余姚市级文化精品工程重点项目，姚剧《乡村心事》等4部作品列入2021年度浙江省文化艺术发展基金扶持项目。散文集《带不走的处方》等7部作品获得2020—2021年度“宁波文艺奖”。美术《城市音符》入选第十三届中国艺术节全国优秀美术作品展览。广播剧《嘱托》等5部作品获评宁波市第十五届精神文明建设“五个一工程奖”，余姚市委宣传部获评宁波市“五个一工程”组织工作奖。

【文化产业】 2022年，余姚市持续完善文化产业发展保障机制，修订《关于加快文化产业高质量发展的若干政策意见》及实施细则，实施《余姚市文创园区及重点文化企业定期走访制度》。协同推进重点文化产业项目建设，河姆渡国家考古遗址公园规划列入第四批国家考古遗址公园名单；阳明故居文化公园（阳明古镇）项目列入宁波“十四五”期间十大重点文化项目；姚江书院地块已完成规划设计，并通过相关文物管理单位评审；姚江水岸——运河诗路文化交流中心对外开放；浙东红村·横坎头景区研学教育区的初心营地已建成并投入运营。大丰实业被科技部办公厅、中央宣传部办公厅认定为优秀国家文化和科技融合示范基地，入围2021年度中国轻工装备制造行业50强，入选国家服务型制造示范企业名单，获评浙江省文化和旅游企业梯度培育计划领军企业。

（市文广局）

公共文化

【概况】 2022年，余姚市公共文化中心建成完工，内部大剧院开始运营。建成85个“15分钟品质文化生活圈”、356个小而美公共文化空间、2个城市书房和1个文化驿站。7家单位成功创建小而美公共文化空间“12空间仓”。吾乐雅苑、乐众传统文化传承体验中心入选宁波市“一人一艺新空间”，智慧书屋入选宁波市“天一书房”。梁弄镇横坎头村、河姆渡镇翁方村通过省文旅厅公共文化场馆服务功能拓展先行先试验收并获优秀等级。图书馆全年接待读者39.03万人次，外借图书76.97万册次。

2022年，余姚市举办“阳明文化季”系列活动。拍摄阳明文化、浙东抗日根据地、余姚土布制作技艺等短视频，参加浙江省文化基因解码短视频大赛。成立“阳明读书社”。阳明文化入选省首批文化标识建设创新项目。

2022年，余姚市将每月12日定为“公共文化日”，开展各类文化活动1000余场，举办全民读书节、百姓文化节、“吾心自有光明月”中秋诗会等。全年公共文化配送（送戏下乡）193场，电影下乡3000场。姚剧《乡村心事》获得浙江省第十五届精神文明建设“五个一工程”优秀作品奖（戏剧类），获第十五届浙江省戏剧节“兰花奖·新剧目大奖”，并列入浙江省文化艺术发展基金资助项目。美术作品《城市音符——工地的金色正午》入选第十三届中国艺术节全国优秀美术作品展览，舞蹈作品《老叶和他的戏台》获省第32届群众舞蹈大赛金奖、2022年“一人一艺杯”宁波市原创音乐舞蹈大赛银奖。原创流行歌曲《路向右拐》获浙江省第二届原创流行歌曲大赛银奖。举办“15分钟品质文化生活圈”、公共文化服务大提升等专题业务培训，完成“15分钟品质文化生活圈”

1 月 15 日，余姚市全民艺术普及工程社会联盟机构授牌仪式举行

（市融媒体中心　供稿）

志愿者注册。培育“三团三社”文艺团队、文化示范户和乡村文化能人。

【余姚市首个“公共文化日”活动暨“千年余韵 山水姚城”主题馆开馆仪式举行】 1月12日，作为余姚市首个“公共文化日”活动暨“千年余韵　山水姚城”文旅主题馆开馆仪式在阳明古镇举行。仪式现场，余姚市委常委、宣传部部长沈小贤宣布余姚市首个“公共文化日”启动，余姚市副市长林体宣布“千年余韵 山水姚城”主题馆开馆。同时，现场还举行了市文化和旅游志愿者大队首批“文旅志愿团队”授旗仪式、市全民普及工程社会联盟机构授牌仪式、市“一人一艺”大展演优秀组织单位颁奖仪式、首批“小而美”公共文化空间“12空间仓”授牌仪式等，并向“百姓文化周—姚剧大奖赛”金奖、银奖、铜奖获得者颁奖。

【“阳明文化”和“浙东抗日根据地”入选“浙江文化标识”培育项目名单】 1月19日，省文化和旅游厅公布了“文化基因解码工程”解码成果评审结果及首批100项“浙江文化标识”培育项目，余姚“阳明文化”和“浙东抗日根据地”两个文化标识入选“浙江文化标识”培育项目名单，“河姆渡文化”“浙东抗日根据地”“道德银行”“姚剧”“阳明文化”5个项目获评省级优秀解码项目。

【姚剧《童小姐的战场》上榜“2021浙江十佳红色经典剧目”】 6月28日下午，“飞‘越’十年”2021浙江文化和旅游榜颁奖典礼在绍兴市举行，现场公布了“2021浙江十佳红色经典剧目”榜单，余姚市姚剧保护传承中心创作演出的姚剧现代戏《童小姐的战场》入选。《童小姐的战场》是一部表现浙东（四明山）抗日根据地斗争故事的大型戏曲舞台剧，展现了20世纪40年代初发生在浙东四明山余姚市梁弄横坎头的中共地下工作者的感人故事。

【2022宁波（余姚）阳明文化季启动仪式暨“吾心自有光明月”中秋诗会举行】 9月10日，2022宁波（余姚）阳明文化季启动仪式暨“吾心自有光明月”中秋诗会在阳明开元观堂酒店举行。宁波市社科院（联）院长（主席）、党组书记傅晓，宁波市委宣传部副部长胡文飞，余姚市领导傅贵荣、诸晓蓓、陈长锋、王娇俐、沈小贤、李昭、林体等出席。诗会分为《姚江源》《四明心》《光明月》三个篇章，采取视频直播、现场互动等线上和线下相结合的方式。活动现场，阳明读书社“传习录天天读”网络平台上线仪式和宁波一人一艺新空间“光明心”开放麦发布仪式举行，并为首批书香宁波领读人颁发证书。

【纪念王阳明550周年诞辰礼贤仪典在余姚举行】 10月31日上午，纪念王阳明550周年诞辰礼贤仪典在王阳明故居瑞云楼举行。宁波市委常委、宣传部部长金彦，宁波市副市长朱欢，中国集邮总公司高级资深经理任永信，浙江万里学院校长应敏，中国邮政集团浙江省分公司总经理方志鹏，余姚市新乡贤徐八达、陈寿灿等，余姚市领导傅贵荣、沃勇特、诸晓蓓、陈长锋、王娇俐、沈小贤、林体，宁波市有关单

姚剧《童小姐的战场》剧照　　（方麒君　摄）

位领导，市建设促进会杭州分会嘉宾，市内外阳明学专家代表、社会各界代表等出席礼贤仪典。礼贤仪典上，省良知阳明文化研究院、省阳明良知慈善基金会揭牌仪式以及王阳明诞辰550周年个性化邮票首发仪式举行。

【“人类命运共同体的文化共鸣”世界阳明学大会在余姚举行】 11月23日，以“人类命运共同体的文化共鸣”为主题的世界阳明学大会在“阳明故里”余姚举行。十三届全国政协副主席、九三学社中央常务副主席邵鸿，中国历史研究院副院长李国强发表视频致辞，省委常委、宁波市委书记彭佳学，省委常委、宣传部部长王纲致辞，省政府党组成员刘忻主持，十三届全国政协常务委员、民族和宗教委员会主任王伟光，中国明史学会会长、厦门大学国学院院长陈支平，国际儒学联合会副理事长、湖南大学岳麓书院国学院院长朱汉民作主旨发言。省委宣传部副部长、省社科联主席盛世豪，宁波市委常委、秘书长张文杰，宁波市委常委、宣传部部长金彦，宁波市副市长朱欢和余姚市领导傅贵荣、沃勇特、诸晓蓓、陈长锋、王娇俐、沈小贤、张明、华红、朱卫东等出席开幕式。

【姚剧《乡村心事》入选第十五届浙江省戏剧节终评】 12月8日晚，姚剧《乡村心事》首次亮相余姚大剧院并参评第十五届浙江省戏剧节终评。浙江省戏剧节由省文化和旅游厅主办，每三年举办一届。第十五届浙江省戏剧节共有45台剧目参加评奖演出，30台参评剧目进入终评，最终将评出，兰花奖·特别奖、兰花奖·新剧目大奖、优秀参评剧目、创作、表演等单项奖、优秀组织单位等奖项。

（市文广局）

文物保护·文化遗产

【概况】 2022年，余姚市加快推进河姆渡国家考古遗址公园创建，被列入国家考古遗址公园立项名单。完成遗址公园规划一期河姆渡遗址区域建设方案编制，其中启动区工程——古今自然环境展示区方案通过省文物局审核，并转报国家文物局。启动编制田螺山遗址保护规划，修改完善鲻山遗址保护规划。

2022年，余姚市加快实施考古发掘及考古前置。施岙遗址入围2021年度全国十大考古新发现终评项目。井头山遗址、施岙遗址入选2022年“新时代浙江考古十大发现”，田螺山遗址入选2022年“新时代浙江考古重要发现”。启动江桥头遗址考古发掘工作，循序推进井头山遗址二期、施岙古稻田考古发掘；继续做好井头山遗址一期和施岙遗址出土文物整理及部分出土木器脱水保护工作；继续做好全市范围内考古前置工作，保障建设项目顺利实施。3处文保单位通过第八批省级文保单位申报。完成6处文物保护单位修缮。策划河姆渡文化发现50周年纪念活动。

2022年，余姚市完成浙江省非物质文化遗产保护数据年报工作，开展第七批余姚市非遗代表性项目名录申报。“四明山竹编”工坊入选省级非遗工坊创建名单，陆埠山水清心非遗主题旅游路线、黄家埠中心小学入选宁波市非遗主题旅游线路和非遗传承教学基地。承办宁波市“文化和自然遗产日”主题活动和第五届“少年非遗说”浙江传说故事讲述大赛浙东唐诗之路赛区半决赛，获优秀组织奖。举办2022中国非物质文化遗产传承人研修培训计划——姚剧培训班，举办第七届姚剧文化周等活动。

【余姚施岙遗址上榜2021年度全国十大考古新发现终评名单】 2月26日，中国文物报社和中国考古学会主办的2021年度全国十大考古新发现评选活动入围终评项目名单发布，全国有20个项目进入名单，其中浙江省有2个，余姚施岙遗址上榜。施岙遗址位于余姚市三七市镇，是一处年代距今4500~6700年的稻田，初步勘探总面积约90万平方米，是目前世界上发现的面积最大、年代最早、证据最充分的大规模稻田。

【余姚2个项目入选“2021浙江文化和旅游总评榜”】 4月18日，“2021浙江文化和旅游总评榜”评选结果公示，余姚环四明山余姚多彩风景道上榜“2021浙江共享共富十佳自驾旅行精品线”，姚剧《童小姐的战场》上榜“2021浙江十佳红色经典剧目”。“2021浙江文化和旅游总评榜”由《浙江日报》、《钱江晚报》、浙江在线和天目新闻客户端共同主办，于2月14

《乡村新事》剧照　　（余姚市姚剧保护传承中心　供稿）

日正式启动，全省11市367个项目参评，经公众投票和专家评审得出评选结果。

【余姚多处遗址入选“新时代浙江考古十大发现”】 6月10日，由浙江省文物局指导、浙江省考古学会举办、《钱江晚报》支持的“新时代浙江考古十大发现”评选结果公布。余姚井头山遗址、施岙遗址入选“新时代浙江考古十大发现”，田螺山遗址入选“新时代浙江考古重要发现”。此外，花园新村汉六朝遗址、巍星路窖藏也入选参评名单。

【井头山遗址第二期考古发掘启动】 6月18日上午，余姚井头山遗址第二期考古发掘启动仪式在考古工地现场举行，浙江省文物局副局长郑建华，宁波市文化广电旅游局副局长陈彩凤，余姚市副市长林体等出席并致辞。省文物考古研究所、宁波市文化遗产管理研究院、市文广局等有关单位参加启动仪式。市文广局党委书记、局长杨玉红主持启动仪式。井头山遗址第二期考古发掘获得国家文物局拨付的700多万元主动性专项经费，于5月下旬获得2022年度发掘执照，同意800平方米的较大发掘面积，主要目标是寻找古海岸边的居住区房屋和相关生活遗迹，并考虑出土遗迹的现场保护和长期展示。

12月7日，文化和旅游部副部长、国家文物局局长李群（前排右三）到余姚调研考古及文物保护工作（市文广局 供稿）

【李群到余姚调研考古及文物保护工作】 12月7日下午，文化和旅游部副部长、国家文物局局长李群到余姚井头山遗址调研考古及文物保护工作，参观井头山遗址二期发掘现场并查看井头山遗址一期出土的各类文物。浙江省文化和旅游厅厅长褚子育，省文物局局长杨建武，宁波市委常委、宣传部部长金彦，副市长朱欢，余姚市委书记傅贵荣，市委常委、宣传部部长沈小贤参加调研。

【河姆渡考古遗址公园入选第四批国家考古遗址公园立项名单】 12月29日，国家文物局公布第四批国家考古遗址公园评定结果，共有19处考古遗址公园列入国家考古遗址公园名单，32处考古遗址公园列入国家考古遗址公园立项名单。河姆渡考古遗址公园被列入国家考古遗址公园立项名单，获得正式立项。根据总体规划，河姆渡考古遗址公园以河姆渡遗址、田螺山遗址、鲻山遗址与井头山遗址为主体，集考古遗址公园、城郊生态公园、河姆渡文化与海洋文化露天博物馆、遗址考古科研教育基地于一体的特定公共文化活动空间，规划年限为15年，分两个阶段实施。

（市文广局）

6月18日，余姚井头山遗址第二期考古发掘启动仪式（市文广局 供稿）

文化产业

【概况】 2022年，余姚市有文旅项目71个，其中在建项目34个，当年度完成投资39亿元。阳明故居文化公园（阳明古镇）项目列入宁波“十四五”期间十大重点文化项目。累计入库项目66个，竣工57个，完成年度投资1.72亿元，投资完成率120%。浙东小九寨景区浙东临委旧址驻地项目获评宁波市级“微改造、精提升”典型案例，王文艳获评浙江省“微改造、精提升”十大匠心人物。

2022年，余姚市实现规模以上文化产业增加值20.11亿元，同比增长

10.5%。截至2022年底，全市共有规（限）上文化产业法人单位80家，其中亿元文化企业18家。修订完善《关于加快文化产业高质量发展的若干政策意见》及实施细则，加大对文化企业、文化园区、文化项目的扶持力度。实施《余姚市文创园区及重点文化企业定期走访制度》，兑现文化产业扶持资金410余万元，争取宁波市文化产业专项资金扶持150余万元。组织文化企业参加2022海丝之路（中国·宁波）文旅博览会云上数字展台活动，搭建文化招商和服务平台。姚江水岸——运河诗路文化交流中心建成。浙东红村·横坎头景区研学教育区的初心营地等项目完成建设并投入运营。推进河姆渡遗址启动区新建工程——古今自然环境展示区、姚江书院地块等重点项目。

2022年，余姚市扶持重点文化企业和文化品牌，发挥龙头企业引领效应。大丰实业被科技部办公厅、中央宣传部办公厅认定为优秀国家文化和科技融合示范基地，入围2021年度中国轻工装备制造行业50强，入选国家服务型制造示范企业名单，获评浙江省文化和旅游企业梯度培育计划领军企业；成为亚运会官方供应商，并在2022年的宁波市委文化工作会议上作为唯一一个文化企业代表作交流发言。

【大丰实业成为杭州2022年第19届亚运会官方供应商发布会在杭州举行】 5月6日，大丰实业成为杭州2022年第19届亚运会官方供应商合作的发布会在杭州举行。省文化和旅游厅党组成员、副厅长刁玉泉，杭州亚组委宣传部部长、杭州市委宣传部副部长许德清，杭州亚组委外联部部长金恒，杭州亚组委信息技术部副部长张鸽，杭州亚组委大型活动部副部长朱燕锋，杭州亚组委市场开发部副部长梁强勇，大丰实业董事长丰华等出席发布会。亚奥理事会总干事侯赛因·阿尔—穆萨拉姆发来贺信。

【大丰实业入选2022年中国服贸会“中国服务实践案例”】 8月31日—9月5日，中国国际服务贸易交易会在

大丰实业入选2022年中国国际服贸会中国服务实践案例

（市委党史研究室　供稿）

北京举办。大丰实业“面向‘一带一路’沿线国家和地区文体场馆设施专业化设计及服务”成功入选中国服务实践案例，在现场展示。项目运用多学科专业知识和工程实践经验、现代科学技术管理方法，为文体场馆提供策划、创意、智造、投资、运营等全生命周期全产业链服务。

（市文广局）

文化监管执法

【概况】 2022年，余姚市受理文化行政许可件共192件，审批出非学科类校外培训机构审核意见书123家，其中走完全流程34家。落实剧本娱乐活动备案制度。开展境外卫星电视节目播放专项检查、虚拟货币“挖矿”活动专项整治等。受理各类文化举报22件、旅游投诉23件，处置率100%。

2022年，余姚市出动文化执法人员7921人次，检查各类经营场所3625家次，行政处罚立案调查44件，开展联合检查25次。66项处罚事项（责令停业整顿、吊销许可证除外）赋权乡镇。获评2022年全省文物行政处罚案卷评查优秀案卷1件、良好案卷2件。开展星（花）级饭店燃气安全检查、冬春季文物消防安全专项检查等，做好疫情防控期间和两会、省党代会等重要保障期的广播电视和网络视听安全播出。

【文旅系统行政执法质效评议会召开】 11月24日，余姚市文旅系统行政执法质效评议会召开。市司法局、市纪委、市法院、市检察院、市综合执法局和人大代表、群众代表、新闻媒体代表参加此次评议。评议会现场，与会人员查看审阅相关台账资料、听取市文广局对于此次专项行动的具体情况汇报以及座谈会上多方的交流问答。对照评议指标，评议结果为优秀。评议会信息在余姚文旅微信公众号、姚界App、余姚新闻、《余姚日报》上广泛报道宣传。

（市文广局）

社会科学理论研究

【概况】 2022年，余姚市社科理论界围绕市委、市政府中心工作大局，推进

11月24日，文旅系统行政执法质效评议会召开　（市文广局　供稿）

社科研究、深化社科普及、夯实社科基础。在年度浙江省、宁波市测评中继续获“区县社科联测评优秀单位”称号。

【社科研究】 2022年，市社科联联合市委政策研究室、市发改局、市政府发展研究中心等，完成《宁波发展蓝皮书2022年度余姚市经济社会发展情况报告》。与宁波市高校合作，完成宁波市宣传文化系统课题《阳明文化助力余姚共同富裕的实践研究》的调查研究，并在《宁波通讯》刊发。完成宁波市社科规划课题《浙东敌后抗日根据地红色政权法制建设研究与启示》。完成《浙江文史记忆（余姚卷）》编撰工作。与浙江省儒学学会合作，翻译出版冈田武彦《王阳明纪行》中译本。与市委统战部合作课题《赓续浙东红色根脉推进中华民族共有精神家园示范区建设路径研究》获宁波市统战系统理论创新成果一等奖。与浙江社会科学院合作出版《2021阳明学研究报告》。与余姚市历史文化名城研究会联合举办“纪念王阳明诞辰550周年学术论坛”，被列为宁波市社科界第九届学术大会学术活动重点支持项目。上报课题《王阳明法书文献诠释与研究》被列为2022年度第三批宁波市哲学社会科学规划课题。配合市台办组织社科专家编撰《姚台两岸情》。会同市文广局整理浙江省文化标识展陈——阳明文化标识展资料。论文《余姚推动阳明文化成果转化助力共同富裕的实践研究》在《天一文苑》发表。

【社科普及】 2022年，组织社科工作者开展党的二十大报告学习会，在基层开展党的二十大精神宣讲活动50余场次。在宁波市委宣传部、宁波市社科院（联）的指导下，策划承办2022宁波（余姚）阳明文化季系列活动，以及由省政府主办、宁波市政府承办的世界阳明学大会。到温州考察读书组织和城市书房建设，创设以普及优秀传统文化为主要内容的“阳明读书社”，邀请阳明文化专家学者周月亮作首场分享，聘请浙江工商大学原校长陈寿灿、《明朝一哥王阳明》作者吕峥等为顾问，审核通过第一批联盟单位共11家，开展相关读书分享活动20余场。联合余姚市阳明文化书院举办阳明文化沙龙——王阳明纪念馆布展方案研究，邀请省儒学学会会长吴光教授和部分宁波市高校教授等参加研讨。举办“阳明文化的时尚表达”主题展暨分享会，多元展示“阳明文化”如何“飞入寻常百姓家”，探索优秀传统文化创造性转化和创新性发展的实现途径。余姚市档案馆建设为余姚市级社科普及基地，联合开展“知行余姚——余姚档案文献展”。与余姚电视台合作，播出以乡镇街道地名故事等为内容的社科知识宣传视频，并通过微信公众号进行广泛传播。组织余姚市历史文化名城研究会、良知公益文化宣讲团、东海城市文化研究院等学会协会开展社科宣讲、游学活动50余场。组织社科专家指导余姚市教育局开展《走近阳明》（4册地方教材）编写，并在阳明文化季活动中发布。协助泗门镇筹办诚意学堂建校120周年暨杨贤江入党100周年纪念活动。联合浙江酒重天有限公司组织开展“阳明文化论坛”。指导梨洲街道燕窝村唐诗驿站开展驿站启动仪式暨诗路文化传播活动。接待尼山世界儒学中心（中国孔子基金会秘书处）等考察团队10余批次。社科普及“舜江快播”主题活动入选2021年度浙江省社科普及创新项目。

【基础建设】 指导各级社科普及基地完成省“云上科普”数据上传工作。余姚市阳明文化书院、低塘街道虞舜传说纪念馆升级成为宁波市级社科普及基地。指导余姚市收藏文化产业促进会召开第二届会员大会完成换届工作。指导大岚镇隐地龙潭村完成王阳明祖屋修缮工程。指导余姚市经世致用思想研究会、余姚市汉服文化协会申报为新一批社会团体。指导宁波伯瑞特酒店、余姚辰茂河姆渡酒店开展阳明文化主题酒店建设，开展“阳明家宴”等阳明文化元素深化研究。指导市档案馆、梨洲街道燕窝村唐诗驿站、智慧书店成为余姚市级社科普及基地。

（市社科联）

旅游规划

【概况】 2022年，余姚市打造慢直播平台“云游余姚”，平台累计浏览量超35万人次。推出“留姚迎新春·免费欢乐游”活动。推出特色精品线路，环四明山余姚多彩风景道获评“2021浙江共享共富十佳自驾旅行精品线”，为

6月，“吃好杨梅、游遍余姚”系列主题直播节目开播（市妇联 供稿）

初新营地鸟瞰　　（市委党史研究室　供稿）

宁波市唯一。阳明古镇入选第二批省级夜间文化和旅游消费集聚区。策划推出10条“余姚杨梅中国红·微度假露营季”旅游线路，5个宁波微度假露营基地。初新营地获评省十佳户外露营地。

【“吃好杨梅、游遍余姚”系列主题直播节目开播】 6月15日上午10时，以“吃好杨梅、游遍余姚”为主题的系列直播活动开播，活动由市文广局指导，余姚市阳明文化旅游集团有限公司主办。市融媒体中心娄智伟担任主持，并邀请市农业技术推广服务总站副站长、市林果首席专家汪国云，为观众讲解杨梅知识，直播现场还有杨梅展示和品尝环节。

【“环四明山余姚多彩风景道”上榜“2021浙江共享共富十佳自驾旅行精品线”】 6月28日下午，“飞‘越’十年”2021浙江文化和旅游榜颁奖典礼在绍兴市举行，来自全省11市的获奖单位代表、各地市文旅局代表、新闻媒体等150余人参加活动，现场公布“2021浙江共享共富十佳自驾旅行精品线”榜单，“环四明山余姚多彩风景道”上榜。“环四明山多彩风景道”以四明山风景名胜区为核心资源，以梁溪线（梁弄—溪口）为主核，以四明山区域众多分支风景道为支线，串联宁波、绍兴两市，余姚、奉化、海曙、嵊州、上虞五县（市、区）。

【余姚初新营地获评2022年度浙江省十佳户外露营地】 9月21日下午，2022年度浙江省十佳户外露营地评选活动——20进10专家评审会在浙江广播电视集团召开举行。经过近4个小时的比拼，2022年度浙江省十佳户外露营地和最具潜力户外露营地出炉，余姚初新营地获评2022年度浙江省十佳户外露营地。评选由浙江省体育局、浙江省文化和旅游厅联合主办，浙江省体育产业联合会、浙江广播电视集团民生资讯广播、浙江省旅游协会自驾游与房车露营分会联合承办。

（市文广局）

旅游市场管理

【概况】 2022年，余姚市出台《关于加快全域旅游发展的若干政策意见实施细则》，兑现全域旅游专项资金约400万，暂退旅游服务质量保证金34万元，兑现幸福家乡欢乐游专项资金103万元、“微改造精提升”专项资金240万元。出台《余姚市文旅行业稳经济若干政策意见》，给予企业纾困补助、税费减免等优惠，下发第一批预拨款120多万元。市文广局与中国银行签订战略合作协议，授信近3000万元。

2022年，余姚市4家酒店参与推出“安康住”活动，24家限额以上住宿业实现销售额约5.89亿元，同比增长15.4%。依托“游遍余姚”智慧旅游应用场景，举办“2022中国旅游日‘共游幸福城·共富最名邑’主题活动——‘游遍余姚’文旅体促消费”，累计发放文旅体专项消费券370万元。余姚梁弄大糕美食镇被认定为浙江省2022年“百县千碗”美食街区（镇）。

【《余姚市文旅行业稳经济若干政策意见》出台】 8月24日，《余姚市文旅行业稳经济若干政策意见》出台，通过纾困补助、保费补助、贷款贴息、网费补助、疗休养和研学团队补助、缓缴涉

9月20日，余姚市文旅行业银企对接专场活动举行　（市文广局　供稿）

旅企业职工社保费用、适当减免房土两税等补助条款，扶持文旅企业健康发展。

【市文旅行业银企对接专场活动举办】9月20日，余姚市文旅行业银企对接专场活动在余姚宾馆举办，市文广局同中国银行股份有限公司余姚分行签订战略合作协议，给予文旅行业不少于1个亿融资额度，通过信用贷、保证保险贷、抵押贷等形式给予文旅企业金融支持，4家文旅企业当场签订合作意向书，林体副市长出席并讲话。

（市文广局）

旅游资源和景区管理

【概况】2022年，余姚市做好全市文旅资源普查。共梳理出资源单体535条，实地普查出有效文化和旅游资源单体503个，形成余姚市文化和旅游资源普查报告初稿。

2022年，余姚市河姆渡镇创建成为省AAAA级景区镇，马渚镇、黄家埠镇创建成为省AAA级景区镇。梁弄镇列入宁波市乡村旅游共同富裕示范区（首批）创建名单。横坎头村、中村村成功申报为宁波市乡村旅游共同富裕示范村，横坎头村成功申报省级乡村旅游重点村。丹娜庄园创建为五叶级客栈，集约部落创建为四叶级客栈，湖上隐民宿创建成为银宿，五桂村、后陈村、中村村、柿林村、仰天湖成功申报成为首批宁波市民宿产业集聚区。余姚市新四军浙东游击纵队后方医院被评为宁波市第二批红色旅游教育基地。四明山省级旅游度假区通过2020—2021年度评价考核。

2022年，余姚市打造“运河之畔”姚江文化线、“两山共富”红色健康线两条精品线路，其中“运河之畔”姚江文化线共涉及相关项目16个，预计总投资18.44亿元（上报15亿元）；“两山共富”红色健康线共涉及相关项目17个，预计总投资12.54亿元（上报10亿元）。

【梁弄镇入选2021年宁波市乡村全域旅游示范区】1月30日，宁波市文化广电旅游局公布2021年宁波市乡村全域旅游示范区，余姚市梁弄镇达到创建验收标准要求，被认定为宁波市乡村全域旅游示范区。

【浙江省第十一届运动休闲旅游节在余姚举行】11月3—5日，由省体育局、省文化和旅游厅主办的浙江省第十一届运动休闲旅游节暨宁波市户外运动消费节在余姚举行，全省各地文旅体部门相关负责人、文旅体产业企业代表参加。开幕式上，组委会公布“2022浙江省省运动休闲旅游示范基地、精品线路、优秀项目”以及“2022年度浙江省十佳户外露营地”，并向下一届举办地安吉县授旗。本届运动休闲旅游节暨宁波市户外运动消费节为期3天，以“名邑余姚 活力浙江”为主题，设置了集自然山水、运动休闲、人文博古、体育旅游相结合的大型运动休闲旅游活动。旅游节期间，宁波运动推介、环四明湖骑游、房车体验、高峰论坛、户外运动派对、“余姚十大碗”品尝、第九洞天大穿越挑战等运动休闲旅游系列体验活动举办。

（市文广局）

群众体育

【概况】2022年，余姚市以红色资源、运动休闲为主题打造系列大赛活动和户外健身场地，打响“运动四明”金名片。举办浙江省第十一届运动休闲旅游节暨宁波市户外运动消费节、“舜宇杯”第四届“一带一路”中国四明山百公里山地户外运动挑战赛暨2022CHINA100山地越野系列赛。

2022年，余姚市新增社会体育指导员400名，新增AAA体育社团4家，“浙里健身”国民体质测试服务3522人次，开展“体卫融合”交叉业务培训2次、科学健身大讲堂5场，脊柱侧弯普查98962人。经常参加体育锻炼的人数达32.27%，（不含学生）国民体质监测合格率94.1%。

2022年，余姚市举办“华为手机杯”中国围棋甲级联赛余姚专场等全国级及以上交流赛4场，举办省青少年象棋锦标赛等省赛事活动4场，举办宁波市青少年柔道、举重比赛等宁波级赛事活动8场。录制成体育健身小视频网上推广，网络点击量超百万人次。全市82个团队1000多名队员“迎冬奥新春线上健身体育舞蹈节”，创编视频329件，38个团队参加居家锻炼“云健身”交流大会，创编81个居家健身节目视频。

11月，浙江省第十一届运动休闲旅游节在余姚举行 （市文广局 供稿）

2022年，余姚市组队参加宁波市社区运动会气排球、围棋、跳绳、中国象棋（国际象棋）总决赛，陆埠镇干溪村队获跳绳总决赛少儿组第三名，象棋获得团体比赛第二名，国际象棋获得混合团体第三名。陆埠镇中、陆埠二小在省跳绳精英赛中分获冠亚军，小棋手陆泓铭勇夺全国围棋赛儿童E组冠军，余姚精武会的《精武荟萃》节目直送宁波“云春晚”，鲁建娥荣膺世界太极拳网“42式太极剑网络赛”评选一等奖等。

2022年，余姚市推出市儿童青少年防近视暨脊柱侧弯综合防控体育功能操视频（示范版）。录制“一人一技”体育技能公益培训云课堂小视频28个，线下开展培训人数约3000人，网上点击率200万人次。健身协会41个团队参加培训活动，近千名广场舞骨干引领广大群众学跳新编广场舞《@未来》《没有共产党就没有新中国》。武术培训向农村延伸，定期进校园、进村（社区），传授技艺。市健身运动体育舞蹈协会、市篮球协会、市老体协、市门球协会等举办了“一人一技”公益培训班。

【儿童青少年防近视暨脊柱侧弯综合防控体育功能操试点】 10月，儿童青少年防近视暨脊柱侧弯综合防控体育功能操在大隐镇中心学校试点。儿童青少年防近视暨脊柱侧弯综合防控体育功能操视频（示范版）时长约5分钟，该功能操包含“预备式”和拍手明目、拍打疏络、摇肩伸展等10个小节。功能操搭配的音乐《我是阳光》由余姚中学高二学生张烜滈自创自唱。

【浙江省第十一届运动休闲旅游节暨宁波市户外运动消费节举行】 11月3—5日，由省体育局、省文化和旅游厅主办的浙江省第十一届运动休闲旅游节暨宁波市户外运动消费节在余姚举行。活动由浙江省体育局、浙江省文化和旅游厅主办，宁波市体育局、宁波市文化广电旅游局、余姚市人民政府承办，余姚市文化和广电旅游体育局、余姚市梁弄镇人民政府、余姚市大岚镇人民政府协办。开幕式上，组委会公布了“2022浙江省省运动休闲旅游示范基地、精品线路、优秀项目”，以及“2022年度浙江省十佳户外露营地”，并向下一届举办地安吉县授旗。本届运动休闲旅游节以“名邑余姚 活力浙江”为主题，设置了集自然山水、运动休闲、人文博古、体育旅游相结合的大型运动休闲旅游活动。当天下午举行论坛，浙江省文化和旅游厅副厅长、党组成员许澎、2008年北京奥运会女子体操团体冠军江钰源、浙江省伦理学会会长，浙商研究院院长陈寿灿，围绕“体旅融合 活力浙江”主题，分别作了题为《亚运背景下的体育+旅游》《冠军精神助力体旅融合新业态》《阳明学的体育向度》的演讲。

【全国“行走大运河”全民健身健步走活动（宁波站）举行】 11月5日，全国“行走大运河”全民健身健步走活动（宁波站）暨宁波市美丽乡村健身行活动在余姚牟山镇举办，500多名徒步爱好者参与此次活动。“行走大运河”全民健身健步走活动由国家体育总局、发展发改委、文化和旅游部共同主办，采取线上和线下、集中和持续相结合的方式举办。通过健步走健康方式，让群众感受大运河沿线特色旅游文化和旖旎风光。活动中，选手在

11月5日，全国“行走大运河”全民健身健步走活动（宁波站）举行
（市文广局　供稿）

11月，“舜宇杯”第四届“一带一路”中国四明山百公里山地户外运动挑战赛举行
（市文广局　供稿）

"保护大运河 从我做起"签名墙上签名。现场还举行了"运河新风貌 献礼二十大"运河风情摄影展。

【"舜宇杯"第四届"一带一路"中国四明山百公里山地户外运动挑战赛举行】 11月25—27日，"舜宇杯"第四届"一带一路"中国四明山百公里山地户外运动挑战赛（中国·宁波·余姚）举行。参赛人数共756人，其中专业组选手340人，实际完赛率为92.65%。赛事分别设置专业组102千米、56千米、29千米及2千米亲子障碍组、11.3千米群众组。经过角逐，赵家驹、巴特孟开、王治虎分获男子102千米组前3名，付华荣、杨非非、郑钧月分获女子102千米组前3名。赵虎、李兴静、王强分获男子56千米组前3名，向付召、黄晓艳、安树林分获女子56千米组前3名。

（市体管中心）

竞技体育

【概况】 2022年，余姚市召开教体联席会议、全市训竞工作会议统筹谋划全年训竞工作赛事活动安排，制定新一轮市内青少年竞赛规程，新设立优秀裁判员奖。全市注册浙江省运动员940人，向上一级训练单位输送优秀体育苗子25人。第二实验小学的杨烜和东风小学教育集团东江校区的陆泓铭入选浙江省围棋少年队。姚江小学、兰江街道中心幼儿园、泗门镇中心幼儿园三所学校入围"全国围棋特色学校（幼儿园）"。三七市镇二六市小学、丈亭镇三江小学、东城小学、河姆渡镇第一幼儿园被教育部认定为2021年度全国青少年校园足球特色学校、全国足球特色幼儿园。运动员李玲获世锦赛撑竿跳第六名，杨子浩获全国赛艇锦标赛银牌。

2022年，余姚市组织开展参加第52届中小学生田径运动会。组织队伍参加浙江省第十七届运动会、省青少年儿童田径冠军赛。组织队伍参加宁波市校园足球联赛，肖东二小获得女子甲组冠军，乙组、丙组亚军，肖东一小则获得男子甲组亚军。在省校园足球联赛中，肖东二小获得女子甲组总决赛冠军。郭浩宇等9名小将入选浙江省2022年青少年校园足球最佳阵容，肖东二小举办2022亚足联女孩足球节（浙江宁波站）登上《中国体育报》。

2022年，余姚市首次开展竞技体育后备人才社会训练基地的申报创建工作，首批认定浙江博生体育文化传播有限公司（跆拳道）、宁波金狼足球俱乐部有限公司（足球）、余姚市骑士击剑培训有限公司（击剑）、宁波凌风体育发展有限公司（拳击）、余姚市陈剑乒乓球俱乐部（乒乓球）、宁波市育蕾体育发展有限公司（乒乓球）、余姚市新视力文化传媒有限公司（霹雳舞）、宁波市赛维体育文化发展有限公司（攀岩）8家社会机构为2022—2023年度"余姚市竞技体育后备人才社会训练基地"。

2022年，余姚市重新修订《余姚市体育传统项目学校管理办法》，体育传统项目学校（简称传校）命名采用动态管理，每年考核一次，两年调整一次。连续两年未达标的，撤销市级传校命名，对考核优异的学校实施以奖代补。2022年，重新认定27所学校为首批2022—2023周期余姚市传统，其中重点布局项目学校5所，姚江中学、子陵中学教育集团获考核一等奖。

【4家单位入选全国青少年校园足球特色学校（幼儿园）】 2月8日，教育部公布2021年度全国青少年校园足球特色学校、试点县（区）、"满天星"训练营、改革试验区和全国足球特色幼儿园名单，余姚市有4家单位入选，其中三七市镇二六市小学、丈亭镇三江小学、东城小学被认定为2021年度全国青少年校园足球特色学校，河姆渡镇第一幼儿园被认定为2021年度全国足球特色幼儿园。

【肖东二小在省中小学生足球联赛小学女子甲组夺冠】 7月5—8日，浙江省第13届中小学生校园足球联赛小学女子甲组总决赛在嘉兴秀湖学校举行，余姚市肖东第二小学以5∶1的比分战胜台州市实验小学，夺得五人制小学女子甲组冠军。本次比赛共有16支代表队，200多名小学女足队员参加。

【余姚市参加浙江省青少年儿童田径冠军赛】 7月20—23日，奔跑吧·少年2022年"雅阁装饰杯"浙江省青少年儿童田径冠军赛在宁波市奉化中学

7月8日，肖东二小在省中小学生足球联赛小学女子甲组夺冠

（市教育局 供稿）

举行，共有80支代表1050余名运动员参加。余姚市组织子陵中学教育集团运动员为主的代表队，共10名运动员参加比赛，获得甲级队团体总分第13位、总团体总分第9位，位列宁波市第一名。其中，周汝晗获13岁甲组女子跳远冠军、60米栏亚军，沈佳儿获13岁甲组女子三项全能冠军、跳高亚军，李天傲获14岁甲组男子1500米亚军，王晓晓获15岁甲组女子400米季军、800米季军，李嘉伊获12岁以下甲组女子跳高季军。

【余姚市第五十二届中小学生田径运动会举行】 11月1—4日，余姚市第五十二届中小学生田径运动会在余姚市技师学院（筹）举行。来自全市中小学校79支运动队的1906名运动将参加100米、200米、跳高、跳远、标枪、七项全能等20个项目的比赛。

【余姚市参加浙江省第十七届运动会】 11月18—28日，浙江省第十七届运动会在金华市举行。余姚市组织69人的队伍参加本届运动会，其中31人列入重点队员，项目涵盖足球、篮球、田径、皮划艇等4个大项，最终获得20.5金、4银、11铜，其中余姚肖东二小女足代为宁波市代表打入丙组决赛，获得银牌。

（市体管中心）

体育产业

【概况】 2022年，余姚市推进创建省级体育产业项目，梁弄初新营地获评浙江省十佳户外露营地，初新营地的“丛林穿越”获评浙江省运动休闲旅游优秀项目。梁弄镇（四明悦·动运动休闲乡镇）入选第五批省级运动休闲乡镇培育名单。建设“环浙步道”162.78千米。

2022年，余姚市实现体育类消费额155万元。大丰体育设备有限公司参展宁波市体育名品企业展示会，宁波雪鹰运动装备科技有限公司获评宁波市体育名品培育工程。截至2022年底，全市共有体彩销售场所302家，其中实体店159家、小微渠道121家、行业渠道店22家。体彩年销售额3.0783亿元，同比增幅35.98%。

【梁弄镇入选第五批省级运动休闲乡镇培育名单】 7月13日，浙江省体育局公布第五批省级运动休闲乡镇培育名单，余姚市梁弄镇入选。梁弄镇的培育目标为“四明悦·动运动休闲乡镇”，特色是山地运动。

（市体管中心）

体育设施管理

【概况】 2022年，余姚市制定《余姚市全民健身实施计划（2021—2015年）》《余姚市校园足球改革发展行动方案（2022年—2027年）》《余姚市体育社会组织工作考核奖励办法》《余姚市体育业务经费使用管理办法》《余姚市体育传统项目学校管理办法》。

2022年，余姚市完成体育类民生实事工程12项，建成百姓健身房8个（梁弄镇文化站、泗门镇陶家路村、黄家埠镇五车堰村、牟山镇新东吴村、临山镇临浦村、大岚镇上马村、朗霞街道天华村、马渚镇金马社区）、多功能运动场2个（泗门镇万圣村、小曹娥朗海村）、体育设施进公园1个（丈宁镇人民政府）、村全民健身广场1个（牟山镇牟山村）。落实《进一步推进全民健身实施计划 加快体育设施规划建设实施意见》，新建居住区政策配建群体体育设施250平方米以上的16个。人均体育场地达到2.71平方米。

2022年，余姚市收到省扶持体育发展专项下拨资金112.48万元、宁波市地方体育事业发展转移支付下拨资金116万元，共补助单位33家。本级财政下拨公共体育场地设施健身项目补助经费98.8471万元，共补助41家基层单位。推进城乡15分钟体育健身圈建设。

2022年，余姚市第三方机构重新调研全市列入“浙里办”的1142片公共体育场地坐标。调研后，新增坐标29片，关闭不存在的或存在安全隐患的坐标234片，校核为937条体育场地信息，涵盖体育场馆、百姓健身房、商业健身房、全民健身路径等。

【余姚公共体育中心项目完成立项】 年内，余姚公共体育中心项目完成立项。该项目由市体管中心与宁波职业技术学院余姚分院联建共享，选址于余姚市城西北康山村地块，东至213省道，西接农田，南至通环路，北至江丰路，总占地面积约13.8万平方米，总建筑面积约4.25万平方米，总投资约6亿元。内含标准体育场、综合体育馆、游泳训练馆，其中体育场座席20000座、体育馆座席6000座、游泳馆活动座椅500座。计划于2026年建成使用。

（市体管中心）

传 媒

新闻·广播·出版

【概况】 2022年,余姚市融媒体中心完成搬迁,4K实景、虚拟演播室建成并投入使用。推出《全力打赢疫情防控阻击战》《奋斗新征程 四明谱新篇》《“赛马争先”抓落实 担当实干攀新高》《砥砺奋进新征程 凝心聚力谱新篇》《拆违建 优环境 促发展》《从严从实打好疫情防控战》《喜迎二十大》《五问五破、五比五先》等专题专栏,策划推出了“四村互访话共富”(余姚横坎头村、凉山州三河村、安吉县黄杜村、湖南湘西古丈县翁草村)新闻采访活动、喜迎二十大专题采访、纪念王阳明550周年诞辰、我的入党故事、余姚深化东西部协作、“5·12”国际护士节、东西部帮扶、山海协作专题采访等一大批优秀新闻采访活动以及一大批高质量新闻报道。

2022年,余姚市制定出台《关于进一步加强〈四明聚焦〉新闻舆论 监督工作方案》《余姚市加强媒体监督工作推动解决“治反复、反复治”问题实施方案》,深化打造《四明聚焦》新闻舆论监督栏目。先后与中央广播电视总台、中国新闻社、《香港大公文汇报》、人民政协报社、浙江日报报业集团、宁波广电集团等达成合作。在《人民日报》、央视、新华社、《经济日报》、《光明日报》、中新社、央广网、《浙江日报》等上级主流媒体推送报道6749篇(条),其中中央级媒体发稿达2044篇(条),总量较2021年增加75%。6件作品获2021年度浙江省县市新闻奖,其中一等奖1件、二等奖1件、三等奖4件;19件作品获2021年度宁波市广播电视节目奖、其中一等奖1件、二等奖6件、三等奖12件。

2022年,余姚市开展城市形象口号和LOGO征集活动,承办“滨海宁波、扬帆世界”大型融媒新闻行动、举办《中国日报》宁波读者俱乐部第二届粉丝节活动海外传播、清华大学国际传播研究生班、“外籍友人宁波行”、“第三只眼看中国”等活动,做好脸书、照片墙、油管、推特等海外社交互动平台余姚机构账号的和个人传播队伍开设。

2022年,余姚市持续推动“扫黄打非”,开展印刷发行行业、校园周边出版物等专项检查8次,检查各类场所60余家。在全市中小学校布点“护苗”工作站。全市版权登记总量达1143件。

【“滨海宁波 扬帆世界”2022大型融媒传播行动河姆渡分会场活动举行】 3月2日上午,“滨海宁波 扬帆世界”2022大型融媒传播行动启动,作为河姆渡文化和井头山文化发祥地的余姚是此次活动的分会场。在启动仪式上,播放了余姚非物质文化遗产相关宣传片,并在河姆渡遗址博物馆开展余姚非物质文化遗产展示活动,展示内容包括骨哨表演、木偶摔跤、陆埠佛雕、越窑青瓷、梁弄大糕、剪纸、刺绣等。本次活动在1000家媒体上发布相关消息。

【防御台风“梅花”系列报道发布】 9月12—17日,余姚市防御台风“梅花”系列报道在《余姚日报》《余姚新闻》以及姚界客户端、余姚新闻网、抖音号、微信视频号等平台播出。其

3月2日,“滨海宁波 扬帆世界”2022大型融媒传播行动河姆渡遗址分会场
(市委宣传部 供稿)

间，共发布新闻报道和各类信息800多条次，发布应急预警提醒信息38次。其中《余姚日报》“万众一心战‘梅花’”专版11次，《余姚新闻》在晚10时加播台风相关信息，姚界客户端、余姚新闻网等平台滚动播发“防御台风‘梅花’，余姚在行动”系列新闻，电视新闻综合、姚江文化2个频道24小时不间断播放应急信息（移动字幕）。

【《喜迎二十大·我的入党故事》微访谈系列节目开播】 9月20日，余姚人民广播电台策划的《喜迎二十大·我的入党故事》微访谈系列节目开播。节目邀请了全市20位党员，讲述加入党组织发生的故事和片段，并制作成20个短视频。每个短视频之后加入“记者手记”。系列报道通过短视频、音频、图文的方式在电台、报纸、客户端、微信平台、视频号等实现融媒体传播。该节目入选“全省新闻界党的二十大报道融创精品案例”，其中有10部作品登上“学习强国”学习平台，累计阅读量突破550万次。

【电视安全播出应急演练举行】 9月27日，市融媒体中心举行电视安全播出应急演练。此次演练重点突出应急性和实战性，主要检查一线人员应急措施和应对速度。演练精选了突发公共事件应急播出等3个科目，充分展示了日常应急和处理汇报的流程。通过演练进一步提高了一线人员对安全播出的认识，加强了应急操作的能力和水平，提升了各部门协同作战应对突发状况的能力。

【余姚人民广播电台获全省“广播对农节目服务工程建设”考核优秀奖】 10月，浙江省广播电视局发布2022年度全省广播电视对农节目服务工程建设考核情况，余姚人民广播电台获“广播对农节目服务工程建设”考核优秀奖，是宁波唯一获评优秀的县市级媒体。

（市委宣传部）

融媒体

【概况】 2022年，余姚市累计转载习近平新时代中国特色社会主义思想相关报道、评论理论文章和融媒体产品3000余件次。推出“喜迎二十大——非凡十年 余姚印记”“学习贯彻党的二十大精神”“二十大精神在身边”“踔厉奋发新时代 勇毅前行谱新篇”等专栏，实行全媒体发布。推出疫情防控方面的报道超过2000篇次。

2022年，余姚市《四明聚焦》栏目发布报道70篇，内容涉及五水共治、生态环境、安全生产、城市管理等社会广泛关注的问题。相继推出黄家埠镇五车堰村党总支书记王松权、梁弄供电所、三七市镇二六市村党总支书记朱言庭等先进事迹报道。全年共有120多件次作品（项目）在省级、宁波市级新闻奖、金潮奖等评选中获奖，其中一等奖19件次。121篇次优秀稿件登上央视、央广、央视新媒体等平台，60余篇次稿件登上《人民日报》、人民日报客户端、《经济日报》、新华社客户端等中央级报刊及相关新媒体平台。同时，1700余篇次稿件被“学习强国”学习平台和其他宁波市级、省级媒体录用。

2022年，余姚市在余姚界客户端、余姚日报视频号、姚界新闻抖音号等平台上发布短视频产品2222条次。在这些短视频中，播放量10万次以上的310条、100万次以上的54条。在新媒体平台上开通慢直播功能，进军“楼宇电梯媒体”阵地。截至2022年底，余姚市媒体融合指数达到324.73，列全省第11名。浙报县级融媒体合作传播力指数最高达到679.92，位列宁波第1、全省第3。74个单位入驻“姚界号”，“姚界”用户数接近62万人。推进融媒产业转型升级，新小区有线电视新用户逐步增加，融入智慧城市、未来社区建设，业务领域不断拓宽。组织“姚界客户端云上车展”“2022阳明故里 职邀你来直播带岗招聘会”等一系列大型线上活动。全年，余姚市融媒体创收1.92亿元。

【“姚界”5.0版本升级上线】 6月21日，由浙江天目智慧科技有限公司承建的新版“姚界”5.0版本上线。该版本“姚界”开通“服务”频道，接入了34个服务项目；开通“姚界号”，22个乡镇（街道、开发区）全部入驻；接入了“四明红炉”应用，实现党员打卡签到；上线“数字电视缴费”模块等。

【余姚昭觉融媒体结对共建协议签约】 6月24日，余姚昭觉两地融媒体结对共建协议签约仪式在四川省昭觉县举行。仪式上，市融媒体中心党委书记、主任杨华平和昭觉县融媒体中心党支

9月20日，《喜迎二十大·我的入党故事》微访谈系列节目第一期《陈炳庚：一颗丹心永向党》播出

（市融媒体中心　供稿）

7月28日，"阳明文旅杯"红色主讲人邀请赛决赛举行

（市融媒体中心 供稿）

部书记、主任马海里签订结对共建协议。中国县市图片网昭觉分站建设公益项目同时启动。结对共建协议约定两地融媒体中心建立交流协作共建机制，内容包括建立双向交流合作机制、加大人才交流培养力度、帮助完成图片网站建设、搭建对外沟通交流桥梁、推动形成长效合作示范等五方面。

【"阳明文旅杯"红色主讲人邀请赛决赛举行】 7月28日，社会主义核心价值观进爱国主义教育基地暨"阳明文旅杯"余姚市红色主讲人邀请赛决赛在梁弄镇横坎头村举行，并在河姆渡遗址博物馆和余姚博物馆分会场，全程进行网络视频直播。比赛以"喜迎二十大 共富我来说"为主题，由市委宣传部、市教育局、市阳明文化旅游集团有限公司主办，市传媒集团承办市人大常委会副主任阮岳军出席活动。

邀请赛分成人组和未成年人组两大组别，共吸引成人组67位选手、未成年人组106位选手报名。最终成人组7位选手、未成年人组15位选手进入决赛。成人组闻人烨、未成年人组顾纯伊荣获金奖。

【"姚界余药互助共享"平台开通】 12月，姚界客户端"余姚圈"开设"你需'药'我来帮——姚界互助交流平台"，在首页开设快捷入口，发布互动信息2000余条，组织开展抗原试剂购买报名活动。组建"姚界余药互助共享"微信群，开展市民余药交流互助，为1000余人解决新冠疫情相关药品和抗原难题。

【3部作品入选省广播电视科技创新项目金潮奖】 12月13日，浙江省广播电视局公布2022年浙江省广播电视科技创新项目金潮奖，市融媒体中心选送的《基于广电网络的AI巡河预警管理平台》获得科技成果应用与技术革新奖一等奖，《应急广播多媒体信息发布平台》获县级基层优秀科技创新一等奖，《基于数字孪生技术的广电机房智能化管理系统》获科技论文三等奖。

（市融媒体中心）

教　育

教育管理

【概况】 截至2022年底，全市共有各级各类学校271所，在校学生总数16.71万人。其中高校1所，在校学生1417人；普通高中9所，在校学生12122人；中职学校5所，在校学生10132人；初中28所，在校学生30484人；小学65所，在校学生75210人；幼儿园162所，在园学生37573人；特殊教育学校1所，在校学生163人。年内，余姚市兰江街道丰杨河幼儿园、余姚市万瑞东方学校、余姚市小曹娥镇辛慧学校、余姚市六安学校、余姚市群立学校、余姚市陆埠镇华威学校、余姚市东南学校、余姚市蓝天学校、余姚市友爱学校、余姚市丈亭镇成才小学、余姚市泗门镇万瑞东昇学校、余姚市牟山镇小博士幼儿园、余姚市华龙民工子女学校、余姚市三七市镇胜利村幼儿园、余姚市小曹娥镇滨海小学、余姚市临山镇志远学校撤销。

曹娥镇滨海小学、余姚市临山镇志远学校撤销。

2022年余姚市各级各类学校（教职工、在校学生）基本情况表

表5

学校	学校数（个）	在校学生数（人）	教职工数（人）
合　计	271	167101	15064
其中：公立	137	139231	11594
其中：民办	134	27870	3470
一、大专等	1	1417	306（大专56）
二、普高	9	12122	1197
公立	6	8262	919
民办	3	3860	278
三、职高	5	10132	734
公立学校	5	10132	734
四、初中	28	30484	2564
民办学校	1	3835	280
公立学校	27	26649	2284
五、小学	65	75210	4477
民办学校	0	2115	138
公立学校	65	73095	4339
六、特教	1	163	38
七、幼儿园	162	37573	5748
其中：公立	32	19513	2974
其中：民办	130	18060	2774

2022年，余姚市重新修编《教育设施布局专项规划》和《学前教育布局专项规划》，建成北师大余姚实验学校、姚江小学南校区等中小学5所，新增公办学位约8900个。实施临山镇中、凤山小学等改建项目。新增省现代化学校9所，全市公办幼儿园覆盖率达51.93%。开展“舜教文明我先行”“健心节”等活动，出版国内首套阳明文化专题教育教材，创建省健康促进学校123所、省劳动教育项目试点学校5所、省和宁波近视防控特色学校6所，获宁波市教育系统艺术节一等奖7项。

2022年，余姚市获教育部“智慧助老”优质工作案例1项、省基础教育教学成果奖一等奖2项、省教育评价改革典型案例1项，新增省先进教研组4个。特段上线率27.28%，一段上线率达69.77%。在宁波市义务教育优质均衡发展水平监测中名列前茅，入选省和宁波优秀作业案例11项。蝉联省职业教育发展考核优秀，获全国职业院校技能大赛2金1银，入选省职业院校产教融合项目和省高水平专业群建设项目各1项。

2022年，余姚市民办随迁子女学校转公5所、撤并8所，师生分流平稳落地，民办义务教育在校生占比从12.47%减至5.56%。学科类校外培训机构压减率100%。课后服务覆盖学生9万余人，累计建设中小学拓展性课程3000余门，培育省和宁波“双减”优秀实践案例4项。“姚优教”云课堂惠及学生10万余人次。与丽水市松阳县建立跨地区教共体5对，完成率达100%。

2022年，余姚市落实党组织领导的校长负责制，实施“舜教红锋‘三双’工程”，培育第三批党建特色品牌项目24个。出台《关于深化新时代教师队伍建设改革的实施意见》。设立“江丰”教师奖励基金每年100万元，表彰首批教书育人奖35人。新入选浙派名师名校长培养对象8人，新增宁波市名校长3人、骨干校长5人、学科骨干教师18人。开展师德师风专项整治，培育宁波市清廉学校示范校2所。

5月21日，余姚市文明校园创建培训会召开　　（市教育局　供稿）

10月28日，《走近阳明》专题教育系列教材新书赠书仪式举行
（市教育局　供稿）

【余姚市文明校园创建专题培训会召开】 5月21日下午，余姚市召开文明校园创建专题培训会。会议邀请了宁波市委宣传部未成年人和思想道德建设工作处副处长胡吉作专题辅导培训，对2022年《宁波市文明校园创建管理办法》及《测评细则》进行解读，对文明校园测评中发现的典型问题进行剖析，并精选优秀学校创建样本进行展示。全市各中小学校文明校园创建责任领导参加此次培训会。

【“文明校园创建工作”现场会举行】 6月3日上午，2022年“文明校园创建工作”现场会在余姚市第一实验小学举行，余姚市副市长林体出席并讲话，市府办副主任王欢亮，市委宣传部副部长、市文明办主任严文龙，市文明办副主任杨力，市教育局副总督学魏代明等出席会议。部分宁波市文明校园校长代表参加。会上，参照宁波市文明校园评分表对学校创建文明校园的点位注意事项进行指导。现场会后，参会人员分组对部分其他学校进行实地检查。

【《走近阳明》专题教育系列教材新书发布会举行】 10月28日下午，《走近阳明》专题教育系列教材新书发布会在余姚市阳明小学举行。余姚市委常委、宣传部长沈小贤出席发布会。《走近阳明》专题教育系列教材新书是国内首套正式出版的阳明文化专题教育教材，分为《图说阳明》《寻迹阳明》《感知阳明》《品读阳明》4册，覆盖小学、初中、高中三个学段。发布会上，余姚中学、阳明中学、瑞云学校等12所阳明文化培育学校接受了赠书。

【余姚市教育系统纪念王阳明先生诞辰550周年诗词歌赋会举行】 10月30日下午，余姚市教育系统纪念王阳明先生诞辰550周年诗词歌赋会在余姚中学镜湖畔举行。市教育局相关负责人、部分中小学校长和学生代表参加活动。活动现场，600余名余姚中学高一学生齐声诵读王阳明所著的《教条示龙场诸生》节选，并由学生代表向王阳明铜像敬献花篮、行鞠躬礼，随后表演了《龙泉山下点亮心灯》《良知在吾心》《四句教·一路光明》《心之所向》等歌舞表演、独唱、合唱节目。

（市教育局）

师资队伍

【概况】 2022年，余姚市共有教师15064人，其中公立学校11498人，民办学校3566人。全市在编教师中现有正高级教师15人、省特级教师11人、宁波市名校长12人、宁波市骨干校长8人、宁波名师（专业首席教师）30人。全年共完成4个批次的教师招聘，录用应届毕业生80人，其中研究生学历8人；录用有工作经历人员55人，其中硕士研究生学历3人，留学归国人员1人；录用编外教师218人，其中硕士研究生学历3人，留学归国人员2人；另录用银龄讲学教师7人。

2022年，余姚市联合浙江师范大学开办同等学力教育学硕士学位进修班，共有53位余姚籍教师就读。组织年轻干部风采展示活动，7名90后年轻教师参与，1人纳入后备干部培养。启动“十四五”班主任全员培训和新入职教师、新任班主任培训，开展名、骨班主任高端培训。制定“星级班主任”评定制度。新选派教师5名到新疆维吾尔自治区阿克苏地区库车市支教。截至2022年底，余姚有赴新疆支教教师6名、赴四川省昭觉市支教教师7名（含校长1名）、赴丽水市松阳县支教教师1名。329名民办学校在岗在编教师管理全部落实到位，其中188人参与报备管理，141人回流公立学校（2022年回流67人）。

9月21日，市优秀教师表彰大会暨首届教书育人奖颁奖典礼举行

（市教育局 供稿）

截至2022年底，余姚市有5位特级教师领衔省级网络名师工作室，5位特级（名师）教师主持宁波市名师工作室、7位名师主持宁波网络名师工作室。21位特级（名师）开展带徒工作。建有余姚市名师工作室19个、余姚市名班主任工作室3个、名师乡村工作驿站17个、乡村骨干工作点10个，第二轮6个名班主任工作室启动建设。新增3位宁波市名校长、5位宁波市骨干校（园）长、3位宁波市名班主任、6位宁波市骨干班主任、3位正高级教师、1位省教坛新秀、18位宁波市学科骨干教师和1位宁波市双师型教师。32名教师获担任班主任满30年教师认定。成立跨省教育共同体1个（余姚—昭觉教共体），跨宁波教育共同体（余姚—松阳教共体）1个，余姚市内教育共同体17个，涉及136所学校。选派名师、名校长赴四川省昭觉县送教活动2次，赴金华市松阳县送教活动1次。

2022年，余姚市印发《深化新时代教师队伍建设改革的实施意见》。制定并实施《关于进一步明确教育系统具有高级职称女教师退休的有关规定》。出台《余姚市中小学（幼儿园）校长职级评审认定办法》，99名校长参与职级制首轮认定，其中通过特级校长认定9人、高级校长认定17人、一级校长认定20人、二级校长认定53人。制定《余姚市中小学学校劳动合同制统招教师管理暂行办法》。制定《余姚市教育系统教师干部容错免责实施办法（试行）》。

【市优秀教师表彰大会暨首届教书育人奖颁奖典礼举行】 9月21日，市优秀教师表彰大会暨首届教书育人奖颁奖典礼在市公共文化中心举行。余姚市委书记傅贵荣出席并讲话，市领导沃勇特、诸晓蓓、陈长锋、王娇俐、林体等参加活动。活动现场，通报表彰了2021学年教育系统各级各类先进，并为余姚市级优秀教师代表、2022年余姚市教书育人奖获得者颁奖。

（市教育局）

学前教育

【概况】 截至2022年底，余姚有幼儿园162所，在园儿童37573人。其中公办幼儿园32所、园所79个，招生占比51.94%。有普惠性幼儿园185所，覆盖率为93.94%，其中普惠性民办幼儿园

106所，在园幼儿占比42.00%。省二级及以上幼儿园招生占比58.51%。园长和专任教师总数3144人。四明幼儿园通过省现代化学校创建验收，4所幼儿园通过省一级幼儿园评定，6所二级幼儿园通过宁波市认定，79所幼儿园接受省级规范办园抽查并通过，4所幼儿园通过三级幼儿园创建。

2022年，余姚市完成工业幼儿园民转公工作，新增公办幼儿园学位575个。朗霞街道漫悦湾幼儿园启动招生。公办幼儿园招生覆盖率51.94%，同比增长1.64个百分点。印发《关于完善余姚市幼儿园办园行为常态化督导评估机制的通知》《余姚市幼儿园一日活动保教规范（试行）》《统一普惠性民办幼儿园伙食费标准及营养食谱等有关事项的通知》。出台《余姚市幼儿园托管服务实施意见（试行）》，全市有172所幼儿园开展暑期托管服务，15707名幼儿参加暑期托管。

12月9日，余姚市与宁波幼儿师范高等专科学校合作协议签订仪式举行

（市教育局　供稿）

【四明幼儿园赴昭觉县开展帮扶活动】 5月，四明幼儿园园长孙如丹一行5人到四川省凉山州昭觉县俄尔镇齿可波西乡幼儿园开展帮扶活动。活动中，四明幼儿园为昭觉县俄尔镇23个幼教点的所有孩子送出礼物804份，礼物包括利用爱心善款购买的书包、雪花片、魔尺和四明幼儿园小朋友们亲手制作和精美包装的绘本、DIY衣物、文具盲盒等。活动期间，一行人为昭觉县幼教园长及教师等举办了《幼儿园环境的规划与创设》和《数学活动设计的思与行为》2堂专题讲座6节集体教学活动课程。

【漫悦湾幼儿园建成投用】 7月，朗霞街道漫悦湾幼儿园建成投用。该幼儿园为朗霞街道漫悦湾小区配套幼儿园，建筑面积0.73公顷，总投资约6000万元，招生规模15个班。

【余姚市与宁波幼儿师范高等专科学校合作协议签订仪式举行】 12月9日下午，余姚市与宁波幼儿师范高等专科学校合作协议签订仪式在凤山实验幼儿园举行。此次合作期限暂定三年。根据协议双方联合成立教育协同创新委员会，将发挥各自的学科、人才、科研、平台等优势，携手开展学校发展、教师培养培训、教育发展研究、第三方教育评估、家庭教育、婴幼儿托育等方面合作，把合作优势转化为创新优势、竞争优势和发展优势，从而推动余姚市加快教育现代化步伐，实现教育高质量发展。仪式现场，余姚市人民政府、市教育局、凤山街道办事处分别与宁波幼师高专签订教育协同创新合作框架协议及合作协议，并为宁波幼儿师范高等专科学校附属凤山实验幼儿园揭牌。

（市教育局）

5月，四明幼儿园赴昭觉县开展帮扶活动　　（市发改局　供稿）

基础教育

【概况】 截至2022年底，余姚市有初中28所，在校学生30484人，教职工2564人；小学65所，在校学生75210人，教职工4477人。义务教育段接收外来务工人员随迁子女57778人，其中在公办中小学就读56853人。全市有普通高中9所，在校学生12122人。高中段接收外省籍学生2745人。2021年全市高考实际参加考试3673人，上特殊类型招生控制线592分（全省比例20%）共1002人，上线率为27.28%；其中余姚中学445人、姚中书院89人、

梦麟中学251人、余姚市第二中学9人、余姚市第四中学114人、余姚市第八中学37人、高风中学56人。高中毕业生被清华大学和北京大学录取8人，一段上线2564人，上线率69.77%。

2022年，余姚市开展支援教育工作，3所小学、2所初中与丽水市松阳县的5所学校组建跨地市教育共同体。落实师徒结对74对、开展异地跟岗锻炼9人、开设线上线下示范课102节、实施线上线下集体教研93次、共享线上拓展课程5门、组织学生集体交流活动8次、派遣教师支教15人次、建立名师工作室10个，圆满完成年度各项结对工作任务。全市113所教共体学校中，融合型教共体有8对、16所学校，共建型教共体有21对、44所学校，融合型、共建型教共体占比53.1%。

2022年，余姚市严格执行"双减"政策，《余姚市进一步减轻义务教育阶段学生作业负担和校外培训负担实施方案》《关于贯彻执行〈浙江省中小学生减负工作实施方案〉的通知》《余姚市教育局关于进一步加强五项管理的通知》，落实中小学作业、睡眠、手机、读物、体质"五项管理"，明确提出实施学生体育家庭作业制度，明确教师布置作业时不依赖电子产品，原则上采用纸质作业，严控使用App布置作业等措施降低儿童青少年课业负担。印发《关于进一步规范教材和教辅资料征订的通知》，做好义务教育阶段学校课后服务和幼儿园托育服务相关工作。全面推进义务教育学校免试就近入学政策，民办学校全面实施"电脑派位"，严格控制统一考试次数，严禁各校以任何形式、方式公布学生排名。9所学校成为宁波市义务段课后服务课程建设实验学校，并参评宁波市中小学"课后服务"实施方案征集活动。

2022年，余姚市组织参加省市级优秀作业案例评比，其中3个案例入选浙江省2022年优秀作业案例，8个案例入选宁波市2022年优秀作业案例，其中一等奖3个、二等奖5个。2篇案例入选省"十大优秀'双减'案例"，2个案例入选宁波市首批优秀"双减"案例。陆埠镇中和实验二小申报项目被纳入宁波市义务教育阶段作业改革实验区项目。

2022年，余姚市继续深化德育工作。出台《关于建立学生荣誉体系的实施意见》，开展"五好学生"选树与评选工作，建立了"党建+"育人工作机制、德育研讨研究机制和德育队伍建设机制。6篇案例入选省德育教育优秀案例，18篇案例（成果）获评宁波市中小学德育创新案例、德育实践成果，3所学校德育案例在《德育报》《浙江教育报》上刊登。

2022年，余姚市推进体育艺术"2+1"项目活动，保证学生每天一小时体育活动时间。全市92%以上学生掌握至少2项体育技能。2022年新招录体育教师37人，新建、扩建运动场22个37682平方米，新建体育馆和艺术馆5个5764平方米，2022年中小学生体质健康优良率66.9%，远超考核目标60%。市肖东二小女足获省级冠军。宁波市中小学传统体育项目协会成立大会在余姚举行。组织队伍参加2022年浙江省中小学生艺术节、宁波市教育系统第二十届艺术节，实验学校获省器乐比赛一等奖；梨洲小学、余姚四中获省摄影比赛一等奖；东风小学、实验学校获宁波市课堂乐器比赛小学组一等奖，子陵中学、梨州中学获初中组一等奖；第二实验小学、兰江小学获宁波市舞蹈比赛一等奖；第二实验小学获宁波市合唱比赛小学组一等奖、姚江中学获初中组一等奖；实验学校、第二实验小学获宁波市器乐合奏比赛小学组一等奖，实验学校获小合奏一等奖。

2022年，余姚市落实市防控办疫情防控要求，多次开展校园疫情防控演练，做好学生教职工定期核酸检测工作。加强卫生教师队伍建设，全市102所中小学配备专职保健人员97名、专职校医38名。2022年学生总体近视率53.93%，同比下降1.25个百分点。在中小学建立心理辅导室管理、辅导值班、心理档案管理等制度，非寄宿制学校心理辅导室每天不少于2小时，寄宿制学校每天不少于4小时。32.7%的义务段学校配有1人及以上心理健康专职教师，84.6%的高中段学校配有1人及以上心理健康专职教师。

【余姚2案例入选宁波市首批"双减"优秀实践案例】 3月，宁波市教育局公布宁波市首批"双减"优秀实践案例10项。其中余姚市入选2项，分别是余姚市第二实验小学《传承七千年稻香文化，劳动教育赋能"双减"》和余姚市兰江小学《"免考生"制度："双减"下促进学习的新机制》。

【中华优秀传统体育文化展示活动暨宁波市中小学传统体育项目协会成立大会在余姚举行】 6月15日，以"弘

6月15日，中华优秀传统体育文化展示活动暨宁波市中小学传统体育项目协会成立大会在余姚举行　（市教育局　供稿）

扬优秀传统文化 厚植学生家国情怀”为主题的中华优秀传统体育文化展示活动暨宁波市中小学传统体育项目协会成立大会在余姚市丈亭镇三江小学举行。活动由宁波市教育局教研室、宁波市体育教育指导中心等共同主办。活动中，来自多个中小学的学生队伍表演了舞狮、跳绳、空竹、武术等7个传统体育项目。

【余姚市一案例入选全省第二批教育评价改革典型案例】 6月27日，浙江省教育厅公布全省第二批教育评价改革典型案例，余姚市第二实验学校推送的《全息建构，智慧运行，以评价促进学生全面发展——学校App全息智慧评价的实践与探索》成功入选，为宁波市唯一入选。

【北京师范大学余姚实验学校首批新生入学】 9月1日，北京师范大学余姚实验学校首批新生入学。该学校由北京师范大学与余姚市人民政府共同创办，是余姚市教育局直属九年一贯制公办学校。学校位于余姚市城区兵马司路2号，总投资5.31亿元，占地面积11.05公顷，涵盖教学楼、综合楼、体艺楼、教育文化传播中心、地下停车场及室外运动场地、道路、步行桥、景观绿化等现代化教育教学场所。设计规模为78个班，其中，小学48个班、初中30个班。

【余姚市肖东初级中学更名】 12月1日，余姚市肖东初级中学更名为余姚市肖东中心学校，转型为公办九年一贯制义务教育学校，招收辖区内中小学生入学。原“余姚市肖东初级中学”名称、公章等停止使用，学校地址、联系方式不变。

（市教育局）

职业教育

【概 况】 截至2022年年底，余姚市有高等职业技术学校1所，学生1417人；中等职业技术学校5所，在校学生10132人，其中外省籍4345人。在企业建立职业教育实习基地，与100多家企业签订长期合作协议，成立阳明职教、信息技术、农业、模具技术4个职业教育集团。余姚市职业技术学校成为余姚市模具协会、家电协会副会长单位，余姚市职成教中心学校成为余姚市汽修协会、烹饪协会理事单位。建有国家级校外实训基地6个，省级校外实训基地3个、宁波市校企合作优秀企业基地8个、宁波市校企共建高标准实训基地1个。余姚技师学院（筹）继续开展四川省昭觉省30位贫困学生培养工作。

2022年，余姚市全面开展职业教育的综合改革实验项目建设。其中余姚市职成教中心学校推进阿里巴巴商学院跨境电商、机器人创新团队、汽修教学工厂、非遗面塑教育、企业冠名订单班项目；余姚市第二职业技术学校推进现代农业校企双主体人才培养、“产学研培赛”五位一体现代教育实验园建设；余姚市职业技术学校推进校工业产品产学研基地、三力模具教学工程；余姚市第四职业技术学校推进技能走班教改实验项目，余姚市第五职业技术学校推进旅游商品创意设计建设项目。同时，“1+X”证书试点项目在各职业技术学校推广。组织职校学生参加全国技能大赛，获2金1银；参加浙江省技能大赛，获一等奖2项、二等奖4项、三等奖6项。

2022年，余姚市按照新时代宁波中等职业学校德育创新三年工作行动计划要求，召开职业教育德育工作会议，打造职业学校“一校一品”德育品牌。形成余姚市职业技术学校“润心筑德 让心灵微笑”、余姚市第二职业技术学校“红蓝绿三色育人”、余姚市职成教中心学校“劳动育匠才”、余姚市第四职业技术学校“‘5G+’同心德育”、余姚市第五职业技术学校“放飞梦想，青春飞扬”等德育新载体。组织开展全市中职班主任工作研讨、中职德育工作论坛、职校优秀主题班会观摩等活动。组织中等职业技术学校学生参加“传承红色基因”活动、“我心中的革命人物”美术和书法创作等宁波市“在红旗下成长”主题教育系列活动。

【4名老师在宁波市中职学校班主任能力比赛中获奖】 6月，宁波市中职学校班主任能力比赛在宁波市鄞州职业教育中心学校举行。余姚市有4位老师通过初赛，进入决赛，决赛内容包括班级建设实施方案介绍、现场抽签模拟情境处置、班级活动策划以及现场答辩。最终，余姚市第五职业技术学校的黄红燕老师、余姚技师学院（筹）的陈宁春老师获得二等奖，余姚市第五职业技术学校的鲍森巧老师、余姚市职成教中心学校的杨辉老师获得三等奖。

北京师范大学余姚实验学校体育馆内景 （市教育局 供稿）

8月5日，余姚四职校团队获全国职业院校技能大赛团体一等奖

（市教育局 供稿）

【余姚四职校团队获全国职业院校技能大赛团体一等奖】 8月4—5日，2022年全国职业院校技能大赛（中职组）通信与控制系统集成与维护赛项在安徽省淮北市举行。活动共有53支队伍参加，每支队伍由3名选手组成，在两天共8小时内分2个赛程协作完成任务。最终，余姚四职校陈炯伟、严小龙、吴凯城三位选手组成的队伍获团体一等奖，指导教师刘乾文、万川华获得优秀指导教师。

【余姚技师学院（筹）在金砖大赛中国赛区获一等奖】 9月16日，2022一带一路暨金砖国家技能发展与技术创新大赛工业机器人数字孪生技术应用技能竞赛（高职组中国区决赛）在福建省平潭市举行。余姚技师学院（筹）学生施易栋、武姚明两位学生获得一等奖。这项比赛两人一组，以工业机器人数字孪生为核心，以真实工业应用场景为任务载体，重点考核参赛选手对工业机器人系统的安装、脚本编程、调试、虚拟仿真调试等专业能力以及团队协作、质量控制、安全意识等职业素养。同时，余姚技师学院（筹）获该赛项最佳组织奖，指导老师马高峰荣获优秀指导教师称号。

（市教育局）

社区教育

【概况】 2022年，余姚市在疫情影响下，线下培训“时开时停”。开展高素质农民、农村实用技术培训，参训农民725人；家政类培训1867人；企业职业如安全生产、信息化技术、岗位等培训5386人；老年教育培训6004人；双证制成人高中培训346人；本专科学历教育2285人；其他各种社会类培训共计30726人。

全市4所成人学校与3所职业高中开展4个宁波市级乡村振兴试点项目，从技术、人才、原料等方面提供支持，助力乡村振兴，相关案例参加2022年宁波市教育服务“乡村振兴”优秀案例评比，获得一等奖1个、二等奖2个、三等奖5个。教研课参加2021—2022年度宁波市职成教教学研究课题评审，获一等奖1个、二等奖1个、三等奖2个；教研成果参加2022年浙江省职业教育与成人教育优秀教科研成果评选，获一等奖2个、三等奖3个。

至2022年底，余姚市有社区学院1所。参加2022年宁波市社区教育实验项目评比，项目获一等奖2个、三等奖2个。

【多个学校和项目被纳入2022年度宁波市终身教育“双高”建设工程项目】 11月10日，宁波市教育局公布2022年度宁波市终身教育“双高”建设工程项目。其中，余姚市临山镇成人文化技术学校的卫城“味香”葡萄培训项目被纳入成人教育服务乡村产业振兴创新项目A等；余姚市黄家埠镇成人中等文化技术学校的田园老年学堂被纳入终身学习品牌项目A等，余姚市低塘成人中等文化技术学校的“书法教育：乡村文化振兴新引擎”项目被纳入B等；余姚梁弄、鹿亭、大岚、四明山、大隐成人学校的“老区共富”成教服务团队入选优秀教师团队C等；余姚市陆埠镇成人中等文化技术学校入选标准化社区老年大学B等；余姚市朗霞成人中等文化技术学校入选高水平成人中等文化技术学校B等。

（市教育局）

科学技术·信息

综　述

2022年，余姚市全社会科技研发投入51.05亿元，占GDP比重3.54%，位居宁波市第1，全省第13。蝉联省党政领导科技进步目标责任制考核优秀，作为全省唯一县（市、区）代表在2022年度全省科技创新大会上作交流发言，被浙江省科技厅推荐为国家创新型县（市）拟创建单位，位居中国创新百强县第3位。市科技局被省科技厅评为2019—2021年度全省科技工作成绩突出集体。

科技机构与服务平台

【概况】 2022年，余姚市开展走访企业活动，拜访小家电协会，走访胜康包装、中和衡器、珂士电器等18家企业，了解各企业生产情况。开展技术难题对接会，挖掘技术共性需求4项、个性需求1项，并线上对接浙江工业大学机械学院、宁波智能制造研究院。开展线上全国技术合同登记新系统的操作培训。

2022年，余姚市推动产业技术研究院“一院一方案”提升工作。浙大机器人研究院被认定为宁波市重点产业研究院。开展余姚市科技企业孵化器、新型研发机构的考核及技术转移机构的考核，中意启迪科技城科技孵化器、浙大机器人研究院省级新型研发机构、浙大技术转移机构、浙工大技术转移机构、中国计量大学技术转移机构考核均为优秀。

【市“日用小家电领域”成果交流会举行】 3月，由余姚市科技局、余姚科技大市场、宁波智能装备研究院联合举办的余姚市“日用小家电领域”成果交流会举行，活动主要对工业产品设计分享、视觉检测技术、工业自动化与数字化分享、高速高精度贴片机等成果进行对接。

【《科技惠企政策十条》政策宣讲活动举行】 5月，《科技惠企政策十条》政策宣讲活动举行。活动由余姚市科学技术局、余姚科技大市场联合光电综合体主办，重点对《科技惠企政策十条》、科技型中小企业备案等政策进行宣讲，推进科技惠企政策扎实落地，强化企业创新主体地位。

【“科技政策直通车”系列宣讲活动举行】 7月，“科技政策直通车”系列宣讲活动在凤山街道、阳明街道举行。余姚科技大市场成员与讲师组成的宣讲团来到多家规模以上企业，针对技术合同认定及补助政策、首台（套）申请政策进行解读。凤山街道60多家企业、70余名企业代表，阳明街道50多家企业、60余名企业代表参加活动。

【智能制造与高端装备论坛——诺丁汉（余姚）智能电气化研究院博士后专场活动举行】 7月，举办智能制造与高端装备论坛——诺丁汉（余姚）智能电气化研究院博士后专场活动在余姚市三七市镇诺丁汉(余姚)智能电气化研究院有限公司举行，来自电子科技大学的3位博士后分别围绕“多构态柔弹性驱动器的设计理论及其在机器人领域的应用”“装备健康管理理论研究与应用”“无线通信网络自主可控与产业化研究”等主题作了博士后论坛讲座。

【2022年“喜迎二十大，‘企’心奔共富”科技政策培训暨网格活动举行】 7月，2022年“喜迎二十大，‘企’心奔共富”科技政策培训暨网格活动在余姚市马渚镇举行。活动由余姚市科技局主办，余姚科技大市场承办，主要针对科技政策、研发费、技术交易补贴等方面开展培训。

（市科技局）

产业技术创新

【概况】 2022年，余姚市推进科技企业“双倍增”，新增省科技型中小企业348家，新增国家高新技术企业199家，同比增长49.5%，增幅创历史新高。全年实现高新技术产业增加值389.6亿元，占规模以上工业增加值比重73.6%。新认定余姚市企业工程（技术）中心60家。全年实现规模以上工业企业研发费用89.8亿元，占营业收入的比重3.8%。

2022年，余姚市制定《余姚市重点领域核心技术清单》，5个2022年度宁波市产业链关键核心技术攻关项目，2个生命健康技术攻关项目，2个双碳科技、现代农业项目立项；5个余姚市重大科技创新项目通过验收，申请发明专利34项，新增销售1.7亿元。为24家科技型中小企业发放科技贷款8070万元。设立余姚市科技创新投资引导基金。组织“浙工大激光院专家余姚企业行”等科技合作活动14场，参加企业近800家。实现技术交易额37.5亿元，同比增长66.7%。

2022年，宁波余姚智能装备高新技术产业园区成功创建省级高新技术产业园区，总面积11.96平方千米，园区以机器人与智能装备产业为主导、以电子新材料、光电信息为两翼、以创新创业服务业为支撑的“121”产业结构，推动产业链和创新链深度融合。余姚市获省光电信息产业创新服务综合体绩效评价优秀，机器人与智能装备产业创新服务综合体成为省级产教融合基地。

2022年，余姚市首次举办第十一届中国创新创业大赛（宁波赛区）余姚现场赛，2家企业分获宁波总决赛一等奖、三等奖，3家企业晋级全国总决赛。开展中国创新挑战赛、天使会高峰论坛等活动。申报国家人才项目10个、省级人才项目10个。“姚江英才项目”新立项14项，累计培育规模以上企业22家、国家高新技术企业20家，获得发明专利授权268件。

【2022宁波市级及以上科技创新项目认证】 1月，浙江省科技厅公布2021年度浙江省创新型领军企业培育名单，浙江松原汽车安全系统股份有限公司、宁波生久科技有限公司、宁波舜宇红外技术有限公司、宁波天瑞电器有限公司4家企业入选。

1月，宁波市科技局公布2021年度第一批高新技术企业名单，余姚市宏伟磁材科技有限公司、余姚市爱优特电机有限公司、浙江捷丰科技实业有限公司、浙江捷丰科技实业有限公司、宁波金泽新型建材有限公司、宁波永基精密科技有限公司等147家企业入选。

3月，2021年度宁波市科学技术奖获奖名单公布，宁波舜宇车载光学技术有限公司的谢前森获得宁波市青年科技创新奖，宁波华远电子科技有限公司、宁波江丰生物信息技术有限公司获宁波市科学技术进步奖二等奖，宁波舜宇光电信息有限公司、宁波伟立机器人科技股份有限公司获宁波市科学技术进步奖三等奖。

3月，宁波市科技局公布2021年宁波市级企业研究院认定名单，宁波舜宇红外光学研究院、宁波飞虹文化用品研究院、宁波正庄日化包装研究院、宁波容百锂电材料研究院、宁波华远柔性电路（FPC）研究院5家研究院入选。

3月，宁波市科技局公布2021年宁波市企业工程（技术）中心认定名单，宁波永强智能厨卫用具工程（技术）中心、宁波日昇环保自动化设备工程（技术）中心、宁波丽得乐LED智能照明工程（技术）中心、宁波力松高速精密注塑智能制造工程（技术）中心、宁波时代汽车异形紧固件工程（技术）中心、宁波兴隆巨创助力自行车工程（技术）中心、宁波乔士智能汽车制动储液罐工程（技术）中心等42家工程（技术）中心入选。

4月，科技部办公厅、中央宣传部办公厅发布关于国家文化和科技融合示范基地绩效评价结果的通知。全国共16家单体类基地参与评价，浙江大丰实业股份有限公司国家文化和科技融合示范基地成为获评优秀的两家企业之一。

5月，省委科技强省建设领导小组办公室公布了《关于2021年度省级产业创新服务综合体绩效评价结果的通知》，余姚市光电信息产业创新服务综合体评价为“优”。

【智能装备高新技术产业园入选省级园区】 3月，浙江省科技厅、省发改委联合印发省级高新园区创建名单，宁波余姚智能装备高新技术产业园区成功入选，成为余姚市首个省级高新技术产业园区。宁波余姚智能装备高新技术产业园区选址于余姚城区北部舜宇路两侧区块、南雷南路两侧区块、人才创业园区块，规划面积约11.32平方千米。形成光电信息产业、创新服务、高端装备产业、机器人及高端装备产业、电子新材料产业五大功能集聚区。

【“无液氦核磁”通过审查上市】 4月，鑫高益医疗设备股份有限公司生产的“磁共振成像系统”创新产品“无液氦核磁”通过国家药品监督管理局审查并成功上市，成为宁波市首个国家级创新医疗器械。“磁共振成像系统”由鑫高益医疗设备股份有限公司及其子公司宁波高思超导、宁波诺丁汉大学、国科大宁波华美医院共同研发，为科技部重点研发计划项目转化成果。系统是由70人组成的研发团队耗时6年多自主研制而成，研发投入近6000万元。

【2022年全国科技工作者日活动余姚主场活动举行】 5月27日，“创新争先、自立自强”“三长带三会助推共同

5月27日，2022年全国科技工作者日活动余姚主场活动举行

（市科协　供稿）

富裕”2022年全国科技工作者日活动举行。活动在余姚市梁弄镇东溪村非遗展馆设主会场，内容包括优秀基层科技工作者风采展示、专家义诊、农技推广、“科普中国”App推广、“余姚科协”“余姚科普”微信公众号推广、现场科普展等活动。同时在四明山红军小学设分会场，向红军小学学生带去趣味科普课堂，向即将参加中考的考生带去心理减压课程。

【2家企业在中国创新创业大赛宁波总决赛获奖】 8月26日，第十一届中国创新创业大赛宁波赛区总决赛举行，余姚4家企业入围宁波行业决赛，2家晋级宁波总决赛。其中宁波平恒电子材料有限公司获宁波总决赛一等奖；宁波丞达精机股份有限公司获三等奖。

【第七届中国创新挑战赛（宁波）余姚专场赛举行】 12月7日，第七届中国创新挑战赛（宁波）余姚专场赛在余姚宾馆举行。这次比赛由科技部指导，科技部火炬中心、宁波市科学技术局、宁波市财政局、余姚市人民政府共同主办，余姚市科学技术局、宁波市生产力促进中心承办。最终，宁波中亿自动化装备有限公司的轴承震动和噪声测试技术及产品项目、宁波舜宇光电信息有限公司应用于移动终端的高性能微型压电马达关键技术研发项目、宁波更大集团有限公司的高精长寿命集成式螺母关键技术研发及产业化项目被列为宁波重大项目，共获得资金支持1300万元。

（市科技局）

12月7日，第七届中国创新挑战赛（宁波）余姚专场赛举行

（市科技局　供稿）

数字政务

【概况】 2022年，余姚市一体化智能公共数据平台余姚分平台累计归集本地数据2.87亿条，回流上级数据2.36亿条，清洗治理问题数据7335万条。建成“信用余姚”“医疗大数据”等11个专题库，支撑“数字驾驶舱”和17个数改应用。实现903个数据目录和应用关联，使用云资源实例155个，同源发布率实现100%，IRS核心指标全达标。累计上架区块链投票等组件3个，统一组件利用率100%。建立首席数据官制度。

2022年，“浙里办”余姚专区上架本地应用5个，“浙政钉”上架本地应用20个。线上线下“一网通办”率97.1%，梳理上报政务服务“一地创新，全省共享”创新工单13条。开通政务服务银行服务网点86个。探索构建数据要素市场化运营“六项机制”。区块链数据运营创新应用入选国家试点，被评为2022年度中国数字政府数字治理十佳案例。

【姚江讲坛报告会暨《浙江省公共数据条例》培训会举行】 6月30日，余姚市第124期姚江讲坛报告会暨《浙江省公共数据条例》培训会在余姚市人民政府举办，来自全市市直各单位、各乡镇（街道）的200多名首席数据官和数据专员参加培训。培训会由市大数据局、市委组织部和市委党校组织，邀请浙江大学本科生院教研处处长、浙江暨浙江大学立法研究院执行院长、教授、博士生导师郑春燕主讲授课，由余姚市委常委、常务副市长曹敬之主持。培训会上，郑春燕教授结合人脸识别案、赋红码事件等案例以及《中华人民共和国民法典》《中华人民共和国数据安全法》等其他相关法律，就公共数据总则与基础、公共数据共享、公共数据开放和利用、公共数据安全及法律责任进行讲解。

【2个项目在宁波市数据开放创新应用大赛获奖】 7月11日上午，2022“移动杯”宁波市数据开放创新应用大赛颁奖典礼在宁波城市大脑举行。本次比赛共有92个项目，分共同富裕扩中提低、社会保障、强村富农、公共安全（疫情防控）、绿色低碳发展、高质量就业创业、公共卫生等七个赛道开展比拼，最终31个项目获奖，其中21个优秀项目参加数据开放创新应用大赛。余姚市推送的“医来兜”应用获社会保障赛道第一名，并在浙江省数据开放创新应用大赛中获得优胜奖；“智富宝”获强村富农赛道第二名。

（市大数据局）

智能制造与信息产业

【概况】 2022年，余姚市加快推进产业数字化，聚焦家电、美妆包材等重点行业启动细分行业数字化改造，创建浙江省首批中小企业数字化改造试点县。全年实施智能化改造项目169个、省级数字化车间/智能工厂培育项目12个，获评省级智能工厂1家、宁波级数字化车间8家、宁波级以上工业互联网平台5家、宁波级“5G+工业互联网”试点项目9个。甬矽电子获评国家新一代信息技术与制造业融合示范企业。

2022年，余姚市承担省级重大应用试点2个，加速推进12个省级重大应用贯通、4个地方特色应用上线迭代，数字经济双月考核评价由D档升至B档。舜宇光电获评宁波唯一省级“数字工厂”标杆认定类企业。

【余姚市入选全省首批中小企业数字化改造试点县】 9月，全省首批中小企业数字化改造试点县（市、区）创建名单公布，余姚市入选。此次创建工作由浙江省数字经济发展领导小组办公室牵头实施，首批共有24个县（市、区）入选，针对各县（市、区）特点，推进细分行业中小企业数字化改造行动，其中余姚市的试点行业为家用电器制造。

（市经信局）

智慧城市建设

【概况】 2022年，余姚市评审信息化项目228个，节省财政资金支出3600余万元。出台《余姚市信息化项目建设管理办法》，完成数字化资源普查系统建设，信息化项目实现线上全流程管理。数字化改革新增文化舜兴板块，数字驾驶舱PC端和移动端上架，集成特色应用22个，城市大脑2.0版建成投用。开发完成数字驾驶舱基层版并在部分乡镇试点运行，争取基层治理大脑试点任务2项。有效应对疫情防控和防汛防台应急处置考验。

2022年，余姚市实现区域产业数据、经济运行态势监测一图统揽。智慧城东路综合监测平台有效运行，采用数字孪生精准映射、模拟仿真模式，创新建立全覆盖道路安全智控机制。

2022年，余姚市迭代升级全市基层社会服务管理综合信息系统平台架构，完成“基层公权力大数据监督应用”“生态环境问题发现督察在线”等省重大应用12个基层业务子模块贯通。实现视联网余姚市、镇、村三级全覆盖。

【余姚数字孪生可视化平台试点启动】 年内，余姚市数字孪生可视化平台项目启动建设。项目由美象信息科技有限公司实施，2022年以余姚凤山街道4.4平方千米区域为试点，运用数字孪生技术结合跨部门、多业务场景，构建虚实映射、数据互通的数据应用，对小区、楼宇、房屋建立层层递进的数据监测，构建“一户一档”，实现三维空间的精准化场景。同时，聚焦路面交通拥堵、地下管网复杂等治理难点，实现城市精细化管理。

（市大数据局）

余姚市数字孪生可视化平台界面　（市大数据局　供稿）

数字经济与通信

【概况】 2022年，余姚市数字经济产业较快发展，培育数字经济核心企业264家，其中规上数字制造企业纳统数达250家。实现规模以上数字经济核心产业（制造业）增加值123.35亿元，增加值占宁波市比重17.4%。软件和信息技术服务业、互联网软件信息服务业分别完成营业收入38.56亿元、0.83亿元。容百新能源入选全国电子信息企业百强。强化助企纾困与政策帮享，创新开展“企业服务经理人”专项活动，持续开展分乡镇、分片联系服务，全年兑现各类政策资金近6亿元。

（市经信局）

【中国联合网络通信有限公司宁波市余姚分公司】 2022年，中国联合网络通信有限公司宁波市余姚分公司下辖11个营业厅、4个划小支局、3个中心部门（政企客户营销中心、综合

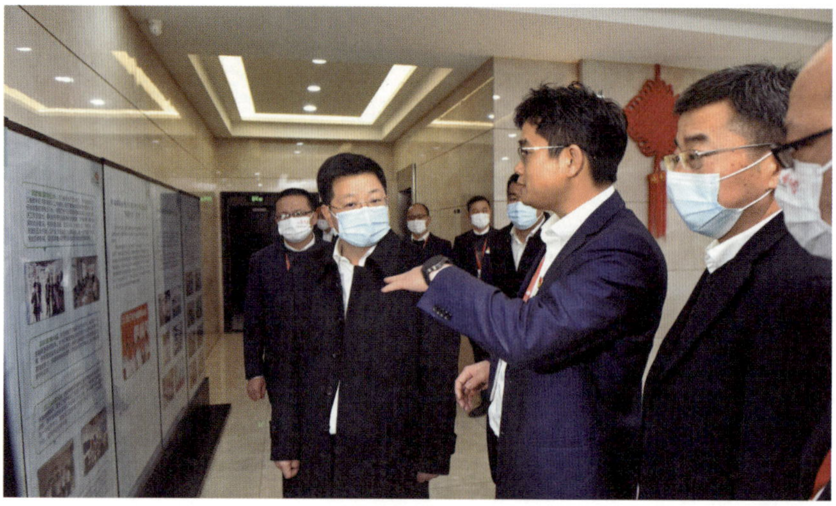

1月，余姚市委副书记、市长沃勇特（左二）在余姚联通中国联通余姚分公司考察　（中国联通余姚分公司　供稿）

支撑中心、建设维护中心），共有员工106人。开展反诈宣传教育线下活动30余场次，引导市民关注"国家反诈中心"微信公众号，保障通信安全。围绕千兆网络再升级、"明白消费"再升级、服务承诺再升级、社会责任再升级四大类服务，举行客户日现场活动12场次。深化"智能家电云平台"项目。加大5G的建设投入，加强固网基础网络建设，实现5G网络全域深度覆盖。

（中国联通余姚分公司）

【中国移动通信集团浙江有限公司余姚分公司】 2022年，中国移动通信集团浙江有限公司余姚分公司宽带出账用户净增4万余户，移动看家用户净增3万余户，组网用户新增5万余户。手机通信年新增份额列宁波市第一。组建节点机房建设攻坚工作小组、传输优化攻坚团队。分纤点跨网格比例从17.36%降到8.43%，完成驻地网项目15余个，共计覆盖2万余户。完成台风汛期故障电池组整改20个，补充防水墙55站次，替换破损室外机柜6个，整改跨河光缆隐患点12个。

实施余姚市农村饮用水提升工程（数字化建设）采购项目、余姚市姚江支流14个水质自动站运维服务外包项目等74个。开展ICT项目能云则云，实现云业务在ICT解决方案的前置介入，实现移动公有云收入3000余万元。成立5G项目攻坚实施小组。实现宏站5G四期全量开通，在宁波市率先完成700M"十百千"聚力攻坚行动。打造宁波志伦电子5G智慧工厂标杆。拓展国华电厂5G智慧电厂项目、贝隆精密5G工业互联网项目，推动"5G+网+云"融合发展。

（中国移动余姚分公司）

网络安全和信息化

【概况】 2022年，余姚市推行电子政务终端设备联网准入，实施网络安全整体提升项目。全年阻断违规外联101起，完成52个政务网络安全预警通报整改，发现并处置安全隐患133处，威胁事件89起。开展涉疫数据专项检查，强化数据安全，协同组织攻防演练，贯通落地精密智控重大应用。

2022年，余姚市组织"网聚最名E 筑梦新征程"第十四届网络文化嘉年华活动，内容包括网络宣传、公益、宣讲等9大主题，吸引50多万网民线上线下参与。持续开展"网民看看看"走进品质阳明、电梯安全知识等系列活动6期，开展网络文明"五进"活动，"最名E"网络讲师团深入校园、机关、社区、企业开展网络强国思想、网络法律法规、网络安全知识、短视频制作、网络宣传推广主题服务。成立"最名E"余姚视觉达人联盟，组织全市短视频大赛。"最名E"余姚抖音话题点击量超过300万人次。《追光的人》短视频在2022年中国网络社会组织联合会组织开展的"领航新征程——庆祝建党100周年"短视频系列征集活动中被评为典型案例。

2022年，余姚市打造"一场二网三通"的高效网络应急指挥工作体系。十六届余姚市委网信委第一次全体（扩大）会议召开。通过"民生e点通""余姚e政厅"流转网络问政件3593件。健全完善网信、经信、公安、大数据"4+X"网络安全风险会商机制，开展个人信息和关键信息基础设施网络安全保护专项行动、常态化网络安全渗透测试等。全年，检查各类系统、平台、网站共计1200余家次，发现并处置各类安全漏洞630余个。开展首届余姚市级网络安全实战攻防演练，对70个网站系统共计115个网络安全隐患落实整改。

2022年，余姚市开展网络安全知识线上有奖竞答、开设网络安全知识云课堂、推出网络安全宣传周专栏等活动。积极承办2022年度浙江省全民数字与技能提升月启动仪式。制定《余姚市2022年数字素养与技能提升月方案》，策划"八个一"重点活动。

【第十四届余姚市网络文化嘉年华开幕】 4月29日下午，第十四届余姚市网络文化嘉年华开幕式暨"最名E"余姚视觉达人联盟成立、"舜建杯"聚焦最名E余姚市短视频大赛开赛仪式在市网络文化家园举行。余姚市委常委、宣传部部长沈小贤出席活动。开幕式上，"最名E"余姚视觉达人联盟正式成立。"最名E"余姚视觉达人联盟下辖"最名E"短视频创作团、网络讲师团、show余姚主播团、数字乡村先锋团、新媒体传播团等5大团队，首批由89名极具实力的会员组成。同时，由宁波市委网信办、余姚市委宣传部指导，余姚市委网信办主办，市互联网发展联合会、宁波市舜建集团承办的"舜建杯"聚焦"最名E"余姚市短视

4月29日，第十四届余姚市网络文化嘉年华开幕式暨"最名E"余姚视觉达人联盟成立、"舜建杯"聚焦最名E—余姚市短视频大赛开赛仪式举行

（市委宣传部 供稿）

频大赛也在开幕式上开赛，并延续至12月。活动现场，还为2022年“NB轰红”短视频3月月评的亚军和季军进行颁奖。由《宁波晚报》选送的《保安救火后化身“雪人”》夺得月评亚军，余姚市公安局选送的《反诈民警图鉴》、牛八选送的《二十四节气宁波版》、北仑区郭巨街道选送的《健康过年“疫”不容辞》和崔丽君选送的《宁波24视界》获得月评季军。

本届全市网络文化嘉年华由“最名E”余姚视觉达人联盟成立仪式、“舜建杯”聚焦“最名E”余姚市短视频大赛、“礼赞建团百年 传承红色记忆”照片征集活动、“阳明先生”IP网络跨界互动活动、“我为家乡来代言”农产品直播带货公益活动、“凝聚爱心 点亮未来”青少年公益活动、“聚焦共美共富——老辰光博物馆之变迁”征集展览活动、“show余姚”主播团打卡系列活动、“网民看看看”系列活动等9大主题活动组成。

4月29日，第十四届余姚市网络文化嘉年华开幕式暨“最名E”余姚视觉达人联盟成立、“舜建杯”聚焦最名E——余姚市短视频大赛开赛仪式举行。

【浙江省2022年全民数字素养与技能提升月启动仪式在余姚举行】 7月26日上午，浙江省2022年全民数字素养与技能提升月启动仪式在余姚举行。此次提升月主题为“提升全民数字素养与技能 共建共享数字化发展成果”，由浙江省委网信办、浙江省经信厅、浙江省教育厅、浙江省人力社保厅、浙江省科协共同主办，与国家全民数字素养与技能提升月同期启动。

7月26日，浙江省2022年全民数字素养与技能提升月启动仪式在余姚举行
（市大数据局　供稿）

启动仪式由宁波市网信办、余姚市委承办，余姚市委网信办、余姚市泗门镇党委、余姚市第四职业技术学校协办。省委网信办副主任、省委互联网企业工委专职副书记季晓斌，省科协党组成员、副主席陆锦，省经信厅二级巡视员黄建平，省教育厅二级巡视员徐建农，省人力社保厅二级巡视员叶照标，宁波市副市长朱欢，余姚市市长沃勇特在现场共同启动“浙江省2022年全民数字素养与技能提升月”。在启动仪式上，余姚梁弄横坎头村与四川省凉山州昭觉县三河村作为东西部协作结对村进行“全民数字素养与技能”共富联盟视频连线。省科协演出“银龄跨越数字鸿沟”科普情景剧。

【市十六届网信委第一次全体（扩大）会议召开】 7月28日下午，十六届市委网络安全和信息化委员会第一次全体（扩大）会议召开。余姚市委书记、市委网络安全和信息化委员会主任傅贵荣主持。余姚市领导沃勇特、沈小贤、张明出席会议。会议听取了市委网信办、市经信局、市公安局、市农业农村局的工作汇报，并审议了相关文件。

【《浙江省公共数据条例》专题培训会议举行】 8月26日下午，市大数据局在余姚市社会治理中心（城市大脑运营指挥中心）举行《浙江省公共数据条例》专题培训会议，主会场及各视联网分会场近200人参加本次会议。市大数据局相关负责人主持会议。会议伊始，余姚市社会治理中心相关负责人介绍宁波市城市大脑余姚分平台党建舜领、政府舜效、经济舜强、民生舜惠、法治舜先、数字舜智板块内容及相关特色应用。

（市委宣传部）

卫生健康

综　述

【概况】 2022年，余姚市共有医疗卫生机构646家，其中市级医院5家，乡镇（中心）卫生院、街道社区卫生服务中心21家，社区卫生服务站59家，村卫生室290家，民营医院9家，门诊部20家，其他医疗卫生机构244家。全市实际开放床位3842张，每千人拥有实际开放床位3.06张。各级各类医疗机构全年完成门、急诊1091.27万人次，出院8.38万人次，病床周转30.6次，病床使用率64.59%，出院病人平均住院7.5天。全市本地户籍出生人口3551人，人口出生率4.27‰，人口自然增长率-4.28‰。

【人才建设】 全市共有在职医疗卫生工作人员10012人，其中卫生技术人员8703人，执业（助理）医师3815人、注册护士3625人。平均每千人拥有执业（助理）医师3.04人、注册护士2.89人。引进高水平医学团队1支，新增入选宁波市领军和拔尖人才培养工程5人，连续三年成功申报“甬江引才”（前宁波市“3315”计划）创新团队。

（市卫健局）

疾病预防控制

【概况】 2022年，余姚市规范处置新冠报告病例百余例，有效防止疫情外溢。通过整合医疗资源、新改建等多途径，扩充新冠患者救治床位2000余张，创新应用5G+AR技术远程会诊加强对危重症患者的救治指导，建立起县域医共体为载体的新冠分级诊疗机制。全市重性精神障碍患者规范管理率96.41%。将未成年人心理辅导、老年心理关爱项目为基点，逐步健全重点人群心理健康服务。

【感染综合楼PCR 实验室新建工程建成投用】 1月24日，PCR实验室新建工程建成并投入使用。该工程位于余

12月5日，余姚市疾控中心应急队队员开展新冠流行病学调查集中联合办公　（市卫健局　供稿）

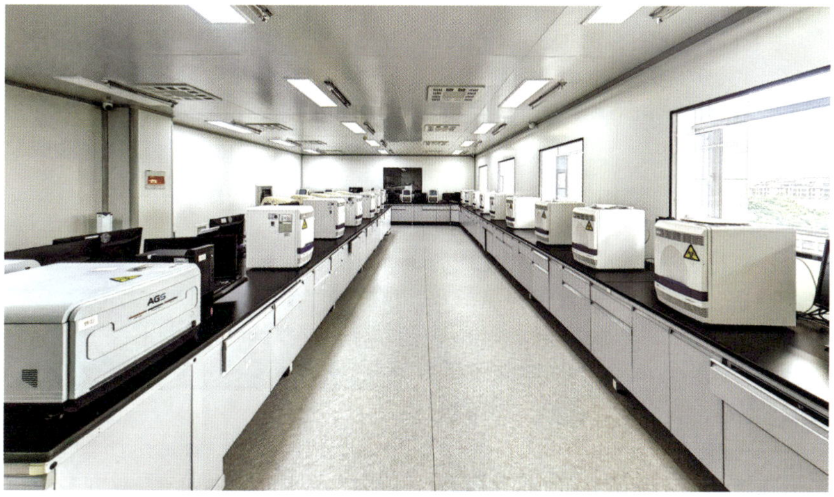

1月24日，PCR实验室新建工程建成并投入使用　（市卫健局　供稿）

姚市人民医院感染综合楼5楼，面积约800平方米。该实验室是按生物安全Ⅱ级标准建设的PCR实验室。

【3个移动方舱实验室启用】 1月30日，余姚市3个移动方舱实验室安装完成。3个移动方舱实验室位于余姚市妇幼保健院西侧地块，由三个集装箱式舱体组成，每个舱体面积约50平方米，内含42台PCR扩增仪，设有试剂准备间、标本制备间、扩增分析间三个相互隔离的独立实验区域，分区明确，功能齐全。

（市卫健局）

健康余姚建设

【概况】 2022年，余姚市健全完善健康城市与健康浙江行动融合推进机制，启动省级健康促进县（区）建设。实施健康余姚十大行动，连续四年获健康浙江考核优秀等次。开展健康素养进农村文化礼堂行动，全市居民健康素养水平达40.1%，同比上升近5个百分点。开展全域“健康细胞”创建，健康促进医院、机关（事业单位）、村（社区）建设率分别为80%、50%和40%。

【余姚市通过国家卫生城市（区）复审】 2022年2月，全国爱国卫生运动委员会印发文件，对2020年、2021年参加复审通过的270个国家卫生城市（区），以及2021年参加复审通过的234个国家卫生乡镇（县城）进行重新确认命名。余姚市上榜，通过国家卫生城市（区）复审。

【创建省级“健康促进县区”的建设承诺书公布】 8月31日，《余姚日报》刊登余姚市创建省级“健康促进县区”的建设承诺书，署名为中共余姚市委和余姚市人民政府。省级“健康促进县区”创建工作由浙江省卫生健康委员会、省爱国卫生运动委员会办公室牵头实施，在各县（市、区）建设促进健康的场所和公共环境，广泛开展健康促进重点活动，让健康知识进机关、单位、医院、学校、社区、企业。

12月，余姚市第一届健康家庭大奖赛举办　　　（市卫健局　供稿）

【余姚市第一届健康家庭大奖赛举办】 12月，余姚市第一届健康家庭大奖赛在市全民健身中心举办。大赛由健康余姚建设领导小组办公室、市爱国卫生运动委员会办公室、市卫健局、市文广局、市妇联、市红十字会、市计生协会等单位联合主办，市疾控中心、市体管中心、市全民健身中心有限公司等单位承办，来自各乡镇（街道）的21支参赛队伍参加。大奖设健康知识答题、国民体质测试、健康技能比拼（跳绳）、家庭急救技能比试（心肺复苏）等环节。其中，体质测试环节包括身体形态、机能和素质三项，各参赛队在工作人员的指导下，依次进行肺活量、闭眼单脚站立、俯卧撑、选择反应时等各项体质测试，并形成体质测试报告及得分，科学健身专家根据体质测试报告结果进行科学健身指导；心肺复苏急救技能操作由各代表队实施应急救护展演，最后由红十字应急救护专家进行现场规范操作的指导及点评。

（市卫健局）

医疗卫生服务

【概况】 2022年，余姚市印发《余姚市中医药发展“十四五”规划》，积极推进“中医药处方一件事”改革，新增全国名老中医药专家传承工作室建设项目专家1名，谋划基层中医药工作示范县创建。9家卫生院达“优质服务基层行”推荐标准，新增宁波市级基层特色专科单位1家，改扩建村卫生室（社区卫生服务点）8家。出台《关于进一步加强乡村医疗卫生服务体系建设的实施意见》，首次实施招录并轨的村级全科医生队伍委培模式，新增编制专项用于乡医招聘。

2022年，余姚市出台《四明山区域卫生健康高质量发展行动计划》。增设医疗巡回车提高移动智慧微医院山区服务覆盖面，新建村卫生室2家、慢性病一体化门诊4家（全市共9家）。启动大岚镇急救点建设项目。推出家庭医生服务个性化的签约服务包，重点人群签约76.51%。全市完成无偿献血全血捐献超1万人次，献血量300多万毫升，连续六次蝉联“省无偿献血先进县（市、区）”。

2022年，余姚市人民医院在2021年度国家三级公立医院绩效考核中位列全国253位，登上A榜；余姚市中医医院在二级中医医院全国考核中位列全国第23位，登上A榜。余姚市妇幼保健院高分通过三乙专科医院评审。启动浙大二院与市人民医院合作3项，新增宁波市重点学科合作3项。

【四明山区域卫生健康高质量发展行动启动】 4月，余姚市委办公室、余姚市人民政府办公室印发《关于余姚市四明山区域卫生健康高质量发展行动计划（2022—2025年）》，启动四明山区域卫生健康高质量发展行动。行动主要内容为山区医疗机构科学布局准确定位、山区卫生人才增量提质、山区卫生服务政策保障有力、山区医疗服务能力精准提升、山区友好型健康服务迭代升级、山区数字化医疗服务赋能升级6项举措，提升山区医疗服务能力，满足山区群众卫生健康需求。

【余姚首个儿童康复科落户开诊】 5月，余姚市首个儿童康复科落户市妇幼保健院并正式开诊。儿童康复科由康复医师、康复治疗师以及中医师、护理、幼教人员组成，宁波市康复医院、宁波市妇女儿童医院专家团队为专业技术支撑，是专门从事儿童康复的专业科室。该科室拥有吞咽障碍治疗仪、神经和肌肉电刺激仪、脑电仿生电刺激仪，感统训练室等治疗设备，并配有一整套诊断儿童运动发育落后，语言发育落后的治疗训练及康复器械。主要为脑性瘫痪、中枢神经系统感染后遗症、颅内出血后遗症、颅脑损伤、遗传代谢性疾病、孤独症等残障儿童提供临床康复服务，同时也为早产儿及一些运动发育落后的高危儿开展干预治疗，促进儿童早期发展。

【市妇幼保健院迎接三乙专科医院评审】 9月18—21日，浙江省卫生健康委第四周期医院等级评审专家组一行9人到余姚市妇幼保健院开展三级乙等

8月4日，浙医二院远程影像会诊平台启用　　（市卫健局　供稿）

妇幼保健院现场评审工作。本次评审为期四天，专家组分为管理一组、管理二组、医疗一组、医疗二组、妇保组、儿保组、院感组、护理组、药事检验组9个组，分别对该院进行全方位的系统性检查。其间，专家组共实地检查医院各职能部门及科室196次，访谈人员998人次，查看设备489台，查阅病历380份，检查处方217张，应急演练8次。

（市卫健局）

医药卫生改革

【概况】 2022年，余姚市严格控制医疗费用的不合理增长，市级医院医疗总收入、门诊及住院均次费用增幅均在控制线以下。县域医共体牵头医院

9月，余姚市妇幼保健院接受浙江省第四周期三级乙等妇幼保健院评审

（市卫健局　供稿）

累积下沉专家210名，累计服务患者4万余人次。印发《医共体牵头医院下沉四明山区域基层分院工作方案》。完成智慧急救“1+4+N”多跨场景应用一期建设。新增医学影像检查资料互认项目140项、医学检验结果互认项目23项。

【“5G+AR”技术“云急救”平台启用】 1月，余姚市“云急救”平台启用。该平台作为“智慧急救”数字化改革项目的主要应用场景，利用“5G+AR”远程急救系统实现省级急救医疗资源下沉县域及县级医院和基层卫生院信息的互联互通。平台与“浙里急救”云会诊对接，专家资源覆盖浙医二院、省人民医院、邵逸夫医院等。平台向下联通乡镇街道医共体成员单位的智慧急救单元，实现乡镇医疗卫生单位急危重病救治信息互联互通。4个市级医疗单位和21个乡镇卫生院全部纳入平台服务范围。

【浙医二院远程影像会诊平台在余姚启用】 8月4日，浙江大学医学院附属第二医院远程影像会诊平台启用仪式在市人民医院举行。市人民医院党委书记陈锋、副院长姚伟根，浙医二院在余姚挂职副院长朱永斌参加了线上启用仪式。浙医二院党委副书记马岳峰通过连线方式祝贺平台顺利上线。仪式后，市人民医院与浙医二院通过该平台进行会诊，会诊病例为胰腺占位性病变，属于疑难杂症，参与会诊的

浙医二院专家为国内顶尖胰腺影像专家余日胜教授团队。

（市卫健局）

公共卫生服务

【概况】 2022年，余姚市高危孕产妇管理率100%，婴儿死亡率1.39‰，5岁以下儿童死亡率2.77‰，未发生可避免孕产妇死亡与新生儿破伤风。继续推行妇女免费“两癌”检查项目，全年共完成TCT+HPV联合筛查宫颈癌35802人，乳腺癌筛查37096人，检出相关癌症33例。为全市5089名18~30月龄儿童开展婴幼儿孤独症筛查，完成目标任务的101.8%。6573名新生儿开展先天性心脏病筛查，完成目标任务的109.6%。为5000名围绝经期妇女提前进行健康检查及干预，筛查出轻度更年期综合征1588例，中重度更年期综合征365例，完成目标任务的100%。建立电子健康档案1150838份，建档率91.77%，居民规范化电子健康档案覆盖率85.59%。开展家庭医生签约服务，全人群付费签约239937人，重点人群在签数202761人，重点人群在签率76.51%，达到宁波市考核要求。加大综合监督执法力度，落实卫生执法事项下放与卫生执法人员下沉，推进联合执法任务。全年无非法行医致人伤残或死亡的重大事件发生。

截至2022年底，余姚市共有家庭医生团队222个，分布于全市21个乡镇街道，团队中参与签约的基层医生619人、基层护士367人、市级医学专家104人，实现了家医服务全覆盖。

【全市围绝经期妇女健康关爱项目启动】 4月24日，余姚市全市围绝经期妇女健康关爱项目在市妇幼保健院健康管理中心启动。活动现场，医务人员为近百位围绝经期女性进行免费的健康体检，提供心理疏导和围绝经期症状综合评估，并针对围绝经期的各类烦恼与病症，开展保健知识宣传讲座。该项目是2022年余姚市民生实事项目，由市卫生健康局牵头，市妇幼保健院具体实施，对全市5000余名围绝经期妇女健康筛查及后续医疗干预、随访工作，项目时间跨度1年。

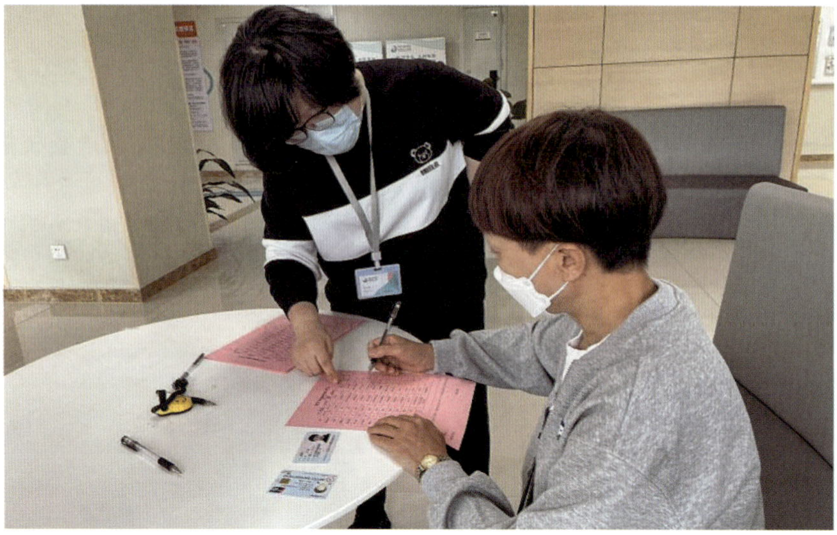

4月24日，市妇幼保健院医务人员为围绝经期女性提供免费健康体检

（市卫健局　供稿）

【2个家医团队获省“家医党员先锋团队”称号】 5月9日，浙江省基层协会公布2022年“家医党员先锋团队”“优秀家庭医生”和“优秀乡村医生”名单。市中医医院大隐分院章山村家医团队，市四院临山分院湖堤村家医团队获2022年浙江省“家医党员先锋团队”荣誉称号。

（市卫健局）

人口与家庭发展服务

【概况】 2022年，余姚市开展优化生育政策专题学习和宣传活动百余场。新建公共场所母婴室5家，建成的35家公共场所母婴室全部达到三星级以上标准。出台《推进余姚市托幼一体化服务体系建设的实施意见（试行）》，新增托位数1360个（其中普惠托位1080个），常住人口千人托位数达3.46个，实现婴幼儿照护站点乡镇（街道）基本覆盖。开展120场“幼有所育”养育照护小组活动。开展计生特殊家庭独居老人“一键探视”试点工作。低塘街道、马渚镇、丈亭镇3家中心卫生院新纳入“医养结合”试点单位，探索“医、养、护”融合式基层健康养老模式，巩固“医养小屋”建设成果。

【首批一键探视独居老人一键探视管理系统安装完成】 10月底，余姚市首批计生特殊家庭32户完成“独居老人一键探视管理系统”安装。该系统由市民政局开发，通过安装智能门磁、视频监控等物联设备，实现云平台“一键探视”，第一时间掌握老人们在家中的情况，优化计生特殊家庭帮扶联系人制度，实现探视服务的闭环管理。

（市卫健局）

卫生健康资源供给

【概况】 2022年，卫生健康基础建设力度提升。余姚市第三人民医院西院区（市精神卫生中心）完成整体搬迁并启用，余姚市人民医院感染综合楼建成投用。余姚市核酸检测基地、亚定点医院市人民医院康复院区、市医共体基础设施扩面提升5个子项目等建设工程完工。余姚市第四人民医院、陆埠中心卫生院迁建工程开工。

6月15日，陆埠中心卫生院迁建工程开工仪式举行 （市卫健局 供稿）

12月23日，余姚市第四人民医院迁建工程开工仪式举行 （泗门镇 供稿）

【陆埠中心卫生院迁建工程开工】 6月15日，陆埠中心卫生院迁建工程开工仪式举行。市卫健局党委书记、局长李斌致辞，余姚市副市长林体宣布开工。陆埠中心卫生院迁建工程于1月立项，项目总用地面积16487平方米，总建筑面积13785.14平方米，绿地率30.69%，设机动车停车位204个，非机动车停车位230个，卫生院设置床位80张。

【市第三人民医院（市精神卫生中心）新院区建成投用】 6月26日，余姚市第三人民医院（市精神卫生中心）新院区建成并投入使用。该院区位于于马渚镇斗门村河东157号，总占地面积约3.4万平方米，建筑面积2.5万平方米，由门急诊、住院部、行政楼、附属用房等区域组成，核定床位250张，项目总投资约1.84亿元。该院区已开设3个普通精神科病区、1个老年精神科病区和1个康复中心，其中老年精神科病区主要为全市失智失能的阿尔茨海默病患者及其他老年性精神障碍疾病患者提供诊疗及护理服务。

【市第四人民医院迁建工程开工仪式举行】 12月23日，余姚市第四人民医院迁建工程开工仪式在泗门镇举行。余姚市委书记傅贵荣宣布开工。余姚市委常委、常务副市长曹敬之主持开工仪式。宁波市医疗中心李惠利、医院党委书记柯春海、副院长汪闻夕，余姚市领导张明、郑利刚、林体、朱卫东等出席。余姚市第四人民医院迁建工程位于泗门镇水阁周村，总投资约8亿元，总用地面积约71184平方米（约合105.78亩），总建筑面积约10万平方米，设计床位数600张，包括新建门诊楼、医技楼、住院楼、发热门诊楼、肠道门诊楼等，同时配套建设相关附属设施等。

（市卫健局）

社会生活

居民生活

【概况】 2022年，余姚市居民人均可支配收入65773元，比上年增长3.8%。其中，城镇居民人均可支配收入73749元，增长3.1%；农村居民人均可支配收入45665元，增长5.2%，城乡居民人均可支配收入比为1.62，较宁波低0.07个百分点、较全省低0.28个百分点。全年全市城镇居民人均生活消费支出46729元，增长5.1%，农村居民人均生活消费支出31338元，增长7.0%。

2022年城乡居民人均可支配收入情况表（按收入种类）

表6　　单位：元、%

指标名称	城镇居民人均可支配收入		农村居民人均可支配收入	
	本期	增速	本期	增速
（一）工资性收入	39813	2.7	28209	4.6
（二）经营净收入	13957	3.2	10701	6.2
（三）财产净收入	10898	4.6	1040	6.1
（四）转移净收入	9081	3.0	5715	5.9
合计	73749	3.1	45665	5.2

2022年城乡居民人均可支配收入情况表（按季度）

表7　　单位：元、%

指标名称	城镇居民人均可支配收入		农村居民人均可支配收入	
	本期	增速	本期	增速
一季度	24190	6.1	13754	6.1
上半年	41163	4.4	24831	5.6
前三季度	59224	4.8	37949	6.2
全年	73749	3.1	45665	5.2

【保障就业稳定】 2022年，余姚市实施共同富裕就业专项行动，开展就业援助、春风行动等就业专项活动，保障就业形势稳定。推行普惠性人力资本提升，开展职业技能培训。完善青年创业创新服务体系。深入实施数字经济一号工程，打造宁波市智能公共数据平台余姚分平台。

【优化民生服务】 2022年，余姚市构建共富型大社保体系，实施社会保险“扩面提质惠民”，深入实施全民参保登记计划，实施因病致贫困难群众高额医疗费用协同化解机制，通过部门+乡镇（街道）、“三重保障+联动救助”帮扶困难群众，精准扶贫率100%。实施特困独居老人“一键探视”试点，出台《关于推进托幼一体化服务体系建设的实施意见（试行）》，实体建设县级托育综合服务中心。制定《医共体牵头医院下沉四明山区域基层分院工作方案》，山区8个乡镇（街道）卫技人员下沉力度提升。

【缩小城乡差距】 2022年，余姚市推动四明山革命老区跨越式发展，制定《余姚市深入贯彻习近平总书记重要回信精神加快打造四明山革命老区新时代共同富裕样板区行动方案》，强化休闲旅游产业整体谋划，启动编制《四明山旅游专项规划》。实施四明山区域生态发展项目，推进未来社区（乡村）建设，横坎头村（横坎头片区）列为全省首批36个未来乡村之一，横坎头村（横坎头片区）“一老一小”特色场景入选省首批共富基本单元。推进省级新时代乡村集成改革试点，数字化改革+强化富民试点入选省《强村富民乡村集成改革实践试点名单》，城乡居民收入比缩小至1.62，比全省收入比低0.28，比宁波市收入比低0.07。

（市发改局）

社会救助

【概况】 2022年，余姚市在册低保对象6562户、8267名，全年发放低保金9557.04万元，同比增长14.03%。在册特困供养人员664名，发放特困供养人员基本生活费1196.32万元、照料护理费333.54万元，同比增长21%。累计发放临时救助资金、住房助学资金、物价补贴、困难群众一次性生活补贴、元旦春节慰问金等合计3535.8万元。

2022年，余姚市依托“浙里办”“浙里救”等平台推行社会救助对象线上动态管理与事项全流程线上办理。实现社会救助对象线上入户调查8733户，线上探访关爱42072户。上线余姚市智慧社会救助服务联合体，同步上线服务项目26个，应用“幸福码”探访关爱率达100%，“幸福清单”送达率达100%，切实解决好困难群众的“燃眉之急”。

【城乡居民最低生活保障标准提升】 7月1日，城乡居民最低生活保障标准由原来的月人均1005元提高至月人均1181元，达到年人均14172元，实现特困供养人员基本生活标准与最低生活保障标准挂钩，按最低生活保障标准的1.7倍执行。

10月，“爱进千家门”主题服务活动为群众免费照相

（市民政局　供稿）

【“爱进千家门”主题服务活动举行】 10月，“爱进千家门”主题服务活动举行，活动由余姚市智慧救助服务联合体组织实施，为困难群众提供免费理发、免费照相、免费洗晒等服务，累计服务困难群众1000余户。余姚市智慧救助服务联合体是一个通过整合部门资源和社会帮扶资源构建的救助帮扶力量一体化联动体系，旨在有效打通困难群众“需求清单”和政府、社会“服务清单”的对接通道，实现社会救助线上线下“一站式”救助服务。

（市民政局）

社会福利

【概况】 2022年，余姚市为困难儿童发放基本生活保障金779.2万元，为社会散居孤儿发放基本生活保障金34.4万元，为机构孤儿按标准提供了基本生活保障。出台乡镇（街道）未成年人保护工作站建设指引，实现乡镇（街道）未成年人保护工作站全覆盖。

2022年，余姚市残疾人两项补贴工作由市民政局负责，涉及13875名残疾人护理补贴人员和7584名困难残疾人生活补贴人员。对因收入、财产超标等原因不符合省政策规定享受条件的2158名残疾人进行了退保处理，月涉及资金约215万元。

【困难儿童生活补助标准提高】 4月1日，余姚市困难儿童月人均标准提高至2419元，社会散居孤儿、机构孤儿月人均标准提高至3024元。

（市民政局）

社会组织管理

【概况】 2022年，余姚市落实“三个同步”，即社会组织登记与党组织组建同步审批、社会组织自身建设与党组织建设同步年检、社会组织作用发挥与党组织活动开展同步评估。举行2022年“红社领航·益心向党”社会组织党员公益日活动。余姚市社会组织服务平台“余姚公益场”招募入驻团队27家。

截至2022年底，余姚市累计建立法人登记街镇级社会组织服务平台21家，社区（村）社会组织服务平台305家，覆盖率100%。完成1112家社会组织年检。二是开展社会组织违规命名清理整顿行动，2家社会组织更名，取消使用“大学”“学院”字样。开展存量“僵尸型”组织专项整治行动，3家组织完成注销登记，2家组织落实整改，

6月30日，“红社领航 益心向党”泗门镇社工站启动仪式暨社会组织党员公益日启动仪式举行（泗门镇 供稿）

多个组织执行撤销手续。开展社会团体分支（代表）机构专项整治行动，涉及机构257家。开展社会服务机构非营利监管专项行动，监管机构861家。

2022年，余姚市新建成10家乡镇（街道）社会工作站，乡镇（街道）级社会工作站累计达到21家，实现乡镇（街道）“全覆盖”。新成立专业社会工作服务机构2家，培育市级社会工作督导14名。2022年度全国社会工作者职业水平考试，余姚市报考2400余人，通过420人。

【“红社领航·益心向党”2022年余姚市社会组织党员公益日活动暨全市“一站双中心”现场会举行】 6月30日，“红社领航·益心向党”2022年余姚市社会组织党员公益日活动暨全市“一站双中心”现场会在泗门镇举行。宁波市民政局副局长邬骏跃，余姚市副市长董盛益，余姚市民政局党组书记、局长茅建刚，泗门镇党委副书记、镇长冯彦增，余姚市民政局党组副书记、副局长吴旭翡出席，余姚市各乡镇（街道）民政工作分管领导、社会事务办负责人以及社会组织（党员）代表等参加。活动现场同步举行了余姚市“一站双中心”现场会，泗门镇社会工作站正式启动，会上泗门镇党委委员徐志军作泗门镇“一站双中心”建设经验分享。

（市民政局）

专项社会事务

【地名管理】 2022年，余姚市出台《余姚市关于开展城市道路名称统一试点工作实施方案》，落实凤山街道试点，将皇山桥路改名为星光路。协助做好《浙江省标准地名志》相关资料收集，涉及信息1312条。

【婚姻登记收养】 2022年，余姚市共办理结婚登记5288对，离婚登记1099对，办理收养登记10件，解除收养登记2件。成立6个巡回补证工作小组，设置临时补证服务点310个，发放补证宣传单30万份，补发婚姻登记证115717件，补办结婚登记492对，全部生成电子证照，完成集中补领婚姻登记证工作，参与工作人员、志愿者2000余人次。补发婚姻登记证总数占同期宁波市补证总数的59.8%。

【殡葬管理】 2022年，余姚市节地生态安葬率72.3%。选取阳明街道群立村生态墓园作为省级节地生态安葬示范点创建点。

【水库移民安置】 2022年，余姚市完成大隐镇章山村移民集中安置社区治理工作，该项工作为浙江省移民办试点任务。发放移民个人直补资金924.24万元。完成46个大中（小）型水库后期扶持项目，下拨移民资金2068万元。

（市民政局）

流动人口服务与管理

【概况】 截至2022年底，全市共有登记的流动人口62.8万人，比2021年底减少6.19万人。其中，成人54.86万人、儿童7.94万人。发放“浙江省流动人口居住证”1.65万件，累计达到19.7万件。出租房屋登记累计12.98万户、53.04万间。

2022年，余姚市出台《关于印发余姚市新市民量化积分管理的实施意见》。完成量化积分平台从各县（市）平台向宁波统一平台的切换工作。全年共审核流动人口积分申请1.3万人，审核事项7.2万项。为1.28万名外来流动人口子女入学提供量化积分，为4300余人提供新市民积分贷积分等。

2022年，余姚市做好“姚居码”居住信息申报、居住证申请、找工作、网格信息报送等模块数据核查工作。开发“姚安宝”出租房屋职能管理驾驶舱，对房屋出租实施全流程、闭环式、数字化智慧监管。开展出租房排查整治行动，排查并整改各类安全隐患点2万余处，共查处出租房违规租赁案件6起、拘留6人，查处车棚车库违规出租居住案件5起、罚款2.5万元。对519名不按规定申报流动人口信息出租房房东进行治安处罚。流动人口居住登记率、登记信息准确率、居住出租房屋登记率均达到100%。

2022年，余姚市开展就业援助月、春风行动、金秋招聘月、就业援助暖心活动等就业专项活动。举办人力资源市场线上线下交流洽谈会183场，参与用人单位2548家，提供岗位63460个，交流人数5035人次，线上浏览343378人次，有4174人与用人单位初步达成求职意向。推广“灵活保”，印发宣传手册，参保人数达到23411人。

2022年，余姚市招录流动人口子女人数12811人，累计有流动人口子女义务段教育学生58607人，占全市总人数的55.5%，公办学校接纳率为98%。撤并民办随迁子女学校8所，民办随迁子女学校转公办5所。全市出生流动儿童5726人，在册管理的7岁及7岁以下流动儿童达54443人，其中疫苗接种“五苗”（乙肝疫苗、卡介苗、脊髓灰质炎疫苗、百白破疫苗、麻疹疫苗）覆盖5638人，覆盖率98.46%；“七苗”（卡介苗、乙肝疫苗、麻疹疫苗、脊髓灰质炎疫苗、百白破疫苗、流脑疫苗、乙脑疫苗）覆盖5379人，覆盖率93.94%。宣传干预流动人口艾滋病12.77万人次，开展HIV检测6143人，免费发放宣传资料、宣传品108512份。

2022年，“余姚新市民”公众号粉丝量5.6万人，同比增长27.28%。全年推送图文504篇，累计阅读量55.2万人次，转发分享13071人次，留言1921条。答复流动人口政策咨询件30余件、来电来访1000多人次。将流动人口量化积分与“道德银行”平台对接，建立新市民信用评价体系，积分挂钩贷款额度、贷款利率。“新市民积分贷”签约4308户、金额8.71亿元，发放贷款2479户、金额5.59亿元。

【新市民量化积分管理的实施意见出台】 12月30日，《关于印发余姚市新市民量化积分管理的实施意见》印发，对原余姚市流动人口量化积分申评办法进行优化，明确了本意见所指新市民界定为在余姚市行政区域内居住、工作，并持有有效《浙江省居住证》（以下简称《居住证》）的人员，以及符合省内居住证和积分互认条件的人员。新市民量化积分管理是指以《居住证》为载体，通过设置积分指标体系，将新市民个人情况、实际贡献等转化为相应分值，积分达到一定分值，可以按相关规定享受余姚市提供的相应公共服务待遇。积分指标由省级共性指标、宁波市级共性指标和余姚市个性指标共27项目组成，总分值300分。其中省级共性指标分值100分，宁波市级共性指标分值150分，余姚市个性指标分值50分。

（市流管办）

退役军人事务

【概况】 2022年，余姚市完成省级双拥模范城创建届中考评工作。60周岁以上农村籍退役士兵老年生活补助发放人数达到8537人，共发放资金2960万元。重点优抚对象抚恤补助标准调整提升10%。残疾抚恤金较2021年提升22%，优抚对象医疗补助金发放76万元、死亡补助金发放128万元、生活困难补助金发放29万元，物价补贴金发放770万余元。全年完成退役军人建档立卡信息更新维护、优待证申领信息录入工作，审核通过率超99%。全市评选出各个领域具有代表性的一百位“最美”退役军人和拥军人物，在《余姚日报》开设“军民鱼水情”专栏宣传。军嫂李娟入选浙江省最美拥军人物，杨业浩等多人获得宁波市“十佳”兵支书、“十佳”轮值站长、“十佳”志愿者等称号。“热血铸军魂 兵心永向党”庆祝建军95周年暨首届“十最百美”最美退役军人系列颁奖仪式举行。浙里办“崇军在线”平台完成“老兵码”赋码28411人，登录占比62%，为退役军人免除公交费用35万人次。

截至2022年底，余姚市“崇军联盟”成员单位发展至280余家，涵盖商贸商超、餐饮娱乐、医疗康养、交通物流、文化旅游、金融保险、教育培训、咨询服务等多个领域。打造众安崇军商圈，成员单位108家。“余你同行”志愿服务品牌实现全市村（社区）退役军人志愿服务队全覆盖，其中余姚“战狼”救援队、余姚四明红心志愿服务队和余姚老兵志愿服务队等纳入宁波市品牌体系，全年开展各类志愿活动2500余次，累计服务2.3万余人次。

2022年，余姚市退役军人服务站在313个村（社区）实现全覆盖。以河姆渡镇为模板创建乡镇（街道）级“枫桥式”退役军人服务站13个，以翁方村为模板创建村（社区）级“枫桥式”退役军人服务站21个，创建村（社区）级“示范型”退役军人服务站95个。推选村（社区）优秀退役军人2005人担任“轮值站长”，承担日常接待、组织活动、志愿服务、走访帮扶等工作。

2022年，余姚市依托全国优抚系统、建档立卡与优待证申领系统，采集和更新在册退役军人、残疾军人、“三红三属”等服务对象基本信息，开展数字走访、业务“智办+代办+礼办”服务。年内共开展基层走访2.34万人次，走访率达85.21%。

“余姚市退役军人就业创业平台”微信小程序发布岗位2800多个，涵盖建筑、家电生产、家装建材、数码产品、教育、科技、公共事业等领域，浏览点击量2.9万余次，带动就业686人次。召开退役军人专场招聘会2场，56家企业提供了岗位627个，200余人达成初步就业意向。指导退役军人退税163人次，共158万元。发放退役军人创业优惠政策汇编1.5万余本，推出退役军人专属信贷业务。全年接收自主就业退役士兵200余人，移交军休干部1人、军休士官1人。完成3名军转干部、12名退役士兵工作安排和3名随军家属安置工作。完成全市16名军休干部电子建档，为军休干部提供订单式服务157人次，为有困难的军休干部提供上门配菜送餐药服务21次。全年累计走访慰问军休干部及遗属等114人次，发放节日慰问物品、慰问金19.77万元。

2022年，余姚市四明山革命烈士纪念碑园区入选“浙江省英烈文化思政课教学实践基地”。余姚市投入2000万元，启动对四明山革命烈士纪念碑园区提质改造，全年共接待祭扫人员1560批次17885人次。余姚英烈网进一步建设完善，1.2万人次通过网络祭扫英烈。投入100万元完成胜归山烈士陵园提质改造和陈列室的维修加固布展工作。余姚市本级及各乡镇（街道）累计投入资金275万余元，对12处零散烈士纪念设施进行了整理修缮。完成76穴未确定保护组训烈士墓迁移工作，均集中到烈士陵园或集中安葬点。

【迎接零散烈士纪念设施整修情况验收】 5月26日，宁波市退役军人事务局党组成员、二级巡视员陈建涛带领宁波市退役军人事务局、宁波市财政局相关工作人员，对余姚市县级以下烈士纪念设施整修工程进行督导检查和验收。余姚市退役军人事务局党组书记、局长柳雅敏陪同。检查组一行听取了零散烈士纪念设施整修工程情况汇报，调阅查看了相关台账资料，到胜归山烈士陵园、泗门镇沙堰头革命烈士陵园和丈亭镇卓新民烈士纪念碑进行检查。

【余姚市众安崇军商圈启动仪式举行】 6月8日上午，余姚市“姚城共富・老兵先行”主题活动暨众安崇军商圈启动仪式在众安时代广场举行，宁波市退役军人事务局党组成员、副局长许旭军，余姚市委常委、人武部政委林振宇，余姚市人民政府副市长董盛益，余姚市退役军人事务局局长柳雅敏等出席活动。在活动现场，许旭军宣布余姚市众安崇军商圈正式启动。柳雅敏与众安时代广场总经理范立伟签订战略合作协议并授牌。林振宇和柳雅敏一起为众安崇军商圈成员单位代表授牌。启动仪式结束后，与会人员一起参观了众安崇军商圈。

6月8日，余姚市众安崇军商圈成员单位代表授牌

（市退役军人事务局　供稿）

【宁波市退役军人就业创业工作会议暨“三兵”服务体系建设现场推进会在余姚召开】 6月24日上午，宁波市退役军人就业创业工作会议暨“三兵”服务体系建设现场推进会在余姚召开。宁波市退役军人事务局党组副书记、副局长陈水良出席会议，各区（县、市）、宁波前湾新区、宁波高新区退役军人事务部门分管领导、业务科室负责人参加会议。与会人员参观了余姚市退役军人就业创业“三兵”服务体系建设试点单位——泗门镇退役军人服务站，并听取了泗门镇退役军人服务站就业创业“三兵”服务体系建设情况经验介绍，观看成果展示。会上，宁波市退役军人事务局传达国家、省、宁波市关于就业工作、经济工作的重要会议精神。余姚、奉化、北仑三地分别就“三兵”服务体系建设、市区共建军创园建设及“高质量就业e路通”数字化建设作了交流发言。

7月27日，余姚市庆祝建军95周年暨首届“十最百美”最美退役军人系列颁奖仪式举行

（市退役军人事务局　供稿）

【余姚市庆祝建军95周年暨首届“十最百美”最美退役军人系列颁奖仪式举行】 7月27日晚，“热血铸军魂 兵心永向党”——余姚市庆祝建军95周年暨首届“十最百美”最美退役军人系列颁奖仪式在龙山剧院举行。宁波市退役军人事务局党组书记、局长范焕平，中共余姚市委书记傅贵荣出席仪式并讲话。宁波市退役军人事务局党组成员、二级巡视员陈建涛，驻姚部队主官和余姚市四套班子有关领导出席，余姚市首届“十最百美”

9月1日，王水铨（中排右一）向小曹娥镇人民政府捐赠了国画作品《奋斗百年路》
（市融媒体中心　供稿）

获奖人员、双拥领导小组成员、各乡镇（街道）领导和退役军人服务站工作人员等参加活动。活动现场，范焕平、傅贵荣等向获评余姚市首届“十最百美”最美退役军人系列获奖人员进行了颁奖表彰。余姚市文艺工作者现场表演了代表军旅生活和模范退役军人典型事迹创作的文艺作品。近3万名观众在网上观看了视频和图文直播。

【“重温从军路·心灵响军魂”王水铨从军档案专题展开幕】 9月1日上午，“重温从军路·心灵响军魂”王水铨从军档案专题展开幕仪式在余姚市档案馆举行。余姚市退役军人事务局党组书记、局长柳雅敏出席仪式并致辞。该专题展分激情岁月、难忘时刻、书稿记存、多彩生活这四个板块，主要为王水铨从军事迹和他向余姚市档案馆捐赠的红色藏品。王水铨1956年参军入伍，先后在舟山某部队和第二炮兵部队服役。

【余姚市退役士兵适应性培训班开班】 9月18日，余姚市退役士兵适应性培训班在梁弄镇初新营地开班，培训时间为3天。培训邀请余姚市“最美退役军人创业者”诺邦塑业总经理谢月华，“最美退役军人工作团队”众益救援队书记陆建盛分享就业故事、创业经验和公益之路。培训主要采用教练讲授与学员互动、集中授课与实地参观相结合的形式，培训内容涵盖了思想政治教育、保密知识、就业政策与就业形势宣讲、角色转换与心理调整等内容。

【崇军拥军战略合作协议签订暨崇军拥军公交专线授牌仪式举行】 11月25日，崇军拥军战略合作协议签订暨崇军拥军公交专线授牌仪式于余姚市公共交通有限公司成功举行。余姚市退役军人事务局局长、党组书记柳雅敏，余姚市公共交通有限公司总经理陆林军等出席签约授牌仪式。此次共开通3条崇军拥军公交专线，23辆公交车投入运营。

【余姚市四明山革命烈士纪念碑园区提质改造工程开工】 12月7日上午，余姚市四明山革命烈士纪念碑园区提质改造工程开工仪式举行。余姚市退役军人事务局全体班子成员，参与本次工程建设的项目管理、跟踪审计、工程监理、建设施工等单位的代表和烈管所全体职工出席。提质改造工程主要包括对有安全隐患的石砌坎拆除重建、纪念碑广场连廊重建、陈列室广场至纪念碑广场甬道及东北侧上山步道修整、纪念碑广场及周边改造、停车场及入口处进行改造升级、陈列室外墙外立面及陈列馆广场及周边绿化附属建筑进行维修和整理、陈列馆内部会议室进行加固，同时增添新挖掘发现收集整理的烈士事迹材料，重新装置布展，并增加数字化应用场景系统。工程预计到2023年6月20日完工。

（市退役军人事务局）

12月7日，余姚市四明山革命烈士纪念碑园区提质改造工程开工仪式举行
（市退役军人事务局　供稿）

养老事业

【概况】 2022年，余姚市完成5家养老机构改造升级工作，新增养老机构床位220张，累计达到5963张，平均每百名老年人拥有社会养老床位5.73张。新增持证养老护理员163人，新建认知障碍照护专区床位151张，新建康养联合体4家，实现100张床位以上的养老机构设置医疗卫生设施比例达90%以上，其余养老机构均实现与医疗卫生机构签约合作。累计开设养老护理员培训班14班次，组织667人次参加培训，培训中高级养老护理员667名，“浙里康养”平台入驻的持证养老护理员725人，每万名户籍老年人拥有29名持证养老护理员。做好老年人自理能力筛查工作，完成25万名老年人自理能力筛查工作，对21672名失能老年人实施失能等级专业评估。为145户四明山区独居老人安装智能门磁、视频监控等物联设备，做到平台在册老年人“一户一策”，实现特定老年群体生活情况可视化动态管理。在余姚市长青老年人服务有限公司建立数字化管理平台，配备11类适老化智能设备和24类智能化应用场景。

【3家养老机构入选宁波市三星级养老机构】 10月，宁波市民政局公布2022年度养老机构等级评定，宁波市共有5家机构获评三星级，其中余姚3家，分别为余姚市陆埠镇康芮家园、余姚市红日家园养老服务有限公司、余姚市泗门老年公寓。此次等级评定由宁波市民政局牵头，宁波市养老服务指导中心组织实施，围绕环境、设施设备、运营管理、服务等多个方面打分，对宁波市13家养老机构开展实地评审。

（市民政局）

关心下一代工作

【概况】 2022年，余姚市关心下一代工作委员会开展学习教育培训50余场次，参与5000余人次。“慈孝映四明”品牌被评为宁波市关心下一代工作优秀品牌。开展“清明祭英烈”和“7月党史学习月”活动，参与青少年5万余人次。举办“我在阳明故里成长”短视频创作大赛，49个作品获奖。组织全市156名“五老”宣讲员进村社、学校和企业开展红色宣讲550场次，听讲青少年2.7万人次。开展“关爱明天、普法先行”青少年普法教育活动进校园、进村社活动。开展“学雷锋”“创建全国文明典范城市”等志愿服务活动。开展孝德教育活动和青少年英才评选活动，评选小孝星、小孝星提名奖、小孝星鼓励奖各10名，孝德先进单位6个和孝德中队（团支部）11个，评选第23届青少年英才20名。共举办假日学校139所，筹集经费156.9万元，组织2000余名“五老”、大学生、社会志愿者等为1.3万余名中小学生开展教育活动1600余场次。凤山街道关工委、阳明街道关工委、泗门镇关工委获假日学校优秀组织奖。

2022年，余姚市成立市关心下一代志愿者协会银辉党支部，杨茂源被评为宁波市“最美五老”。创建阳明街道长安社区钱爷爷工作室等市级“五老工作室”16个。打造山区帮困助学爱心基地，推进“十个一”助力老区儿童成长项目，为四明山镇、大岚镇的108名学生送去爱心礼物。争取乐善公益基金会和宁波市关工委资金共23万元，启动梦麟中学“知行堂”教育基地建设，开展“送爱心礼物·读红色经典”活动。

2022年，中意宁波生态园区域开发建设指挥部关心下一代工作委员会授牌成立。建立“五老”六方联席会议制度，由市关心下一代志愿者协会、四明红心志愿服务队、老年科技工作者协会、退休教师协会、劳动模范协会、老医药卫生工作者协会6家协会（队）组成。新命名宁波市级五好基层关工委39个，余姚市五好基层关工委16个，近60%的基层关工委组织达到“五好”标准，其中小曹娥镇、黄家埠镇、大隐镇关工委的村“五好”关工委达100%。新命名余姚土布展示馆、牟山镇少年军校、朗霞街道新新公司、浙东游击根据地史迹展览馆、看云楼科举文化博物馆、四明山耕生态农场、昱立民企传承基地7家单位为余姚市关心下一代校外教育阵地。

【余姚市关心下一代云雾青少年基金成立】 3月29日，余姚市关心下一代云雾青少年基金成立。该基金由宁波市云雾塑业有限公司捐赠成立，计划每年向余姚市关心下一代志愿者协会捐赠100万元，连续捐赠3年，主要用于开展青少年助学、助困、助孤、助残、

7月5日，“余辉新苗共携手 阳明古镇欢乐游”活动举行（陈仰洲 摄）

助医及杰出青少年奖励等“五助一奖”工作。

【“余辉新苗共携手 阳明古镇欢乐游”活动举行】 7月5日，由市关工委、市委老干部局主办的“余辉新苗共携手 阳明古镇欢乐游”活动在阳明古镇举行。市人大常委会副主任、市关工委主任卢建国出席活动。活动中，“五老”志愿者带领“小孝星”“青少年英才”“新时代好少年”以及留守儿童、“小候鸟”等45名青少年代表，共同参与阳明故事会、非遗推介官、姚韵传悠扬、墨香书贤语、土话唱童谣、名邦学礼仪、渡口寻龙影、古桥集石狮、神农尝百草、文德剪初心等主题活动。

【中意宁波生态园关工委授牌成立】 9月20日，中意宁波生态园区域开发建设指挥部关心下一代工作委员会授牌成立，市关心下一代志愿者协会中意宁波生态园区域开发建设指挥部分会同步成立。余姚市领导韩柏顺、卢建国出席授牌仪式。

（市关工委）

慈善事业

【概况】 2022年，余姚市募集善款10503万元，发放救助款9491万元，有6万人（户）次困难群众得到慈善救助，413个公益项目得到帮扶。截至2022年底，累计募集善款11.91亿元，发放救助资金10.35亿元，受助困难群众72.5万人次。新建慈善冠名基金26家，基金总额2150万元，累计发展慈善冠名基金268家，基金规模3.31亿元，全年冠名基金到账2265万元。全市285个行政村（社区）建立慈善帮扶基金，年内到账基金1443万元。发放助学金383万元，资助困难学生4229人；助医8660人，资助894万元，为1000名精神病患者实施慈善施药，支出103万元；向22872户困难家庭及重大病人发放助困资金2393万元。6个慈善扶贫产业基地辐射带动200户困难群众创业脱贫，投入帮扶资金60万元。

5月10日，余姚市“慈善一日捐”动员大会召开 （市慈善总会 供稿）

【“慈善一日捐”活动举行】 4月，2022年“慈善一日捐”活动启动，市委办和市府办公布活动通知，市慈善总会发布活动公告，全市机关、企事业单位、社会团体、学校、医院、乡镇（街道）和民营企业、个体工商户等1215家单位、3.06万人次参与捐款活动，共募集善款1195万元。

【余姚市“慈善一日捐”动员大会召开】 5月10日，全市“慈善一日捐”动员大会在市会议中心二楼举行，各乡镇、街道，市直各部门负责人共150余人参加，会议由市慈善总会会长孙钜昌主持，副会长谢建明对2021年慈善一日捐活动进行总结，对2022年的“慈善一日捐”活动提出了意见。凤山街道、黄家埠镇负责人作了经验交流发言。余姚市副市长董盛益出席会议并讲话。

（市慈善总会）

街道·乡镇

凤山街道

【概况】 2022年，凤山街道辖区总面积45.5平方千米，户籍人口总户数32128户，户籍人口78899人，下辖10个村、8个社区（居委会）。规模以上工业企业总产值85.13亿元，财政总收入14.21亿元，一般公共预算收入7.46亿元。

【经济发展】 2022年，凤山街道83家规模以上工业企业实现总产值85.13亿元；利润总额7.78亿元，同比增长5.3%。规模以下样本企业主营业务收入同比增长18.4%。全年新增上市企业1家、“凤凰行动”计划申报企业2家；新认定高新技术企业13家，新入库高新技术产业投资项目4个，新增规下非目录企业24家。标准化整治“低散乱污”企业15家，淘汰落后产能企业3家；东郊工业园区成功创建为“宁波市污水零直排工业园区”。

2022年，凤山街道限额以上社会消费品零售总额10.64亿元，同比增长16.5%；限额以上餐饮业营业额1.22亿元，同比增长15.5%；其他营利性服务业营业收入7.74亿元，同比增长58.3%。“新城之光·华润五彩城”特色街区改造项目完成，嘉悦广场“带梦胡同”青年社区项目落地实施，文山创意广场特色街区项目进入设计阶段。

2022年，凤山街道引进余姚市外资金6.5亿元，宁波市外资金6.5亿元；引入浙商创业创新资金6.5亿元，超额76%完成全年任务。新增固定资产投资项目13个，计划总投资9.55亿元；全年完成固定资产投资5.22亿元，其中工业投资4.7亿元。引进浙江联达人力资源项目、杭州博暖智慧养老院项目等多个现代服务业项目，对接华侨城文旅项目。

2022年，凤山街道实现村级集体经济总收入9800余万元，其中经营性收入5500万元，同比增长13%；蜀山村、九垒山村农村公益事业奖补项目完工。

【城镇建设】 2022年，凤山街道新启动辖区征迁项目5个，实施延续项目3个，共完成签约户数300户，涉及面积14.6万平方米。其中剑江村严家道地区块、九垒山村原砖瓦厂东侧区块和皇山桥村城中村改造区块（集拆部分）等3个延续项目完成“清零”；剑江村射龟桥上畈自然村地块签约率达95.9%，北环路道路改建工程（中山北路至中江）签约率超90%。处置违法建筑27万平方米。

2022年，凤山街道落实姚江流域水环境综合整治三年行动计划，推进永丰村、同光村、胜一村农村生活污水治理工程。实施新一轮老小区改造工程，扩面无物业管理小区改造维护，完成自建房安全隐患大排查大整治。实施“1+N+X”微闭环管理机制，开展市容环境专项整治40余次，协调解决城乡基础设施问题20余个，组织新时代文明实践志愿服务活动150余次，“随手公益”e起来经验做法获评余姚市文明城市创建年度“十佳工作案例”。

【平安综治】 2022年，凤山街道有力应对“轩岚诺”“梅花”台风。推进智慧化监管和重点领域专项整治，累计整改消防隐患817处、高危场景隐患32处、道路隐患点位58个。

2022年，凤山街道细化基层治理

10月13日，“民主议事堂”凤山街道城中村改造民主监督协商会议召开

1月，凤山街道城市共享舞台举行学习党的十九届六中全会精神文艺党课活动
（凤山街道　供稿）

单元，整合划分基础网格168个、“微网格”891个，全年上报处置各类事件32000余件，办结率达100%。“四平台”迭代升级，推进“大综合一体化”综合行政执法改革，累计开展重大专项问题联合会商45次、联合执法38次，解决历史遗留等复杂问题7个。办理各类信访等事项2500余件，群众满意率达95%以上。

【社会事业】 2022年，凤山街道推进东城社区、子陵社区融合型大社区大单元建设，完善社区“大党委”制，探索打造“居民会客厅”“社区食堂”“共富工坊”。东江社区省级未来社区创建项目方案通过评审并完成前期准备。

2022年，北师大余姚实验学校建成投用，阳明小学改造工程竣工，凤山小学二期扩建工程开工建设。推进蓝天学校民转公工作，提高公办幼儿园招生覆盖率。子陵中学44人考入余姚中学，凤山实验幼儿园与宁波幼儿师范高等专科学校挂牌合作办园。

2022年，凤山街道继续拓展家庭医生与“共享药房”智慧医疗服务项目。开展爱国卫生运动和健康宣教普及。

2022年，凤山街道推动政务2.0系统向村级延伸，实现政务服务自助终端24小时对外服务。切实提升社保、医保覆盖面，养老保险参保率达到99.47%，医疗保险参保率达到99.50%。

2022年，凤山街道做好“德润凤山”“书韵凤山”“放歌凤山”工作品牌。提升农村文化礼堂、“一人一艺”服务共同体建设水平，剑江村两美书屋入选宁波市首批农家书屋示范点，吾乐雅苑入选宁波市首批“一人一艺”新空间，辖区“十五分钟文化圈”形成。

【党建工作】 2022年，凤山街道开展“六星争创”行动，众安时代广场商圈、穴湖村杨梅产业、剑江村“爱之家”党建联建中心正式运作。建成街道级“甬爱E家”站点3个。成立重点项目临时党支部5个，“七张问题清单”问题实现清零。

2022年，凤山街道开展党的二十大精神学习宣传贯彻活动，实行“领导带头讲、中层示范讲、党员一线讲”宣讲制度。举办共同富裕主题培训班15期，培训党员干部6000余人次。实施村（居、社区）书记“领头雁”工程，建立月度工作交流制度。街道党工委专题研究全面从严治党工作2次，开展廉政教育3次，处置问题线索28件次，对违纪违法党员立案20件。全年完成各类审计项目85个，总审计金额61370.09万元，查出违规金额430.67万元，核减工程款323.51万元。

【“余你一起·留姚过年”活动举行】 1月20日上午，“余你一起·留姚过年”活动在锦湖华庭小区广场举行。活动由凤山街道侨联主办，主要面向留在余姚过年的街道环卫工人，凤山环卫所项目部员工代表参加。活动中，凤山街道侨联代表宣读了《余姚市侨界人士助力共同富裕倡议书》。“侨爱凤山”合唱团献唱了《四渡赤水》《天边的雪莲花》《草原上不落的太阳》等歌曲。

12月7日，“回首来时路，奋进新征程”老辰光博物馆开馆仪式举行
（凤山街道　供稿）

【凤山街道党的二十大精神专题学习会举行】 10月26日，凤山街道“周二夜学”暨党的二十大精神专题学习会举行，街道全体机关干部参加。会上，与会人员观看了“为全面建设社会主义现代化国家而团结奋斗——党的二十大精神主题宣讲”视频，视频由省十大（基层）优秀宣讲员、省基层宣讲名师赵永焕主讲。

【“回首来时路，奋进新征程”老辰光博物馆开馆仪式举行】 12月7日下午，由余姚市委网信办和凤山街道联合举办的“回首来时路，奋进新征程”老辰光博物馆开馆仪式在凤山街道“一人一艺”新空间吾乐雅苑共享大厅举行。市委网信办专职副主任袁成、凤山街道党工委委员徐晓飞、市社科联秘书长谢建龙、余姚市摄影家协会主席黄孟丹出席活动。博物馆展出的物件由市委网信办通过线上形式征集得到，共计600余件老物件，包括凤凰牌自行车、老式缝纫机、收音机、电视机等，展出活动持续至12月21日。同时，活动中还进行了评奖，共有3人获得一等奖、5人获得二等奖、10人获得三等奖。袁成、徐晓飞、谢建龙、黄孟丹为获奖人员颁奖。

（凤山街道）

2022年度凤山街道各行政村（居委会、社区）基本情况表

表8

行政村（居委会、社区）	面积（平方千米）	户数（户）	人口数（人）	集体经济收入（万元）	集体经济总支出（万元）	总资产（万元）
永丰村	4.7	3026	8028	1895.68	256.23	23134.29
五星村	3.2	1923	4636	615.55	234.48	5354.50
剑江村	3.4	1540	4066	939.84	110.51	12218.47
蜀山村	3.6	1365	3445	389.72	191.45	7177.33
同光村	4.5	1336	3445	675.35	117.98	4281.17
九垒山村	3.0	750	1783	138.93	93.33	2850.40
皇山桥村	2.5	669	1770	714.93	79.66	13245.59
双河村	6.9	2342	6809	2046.84	159.62	21847.72
穴湖村	3.8	1193	3018	897.20	211.87	7573.28
胜一村	3.0	1706	4625	1354.56	63.27	8976.99
阳明东路居委会	0.01	323	837	207.83	33.03	2676.51
凤山社区	1.3	2991	8814	—	—	—
嵩园街社区	0.7	2801	5919	—	—	—
宪卿第社区	0.5	1205	2845	—	—	—
子陵社区	2.0	1178	2994	—	—	—
季卫桥社区	0.8	885	2271	—	—	—
东江社区	0.5	2351	5992	—	—	—
东城社区	1.1	2733	6622	—	—	—

阳明街道

【概况】 阳明街道位于余姚城区西北部，行政区划面积53.57平方千米。下辖17个村、9个社区、2个合作社、2个居委会，总人口18.4万人，其中户籍人口8.9万人，外来人口9.5万人。2022年，阳明街道实现财政总收入29.3亿元，与2021年基本保持持平；一般公共预算收入14.7亿元，同比增长2.8%。

【经济发展】 2022年，阳明街道实现规模以上工业总产值485.2亿元，规模以上工业利润总额51亿元；全年完成全社会固定资产投资23亿元，同比增长9.1%，其中工业投资投入达22.6亿元，同比增长11.6%。全年实现社会消费品零售总额82.5亿元，同比增长1.9%，限额以上批发、零售销售额64.1亿元，同比增长27%。推进以“一镇、两园”为主的产业转型升级，智能光电小镇全年实现总产出206亿元；阳明188电商园引进“亮剑”项目打造电商品牌直播平台，全年实现限额以

上电子商务销售额5.6亿元，同比增长37%；阳明智慧城小微园开园运营，入驻企业35家，全年完成工业总产值4亿元。

2022年，阳明街道开展招商洽谈活动40余场，投资4.2亿元的汽车城一期项目启动建设，投资1.5亿元的伟盟达智能装备有限公司落户，全年实现市外实到资金5.5亿元。实施重大投资和智能化改造项目15个，总投入6.2亿元；实施重点数字化转型项目入库培育12个，实现数字经济核心产业制造业增加值50亿元，占全市比例41.6%，舜宇光电获宁波唯一一家省级"数字工厂"标杆认定类企业。新增高新技术企业18家，新纳入高企培育库11家，申报国科小、省科小企业分别为53家、29家，新增规模以上企业16家，新培育国家专精特新"小巨人"企业1家，宁波市专精特新中小企业7家，宁波市单项冠军重点（潜力型）培育企业4家。

【城镇建设】 2022年，阳明街道推进"拆迁清零""拆违治乱"百日攻坚行动，小微园区二期、丰乐钱家桥区块、富达幼儿园南侧等6个拆迁区块清零；拆除存量违章建筑25.02万平方米，超额11%完成全年任务。富南二、四等老小区改造完成，总投资1.4亿元；推进庙弄村城中村梳理式改造，总投资2700万元；"水韵之旅"城乡康庄路和"余慈融合"发展线两条精品线路打造完成，总投资3300万元。推进中江、西江部分堤防加固工程、鲤鱼山公园、富北"未来社区"建设等工程，新城市社区纳入省城乡现代社区宁波示范观察点。

【社会事业】 2022年，阳明街道投入4000万元完善教育网点布局，新桥小学和康山小学完成撤并，知行小学一期建成投用，群立学校等3所民办学校"转公"，舜水幼儿园完成省一级复评；社区卫生服务分中心启用运行，总投资2400万元，家庭医生签约率达75%以上。2022年，发放救济补助资金830余万元，惠及4300余人。完成姚驾桥、旗山等2家居家养老服务站AA级改造。天一甬宁保参保4.6万余人次。处置劳动纠纷案件175件。《阳明史脉》编辑小组座谈会和礼贤仪式举行。《王阳明的故事》微电影完成两集拍摄。

【平安综治】 2022年，阳明街道受理各类信访件3428件，化解信访积案7件。扩充全域网格体系，至2022年年底共有204个网格和1018个微网格，受理处置三级以上事件4216件。推进行政执法改革，开展联合执法行动20余次，处置网格执法事件359件。

【生态环境建设】 2022年，阳明街道推进"五水共治"，整治"低散乱污"企业20家，600余家企业签订固（危）废转运协议，方桥、康山2个园区创建成为污水零直排区，18家企事业单位完成截污纳管改造，完成环保督察问题整改和"甬有碧水"考核目标，获评省"五水共治"（河长制）工作考核优秀街道和宁波"五水共治"示范乡镇街道。潘巷废弃山塘整治工程基本完工，华家山、梁堰龙王堂废弃矿山通过省级"绿色矿山"认定。开展"一扫七治"百日攻坚行动，整治问题点位1363个，17个村实现农村一体化保洁全覆盖，7个城中村完成垃圾分类撤桶并点。

【党建工作】 2022年，阳明街道以姚剧新编、网络宣讲等形式，开展党的二十大精神宣讲活动136场次，受众超过10万人。选派47名干部到抗疫隔离点、重点开发指挥部历练；完成辖区154个"两新"党组织换届工作，建成19家六星"两新"党组织；"甬爱E家"站点实现社区全覆盖；强化"微格红哨"品牌，完成小区党建和物业党建全覆盖。

【市政协"民情议事堂"建设现场推进会召开】 5月12日，市政协"民情议事堂·民情诊所"微信小程序上线仪式暨"民情议事堂"建设现场推进会在阳明街道召开。会前，与会人员视察了阳明街道新城市社区"民生议事堂"、余姚电商园"民生议事堂"及阳明街道"民生议事堂"工作室的建设情况。会上，举行了"民生议事堂·民情诊所"微信小程序上线仪式，向受聘的"民情医生"颁发了证书，阳明街道党工委书记沈小坤到会致辞。市政协主席陈长锋出席并讲话。

【"'朝阳'青年之家"启动仪式举行】 8月26日下午，以"青年之家·有'知'有味"为主题的"'朝阳'青年之家"启动仪式在肯德基余姚朴石翰府餐厅举行。余姚团市委书记戚劲杉与

5月12日，市政协"民生议事堂·民情诊所"微信小程序上线仪式暨"民生议事堂"建设现场推进会召开　（阳明街道　供稿）

8 月 26 日，“‘朝阳’青年之家”落户肯德基余姚朴石翰府餐厅

（阳明街道　供稿）

肯德基代表共同为“‘朝阳’青年之家”揭牌。在启动仪式现场，老师向参加仪式的中小学生讲解王阳明先生勤学立志的故事，并带领体验活字印刷手工制作。当天，主题餐厅开放后厨，向青少年提供零距离的参观教学。

【数智生活直播基地成立暨余姚优品展示中心开馆仪式举行】 10月26日上午，数智生活直播基地在阳明电子商务产业园成立，余姚优品展示中心同时开馆。市委副书记、市长沃勇特，副市长潘健红出席。数智生活直播基地总运营面积约10000平方米，项目分二期建设，本次开馆为一期项目，包括余姚优品展示中心、网红达人直播间、商务办公区等功能区域。

【阳明街道首个“城市书房”投入使用】 10月31日，阳明街道首个“城市书房”投入使用。“城市书房”位于阳明智慧小微园区，约300平方米的空间。提供文化、企业管理、青少年读物三大类共2000多册图书。

【“此心光明”纪念王阳明诞辰550周年情景史诗演艺举行】 12月20日，“此心光明”纪念王阳明诞辰550周年情景史诗演艺在龙山剧院举行，该演出由余姚市委、市政府主办，市委宣传部和阳明街道承办，市融媒体中心执行。余姚市委常委、宣传部部长沈小贤出席。演出分为“首篇 吾性自足”“再篇 知行合一”“三篇 益信良知”“末篇 此心光明”四个篇章。该活动通过网络直播，线上线下共150万人次观看演出。

【新城市社区两家“长者食堂”揭牌】 11月10日，新城市社区两家“长者食堂”——四合院简餐和姚城饭庄揭牌。阳明街道新城市社区党委书记韩静安出席揭牌仪式。新城市社区“长者食堂”为余姚市首个整合社区辖区资源市场化运作的老年人食堂，采取市场化运作模式，由社区制订“长者食堂”规章制度，60周岁以上老年人可以享受用餐打折、送餐订餐等服务。

（阳明街道）

2022 年阳明街道各行政村（居委会、社区）基本情况表

表 9

行政村（居委会、社区）	面积（平方千米）	户数（户）	人口数（人）	集体经济收入（万元）	集体经济总支出（万元）	总资产（万元）
庙弄村	1.04	305	791	376.96	54.24	3001.86
二高村	1.28	554	1313	581.65	82.27	5963.29
丰山前村	0.89	343	898	649.64	68.65	4835.36
群立村	3.35	969	2349	641.53	137.59	4826.19
丰南村	2.84	1047	2804	497.41	149.1	8895.23
梁堰村	4.44	1584	3827	377.82	155.23	7444.04
康山村	3.50	869	2254	343.73	141.38	8440.22
畈周村	3.61	1000	2450	157.38	126.79	2670.08
旗山村	2.89	1128	2702	384.4	125.63	4710.81
北郊村	5.28	2204	5615	584.59	160.3	12730.69
潘巷村	2.47	615	1470	129.77	111.18	1955.65

续表9

行政村（居委会、社区）	面积（平方千米）	户数（户）	人口数（人）	集体经济收入（万元）	集体经济总支出（万元）	总资产（万元）
新桥村	3.67	1304	3188	338.43	164.21	6446.88
西街村	2.54	908	2483	355.19	107.87	5463.95
姚驾桥村	2.59	890	2248	214.85	107.85	1960.46
芝山村	3.39	1098	2868	284.74	123.53	2944.36
方桥村	2.08	733	2026	416.43	122.23	9108.30
丰乐村	3.94	1175	3471	209.8	148.85	4946.32
富巷居委会	1.53	671	2344	273.02	46.61	2327.76
老方桥居委会	—	497	783	—	—	—
长安社区	0.68	2772	7334	—	—	—
龙泉社区	0.67	1375	3058	—	—	—
阳明社区	0.50	1203	2775	—	—	—
舜水社区	0.39	2298	5541	—	—	—
新城市社区	0.48	2230	6053	—	—	—
胜山社区	1.10	2343	6201	—	—	—
富巷社区	0.40	2549	5951	—	—	—
锦江社区	1.14	1299	3348	—	—	—
中江社区	1.40	706	1683	—	—	—

梨洲街道

【概况】 截至2022年底，梨洲街道面积110.22平方千米，下辖7个社区，1个小区管委会，20个行政村，2个股份经济合作社。户籍人口76661人，流动人口58024人。

2022年，梨洲街道实现财政总收入10.64亿元，同比增长15.8%；实现一般公共预算收入4.22亿元，同比增长17.2%。

【经济发展】 2022年，梨洲街道完成经济开发区企业委托管理衔接，新增规模以上企业70家，全年实现工业总产值425.52亿元。完成品特汽车、广丰工贸等企业旧厂房改造审批，完成70家规模以上工业企业和326家规模以下D档企业的亩均绩效评价审核、反馈工作。落实10家企业参与用电市场化交易，25家企业进入授信额度达1.6亿元的“薪资保”企业“白名单”。

2022年，梨洲街道新增上市公司1家，宁波股权交易中心挂牌企业5家，上市后备梯队企业6家；培育国家专精特新“小巨人”企业1家，宁波市专精特新中小企业9家，余姚市级以上绿色工厂9家；入库宁波市创新型中小企业19家，高新技术企业24家，余姚市管理创新提升星级评价企业30家，“350”示范企业1家。引进中采通、姚乡宴、喜宣文化等第三产业企业，年度总营业收入超过2亿元。

2022年，梨洲街道出台粮食生产奖补政策，完成早稻种植273.67公顷、晚稻种植560.73公顷。实施8公顷耕地“非粮化”整治，变更整治村级耕地8.13公顷。成立林长制工作领导小组，抚育森林面积约27公顷，主要位于燕窝村和三溪村。缴纳政策性农房保险5.2万元，政策性农业生产保险13.9万元。完成雁湖村、章雅山、长田三村597户拆除对象的下山移民权证办理工作，办理农村宅基地不动产权证1170本。

【城镇建设】 2022年，梨洲街道推进“拆迁征收”百日攻坚行动，中山南路道路新建工程拆迁地块、巍星路西侧一期拆迁地块、三江口危旧房屋征收项目共计140户按期签约。梁周线拓宽工程拆迁项目完成“清零”。东朝街地块（含蛇山北侧）841户的入户调查和预评估完成。推进古路头及周边区块拆迁，其中古路头自然村区块签约332户，签约率96.8%；东南角区块签约130户，签约率为98.5%。完成双桥、最良、梁辉等单元的控制性详细规划局部调整，消化“批而未供”土地3.47公顷，实现低效用地再开发项目4个，共计2.73公顷。完成最良村乐蓓儿幼儿园南侧地块土地出让工作，面积0.27公顷。

2022年，梨洲街道完成黄竹线至温泉路、古乍线至上新屋新建道路建设和燕窝公路（红山桥至茭湖段）、226乡道燕窝至邵家、石公桥桥梁及延伸村道硬化、燕窝村紫龙庙阳门头村道修缮等工程。最良江北侧竹山桥段堤防加固、竹山桥环线固堤绿道改造、华狮北侧地拆迁安置房周边排水整治等工程基本完工。燕窝村大岭岗、舒家山、紫龙庙3处地质灾害隐患点治理施工工程完工。完成浒溪线梨洲段沿线整治提升、东南门户打造、金冠村旅游重点村提升、山区农产品综合加工中心等项目建设。推进梁辉水库上游综合整治、燕窝村绿色产业提升以及山区保民生补短板、雁湖村富裕富足示范线等项目。

2022年，梨洲街道7个老旧小区改造工程（2021年底项目二期）、新杜义弄29—43弄老旧小区改造和东朝街社区零星居住点改造工程，在老旧小区加装电梯3台。何胜自然村、章雅山村梳理式改造完工，茭湖村梳理式改造工程通过余姚市级验收。完成“水韵之旅”“都市融合”两条精品路线、甬梁线两侧环境整治提升工程。完成合力大厦、商会大厦及中模大厦综合体雨污水管网检测及修复工程。完成新墅村高速北侧、最良社员新村、黄箭山村新吕家污水纳管治理工程，新墅村里岙二次供水加压泵房、管道建设项目。三江口社区、雁湖村防汛防台标准化示范村（社区）创建通过宁波市级验收。

【社会事业】 2022年，梨洲街道深化“最多跑一次”改革，在街道便民服务中心大厅设置综合办理区，在南庙、新墅等村级便民中心设置了24小时综合自助服务终端机。三江口社区未来社区创建实施一体化方案编制完成。实验二小南校区新建工程和街道卫生服务中心南中心第一阶段附属用房新建工程建设完工，实验一小扩容改造工程有序推进。完成工业幼儿园姚江怡景园区公立化工作。向60周岁以上老年人群及低保户等发放防疫健康包2万余份。

【平安综治】 2022年，梨洲街道受理各类矛盾纠纷1126起，调解成功1125起，矛盾纠纷调处率、成功率均达到99.9%，总涉及金额1602万余元，累计处理信访件2951件，化解信访积案6起，妥善处置蓝光近2000户业主的房产交付诉求。开展“除险保安”大排查大整治，完成4888家企业的安全检查和“常普常新”工作，发现整改隐患43680条，处理安全生产违法企业25家，罚款63万元。38家企业开展安全生产标准化创建，160家企业开展安全生产社会化服务工作。

2022年，梨洲街道推进“大综合一体化”行政执法改革，成立余姚城区首个综合行政执法管理中心。拆除违章建筑149宗，涉及面积17.74万平方米，强制拆除金冠村、黄箭山村等区域违章建筑8次共计45户。

【生态环境建设】 2022年，梨洲街道全域推进垃圾分类，推行主要街区道路生活垃圾定时上门收集和平原村一体化保洁模式，51个城区小区和14个行政村28个自然村实施垃圾分类。推进10个行政村26座农村公厕的提升改造。

【党建工作】 2022年，梨洲街道落实基层党组织“第一议题”制度。全年调整村书记1人，培育16名村后备干部，新招社工37人，1人入选市“三十佳”党组织书记。推进2个“甬爱E家”站点建设。创建市“双强”党组织6个，培育六星“两新”党组织对象2个，新建基层党组织6个。通过“红色讲坛”“红领巾宣讲团”等，累计开展宣讲134场，在各级报纸、电视台刊登播出新闻190篇次。推进“翠韵梨洲”新时代文明实践线建设。竹产业文创园、竹产业文化馆及同心共富实践基地建设完成，在多元文创园成立余姚市首家“区域志愿共同体”，开展文明城市创建、疫情防控等志愿服务活动217次，参与志愿者3425人次。

【宁波市第十四次党代会精神宣讲报告会举行】 5月7日下午，宁波市第

11月18日，梨洲街道“导师帮带赛马争先”暨年轻干部风采展示活动举行

（梨洲街道　供稿）

5 月 7 日，宁波市第十四次党代会精神宣讲报告会在梨洲街道举行

（梨洲街道　供稿）

12 月 15 日，梨洲街道"最美 1+ 人"表彰暨文明创建工作推进会举行

（梨洲街道　供稿）

十四次党代会精神宣讲报告会在梨洲街道举行，宁波市委宣讲团成员、宁波市直机关党工委副书记朗客宾作题为《心怀国之大者 勇担时代重任》专题宣讲。讲座中，朗客宾围绕宁波市过去五年的工作成就和今后五年高质量发展目标路径等进行讲解。

【梨洲街道总工会第四次工会代表大会举行】 8月30日下午，梨洲街道总工会第四次工会代表大会在梨洲街道办事处附楼二楼大会议室举行。会上，梨洲街道总工会主席徐君飞代表梨洲街道总工会第三届委员会作题为《勇于担当善作为，牢记使命履职责，团结带领广大职工为建设高质量共同富裕新梨洲而努力奋斗》的工作报告，大会选举了第四届梨洲街道总工会委员、总工会主席、副主席和经费审查委员会委员、主任。

【梨洲街道"最美 1+人"表彰暨文明创建工作推进会举行】 12月15日，"最美'1+人'表彰暨文明创建工作推进会"举行，10个团队和68名个人受到表彰，其中包括最美志愿者、梨洲好人、道德模范。表彰结束后，会议传达学习了贯彻习近平总书记给"中国好人"重要回信精神，并对下步文明创建工作作出部署，对各村社区开展文明创建业务培训。

（梨洲街道）

2022 年梨洲街道各行政村（社区）基本情况表

表 10

行政村（社区）	面积（平方千米）	户数（户）	人口数（人）	集体经济总收入（万元）	集体经济总资产（万元）	总支出（万元）
黄箭山村	9.5	1768	4549	218.81	3057.76	129.65
姜家渡村	3.9	1353	3384	333.39	16609.19	107.46
竹山村	3.7	1420	3413	150.78	10987.35	115.88
明伟村	3.71	1835	4524	527.85	16534.66	223.96
新墅村	1.9	693	1760	92.19	2095.3	45.67
南庙村	1.8	783	1885	150.64	2068.56	74.98
苏家园村	9.77	1095	2955	257.43	4130.98	111.85
三溪村	11.5	1565	3980	245.66	6484.05	107.14

续表 10

行政村（社区）	面积（平方千米）	户数（户）	人口数（人）	集体经济总收入（万元）	集体经济总资产（万元）	总支出（万元）
雁湖村	10.53	1276	3066	520.74	2491.95	103.96
金冠村	4.78	574	1386	87.3	2330.56	40.72
章雅山村	3.86	406	965	87.9	1186.54	34.39
长田村	3.43	361	902	85.47	1475.07	27.21
茭湖村	4.2	656	1621	96.94	1715.65	36.97
上王岗村	6.35	813	2078	135.3	1768.3	47.01
燕窝村	7.87	819	1934	188.66	1898.16	99.35
陈洪村	6.3	570	1413	97.04	1830.62	43.42
双桥村	0.128	363	1045	95.39	1051.88	52.8
古路头村	3.5	1426	3960	314.55	8109.12	100.74
最良村	1	601	1598	306.23	3383.15	40.72
白山头村	0.61	284	776	204.86	4295.65	35.77
学弄社区	0.3335	1760	4601	—	—	—
南雷里社区	0.436	2118	4934	—	—	—
花园社区[1]	0.016	569	1116	—	—	—
三江口社区	0.25	1216	2836	—	—	—
东朝街社区	0.385	1548	4069	—	—	—
白云社区	1	3290	8688	—	—	—
汇翠社区[2]	0.3	1722	3223	—	—	—

注：1.2022年，花园社区已拆迁
　　2.汇翠社区数据包括集体户

兰江街道

【概况】 截至2022年底，兰江街道面积59.53平方千米，人口11.3万余人。下辖13个行政村和8个社区。

2022年，兰江街道全年完成财政总收入12.06亿元，完成财政总收入12.06亿元，其中一般公共预算收入6.12亿元，分别同比增长5.8%和5%，完成固定资产投资11.3亿元，同比增长38.5%。

【经济发展】 2022年，兰江街道实现规模以上工业生产、销售、利润分别为208亿元、199亿元、19亿元，其中原街道本级规上工业产值186亿元。规模以上工业增加值47.5亿元，与2021年基本持平。实现社会消费品零售额、限额以上批发零售业销售额56.5亿元、37.7亿元，同比增长分别为7.2%、6%；限额以上住宿餐饮业营业额2.9亿元，同比增长38.6%。自营进出口总额88.4亿元，增幅与2021年基本一致。

2022年，兰江街道新增国家科技型中小企业49家、省科技型中小企业28家、高新技术企业18家，实现高新技术产业增加值31亿元，同比增长1.1%，投入研发费用5.8亿元，同比增长19.4%。大连理工大学宁波研究院与佳音机电实现联合实验室共建，富诚、神通上榜浙江省高新技术企业创新能力500强，舜宇光电获宁波唯一省级“数字工厂”标杆认定类企业。三升电器、格林威尔等工业项目纳入管理系统，晟达仪器、佳音机电等重点项目开工，全年完成工业投资5.1亿元，实到外资280万美元、宁波市外内资3.2亿元、浙商创业创新资金1541万元。组织申报宁波“青年工匠”“阳明学者”“阳明蓝领”等各级先进10人。夏巷小微园区成功通过验收，60余家企业入驻投产。

2022年，兰江街道完成高标准农田建设280公顷，水稻早晚两季播种面积573.33公顷。创建无公害农产品产地8家，无公害农产品8个，建成市级农业龙头企业4家，农业加工企业6家，家庭农场8家。启动凤亭至冯村精品线路建设，冯村一期项目、凤亭村基础设施开工。新增余姚市安居示范村3个、新时代美丽乡村达标村7个、新时代美丽乡村精品村2个。完成“非粮化”整治113.33公顷。农村宅基地及住房确权发放不动产权证3576本，“产权超市”交易超过65.5万元，集体经济总收入超过100万元，集体经营性收入30万元以下村清零。

【城镇建设】2022年，兰江街道实施明圆花园等3个老旧小区改造和西郊村菱池片等2个城中村梳理式改造，启动拆迁项目11个，涉及面积49万平方米，其中攻坚清零6个，涉及面积23万平方米。完成“拆违治乱”整治面积22万平方米。完成万弓池路、芦家河路、庙后头路3条园区道路提升改造，总投资2000万元。优化陆家桥至高庙山、电镀厂至雁荡湖、锦凤公路西延等路网布局，建设锦凤、兰墅桥商贸综合体工程，推进石婆桥江泵闸新建、城南干渠整治、东江堤防改造和老姚江堤防加固等三防水利工程，启动冯村、笙竹、凤亭农饮水延伸项目。高速西出口一期项目实现“拿地即开工”，金舟北等地块重新调整后做好出让准备，富佳实业等公司2万余平方米老厂房完成加层改造。

【社会事业】2022年，兰江街道帮扶登记失业人员近2000人次，再就业率超70%，城乡居民医疗保险参保率达99.94%，发放救助补助资金近1000万元，创建AAA级居家养老服务中心1个，惠及80周岁以上老年人3小时居家养老服务1400余人。推进世南西路南侧保障性住房工程、兰丰苑解困房分房、公租房申请。姚江社区成功创建“省级无障碍社区”。

2022年，兰江街道投入教育事业经费2.62亿元，姚江小学南校区建成投用，肖东二小危房改造和肖东一小等12个学校暑期校园维修工程按期完成。黄山幼儿园（暂名）新建项目启动实施。

2022年，兰江街道投入卫生事业经费1500万元。积极做好疾病防控，完成重点人群结直肠癌筛查4977人次。

【平安综治】2022年，兰江街道办结网格事件3万余条，办理群众信访2939件。深入开展除险保安、电信网络诈骗和扫黑除恶专项行动，统筹推进出租房屋安全、沿街店铺燃气安全、食品安全检查等重点工作，全面落实黄山公寓等6个小区高层建筑消防安全整治，全年未发生重大事故。落实重大行政决策程序。“大综合一体化”行政执法改革承接28个条线1606项执法权下放。

【生态环境建设】2022年，兰江街道成立专班推进“一扫七治”攻坚行动，环境问题整改销号完成率100%，规范设置农村垃圾分类标准点位139处，打造3处“席地而坐”城市客厅示范区域。推进恒新、鲤鱼山两大废弃矿山和夏巷雁荡湖边坡整治工程，实施颜家江、西周畈河道清淤、郭相桥水环境治理等项目。全年整改雨污混排问题98个，完成姚江支流水质“甬有碧水”考核。

【党建工作】2022年，兰江街道办理人大代表建议4件、政协委员提案2件，民生E点通185件，主动公开政府信息436条。落实开展“五问五破走在前、五比五先争一流”作风建设专项行动，实施专项监督15次，发现问题32起，下发监督整改书5份，处置酒驾醉驾等重点领域问题线索36起，落实“廉情接访”活动48次，收集和处置廉情信息56条，进行警示教育、廉政宣讲5次。

【兰江街道第一次居民议事会会议召开】2月22日，2022年度兰江街道第一次居民议事会会议召开。街道居民议事会成员及街道班子成员、余姚市级派驻机构、街道直属部门负责人，机关各办、所、中心、有关线、群团组织负责人等邀请人员共136人参加会议。会议听取并讨论了街道办事处工作报告、人大街道工委工作报告、街道2021年度十件民生实事项目实施情况和2022年度拟实施民生实事项目建议、街道2021年财政预算执行情况和2022年财政预算（草案）的报告；书面审议了2021年环境状况和环境保护目标完成情况的报告。分组讨论后，与会议事会成员一致通过兰江街道2022年度民生实事项目票选推荐办法，并完成了兰江街道2021年度十件民生实事项目实施情况进行了满意度测评（总体评价）和兰江街道2022年度拟实施民生实事项目票选推荐。大会共征集兰江街道新一轮发展的建议意见41条。

2月22日，兰江街道第一次居民议事会会议召开　（兰江街道　供稿）

6月16日，兰江街道第六次妇女代表大会召开　（兰江街道　供稿）

7月27日，兰江街道“请你来协商·民生议事堂”活动举行　（兰江街道　供稿）

【兰江街道第六次妇女代表大会召开】 6月16日下午，兰江街道第六次妇女代表大会召开。大会选举产生了街道妇联第六届执行委员会委员、主席及副主席。会议听取并审议街道新当选的妇联主席冯央波作《巾帼建功展新姿 砥砺奋进谱新篇 为高质量发展建设共同富裕先行街道奉献力量》工作报告。街道党工委书记周烈钢到会祝贺。

【兰江街道“请你来协商·民生议事堂”活动举行】 7月27日，兰江街道“请你来协商·民生议事堂”活动举行。市政协兰江街道联络委邀请部分政协委员、相关部门和社区、物业管理企业负责人，围绕提升安置小区服务管理水平、擦亮美好家园幸福底色召开专题协商会。会上，兰江街道相关负责人通报了安置小区服务管理工作情况，物业管理企业及社区负责人分别阐述了安置小区服务管理工作中存在的困难和问题。与会委员就理顺物业与业主关系、微改造优环境、加强政策宣传引导、加大对物业的考核监督力度等建言献策。现场还举行了“协商驿站”授牌仪式。

（兰江街道）

2022年兰江街道各行政村（社区）基本情况表

表11

行政村（社区）	面积（平方千米）	户数（户）	人口数（人）	集体经济收入（万元）	集体经济总支出（万元）	总资产（万元）
沈湾村	2.81	372	1000	157.86	54.74	1036.69
夏巷村	6.9	1185	3772	1075.14	81.9	4566.81
郭相桥村	4.2	1100	3277	370.71	82.74	6100.05
筀竹村	3.2	390	1140	177.09	66.28	1613.28
凤亭村	3	893	2525	454.98	109.30	2423.49
丰杨河村	2.2	2344	3270	275.72	86.46	5140.07
冯村村	5.3	609	1900	710.33	100.14	3476.56
石婆桥村	3	1218	3422	940.93	117.67	6041.63
三凤桥村	3.5	825	3245	5754.91	82.85	15846.34
兰墅桥村	2.37	834	2972	1138	96.07	21588.16

续表 11

行政村（社区）	面积（平方千米）	户数（户）	人口数（人）	集体经济收入（万元）	集体经济总支出（万元）	总资产（万元）
磨刀桥村	1.5	476	1260	228.44	39.9	4488.41
谭家岭村	4.1	1791	4586	2305.97	82.23	11584.47
西郊村	0.43	793	2106	550.78	84.55	8267.94
江南新城社区	0.62	5207	13661	—	—	—
下菱社区	0.54	5391	8450	—	—	—
舜南社区	0.75	2906	7532	—	—	—
四明社区	0.8	5933	11970	—	—	—
蕙兰社区	0.32	4082	8865	—	—	—
锦凤社区	2.67	6971	9048	—	—	—
俞家桥社区	0.47	4907	11150	—	—	—
姚江社区	0.85	5004	7948	—	—	—

朗霞街道

【概况】 截至2022年底，朗霞街道共有16348户，户籍人口数43559人。全年完成规模以上工业总产值为115.318亿元；实现规模以上销售收入115.25亿元；实现规模以上企业利润6.42亿元；实现社会消费品零售额19.17亿元；限额以上批发零售总额23.30亿元；完成工业投资7.38亿元。完成财政总收入7.38亿元，其中一般公共预算收入4.05亿元。全年实到内资4.02亿元、浙商创业创新资金3亿元。

【经济发展】 2022年，朗霞街道完成规模以上工业企业总产值115亿元，财政总收入7.14亿元。德昌电机有限公司、浩嘉电器有限公司、中亿自动化装备有限公司等项目完成结构封顶，湛京光学仪器有限公司总投资3.75亿元光学仪器项目开工。推进“科技创新2025”重大专项，梯度培育专精特新和单项冠军企业，新增国家科技型中小企业49家、高新技术企业13家、宁波市科技型中小企业19家。推进总投资6000万元更大集团年产200万套精密轴承生产线技术改造项目。培育“华丰包装”“鲟鱼直播”等电商直播新零售企业。

【城镇建设】 2022年，朗霞街道完成春生路、朝阳路、三槐路等姚北新城配套道路建设，总投资1.7亿元政府专项债晋涵路大修工程项目开工。大河门江河道拓宽整治工程、镇西南王直江整治工程等项目完工，董家排涝站新建工程主体建设完成。

【社会事业】 2022年，总投资2.06亿元的姚北实验学校小学校区新建工程建设完工。

【平安综治】 2022年，朗霞街道受理群众各类信访1490件，信访件办结率达98.6%。优化调整基础网格78个（其中2个为专属网格），设置微网格499个。完成赋权乡镇“大综合一体化”行政执法改革试点任务。开展辖区“除险保安”及消防安全百日攻坚行动，检查1250家企业（场所）的安全生产工作，完成安全隐患整改6401条，整改率达100%。拆除违章建筑（建设）9.94万平方米，完成年度任务

2月9日，“长泠江畔醉书香”主题活动举行　　（朗霞街道　供稿）

的106.7%。

【生态环境建设】 2022年，朗霞街道集中整治329国道、余姚大道、梁周线等道路沿线乱搭建、乱设置、乱堆放及企业乱堆放、废品回收点、农田垃圾等环境卫生问题点位220个。

【党建工作】 2022年，朗霞街道落实“七张问题清单”制度，办结问题22个。强化全面从严治党主体责任和“一岗双责”职责。扎实开展“五问五破走在前、五比五先争一流”机关作风建设专项行动、“书记讲给书记听”村社党组织书记交流会，构建“赛马争先”机关干部晒业绩晒经验平台。

【“长泠江畔醉书香”主题活动举行】 2月9日，“长泠江畔醉书香”主题活动在朗霞街道综合文化站（新时代文明实践所）举行。活动分为小小图书管理员、小小朗读者、感受国粹绘扇面3个内容，来自辖区各年龄段的30名青少年参加了此次活动。

11月，“学习二十大 宣讲进万家”党的二十大精神宣讲走进崇文社区
（朗霞街道 供稿）

【“学习二十大 宣讲进万家”党的二十大精神巡讲走进崇文社区】 11月，“学习二十大 宣讲进万家”党的二十大精神首轮巡讲最后一站在朗霞街道崇文社区介眉堂举行。“姚家小姐姐”宣讲团成员鲁卓娅、朗霞“初心”宣讲团成员毛晰浦等通过讲心得感悟、讲具体事例、讲身边变化，深入浅出地向崇文社区的党员代表们传递了党的二十大精神内涵。崇文社区党员代表现场聆听宣讲。

（朗霞街道）

2022年朗霞街道各行政村（居委会）基本情况表

表12

行政村（居委会）	面积（平方千米）	户数（户）	人口数（人）	集体经济收入（万元）	集体经济总支出（万元）	总资产（万元）
新南王村	3.84	998	3138	381	293	2195.56
熊家街村	2.82	767	2058	405	381	4457.95
赵家村	3.32	960	2670	512	304	1527.97
新新村	2.59	999	2658	482	505	4319.02
天华村	5.63	1428	4168	595	556	9670.69
天中村	3.74	1021	2682	978	210	4164.16
朗霞村	3.45	1142	2959	345	268	4266.73
干家路村	3.57	1096	3068	603	359	5023.63
杨家村	3.32	972	2809	1393	593	7918.94
镇西村	2.2	910	2298	778	237	1961.02
邵巷村	2.79	921	2850	369	222	1142.71
西墟村	3.36	1105	2838	1136	277	3476.18
龙王堂村	3.25	940	2781	881	365	3504.86
朗霞居委会	—	6364	9923	—	—	—

低塘街道

【概况】 截至2022年底，低塘街道面积43.226平方千米，辖11个行政村、1个社区、2个居委会。辖区内共18230户，常住人口41487人，流动人口44271人。

2022年，低塘街道工业总产值315亿元，同比增长1.6%；规模以上工业产值86亿元，与2021年基本持平；固定资产投资7亿元，同比增长89%；工业投资6.3亿元，同比增长85%；财政总收入5.93亿元，同比减少25.23%，一般公共预算收入3.06亿元，同比减少28.73%。

【经济发展】 2022年，低塘街道高新技术投资2.37亿元，研发投入1.5亿元；新增国家级专精特新小巨人企业2家、宁波级11家、国家级科技型中小企业27家、省级18家、市高新企业8家、“小升规”16家。出台产业工人队伍建设改革实施方案，推进产业人才引育攻坚，入选市优秀中青年人才1名，引进博士1名。推进川原精工机械有限公司等15个续建项目、奥盛模具有限公司等12个“机器换人”技改项目、汇丰电器有限公司等企业信息化项目。明禾新能源科技有限公司等22个新建项目开工。开展“塘商服务月”活动，帮助企业解决土地要素保障等问题148个，兑现工贸政策奖励268万元。完成宁波市外实到内资和浙商创业创新实到资金。完成辖区百家重点企业“一对一”劳动用工体检，提出建议125条。完成农作物政策性保险和粮食种植任务。

【城镇建设】 2022年，低塘街道黄湖片区104家单位全部签约。新建老低塘中学至新堰路道路，完成主干道路两侧绿化改造、许家堰路停车场新建、道路交通信号灯更换、安全隔离软桩等市政设施建设。

【社会事业】 2022年，低塘街道向低收入农户、低保、五保对象等困难群众发放补贴1200万元。完成优待证发放任务，整修烈士墓5座。输送优质兵员10人。“小许阳光志愿助残工作室”开展特色助残服务15次，实施困难残疾人家庭“净居亮居”改造2户。指导申请个人创业担保贷款200万元。完成失业金申领250人，新增申请灵活就业补贴150人。加强劳动监察和劳动争议调处，处理劳动仲裁案78件，调解劳动争议和监察案件205件。

2022年，低塘街道配备血氧仪150个，为80周岁以上老人、低保特困户提供退烧贴、消毒用品等2100余份，发放防疫健康包1.4万余份。做好重点人群免费流感疫苗接种、妇女“两癌”筛查等，开展青少年脊柱侧弯综合防控。低塘卫生院迁建工程完成主体建设。

2022年，低塘街道建成AAA级居家养老服务中心2家、AA级中心9家、A级中心1家。截至2022年底，有老年食堂8个。实验幼儿园扩建工程完工。辖区内中考生被省一级重点中学录取14人，普高录取率超过45%。

2022年，低塘街道推进省级书香文化礼堂全覆盖试点。推进严景耀故居建设，做好《严子陵》《与你同行》等文化精品工程申报。举办第六届“千古高风·绚丽低塘”文化旅游节，组织开展“在春天，听见美好”“在夏天，遇见活力”等系列活动。完成文体中心智能健身路径提升改造。申报全域旅游点36处，创建AA级景区村6个。

【平安综治】 2022年，低塘街道受理信访件1394件，化解信访积案8件。设置基层网格75个、微网格495个，上报处置事件12803件，开展专项拉练6次。加强对社区矫正、吸毒人员、精神病人等人员管理。发挥“舜耕老娘舅调解室”作用，开展矛盾纠纷一站式多元化调处，调解纠纷300件。完成2个民兵应急排民兵编组。

2022年，低塘街道利用线上线下，深入开展网络电信诈骗、反邪教、禁毒、防溺水、交通安全等平安宣教，进村入企到校宣传27场次，设置宣传横幅海报、短视频1170条，发放资料6000余份。电信网络诈骗发案数同比减少17.8%。低塘街道食品安全委员会办公室创建为浙江省四星级食安办。

2022年，低塘街道排查喷涂、危化品、厂中厂等企业2025家次，并根据行业、风险程度进行归类建档；排摸沿街店铺1717家；排查农村自建房2.6万间；完成6426户出租房屋排查整改验收；淘汰非标电动自行车8219辆。培训企业负责人、安管员1760人次，完成企业标准化创建三级7家、四级12家。以329国道、历石线等主干道路及姚北金属材料市场、克山工业园区等区块为重点开展全域“拆违治乱”专项行动，拆除违章建筑（建设）19.41万平方米。开展变更耕地整治和卫片整治。

【生态环境建设】 2022年，低塘街道完成低塘村、镆剑山村农村生活污水处理以及黄湖工业园区、低塘集镇沿街店铺污水纳管工程，家电产业园创建为宁波市工业园区“污水零直排区”。实施郑巷村火烧湾、第三采石场和红星采石场废弃矿山综合治理，开展余慈连接线项旷路两侧排水整治工程，完成15条中江支流河道清淤、中江水毁加固工程。

2022年，低塘街道推进河长制信息化管理，获评宁波市河湖长制工作示范街道。推进农村生活垃圾定时定点投放，创建宁波市级垃圾分类示范村3个。创建市级“无废乡村”1个、梳理式改造村2个。

【党建工作】 2022年，低塘街道组织中心组集体学习24次，开展宣讲70场次，受众逾2万人次。完成39个非村社基层党组织统一换届。建成宁波市级“两强”党组织1个、余姚市级“两强”党组织7个。建设“甬爱E家”站点4个。推进3个党建联建机制和“双带双进”“红领先锋岗”机制，基本实现“一网格一支部”。探索与朗霞街道、周巷镇党建联建新路子。建立“红石榴”驿站、同心教育基地等阵地，完成街道妇联、科协、残联、农合联等组

1 月 10 日，中国共产党低塘街道 2022 年度党员代表会议召开
（低塘街道　供稿）

7 月 25 日，《达人严子陵》首发仪式举行　（低塘街道　供稿）

8 月 23 日，低塘街道第六届“千古高风·绚丽低塘”文化旅游节开幕
（低塘街道　供稿）

织换届。

2022年，低塘街道开展“五问五破、五比五先”专项行动，实施“群雁孵化”“青蓝培基”“先锋培育”三大工程。提拔中层正职干部5名、副职干部8名。2名领导班子成员分别获评宁波市担当作为好干部、入选“六争攻坚、进位争先”先锋榜。开展共同富裕综合能力提升培训班，2名村社干部入选市“三十佳”。

2022年，低塘街道签订党风廉政责任书205份。组织廉政教育专题学习8次，发送廉政提醒600条。立案查处违纪违法案件12件，运用“第一种形态”处理19人次。开展作风效能、防疫和安全生产责任落实等检查62次，督促完成问题整改124个。

【低塘街道数字图书馆上线】 5月28日，余姚市低塘街道数字图书馆上线。该图书馆由低塘街道和中央广播电视总台音频客户端云听、宁波日报报业集团都市报系联合打造，属于全民阅读数字化升级计划中的数字图书馆项目，为宁波市首个街道级农村文化礼堂全民阅读的“数字大脑”。低塘街道数字化图书馆由数据体现区、吧台阅读区、数字体验区、热门书籍摆放区、纸质阅读区、报刊阅读区等功能区组成。

【《达人严子陵》首发仪式在低塘举行】 7月25日，长篇传记文学《达人严子陵》在低塘举行首发仪式。市委常委、宣传部部长沈小贤出席首发式。首发式现场，《达人严子陵》作者范立书分享了他的创作经历和感悟。

【低塘街道数字图书馆启用仪式举行】 8月23日，低塘街道数字图书馆启用仪式在历山村举行，浙江省、宁波市、余姚市委宣传部及部分行业主管部门的领导和嘉宾出席了活动。启动仪式上，市委宣传部代表图书馆接受两位本土作家赠书，并举行入藏进馆仪式。活动现场还发布了低塘街道十五分钟阅读圈地图，并为街道“护苗大使”颁授荣誉。仪式结束后，参加活动的领导和嘉宾参观历山村虞舜纪念馆、农耕文化展示馆等。

【"千古高风·绚丽低塘"文化旅游节开幕式举行】 8月23日，低塘街道第六届"千古高风·绚丽低塘"文化旅游节开幕。开幕式上，文艺爱好者表演了旗袍秀《书香雅韵》、诗朗诵《低塘，与你有约》，并举行了新时代文明实践文艺理论宣讲团——"低塘青年说"宣讲队授旗仪式。

【低塘街道入选"书香小镇"】 10月31日，2022"书香宁波日"在天童老街开幕，在开幕式上低塘街道入选宁波市"书香小镇"，为宁波市第二个入选的乡镇（街道）。宁波市委宣传部副部长胡文飞现场为低塘街道授牌。

（低塘街道）

2022年低塘街道各行政村（居委会、社区）基本情况表

表13

行政村（居委会、社区）	面积（公顷）	户数（万户）	人口数（万人）	集体经济收入（万元）	集体经济总支出（万元）	总资产（万元）
洋山村	549	0.208	0.4751	1284.73	640.53	9193.36
历山村	560	0.1845	0.4379	732.98	431.93	10043.27
黄湖村	460	0.0993	0.2334	553.48	190.24	4088.18
黄清堰村	243	0.1051	0.3866	625.47	118.18	3566.69
芦城村	225	0.1318	0.3079	450.72	81.9	3849.6
低塘村	420	0.225	0.4419	521.65	240.51	3795.94
汤家闸村	268.7	0.122	0.2857	318.13	119.39	4933.77
姆湖村	506	0.1494	0.5968	383.97	113.5	2953.45
镆剑山村	450	0.1458	0.3231	321.01	123.21	5352.79
郑巷村	375	0.1386	0.3148	266.07	150.56	4060.26
西郑巷村	290	0.1102	0.2507	487.57	199.87	8449.52
郑巷居委会	—	306	450	—	—	—
历山居委会	—	838	1455	—	—	—
低塘社区	—	1077	2224	—	—	—

泗门镇

【概况】 截至2022年底，泗门镇面积66.3平方千米，辖16个行政村、4个社区，常住人口11.35万人，被列为省首批小城市培育试点镇、宁波卫星城市试点镇。

2022年，泗门镇实现地区生产总值89.96亿元；全社会固定资产投资31.49亿元，同比增长22.4%；同口径税收12.33亿元，同比增长0.6%。全国综合实力千强镇排名升至第126位。

【经济发展】 2022年，泗门镇落实小升规、稳链纾困等一揽子政策，协调解决问题困难80余件，为企业退、减、兑、缓税费11.61亿元，协调11家在泗银行新增授信31.5亿元，成立售电工作小组帮助企业降低用电成本幅度超过12%，全年净增市场主体1829家，其中企业536家。实施招商引资"一号工程"，请进来、走出去招商50场次，深入洽谈优质项目20余个，完成注册或迁址企业12家，事倍达物流设备有限公司等3家企业成功升级为规模以上工业企业并纳入统计部门工业统计范围，ABS制动和物流设备2个项目实现当年签约当年产出。启动国有企业改革，国有资产清查、盘活取得阶段性成果，推动盛泗集团有限公司AA评级。

2022年，泗门镇实际到位余姚市外资金3亿元。16个工业项目新进入项目库，利特舜转换器及配套配件、雄风电器刮胡刀和置信小微园区等一批项目主体建筑结顶，盛泗创智园通过竣工验收，全年完成工业投资5.69亿元。成功引入喜宣文化传播有限公司、博名人力资源有限公司等服务业企业5家，新增培育咕唐餐饮管理服务有限公司等限额以上服务业企业3家，楝树下村成功申报省级电商示范村。全年实现自营进出口总额90亿元；限额以上社会品消费品零售总额达到2.2亿元，增长11.5%；限额以上批发业销售额达到40.8亿元，增长50.9%；营利性服务业营收、工资收入分别增长5倍和11倍，增速排名全市第一。

2022年，泗门镇实施“凤凰”“雏鹰”等行动，天瑞电器有限公司完成股份制改造，长振铜业有限公司、创基机械设备制造有限公司启动股份制改造，舜韵电子有限公司、惠康实业、利特舜电气、赛福汽车等4家企业启动上市计划，新增宁波股交所挂牌企业5家，规上企业增加至161家。新增国家级专精特新“小巨人”企业1家、省级专精特新“小巨人”企业8家、浙江省隐形冠军培育企业3家，12家企业成功申报国家高新技术企业，新增申报省级高企研发中心2家，新增余姚企业（工程）技术中心3家，入选市级350企业14家，其中龙头企业3家。全年实现规上工业产值192.6亿元、增加值38.7亿元，亿元企业产值占规上工业产值比重达到73%，高新技术、数字经济产业增加值分别达到22亿元、9.2亿元。

2022年，泗门镇推进农业“双强”行动，上榜国家级农业产业强镇创建名单，建成全市首个西兰花精品绿色农产品基地，新增省级家庭农场1家，新增余姚市级农业龙头企业1家，新认定无公害农产品4个，建设高标准农田800公顷，打造千亩连片示范方200公顷。规模化推广“菜稻轮作”模式，规划构建“5+10+X”产业布局，早稻面积实现翻番，被推荐为宁波市农业生产先进单位。全年实现农业总产值13.73亿元，同比增长4.5%。

2022年，泗门镇扶持发展壮大村级集体经济。夹塘、镇南、相公潭等6个村成立合资公司，全镇村社经营性收入30万元以上实现全覆盖。政策性农业保险理赔资金600万元。争取村级集体经济扶持项目7个、资金280万元，谢家路村成为全省首批“未来乡村”试点和数字乡村“金翼奖”百优村。镇农合联完成换届，牵头金融机构为农业经营主体授信2.8亿元、放贷6750万元，获评宁波市先进集体。创建区域农机服务中心1个，组织高素质农民及农村实用技术人员培训5期，开展农技上门服务和科技下乡（培训）等活动45次，解决各类农技难题50多个。

【城镇建设】2022年，泗门镇推进国土空间规划编制，纳入国土空间总体规划项目库项目43个，总用地规模50.87公顷，争取发展空间43.4公顷。编制泗门空间发展战略规划和“阁老故里”历史文化街区方案，《历史文化名镇保护规划》报省政府审批。消化“批而未供”土地23.95公顷，新增建设用地5.56公顷，整治非粮化和国土变更土地143.25公顷。

2022年，泗门镇实施经六路配套道路新建、龙皇堂路提升改造一期等工程完工，东大街社区电线入地配套照明提升、329国道路灯老化线路更换、固废分拣中心配套设施新建等市政项目。智慧停车项目Ⅰ期正式投运，新增智能停车泊位812个。完成陶家路江三期整治工程Ⅴ标段国有土地、市四院迁建地块净地交付和杭甬高速复线二期项目政策处理，推进东蒲村奖嘉隆江青山港拓宽工程政策处理前期工作。修复农村网络公路1523平方米，疏通污水管网17千米，安装交通护栏3200米，“果香姚北”乡村文明线项目完工，万圣村和水阁周村通过省级卫生村复评。

【社会事业】2022年，泗门镇成功通过省级健康乡镇评估，全镇实现健康村全覆盖。统筹疫情防控和经济社会发展，发放防疫物资约2.8万份，送医送药1700余人次。投入防疫资金超1400万元。余姚市第四人民医院迁建工程开工。镇红十字会被评为省工作成绩突出红十字基层组织。

2022年，泗门镇老年公寓创建为宁波市三星级养老机构，谢家路村获评全国示范性老年友好型社区，大庙周村获评省级引领型农村社区，陶家路、上新屋和谢家路等3个村获评浙江省善治示范村，海南村和湖北村积极创建宁波市完善型农村社区。

2022年，浙江师范大学附属泗门实验中学被评为浙江省现代化学校和5A级平安校园，中考获得历史最好成绩。泗门镇小获评浙江省健康促进学校。东昇学校完成民办转公办。中心幼儿园小路下分园被评为浙江省二级幼儿园，学前教育普惠园覆盖率达到100%。全镇21家教育类培训机构全部关停或转型。泗门镇成人文化技术学校入选全国社区教育服务乡村振兴学习共同体，并通过浙江省示范学校评审。

2022年，泗门镇开展“汝湖春晓”文艺会演、“淳厚泗门悦读会”等特色活动，顺利主办省第十五次党代会精神主题音乐党课，成功协办2022年浙江省全民数字素养与技能提升月启动仪式，上线运行“美in泗门”智慧云平台，新增四星级和五星级文化礼堂各1个，新时代文明实践所（站）和文化礼堂实现全覆盖，6个村（社区）创建“15分钟品质文化生活圈”，“礼堂家”数据名列全市榜首，后塘河社区入选首批宁波市农家书屋示范点，泗门镇被推荐为宁波优秀新时代文明实践所，获评浙江省农村文化建设示范乡镇。

2022年，泗门镇受理低保（低边）申请160户，累计发放救助金3828.9万元、惠及群众1.47万余人次，慈善冠名基金增加至33家，设立“共富基金”，总额达到250万元。选送大学生入伍，获评宁波市征兵工作先进单位。承办宁波市退役军人就业创业工作会议暨“三兵”服务体系建设现场会，被评为浙江省退役军人服务保障体系建设先进单位和省级百家红色退役军人服务站。启用全市首家常态化专业化运营的乡镇社工站，承办全市“一站两中心”现场会，阳光义工等公益组织在疫情防控、抗台抢险等方面发挥了重要作用。完成残联换届，推广“智慧助残”小程序，实施困难残疾人家庭无障碍改造80户。打造“甬爱E家”服务平台。

【平安综治】2022年，泗门镇办结信访件2756件、化解信访积案4件，初信初访化解率99.8%，获评省平安护航党的二十大成绩突出集体（乡镇）。成立“保交楼”房产专班，4处楼盘均实现正常施工。受理劳动争议仲裁案件167件，帮助劳动者维权310余万元，泗门镇劳动人事争议调解中心入选宁波市第一批百家金牌劳动人事争议调解组织。打掉1个9人黑恶势力团伙，刑事案件下降11.6%。

2022年，泗门镇开展“除险保安”专项行动，推进消防安全、拆违治乱、自建房、城镇燃气等系列“百日攻坚”专项行动，开展危险源企业、3人以上居住出租房、电瓶车安全等专项整治，检查企业3800余家次，排查自建房4.9万幢，处置“违法占地、违法建设”行为216宗，共计26.77万平方米，整治出租房屋6590家，整改消防隐患1200余个。1303家企业纳入浙江省工业企业安全在线系统。楝树下、上新屋、万圣3个村创建为余姚市安居示范村。

2022年，泗门镇省级法治化综合改革试点通过验收，《以“智治”破基层治理之惑》案例入选省“最佳实践案例”。推进“大综合一体化”行政执法改革，成立余姚市首个镇级执法人员库，构建“1+4”队伍架构，建立“综合执法一件事”和联合执法清单，全年开展联合执法30余次，办理赋权执法事项行政处罚案件584件，群众满意率99.1%。形成“三级两群一格多员”全域网格体系和“1+3+N”网格治理队伍，协调处理各级事件42349件。

【生态环境建设】 2022年，泗门镇参与编制《余姚市水环境重点专项整治五年规划》。新建生态缓冲带1千米，整治涉水企业和“VOCS”“低散乱污”企业43家，改造农村公厕5个。滨江路污水管网工程和陶家路村、泗北村等4个农村生活污水治理项目竣工投用。开展“一扫七治”、“三化一平”和“美in泗门·文明共建”大会战等专项行动。生活垃圾堆场整治项目通过“七张问题清单”销号验收。镇北村获评省美丽宜居示范村、省新时代美丽乡村精品村，陶家路村创建为浙江省“一村万树”示范村，小路下村创建为宁波市住房和城乡建设农房“安居”示范村，省新时代美丽乡村特色村实现全覆盖。

【党建工作】 2022年，泗门镇举办政协委员“请你来协商，民生议事堂”座谈会，办理人大代表意见建议50件。完成便民服务中心2.0改造，“宁波办事”综合自助服务终端覆盖8个村（社区），“泗好办”实现PC端+移动端并行。

2022年，泗门镇建立内审整改闭环机制，组织对6个村（社区）、5个事业单位进行内部审计，对16个村（社区）审计整改情况进行“回头看”，完成财务专项审计12个、镇村两级工程审计及备案项目108个，核减节省工程资金351.4万元，追回拖欠村（社区）租金250.8万元。

【泗门镇举行第十五届“汝湖春晓”文艺汇演暨2021年度“泗门榜样”颁奖典礼举行】 3月1日，泗门镇第十五届“汝湖春晓”文艺汇演暨2021年度“泗门榜样”颁奖典礼在泗门镇影剧院举行。余姚市委常委、泗门镇党委书记张明、余姚市文广局党委书记、局长杨玉红，余姚市文联主席毛建良，泗门镇党委副书记、镇长冯彦增，全体党政班子成员等领导出席。活动现场，张明为马玲玲、戚晓春、曹科、孙学明、陈炳庚、秦伟杰、杨玉英、余姚市水仙慈善基金会、泗门汝湖公益救援队、泗门镇隔离点医疗组等10位2021年度“泗门榜样”颁奖。此外，对百名2021年度泗门镇在疫情防控大赛大考中表现突出先进个人进行通报表扬，对30个2021年度泗门镇在疫情防控大赛大考中表现突出的团队进行表彰。

【泗门镇科学技术协会第五次代表大会召开】 5月10日，泗门科学技术协会第五次代表大会暨余姚市“三长带三会”示范工作推进会召开。余姚市科协党组织书记、主席张志红，泗门镇党委副书记、镇长冯彦增，泗门镇党委副书记马林锋分别在会上讲话，副镇长史皆乐、孙梦翱主持。会上，选举产生新一届镇科协班子成员，孙梦翱宣读批复文件，泗门镇科协新一届主席马林锋作表态发言。马林锋、史皆乐、孙梦翱为泗门镇“三长带三会”科普协会授牌。大会结束后，与会人员前往后塘河社区观摩“三长带三会”志愿者服务活动。

【泗门镇“美in泗门 文明共建”大会战大提升誓师大会召开】 5月11日下午，泗门镇“美in泗门 文明共建”大会战大提升誓师大会。泗门镇党委副书记、镇长冯彦增讲话，党委副书记马林锋主持，党委委员洪亚军作大会战大提升专项行动部署；人大主席姚惠平，党委副书记任宁，党委委员张小艇等领导出席。会上，泗门镇矛调中心、行政执法中心、市政中心、谢家路村、夹塘村、水阁周村等单位分别表态发言。会后，与会人员参加文明创建业务培训。泗门镇全体党政班子成员，机关

3月1日，第十五届“汝湖春晓”文艺汇演暨2021年度“泗门榜样”颁奖仪式举行
（泗门镇　供稿）

5月11日，“美in泗门 文明共建”大会战大提升誓师大会召开
（泗门镇　供稿）

9月25日，“我们的节日·重阳”“喜迎二十大，情系桑榆晚”主题活动举行
（泗门镇　供稿）

11月10日，中国计量大学法学专家团队在泗门镇调研“大综合一体化”改革工作
（泗门镇　供稿）

中层正职干部，各村（社区）党组织书记、副书记，镇市属部门负责人等参加本次会议。

【泗门镇商会第六届会员大会召开】 7月12日上午，泗门镇商会第六届会员大会召开。余姚市委常委、泗门镇党委书记张明，余姚市委统战部副部长、余姚市工商联党组书记周强出席会议。会议听取了上一届商会工作情况报告，总结上一届商会取得的成绩和经验，安排部署了今后的发展目标，选举产生了新一届理事会和监事会。

【“礼让斑马线 文明伴我行”主题活动暨2021年度“我来帮”志愿者表彰仪式举行】 7月13日晚，“礼让斑马线 文明伴我行”主题活动暨2021年度“我来帮”志愿者表彰仪式在泗门镇文化艺术中心广场举行。活动中，余姚市委宣传部副部长严文龙、泗门镇党委副书记马林锋分别为16个年度优秀志愿服务中队和18名年度志愿服务明星颁奖。志愿者代表上台宣读"礼让斑马线 文明伴我行"倡议书，现场播放了“礼让斑马线 敬畏生命线”文明宣传短片。广场上同步开展志愿服务，为市民提供理发、量血压、配钥匙、听力测试、推拿等便民服务，并开展志愿者招募、垃圾分类宣传等活动。

【“我们的节日·重阳”“喜迎二十大，情系桑榆晚”主题活动举行】 9月25日上午，“我们的节日·重阳”“喜迎二十大，情系桑榆晚”主题活动在泗门镇老年公寓举行。活动由泗门镇新时代文明实践所、泗门镇社务办联合主办，泗门镇文化站、社工站、泗门老年公寓承办，湖北小学、小路下爱心联谊会、余姚宏福养老服务有限公司协办。活动现场，来自湖北小学的三名学生为老人们读报；小路下爱心联谊会则为老人们送上重阳糕、毛巾等节日礼物，并组织独唱、越剧、手舞等文艺表演；邀请15名老人的子女，准备了热水、毛巾等物品为自己父母洗脚。

【泗门镇离退休干部座谈会举行】9月28日，泗门镇举行离退休干部座谈会。余姚市委常委、泗门镇党委书记张明出席并讲话，泗门镇党委委员吕煜主持，泗门副镇长史皆乐出席。18名离退休干部应邀参加座谈会。

【中国计量大学法学专家团队在泗门镇调研"大综合一体化"改革工作】11月10日，中国计量大学法学院院长朱一飞一行到泗门镇综合行政执法队调研"大综合一体化"改革工作。执法队3个中队中队长、副中队长，综合信息指挥室负责人、法制审核负责人陪同参加调研。调研过程中，一中队队长宋建忠陪同实地参观镇综合行政执法队，并对"大综合一体化"执法队伍架构概况、执法队办公场所设置、一站式集成服务等进行重点介绍。参观后，就"大综合一体化"改革推进情况召开座谈会。

12月31日，"逐梦新时代 奋进新征程"网络迎新晚会举行

（泗门镇 供稿）

【泗门镇"逐梦新时代 奋进新征程"网络迎新晚会举行】12月31日晚，泗门镇举办"逐梦新时代 奋进新征程"网络迎新晚会。晚会由中共泗门镇党委、泗门镇人民政府主办，泗门镇新时代文明实践所、泗门镇文化站、泗门镇文联及泗门镇各村（社区）协办，于19时开始在网络上播出，晚会共表演越剧、小品、京剧舞蹈、舞蹈串烧、健身球操等22个节目。

（泗门镇）

2022年度泗门镇各行政村（社区）基本情况表

表14

行政村（社区）	面积（平方千米）	户数（户）	人口数（人）	集体经济收入（万元）	集体经济总费用（万元）	总资产（万元）
小路下村	2.56	1159	3415	831.72	680.89	6695.67
湖北村	4	983	2768	503	444	3364.36
楝树下村	3.8	1346	3832	660.97	354.83	3819.19
谢家路村	6.08	1740	4649	1923.84	693.07	14112.57
夹塘村	6.3	1725	4489	525.53	1104.07	4342.15
相公潭村	2.37	861	2257	209.7	33.2	898.4
万圣村	2.12	1247	2927	564.58	492.65	4109.88
陶家路村	3.25	1290	3302	535.88	488.17	4728.65
上新屋村	0.56	170	498	544	169.78	4129.56
海南村	3.5	1175	3037	697	269.49	8477.26
镇北村	2.5	728	2108	551.37	251.1	3099.84
泗北村	3.2	1671	4011	725.05	619.77	7202.51
东蒲村	4.27	1167	2987	916.21	720.47	7997.31
镇南村	4.5	1187	3098	526.00	418.33	3428.60
大庙周村	3.5	1124	2787	595.33	488.62	4472.7
水阁周村	3.6	1116	2724	360.16	289.48	5690.24
汝湖社区	2.2	1333	3318	132.88	72.45	1000.76
东大街社区	2.3	2124	4855	340.52	180.69	2439.35
西大街社区	2	1321	3000	126.58	33.2	1632.21
后塘河社区	1.5	1120	2873	383.06	126.83	5351.39

马渚镇

【概况】 2022年，马渚镇实现财政总收入5.9亿元，其中一般公共预算收入3.2亿元；城镇和农村居民人均可支配收入达到58013元和37432元。全年实现规模以上工业企业产值65亿元，规模以上工业增加值16.5亿元；上榜全国建制镇高质量发展500强，名列第429位。

【经济发展】 2022年，马渚镇完成全社会固定资产投资3.9亿元，其中工业投资3.5亿元，同比增长62.01%，增速居全市第二。龙富健康产业有限公司、阿发厨卫有限公司、永佳汽车零部件有限公司等8个工业项目启动建设，推进余姚市兴马智能智造产业园、宏磊达VR光学镜片等9个项目，康达洁具厂、格林笔业有限公司、德凌科技有限公司、浙江德晟新能源科技有限公司项目竣工投产。

2022年，马渚镇在谈招商项目5个，意向投资均超1亿元，其中3个项目通过论证。全年实到宁波市外内资2.7亿元，浙商创业创新资金2.2亿元。自营进出口总额27.5亿元，其中自营出口27亿元；实现限额以上批发销售额3.4亿元，社会消费品零售额1.1亿元。

2022年，马渚镇完成沿山村、四联村102.13公顷高标准农田建设项目，完成"非粮化"整治120公顷、变更耕地整治9.85公顷，种植水稻、小麦、油菜等粮食作物。全年村级集体经济总收入4006万元，其中经营性收入1840万元，清零集体经营性收入30万元以下村。

2022年，马渚镇新增"小升规"企业8家，高新技术企业10家，浙江、宁波级"专精特新"企业5家，国家级"小巨人"企业1家。圣融小微园区入园企业陆续投产，美妆行业规模以上企业达27家，占规模以上企业总数30%。申报宁波、余姚两级技术改造项目15个，总投资1.5亿元。实现研发费用投入1.9亿元、高新技术产业增加值6亿元、数字经济核心产业制造业增加值2亿元。

2022年，马渚镇打响"马渚山水集"区域公共品牌，推进"马渚西山白杨梅""马渚玉露蟠桃"商标注册。全镇良种覆盖率100%，农机总动力4万余千瓦。完成3440公顷粮食生产任务。

【城镇建设】 2022年，马渚镇优化调整渚山村村庄规划，完成马渚新区控制性详细规划调整。开展"水韵之旅"城乡康庄路精品线路设计编制，"渚山饮马"节点工程完工。盘活"批而未供"土地约20公顷，出让原余姚市渚山米业有限公司商业地块。高夹线江下立交防洪工程、渚青路路面中修工程完工。推进长安西路西延道路新建工程，实施乐安湖湖心岛桥梁新建工程及马渚干渠—马云公路网络公路新建工程。余姚市第三人民医院、余姚市公安局马渚派出所新址揭牌投用。18个行政村完成地形修补测，11174户农户完成房地一体测量，5547户完成缮证。沿山村、渚山村、瑶街弄村创建成为宁波市新时代美丽乡村梳理式改造村。

3月，瑶街弄村田野　　（徐渭明　摄）

【社会事业】 2022年，马渚镇户籍人员养老保险参保率98.5%以上，城乡居民医保参保率99%以上，其中免缴人员参保率100%。累计发放各类补助救助资金808.2万元。

2022年，马渚镇打造小智慧校园、章村小学劳动教育等特色亮点品牌。公办幼儿园规模达40班，公办、普惠性民办幼儿园招生覆盖率100%。永佳教育奖励基金累计发放奖励基金30万元。马渚镇中心卫生院综合住院楼新建项目主体工程完工，重点人群家庭医生签约率达70%。

2022年，马渚镇构建"15分钟品质文化生活圈"。获评余姚好人5人、最美抗疫好人1人。推进"除险保安"系列行动。

【平安综治】 2022年，马渚镇上线运行"数智马渚"AI视频智能分析系统，累计上报各类信息46849条，后端综合治理执法大队处置率达100%。开展"两路两侧""三化一平"专项行动，分类处置违章点位180余处，累计拆除违章建筑面积16.39万平方米。

【生态环境建设】 2022年，马渚镇完善农田水利设施，小渣湖排涝泵站重建工程、长泠江南魏村段堤防修复工程、姚江菁江渡周边区域农田氮磷生态拦截沟渠项目竣工。完成中河南面截污纳管、肖朗公路污水管道建设及四联村、瑶街弄村、乐安湖村农村生活污水纳管工程，斗门—菁江渡工业园区通过宁波市级“污水零直排区”创建验收。

【马渚镇妇联第十九次妇女代表大会召开】 4月28日下午，马渚镇妇女联合会第十九次妇女代表大会召开。余姚市妇联党组书记、主席干亚群，马渚镇党委书记顾展，党委副书记、镇长周涛，人大主席沈飞，党委副书记鲁科萍等领导出席会议。71名来自镇各条战线妇女代表参加大会，余姚市妇联相关人员和各乡镇（街道）妇联主席现场观摩了此次大会。会议选举产生马渚镇妇联第十九届执行委员会委员17名，其中主席1名，兼职副主席4名。

渚山公园大门　（马渚镇　供稿）

【“渚山饮马”节点打造工程完工】 11月，“水韵之旅”城乡康庄路精品线路建设项目——“渚山饮马”节点打造工程完工。该工程总投资240万元，于5月8日完成招标，以绿化打造及小品提升为主，占地面积约0.4公顷。

（马渚镇）

2022年马渚镇各行政村（社区）基本情况表

表15

行政村（社区）	面积（平方千米）	户数（户）	人口数（人）	集体经济收入（万元）	集体经济总支出（万元）	总资产（万元）
开元村	4.3	1305	3476	267.02	188.91	4255.88
长泠江村	4.2	1035	2921	153.76	173.89	1275.92
乐安湖村	3.8	582	1638	286.11	112.83	3574.69
云楼村	6.2	847	2402	242.08	108.08	3104.81
四联村	7.4	1002	2853	1099.13	167.82	2998.5
斗门村	4.5	1208	3333	494.17	303.51	4966.44
马漕头村	4.3	1014	2704	249.73	99.75	2579.78
瑶街弄村	3.3	894	2415	169.67	121.02	2502.16
菁江渡村	1.1	456	1161	205.93	86.66	1495.94
全佳桥村	2.5	525	1610	219.45	110.26	1930.35
大将桥村	2.3	479	1251	113.68	147.7	1114.79
沿山村	4.9	693	1820	302.09	142.97	2172.34
下沙畈村	3.2	741	2080	202.7	179.03	1527.48
庙前村	1	443	1192	239.21	103.15	4022.42
渚北村	3.4	912	2458	148.47	235.46	1814.82
大施巷村	1.8	577	1517	80.44	70.51	2252.68
渚山村	1.2	300	766	93.88	53.68	1747.14
姚家村	2.2	597	1594	167.25	119.93	654.41

续表 15

行政村（社区）	面积（平方千米）	户数（户）	人口数（人）	集体经济收入（万元）	集体经济总支出（万元）	总资产（万元）
金马社区	2.5	1219	2692	—	—	—
东一社区	2.2	1314	2949	—	—	—
下叶社区	1.9	688	1539	—	—	—

陆埠镇

【概况】 陆埠镇位于余姚市东南部，行政区域面积118.7平方千米，拥有户数1.8万户，户籍人口4.5万人。2022年，陆埠镇实现工业总产值223亿元，完成财政收入3.6亿元，一般公共预算收入2亿元。成功创建美丽城镇省级样板镇。

【经济发展】 2022年，陆埠镇深化增质提级“六大行动”，兑现市镇及以上政策补助650余万元。实现规模以上工业产值51亿元，规模以上工业增加值10.8亿元。兰山电机企业有限公司、恒威卡箍有限公司、迈悦净水科技有限公司等10家企业获列宁波创新型中小企业，普尔机电制造有限公司、天沁净水器材有限公司获列宁波市“专精特新”中小企业，爱优特空气技术有限公司、普润实业有限公司新入选余姚市“350”示范企业及入库培育企业，菲拉尔医疗用品有限公司、东海森田消防装备有限公司通过2022年高新技术企业验收，强生电机有限公司、永基精密科技有限公司、三基机电科技有限公司等多家企业启动数字化车间改造，其中强生电机有限公司完成“浙江制造”品字标认证。

2022年，陆埠镇实到外资80万美元，实到内资2.3亿元。似锦电子商务有限公司、美宇环保科技有限公司、顶峰卫浴科技有限公司等3家服务业企业完成招商落地。化安山申报AAAA级旅游风景区。2022年，陆埠镇限额以上住宿餐饮业累计销售5448万元，同比增长11.05%。完成“非粮非农”整治任务63.33公顷，粮食产量同比增长7.6%，生猪出栏量增长5.6%。

【城镇建设】 2022年，陆埠镇实现全社会固定资产投资6.63亿元。申报专向债项目6个，争取资金1.4亿元。完成新一轮土地空间规划调整，投资750万元的古乍线、温泉路沿线风貌提升改造工程，投资600万元的温泉路路面提升工程基本完工。投资1300余万元开展甬梁线街景整治工程，并通过拆改建管在老集镇区增添停车位200余个。9.8公顷的启创小微园区工业地产项目完成主体工程建设，完成审批入园企业51家。投资3600万元的五马工业大道北延工程（一期）已完成初步设计报批，五马园区创利西路、创业西路完成施工，实现五马园区、西园区业委会和物业服务全覆盖。

东禁河提升改造、西片排涝修复、宝湾物流周边河道拓宽疏通、19个“烟花”台风水毁修复等工程相继完工，“梅花”台风灾害应急工程顺利推进。四明山东南门户节点完成建设。上下街居委合并，新成立洋溪居委。

【社会事业】 2022年，陆埠镇受理劳动仲裁案件11件、劳资纠纷调解60件。通过产业开发实施山区片笋烘十机配置项目，12个经济薄弱村联建联营光伏发电，每年新增村级集体经济收入约144万元。深化低收入农户“一对一”帮扶结对机制，全面做好最低生活保障金、残疾人“两项补贴”、临时救助、慈善救助等制度落实。康芮嘉养中心完成宁波市三星级养老机构创建。陆埠镇食安办创建为省四星级食安办，食品生产经营场所领导包保责任全覆盖。

2022年，陆埠镇完成华威学校撤并。组织陆埠二小参加2022年宁波市中小学生跳绳比赛，以186分的总分获得小学组第一名，并获得10个单项第一。

2022年，陆埠镇实施钟山红色主题公园一期项目，举行红色文化恳谈会、征文比赛、微型党课比赛、重走建军路等多种活动。完成《陆埠镇志》初稿。“古镇陆埠”微信公众号入驻“姚界”平台。

2022年，陆埠镇举办首届“陆埠榜样”评选，评选出年度榜样人物8人，团队1个，获评“余姚好人”4人。“学

11月，陆埠二小参加2022年宁波市中小学生跳绳比赛 （陆埠镇 供稿）

习强国”“陆力同心”代表队作为全省唯一乡镇代表队参加省学习达人挑战赛。原创诗朗诵获余姚市“学习二十大 宣讲进万家”说唱大比武二等奖。新增省五星级文化礼堂1家，宁波级四星级文化礼堂2家。陆埠足球队获宁波草根足球8人制夏季联赛冠军。

【平安综治】 2022年，陆埠镇共处置上级下达信访件694件，化解信访积案4件，处置成功率达100%。完善“人民调解+网格”工作机制，镇村各级调解组织成功调处各类矛盾纠纷1205起，涉及金额1136万元。实现溺水死亡事故零发生，被评为宁波市防溺水工作先进集体。完善《陆埠镇防汛抗台抗旱应急预案》《陆埠镇低温雨雪冰冻灾害应急预案》，抗击“轩岚诺”“梅花”等台风。

2022年，陆埠镇完成115块国土变更调查中违法用地图斑的拆除复耕工作，涉及面积7.53公顷。推进“拆违治乱”百日攻坚行动，完成拆除违建22.5万平方米，并完成“迎亚运”两路两侧“三化一平”专项行动点位整治6批76处。组织公安、应急、消防、综合执法等力量，对存在严重消防和安全隐患的工业园区、低效企业及出租房屋实施常态化联合整治。

【生态环境建设】 2022年，陆埠镇开始实行全域保洁机制，加大“低散乱污、两小”企业综合整治力度，常态化开展冷镦、抛光、振抛等行业整治，其中累计整改环境问题隐患90余条，查处环境违法案件13件。在江南村建成一般工业固废分贮中心并投入运营。步格登矿山生态治理工程开工。开展“千吨万人”水源地保护、“陆有碧水”专项行动，完成“劣V类”河道消劣目标，姚江沿线四村农村生活污水处理、西工业园区污水零直排区建设通过验收。

【“勇担当、正作风、强服务”承诺集体签名仪式举行】 8月19日上午，陆埠镇开展“勇担当、正作风、强服务”承诺集体签名仪式。陆埠镇全体机关干部在承诺墙上签名。

8月19日，陆埠镇“勇担当、正作风、强服务”承诺集体签名仪式举行
（陆埠镇 供稿）

9月30日，陆埠镇祭扫革命先烈活动举行　（陆埠镇 供稿）

【陆埠镇祭扫革命先烈活动】 9月30日上午，陆埠镇祭扫革命先烈活动钟山红色主题公园举行。陆埠镇全体机关干部、机关退休老同志代表、陆埠派出所民警、余姚市新四军研究会陆埠分会代表等参加活动。活动中，全体参加人员肃立，向革命先辈敬献花圈，向烈士默哀。随后，参观了“血与火的年代”革命史迹陈列馆。

【“喜迎二十大 强国复兴有我”摄影书画作品展暨天马民乐团首演活动举行】 10月14日上午，“喜迎二十大 强国复兴有我”摄影书画作品展暨天马民乐团成立首演活动在陆埠镇新时代文明实践所广场举行。活动由市文广局、陆埠镇人民政府联合主办，参与作品展的书法作品包括隶书、楷书、行书、草书等。同时，天马民乐团进行首演，演出了二胡齐奏《赛马》，以及民间小调和戏曲选段等。

【“学习二十大，宣传进万家”党的二十大精神宣讲活动在孔岙村举行】 11月25日，“学习二十大，宣传进万家”党的二十大精神宣讲活动在陆埠镇红色堡垒村——孔岙村浙东游击根据地史迹展馆内举行。活动由陆埠镇新时代文明实践所、陆埠镇团委主办，孔岙村新时代文明实践站承办。活动中，陆埠镇“青年说”理论宣讲团成员围绕党的二十大精神开展宣讲。活动邀请余姚市新四军历史研究会陆埠分会讲述发生在孔岙村的革命故事。

（陆埠镇）

2022年陆埠镇各行政村（居委会）基本情况表

表16

行政村（居委会）	面积（平方千米）	户数（户）	人口数（人）	集体经济收入（万元）	集体经济总支出（万元）	总资产（万元）
江南村	5.07	1755	4726	871.42	263.53	12231.72
南雷村	6.56	934	2451	238.76	88.78	1286.01
兰溪村	3.89	934	2309	291.62	238.15	11148.77
郭姆村	3.56	1016	2598	275.22	154	2519.28
五马村	6.03	996	2671	449.21	449.21	3251.37
沿溪村	2.54	551	1389	149.48	45.15	913.02
官路沿村	7.58	795	2117	237.18	76.35	2265.59
沿江村	5.01	731	1834	249.59	204.43	2388.61
干溪村	9.5	836	2140	309.25	51.8	8045.31
兰山村	7.19	600	1592	167.55	27.37	2206.08
石门村	7.72	706	1880	147.27	35.65	1644.1
杜徐岙村	10.61	1338	3492	212.98	49.11	2213.45
袁马村	12.11	1000	2793	366.61	54.13	4626.72
翁岙村	2.82	368	1016	221.3	94.72	1285.08
裘岙村	1.84	345	1018	244.65	44.04	1905.67
石笋村	2.6	329	916	166.8	34.25	920.88
洪山村	8.02	710	1934	251.47	63.95	1319.72
孔岙村	3.84	450	1280	261.66	55.09	3017.05
蒋岙村	4.21	631	1599	139.8	59.04	2652.92
余鲍陈村	5.66	714	1886	232.89	77.73	1200.72
上街居委会	—	991	1841	—	—	—
下街居委会	—	1037	1969	—	—	—

梁弄镇

【概况】 梁弄镇行政区域面积80.26平方千米，辖区内户数1.1万户，户籍人口3.2万人。2022年，梁弄镇实现农村经济总收入72.12亿元，其中第一产业收入2.75亿元，第二产业收入47.78亿元，第三产业收入21.59亿元。财政一般预算收入1.55亿元，农村居民人均可支配收入46125元。梁弄镇共同富裕改革经验推荐上报中央改革办。

【经济发展】 2022年，梁弄镇排摸闲置资产，更新招商手册，高南民宿、惟德养老服务项目一期进入装修阶段，雷迪森广场酒店、家家福商业广场、蔚蓝智谷无土栽培基地项目开始启动，四明山区域高效生态农业示范基地基本落地。通过国家高新技术企业认证1家，引入总部经济1家，回迁灯具龙头企业1家，入库高新企业培育库5家，完成314家企业亩均效益评价核实工作，制定出台工贸经济奖励政策，13家企业14个项目获得奖励30万元。

2022年，梁弄镇完成四明山旅游集散中心（一期）、百公里登山步道、四明山山门配套道路、千公里登山步道入口、合力机械停车场改造工程5个旅游配套项目，推进红杉林景区化、全域美丽田园农文旅融合项目，成立梁弄镇农旅产业联盟。横坎头红锋共富联盟区域发展公司揭牌，推进彝族表演、田园观光小火车等旅游新兴业态项目，横坎头村片区成功创建省级首批未来乡村。全年接待游客158万人次，实现旅游收入2.77亿元，梁弄大糕美食镇入选省2022年“百县千碗”美食镇，横坎头村成功创建宁波市首批乡村旅游共同富裕示范村。

【城镇建设】 2022年，梁弄镇完成23个项目174亩空间指标上图及“三区三线”调整优化工作，全域土地综合整治工作入选省级全域土地综合整治“11350”精品工程。推进梁弄规模化供水“应通尽通”工程建设，完成四明山路网提升、永建线拓宽、浒溪线至紫溪道路拓宽等“四好农村路”项目，完成S309荷梁线（一期）政策处理、正蒙街特色精品街区提升等工作，修建登山健身越野步道117千米，改造提升道路17千米，新增绿道7.3千米，增加停车位512个，创建余姚市级美丽庭院示范户、精品户120户，莫家湖至大岭顶公路入选省首批“十大最美农村公路”。梁弄镇成功创建省级美丽乡村示范乡镇，四明之窗红诗路县域风貌样板区入选省第三批城乡风貌样板。

2022年，梁弄镇完成“非粮化”整治289.06公顷，规模化流转土地164公顷，发包土地47.8公顷。《梁弄镇强村共富片区（美丽田园）建设方案》完成编制。创建宁波市绿色樱桃精品基地1个，新增宁波市级以上家庭示范农场3家、示范性青创农场1家，“余姚樱桃”国家农产品地理标志完成4户、18公顷的首批授权，横坎头田园综合体成功创建为第一批宁波市级田园综合体。

【社会事业】2022年，梁弄镇启动“唤醒春天、欢乐夏季、品味秋韵、火红冬日”全时全季体育旅游文化品牌活动，推出6条旅游专线，开展浙江省第十一届运动休闲旅游节开幕式、“舜宇杯”第四届“一带一路”中国四明山百公里山地户外运动挑战赛暨2022 CHINA 100山地越野系列赛等活动。五桂村、东山村、雅贤村成功创建为宁波市文明村，制定出台《全域文明创建提升三年行动计划》，完成集镇红色旧址保护及沿线环境提升项目，编制完成《四明·悦动运动休闲乡镇》概念性规划，创建省级百姓健身房，举行“飞羽魅影”鸟类摄影公益展、红杉林摄影大赛等活动，成功举办“火红梁弄”群众文化节。相关成果在中国文明网《全国文明村镇创建巡礼》栏目作专题展示。

2022年，梁弄镇抓好疫情防控，完成新冠疫情防控工作手册制作。启动0~3岁婴幼儿照护服务工作，创建宁波市标准型儿童之家2家。

2022年，梁弄镇制定《打造四明山革命老区共同富裕教育先行区2022—2025年行动方案》，举行梁弄镇新乡贤助力革命老区共同富裕教育先行区建设暨余姚市正蒙教育基金颁奖仪式，四明山红军小学获评“宁波市5A级平安校园”，四明山红军小学、梁弄镇中成功创建“省健康教育银牌学校”。梁弄菜场通过“五化”改造提升考核验收。

2022年，梁弄镇发放各类民生保障资金共计1225万元，惠及3166人。完成80周岁以上老人居家养老、镇居家养老服务中心服务外包工作，送餐服务辐射到全镇范围，完成甬宁保投保10550人。本地户籍人员医保参保率达到99.93%，位居全市第一，养老保险达到99.28%。完成困难残疾人“净居亮居”改造2户。村社民兵连部完成规范化建设、退役军人服务站实现全覆盖，镇退役军人服务站获评省百家红色退役军人服务站，完成征兵工作。建立全程代办服务体系，快速受理各类线上业务519次，发放创业担保、失业补助金等各类补贴94万余元。

【平安综治】2022年，梁弄镇划分网格49个、微网格159个，建立“1+3+N”网格团队，开展“打击整治养老诈骗”、“清洁家园一起来”“平安三率”宣传防疫宣传等专项拉练行动，完成各村（社）视频联网会议系统安装调试工作。镇治安卡口列入公安“一网感知”项目，完成通用版数字驾驶舱建设。受理信访件432个，累计化解三年以上积案4件，老村长调解工作室获评宁波市级优秀调解室，连续15年获评市平安乡镇。

2022年，梁弄镇开展消防安全百日攻坚、“拆违治乱”、“一扫七治”、“除险保安”、租房屋安全隐患排查整治等工作，排查整改出租房、沿街店铺、道路交通等各类隐患1600余个，督导检查包保食品生产经营单位680余家。梁弄镇整治“批而未供”土地16宗4.47公顷，耕地非法流出整治42宗6.45公顷，拆除违法建筑5.35万平方米、各类棚户3100余平方米，制止40余处新建违法建筑5000平方米，整治清理非正规垃圾堆放点46处。

【生态环境建设】2022年，梁弄镇完成6个废弃矿山生态整治工程，全面完成5座山塘水库、3条小流域治理，新建修复各类污水管道2.3千米，新增污水纳管426户，新增绿化面积0.58万平方米。完成饮用水二级保护区范围内工业企业关停收尾工作，推进正蒙街南侧区块、白水冲村后孙和横坎头村牛轭坵、小市岙、大岭下5个污水纳管提升工程，门户区环湖截污工程（后陈晓东、隆中污水工程）、湖东村（邱家、后俞自然村）污水工程基本完工，湖东、东溪两个工业集聚区成功创建“余姚市污水零直排工业园区”，横坎头村、汪巷村通过余姚市“无废乡村”现场验收。3个山塘成功创建为宁波市美丽山塘，重点培育6家“肥药两制”改革试点主体，创建省级绿色家庭1户，完成氮磷生态拦截沟建设，河长履职情况位居全市第一，成功创建省级水美乡镇，美丽河湖片区创建通过宁波市级验收。完成9家农场17项农产品的无公害换证工作，通过率达到100%。

2022年，梁弄镇开展“扫千条道路”“进万家农户”主题行动，完成45处定时定点垃圾房建设及雅贤村、后陈村建筑垃圾临时堆放点改造提升工程，成功创建“宁波市垃圾分类工作示范乡镇”。对49座公厕开展2轮粪便无害化处理工作，东溪村、横坎头村两处公厕成功创建为省级星级农村公厕。

【党建工作】2022年，梁弄镇实现18个村社党组织焕新升级，成功创建宁波市级5A党群服务中心3个，评定五星级党组织50个、占比43.5%，培育六星级两新组织党组织3家，开展村级工作例会巡听、村社书记交流会、村苗计划及“五问五破走在前、五比五先争一流”机关作风建设专项行动。推进全域清廉示范镇建设，创新推行村级落实主体责任“七个一”工作法，组织开展疫情防控应急处置和网格建设三轮循环督查，实施“青”风树廉工程，累计开展各类作风建设监督检查103批次。全面推进政务公开，累计公开政府信息332次，完成7个重大项目“双预算”工作，成交公共资源交易项目87个，节约资金898万元。

【广播剧《嘱托》赠送仪式暨余姚市横坎头红锋共富联盟区域发展有限公司揭牌仪式举行】 2月28日，广播剧《嘱托》赠送仪式暨余姚市横坎头红锋共富联盟区域发展有限公司揭牌仪式在梁弄镇横坎头村举行。市委书记傅贵荣为余姚市横坎头红锋共富联盟区域发展有限公司揭牌，市领导王娇俐、沈小贤、董盛益出席仪式。现场，由市委宣传部、市融媒体中心联合出品的广播剧《嘱托》被收入横坎头村新时代文明实践站永久珍藏。该剧讲述了横坎头村党委书记带领全村党员干部群众把一个封闭落后的小山村建设成为共同富裕示范村的故事。仪式前，市领导一行还参观了梁弄镇初新农庄，并观看在横坎头村和四川省昭觉县三岔河镇三河村同步进行的直播带货活动。

2月28日，红锋共富联盟区域发展公司揭牌仪式举行 （黄静波 摄）

【梁弄镇新乡贤助力革命老区共同富裕教育先行区建设暨余姚市正蒙教育基金颁奖仪式举行】 11月10日，梁弄镇新乡贤助力革命老区共同富裕教育先行区建设暨余姚市正蒙教育基金颁奖仪式举行，宁波市教育局党委委员、副局长王飞，余姚市委副书记、政法委书记王娇俐，余姚市委统战部副部长鲁劲松出席。仪式上，20多家企事业单位和多名新乡贤登台进行了正蒙基金捐赠。活动还颁发了正蒙教育基金2021学年优秀学生奖、优秀教师奖、突出成绩学校奖和校长奖励基金，共计100余万元。

（梁弄镇）

11月10日，梁弄镇新乡贤助力革命老区共同富裕教育先行区建设暨余姚市正蒙教育基金颁奖仪式举行 （张丽珍 摄）

2022年梁弄镇各行政村（社区）基本情况表

表17

行政村（社区）	面积（平方千米）	户数（户）	人口数（人）	集体经济收入（万元）	集体经济总支出（万元）	总资产（万元）
东溪村	8.93	817	2470	235.94	253.20	2572.90
梁冯村	1.5	625	1725	291.85	688.17	3837.69
五桂村	2.25	779	2172	289.93	403.50	3570.93
后陈村	2.3	497	1595	232.04	333.44	2875.31
让贤村	8.5	509	1321	188.81	188.58	3846.07
岭头村	4.87	407	1159	121.25	559.67	3300.63

续表 17

行政村（社区）	面积（平方千米）	户数（户）	人口数（人）	集体经济收入（万元）	集体经济总支出（万元）	总资产（万元）
横坎头村	7.3	860	2362	575.37	1293.85	9996.29
汪巷村	2.41	357	1075	423.44	987.02	5517.74
甘宣村	1.35	340	1054	181.50	294.59	2497.01
白水冲村	2.5	447	1168	278.47	306.55	2865.08
东山村	8	735	2080	147.02	332.67	2502.95
贺溪村	6.8	510	1556	277.15	452.68	3900.91
横路村	5.5	698	2115	233.78	454.07	3838.85
明湖村	1.92	213	577	137.42	274.41	2334.17
雅贤村	4.97	665	2066	254.74	991.21	4564.88
湖东村	5.04	634	3100	219.45	334.69	4053.82
高南村	6.12	500	1470	152.50	625.02	2812.32
正蒙社区	—	1505	2564	—	—	—

牟山镇

【概况】 牟山镇区域面积38.47平方千米，建成区面积3平方公里，下辖7个行政村，1个居委会，户籍人口18455人，外来人口9822人。境内拥有宁波第二大天然湖牟山湖，面积3.05平方千米。2022年，全镇实现财政总收入2.5亿元，一般公共财政预算收入1.36亿元。

【经济发展】 2022年，牟山镇拥有规模以上企业37家，产值超亿元的企业14家，有松原股份有限公司、恒星管业控股有限公司等上市企业。2022年实现工业总产值67.85亿元，同比上涨8.54%，规模以上企业工业总产值44.2亿元，同比增长8.1%，实现销售43.3亿元、利润3.55亿元，实现工业增加值9.3亿元，同比增长7.5%。推进松原股份有限公司、利佛德汽车零部件有限公司、宝明日用品有限公司、川擎智慧城小微园、杰立美妆产业园等重大项目，全年完成固定资产投资5.6亿元，同比增长47.4%，完成工业投资4.35亿元，同比增长68.6%。

2022年，牟山镇打造“西山白杨梅”和“牟山湖大闸蟹”两大特色农业品牌。实现早稻种植面积560.67公顷、晚稻面积751.2公顷，良种覆盖率100%。推开“三品”基地申报工作，新增申报无公害农产品（水产）1个，2家单位养殖尾水处理项目通过余姚市级验收，垂钓中心、玥玡湾创建余姚市农旅融合示范点。举办第十七届“西山白杨梅欢乐游”和第十八届牟山湖大闸蟹休闲节活动。

【城镇建设】 2022年，牟山镇完成“三区三线”划定工作和规划指标布局，共计上图规划项目20个，其中乡镇级保障项目12个，总面积7公顷；余姚市级保障项目8个，总面积6.59公顷。完成桂花庵路新建工程（一期）、运河沿路整治提升工程和魏家村生活污水纳管工程（一期）建设。推进湖塘江堤防加固加高等水利工程。协助推进杭甬高速牟山道口连接线改造提升工程、“水韵之旅”城乡康庄路精品线和“果香姚北”乡村文明线建设。投资近2000万元的新东吴村胡头堰片环境整治工程、王剡作片景观打造工程、马家堰片古村改造工程3个片区综合整治提升项目开工。完成狮山村、魏家村和牟山湖村美丽乡村精品村建设项目。

【社会事业】 2022年，牟山镇实施第一幼儿园室外运动场地维修、镇中后勤楼改造等校园设施改造工程。镇中“OM”团队获“2022年线上世界头脑奥林匹克选拔赛”全国二等奖，青港小学的“香澜雅室”被评为余姚市第四批创新实验室。累计规范发放各类奖学奖教基金48万余元，选培3位优秀骨干教师担任局管副校级领导。

2022年，牟山镇党委被省委组织部评为全省防疫工作先进集体。创建基层医疗卫生机构“两慢病”一体化门诊，建立电子健康档案21355份。家庭医生契约式服务不断深化，重点人群签约5881人。

2022年，牟山镇举行《牟山镇志》首发仪式。举办“姚西明珠·魅力牟山”文化节、阳光文化直通车、行走大运河等活动。牟山镇宣传片《湖光山色“牟”新颜》于12月15日正式发布。

2022年，牟山镇户籍人员养老保险参保率98%以上，城乡居民医保参保率达99.96%，企业社保和甬宁保参保率远高于全市平均水平。受理劳资纠纷等各类案件92起，涉及金额320多万元。737名80岁以上老年人享受居家养老照料服务。发放残疾人“两项补贴”169.98万元，215人受到慈善分会救助。发放困难党员、退职村干部关爱资金35万元。

【平安综治】 2022年，牟山镇受理各类信访件318宗，化解信访积案3宗，办结率100%。完成滨湖新城三期267套拆迁安置房分配工作。

2022年，牟山镇划分基层网格43个、微网格159个。累计受理报送事件1.1万件，“四个平台”处置事件2316件，办结率100%。金牛志愿服务大队创新建立“乡村啄木鸟”红马甲群，探索“金牛一刻钟”志愿服务模式，开展志愿服务100余次。行政执法检查22次，立案处罚2起，取缔存在重大安全隐患的喷漆厂4家。开展拆违、环保等联合执法27次。

【生态环境建设】 2022年，牟山镇推进国家卫生城镇创建，实施新一轮全域保洁一体化服务，推行生活垃圾定时定点集中分类投放49处，完成垃圾压缩站提升改建，地埋水平式垃圾压缩设备投入使用。牟山村、新东吴村成功创建为宁波市农村生活垃圾分类示范村、典范村。引入建筑垃圾、工业垃圾处理第三方服务机制，整治“低散乱污”15处，淘汰落后产能2家，整治再生资源回收点8家。完成孙家山塘、青港采石场、璟玥湾、狮子山、峨眉山等废弃矿山生态复绿工程。狮山村河道整治和牟山湖水环境治理等取得成效。

【党建工作】 2022年，牟山镇组织“牟湖之声”“清廉家风 你我守护”等青年理论微宣讲比赛，开辟“牟湖思想汇”“主任上讲台”等平台，依托“舜江青语”“牟湖之声”开展各类学习宣讲30余次。新东吴村申报全省“红色根脉”强基示范村。打造“镒万·湖山共富工坊”，每年为村民增收超过300余万元。

6月，2022年余姚市防汛防台综合应急演练举行　　（牟山镇　供稿）

12月14日，“二十大文艺宣传”暨“余姚市15分钟品质文化生活圈文艺巡演”走进魏家村　　（牟山镇　供稿）

2022年，牟山镇运用“第一种形态”处理20人，党纪处分8人，其中党内警告7人，开除党籍1人，下发《纪委监督建议函》4份。设立村级监察联络站7个，提升村级“三资”监管规范化水平。41个工程项目核减造价193.8万元。

【2022年余姚市防汛防台综合应急演练举行】 6月，2022年余姚市防汛防台综合应急演练在牟山镇成功举行。演练通过设定多种突发事件（事故）情景对各参演队伍进行实战拉练，其中包括防台准备、河网调度、安装挡板、人员转移、水域救援、城市内涝除险等项目。余姚市红十字战狼、众益应急救援队参演并顺利完成人员转移和水域救援等演练项目。

【“二十大文艺宣传”暨“余姚市15分钟品质文化生活圈文艺巡演”走进魏家村】 12月14日，由市文化和广电旅游体育局主办、魏家村承办的“二十大文艺宣传”暨“余姚市15分钟品质文化生活圈文艺巡演”牟山镇魏家村文化礼堂举行，巡演表演了《唱支山歌给党听》《天女散花》《打金枝》《十八相送》等10余个节目。

（牟山镇）

2022 年牟山镇各行政村（居委会）基本情况表

表 18

行政村（居委会）	面积（平方千米）	户数（户）	人口数（人）	集体经济收入（万元）	集体经济总支出（万元）	总资产（万元）
牟山村	4.40	1094	3113	486.97	229.67	1646.75
魏家村	3.59	899	2520	150.92	113.99	2335.21
新东吴村	3.47	899	2319	235.89	92.81	2965.93
青港村	6.87	491	1586	700.37	227.31	4393.49
狮山村	3.50	994	2806	152.40	102.05	2250.10
牟山湖村	3.04	560	1560	208.62	87.26	3037.13
湖山村	13.60	1126	3578	350.95	109.35	4739.17
牟山居委会	—	653	973	—	—	—

丈亭镇

【概况】 丈亭镇地处余姚东部，区域面积56平方千米。下辖11个行政村和1个社区，总人口5.04万人，其中户籍人口2.83万人，外来人口2.21万人。2022年，丈亭镇实现财政总收入3.97亿元，同比下降31.1%。

【经济发展】 2022年，丈亭镇完成规模以上工业总产值46.1亿元，同比下降16.6%。完善19条助企纾困政策，累计办理退、减、缓税费2.7亿元，兑现工贸奖励204万元。确定66家企业实施“上规、1亿元、5亿元、10亿元”梯度培育计划，新增市场主体494户、规模以上企业9家。完成规模以上企业研发费用1.2亿元、占营业收入比重达3%，完成高新技术产业增加值4.7亿元、高新投资696万元，新增国家高新技术企业8家、国家科技型中小企业18家，申报1000万元以上技术改造项目2个，500万元以上3个。完成全社会固定资产投资项目17个、投资额2.6亿元，其中创新刀片制造有限公司、稳拿机械工贸有限公司、艾玛塑业有限公司等10个重点工业项目落地，实现工业投资2.1亿元、同比增长97.5%。姚江东港码头如期开工建设。深入实施招商引资“一号工程”，实到宁波市外内资1.5亿元、浙商创业创新资金9500万元。新增限额以上批发零售业企业1家，完成限额以上批发业销售额3.4亿元、限额以上零售业销售额2476万元、限额以上住宿业营业额847万元，分别同比增长162%、37%、25%。

2022年，丈亭镇开展87.33公顷耕地“非农非粮化”整治，有序推进153公顷高标准农田改造，高效统筹9.3平方千米耕地，完成早稻、小麦等各类粮食种植任务。申报余姚市级杨梅产业提升项目10项、杨梅地标项目1项，杨梅网络营销额突破4000万元，快递订单突破28万单、增长46%。在宁波城市之窗举行“十里梅乡 品味梅溪”品牌发布会及现场展销会。开设新型农民培育线下课堂14场。全面落实粮食安全党政同责，发放种粮农民一次性补贴、耕地地力保护补贴等各类补助111万元。

【城镇建设】 2022年，丈亭镇基本形成以南部“大运河古镇”、中部“智能科创大走廊”及北部“十里梅乡”农旅融合区块为主体的发展新格局。完成国土空间规划“三区三线”划定及永久基本农田占补平衡，布局城际列车站、人和路延伸段、“专精特新”工业园等重点地块。推进“多规合一”实用性村庄规划编制，调整完善村域规划2个。消化“批而未供、供而未用”土地4.27公顷，累计盘活存量土地4宗3.47公顷。总投资1.7亿元的下姚江慈江堤防及三大浦塘提升工程开工，实施丈亭村及汇龙村片区排涝工程、寺前王沿山渠治理工程等项目。总投资3330万元的供水管网能延则延兼并水站改造工程启动，实施自来水“一户一表”改造，惠及1.5万户，覆盖率超90%。完成农村生活污水改造，累计纳管2500余户。实施文卫路至凤东路路面中修工程、汇头至龙山粮站道路提升工程、胡界至凤东公路中修工程等项目建设。新增长乐路、新民中路、朝阳路等主干道路两侧停车位300余个。布局5G信号塔、移动基站、电动车充电点位等新基建。

【社会事业】 2022年，丈亭镇60周岁以上老年人防疫包全部发放到位，共发放9320份。41个自然村（社区）配备巡诊医生23名，做好农村疫情防控与健康服务调度。总投资2500万元的丈亭镇中心卫生院改建工程土建部分完工。持续推广家庭医生签约服务，推进慢性病随访及年度各类体检。

2022年，丈亭镇总投资4000万元的镇公立幼儿园新建项目落地，有序推进成才民工子弟学校关停分流，完成省三级幼儿园督导评估。丈亭初中学校中，有10人考取余姚中学，普高上线率超45%。总投资1200万元的镇职工文体中心开工建设，镇体育健身公园改建完成。

2022年，丈亭镇养老保险参保

2.5万人，户籍居民参保率99.6%，城乡医保参保1.4万人，户籍居民参保率99%，“甬宁保”参保1.1万人。推送就业岗位61个、开发公益性岗位8个，发放留甬补贴15.2万元、自行返岗补贴56.3万元，完成失业金申领261人、失业登记95人，受理劳动争议案件132起、办结率100%，龙丰村创建为宁波市级高质量就业村。发放各类救助资金494万元，探访困难群众223户，上门服务80周岁以上老人6000余次。兴泰公司成功创建全市首家五星级“残疾人之家”。

【平安综治】 2022年，丈亭镇成功化解信访积案3宗，受理各类群众信访事项453件，办结率100%。开展公益活动9次，矫正对象参与180余人。发动平安志愿者405名开展防范电信诈骗、养老诈骗宣传活动，建立反诈宣传微信群52个，分享反诈视频100余条，开展反诈宣讲54次，推广“国家反诈中心”App超5000人次。

2022年，丈亭镇调整划分基础网格47个、微网格261个。依托基层社会治理“一张网”，深入推进矛盾纠纷和社会风险排查化解，累计上报事件9827件。镇、村两级调委会调处矛盾纠纷550件，“三江老娘舅”调解平台调处矛盾纠纷15宗，办结率均为100%。有力推进大综合一体化改革，落实每周“会商”制度，开展多部门联合执法28次。签订2022年度安全工作目标管理责任书、消防安全责任书，完成600多家企业安全生产承诺履诺公示。推进消防安全百日攻坚，检查“三场所两企业”等重点整治主体64家，整治“厂中厂”企业75家，拆除违规搭建厂房4.8万平方米，整改各类隐患336处，排查整改沿街商铺154家、10人以上出租房201家、3人及以上出租房2970家。推进“两路两侧‘三化一平’”专项整治，全面整治铁路公路沿线256个点位。持续开展“拆违治乱”百日攻坚，摸排建筑28.8万平方米，处置违章建筑6.3万平方米。全镇无重大安全责任事故发生。

【生态环境建设】 2022年，丈亭镇开展“污水零直排”乡镇创建行动，完成1.5平方千米城镇创建区内生活小区、企事业单位、沿街店铺、农贸市场等单位的雨污分流改造，启动台商工业园区、丈亭至凤山东郊两大污水主管工程，完成工业园区北区污水零直排改造。固废收运体系签约企业236家。

2022年，丈亭镇开展河长巡河2200余次、生态补水150次，2条河摆脱劣V类水体。推进全国文明城市、国家级卫生镇创建行动，全面攻坚“一扫七治”，改造农村公厕13个，建成定时定点垃圾房35处，打造美丽庭院600余户。完成3个村梳理式改造，成功创建宁波市美丽乡村示范乡镇，梅溪村创建宁波市文明村。总投资1.7亿元的国家级风景区姚江河姆渡区域生态提升综合工程（丈亭段）分期开工，实施丈亭村及汇龙村片区排涝工程、寺前王沿山渠治理、猪湾山塘整治。

【党建工作】 2022年，丈亭镇定期开展“姚·先锋”党员志愿服务活动。兴泰“工疗共富工坊”入选宁波市“一统六富三十六场景”。开展“五问五破走在前、五比五先争一流”机关作风建设专项行动，编制出台《丈亭镇作风效能督查制度》，抵制“推诿”“躺平”等不良风气。实施行政村“强基培优”计划、年轻机关干部“雏雁选育”计划，开设共同富裕主题培训班3期，选派机关干部到疫情防控、征地拆迁一线摔打磨炼，获评余姚市“十佳党组织书记”“十佳潜力型村（社）干部”各1人。

2022年，丈亭镇坚持党风廉政建设“三必讲、四必谈”，累计谈心28人次、“三交底”廉情谈话2人次。廉情前哨站、监察工作联络站开展检查120余次、提出建议16条。围绕“两违”、涉农惠民资金、“三资”管理等重点领域开展督查巡查32次，运用“第一种形态”处理17人次，处置问题线索21件、立案查处违纪违规党员11名。

【丈亭镇“三八”国际妇女节纪念会暨第二届“巾帼之星”表彰会召开】 3月7日，丈亭镇召开2022年三八国际妇女节纪念会暨第二届“巾帼之星”表彰会。余姚市妇联副主席、党组成员吕幼萍、丈亭镇党委副书记卢杰出席会议并讲话。吕幼萍代表市妇联送来节日的祝福。会议授予18位来自各行各业的优秀女性代表丈亭镇第二届“巾帼之星”荣誉称号，获奖代表交流心得，并宣读“巾帼助力，共建丈亭”倡议书。

【“见证新时代 逐梦新征程”余姚作家“四明大地行”采风创作系列活动在丈亭镇启动】 6月16日，“见证新时代 逐梦新征程”余姚作家“四明大地行”采风创作系列活动在丈亭镇启动。活

3月7日，丈亭镇三八国际妇女节纪念会暨第二届“巾帼之星”表彰会召开
（王杉杉　摄）

动由余姚市委宣传部、余姚市文联和丈亭镇党委、政府主办，余姚市作协、丈亭镇文联和市民摄联（特邀）承办。主办单位的相关领导和承办单位的相关负责人，与部分作家、摄影家、梅农、市民代表共同出席了启动仪式。丈亭镇党委书记马军辉、余姚市委宣传部部务会议成员杨波出席并致辞。余姚市作家协会主席徐渭明发布“见证新时代 逐梦新征程”余姚作家“四明大地行”采风创作系列活动的相关安排，并介绍了同主题文学征文大赛的相关要求。启动仪式上，余姚市作协宣布丈亭镇“十里梅乡风景线”为创作交流基地，余姚市文联副主席韩茂洪向梅农代表授“余姚市作家协会创作交流基地”牌匾。余姚市文联党组书记、主席毛建良向作协采风团队授“见证新时代 逐梦新征程”余姚作家“四明大地行”采风创作系列活动旗帜，余姚市作协副主席兼秘书长孙兆琦接旗。

【“十里梅乡 品味梅溪”2022余姚丈亭梅溪杨梅节启动仪式暨品牌发布会举行】 6月16日，“十里梅乡 品味梅溪”2022余姚丈亭梅溪杨梅节启动仪式暨品牌发布会在宁波市海曙区南塘老街宁波城市旅游之窗举行。活动现场发布了“十里梅乡 品味梅溪”品牌形象标识，“梅溪”二字使用苏轼行书书法书写。同时，此次活动推出2条丈亭“山水休闲采摘之旅”“文化古迹寻踪之旅”微度假线路。

【“民族团结心向党 携手共庆二十大”手工糕点制作活动举行】 10月24日，由丈亭镇总工会、丈亭镇统战办、丈亭镇文化礼堂指导中心主办的“民族团结心向党 携手共庆二十大”手工糕点制作活动在余姚市兴泰机械有限公司举行，来自苗族、壮族、布依族等不同民族的职工代表参与。参加活动的职工代表穿着民族服饰，在各自民族的歌谣声中制作糕点。糕点制作完成后，制作人员与该公司工疗车间的残疾职工一同分享。

6月16日，“见证新时代 逐梦新征程”余姚作家“四明大地行”采风创作活动启动（王杉杉 摄）

12月12日，“法治大篷车”开进丈亭镇三江小学（王杉杉 摄）

【“法治大篷车”进丈亭镇三江小学】 12月12日，余姚市司法局丈亭司法所联合市普法办、市行政复议局、丈亭镇宣传办、综治办、姚东法律服务所将“法治大篷车”开进丈亭镇三江小学，为在校学生上一堂法治课。课堂上，法治志愿者向同学们分发了宪法、民法典及法治余姚等宣传册，向同学们普及宪法知识。同时，现场通过法律知识有奖竞答，进一步加深同学们对宪法的认识，丰富法律知识储备，培养学习法律知识的兴趣。本次法治活动，共发放法治宣传手册500余册，宣传物品100余件。

（丈亭镇）

2022年度丈亭镇各行政村（社区）基本情况表

表19

行政村（社区）	面积（平方千米）	户数（户）	人口数（人）	集体经济收入（万元）	集体经济总支出（万元）	总资产（万元）
丈亭村	3.2	1568	4116	297.47	86.74	1757.48

续表 19

行政村（社区）	面积（平方千米）	户数（户）	人口数（人）	集体经济收入（万元）	集体经济总支出（万元）	总资产（万元）
胡界村	3.6	947	2492	244.04	54.71	1414.57
渔溪村	6.1	1108	2691	136.79	75	1332.55
凤东村	6.4	1108	2774	185.14	90.3	957.3
寺前王村	7.8	967	2495	282.70	137.81	1638.31
半岙村	4.4	798	2042	109.43	39.25	1584.23
汇头村	5.6	887	2197	144.01	76.79	1604.24
龙丰村	3.9	665	1547	119.88	67.15	1481.06
龙南村	3.05	859	2056	166.49	68.01	1674.55
汇龙村	1.7	681	1701	95.94	55.22	970.48
梅溪村	8.3	862	2061	119.32	48.42	1914.98
三江社区	2.55	1366	2616	—	—	—

三七市镇

【概况】 三七市镇地处余姚市东部，全镇区域面积68.55平方千米，下辖12个行政村、1个社区，总人口4.66万人，其中户籍人口3.04万人，外来人口1.62万人。2022年，三七市镇实现财政总收入2.38亿元，其中一般公共预算收入1.33亿元，分别下降26.3%和22.7%。

【经济发展】 2022年，三七市镇实现规模以上工业产值37亿元，规模以上工业新产品产值9.7亿元，同比增长7%；规模以下工业主营业务收入增速11%。数字经济核心产业制造业增加值1.7亿元，同比增长35%。高新技术产业增加值4.2亿元，同比增长4.5%。完成企业"小升规"7家，新增高新技术企业9家，获评第四批国家级专精特新"小巨人"企业2家。完成"两化融合"项目申报1家、"机器换人"等重点技改项目申报6家。完成工业企业"有机更新"项目申报6家，启动实施改建项目4个。实现社会消费品零售总额11.5亿元，实现限额以上住宿餐饮业营业额1005万元，同比增长7.8%。

2022年，三七市镇农业总产值12.93亿元，增长8%。田螺山农机专业合作社获得省粮食增产保供十佳农机合作社、全国创业创新百佳合作社称号，田螺山现代化农事服务中心入选省首批现代化农事服务中心创建单位。完成非粮化整治、土地变更整理184.33公顷。新增农产品质量安全追溯主体3家，新认证绿色食品2个，获省科技兴林二等奖1家，验收完成无公害粮食功能区12平方千米。

【城镇建设】 2022年，三七市镇启动通苏嘉甬铁路征地工作，推进余姚市人才创业园土地征用和房屋拆迁，累计拆迁民房、企业23户，共计26505平方米，完成庆丰路段拆迁签约13509平方米。推进施岙地块开发建设，蓝城"桃李春风"一期项目累计完成投资4亿元，完成预售许可，并结合翠屏山中央公园规划，谋划"河姆渡猜想"科考文旅度假主题公园，加快二期项目16公顷土地出让。完成"批而未供"土地消化利用3.53公顷，完成率136%。完成西童路北侧0.6公顷工业用地、中山南路西侧0.28公顷商业用地出让。新增新建工业项目5个。

2022年，三七市镇投入262万元完成姚东村干岙至西茅山二期农村网络公路建设，投入246万元完成"梅乡古韵"乡村振兴示范带建设工程，投入822万元实施"都市融合"山水文化带系列工程，投入930万元实施石步村新时代乡村富裕富足示范线工程，投入5641万元实施三河线路面绿化提升工程、319省道绿化提升工程和三海线绿化提升项目。推进高铁沿线3个梳理式村庄建设。完成相岙至姚东水厂原水引水工程和大霖山"一户一表"零星工程，实施宝威路至升泰公司段天然气管网建设，投入211万元完成中山路两侧污水纳管工程，投入386万元启动石步村生活污水治理扩面工程，投入1300万元实施云山村农村生活污水及郭塘浦两侧污水纳管工程。投入70万元完成唐李张溪道整治工程，投入140万元实施石步西岙山塘整治工程，投入150万元实施祝西河整治工程，投入300万元实施姚东村小流域治理一期工程，投入2000余万元实施"梅花"台风水毁工程，投入4000万元实施国家级慈江三七市段堤防整治工程。

【社会事业】 2022年，三七市镇一般公共预算用于民生支出1.56亿元，同比增加4%。户籍养老保险参保率99.02%，医疗保险参保率99.6%，发放残疾人护理补贴102.4万元、生活补贴76.6万元，生育奖励扶助197人。总投资4000万元的镇卫生院改扩建项目已完成主体建设。

2022年，三七市镇投入685万元完成教育设施改造。全镇中考学生被余姚中学录取15人。完成“一村一品”全覆盖，开展“十五分钟文化圈”四村试点，戏曲下乡、电影下乡百余场，完成幸福村健身房、二六市村灯光篮球场、石步村健身步道公益设施建设。

【平安综治】 2022年，三七市镇创建“AI+铁塔”综合治理云平台，打造人机协同的乡镇综合治理智慧网，实现近80平方千米镇域范围的实时巡检，全年识别偷挖违建23起、秸秆焚烧1999起。完成“智安小区”建设9个，开发“智慧三七市”微信小程序，推进“全民慧眼行动”功能板块与综合治理云平台、基层治理四平台数据共享，形成一套“谁处置、什么时候处置、怎么处置”的初级闭环机制。

2022年，三七市镇推进安全生产管理数字化应用，健全风险管控清单，完成企业风险点标记412家。开展“除险保安”大排查大整治、消防安全（森林防火）百日攻坚、自建房安全排查整治、沿街店铺消防隐患大排查等行动。完成319省道安全设施精细化提升工程，封闭完成7处风险交叉路口，整改路口隐患8处.完成自建房屋安全排查24291栋，完成率100%。拆除影响消防通道的违章建筑17000余平方米，整治“三合一”企业16家，关停企业12家，行政罚款11家。举办企业主要负责人、安全管理人员培训班6班，培训人员800余人，完成一般从业人员自我培训3600余人。

【生态环境建设】 2022年，三七市镇完成“文明城市”、省级“美丽城镇”、宁波市新时代美丽乡村示范镇创建，完成云山工业园区“污水零直排区”创建，启动“国家卫生镇”“省级污水零直排区”创建。完成农村公厕标准化建设，创建成为省健康村1家。慈江祝家渡断面实现Ⅲ类水质达标。全年处罚违反环境保护相关法律法规企业6家、罚款150万元。

【党建工作】 2022年，三七市镇构建“杨梅红”产业共富、“金色田野”家园共享、“智谷小镇”项目共建三大党建联建，推进“甬爱E家”、共富工坊。构建15分钟党群服务圈，镇党群服务中心和二六市村党群服务中心获评宁波市五星级党群服务中心。开展“五问五破走在前，五比五先争一流”机关作风建设专项行动，建立“月述季评”机关干部晾晒机制和“周二在一线”联系服务群众机制。深化年轻干部“365”成长行动2.0版，建立“1+1+1”双导师帮带培养机制。开展“以案促教、以学促纪”系列警示教育活动，以市镇联动推进农村“清风工程”，开展年轻干部“青廉”行动，实施“监督月例会”机制。

【梅乡桃李“万物私塾”开学盛典活动】 3月3日，三七市镇开展“喜迎二十大，庆建团百年”暨梅乡桃李“万物思塾”开学盛典活动。余姚团市委书记戚劲杉，三七市镇党委书记王罕杰、党委副书记陈利炳，余姚阳明文化书院院长许为民，宁波桃李春风项目总负责人徐春琦等出席。活动中，王罕杰

3月3日，“喜迎二十大，庆建团百年”暨梅乡桃李“万物思塾”开学仪式举行　　（三七市镇　供稿）

3月11日，“党群携手 圆梦金婚”志愿活动举行　　（三七市镇　供稿）

为“宁波桃李春风志愿者团队”授牌。许为民授予三七市镇“阳明书院研学实践基地”称号。戚劲杉、王罕杰、陈利炳、许为民、徐春琦等一同放飞气球，宣布梅乡桃李“万物私塾”研学营开营。

【“党群携手 圆梦金婚”志愿活动】 3月11日上午，三七市镇党委、团委在党群服务中心组织开展“党群携手 圆梦金婚”志愿活动。志愿者为三七市镇金婚夫妻们穿上礼服、化好妆，并为他们拍照留念。

【“宋韵梅乡三七市，荸荠杨梅红中国”汉服游园活动举行】 6月21日，“宋韵梅乡三七市，荸荠杨梅红中国”汉服游园活动在三七市镇石步村举办。活动由“夏至杨梅满山头”“共富杨梅红中国”“梦回宋韵三七市”“宋韵游园会”四个篇章组成，分上午和下午两场举行，各设置了一场直播。活动现场，设置金川市集进行宋韵文化展示，对三七市镇的风情和美食进行直播讲解。

6月21日，“宋韵梅乡三七市，荸荠杨梅红中国”汉服游园活动举行

（三七市镇 供稿）

【党的二十大精神进鸡山学堂宣讲活动举行】 11月15日，党的二十大精神进鸡山学堂宣讲活动，打造鸡山学堂宣讲工作室在三七市镇二六市村鸡山学堂举行。活动中，青思路宣讲团代表与机器人小宝开展了互动宣讲。

（三七市镇）

2022年三七市镇各行政村（居委会）基本情况表

表20

行政村（居委会）	面积（平方千米）	户数（户）	人口数（人）	集体经济收入（万元）	集体经济总支出（万元）	总资产（万元）
三七市村	7.25	1366	3230	351.40	111.41	3252.72
唐李张村	4.50	670	1649	129.31	109.05	943.75
相岙村	4.93	618	1436	126.36	68.81	1845.88
云山村	4.40	722	1613	277.46	68.00	1708.09
魏家桥村	7.58	1066	2532	235.14	99.92	2465.88
二六市村	3.80	1294	3515	218.35	134.85	5473.15
幸福村	9.00	1684	4054	283.77	111.06	2394.36
石步村	9.60	1149	2905	253.78	84.37	1608.3
姚东村	6.70	600	1590	174.43	68.82	1621.26
祝家渡村	3.55	895	2107	551.35	95.09	2064.98
胜利村	3.42	708	2254	168.68	75.63	906.17
大霖山村	3.80	467	1276	143.73	40.50	721.78
三七市居委会	0.55	1394	2457	—	—	—

河姆渡镇

【概况】 河姆渡镇位于余姚东南部，距余姚市区17公里，镇域总面积64.92平方千米，镇辖9个行政村和1个居委会，有常住人口1.98万人，外来人口1.54万人。2022年，河姆渡镇实现社会生产总值100.4亿元，同比增长2.34%；财政总收入2.86亿元；全社会固定资产投资2.83亿元。

【经济发展】 2022年，河姆渡镇实现工业总产值86.4亿元，同比增长2.03%。万洋众创城完成投资5744万元，企业开始入驻。罗江工业园区硬件环境得到进一步改善。全年启动工业项目16个，其中重点乡镇长项目2个，技改项目2个，二次改建项目8个。全年新增"小升规"企业5家，实现规模以上工业产值33.7亿元、销售30.7亿元，同比增长0.21%、0.5%。实现规模以上工业增加值7.65亿元。培育入库高新技术企业8家，新增高新技术企业6家，申报国家级科技型小型企业18家，省级科技型小型企业14家，新增余姚市工程中心2家，2家技改项目通过验收。实现高新技术产业增加值3.7亿元；规模以上研发费用9400万元，增长12.5%。浙江新大塑料管件有限公司成功获批院士科技创新中心。

2022年，河姆渡镇完成7.33平方千米晚稻种植任务，茭白种植面积10平方千米，总产量31808吨，总产值14000万元。推进茭白田甲鱼产销一体化工程，完成茭白田甲鱼产值6900万元，同比增加1.47%。茶叶、杨梅等其他农业产业保持平稳增长，竹产业全产业链条基本成型。整治恢复种粮功能图斑122块，花木类整治21处。开展农村集体资产清产核资行动，推进河姆渡村、小泾浦村村级集体经济发展扶持项目，低收入农户人均可支配收入增长10%。

【城镇建设】 2022年，河姆渡镇商贸核心区基本成型，万基·河姆景苑一期顺利交付，万基·河姆景苑二期、新邻里中心商业街区等项目正在销售，商会大厦完成主体工程结顶。古乍线、三河线、寺慈线、纬一路、纬二路、慈江大桥连接线等道路新建改造完成。

2022年，河姆渡镇完成水利设施整体巩固提升投资4160万元。新集镇天然气管道铺设完成并投入使用，南片21座公交候车亭改建工程全部完工，古乍线两侧立面改造工程、路灯改造工程全部竣工，姚江文化风景线区域提升暨古乍线节点打造工程进入扫尾阶段。推进翁方村、车厩村、东澄村、河姆村4个行政村的污水纳管扩面等污水零直排相关工程建设。成立社区筹建办。

【社会事业】 2022年，河姆渡镇完成新增就业116人，失业人员再就业459人，困难失业人员再就业79人，招用安置公益性岗位"4555"人员6人。366家企业享受稳岗补贴、留工优工四项补贴等政策，办理失业、灵活就业人员的各项补贴439人次。城乡医保参保率99.5%，城镇登记失业率2.25%。筹建"共富基金"1000余万元，用于助医、奖教、保境安民等领域。

2022年，河姆渡镇撤并车厩幼儿园为第一幼儿园教学点，获批地市级青少年研学基地（营地）。投入150万元建设完成河姆渡镇区域性居家养老服务中心，老年人上门诊疗及体检服务项目启动。

2022年，河姆渡镇举办余姚市第十二届全民读书节暨第十六届"书香河姆渡"全民读书节。茶香书屋创建宁波市农家书屋示范点，翁方村文化礼堂申报浙江省公共文化场馆服务功能拓展先行先试案例并通过验收。河姆渡国家考古遗址公园完成立项，推进浪墅桥古村作坊弄、郁文故居等修葺利用项目。"茭美古渡"示范线为主体的中小学生研学教育实践基地运行，推进总投资1亿余元的商旅项目云谷酒店主体工程有序。开展各类志愿服务1600余人次。建立健全道德银行"好人评选"机制，拾金不昧王万海、抗疫先锋汪夏定被评为余姚好人。

【平安综治】 2022年，河姆渡镇开展"除险保安"、"消防安全百日攻坚"等安全生产专项整治行动，累计发现隐患5900余处，整改率100%。全年调处矛盾纠纷365起，受理信访件454件，办结率100%。

2022年，河姆渡镇接收上报事件8154条，事件办结率100%。全镇摄像头增至521个。推进"大综合一体化"行政执法改革，实现执法部门联合执法64次。开展镇容环境集中整治150次，完成"掌上执法"检查1383家，纠正乱堆放、乱张贴等违法行为共计544起。开展"一扫七治""拆违治乱"专项行动，拆除建筑面积约9.23万平方米，完成10余家企业拆后项目改造、工规审批补办。开展建筑垃圾渣土运输百日攻坚专项行动，累计查扣渣土运输车33辆，建筑垃圾类立案查处15起。

【生态环境建设】 2022年，河姆渡镇推进"茭美古渡""和美翁方"等美丽乡村示范线扩面工作，翁方村"余姚市新时代富裕富足"示范线建设顺利通过竣工验收，芦山寺村成功入选浙江省第二批未来乡村名单，并通过省级验收。推进"甬有碧水"攻坚行动，加强河道日常保洁，开展畜禽养殖污染管治"回头看"行动。推进垃圾分类工作，餐厨垃圾示范线覆盖率提升。健全完善全域市场化保洁长效管理机制，迎接国家卫生乡镇检查。

【党建工作】 2022年，河姆渡镇推动"赛马争先"抓落实专项行动和"五问五破走在前、五比五先争一流"作风建设专项行动。推进"放管服"改革，加快数字化转型。办理人大代表建议9件、提交市政协提案4件。

【"欢乐过大年·迈向新征程"送福送春联活动举行】 1月13日，河姆渡镇"欢乐过大年·迈向新征程"送福送

4月24日，"悦读最名邑 奋进共富路"余姚市第十二届全民读书节暨第十六届"书香河姆渡"全民读书节开幕式举行　（河姆渡镇　供稿）

12月31日，2023第四届余姚市迎新登高大会在河姆渡镇举行　（河姆渡镇　供稿）

春联活动在浪墅桥古村落茶香书屋举行。河姆渡镇书画协会全体成员及翁方书法社成员在书写春联并赠予当地村民。

【余姚市第十二届全民读书节暨第十六届"书香河姆渡"全民读书节开幕式举行】 4月24日，"悦读最名邑 奋进共富路"余姚市第十二届全民读书节暨第十六届"书香河姆渡"全民读书节开幕式在河姆渡镇举行。余姚市副市长林体，市委宣传部常务副部长董朝晖，市府办副主任王欢亮，市文广局党委书记、局长杨玉红，河姆渡镇党委书记吴微勋、党委副书记、镇长方勇，市委宣传部副部长、市新闻出版局局长马金浩，宁波市天一阁博物院专职副书记郑薇薇，余姚市社科联专职副主席黄士杰，市文广局副局长周凌宏，宁波市朗读联合会副主席兼秘书长凌可等领导出席活动。余姚市全民阅读指导委员会成员单位分管领导，余姚市各乡镇街道宣传委员、文化站站长代表，参加"网民看看看"活动的热心网友及阅读爱好者参加活动。活动中，吴微勋致欢迎辞，方勇发布"书香河姆渡"LOGO。《河姆渡》十周年电子刊上线。余姚阳明读书社成立。余姚"书香之旅"火炬点燃，林体宣布活动开幕。

【河姆渡镇人民政府获"全国五一劳动奖状"】 4月28日，中华全国总工会召开大会表彰2022年全国五一劳动奖状、奖章和全国工人先锋号获得者。河姆渡镇人民政府获"全国五一劳动奖状"。

【河姆渡镇农民合作经济组织联合会第二届第一次会员大会召开】 5月23日，河姆渡镇农民合作经济组织联合会第二届第一次会员大会召开，河姆渡镇农民合作经济组织联合会（河姆渡镇农合联）全体会员参加会议。余姚市供销联社党委委员、副主任胡云等余姚市农合联换届工作指导小组相关领导到会指导。

会上，河姆渡镇副镇长、河姆渡镇农合联第一届理事会理事长诸鸿军作题为《深化改革，夯实基础，为高质量打造"三农"综合服务平台而不懈奋斗》的河姆渡镇农合联第一届理事会工作报告。会议通过投票选举产生第二届农合联理事、监事以及出席上级农合联的会员代表。随后，河姆渡镇农合联第二届第一次理（监）事会由镇党委副书记徐存主持，会议通过投票选举产生理事长、副理事长、监事长、副监事长，聘用河姆渡镇农合联执委会。河姆渡镇农合联第二届理事会理事长诸鸿军作表态发言。

【2023第四届余姚市迎新登高大会举行】 12月31日，2023第四届余姚市迎新登高大会在河姆渡镇举行。活动由市文广局、市总工会、河姆渡镇人民政府、市体育总会主办，市体管中心、市工人文化宫、河姆渡镇文化站、余姚市全民健身中心有限公司、余姚市户外运动协会承办。活动在8：30开始，河姆渡镇五联村史门自然村篮球场出发，全程10千米，活动还设置了赛道中途知识问答打卡点和赛后抽奖活动。共400余人参加登高活动。

（河姆渡镇）

2022年河姆渡镇各行政村基本情况表

表21

行政村	面积（平方千米）	户数（户）	人口数（人）	集体经济收入（万元）	集体经济总支出（万元）	总资产（万元）
翁方村	4.56	0.0881	0.2228	535.46	280.88	7176.97
江中村	6.88	0.1491	0.3698	1302.31	357.44	5040.36
小泾浦村	2.8	0.0643	0.1567	336.59	512.97	3502.6
罗江村	6.37	0.1314	0.3161	523.73	498.92	8797.77
芦山寺村	3.34	0.0918	0.2157	441.35	456.45	2183.94
河姆渡村	10.15	0.0584	0.1403	440.73	484.67	2569.37
车厩村	12.2	0.0898	0.2149	272.23	420.56	3172.8
五联村	11.28	0.0645	0.1664	594.83	162.28	2933.63
东澄村	4.3	0.041	0.1039	302.18	252.29	1642.46

小曹娥镇

【概况】 2022年，小曹娥镇实现社会总产值332.2亿元，同比增长20.6%；财政总收入4.5亿元，一般公共预算收入2.47亿元，农民人均可支配收入4.72万元，增长6%。

【经济发展】 2022年，小曹娥镇拥有上市企业2家，产值超亿元企业达21家。全年实现工业产值275亿元，同比增长7.2%。其中规模以上企业产值190.5亿元，同比增长5.8%。规模以上企业工业增加值25.1亿元，同比增长8.8%。实现社会消费品零售额3.1亿元，同比增长0.3%。限额以上批发零售业销售额12.7亿元，同比增长115.4%。小曹娥镇有2个工业园区，形成铜冶炼及加工、化工、金属表面处理等传统产业为支柱，新能源、高新材料为突破的产业布局。

2022年，小曹娥镇实施固定资产投资项目34个，实现固定资产投资5.75亿元，增长4.5%，其中工业投资4.8亿元。推进总投资4.6亿元的世茂能源三期建设，总投资1.9亿元的舜通新材料年产40万吨绿色环保型沥青混合料生产项目和总投资3.3亿元的城市污水处理厂扩容改造工程建成投用。杭州湾（小曹娥）机电产业园企业顺利入驻，8家企业实现投产。

2022年，小曹娥镇实现农业总产值11.3亿元，增长6.7%。落实早稻播种面积145.67公顷，落实率109.3%。完成非粮化整治，恢复耕地174块，面积57.71公顷，总补助资金1841万元。榨菜种植面积达6.87平方千米，收购均价0.94元/公斤，总产值达3800余万元，亩均产值同比增长26%。销售各类农产品1.38万吨，销售额6900万元。

【城镇建设】 2022年，小曹娥镇推进新一轮国土空间规划编制，新增建设用地指标约16.67公顷。总投资1370万元的刘丁路道路新建工程顺利完工，推进总投资828万元的五塘南路新建工程和总投资228万元的新集镇西路新建工程。申报国家专项债1.7亿元，推进总投资2.6亿元的小曹娥小微园区基础设施配套工程，涉及4个子项目，其中曹娥至万圣公路（一号公路）建设项目顺利实施。总投资5000万元的镇卫生院迁建工程基本完成，总投资2600万元的集镇新区幼儿园

3月，小曹娥镇榨菜收割　　（小曹娥镇　供稿）

12月，小曹娥镇卫生院迁建工程完成主体工程　　（小曹娥镇　供稿）

完成回购。高水平推进“美丽城镇”建设，累计实施11个基础设施提升项目和16个镇容村貌提升项目，顺利通过省级“美丽城镇”验收。完成新时代美丽乡村梳理式改造村2个，完成总投资300万元的宁波级“一事一议”美丽乡村建设项目和总投资430万元的“果香姚北”美丽乡村精品线节点打造工程。

【平安综治】2022年，小曹娥镇开展“除险保安”、“扫黑除恶”、防电信网络诈骗等专项行动，全镇矛盾调解成功率达97%以上。细分微网格215个，开展各类基层治理拉练12次。落实“乡镇吹号、部门报到”制度，推动部门执法力量精准下沉，开展较大联合执法22次。

【生态环境建设】2022年，小曹娥镇完成长江办反馈总磷控制不力问题整改销号，园区广兴路、建民路水渠总磷浓度明显下降，地表水水质平均保持在Ⅲ～Ⅴ类水平。推进二轮中督电镀园区整治销号，19家电镀企业完成原地重建7家、搬迁11家、关停整治1家，总投资1200万元的园区环境提升工程完工，环保码智慧监管平台启动运行。实施河道疏浚、河道两岸污染源治理、污水纳管等工程，完成治水项目投资2.7亿元。实施总投资1920万元的水利工程项目，获宁波市“水美乡镇”称号。

【小曹娥镇全域保洁一体化项目实施】6月1日，小曹娥镇总投资1286万元的全域保洁一体化项目完成招投标并签订合同，正式启动实施。项目涉及全镇8个村、南北工业园区、建成区，服务内容包括日常保洁、道路、河道、绿化养护，垃圾粉碎、压缩、清运等。

【小曹娥镇通过省级“污水零直排区”创建验收】12月7日，小曹娥镇省级“污水零直排区”创建通过验收。实施治水提质工程19个，新建成集镇污水总管4.5千米，完成治水项目投资2.7亿元，对55家工业园区企业、1个生活小区（华景川小区）、镇区朗夹公路和朗海南路40余家沿街店铺以及镇政府、卫生院、学校、农贸市场等3个区块做好截污纳管、清淤疏浚、水系环通、生态修复、河道整治等工作。

（小曹娥镇）

2022年度小曹娥镇各行政村（居委会）基本情况一览表

表22

行政村（居委会）	面积（平方千米）	户数（户）	人口数（人）	集体经济总收入（万元）	集体经济总费用（万元）	总资产（万元）
曹一村	2	962	2191	422.85	52	2892.37
曹娥村	5	1762	3936	422.76	99	3686.42
建民村	5.2	1449	3157	636.23	87	2586.37
朗海村	6	1730	4301	347.47	124	3732.44
滨海村	4	1835	4020	274.75	136	3363.48
南新庵村	2.8	967	2132	165.3	119	1353.25
镇海村	2.2	1045	2150	275.99	61	2307.86
人和村	4.4	1635	3699	268.86	89	2445.05
庵街居委会	—	802	1120	—	—	—

临山镇

【概况】 临山镇位于余姚西北部，行政区域面积46.18平方千米。下辖10个行政村、1个居委会，总人口5.98万人，其中户籍人口3.63万人，外来人口2.35万人。2022年，临山镇实现财政总收入3.87亿元，一般公共预算收入1.91亿元。成功创建为国家卫生镇、宁波市“无违建示范乡镇”、宁波市农村生活垃圾分类示范镇，获评市“全面深化改革（数字化改革）”突出贡献集体、“制造业高质量发展”科技创新成绩突出集体、文明城市建设先进集体等。

【经济发展】 2022年，临山镇完成工业产值135.2亿元，其中规模以上工业产值57.03亿元；规上工业增加值13.22亿元；完成固定资产投资6.68亿元；宁波市外实到内资2.9亿元，余姚市外实到内资2.97亿元，浙商创业创新实到资金完成1.28亿元；高新技术产业增加值7.90亿元，同比增长2.54%；数字经济核心产业制造业增加值增速18.5%；社会消费品零售总额同比增加14.9%。完成高新企业培育入库6家，高新申报14家，宁波科技型中小企业备案14家，国家科技型中小企业完成评价30家；新增宁波市级专精特新“小巨人”企业1家，培育“350”企业5家，完成小升规10家。

2022年，临山镇持续打响“千年临山卫 · 江南葡萄沟”品牌，深化农文旅融合，成功举办第十八届“余姚（临山）江南葡萄节”，全年葡萄经济效益超3亿元，味香园葡萄品牌价值达10.93亿元人民币。浙江博凯农牧业科技发展有限公司获评创业农场和数字牧场；创建省级美丽牧场2家。丰宣农机合作社成功创建为省级现代化农事服务中心。加速农业园区提档升级，新入园企业1家，招租17.73公顷。发挥正大龙头效应，10万头标杆猪场投产运营。

【城镇建设】 2022年，临山镇完成“三区三线”划定，全镇行政区域面积46.18平方千米，城镇开发边界总规模6.36平方千米。“果香姚北”乡村文明线临山段完工。开展“拆违治乱”百日攻坚行动，共处置违建10.86万平方米，拆除违建6.83万平方米，完成国土变更调查问题销号整改近26公顷，创建为宁波市“无违建示范乡镇”。推进G92N临山连接线土地征用及房屋拆迁工作，实现房屋拆迁“清零”，完成征地签约率100%。推进俞家中央墙门、阮氏宗祠等历史风貌建筑修缮，完成17户民居及15间临街店铺仿古改造。新建、提升农村网络公路4条，路网通达能力有效提升。推进兰海、临海、临浦等3个村“精特亮”创建工程及临山村新时代美丽乡村梳理式改造，累计为村级集体经济减少债务5000余万元。

2022年，临山镇开展爱国卫生运动，深化“一扫七治”、文明村镇创建，深入开展农村环境“大清理、大起底”综合整治百日攻坚行动，实施全域保洁一体化，整治人居环境突出问题，成功创建为国家卫生镇。加强水利基础设施建设，完成牛直江整治、临南江疏浚、灌区七期等工程项目建设。深化耕地“两非”整治，推行“田长制”，加强高标准农田建设，完成全年粮食生产任务。

【社会事业】 2022年，临山镇落实企业职工基本养老保险全国统筹，重点推进企业职工基本养老保险提标扩面，全镇户籍养老参保率达99.7%、医疗保险参保率达到99.5%以上。开展困难群众大排摸行动，将351名困难群众纳入重点走访对象，并落实低收入农户“一户一策一干部”帮扶，兜底保障水平逐年提高。持续推进“无欠薪”创建工作，深化劳动监察和劳动争议调处，受理调解劳资纠纷、工伤纠纷等各类维权案件244起，调解成功率在98%以上。实施“就业安民”行动，积极开展创业指导服务，强化企业用工服务保障，开发公益性岗位6个，为5家企业成功申请各类创业补贴50余万元。

2022年，临山镇完成青少年近视暨脊柱侧弯综合防控工作。临山镇初级中学中考被余姚中学录用7人。临山镇初级中学改造提升工程完成主体建设。

2022年，临山镇推进镇卫生院门诊楼改造项目。为全镇80周岁以上户籍老年人提供每月3小时居家养老服务，推进0~3周岁婴幼儿照护服务站建设。

【平安综治】 2022年，临山镇深化“平安临山”建设，扎实开展“除险保安”、“扫黑除恶”、防电信网络诈骗等专项行动，做好平安护航党的二十大、两会等重要节点安保工作，稳妥推进处置房地产领域风险，强化矛盾纠纷调处化解，切实落实领导包案责任制，全镇无越级集体访和非正常上访事件发生，无因调处不当而引发的矛盾激化事件发生，全年刑事发案率同比下降23%。

2022年，临山镇深化矛调中心建设，落实完善联合执法机制，优化“微网格”服务管理模式，调整全镇44个网格及321个微网格设置，全年累计开展网格走访巡查339362次，上报受理各类事件6794起。迭代升级“141”基层治理体系，邵家丘成功创建为省第二批“未来乡村”、省级民主法治村。开展政协委员“联片进镇帮村”“民生议事堂”协商等活动。

2022年，临山镇落实安全生产主体责任，完成省平安建设挂牌督办、宁波重点关注区域销号验收及宁波“丌小灶”问题整改，累计约谈企业31家，立案处罚49起，暂时停产停业15家，处罚金额163.64万元。推进临山镇安全生产数字监管系统、企业“智慧消防”等平台建设。坚持预防在先、教育在前的原则，编制发放重点行业操作规范和防范指导手册，推进分层分级分类安全培训。

【生态环境建设】 2022年，临山镇开展电镀（铝氧化）整治提升行动，高标推进“污水零直排区”建设，成功通过省级“污水零直排区”创建、工业西区“污水零直排区”县创验收。推进农村生活垃圾分类，创建成为宁波市农村生活垃圾分类示范镇，邵家丘村创建成为省级农村生活垃圾分类示范村，销号完成生活垃圾填埋场整治任务。实施“五水共治”，全面推行河湖圈履职制，编制镇域水环境五年规划，实施临海大浦水质提升工程，完成临海大浦江宁波生态补偿考核断面Ⅲ类水质目标，通过七塘横江临山段“甬有碧水”考核任务。

【党建工作】 2022年，临山镇严格落实“第一议题”制度，常态化开展“周二夜学”。实施书记办公会议“四到场”、“两张清单”项目销号推进、“重大项目攻坚”等工作机制。强化“党建+基层治理”品牌，完善“三区一中心”党建联建机制，“江南葡萄沟”党建联建被评为首批宁波市级党建联建。启动基层党建专项巡查工作。

2022年，临山镇开展“五问五破走在前，五比五先争一流”机关作风建设专项行动，推出“中层述职·亮绩点评”练兵赛马活动8期。开展全镇新时代基层干部推动共同富裕主题培训，出台村干部岗位责任制考核实施办法，推行差异化岗位责任制考核。注重干部队伍结构优化，共提拔干部13名，招考村级后备干部14名。

2022年，临山镇落实党风廉政建设“两个责任”，制定出台《临山镇、村两级干部履职负面清单制度》。完善信访举报部门联动机制。完善村级“小微权力”监督检查机制，落实基层公权力数据监督应用平台。开展“以案促教、以学促纪”系列警示教育活动。强化执纪惩处力度，累计开展第一种形态处置25人，立案查处党员违法违纪案件21起。

5月30日，临山镇第十九次妇女代表大会召开　（陈波　摄）

7月16日，2022（余姚·临山）江南葡萄节开幕式活动举行　（戴光英　摄）

【临山镇第十九次妇女代表大会召开】 5月30日上午，临山镇第十九次妇女代表大会召开，来自全镇各行各业、各条战线的71名优秀妇女代表参加会议。临山镇党委书记王明江、市妇联副主席陈励、临山镇镇长唐利佳、临山镇人大主席吴建军、临山镇党委副书记赵建梁、临山镇党委委员舒敏敏、临山镇党委委员孙琦节等出席会议。

【临山镇科学技术协会第五次代表大会召开】 7月1日下午，临山镇科学技术协会第五次代表大会召开，来自全镇各行各业、各条战线的62名科技工作者代表参加会议。临山镇党委书记王明江、市科协主席张志红、临山镇党委副书记赵建梁、临山镇党委委员孙琦节等出席会议。

【2022（余姚·临山）江南葡萄节开幕】 7月16日晚上，2022（余姚·临山）江南葡萄节开幕式活动在余姚万达广场举行，葡萄节历时3个月，活动亮点纷呈，除了开幕式和“葡萄夜市”，还有临山葡萄带货直播、跟着吉祥物“葡葡”、“萄萄”游临山、“果香姚北”精品线自驾游、“相识葡萄园 情定临山卫”相亲交友等活动，持续到9月底。

【共青团临山镇第十九次代表大会召开】 10月28日上午，共青团临山镇第十九次代表大会召开，来自全镇各行各业、各条战线的55名优秀团代表参加会议，大会回顾总结镇团委上届团代会以来工作，部署今后五年工作目标任务，并选举产生了共青团临山镇第十九届委员会。临山镇党委书记王明江、团市委书记戚劲杉、临山镇镇长唐利佳、临山镇党委副书记赵建梁、临山镇党委委员舒敏敏出席会议。

【临山马国军入选“中国好人”】 11月18日上午，中央文明办发布2022年第三季度“中国好人榜”，浙江7例上榜。其中，来自余姚市临山镇的马国军上榜“见义勇为”好人。

（临山镇）

10月28日，共青团临山镇第十九次代表大会召开　（陈波　摄）

2022年临山镇各行政村（居委会）基本情况表

表23

行政村（居委会）	面积（平方千米）	户数（户）	人口数（人）	集体经济收入（万元）	集体经济总支出（万元）	总资产（万元）
湖堤村	2.5	1250	3385	400.13	449.29	2411.73
汝东村	3.663	935	2630	429.21	684.67	2793.90
临南村	9.13	1363	3854	844.46	1479.73	5646.99
临山村	4.5	1153	3159	330.94	426.77	2938.68
临城村	5	1127	3166	457.26	701.13	4586.84
临浦村	5	1724	4358	648.03	533.62	6026.45
临海村	7	1707	4957	468.16	365.18	5810.85
兰海村	2.36	894	2387	292.46	603.69	2021.37
梅园村	3.17	1060	3159	549.28	519.68	1668.23
邵家丘村	4	878	2469	336.99	369.63	4351.58
凤麟居委会	—	1624	2815	—	—	—

黄家埠镇

【概况】 2022年，黄家埠镇完成财政总收入4.4亿元、一般公共预算收入2.4亿元，农村居民人均可支配收入达到4.5万元。

【经济发展】 2022年，黄家埠镇实现规模以上工业产值60.7亿元，销售58亿元、利润4亿元，规模以上工业增加值16亿元。全年实到外资10万美元，实现余姚市外实到内资3.09亿元，宁波市外实到内资2.85亿元，浙商创业创新资金2亿元，完成固定资产投资4.8亿元，其中工业投资4.4亿元。

2022年，黄家埠镇推进数字化装备普及和智能工厂、数字化车间建设，累计实施智能化改造项目4个，建成市级数字化车间1个。打造万洋小微园区建设，引进消防器材、文教文具、汽配橡塑三大主导产业及相关配套产业链，签订落户企业73家。鼓励培育企业小升规，申报国家高新技术企业10家，新增国家科技型中小企业17家，省科技型中小企业6家。实现尚品、杰立、富华、瑞龙四家企业2021年度技术改造验收，累计申报补贴达1.4亿元以上。推进尚品、舜洁、备得福、杰立等8个新建项目启动入库，完成杰立、正欣工业投资项目土地出让会审。

2022年，黄家埠镇村级集体经济收入5109.5万元，同比增长10.9%，村集体经营性收入2292.6万元，同比增长48.7%。全年种植水稻16平方千米、小麦3.07平方千米、榨菜4.67平方千米，水产养殖2.07平方千米，生猪出栏11072头。引导备得福、明凤等农业龙头企业做实做优互联网经济，全年实现销售额4500万元。

2022年，黄家埠镇农房确权累计颁证5193户。高效节水管道灌溉工程分片完工，实现1.33平方千米农田灌溉提升。十六户村七四丘垦造耕地（二期）工程扎实推进，净增耕地16.67公顷。开展耕地"非粮化"整治，超额完成整治任务85.33公顷，处置违法草皮种植62.4公顷，清零21个抛荒地块涉及土地6公顷，完善91.33公顷粮功区补划调整。

【城镇建设】 2022年，黄家埠镇完成总投资约1400万元三号水库茂海路、欣园路及厂区配套基础设施建设，总投资约300万元的四塘江路大中修工程按期竣工，果香姚北精品线路打造成效显著。镇域路灯、绿化等养护时时跟进，电缆、窨井等市政设施维修及时，全年补种绿化283处，维修路面184处，新增停车位265个，减速带1014米。推进"拆违治乱"攻坚行动，销号违建点位113个，整改、拆除面积9.55万平方米，拆违任务完成率达110%。

【社会事业】 2022年，黄家埠镇一般公共预算用于民生支出1.6亿元，增长19.4%。各类参保人数累计达31501人，参保率达99.63%。完成医保退休补缴512人。成功调解劳动争议案件123件，累计涉及调解金额627万余元。发放各类困难补助1400余万元。数字赋能引领，构建集"窗口端、PC端、移动端、自助端"多端一体的多元同步政务服务2.0体系。

2022年，黄家埠镇校园设施优化，镇初级中学修缮工程按期完工，横塘小学、回龙小学9个厕所改造提升。镇卫生院迁建工程完成内部装修，办公、医疗设备采购井然有序。

【生态环境建设】 2022年，黄家埠镇省级"污水零直排区"创建圆满验收，完成相关项目19个，累计投资3100余万元，实现工业园区、集镇区域内污水纳管改造基本覆盖。总投资约1150万元实施完成水环境治理、河道疏浚等项目5个，提升改造4家腌制企业内部腌制点生产加工环境，谋划投资2000万元建设横塘村榨菜集中腌制点。启动邵家采石场、三角堰头山塘废弃矿山生态治理工程评审，落实3个简易处置废弃矿山整治。垃圾填埋场治理有序推进，"低散乱污"企业整治步伐有序，工业固体废物收运体系实现全覆盖。

【平安综治】 2022年，黄家埠镇调处各类矛盾纠纷249起，受理各类信访事项606件，调解成功率、信访办结率均达100%。持续净化社会环境，累计破获各类刑事案件52起、行政案件87起，成功劝阻电信网络诈骗警情15起。开展各类专项执法检查，聚焦烟花爆竹、藤制品加工、涉危企业、"厂中厂"、消防安全等行业、领域开展安全隐患大排查大整治，排查面覆盖全部企事业单位，累计整改安全隐患1.6万条，立案查处企业22家，累计罚款51万元。

【党建工作】 2022年，黄家埠镇开展"五问五破走在前、五比五先争一流"

11月初，黄家埠镇党的二十大精神宣讲团成立　　（黄家埠镇　供稿）

11月24日，浙江省"污水零直排区"创建验收小组到余姚对黄家埠工业园区开展创建验收　　（黄家埠镇　供稿）

作风建设，实施“五心”行动。发挥“古埠新语”宣讲团先锋骨干作用，加强镇新时代文明实践所站、镇级“兰风大讲堂”、各“百姓讲坛”等理论宣教阵地建设，开展线上线下宣讲100余次。构建分别由十六户村、杏山村、五车堰村牵头的“红色共建联盟”“绿色共富联盟”“社会共治联盟”三大党建联盟，开展党建联盟交流会1次。发挥“兰风青年哨”网格指导员作用，在35个基础网格中设立“兰风廉哨”。

【党的二十大精神宣讲团成立】 11月初，黄家埠镇在红色通道十六户纪念园举行党的二十大精神宣讲团成立暨宣讲活动启动仪式。宣讲团代表和新入党党员参加了授旗仪式，聆听了党的二十大精神宣讲。宣讲团由镇领导宣讲队、“古埠新语”青年宣讲队、网络宣讲队、“最美黄家埠人”先进典型宣讲队、“兰韵”文艺工作者宣讲队等5支宣讲队的60余名宣讲员组成。

【黄家埠工业园区迎接省级“污水零直排区”创建验收】 11月24日，浙江省“污水零直排区”创建验收小组到余姚对黄家埠工业园区开展创建验收。验收小组由宁波市生态环境局联合宁波市经信局、宁波市治水办和相关专家组成，验收流程根据《浙江省工业园区（工业集聚区）“污水零直排区”建设评估指标体系（试行）及评估验收规程》实施，通过台账查阅、实地抽查、专家评估，对黄家埠工业园区进行验收。

12月16日，黄家埠镇举办兰风青年干部风采展暨机关作风建设菁英擂台赛举行（黄家埠镇　供稿）

【兰风青年干部风采展暨机关作风建设菁英擂台赛举办】 12月16日，黄家埠镇举行兰风青年干部风采展暨机关作风建设菁英擂台赛，14名“90后”青年机关干部参加比赛。参赛人员结合自身“兰风青年哨”的工作经历，围绕基层工作，用“青年之声”展示干部风采。

（黄家埠镇）

2022年度黄家埠镇各行政村（居委会）基本情况表

表24

行政村（居委会）	面积（平方千米）	户数（户）	人口数（人）	集体经济收入（万元）	集体经济总费用（万元）	总资产（万元）
杏山村	5.16	930	2782	348.00	85.00	3827.00
华家村	3.12	918	2522	164.48	149.53	1403.30
回龙村	4.2	1190	3052	897.70	331.70	8559.71
五车堰村	4.7	1260	3469	624.9	431.3	3059.00
黄家埠村	3.75	1397	3649	940.00	986.00	3312.00
高桥村	4.2	1320	3511	820.00	805.00	6176.00
韩夏村	4.5	1296	3374	397.33	523.21	3365.54
上塘村	3.82	1119	3016	266.00	99.00	1488.00
横塘村	5.04	1674	4329	289.31	183.67	3078.01
十六户村	4.8	1674	4091	813.53	172.43	4798.09
黄家埠居委会		836	1305			
回龙居委会		495	754			

大隐镇

【概况】 2022年，大隐镇实现社会总产值34.26亿元，同比增长22.2%；完成财政总收入1.42亿元、一般公共预算收入7392.7万元，分别较上年增长20.1%、18%。

【经济发展】 2022年，大隐镇实现工业总产值28亿元，同比增长6%；其中规模以上企业产值18.2亿元，同比增长7%。落实国家、省、市减负降本、助企纾困各类政策，为企业解决各类难题百余个。生久学院启动建设。新增“小升规”企业3家。争取余姚市外、宁波市外资金3500万元，浙商创业创新资金3500万元，同比增长40%。实施新一轮“腾笼换鸟”行动，盘活利用Ⅱ级市场闲置厂房、拆后闲置地等2万余平方米，新引进宁波市内企业3家。规上企业“亩均效益”综合评价A类占比率提升。

2022年，大隐镇实现农业总产值1.57亿元，同比增长3.3%。完成8.8公顷抛荒整治和56公顷耕地“非粮化”整治任务。在章山村、云旱村分别建设高标准农田80公顷和40公顷。举办第八届“杨梅节”系列活动。新增市级农业创业农场创新基地1家、新增市级示范性家庭农场1家。隐溪河成功创建省级美丽河道。完成章山新村内河整治Ⅱ期工程、姚江城山段江塘修复整治工程建设。试点实施章山村未来乡村Ⅰ期工程建设。

2022年，大隐镇实现第三产业产值7.25亿元，同比增长4.5%。累计接待游客量52.61万人次，实现旅游总收入8034.76万元，较上年增长2.13%。镇属旅游开发有限公司整合推出旅游线路11条、新增团队对接13个，“小Y”旅游IP及微信表情包等文创产品陆续推出。投资500万元小Y星动露营基地、投资100万元镇游客服务中心对外开放，打造宁波市首家非遗石文化园。投资5500万元小Y共富农场项目完成面上房屋评估和土地流转。推进全域旅游标识标牌、旅游星级公厕标准化体系建设。

【城镇建设】 2022年，大隐镇运用“三区三线”划定成果，推进镇域国土空间规划编制，云旱村、大隐村村庄规划整体性修编完成。累计投入9125万元、落实20个项目，成功创建为“文旅型”浙江省美丽城镇样板镇。完成大隐村剩余区块自来水管网零星改造，推进供水管网“能延则延”和芝林村农村水站“一户一表”改造。完成大隐镇自来水厂设施的维修改造。

2022年，大隐镇投入80余万元修复滨溪南路、山王北路、山王南路等主干道路，实施下凉亭河桥、虞喜桥等重要桥梁设施重建工程。采取EPC模式建设云旱村农民安居工程，拟打造大隐镇第一个高品质农民居住小区。完善水电、绿化等市政设施的维修管理机制，新增第三方服务机构建立集镇生活污水管网一体化运维机制。

【社会事业】 2022年，大隐镇户籍养老、医疗保险参保率分别达98.21%和99.5%。电子医保卡覆盖面持续扩大。开发公益性就业岗位7个，新增就业150人次，完成失业帮扶262次。加强劳动争议协调处理，全年调解劳动纠纷案件46起，涉及金额79.8万余元。深入实施居家养老服务条例，投入150万元新建AAA级居家养老服务中心，全镇300余位80岁以上老人享有每月3小时的入户专业化服务。发放各类救助资金、兜底帮扶资金127.06万元。完成全镇58户低收入农户的信息更新，落实结对帮扶干部走访500余次。落实对口帮扶资金30万元，完成消费扶贫任务25万元。

2022年，大隐镇中心学校体艺馆装修和大隐镇第二幼儿园室外场地改造工程全面完成。举办大隐镇中心学校百年校庆，大隐成校创建宁波市特色新兴成校。

2022年，大隐镇推进“我们的节日”系列活动广泛开展，联合宁波大剧院成功举办第十四届“隐溪河畔”文化旅游节，“浙东临委驻地”革命史迹陈列馆上牌“浙江省新四军历史研究会浙东分会书画创作基地”。学士桥村文化礼堂落成，云旱村文化礼堂获评五星级文化礼堂。大隐镇图书馆全年流转图书8000余册。评选表彰第五届“最美大隐人”9人、第二届“隐山红”优秀志愿者10人。

2022年，大隐镇卫生院改造和设备升级工程完结，开展“两慢病”一体化门诊。

【平安综治】 2022年，大隐镇开展安全隐患大排查大整治，累计排查工矿企业245家，查处一般隐患689条，取缔关闭小加工作坊3家、行政处罚2家。推进居住出租房屋消防安全专项整治，排查出租房屋910户，查处一般隐患102项，落实消防安全隐患整改资金27万元。化解纳入“七张问题清单”的信访突出问题。抵御台风“梅花”影响。

2022年，大隐镇修订完善农村村民建房审批细则及“四到场”监督制度，强化落实农村个人建房带方案审批，规范农村村民建房及批后管理。全面排查自建房安全隐患，完成排查7129处，逐步建立安全隐患排查整治“动态清零”长效机制。推进“拆违治乱”专项行动，累计拆除违法建筑面积1.63万平方米。

【生态环境建设】 2022年，大隐镇工业园区通过宁波市“污水零直排区”创建验收，17家石料加工单位全数完成污水处理终端提标改造。投入800万元章山新村入户纳管管网升级改造工程有序推进，投入500余万元芝林村生活污水处理终端提标改造工程完成立项及初步设计。投入200余万元完成甬梁线、滨溪南路、滨溪北路等主干道路两侧绿化改造提升。完成“最美高速路”综合问题整治。完成高速大隐道口收费罩棚构筑优化和闲置地块停车驿站改造等多项整治，新增停车位40余个。新增森林抚育面积33.33公顷、新建隐溪滨河绿道2千米。

2022年，大隐镇探索引入“督导员”制度，分类分级对卫生督导人员、保洁公司和行政村进行考核奖惩。实施“家园日”“美丽庭院”评比活动，推动全民参与“一扫七治”，5个行政村全部通过浙江省卫生村复审，云旱村获评宁波市农村生活垃圾分类典范村。

【大隐镇“迎重阳、话家风、传美德”活动开展】 9月24日上午，大隐镇“迎重阳、话家风、传美德”活动在大隐镇章山村文化礼堂举行。活动由市委宣传部、市妇联、市文广局指导，大隐镇妇联、大隐镇文化站主办，大隐镇章山村新时代文明实践站、章山村儿童之家共同承办，邀请学士桥村老干部舒信华授课，讲解中华传统美德之孝道，教导年轻人要尊老爱幼、礼貌谦逊、恪守本心。传统美德课后，家长带领孩子们在老师的帮助指导下学习制作了学士糕。大隐镇学士桥村文化礼堂、芝林村文化礼堂、云旱村文化礼堂、大隐镇大隐村文化礼堂各自选派代表参加活动。

【大隐镇新乡贤联谊会理事会议暨共同富裕乡贤基金会成立仪式举行】 11月10日下午，大隐镇新乡贤联谊会理事会议暨大隐镇共同富裕乡贤基金会成立仪式举行，30余名新乡贤代表参加。市委统战部常务副部长阮坚定受邀出席。大隐镇党委副书记、镇长余文锴主持。会议通过了大隐镇新乡贤联谊会理事会议成员名单及共同富裕乡贤基金会章程，新乡贤联谊会会长茅克强宣读基金会募资倡议书。部分与会代表就乡贤基金会的成立及运营作了表态发言。大隐镇党委书记朱汉明对乡贤基金会的成立表示了祝贺。

11月27日，大隐镇中心学校举行百年校庆庆典活动举行（大隐镇　供稿）

【“学习二十大 宣讲进万家”党的二十大精神宣讲在大隐举行】 11月15日，“学习二十大 宣讲进万家”党的二十大精神巡讲活动在大隐镇山王庙举行。活动由余姚市委宣传部主办，大隐镇新时代文明实践所、大隐村新时代文明实践所承办的，大隐村文化礼堂组织党员及村民30余人参加活动。活动中，来自市级“道德模范”宣讲团、“银耀四明”宣讲团、“舜教新语”宣讲团以及大隐镇“隐山红”青年宣讲团的4名讲师宣讲党的二十大精神。

【大隐镇中心学校举行百年校庆庆典活动】 11月27日上午，大隐镇中心学校百年校庆庆典活动在新落成的校体艺馆举行。市人大常委会副主任阮岳军出席活动。活动中，师生表演了自编自导的诗歌、舞蹈等节目。庆典仪式上，大隐镇新乡贤联谊会向学校捐赠了教育发展资金，用于奖励优秀学子和学校建设发展。

（大隐镇）

2022年大隐镇各行政村（居委会）基本情况表

表25

行政村（居委会）	面积（平方千米）	户数（户）	人口数（人）	集体经济总收入（万元）	集体经济总费用（万元）	总资产（万元）
芝林村	5.69	639	1469	112.65	23	2484.78
章山村	10.39	973	2282	145.04	35.29	4511.5
云旱村	7.13	671	1503	152.42	36.85	5347.62
学士桥村	4.7	702	1566	201.3	24.79	4698.74
大隐村	2.07	407	874	98.97	7.42	3459.66
滨溪居委会	—	352	538	—	—	—

大岚镇

【概况】 大岚镇位于四明山之心，区域面积63.4平方千米，其中山林面积40.8平方千米，户籍人口11822人，常住人口5176人，辖13个行政村，1个居委会。2022年实现社会总产值3.56亿元，其中农业产值1.51亿元，工业产值1.25亿元，第三产业收入0.8亿元。农村居民人均可支配收入达到25300元。一般公共预算收入10833万元。

【经济发展】 2022年，大岚镇提升茶叶生产机械化水平，新购置茶叶机械38台。春茶产量121.96吨，同比减少46.2%，总产值2868.52万元，同比增加1.3%，优质茶叶产值比提高至95.6%。成立“华山工社”，推出特色农创产品10类。完成四明山区域最大规模的农业综合项目——不二谷农业综合体建设。开展直播带货，与宁波财经学院架起连心桥，解决了柿子在包装销售过程中遇到的瓶颈。

2022年，大岚镇接待游客56.88万人次，云上举办第十七届茶文化节和丹山赤水吊红柿子节，柿子节期间对接央视新闻开设专栏直播，各平台总观看量462.9万人次。

【城镇建设】 2022年，大岚镇成功创建浙江省级和宁波市级城乡风貌样板区。开展夏家岭观景平台和柿林村生态花园项目建设，同时完成6个新时代美丽乡村梳理式改造。推进晓岚线及2条农村道路建设工程，“一环二通道四射”交通干线网络辐射度进一步加强。

2022年，大岚镇完成大俞村新建廊桥提升护栏等6项民生工程。和谐村集体经济发展项目获中央财政资金扶持，雅庄村列入市“双富”样板村建设。建成投用一批以乡遇大岚茶室、不二山庄等为代表的高端民宿，吸引社会资本投入1.61亿元。

【社会事业】 2022年，大岚镇完成上马村百姓健身房建设，镇村便民服务中心服务功能水平再提高，城乡居民基本医疗保险、户籍人口社会养老保险参保率分别达99.73%和99.62%，天一甬宁保参保率达82.47%。累计帮扶资金达到7.8万元。推动镇新乡贤联谊会和新乡贤基金建设，2022年度募集乡贤基金达84万元。获评全国“示范性”退役军人服务站4家、“枫桥式退役军人服务站”1家。大岚镇食安办成功创建余姚市三星级食安办。

【平安综治】 2022年，大岚镇完成50个微网格建设，形成“1+3+N”网格基层治理体系以及“一格两群”联系平台，上报网格事件3328件，基层信息核查率和完整率均达100%。印发反诈骗告知书8000份，调处矛盾107起，矛盾纠纷调处率达100%，受理并妥善处理上级信访转办件95件。成立镇应急消防管理所。加强网格考核培训，开展日常拉练12次，开展重要时间段安全生产检查550人次，整改隐患8处。完成10258家农村自建房隐患排查，更新换装1500余个灭火器，督促46家农家乐完成燃气报警器安装。

【生态环境建设】 2022年，大岚镇推进浙江省新增百万亩国土绿化行动，加强森林消防和生态保护的宣传、教育，加大森林巡查执法力度。通过第一批“非粮化”试点联合验收。开展“田长制”巡查1500余人次。投入600万元在雅庄村开展美丽乡村建设，成功创建宁波市农房安居示范村3个。开展“一扫七治”和文明创建等工作。拆除声音建筑面积1.46万平方米，完成率108.1%。

【党建工作】 2022年，大岚镇建立岚山文旅党建联建工作机制，打造四明山革命老区美丽共富示范样板。制定“岚山主题党日”月度学习清单，开展基层党建互评工作，设定“红、黄、绿”等级。

2022年，大岚镇发挥“年轻干部向前冲”平台作用，完成9组新老机关干部和7组新老村书记“结对师徒”，2人获评市“三十佳”村社干部。

2022年，大岚镇深化全面从严治党“四责协同”机制建设，成功创建宁波市廉洁文化教育基地——中共余姚四明山第一支部纪念室。召开中国共产党大岚镇第十五届代表大会第三次会议和大岚镇第十六届人民代表大会第三次会议。

【余姚大岚旅游巡回法庭正式设立】 1月24日，大岚旅游巡回法庭正式设立。该巡回法庭场所设在镇便民服务中心内，组织机构包含调解团队和审判团队，按照“就地调解、在线化解、就地执行”的原则，采用“快立、快调、快审、快结、快执”的机制，切实强化涉旅各类纠纷快速处理机制。

【第十七届“神奇大岚”茶文化旅游节线上启幕】 3月28日上午，以“一片茶叶里的共富密码”为主题的第十七届“神奇大岚”茶文化旅游节线上开幕。本届茶文化旅游节以茶为媒，结合大岚镇“高山云雾茶之乡”品牌优势，做好大岚精品旅游线路（产品）、品牌农产品、特色民宿推介。开幕式上播放了茶文化宣传片，详细介绍了茶叶制作过程中采芽、摊青、杀青、炒干的四个步骤。

【《大岚镇志》首发仪式举行】 5月18日，《大岚镇志》首发仪式举行。大岚镇党委书记胡建、镇人大主席陈斌、中共余姚市委党史研究室副主任应雪琴、镇党委副书记朱铁炯出席仪式。全镇各办线（所、中心）负责人、各村（居）书记、镇志编纂委员会成员参加仪式。镇党委副书记、镇长周峰主持

5月18日，《大岚镇志》首发仪式举行　　（大岚镇　供稿）

6月17日，大岚镇“村—校—企”党建联盟启动仪式举行

（大岚镇　供稿）

9月26日，“喜迎二十大 奋进新征程”暨第十四届“情融姚江源”村落文艺汇演举行

（大岚镇　供稿）

仪式。会上，胡建、朱铁炯、应雪琴分别发言。此外，活动还向大岚镇各村赠送了《大岚镇志》。

【“村—校—企”党建联盟启动仪式举行】6月17日上午，在大岚镇柿林村党群服务中心举办了由大岚镇柿林村党支部、宁波财经学院机关第二党支部和大岚镇丹山赤水旅游有限公司党支部组建的“村—校—企”党建联盟启动仪式举行。启动仪式上，大岚镇党委书记胡建、宁波财经学院党委书记周波和柿林村党支部书记沈士波发言。随后村、校、企三方党支部书记共同签下共建协议书。

【“大岚—陈溪”甬绍边界共同体成立仪式举行】7月18日上午，“大岚—陈溪”甬绍边界共同体成立仪式在绍兴市上虞区陈溪乡游客服务中心举行。甬绍边界共同体为大岚镇党委和陈溪乡党委共建的“红动四明”党建联盟，以“阳明祖地”为载体，下设4个最小单元，共涉及大岚镇和陈溪乡7个行政村，常住人口1173人。仪式现场进行了共同体授旗仪式，并组建了“黑鹰”救援队，用于应对两地抗台防汛、山林防火、游客救助等突发情况。

【“喜迎二十大 奋进新征程”暨第十四届“情融姚江源”村落文艺汇演举行】9月26日晚，在大岚村新时代文明实践站（欢乐大舞台）举办了大岚镇“喜迎二十大 奋进新征程”暨第十四届“情融姚江源”村落文艺汇演，汇演期间对2022年度8名“大岚好人”和10名“学习达人”进行了表彰。来自全镇辖区内的14个村（居）文化礼堂管理人员和志愿者参加了此次活动。

【第二十届四明山丹山赤水柿子节线上开幕】10月21日，以“感恩二十载，共富柿林红”为主题的第二十届四明山丹山赤水柿子节以线上方式开幕。柿子节以“感恩二十载，共富柿林红”为主题，举办柿林红韵短视频摄影大赛、“柿柿如意”线上景区门票抢购、“柿子红了”柿子节云赶集直播等系列活动。活动持续至10月31日。

（大岚镇）

2022年大岚镇各行政村（居委会）基本情况表

表26

行政村（居委会）	户数（户）	人口数（人）	面积（平方千米）	集体经济总收入（万元）	集体经济总支出（万元）	总资产（万元）
大俞村	147	388	4.51	155.97	31.4	863.65
华山村	198	513	4.6	600.77	17.84	1137.08
黄家庄村	231	560	3.48	150.88	13.81	469.6
隐地龙潭村	335	946	5.97	180.58	42.03	696.92

续表26

行政村（居委会）	户数（户）	人口数（人）	面积（平方千米）	集体经济总收入（万元）	集体经济总支出（万元）	总资产（万元）
和谐村	402	1069	6.2	261.54	16.93	1515.37
大岚村	517	1369	7.36	249.94	29.66	1053.88
南岚村	455	1186	5.78	310.26	25.85	949.86
新岚村	452	1164	4.83	370.81	20.22	1146.35
大路下村	315	906	5.17	168.28	20.23	784.56
雅庄村	461	1189	2.99	453.93	14.52	1162.98
柿林村	249	591	6	198.37	36.22	1569.58
后朱村	253	715	3.53	192.99	17.8	793.24
上马村	232	632	2.99	443.71	10.52	966.81
大岚居委会	323	410	/	/	/	/
合计	4570	11638	63.4	3738.03	297.03	13109.88

注：2022年度集体经济支出不包括工程类转移支付

四明山镇

【概况】 四明山镇位于余姚市最南端，下辖梨洲、北溪、茶培、唐田、平莲、棠溪、芦田、南山、屏风山9个行政村，总面积121平方千米，户籍人口10281人。2022年，四明山镇实现生产总值10.09亿元，其中工业总产值6.58亿元，农业总产值2.75亿元，第三产业总产值7600万元。完成财政总收入2915万元；农民人均收入达26426元，同比增长9.2%。

【经济发展】 2022年，四明山镇投资670万元打造特色高端农业"三大基地"，其中大山香榧基地香榧获评"2022宁波市首届精品香榧推选活动"银奖。推进四明山共同富裕"农来载"系列项目。联合余姚市烟草局开展"香溢助农"战略合作，优选助销25种"四明农物"农副产品。针对性定制"一村一计划"扶持清单，统筹推进屏风山景村融合体、茶培盆景园、唐田红茶加工基地和岩下山水电技改等村集体经济扶持项目。

2022年，四明山镇落实《宁波市文化和旅游发展"十四五"规划》。屏风山村大山片仰天湖成功通过2022年度宁波市民宿产业集聚区认定。完成中学地块、山里弯地块等的盘活工作。初步建成天文展馆，完成"宁波天文实践基地"授牌。筹资130万元建设红枫谷灯光秀二期。悬岩樱桃花盛景视频登上央视新闻频道《新闻直播间》栏目。打造唐田黄金古道、北溪银杏古树等知名网红景点，全年实现旅游收入约6600万元。

【城镇建设】 2022年，四明山镇完成三区三线的调整，积极推进镇国土空间规划编制，如期完成投资2500万元的镇客运综合服务站建设。推进灵溪至界牌头市级公路建设，完成省级民生实事道路工程2项，完成谷后道路建设，完成梨白线庙下路段改造和密北线、细北线、小学路路面罩面提升，完成公交站建设。棠溪公路获评2022余姚市农村公路最美精品线。完成"梅花"水毁道路修复工程和森林公园景区道路应急抢修工程。

2022年，四明山镇投资2666万元开展面上水利工程11项，推进千吨万人水源地生态保护，启动唐田、棠溪、茶培3个村的农村污水工程设计工作。实施农村规模化供水"应通尽通"工程。按期完成溪山自然村牛头颈地质灾害治理工程。联合舜建公司维修、更换28座供水站过滤设备和消毒设备。

【社会事业】 2022年，四明山镇完善镇村两级"三团三社"建设，打造19支文化团队和1支公共文化志愿者队伍，深入打造"15分钟品质文化生活圈"。创建四明山镇社会工作站，开展"姚助联，爱进千家门"活动、"我们的节日·端午"系列活动。策划举办"追寻这十年，擘画共富路·喜迎二十大"摄影作品展活动。升级打造精品"农家书屋"，有效推进"书香四明山"建设。完成年度征兵任务。

2022年，四明山镇发放农村宅基地不动产权证1380本。围绕"三服务"开展助企纾困工作。助力省高新技术企业创建工作。着力抓好辖区食品安全监管，北溪村获评浙江省农村家宴放心厨房（B级）。

2022年，四明山镇"山区跑小二"队伍行政服务代办工作。优化城乡居民医疗和养老保险服务工作，全年发放低保金324.1万元，困境儿童救助金26.3万元，优抚金50.5万元，春节慰问金2.55万元，80周岁以上老年人高龄津贴24.5万元，困难残疾人生活补贴1631人次53.7万元，重度残疾人护理补贴2660人次64.8万元，临时救助金18万元，大病帮扶8万元。

【平安综治】 2022年，四明山镇实施自建房屋安全“百日攻坚”专项整治，完成安全信息排摸录入工作。开展安全生产“除险保安”大排查大整治活动。完成镇村两级防汛防台标准化建设，优化避灾场所设施设备，完成9个村级微型消防站建设。打造专业化应急救援队伍，更新添置无人机、夜视仪等专业救援设备，开展防汛防台、消防救援、抗雪救灾等实战演练和专题培训。增设视频监控系统和高清摄像头。

2022年，四明山镇抓好“四个平台一张网”作用发挥，深化“道德庭”2.0升级版，化解老人赡养、民间经济、家庭婚姻、邻里纷争等矛盾纠纷102起。平莲村、芦田村、屏风山村获评余姚市安居示范村。

【生态环境建设】 2022年，四明山镇获评省第二批低（零）碳乡镇试点创建单位，北溪村、梨洲村获评2022年浙江省新时代美丽乡村精品村，梨洲村、唐田村、平莲村、芦田村、南山村获评浙江省卫生村，茶培村获评宁波市农村生活垃圾分类处理工作典范村。开展“拆违治乱”百日攻坚专项整治行动，完成违章建筑和违法占地整治22宗，共计面积3.5万平方米，完成任务数的106.4%。

2022年，四明山镇稳步落实生态治理清单，完成造林任务82.13公顷，并建立村书记林长制度体系，进一步明确生态保护主体责任。11个小班完成森林抚育38.13公顷。与宁波林场签署《联防联控创建浙江“重要窗口”模范林区协议》。

2022年，四明山镇完善镇级河（湖）道“一河（湖）一策”，做好河（湖）长履职述职年度考核，开展“无违建河道”创建，落实溪道保洁责任制，实现“一河一档”专项管理和雨水排口信息采集更新。推进镇、村两级自查八项行动，实施镇级大溪入河排口查漏补缺121个。开展鱼苗放养活动，利用鱼类净化水质，增强水体自净能力，共计放养鱼苗5万条。交接断面水质长期保持Ⅱ类以上，“里大湖”山塘获评浙江省美丽山塘。

【党建工作】 2022年，四明山镇开展全领域党建巡查。完成团委、妇联、残联、红十字会等组织换届。巩固“低八度”产业红锋党建联建成果。对接宁波市交通运输局、宁波市中级人民法院、宁波城市学院等党组织开展联建活动。出台《外出党员积分制管理实施办法》，成立3个“四明红”外出党员活动驿站。完成“甬爱E家”服务驿站建设。

【四明山镇“清风传家·德润之江”书法绘画展举办】 8月16日，四明山镇妇联联合纪委、宣传等部门在芦田村文化礼堂举办“清风传家·德润之江”书法绘画展。展览现场，芦田村党支部书记王新圆现场向党员干部展示书法并进行清廉家风宣讲。

【四明山镇首个余姚市外“四明红”外出党员活动驿站揭牌成立】 11月4日下午，四明山镇党委联合宁波市交通运输局直属机关党委与宁波市公路与运输管理中心党委开展“四明红”外出党员活动驿站揭牌仪式暨党的

8月16日，芦田村党支部书记王新圆进行清廉家风宣讲

（王永春　摄）

11月4日，四明山镇在甬外出党员重温入党誓词　（陈福良　摄）

二十大精神学习会，30余名四明山镇在甬外出党员参加活动。仪式上，宁波市公路与运输管理中心党委向与会党员赠送《党的二十大报告单行本》、《党的二十大报告辅导读本》和《二十大党章修正案学习问答》等学习辅导读物。与会党员们参观了宁波市路网管理应急指挥中心，了解宁波市公路与运输管理中心的基本概况、业务管理、党的建设等情况，并在一楼大厅党建文化阵地前重温入党誓词。

【四明山天文科普馆揭牌】 12月2日，四明山天文科普馆揭牌仪式在四明山镇举行。宁波市天文协会理事长王成如，余姚市政协副主席、四明山旅游度假区管理中心主任缪正刚和四明山镇相关负责人等共同为天文科普馆揭牌。揭牌仪式后，与会人员就发展合作进行座谈。

（四明山镇）

2022年度四明山镇各行政村基本情况表

表27

行政村	面积（平方千米）	户数（户）	人口数（人）	集体经济收入（万元）	集体经济总费用（万元）	总资产（万元）
梨洲村	15.8	19	615	1503	102.09	47.18
北溪村	8.9	8	324	841	112.21	64.34
茶培村	15.4	13	384	949	102.15	32.87
唐田村	18	24	682	1770	154.65	118.35
平莲村	8.5	7	179	481	84.26	21.81
棠溪村	14.6	14	438	1192	178.99	63.89
芦田村	8.9	14	381	1027	97.79	75.68
南山村	14.5	9	329	944	125.92	51.10
屏风山村（大山片）	6.8	5	122	327	64.78	26.27
屏风山村（悬岩片）	4.5	5	177	514	116.48	47.76
屏风山村（溪山片）	5.1	5	121	330	80.31	21.25
合计	121	123	3752	9878	1219.63	430.91

注：屏风山村于2020年由原大山村、悬岩村、溪山村三个行政村合并而成，现分别为屏风山村大山片、悬岩片、溪山片

鹿亭乡

【概况】 鹿亭乡辖区面积70.35平方千米，下辖12个行政村，总人口1.62万人，常住人口4472人。区域内森林面积925.33平方千米，生态公益林8.13公顷，森林覆盖率达72.1%。2022年，鹿亭乡全年实现地区生产总值19.18亿元，其中农业总产值1.4亿元，工业总产值15.16亿元，第三产业产值2.62亿元。农民人均收入25913元，同比增长3.8%。财政总收入2049.81万元。

【经济发展】 2022年，鹿亭乡投资300万元盘活改造占地1100平方米闲置厂房，打造乡级农合联“双创中心”，开展农合联双创服务中心三期提升项目，打造农文旅示范街、“网红打卡”街区，实现全乡12家农合联村级服务社富农烘房建设全覆盖，乡农合联被授予“宁波市优秀基层农合联”荣誉称号。竹笋小年产量达2900吨；制作番薯粉丝75吨。高山西瓜和夏白桃等新品种水果产量提升，引进新品种太秋甜柿、桃形李试种成功。

2022年，鹿亭乡工业企业实现产值15.16亿元，同比增长0.6%。其中规模以上企业产值2.98亿元，营业收入2.65亿元，税收1151万元，利润总额1586万元。宁波亚希尔电器有限公司产值同比增长46.1%，松铭电器有限公司产值同比增长17.6%。2022年松乐继电器、松立工具、宁虹乐器分别投入1277万元、521万元和297万元，完成生产线的技术改造。亚希尔电器和精马机械成功申报国家高新技术企业。

2022年，鹿亭乡成功举办“第五届鹿亭粉丝节”“鹿亭清凉西瓜节”等活动，打响“高山西瓜”“鹿亭竹笋”等特色品牌。举办“喜迎二十大 同心奔共富”2022四明山“旅游+”产业促共富主题活动，举行“鹿亭同心共富基地”启动仪式。制作拍摄《我在中村迎新年》微电影。中村村创建宁波市乡村旅游共同富裕示范村，晓云村后方医院创建宁波市红色旅游教育基地。“鹿山亭”精品民宿开业。

【城镇建设】 2022年，鹿亭乡发挥东岗山林、中村古村落、白鹿四海景观“三点”旅游区块集群效应，依托荷梁线、李俞线、晓岚线，打造“三带”旅游精品线，激发“三点”旅游区块的联动效应。大力推进白鹿国家AAA级旅游景区创建，投资规模达到1000万元的一批牵引性项目加速落地。完成中村未来乡村建设数字化集成综合性应用搭建，建成中村智慧旅游景区。

2022年，鹿亭乡“一横三纵”对外交通新格局逐步形成，推进S309荷梁线一期隧道工程，二期拓宽项目通过工程可行性评审。投资2000万元的晓岚线二期提升工程完成施工招标程序。完成4条农村公路改造工程，总投资达1800万元。推进百里登山步道项目和四明山唐诗之路晓云段项目。总投资2000万元的农村生活污水提质扩面工程和总投资2420万元的农村规模化供水“应通尽通”工程开工建设。

【社会事业】 2022年，鹿亭乡累计发放低保金231.38万元、临时救助资金28.8万元、残疾人补贴资金328.6万元，完成222户低保边缘户的入户调查、探访关爱、幸福清单送达工作。运用数字化手段对全乡216户、共264人的低收入农户建档立卡、动态管理。开展机关干部“一对一”帮扶工作，做到一月一走访，累计走访超过3100人次。完成350万元的微养老改造提升项目，实现全乡38个老年活动室标准化全覆盖。完成高岩村、石潭村宁波市3A级居家养老服务站创建任务。医保电子凭证激活申领率97.7%。“天一甬宁保”投保完成率99.85%。全乡养老保险参保率99.63%。

2022年，鹿亭乡新乡贤爱心基金会出资87万元，开展优秀学子嘉奖、受灾群众帮困、疫情防控支援等行动。健全“大信访”工作机制，落实领导包案制，鼓励农村法律顾问、人民调解组织等参与矛盾调解，排查和化解矛盾纠纷61起。围绕“八五”普法、安全生产月、国际禁毒日等主题，开展线上线下普法宣传工作。组织“平安综治入网格”“平安志愿帮帮团”等活动17次，深入开展“除险保安”大排查大整治工作。

【平安综治】 2022年，鹿亭乡开展“拆违治乱”专项行动，自主排查点位19起，面积10100平方米，排查完成率超200%。19起市级任务清单、面积20700平方米，全部处置到位。落实消防安全百日攻坚行动，累计排查场所36处、隐患点43处。推进自建房安全隐患排查整治“敲门行动”，排查6800余户，排查面积75万平方米。高分通过国家卫生乡镇创建验收，获优秀等次。荷梁线一期（隧道口）征迁工作全面完成清零任务。

2022年，鹿亭乡探索建立抗台抢险“四张清单”动态管理机制，成功应对因“梅花”台风引发的历史极值水位风险。

【生态环境建设】 2022年，鹿亭乡域内河流水质常年持续保持在二类水以上，空气质量平均优良天数远超余姚市平均水平，中村、中姚村创建成为“无废乡村”。落实“五水共治”“田长制”“林长制”等。投入400万元的白鹿大溪石潭—李家塔段生态清洁型溪道治理工程竣工。中姚溪、深龙岩溪小流域治理工程完成工程主体建设。

【党建工作】 2022年，鹿亭乡全面开展村级组织活动场所“焕新”行动，投入150余万元新建改建村级组织活动场所6个，增设党员活动室、重建党建长廊等，推动环境卫生、标识标牌、上墙内容、三务公开、日常管理、党群服务等“六大焕新”工程。在中村村、白鹿村、中姚村和顺丰服务站点建立4个“甬爱E家”服务驿站。

【鹿亭清凉西瓜节举办】 8月3日，2022鹿亭清凉西瓜节在余姚鹿亭乡白鹿村狮峰岩观景台举行。来自余姚、宁波

8月3日，2022鹿亭清凉西瓜节举办　　（鹿亭乡　供稿）

10月14日，鹿亭乡与宁波大学签订深化校地合作框架协议　　（鹿亭乡　供稿）

等地的13组家庭近40人报名参加活动。现场举行了“西瓜套套乐”“西瓜猜重量”“西瓜灯笼”“大胃王吃瓜赛”等活动。主办方还为参赛人员和游客准备了“蕙兰”黄心高山西瓜、玉米、土豆等农副产品。

【鹿亭乡与宁波大学签订深化校地合作框架协议】 10月14日上午，鹿亭乡与宁波大学深化校地合作签约仪式在鹿亭乡政府举行。宁波大学副校长姚菊明、宁波市农指办负责人汪泳、鹿亭乡党委书记丁东青、余姚市农业农村局副局长汪长海参加仪式。鹿亭乡党委副书记、乡长袁文庆主持仪式。活动现场，宁波大学与鹿亭乡双方代表签订校地合作框架协议，并举行“宁波大学学生就业创业实践基地”“宁波大学青年志愿者服务基地”揭牌仪式。同时，鹿亭乡党委向宁波大学两位教授颁发了党校特聘教师聘书。仪式结束后，双方还进行了座谈交流。

【余姚四明山农特产品推介会暨鹿亭乡第五届鹿亭粉丝节举办】 12月11日，余姚四明山农特产品推介会暨鹿亭乡第五届鹿亭粉丝节举办。活动现场签订了余姚市名优农特产品推广销售合作协议，为“鹿亭农合·共富工坊”举行了授牌仪式，并发布了鹿亭粉丝吉祥物“粉宝”。推介会客流量达到上万人，累计销售农产品15万余元。

（鹿亭乡）

2022年度鹿亭乡各行政村基本情况表

表28

行政村	面积（平方千米）	户数（户）	人口数（人）	集体经济收入（万元）	集体经济总费用（万元）	总资产（万元）
白鹿村	9.43	875	2106	127.74	114.73	2644.88
石潭村	6.32	600	1286	81.75	31.32	931.94
李家塔村	4.56	438	986	81.39	51.56	1421.62
中村村	8.62	729	1753	228.45	95.53	2573.66
上庄村	8.95	977	2274	283.23	38.22	1457.41
沿夹岙村	2.03	253	703	118.82	33.74	882.16
高岩村	1.63	220	587	86.54	15.09	1027.66
高山村	2.2	288	725	82.54	15.66	1063.25
晓云村	7.39	933	2314	174.32	21.73	2312.29
龙溪村	8.96	676	1678	167.78	62.16	2063.14
中姚村	2.98	277	745	113.03	42.61	927.56
东岗村	3.18	256	656	81.89	10.30	740.01

附　录

组织机构及主要负责人名录

市四套班子领导机构

中共余姚市委员会

书　记：傅贵荣
副书记：沃勇特
　　王娇俐
常　委：林　伟（8月止）
　　毛丕显
　　沈小贤
　　虞存斌
　　曹敬之
　　林振宇
　　张　明
　　李　昭
　　朗客宾（8月始）

余姚市人民代表大会常务委员会

主　任：诸晓蓓
副主任：卢建国
　　姚桂珍（1月止）
　　严忠苗（1月止）
　　郑利刚
　　余　烽
　　熊培军（1月止）
　　黄和庆（1月始）
　　高　权（1月始）
　　阮岳军（1月始）
党组书记：诸晓蓓
党组副书记：卢建国
党组成员：严忠苗（1月止）
　　郑利刚
　　余　烽
　　熊培军（1月止）
　　黄和庆（1月始）
　　高　权（1月始）
　　鲁树峰

余姚市人民政府

市　长：沃勇特（1月始）
代市长：沃勇特（1月止）
常务副市长：曹敬之
副市长：钱秉湧
　　黄和庆（1月止）
　　吕军云（1月始）
　　毛丕显（1月始）
　　林　体
　　潘建红
　　董盛益（11月止）
　　吕　乐（11月始）
党组书记：　沃勇特
党组副书记：曹敬之
　　韩柏顺（1月始）
党组成员：毛丕显
　　黄和庆（1月止）
　　吕军云（1月始）
　　钱秉湧
　　林　体
　　董盛益（11月止）
　　吕　乐（11月始）
　　胡建立

政协余姚市委员会

主　席：陈长锋
副主席：华　红
　　赵银海
　　朱卫东
　　缪正刚
　　姚俊杰
　　朱光煦（1月起）
秘书长：张建培
党组书记：陈长锋
党组副书记：华　红
党组成员：朱卫东
　　张建培

民主党派

民革余姚市总支部

主　委：阮岳军
副主委：劳士权
　　段丹群
　　陈　刚

民盟余姚市支部委员会

主　委：王　钢

民进余姚市基层委员会

主　委：朱初雷（4月止）
　　吴建平（4月始）
副主委：吴建平（4月止）
　　王建永
　　韩玉仙
　　金　晶
　　杨　丰（4月始）

农工党余姚市基层委员会

主　委：缪正刚
副主委：周建春
　　　　朱延芳
　　　　徐　然
　　　　李银飞

九三学社余姚市基层委员会

主　委：梁红霞
副主委：陆哲学
　　　　陈　杰
　　　　戴天瑛
　　　　孙　奇

中意宁波生态园管理委员会

中共中意宁波生态园区域开发建设指挥部党组（4月始）

书　记：沃勇特（4月始）
副书记：韩柏顺（4月始）
党组成员：夏康本（4月始）
　　　　褚立军（4月始，12月止）
　　　　周红霞（4月始，12月止）
　　　　黄建军（4月始，12月止）
　　　　诸跃波（4月始，12月止）
　　　　毛柏生（4月始，12月止）
　　　　邹云乔（4月始，12月止）
　　　　韩胜余（4月始，12月止）
　　　　赵明明（4月始，12月止）
　　　　俞斌权（4月始）
党组办公室主任：周红霞（5月始）
党组办公室副主任：岑建航（5月始）

中意宁波生态园区域开发建设指挥部（3月始）

总指挥：毛丕显（3月始，4月止）
　　　　沃勇特（4月始）
常务副总指挥：褚立军（3月始，4月止）
　　　　韩柏顺（4月始）
副总指挥：夏康本（4月始）
　　　　褚立军（4月始，12月止）
　　　　陈忠华（挂职，10月始）
　　　　俞斌权（12月始）
办公室主任：周红霞（5月始）
办公室副主任：岑建航（5月始）
经济发展部部长：诸跃波（5月始）
建设管理部部长：邹云乔（5月始）
建设管理部副部长：张霄飞（5月始）
财务部部长：韩胜余（5月始）
产业招商部部长：赵明明（5月始）
产业招商部副部长：李　舰（5月始）
综合服务部部长：俞斌权（兼，5月始）
综合服务部副部长：阮伯均（兼，5月始）

中意宁波生态园直属单位

指挥部机关委员会书记：黄建军（5月始）
开发建设综合服务中心主任：俞斌权
开发建设综合服务中心副主任：孙兆琦
　　　　李　敏
　　　　钱建平
　　　　（挂职）
生态园派出所所长：钱建平

市纪委、市监委

中共余姚市纪律检查委员会

书　记：虞存斌
副书记：丁建军
　　　　张　勇
常　委：万名杰
　　　　张焕麒
　　　　俞东瑾
　　　　俞少杰
办公室主任：黄建友（12月始）
干部室主任：朱彩虹
宣传教育室主任：陈　科（11月始）
党风政风监督室主任：黄建友（12月止）
钱夏珍（12月始）
信访室主任：郑军传
案管室主任：杨智慧（12月止）
案审室主任：解　俞
第一纪检监察室主任：郑　荣
第二纪检监察室主任：俞黎明
第三纪检监察室主任：许文耀（11月始）
第四纪检监察室主任：张国伟
第五纪检监察室主任：张坤远（11月始）
市委巡察办主任：万名杰
市委巡察办副主任：韩德余（12月止）
　　　　周军贤（12月始）
市委第一巡察组组长：黄于波
市委第二巡察组组长：余炯炯
市委第三巡察组组长：叶文权
市委第四巡察组组长：蒋伟儿
派驻第一纪检监察组组长：缪伯鸿
派驻第二纪检监察组组长：孙文氢
派驻第三纪检监察组组长：马伟军
派驻第四纪检监察组组长：周能君
派驻第五纪检监察组组长：陈茂多
派驻第六纪检监察组组长：胡建勇
派驻第七纪检监察组组长：沈建峰
派驻第八纪检监察组组长：高　巍
驻市公安局纪检监察组组长：钱夏珍
　　　　（12月止）
　　　　杨智慧
　　　　（12月始）
驻市检察院纪检监察组组长：朱佳齐
驻市法院纪检监察组组长：张幸程

余姚市监察委员会

主　任：虞存斌（1月始）
副主任：虞存斌（1月止）
　　　　周成伟（1月止）
　　　　周建铭（1月止）
　　　　丁建军（1月始）
　　　　张　勇（1月始）
委　员：张　勇（1月止）
　　　　张焕麒
　　　　俞东瑾
　　　　徐莹峰
　　　　马文文

审判、检察机构及人民武装

市人民法院

院　长：吴伟民
常务副院长：姜慧军（7月止）
　　　　王金夫（7月始）
副院长：余国英（7月止）
　　　　韩利荣
政治部主任：岑　斌
审判委员会专职委员：徐鸿星
　　　　苗建平
执行局局长：朱浩梁
党组书记：吴伟民
党组副书记：姜慧军（7月止）
　　　　王金夫（7月始）
　　　　岑　斌
党组成员：余国英（6月止）
　　　　韩利荣
　　　　张幸程

市人民检察院
检察长：陈　莹
常务副检察长：姜慧军（7月始）
副检察长：王金夫（7月止）
　　王　钢
政治部主任：郑东明
检委会专职委员：诸伟峰
　　戚吉琼
泗门检察室主任：沈叶钏
党组书记：陈　莹
党组副书记：王金夫（6月止）
　　姜慧军（6月始）
党组成员：王　钢
　　郑东明
　　朱佳齐

市人武部
部　长：殷　锐
政　委：林振宇
副部长：周明华
党委书记：林振宇
党委副书记：殷　锐
党委委员：周明华
　　陈国栋
　　倪旭磊

市委工作机构及党群各部门

市委办公室
主　任：吕军云（3月止）
　　王文权（3月始）
副主任：谢向前（3月止）
　　万建龙（3月始）
　　潘剑波（3月止）
　　石利萍（3月始）
　　张丽红（3月止）
　　朱春新（9月止）
　　朱春新（兼，9月始）
　　周　斌
　　党煜珠（挂职，12月始）
　　严鸿炳（兼）
　　方建军（兼，6月始）
　　张　胜（兼）
室务会议成员：缪伯鸿
　　许　珂（9月始）
　　卢雪聪（9月始）
　　陈建辉（9月始）
　　谢力果
　　赵君剑（9月始）
　　倪清清（9月始）
市委办总工程师：严立峰
市委机要局局长：严立峰（兼）
市委市政府接待服务中心主任：石利萍
市台办主任：王文权（兼，3月始、12月止）
　　王文权（12月始）
市档案局局长：周　斌（兼）
市委台办专职副主任：许　珂
市国家保密局局长：李美芳

市委组织部
部长、市委直属机关工委书记、市委人才办主任：林　伟（8月止）
　　郎客宾（9月始）
常务副部长：何张辉
副部长：夏向明
　　丁建军（3月止）
　　金　军（3月始）
　　罗旭光（兼）
　　陈为梁（兼）
　　唐飞琴（兼）
市委直属机关工委专职副书记：罗旭光
市委直属机关工委副书记：诸永刚（12月止）
市委人才办常务副主任：夏向明
市委人才办专职副主任：唐　炜（3月始）
市委两新工委书记：丁建军（3月止）
　　金　军（3月始）
市委两新工委专职副书记：张旭鹏（6月始）
市公务员局局长：罗旭光
部务会议成员：金　军（3月止）
　　马伟军
　　胡建权
　　王洪权（3月始）

市委宣传部
部　长：沈小贤
常务副部长：董朝晖
副部长：严文龙
　　黄桂树
　　马金浩
部务会议成员：周能君（3月始）
　　严春晖（12月止）
　　杨　波
市文明办主任：严文龙
市文明办专职副主任：杨　力
市人民政府新闻办公室主任：黄桂树
市人民政府新闻办公室专职副主任：李基坚（11月止）
市委网络安全和信息化委员会办公室主任：黄桂树
市委网络安全和信息化委员会办公室专职副主任：袁　成（11月始）
市新闻出版局局长：马金浩
社科院（联）院长（主席）：董朝晖（兼）
社科院（联）副院长（专职副主席）：黄士杰

市委统战部
部　长：李　昭
常务副部长：阮坚定
副部长：周姚平
　　翁贤权
　　周　强
　　鲁劲松
部务会议成员：陈茂多
　　黄伯忠（11月始）
侨联主席：周姚平
侨办主任：周姚平
侨联副主席：沈建芬
民宗局局长：翁贤权
民宗局副局长：黄伯忠（11月始）

市委政法委员会
书　记：王娇俐（1月始）
常务副书记：王华威
副书记：朱蓉蓉
　　姚建新
委员、政治处主任：张锡江
委　员：倪志丹（3月始）

市委政策研究室
主　任：朱春新
副主任：卢雪聪
　　陈建辉

市委机构编制委员会办公室
主　任：黄少波
副主任：王利锋
　　朱　炯（12月止）
　　方双毅（12月始）

市信访局

局长、党组书记：严鸿炳
副局长、党组副书记：张叶飞
副局长、党组成员：陈军杰
许　滨
信访督查专员：鲁祖彭（12月止）
胡　钻（12月始）

市委老干部局

局　长：唐飞琴
副局长：叶　银
张艺妮（12月止）
谢科锦（12月始）

浙江四明山干部学院

院　长：沈红屹
党委书记：杨国元（3月止）
常务副院长：杨国元（4月止）
谢向前（4月始）
副院长：郭美星（4月始）
王剑锋（4月始）

市委党校

校　长：林　伟（兼，9月止）
郎客宾（9月始）
常务副校长：谢向前（3月始）
副校长：毛建忠
赵瑞林
赵奇伟
吴小华
党委委员：毛建忠（3月止）
赵瑞林（3月止）
赵奇伟（3月止）
吴小华（3月止）

市行政学院

院　长：林　伟（兼，9月止）
郎客宾（9月始）
常务副院长：谢向前（3月始）
副院长：陈为梁（兼）
毛建忠
赵瑞林
赵奇伟

市社会主义学院

院　长：李　昭
常务副院长：谢向前（3月始）
副院长：阮坚定（兼）
毛建忠
赵瑞林
赵奇伟

市委党史研究室

主　任：高李生
副主任：楼莉波
应雪琴（11月止）
诸永刚（12月始）
室务会议成员：张志伟（12月始）

市档案馆

馆长、党组书记：周　斌
副馆长、党组成员：邵亚辉
陈伟根（3月止）
史红科

市社会治理中心

主　任：王娇俐（兼，6月始）
常务副主任：方建军
副主任：沈利金
段丹群
陈传统（11月始）
叶云炯（兼）
党组书记：方建军
党组成员：沈利金
陈传统
黄宇钰

市融媒体中心

主任、党委书记：杨华平
副主任、党委委员：徐　千
叶逢春
谢宇安
孙建惠（12月止）
陈斌荣
王　润

市人大常委会、市政协机关

市人大常委会办公室

主　任：鲁树峰
副主任：胡蔚波
姚滨彬

监察和司法工作委员会

主　任：吕银淼
副主任：徐小军（11月止）

财政经济工作委员会

主　任：沈继忠
副主任：宓贤勇

城建环保工作委员会

主　任：史勇军
副主任：马安平（11月止）
杨建海（11月始）

教科文卫民宗侨外工作委员会

主　任：吴建平
副主任：张　琳

代表工作委员会

主　任：方斌全（11月止）
董　斌（11月始）
副主任：韩　健

农业和农村工作委员会

主　任：陈江龙
副主任：叶捷敏（11月始）

社会建设工作委员会

主　任：姚文昌
副主任：吴琴芬（11月止）
谢文君（11月始）

市人大常委会机关党组

党组书记：鲁树峰
党组成员：吕银淼
沈继忠
史勇军
姚文昌
方斌全（11月止）
董　斌（11月始）
陈江龙
胡蔚波（3月始）

市人大监察和司法委员会

主任委员：吕银淼
副主任委员：徐小军
陈映东

市人大财政经济委员会

主任委员：沈继忠

副主任委员：孙启春
　　　　　　宓贤勇

市人大社会建设委员会

主任委员：姚文昌
副主任委员：韩　健

市政协机关党组

党组书记：张建培
党组副书记：黄　方
党组成员：黄　方
　　　　　赵　婕
　　　　　龚　宁
　　　　　周林杰
　　　　　钱　泽
　　　　　万科达

市政协办公室

主　任：黄　方
副主任：周项锋（12月止）
　　　　朱红良

市政协提案委员会

主　任：赵　婕

市政协经济和城建资源环境委员会

主　任：龚　宁
副主任：史习先

市政协教科卫体文化文史和学习委员会

主　任：徐　然
副主任：陆要真（6月止）
　　　　李基坚（12月始）

市政协社会法制和港澳台侨委员会

主　任：周林杰
副主任：周吉炎

市政协委员工作委员会

主　任：万科达
副主任：胡铁钧（12月始）

市政协农业农村委员会

主　任：钱　泽

市政府工作部门

市政府办公室

主　任：胡建立
副主任：蔡亚红
　　　　孙文氢
　　　　谢海东
　　　　孟剑锋（3月止）
　　　　方文辉
　　　　徐世海（12月止）
　　　　黄　强（9月止）
　　　　马江领
　　　　肖鹤峰（3月止）
　　　　万建龙（3月止）
　　　　周仕杰（10月止）
　　　　王欢亮（3月始）
　　　　叶立峰（9月始）
　　　　马　挺（12月始）
党组书记：胡建立
党组副书记：蔡亚红（3月始）
党组成员：孟剑锋（3月止）
　　　　　谢海东
　　　　　方文辉
　　　　　徐世海（12月止）
　　　　　黄　强（9月止）
　　　　　马江领
　　　　　肖鹤峰（3月止）
　　　　　万建龙（3月止）
　　　　　王欢亮（3月始）
　　　　　叶立峰（9月始）
　　　　　马　挺（12月始）
　　　　　顾凌枫（11月始）
发展研究中心主任：高立勇
流管办主任：劳永定（11月止）
　　　　　　袁　莉（11月始）

市发展和改革局

局　长：高　权（3月止）
　　　　茅文杰（3月始）
副局长：杜晓东（12月止）
　　　　郑静波
　　　　倪伟峰（12月）
　　　　杨钱波
　　　　史吉力
　　　　魏　军（12月始）
总经济师：郭　靖
党委书记：高　权（3月止）
　　　　　茅文杰（3月始）
党委副书记：杜晓东（12月止）
　　　　　　郑静波（12月始）
党委委员：倪伟峰（12月始）
　　　　　杨钱波
　　　　　史吉力
　　　　　魏　军
　　　　　朱　柯（12月始）
市委社会建设委员会副主任：高　权（3月止）
　　　　　　　　　　　　　茅文杰（3月始）
市委社会建设委员会专职副主任：朱　柯（3月始）
市国防动员办公室主任：茅文杰（12月始）
市国防动员办公室专职副主任：倪伟峰（12月始）

市经济和信息化局

局　长：王文权（3月止）
　　　　王燎民（3月始）
副局长：章　勇
　　　　陈　波
　　　　徐文非
　　　　谢武峰（挂职，10月始）
　　　　江振华（11月始）
　　　　施荣熊（11月始）
总经济师：郑永孟
党委书记：王文权（3月止）
　　　　　王燎民（3月始）
党委委员：章　勇
　　　　　陈　波
　　　　　徐文非
　　　　　郑永孟
　　　　　谢武峰（挂职，10月始）
　　　　　江振华（11月始）
　　　　　施荣熊（11月始）
　　　　　沈建峰

市教育局

局　长：王胜战
副局长：吴　文
　　　　孙青苗
　　　　张文表
副总督学：魏代明
党委书记：王胜战

党委专职副书记：鲁岳彪
党委副书记：吴　文
党委委员：魏代明
孙青苗
张文表
许孟烈

市科技局

局　长：梁红霞
副局长：诸仲玖（3月始）
唐成波（3月止）
潘文卿
孙　萍
党组书记：诸仲玖（3月始）
唐成波（3月止）
党组成员：诸仲玖（3月始）
潘文卿
孙　萍
夏建勇

市公安局

局　长：钱秉湧
督察长：钱秉湧（兼）
政　委：章国庆
副局长：周海江
周松岳
陈光初
倪剑江
高　宁
姚永尧（3月始）
政治处主任：谢群芳
警务督察大队大队长：卢建义
警务督察大队教导员：刘学伟
出入境管理大队大队长：应悠文
出入境管理大队教导员：李颂力
法制大队大队长：魏　达
法制大队教导员：袁利平
监管大队大队长：徐升高
监管大队教导员：翁志飞
交警大队大队长：杨立华
交警大队教导员：严侔泓
禁毒大队大队长：张伟奇
禁毒大队教导员：谢利良
经侦大队大队长：魏柏腾
经侦大队教导员：符勇武
网安大队大队长：余坚强
网安大队教导员：鲍永良
刑侦大队大队长：施文华
刑侦大队教导员：蒋映岗
巡特警大队大队长：胡　波
巡特警大队教导员：颜　垚
政保大队大队长：杨卫丰
政保大队教导员：张金龙
治安大队教导员：徐龙森
辅警管理大队大队长：谢龙华
辅警管理大队教导员：方永尧
党委书记：钱秉湧
党委副书记：章国庆
党委委员：李向国（9月止）
周松岳
周海江
高　宁
邵征宇（9月始）
谢群芳
陈光初
姚永尧（3月始）
倪剑江
杨立华

市民政局

党组书记、局长：茅建刚
党组副书记、副局长：吴旭翡
党组成员、副局长：姚　坚
朱建梁
胡文书

市司法局

局　长：郑少军
副局长：汪新华
谢建文
韩立波
党组书记：郑少军
党组副书记：汪新华
党组成员：谢建文
韩立波
张云丽
倪志丹（3月止）
马燕尔（11月始）

市财政局

党委书记：王文辉
党委副书记：鲁永飞
党委委员：韩士其
吴久林
赵建军
局　长：王文辉
副局长：鲁永飞
周益忠（12月止）
韩士其
吴久林
赵建军（12月始）
总会计师：吴久林

市人力资源和社会保障局

局　长：陈为梁
副局长：黄　洋
金利明
胡晓霞
党委书记：陈为梁
党委副书记：黄　洋
党委委员：金利明
胡晓霞
何琪钧（12月止）
俞栋辉

市自然资源和规划局

局　长：陈国军
副局长：任春波
张焕钦
冯江川
沈永苗（12月止）
总规划师：石运通
市不动产登记服务中心主任：邹小华
党委书记：陈国军
党委副书记：任春波
党委委员：张焕钦
冯江川
石运通
邹小华（12月始）
沈永苗（12月止）
王其辉（12月止）

市住房和城乡建设局

局　长：谢　高
副局长：朱建江
宋文钦
毛金坤（11月止）
余美芬
施海霞（11月始）
总工程师：胡铁钧（11月止）
王其辉（12月始）

党委书记：谢 高
党委副书记：朱建江
党委委员：宋文钦
毛金坤（11月止）
高 巍
余美芬
施海霞（11月始）
王其辉（12月始）

市交通运输局

局 长：梅百烽（12月止）
褚立军（12月始）
副局长：茅立明（11月止）
郑启波
吴东共
冯建红
戴天瑛（11月始）
总工程师：戴天瑛（11月止）
王新宇（12月始）
党委书记：梅百烽（12月止）
褚立军（12月始）
党委副书记：茅立明（11月止）
郑启波（11月始）
党委委员：吴东共
冯建红
王新宇（12月始）

市水利局

局 长：黄佰坚
副局长：何 明
吴劭辉（4月始）
总工程师、水库管理服务中心主任：
孙爱军（12月始）
党委书记：黄佰坚
党委委员：何 明
吴劭辉
孙爱军

市农业农村局

局 长：鲁海滨
副局长：俞安辉(11月止）
孙建平
金武昌（11月止）
郑 业
汪长海
谷棋明（11月始）
总农艺师：经仰贤
党委书记：鲁海滨
党委委员：俞安辉(11月止）
孙建平
金武昌（11月止）
郑 业
汪长海
谷棋明
胡建勇
经仰贤
俞红权
赵海英（11月始）

市商务局

局 长：周建铭
副局长：姚核军
姚黎明
何建军
总经济师：沈李利
党委书记：周建铭
党委副书记：姚核军
党委委员：姚黎明
何建军
沈李利
陈狄君
魏 伟
中国国际贸易促进委员会余姚市支会会长：周建铭
中国国际贸易促进委员会余姚市支会专职副会长：陈狄君

市文化和广电旅游体育局

局 长：杨玉红
副局长：董 斌（11月止）
邵姚斌（11月始）
王国滨
王建军
周凌宏
郑 超
市体育管理服务中心主任：卢国君
党委书记：杨玉红
党委副书记：董 斌（11月止）
邵姚斌（11月始）
党委委员：王国滨
王建军
郑 超
卢国君
何 喆

市卫生健康局

局 长：李 斌
副局长：钱 瑛（12月止）
陈映青（11月止）
卢素芬
陈明明（11月始）
陈 锋（12月始）
余姚市计划生育协会专职副会长：
楼唯君
余姚市爱国卫生委员会专职副主任：
陈明明（11月止）
何 炜（11月始）
党委书记：李 斌
党委副书记：钱 瑛（12月止）
专职党委副书记：张柏锋
党委委员：陈映青（11月止）
卢素芬
陈明明（11月始）
陈 锋（12月始）
张 一（12月始）
丁素兰

市退役军人事务局

局 长：柳雅敏
副局长：闻 学
楼云斌
党组书记：柳雅敏
党组副书记：闻学
党组成员：楼云斌
魏安芳

市应急管理局

局 长：张晓宇
副局长：何前明
唐仕辉
刘颖苗
王伟波
韩范霞（12月始）
总工程师：蒋学范
党委书记：张晓宇
党委副书记：何前明
党委委员：唐仕辉
刘颖苗
王伟波
蒋学范
韩范霞

市审计局

局　长：熊剑锋

副局长：叶初江

　　　　车成友

总审计师：韩玉仙

市经济责任审计联席会议办公室主任：虞健杰

市政府投资项目审计中心主任：闻　淼

党组书记：熊剑锋

党组副书记：叶初江

党组成员：虞健杰

市市场监督管理局

局　长：孙　峰

副局长：叶志千

　　　　罗以军

　　　　孙建莹（11月止）

　　　　沈立群（11月止）

　　　　唐孟立

　　　　马　斌

　　　　杨文峻

　　　　张　杰

　　　　姜春良（12月始）

总工程师：曹　玥（11月始）

党委书记：孙　峰

党委副书记：叶志千

党委委员：罗以军

　　　　孙建莹（11月止）

　　　　沈立群（11月止）

　　　　唐孟立

　　　　马　斌

　　　　杨文峻

　　　　张　杰

　　　　姜春良（12月始）

　　　　曹　玥

　　　　顾忠鹤（11月始）

　　　　王　健（11月始）

市统计局

局　长：阮岳军

党组书记：陈立山

副局长：茅定威

　　　　戚建华

总统计师：刘国锋（9月止）

社会经济调查队队长：熊建明

市医疗保障局

党组书记、局长：黄胜利

党组成员、副局长：陆朝辉

　　　　金苏红

党组成员、医保管理中心主任：周　彬

市综合行政执法局

局　长：陈冠民

副局长：罗旺文

　　　　叶云炯

　　　　马安平（11月始）

　　　　闻雪芬（11月止）

　　　　党委书记：陈冠民

党委委员：罗旺文

　　　　叶云炯

　　　　马安平（11月始）

　　　　史华东（11月始）

　　　　张　彬（11月始）

　　　　闻雪芬（11月止）

市大数据发展管理局

局　长：洪　波

副局长：赵钧鑫

　　　　周少亥

总工程师：吴　波

党组书记：洪　波

党组副书记：赵钧鑫

党组成员：周少亥

　　　　吴　波

市政务服务办公室

主　任：朱明富

副主任：徐迪红（12月止）

　　　　任建集

　　　　王焕苗（12月始）

　　　　王剑锋（挂职，10月止）

　　　　张　强（挂职，10月始）

党组书记：朱明富

党组成员：徐迪红（12月止）

　　　　任建集

　　　　王焕苗（12月始）

　　　　谢文君（11月止）

　　　　王剑锋（挂职，10月止）

　　　　张　强（挂职，10月始）

余姚经济开发区

党工委书记：潘帅轶（兼，3月止）

　　　　戚红军（3月始）

党工委副书记：王燎民（3月止）

　　　　章　敏（12月始）

党工委委员：朱　刚（3月止）

　　　　鲁　君

　　　　陈展翼

　　　　章　敏（兼，12月止）

　　　　赵永良（兼）

　　　　周立群（兼）

　　　　管静维

　　　　王树林（兼）

主　任：朱　刚（3月止）

　　　　戚红军（3月始）

副主任：章　敏（12月始）

　　　　鲁　君

　　　　陈展翼

余姚市高层人人才双创服务保障中心主任：王燎民（3月止）

　　　　陈立山（3月始）

余姚市高层人人才双创服务保障中心副主任：章　敏（12月止）

　　　　赵永良

　　　　周立群

宁波市生态环境局余姚分局

局　长：诸剑军

副局长：马　骎（12月止）

　　　　陈启昂

　　　　周立锋

总工程师：李　鹏

党组书记：诸剑军

党组副书记：马　骎（12月止）

党组成员：陈启昂

　　　　周立锋

　　　　李　鹏

　　　　王　坤

市金融发展服务中心

主　任：宋越敏

副主任：陈鲁峰

　　　　姚竞雄（12月止）

　　　　李　颖

党组书记：宋越敏

党组成员：陈鲁峰

　　　　李　颖

市机关事务管理局

局　长：鲁建灵

副局长：施海霞（11月止）

　　　　沈向阳

　　　　翁桦桦（11月始）

党组书记：鲁建灵
党组成员：施海霞（11月止）
沈向阳
翁桦桦（11月始）
杨丽波（11月始）

市供销联社

主任、党委书记：杨宇光
副主任、党委委员：邵黎明
胡　云
袁树连
沈雁鸣

市国有资产管理办公室

主　任：周益忠（12月止）
梁红霞（12月始）
副主任：唐柏江
胡莺莺（3月始）
党委书记：王文辉（兼，12月止）
周益忠（12月始）
党委副书记：周益忠（12月止）
党委委员：唐柏江
胡莺莺（3月始）
徐建风（12月止）

市招商中心

主　任：戚红军（3月止）
唐成波（3月始）
副主任：邵建立（11月止）
潘　彪
王　钢
许正杰（11月始）
吴东晓（挂职）
柳通明（挂职）
刘益群（挂职，12月始）
党组书记：戚红军（3月止）
唐成波（3月始）
党组成员：邵建立（11月止）
潘　彪
许正杰（11月始）
吴东晓（6月始）
柳通明（6月始）
刘益群（挂职，12月始）

中国塑料城管委会（3月止）

主　任：周煜铭
副主任：应立清
赵立刚
郑文杰
周利达
陆　峰
党工委书记：周煜铭
党工委委员：熊建苗
应立清
赵立刚
郑文杰
周利达

中国塑料城管理中心（3月始）

主　任：周煜铭
副主任：应立清
赵立刚
郑文杰
周利达
陆　峰
党组书记：周煜铭
党组成员：熊建苗
应立清
赵立刚
郑文杰
周利达

高铁新城建设指挥部

常务副总指挥：周煜铭
副总指挥：熊建苗

市四明山旅游度假区管理中心

主　任：缪正刚（兼）
副主任：赵阳军（12月止）
梅百烽（12月始）
谢林权（11月止）
吴清波
方烈君
茅亚波（12月始）
党组书记：赵阳军（12月止）
梅百烽（12月始）
党组成员：谢林权（11月止）
吴清波
方烈君
茅亚波（12月始）
戴能军

市公共资源交易管理办公室

主　任：诸仲玖（3月止）
朱　刚（3月始）
副主任：顾春雷
邱伟平
施建泳
程　怡（12月止）
张艺妮（12月始）
党组书记：诸仲玖（3月止）
朱　刚（3月始）
党组副书记：顾春雷
党组成员：邱伟平
程　怡（12月止）
张艺妮（12月始）
熊姚军（12月始）

宁波市住房公积金管理中心余姚分中心

主　任：马民龙（3月止）
孟剑锋（3月始）
副主任：倪伟峰
叶　艾
党组书记：马民龙（3月止）
孟剑锋（3月始）
党组成员：倪伟峰
叶　艾
郑崇行

市人民政府房屋征收管理中心

主任、党组书记：孙雪波
副主任、党组成员：王焕苗（12月止）
张国东
宋央芳
徐迪红（12月始）

余姚工业园区管理委员会

主　任：褚立军（3月止）
杜海军（3月始，12月止）
褚校军（12月始）
副主任：干　华
吴迪华
郑　祯
郑国栋（12月始）
党工委书记：褚立军（3月止）
杜海军（3月始，12月止）
褚校军（12月始）
党工委副书记：干　华
党工委委员：吴迪华
郑　祯
徐建风（12月始）
郑国栋（12月始）
陈　科（11月始）
潘　杰（兼，3月始）

朱剑钟（兼，11月止）
甬西科创中心主任：褚立军（12月止）
杜海军（12月始）
甬西科创中心副主任：徐建凤（12月始）
潘　杰（3月始）
朱剑钟（兼，11月止）
董利群

市铁路与轨道交通建设管理服务中心

主　任：毛旭智
副主任：徐彭余
许高峰（12月始）
党组书记：毛旭智
党组成员：徐彭余
许高峰（12月始）
严培源

市城中村改造管理中心

主任、党组书记：周佰勤
副主任、党组副书记：翁松涛
副主任、党组成员：史尚杰

市生态文明促进中心

主　任：诸剑军（3月始）
副主任：杨　晟（11月始）
谢建仕（3月始）
党组书记：诸剑军（3月始）
党组副书记：杨　晟（11月始）
党组成员：谢建仕（3月始）
张伟闻（11月始）

市消防救援大队

大队长：刘海疆
政治教导员：李管良
副大队长：周劼波
董磊杰（4月止）
李国强（4月始）

宁波舜建集团有限公司

党委书记、董事长、总经理：
褚校军（12月止）
徐科锋（12月始）
党委副书记、董事、工委主任：
胡益蓉
党委委员、董事、副总经理：
陈军军
毛纪刚
袁建成（12月始）
董事、副总经理：潘建松
党委委员：王超杰（挂职，9月止）
董国明（3月止）
章意锋
赵漫可

宁波舜通集团有限公司

党委书记、董事长、总经理：姚国锋
党委委员、董事、副总经理：周文伟
韩学群
沈一枫
杜世明
党委委员、纪委书记：符立华

余姚市阳明文化旅游集团有限公司

党总支书记、董事长、总经理：方定儿
党总支委员、董事、副总经理：胡勇杰
董事、副总经理：童晔文

宁波舜工集团有限公司

支部书记、董事长、总经理：徐科锋
支部委员、董事、副总经理：唐文荣
董事、副总经理：张　维

宁波舜农集团有限公司

党支部书记、董事长：沈海标
党支部委员、董事、副总经理：韩建平
张能荣

群众团体

市总工会

主　席：黄和庆（2月始）
常务副主席：徐世海（11月始）
副主席：吕　伟
杨万里（11月止）
劳永定（11月始）
柴菲菲（挂职，5月始）
诸杏珍（兼）
陈柱良（兼）
李　勇（兼）
党组书记：徐世海（11月始）
党组副书记：吕　伟（11月始）
党组成员：杨万里（11月止）
劳永定（11月始）
柴菲菲（挂职，4月始）

共青团余姚市委员会（青联）

书　记：戚劲杉
副书记：陈凌雁

市妇女联合会

主　席：干亚群
副主席：陈　励
吕幼萍
邵　璐（4月始）
党组书记：干亚群
党组成员：陈　励
吕幼萍
宋惠慧
邵　璐（4月始）

市科学技术协会

主　席：张志红（12月止）
赵阳军（12月始）
副主席：黄苏洲（6月止）
陆哲学
俞文胜
曹　丹（6月始）
党组书记：张志红（12月止）
赵阳军（12月始）
党组成员：俞文胜
曹　丹

市工商联（总商会）

主席（会长）：戎伟军
副主席（副会长）：周　强
金　晶
徐　毅
党组书记：周　强
党组成员：徐　毅
叶　薇

市文学艺术界联合会

党组书记、主席：毛建良
党组成员、副主席：韩茂洪
赵红棱

市残疾人联合会

理事长：黄　强（11月始）
沈　红（11月止）
副理事长：谢　晨
施爱萍
陈铭科

陈聪闰（挂职，4月始）
秦冠军（挂职，4月始）
谢向杰（兼）
党组书记：黄　强（9月始）
沈　红（9月止）
党组成员：谢　晨
施爱萍
陈铭科

市红十字会

会　长：林　体（兼）
专职副会长：丁素兰

市慈善总会

会　长：孙钜昌
副会长：谢建明
干惠洪
罗利行
沈红波
秘书长：罗利行

市关心下一代工作委员会

主　任：卢建国
常务副主任：刘国钧
专职副主任：谢科锦（12月止）
齐丽萍（12月始）

直属管理单位

国家税务总局余姚市税务局

局　长：朱识华
副局长：王海军（3月止）
史　军（7月始）
郑　科
包央荣
郑召稷
党委书记：朱识华
党委委员：王海军（3月止）
徐佳力
史　军（7月始）
郑　科
包央荣
郑召稷

国网余姚市供电公司

执行董事、党委书记：俞　建
总经理、党委副书记：高　明
副总经理：杨立明
魏　明
钟永颉
刘　洋
总工程师：杨立明
总会计师：刘　洋
纪委书记、工会主席、监事：耿　飞

邮政余姚分公司

总经理、党委书记：范力源
副总经理、党委委员：倪　杰（8月止）
沈建军
夏永翔
王迪君（9月始）
章思佳（12月始）

国家统计局余姚调查队

队　长：王欢亮（9月止）
副队长：熊建明（9月始）
毛华芬
党组书记：王欢亮（9月止）
党组成员：熊建明（9月始）
虞胜君
毛华芬

余姚海关

关　长：诸　敏（10月止）
于　雪（10月始）
副关长：吴　皓（3月止）
徐吉良
阮伟刚
刘　宁（3月止）

海事余姚办事处

主　任：李海斌

市气象局

局长、党组书记：龚涛峰
副局长、党组成员：吴　敏
陈　俊

市烟草专卖局

党组书记、局长、经理：王海杰
党组成员、副局长：楼建年
党组成员、副经理：周斐颖
党组成员、纪检组长：周　钦

市盐业公司

经　理：郑志光
副经理：姜　岚

中国人民银行余姚市支行

行长、党组书记：励晶晶
副行长、党组成员：黄金世
戴小军

中国移动余姚分公司

总经理：金志萍（10月止）
冯宗颖（10月始）
副经理：谢　烨
杨　磊
陈　磊

中国联通余姚分公司

总经理：柴志华
副总经理：钱振技
唐建峰（5月始）
黄　迪

乡镇（街道）机构

凤山街道

党工委书记：茅文杰（3月止）
肖鹤峰（3月始）
党工委副书记：张　忠
张　伟
史文哲
胡建权（挂职，11月始）
党工委委员：施建尧
徐晓飞
谢霞波
杨敏捷
何　明
魏水明
纪工委书记：杨敏捷
人大工委主任：孙保定
人大工委副主任：王　华
办事处主任：张　忠
办事处副主任：施建尧（常务）
祝烨烨
周伯海
万银巨
黄　斌
陈展翼（挂职，10月始）

阳明街道

党工委书记：沈小坤
党工委副书记：叶立峰（9月止）

丁坚强（9月始）
姚云飞
陈福明
党工委委员：黄国锋
徐展豪
符金义
戎丹丹
陈山君
郑　达
纪工委书记：徐展豪
人大工委主任：黄银强
人大工委副主任：王沛然
办事处主任：叶立峰（9月止）
丁坚强（9月始）
办事处副主任：黄国锋
郑麒麟
施建军
杨　丰
劳剑锋

梨洲街道

党工委书记：龚共军
党工委副书记：陈哲明
严浩迪
杨国军
张锡江（挂职，11月始）
党工委委员：张小利
张剑波
姚军达
谢建英（12月止）
程　怡（12月始）
马　力
鲍锡文
舒学军（兼）
纪工委书记：张小利
人大工委主任：徐周康
人大工委副主任：于　涛
办事处主任：陈哲明
副主任：张剑波
董永徐
鲍文建
张文培
施华波

兰江街道

党工委书记：周烈钢
党工委副书记：张　磊（11月止）
张　杰
方青山
戚劲杉（挂职，11月始）
党工委委员：沈小悱
余佳璐
周罗建
周　晋
赵金江
楼科挺
纪工委书记：沈小悱
人大工委主任：许建生
人大工委副主任：邵华荣
办事处主任：张　磊（11月止）
办事处副主任：楼科挺
鲁庆怀
陈　杰
符志英
翁文杰

朗霞街道

党工委书记：张国安
党工委副书记：黄文建
帅琪峰
党工委委员：张启立
杨建州
邵姚斌（11月止）
沈建波（11月始）
李真龙
李荣荣
胡金巨
吕俊杰（11月始）
鲍鹏飞（兼）
姚平锋（兼）
纪工委书记：张启立
人大工委主任：鲁定峰
人大工委副主任：褚泉良
办事处主任：黄文建
办事处副主任：赵冠华
马荣丰
宣圆圆
徐旭栩

低塘街道

党工委书记：罗浩杰
党工委副书记：吴　宁
苏岳明
党工委委员：姜春良（12月止）
罗　华（12月始）
陆建波
杨　杰
黄佳娜
金优儿
王其明
陈　钧（11月始）
魏利民（兼）
杨卫丰（兼）
纪工委书记：姜春良（12月止）
罗　华（12月始）
人大工委主任：杨荷锋（11月始）
严定汉（11月止）
人大工委副主任：马立红
办事处主任：吴　宁
办事处副主任：唐军科
周旭明
郭小青
黄如华

泗门镇

党委书记：张　明
党委副书记：冯彦增
马林锋（11月止）
洪亚军（11月始）
任　宁
杜海军（挂职，3月止）
党委委员：罗立伟
张小艇
吕　煜
洪亚军（11月止）
徐家熠（11月始）
徐志军
倪剑江
阿尔阿依（12月始）
纪委书记：张小艇
人大主席：姚惠平（11月止）
人大副主席：施天军
镇　长：冯彦增
副镇长：罗立伟
史皆乐
孙梦翱
黄妙飞
李　楠

马渚镇

党委书记：顾　展

党委副书记：周　涛
鲁科萍
鲁炎峰
党委委员：骆高峰
陈攀峰
黄彬彬
马力涛
潘志磊
吕建能
纪委书记：陈攀峰
人大主席：沈　飞
人大副主席：娄　彦
镇　长：周　涛
副镇长：骆高峰
钱　军
王高峰
周　力
钱文广

陆埠镇

党委书记：韩杭城
党委副书记：柳　科
李大炜
胡鹤云
党委委员：魏建锋
钱灵锋
张杰飞
罗怀青
袁荷满
周建铭
纪委书记：钱灵锋
人大主席：马　挺（12月止）
杜晓东（12月起）
人大副主席：魏建永
镇　长：柳　科
副镇长：魏建锋
范百群
方家仁
鲁菁菁
张明明

梁弄镇

党委书记：李　军
党委副书记：李　明
周　优
叶伟松
党委委员：孙　治
朱文杰
罗　洁
郑宇凯
徐世永
章建峰
纪委书记：朱文杰
人大主席：王根福
人大副主席：朱　跃
镇　长：李　明
副镇长：郑起超
杨建海（11月止）
裘晓白
王新传
应永泽（11月始）

牟山镇

党委书记：王文成（10月止）
张　磊（11月始）
党委副书记：朱　柯
张立东
党委委员：金晓倩
周荣江
陈明慧
吴　桓
张焕军
吴　杰
纪委书记：金晓倩
人大主席：沈学键
镇　长：朱　柯
副镇长：郑其龙
徐水军
杨浩波
符军苗

丈亭镇

党委书记：马军辉
党委副书记：韩　哲
卢　杰
党委委员：王静斐
郑焕根
袁宇杨
陈红国
马士杰
田忠辉（9月止）
邵振宇（9月始）
纪委书记：王静斐
人大主席：干闻宇
副主席：倪唯君
镇　长：韩　哲
副镇长：陈　哲（12月止）
郭亦挺（12月始）
祝永权
杨琳颖
沈巍伟

三七市镇

党委书记：　王罕杰
党委副书记：叶吉松
陈利炳
党委委员：唐杭京
张锡波
周丽培
朱颜嫣
朱　涛
王枭炯
纪委书记：唐杭京
人大主席：张四海
人大副主席：任庆标
镇　长：叶吉松
副镇长：陈小波
周尧方
陈　芳
王树林

河姆渡镇

党委书记：吴微勋
党委副书记：方　勇
徐　存
党委委员：沈　锋
杨瑞军
鲁　华
鲍浩尔
蒋文杰
纪委书记：金芳芳
人大主席：胡坚强
人大副主席：翁桦桦
镇　长：方　勇
副镇长：毛卫厅
诸鸿军
陈　楠
唐高勇

小曹娥镇

党委书记：陈　辉

党委副书记：罗　锋
孙　恒
党委委员：钟冬发
张　波
沈媛君
金丽华
董秋明
纪委书记：钟冬发
人大主席：毛立波
人大副主席：杨建胜
镇　长：罗　锋
副镇长：叶剑川
周力平
张霞波
赵林枫

临山镇

党委书记：王明江
党委副书记：唐利佳
赵建梁
党委委员：舒敏敏
倪培能
孙琦节
周溶溶
俞建桥
宋　健
纪委书记：舒敏敏
人大主席：吴建军
人大副主席：熊高波
镇　长：唐利佳
副镇长：叶建挺
褚骏涛
王新宇
孙　奇

黄家埠镇

党委书记：方黄军
党委副书记：丁坚强（10月止）
祝文权（10月始）
施建森
党委委员：俞素珍
陈江峰
张　洁
徐亚萍
钱文权
魏铁逵
人大主席：陶建民
人大副主席：沈登灿
镇　长：祝文权（10月始）
副镇长：杨　蕾
吴余君
徐炜锋
徐旦峰
纪委书记：俞素珍

大隐镇

党委书记：朱汉明
党委副书记：余文锴
祝文权（9月止）
陈　哲（12月始）
党委委员：周卓君
黄敏佳
郑旭铭
付英博
谢超炯
纪委书记：周卓君
人大主席：黄其君
镇　长：余文锴
副镇长：赵奕挺
龚云先
毛　川

大岚镇

党委书记：胡　建
党委副书记：周　峰
朱铁炯
党委委员：王燕燕
吴　彦
黄远维
杨登松（11月始）
祝　吉（11月始）
邬海滨
纪委书记：王燕燕
人大主席：陈　斌
镇　长：周　峰
副镇长：苗嘉明
姚家云
苏　瑜

四明山镇

党委书记：叶文溢
党委副书记：陈　灯
李郁莎
党委委员：孙升驰
陆从余
余松青
钟浩坚
陈文杰（11月始）
纪委书记：孙升驰
人大主席：单时芬
镇　长：陈　灯
副镇长：俞华军
王　攀
谢向炯

鹿亭乡

党委书记：丁东青
党委副书记：袁文庆
陈剑锋
党委委员：茅巧女
姚米娜
诸拓宇
何世明
舒　斌（11月始）
纪委书记：茅巧女
人大主席：黄伯忠（11月止）
茅立明（11月始）
乡　长：袁文庆
副乡长：林　宇
孙建权
桂晓波

国家级先进集体与个人

先进集体

2022中国最具幸福感城市(县级市):余姚市
中国县域知识产权竞争力百强榜第十名:余姚市
“四好农村路”全国示范县拟确定创建单位:余姚市
全国五一劳动奖状:河姆渡镇
美丽城镇建设省级样板:陆埠镇
国家级农业产业强镇创建单位:泗门镇
全国“四好”商会:河姆渡镇商会
全国综合减灾示范社区:低塘街道黄清堰村
全国乡村特色产业超亿元村:陆埠镇裘岙村
全国五四红旗团支部:梁弄镇横坎头村团总支
全国检察机关宣传先进单位:余姚市人民检察院
国家级节约型机关:余姚市自然资源和规划局
全国节约型机关:余姚市交通运输局
中华全国工商联2022年调查点工作先进基层单位:余姚市工商联合会
全国依法治理创建活动先进单位:余姚市普法办
全国知识产权保护工作成绩突出集体:余姚市知识产权局
“关爱女性健康,蓝丝带在行动”健康中国行动优秀组织奖:余姚市妇幼保健院
公安部一级公安派出所:余姚市公安局梁弄派出所
先进国家级中心测报点:余姚市森林病虫害防治站
全国巾帼建功先进集体:浙江省交通集团高速公路宁波管理中心余姚收费中心所
全国最美工会户外劳动者服务站点:马渚镇金马社区户外劳动者爱心驿站、余姚市泗工驿站
全国一等县级车辆管理所:余姚市公安局交警大队车辆管理所
一星级全国青年文明号:国家税务总局余姚市税务局第一税务所(办税服务厅)、国家税务总局余姚市税务局泗门税务所办税服务厅
全国和谐劳动关系创建示范企业:舜宇集团有限公司
中国华侨国际文化交流基地:河姆渡遗址博物馆
第四批国家考古遗址公园立项名单:河姆渡考古遗址公园
优秀国家文化和科技融合示范基地:大丰实业有限公司
国家服务型制造示范企业名单:大丰实业有限公司

先进个人

中国好人:马国军
全国五一劳动奖章:罗明浩
全国无偿献血奉献奖银奖:魏　鲜
人民满意的公务员:黄科威
百佳优秀媒体人:姚　杰　陈福良
全国最美家庭:周苗红家庭
全国公安机关爱警母亲:郭秀琴
全国公安机关爱民模范:房敏杰
中国红十字会“会员之星”:韩丹凤
全国农产品成本调查工作先进个人:魏一剑
九三学社中央组织工作先进个人:梁红霞
全国中医护理骨干人才培养对象:高　倩
全国基层理论宣讲先进个人:赵永焕
全国检察机关宣传先进个人:王天成

省级先进集体与个人

先进集体

浙江省食品安全示范市:余姚市
浙江省改革突破奖提名奖:余姚市
浙江省农业双强行动“赛马”激励地区:余姚市
浙江省第二批家庭农场整体提升县(市、区)创建单位:余姚市
浙江省农村土地承包经营权确权登记颁证成绩突出集体:余姚市
浙江省“小微企业三年成长计划”工作优秀县(市、区):余姚市
浙江省农业水价综合改革工作绩效评价为优秀县(市、区):余姚市
实施融资畅通工程、“凤凰行动”升级版、防范化解金融风险成效明显的市、县(市、区):余姚市
浙江省2022年度市县党政领导科技进步目标责任制考核优秀单位:余姚市
浙江省城乡风貌样板区:大岚镇
浙江省级美丽城镇:三七市镇
浙江省城镇建设样板:大隐镇
浙江省美丽城镇建设基本达标城镇:低塘街道、鹿亭乡
浙江省级健康镇:泗门镇
浙江省美丽乡村示范乡镇:梁弄镇
浙江省抗击新冠疫情先进集体:牟山镇党委
浙江省“五水共治”(河长制)工作考核优秀乡镇(街道):阳明街道

浙江省园林城镇：梁弄镇

浙江省AAAA级景区镇：河姆渡镇

浙江省AAA级景区镇：马渚镇

浙江省民兵工作成绩突出集体：兰江街道

浙江省新时代乡村集成改革工作成绩突出集体：梁弄镇

浙江省第二批低（零）碳乡镇试点创建单位：四明山镇

浙江省农村文化礼堂建设示范乡镇：泗门镇

第五批省级运动休闲乡镇培育单位：梁弄镇

浙江省健康村：三七市镇幸福村、大隐镇章山村、大隐镇云旱村、大隐镇大隐村

浙江省清廉村居建设示范村：大隐镇学士桥村、梁弄镇横坎头村

浙江省乡村振兴示范村：低塘街道黄清堰村

浙江省高标准农村生活垃圾示范村：低塘街道黄清堰村、临山镇邵家丘村

浙江省首批未来乡村：梁弄镇横坎头村

浙江省一村万村示范村：临山镇临浦村

浙江省善治示范村：低塘街道芦城村

浙江省级"民主法治村（社区）"：阳明街道北郊村、西街村、泗门镇东蒲村，低塘街道郑巷村，小曹娥镇曹一村，临山镇邵家丘村，朗霞街道新南王村，牟山镇魏家村，黄家埠镇高桥村，马渚镇斗门村、凤山街道宪卿第社区，低塘街道低塘社区，朗霞街道干家路村，梨洲街道三江口社区，梨洲街道雁湖村，小曹娥镇南新庵村，小曹娥镇建民村，牟山镇新东吴村，黄家埠镇杏山村，马渚镇金马社区，河姆渡镇五联村

浙江省美丽宜居示范村省级样板村：陆埠镇袁马村、梁弄镇雅贤村

浙江省美丽乡村特色精品村：梁弄镇甘宣村

第五批浙江省级引领型农村社区：大岚镇后朱村、梁弄镇五桂村

浙江省美丽庭院特色村：朗霞街道天华村

浙江省气象防灾减灾标准化村（社区）：梁弄镇东山村、梁弄镇湖东村、丈亭镇龙南村

浙江省第二批低（零）碳村试点创建单位：兰江街道冯村村

浙江省生态文化基地：鹿亭乡白鹿村

浙江省政协联谊报宣传工作先进单位：余姚市政协

浙江省检察工作先进院：余姚市人民检察院

浙江省数字检察示范院：余姚市人民检察院

浙江省平安家庭建设优秀单位：余姚市妇联

浙江省工商联系统先进集体：余姚市工商联合会

稳外贸稳外资和开发区建设成绩突出集体：余姚经济开发区管委会

浙江省开发区产业链"链长制"示范试点单位：浙江余姚经济开发区

浙江省科技工作成绩突出集体：余姚市科技局

浙江省平安护航建党100周年成绩突击集体：余姚市公安局

浙江省二十强县级供销联社：余姚市供销联社

浙江省供销社清产核资工作优秀集体：余姚市供销联社

浙江省最美警队：余姚市公安局治安大队

浙江省红十字工作先进单位：余姚市红十字会

浙报集团融媒共享联盟·合作奖：余姚市融媒体中心

浙江省优秀电子商务公共服务中心：余姚市电子商务公共服务中心

浙江省疫情防控冷链食品物防工作先进集体：余姚市市场监管局

浙江省信访系统先进集体：余姚市信访局

浙江省美丽城镇建设工作成绩突出集体：余姚市住房和城乡建设局

浙江省市政行业城市照明先进集体：余姚市园林风景管理中心（余姚市市政设施管理中心）

浙江省白蚁防治先进单位：余姚市物业和房屋安全管理中心

"森林浙江"建设工作突出贡献集体：余姚市林业局

省松材线虫病防治工作和全面禁止非法交易、滥食野生动物工作突出贡献集体：余姚市林业局

浙江省关注森林活动15周年成绩突出集体：余姚市林业局

浙江省林业科技工作成绩突出集体：余姚市林业服务中心

浙江省渔业高质量发展工作成绩突出集体：余姚市农业农村局

浙江省渔业安全生产成绩突出集体：余姚市农业农村局

浙江省广电主干传输网技术维护先进集体：余姚市传媒集团有限公司

"美丽浙江"矩阵融合传播年度榜单"创作突出贡献奖"：余姚市融媒体中心

浙江省文化和旅游行业常态化安全生产监管工作优秀：余姚市文化和广电旅游体育局

浙江省协助无线电管理工作优秀单位：余姚市文化和广电旅游体育局

浙江省五星级文化礼堂：朗霞街道新新村文化礼堂、低塘街道镆剑山村文化礼堂、马渚镇斗门村文化礼堂、陆埠镇官路沿村文化礼堂、大隐镇云旱村文化礼堂、泗门镇海南村文化礼堂、三七市镇魏家桥村文化礼堂

浙江省巾帼文明岗：余姚市人民检察院第八检察部、余姚市搭把手职业技能培训学校、余姚市委党校培训中心、国网浙江余姚市供电有限公司泗门供电所营业厅、余姚首创污水处理有限公司、余姚市文化馆

浙江省示范乡镇（街道）妇联：梁弄镇妇联

浙江省枫桥式退役军人服务站：大岚镇大岚村退役军人服务站、大隐镇退役军人服务站、临山镇退役军人服务站、临山镇临山村退役军人服务站

浙江省四星级乡镇食安办：陆埠镇食安办

浙江省三星级乡镇食安办：四明山镇食安办

浙江省最美工会户外劳动者服务站点：马渚镇金马社区户外劳动者爱心驿站

浙江省"枫桥式公安派出所"：余姚市公安局梁弄派出所

浙江省青年文明号：余姚市公安局低塘派出所

浙江省优秀公安基层单位：余姚市公安局梁弄派出所

浙江省司法行政系统法治建设工作成绩突出集体：余姚市司法局梁弄司法所

浙江省青年文明号：余姚市市场监管局陆埠分局

浙江省五星级侨胞之家：马渚镇侨胞之家

浙江省"枫桥式"司法所：余姚市司法局梁弄司法所

浙江省民主法治村（社区）创建工作成绩突出集体：余姚市司法局梁弄司法所

浙江省品牌社会组织：宁波市农村商业银行慈善基金会

浙江省示范性慈善基地：余姚市慈善项目培育基地

浙江省农村供水规范化水厂：大岚镇雅庄村供水厂

浙江省工人先锋号：陶家路江三期整治工程项目部

浙江省职工书屋：富诚汽车零部件有限公司职工书屋、国网余姚市供电公司泗门供电所职工书屋、宁波江丰电子材料股份有限公司职工书屋

浙江省红十字工作成绩突出志愿服务团队：极速救援队

浙江省现代化综合农业服务中心：余姚市丰宣农机合作社

浙江省美丽牧场：浙江博凯农牧业科技有限公司、宁波纯派农牧业科技有限公司

浙江省农业"机器换人"高质量发展先行农机服务中心：余姚市丰农农机合作社

浙江省工作突出基层劳动人事争议调解组织：阿良工作室

浙江省农业丰收奖二等奖：余姚市农业技术推广服务总站、余姚市种子种苗管理站

浙江省"优质级报纸"：余姚日报印刷厂

浙江省农村供水规范化水厂：余姚市姚东自来水有限公司雅庄供水站

浙江省公交行业信息通联先进单位：余姚市公共交通有限公司

浙江省普法与依法治理工作先进集体：中共余姚市委全面依法治市委员会办公室

浙江省法律援助工作成绩突出集体：余姚市法律援助中心

浙江省"三强双进"律师事务所党组织：阳明律师事务所党支部

浙江省级金牌人民调解工作室：余姚市人民调解委员会致和调解室

浙江省工作成绩突出红十字基层组织：泗门镇红十字会

浙江省五星级侨胞之家：泗门镇侨胞之家

第三批省级示范慈善分会：余姚市慈善总会泗门分会

浙江省平安宗教场所：基督教新新堂

浙江省宗教活动场所消防安全标准化管理百优争创活动优秀单位：居士林、基督教泗门堂

浙江省级宗教法治宣传教育基地：芦山禅寺

浙江省家医党员先锋团队：大隐镇卫生院章山村团队、临山中心卫生院湖堤村团队

浙江省首批理论宣讲名师工作室："舜江快播"宣讲工作室

浙江省文化和旅游企业梯度培育计划领军企业：大丰实业有限公司

浙江省首批省级"企业文化中心"：舜宇集团有限公司、宁波江丰电子材料股份有限公司

浙江省首批老年教育资源整合试点单位：浙江老年教育联盟指导委员会办公室

浙江省五星级"残疾人之家"：兴泰残疾人之家

先进个人

浙江省五一劳动奖章：张建丰

浙江工匠：陆琪、高磊、熊小青、朱锦程、吴长浩、马高峰

浙江好人：沈国英、吴明灿、马国军、韩丹凤

浙江省平安护航党的二十大成绩突出个人：陈福明

浙江省抗击新冠疫情先进个人：陈明明、何建建

浙江省优秀人民警察：叶圣

浙江省敬老养老助老模范：杨亚芹

浙江省巾帼建功标兵：徐利君

浙江省最美家庭：赵迎春家庭

浙江省最美警察：房敏杰

浙江省最美警嫂：顾哲超

浙江省"最美浙江人·最美救护员"：韩丹凤、朱倩倩

最美浙江人：马国军

浙江省"最美司法行政人"：吴燕燕

浙江省"最美文化礼堂人"：马再军

"浙江青年工匠"培养项目人员：胡杰

浙江省优秀家庭医生：朱月琴

浙江省优秀乡村医生：钱祖江、卢武林

浙江省"社区工作领军人才"：韩静安、章国锋

浙江省社会组织领军人物：励娜、谢东海

浙江省优秀护林员：姚成敖

全省刑事检察专业人才：沈琳旦

全省行政检察专业人才：戴支蓉

全省检察机关法律监督成绩突出个人：戴支蓉

全省检察机关信息工作成绩突出个人：赵娟

浙江省中小微企业培育工作成绩突出个人：马雅丽

浙江省绿色家庭暨节能降碳家庭：陈波家庭

浙江省基层妇联"最美执委"：吴慧杰、邵玲娣、张慧、胡东军、陈依青、赵锡君、徐静亚、傅飞娟、杨文琴

浙江省重点工程立功竞赛先进个人：张建丰、戴泗君

平安浙江建设先进个人：周海江

浙江省省经侦部门"季度之星"：黄狄

浙江省供销社清产核资工作优秀个人：黄冰云

浙江省第十四届"红十字公益之星"：李亿、黄涛

浙江省红十字奉献服务先进个人：黄伟江

浙江省红十字工作成绩突出红十字会员：陈巨锋

浙江省机关事务工作先进个人：施海霞

浙江省助企服务成绩突出个人：王燎民

浙江省级非遗项目精武拳技械传承人：张宝勇

浙江省烈士褒扬工作先进个人：袁荷满

浙江省新时代乡村集成改革工作成绩

突出个人：王忠水
浙江省高标准农田建设工作成绩突出个人：谢豪军
浙江省农村宅基地工作成绩突出个人：黄迪庆
浙江省农业技术能手：叶钿
浙江省动物疫病防控工作成绩突出个人：戚益锋
浙江省气象业务服务工作先进个人：牛海林
浙江省人力资源和社会保障系统先进工作者：金利明
浙报集团融媒共享联盟·先进报道个人：杨月云
浙江省市场监管安全保障工作成绩突出个人：毛佳明
浙江省知识产权保护工作成绩突出个人：谷卫东
浙江省市场监管系统“服务标兵”：鲁南
浙江省疫情防控冷链食品物防工作先进个人：沈鉴春
浙江省食品安全工作成绩突出个人：毛佳明
浙江省药品检查工作成绩突出个人：周亮
浙江省党校（行政学院）系统成绩突出个人：马震
浙江省生活垃圾分类工作成绩突出个人：应淑珍
浙江省水利建设工程质量监督先进个人：周立荣
浙江省水土保持目标责任制工作成绩突出个人：胡栋辉
浙江省公交行业信息通联优秀通讯员：朱清清、施汝慧
浙江省法治宣传教育先进个人：吴燕燕、翁洪飚、陈军方
浙江省社区矫正工作成绩突出个人：潘建武、娄晶晶
浙江省司法厅数字化改革工作成绩突出个人：吴燕燕
浙江省司法行政系统法治建设工作成绩突出个人：谢建文、方葵
浙江省普速铁路沿线外部环境安全隐患综合治理工作成绩突出个人：钟慧莉
浙江省统战信息工作成绩突出个人：俞洋
浙江省民进优秀会员：王建永、杨丰
浙江省民进优秀会务工作者：何展展
民革全省社会服务工作先进个人：宋云森
九三学社省委社会服务先进个人：陈杰
浙江省文化市场综合行政执法工作成绩突出个人：夏森焱
浙江省群众体育工作突出个人：叶建挺
浙江省地方志“151人才工程”首批省级地方志专家名录：谢建龙
浙江省新时代乡村集成改革工作成绩突出个人名单：陈建辉
浙江省改革创新成绩突出个人：范文涛
浙江省市政行业城市照明先进个人：陈桓
浙江省白蚁防治先进个人：杨益
“森林浙江”建设工作突出贡献个人：张焕钦、汪建波
浙江省第三次全国国土调查成绩突出个人：邹小华、施文明
浙江省松材线虫病防治工作和全面禁止非法交易、滥食野生动物工作突出贡献个人：陈维君、王菊英
浙江省林业科技工作成绩突出个人：罗国安
浙江省湿地保护修复工作成绩突出个人：张士颖
浙江省土地利用工作突出贡献者：戴琳、符荣权
中国农工民主党浙江省委员会2021年度反映社情民意信息工作先进个人：陈学明

资料选编

中共余姚市委　余姚市人民政府
关于打造“余山姚水 阳明心城”促进城市品质大提升的意见

为进一步彰显“山水人文”底蕴，全面提升城市发展能级，切实增强城市竞争力，促进我市经济社会协调发展，加快建设现代化美好活力“最名邑”，助力宁波“六个之都”建设和全省实现两个“先行”，现就打造“余山姚水 阳明心城”促进城市品质大提升提出如下意见。

一、指导思想

以习近平新时代中国特色社会主义思想为指导，全面贯彻党的十九大精神和习近平总书记“城市建设要坚持以人民为中心的发展理念”“城市管理应该像绣花一样精细”等重要指示精神，按照市第十六次党代会提出的“聚焦宁波建设现代化滨海大都市，完整、准确、全面贯彻新发展理念”“聚力打造更显影响力的品质余姚”“以‘绣花功夫’力促城市管理标准化、智能化、精细化”等要求和“赛马争先”抓落实专项行动精神，着力提高建设管理水平，全面提升城市品质，加快建设更具影响力、更具美誉度、更具幸福感的现代化美好活力“最名邑”。

二、工作目标

顺应城市管理新形势、改革发展新要求、人民群众新期待，以问题为导向，多策并举破解城市建设管理中存在的突出问题，立足长效，进一步理顺和健全城市建设管理体制机制。加大力度，提升效能，每年解决一批影响城市竞争力、城市环境质量和人民生活质量的顽症痼疾，不断提升市民对城市建设和管理的满意度。确立“一年一个样，五年大变样”的总体目标。2022年起好步、开好局，主要做好基础性和机制性工作，明确发展方向和重点任务。2024年城市建设管理体系进一步完善，城市提质攻坚更具合力，城市品质提升初具形象。2026年城市品质提升取得明显进展，力争完成建成区52平方公里范围内的城中村改造，中心城区基本形成“一主引领、主副双城、轴脉相嵌”的空间格局，构建起科学高效完善的城市建设管理体系，努力打造宁波现代化滨海大都市品质新样板。

三、基本原则

（一）坚持以人为本。把握人民城市的根本属性，服务民生需求，全力破解人民群众关切的难点、焦点、痛点问题，努力提升人民群众的获得感、幸福感、安全感。

（二）坚持彰显特色。充分运用城市资源禀赋、生态环境、历史文化和经济发展等方面的独特优势，精心塑造城市空间，凸显山水文化特色，强化余姚辨识度。

（三）坚持全域统筹。加强前瞻性思考、全局性谋划、整体性推进，坚持“全市一盘棋”，优化要素保障和资源配置，完善重大项目决策和推进机制，实现更高质量的城市品质提升。

（四）坚持分步推进。着眼全局，突出重点，科学设立阶段和每一年度的目标任务，量力而行，尽力而为，由点及面，做到分步推进，联动建设。

四、主要任务

（一）精心规划，高起点谋好顶层设计。着眼生产、生活、生态融合，优化国土空间布局，充分发挥规划引领作用，不断提升城市规划的战略性、科学性、权威性。

1.精准城市发展定位。锚定建设现代化滨海大都市北部副中心、品质新样板和现代化美好活力“最名邑”目标。突出山水底色、人文底蕴，聚力提升城市能级、功能、品质，不断提高城市综合承载力、发展均衡度、群众幸福值，把余姚打造为宁波现代化滨海大都市北翼的重要一极，成为接南连北、承东启西的发展高地、人居福地和生态宝地。

2.完善空间规划体系。以“总体规划—专项规划—详细规划”为核心，加快构建全市域、全要素、全覆盖的“多规合一”规划体系，建成国土空间规划“一张图”，加快编制重大公共服务设施、城中村改造、未来社区建设、城市景观照明、地下空间利用、城市精细化管理、十五分钟社区生活圈、保障性租赁住房等专项规划，实现无缝衔接。完善交通、教育、卫生、市容、环卫、绿化、供水、排水、电力通信等专项规划。完善详细规划的弹性控制和调整机制，为城市建设管理动态发展需求预留空间。

3.全面加强城市设计。以三维空间形态与景观风貌为载体，通过多维的空间设计建立起形态、业态、文态、生态相融合的综合国土空间场所与区域，高水平进行城市总体设计，结合余姚现状和发展需要，对中心城区的山水空间格局、城市功能、开发建设强度、城市风貌等方面进行系统分析和研究，重构城市的整体空间。在做好城市总体设计的同时，加快编制七个重点片区的详细城市设计，加强对空间立体性、平面协调性、风貌整体性、文脉延续性的规划和管控。对重点地段、街区开展实施性城市设计编制，加强城市建筑色彩、立面设计引导和控制，注重对城市街景、建筑物、公共空间等实行艺术化设计和人性化改造，将余姚文化精髓、文化要素融入城市规划建设。

4.强化规划执行刚性。切实增强规划的权威性、严肃性，加强规划编制、审查、验收管理，确保顶层设计管方向、管全局、管长远。形成国土空间规划“一张图”体系，各专项规划审批前与“一张图”审查核对，审批后在“一张图”上载明。建立城市实景三维模型和动态更新体系，健全建设与管理要求前置、规划要求落地与复核的机制，做到规划指标立体化，严格规划管控要求，实现多规合一。

（二）精致建设，高水平推进城市更新。以“宜居宜业”、“精美呈现”为目标，“颜值”与“气质”提升并举，加快城市有机更新，推进城市精致建设。

1.建设城市新核心。按照余慈一体化发展目标，依托北城区位、交通、空间的优势，全力打造融湾新城。使之成为新产业聚集区和创业创新示范区，带动城市品质大提升，建设宁波市现代化滨海大都市品质新样板。同时积极推进其他六个重点片区的开发建设。

2.构建城市交通环。紧盯巩固和提升宁波西综合交通枢纽城市地位的目标，构建“外联内畅”的现代化综合交通运输体系。加快推进城际1期中间站点建设，谋划推进市域（郊）铁路建设，形成高品质快速轨道交通网。构建“慈余高速—南外环路—G228—姚慈路”和“北环路—梁周线—城东路”双环体系，屏蔽过境交通，推动客货分离。以梁周线快速路建设为龙头，加快构建城区梁周线—G228古乍线—G228—余慈东西高速（姚慈路）“口”字形高架快速环。进一步完善道路网络，新建舜达路（梁周线—新建北路）等22条市政道路，改造提升南雷南路（谭家岭路—南环路）等11条主要道路，打通金山路（新建北路—金昌路）等18条断头路，改造市二院门口路段、开丰路与兰墅路交叉口等30个路口堵点。

3.彰显城市新风貌。加大征迁力度，五年内力争完成建成区52平方公里范围内的城中村改造。谋划解决工业围城问题，稳步推进工业用地腾退工作，实现产业良性更替。正式启动龙泉山及周边区域的改造，使之成为“名山圣心，姚城客厅”。完成府前路历史文化街区二期、武胜门历史文化街区改造，高水平打造“阳明古镇”。持续推进城市“绿环”、“水环”改造提升，新建和提升100个各类公园（绿地），同时打造主要建筑、重点街区、滨江亲水沿线等的光影艺术。持之以恒抓好“精特亮”创建，滚动打造精品线路、特色街区。积极推进宁波市级街容示范街、“席地而坐”城市客厅示范区域等创建，力争数量和质量位居宁波各县市区前列。持续创建城市风貌样板区，在2022年开展并建成兰江人居样板城市新区风貌区试点项目的基础上，力争今后每年新建数量1个及以上，坚持以点带面，让余姚文化底蕴进一步彰显，基本形成独特的城市新风貌。

4.缔造共富小单元。坚持打造高质量发展建设共同富裕先行地目标，积极推进共同富裕现代化基本单元建设。准确把握现代社区建设的内涵要求，以未来社区建设为突破口，按照“2022年完成2个、2023年完成1个、2024年完成2个”的要求，全力建设黄山社区、东江社区、锦凤社区、中国云城社区、富北社区等5个省级试点项目。积极引入后期运营单位，探索研究可持续运营机制，确保创建取得实效。持续推进老旧小区改造，2022—2025年完成35个小区、约160万平方米的改造，突出党建引领，推动物业收费标准动态调整机制，完善老旧小区造血功能，建立老旧小区长效运行机制。不断改善民生服务，推动市中医院扩建工程建设;加快建成投用实验二小南校区，推进宁波职业技术学院余姚校区建设，新建公办幼儿园14所，小学2所、九年一贯制学校4所、高中2所；改建、新建菜场8个。

5.强化项目支撑力。科学编制年度建设计划，坚持统筹发力，按照“竣工一批、推进一批、储备一批”的原则，抓好项目建设，确保系统性、连贯性。进一步梳理2022—2026年计划实施的片区开发、城市更新、基础设施、产业导入等各类项目，完善项目库，按照发展实际和轻重缓急，集中资源，确保一些必要、重要的项目优先上。牢固树立超前理念，按照随时可以上马的要求，强化前期谋划，抓好项目储备。

6.注重建设标准化。强力推动标准化体系建设。针对城市建设主体多、标准不一、功能差异导致后续管理、运维诸多难题的现状，制定和完善道路、绿地、管线、建筑外立面等领域的规范标准。完善地理信息系统，切实加强各类基础信息的采集、应用和共享。探索规划—建设—管理有机协同的全生命周期精细化管理路径，在规划和建设环节提前谋划，着眼后续管理，充分考虑细节，避免建管脱节，竭力减少管线铺设道路反复开挖、住宅违规违法装修、空中架线混乱、学校医院周边易拥堵、行道树树穴泥土易裸露等痛点难点问题。

（三）精细管理，高效能优化城市运行。以绣花功夫管理城市，理顺机制，创新模式，助推城市品质形象不断提升。

1.清单化明管理标准。全面提升我市精细化管理水平，把城市体检工作作为优化城市运行的重要抓手，建立城市“一年一体检，五年一评估”的体检评估机制，精准把握城市发展状态，形成“城市体检—发现问题—整改问题—巩固提升”的长效机制。对标先进城市，研究制定切合我市实际的城市精细化管理标准。重点完善建筑外立面、建筑工地、城市街巷、道路交通、河道管理、园林绿化、市容环卫、住宅小区等领域的标准规范，制定管理清单、责任清单和管理手册。逐步实现城市管理领域标准规范全覆盖，使精细化管理有章可循，同时加强标准规范的更新和维护，注重行业之间标准规范的有机衔接。

2.一体化促管理合力。深化体制机制改革，理顺城市建设和管理部门之间以及部门与属地之间的关系，以“一体化”为方向，切实解决管理职责交叉、边界模糊等问题。整合公安、各类行政执法和社会治理中心等和街道社区的各类网格和队伍，按照“一个口子进、一个口子出”的原则，建立跨层级、跨部门、跨平台的市、街道、村社三级联动的城市闭环管理体系。深化“大综合一体化”行政执法改革，强化属地街道的网格管理职责，建强乡镇街道综合行政执法指挥室，统一调度行政执法队伍，严格执法。以问题发现、问题处置为核心，坚持快速处置原则，明确发现、劝阻处理、输入派单、执法等环节的责任清单、操作流程、办理时限和追责机制。

3.数字化提管理效能。运用5G、大数据、云计算、物联网等技术，建强用好一体化智能化公共数据平台，推进“162”与“141”融合贯通，强化部门数据整合，实现纵向疏通、横向联通、内部融通、专网共通。重点推进智慧公路、智慧水利、智慧管线、智慧物管、智慧排水、智慧灯杆等各类智慧应用建设运用，充分利用大数据系统，及时获取相关资源信息，掌握问题发现和处置情况，分析研判民生热点、难点、重点，回应民生关切，提高群众获得感。

4.社会化铸管理基础。坚持问题导向，结合文明城市、卫生城市、园林城市创建复评等载体，持续深化“一扫七治”、“拆违治乱”等攻坚专项行动。坚持党建引领，厘清行政管理和社会治理的职责边界，加强各类社会组织和小区业主委员会建设，实现住宅小区物业管理全覆盖，激发群众的主体意识，深入推进综合治理。畅通渠道，积极主动邀请党代表、人大代表、政协委员和各界群众参与城市建设管理监督，完善公众意见采纳情况反馈机制。深入开展“文明巡查员”等各类志愿者活动，发动更多的市民参与城市建设管理和社会治理，为形成精准快速高效的问题发现处置机制夯实社会基础。

5.规范化保运行安全。一体化推进“除险保安”工作，聚焦城市运行风险，补齐设施短板，构建完备的安全运行体系、应急预警机制，实现分级分类精准预警和响应，建设“韧性城市”。按照“第一时间发现、第一时间处置”的要求，建立健全常态化、制度化的动态管理机制。建管并举，持续完善城市防洪排涝应急管理机制，加大对防汛设施建设的投入，补齐城区堤防短板，推进低洼积水区域改造，通过数字化手段提升防汛调度效率。加快污水治理设施建设，着力提升姚江水生态环境。加强燃气使用安全管理，实现瓶装燃气企业经营规模化、规范化。积极推广管道燃气应用，加快管道燃气应急气源站建设，提升应急储备能力。加强房屋使用安全管理，加大自建房排查整治力度，全面落实隐患整改，实现动态清零，强化建设质量监管，加大违章装修查处力度，实现城镇多层多业主房屋综合保险全覆盖，推进农村房屋综合保险机制，加强对重点房屋巡查。加强消防安全管理，切实落实职责，深入推进高层建筑消防安全隐患整治行动，破解多业主高层建筑设施维修资金难题，建立高层建筑消防管理长效机制，保障人民群众生命财产安全。

五、工作要求

（一）强化组织领导。成立市城市规划建设管理委员会，由市委书记、市长任主任，常务副市长、分管城建工作的副市长任副主任，相关单位和街道主要领导为成员。委员会建立例会制度，定期统筹研究城市规划建设管理中的重大问题，谋划城市发展“蓝图”。委员会下设办公室（下称“办公室”），办公室工作由市品质办承接，负责统筹谋划城市规划、建设、管理工作和日常的组织协调、检查督促。

（二）强化责任落实。各责任单位根据实施意见研究制定细化子方案，办公室建立动态年度任务清单，通过领导点题、部门上报、“两代表一委员”和市民建议反馈等多渠道梳理年度工作任务，由市政府发文予以明确。各责任单位按照目标要求，抓好推进落实。完善绩效考核评价机制，办公室定期对各责任单位工作推进情况进行检查通报，按年度对各责任单位履职情况和管理绩效进行考评，确保如期完成。

（三）强化要素保障。创新建设开发模式，通过财政投入、发行专项债、设立城市发展更新基金、引入社会资本等方式，多渠道筹集资金。集中土地指标、资金等资源，做大做强中心城区。确保城市建设配套基金专款专用，确保前期研究等投入，建立市政、环卫、绿化等养护和维护经费动态调整机制，达到同类型城市水平，积极推动“XOD”“FEPC”等模式。配强配足力量，从全市抽调干部组建区块开发建设指挥部，并在提拔任用、职级晋升时向一线干部倾斜。

（四）强化氛围营造。深入开展“五问五破走在前、五比五先争一流”作风建设专项行动。围绕当前城市建设管理改革重点工作和群众关切的热点问题，加强宣传，正面引导，充分发挥先进典型的示范引领作用。广泛开展城市文明教育和法治宣传活动，增强社会组织、市民主动参与城市建设管理的意识，营造“人民城市人民建、人民城市人民管”的良好氛围。

附件：打造“余山姚水阳明心城”促进城市品质大提升任务清单

附件

打造“余山姚水阳明心城”促进城市品质大提升任务清单

表 29

序号	专项行动		目标任务	责任单位	完成时限
1	规划提升专项行动		高起点做好顶层设计，加快国土空间总体规划编制，完成《余姚市总体城市设计》、《余姚市全域国土空间综合整治规划》，精准城市发展定位，明确方向和重点	市自然资源规划局	2022年
2	规划提升专项行动		完成《余姚市中心城区分区规划研究》，完成黄山、东朝街—竹山、东南组团核心区城市设计，完成火车站北侧周边地块城市更新设计	市自然资源规划局	2022年
3	规划提升专项行动		推进专项规划全覆盖，完成《余姚市重大公共服务设施专项规划》、《余姚市十五分钟社区生活圈规划研究》、《余姚市城中村改造专项规划》，启动未来社区建设、城市景观照明、中心城区道路系统、地下空间利用、城市精细化管理、保障性租赁住房等6个专项编制工作	各专业部门、市自然资源规划局	2022年
4	规划提升专项行动		定期对已有专项规划进行评估、更新，加快完成市容、环卫、交通、教育、卫生、供水、排水、电力通信等8个专项规划的修编完善工作	各专业部门、市自然资源规划局	2022年
5	规划提升专项行动		强化规划编制工作的统筹和管理，强化规划执行刚性，加快形成“规划一张图”体系，完善城市设计导则，建立城市实景三维模型，实现多规合一	市自然资源规划局	2022—2023年
6	规划提升专项行动		加强对重要片区、重要地段、重要建筑供地前后城市设计的管控	市自然资源规划局	2022—2026年
7	规划提升专项行动		完善地理信息系统，加强各类基础信息的采集、应用和共享	市自然资源规划局	2022—2023年
8	项目攻坚专项行动	建设城市新核心	以城北片区建设为切入口，聚力推进重点片区开发，建设宁波现代化滨海大都市品质新样板。2022年启动，并研究确定开发时序和建设方案	待定	2022—2026年
9	项目攻坚专项行动	征迁攻坚	加大力度，持续开展“拆迁清零百日攻坚行动”，2022—2026年每年完成拆迁100万平方米以上	市房屋征收管理中心、城区四街道	2022—2026年
10	项目攻坚专项行动	老旧小区改造	持续推进老旧小区改造，2022年完成5个小区、35.24万平方米，并研究制订今后三年30个小区、总建筑面积135万平方米的改造方案；突出党建引领，推动物业收费标准动态调整机制，完善老旧小区造血功能，建立老旧小区长效运行机制	市住建局、城区四街道	2022—2026年
11	项目攻坚专项行动	构建城市交通环	紧盯巩固和提升宁波西综合交通枢纽城市地位的目标，构建“外联内畅”的现代化综合交通运输体系	市交通局	2022—2024年
12	项目攻坚专项行动	构建城市交通环	加快推进城际1期中间站点建设，谋划推进市域（郊）铁路建设，形成高品质快速轨道交通网	市铁路与轨道交通建设管理服务中心	2022—2026年
13	项目攻坚专项行动	构建城市交通环	G228庵东至梨洲新建工程	市交通局	2023—2026年
14	项目攻坚专项行动	构建城市交通环	城东路（舜水大桥—阳明东路）拓宽工程	市交通局	2022—2023年
15	项目攻坚专项行动	构建城市交通环	G228陆埠互通及S319丈亭互通建设工程	市交通局	2018—2022年
16	项目攻坚专项行动	构建城市交通环	杭甬高速牟山连接线拓宽改造工程	市交通局	2021—2022年
17	项目攻坚专项行动	构建城市交通环	余姚市城西工业园区配套道路（一期）新建工程	市交通局	2021—2024年
18	项目攻坚专项行动	构建城市交通环	东环南路（北姚江路至振兴路）	市交通局	2022—2024年
19	项目攻坚专项行动	构建城市交通环	余姚经济开发西南园区配套道路（一期）工程	市交通局	2022—2025年
20	项目攻坚专项行动	构建城市交通环	长安西路西延（丰南至斗门）道路新建工程	马渚镇、牟山湖开发有限公司	2022—2023年
21	项目攻坚专项行动	构建城市交通环	开发区都市工业园环境提升改造工程（南区委托管理区块环境提升改造工程）	余姚经济开发区管委会	2022—2023年
22	项目攻坚专项行动	构建城市交通环	打通金山路（新建北路—金昌路）等18条断头路	市住建局、舜建集团、余姚经济开发区管委会、市舜源能源公司、市现代农业建设投资开发公司	2022—2024年

续表 29

序号	专项行动		目标任务	责任单位	完成时限
23	项目攻坚专项行动	构建城市交通环	新建舜达路（梁周线—新建北路）等22条市政道路	市住建局、余姚经济开发区管委会、舜建集团、舜通集团、舜农集团、市中国塑料城管理中心	2022—2026年
24			改造提升南雷南路（谭家岭路—南环路）等11条主要道路	市住建局、舜建集团、市舜源能源公司、市现代农业建设投资公司	2022—2026年
25			改造市二院门口路段、开丰路与兰墅路交叉口等30个拥堵路口，2022年计划完成17个，2023年计划完成13个	市住建局、市交通局、舜通集团	2022—2023年
26			中国云城总部基地配套道路工程	市中国塑料城管理中心	2020—2023年
27			中国云城中轴景观带新建工程	市中国塑料城管理中心	2020—2024年
28		加快城中村改造	加快城中村改造，按照五年内完成中心城区52平方公里范围内城中村改造的要求，排定改造时序和每年度的任务。2022年完成100万平方米以上，其中庙弄村、菱池片、万年小区等3个项目为梳理式改造	市城中村改造管理中心、城区四街道	2022年
29		加快未来社区建设	全力建设黄山社区、东江社区、锦凤社区、中国云城社区、富北社区等5个省级试点项目。至2024年全部创建成功，其中2022年完成2个，2023年完成1个，2024年完成2个	市住建局、城区四街道、高铁指挥部、舜建集团	2022—2024年
30		建设保障性租赁住房	布点建设保障性租赁住房，2022年争取筹集完成10000套保障性租赁住房（其中开工新建50%）	市自然资源规划局、市住建局、各项目单位	2022年
31		加快市政基础设施建设	加快污水收集、处理设施建设，推进城区污水收集六期工程建设，实施城区老旧小区雨污分流改造，开展城区雨污水管道大排查大整治，加快小曹娥污水处理厂5万吨/日的扩建，加快第二城镇净水厂的前期规划选址等前期工作	市住建局、市自然资源规划局、宁波市生态环境局余姚分局、舜建集团、城区四街道	2022—2025年
32			继续推进城市“二环”改造提升，加快城市慢行系统建设，新建及提升100个各类公园（绿地），2022年完成25个。开展道路和沿江绿化提升，增加绿化季相变化	市住建局、各项目单位	2022—2025年
33			突显城市色彩，加快提升中心城区主要建筑、重要街区、滨江亲水沿线等的光影艺术	市住建局、市自然资源规划局、舜建集团、高铁指挥部	2022—2025年
34			水环（慢行系统）环线北段建设及西石山桥拓宽改造工程	市住建局	2021—2023年
35		加快市政基础设施建设	中高层小区二次供水改造	市住建局、舜建集团	2018—2025年
36			2022年完成应急储备站建设，提高管道燃气应急储备能力	市住建局、舜建集团	2022年
37			逐步推进中心城区强电入地	市品质办、市发改局、市自然资源规划局、市住建局、市交通局、市供电公司	2022—2026
38		加快环卫设施建设改造	加强环卫设施建设和垃圾分类治理，2022年完成中心城区建筑（大件）垃圾收运处置一体化体系建设，加快餐厨（厨余）处理厂二期前期工作和建设，加快推动建筑（大件、园林）垃圾资源循环利用基地项目	市综合执法局	2022年
39			实施公厕、中转站改造提升，2022年年底前完成中心城区12座中转站雨污分流改造，至2024年完成城区48座三类市政公厕的改造提升	市综合执法局	2022—2024年
40			余姚市原生活垃圾应急填埋场治理工程	市综合执法局	2021—2023年
41			余姚市桐张岙生活垃圾填埋场整治工程	市综合执法局	2022—2024年

续表 29

序号	专项行动		目标任务	责任单位	完成时限
42	项目攻坚专项行动	加快防洪排涝设施建设	推进建设改造，进一步提升城区防洪排涝能力。对约3.5公里东江、西江、中江、姚江城区段等局部堤防进行加固加高；加快石婆桥江等水利泵站建设；对中山桥泵站等3个排涝泵站进行改造；对全民健身中心等易积水区域的排涝设施进行改造；对中江、西江、候青江、最良江等主要河道进行清淤	市水利局 市住建局	2022—2024年
43		加快公共服务设施建设	实验二小南校区新建工程	市教育局	2021—2023年
44		加快公共服务设施建设	宁波职业技术学院余姚校区新建工程	市教育局	2022—2027年
45			新建公办幼儿园14所、小学2所、九年一贯制学校4所、高中2所	市教育局	2022—2026年
46			市医共体基础设施扩面提升工程	市卫生健康局	2021—2023年
47			市中医院扩建工程	市卫生健康局	2022—2026年
48			公共文化中心（暂名）建设工程	市文广旅游体育局	2018—2022年
49			职成教中心学校改扩建工程	市教育局	2020—2022年
50			改建、新建菜场8个	市商务局、属地街道、市市场监管局	2022—2026年
51			结合人行道改造，深化退红空间的综合利用，加快停车场、停车位建设，五年新增30000个各类停车位	市住建局、市综合执法局、市交警大队、城区四街道、舜建集团	2022—2026年
52		深入推进专项整治	持续深化"一扫七治"、"拆违治乱"、"消防安全"、"泥土不裸露"等专项整治行动	市综合执法局、 市应急管理局、 市住建局	2022年
53		推进工业用地腾退更替	谋划解决中心城区工业围城问题，稳步推进工业用地腾退工作，实现产业替换良性循环。2022年启动	市品质办、 市经信局、 市自然资源规划局、 市发改局	2022—2026年
54	体制机制优化专项行动		成立市城市建设管理委员会，并设办公室，建立例会制度，负责统筹谋划城市规划、建设、管理工作和日常的组织协调、检查督促	市委办、市府办	2022年
55			修改完善集拆政策，及时出台《余姚市征收集体所有土地房屋拆迁实施办法》	市房屋征收管理中心、城区四街道	2022—2023年
56			完善拆迁中介服务体系，强化中介机构考核机制	市房屋征收管理中心	2022年
57			深化"大综合一体化"行政执法改革，强化属地街道的网格管理职责，建强乡镇街道综合行政执法指挥室，统一调度综合执法队伍，严格执法。2022年8月底前综合执法事项拓展到60%以上的执法领域，60%以上的高频率、高综合、高需求执法事项纳入综合执法范围，60%以上的行政执法量由综合执法部门承担；"大综合一体化"数字执法平台全面运行	市委编办、 市综合执法局、 各专业部门、 城区四街道	2022年
58			运用5G、大数据、云计算、物联网等技术，建强用好一体化智能化公共数据平台，推进"162"与"141"融合贯通，强化部门数据整合，实现纵向疏通、横向联通、内部融通、专网共通。重点推进智慧公路、智慧水利、智慧管线、智慧物管等各类智慧应用建设运用	市大数据局、 市社会治理中心、 各专业部门	2022年
59			调整住建局、综合行政执法局市政设施管养职责	市委编办、 市住建局、 市综合执法局	2022年
60			建立市政、环卫、绿化等养护和维护经费动态调整机制	市财政局、 市住建局、 市综合执法局	2022年
61			一起来抓促管理提升，加强社会组织建设，加强小区业委会建设，厘清行政管理和社会治理职责边界	市住建局、 城区四街道	2022—2026年

续表 29

序号	专项行动	目标任务	责任单位	完成时限
62	标准规范提升专项行动	建立常态化城市体检机制评估体系，推动城市短板问题实现标本兼治	市住建局、市自然资源规划局、市综合执法局、市民政局、市教育局、市统计局等相关职能部门	2022—2026年
63		对标先进城市，研究制定切合我市实际的城市精细化管理标准	市综合执法局	2022年
64		细化、完善管理标准规范，重点完善建筑外立面、建筑工地、城市街巷、道路交通、河道管理、园林绿化、市容环卫、住宅小区、绿色建筑等领域的标准规范，制定管理清单、责任清单和管理手册	市综合执法局、各专业部门、城区四街道	2022—2024年
65		加强房屋使用安全管理，加大危险房屋排查整治力度，强化建设质量监管，加大违章装修查处力度，实现2000年前建成的城镇多层多业主房屋综合保险全覆盖，加大对重点房屋的巡查	市住建局	2022年
66		加强消防安全管理，持续推进高层建筑消防安全隐患整治专项行动，消除高层建筑消防安全隐患，破解多业主高层建筑设施维修资金难题，建立高层建筑消防管理长效机制	市住建局、市应急管理局、消防救援大队、城区四街道	2022年
67		加强燃气使用安全管理，实现瓶装燃气企业经营规模化、规范化、专业化，2022年制定具体方案并启动该项工作。加快管道燃气应急气源站建设，提高管道应急储备能力	市住建局、舜建集团	2022年
68	标准规范提升专项行动	加强建设管理统筹衔接，强力推动标准化体系建设。制定和完善道路、绿地、管线、建筑外立面等领域的建设规范标准，形成体系	各专业部门	2022—2024年
69		在规划建设环节提前考虑建后管理，避免建管脱节。减少管线铺设道路反复开挖、住宅违规违法装修、空中架线混乱、学校医院周边易拥堵、行道树树穴泥土易裸露等痛点难点问题。2022年资规局会同各主管部门研究制定工作方案，研究制定市政道路开挖管理办法	市自然资源规划局、市住建局、市供电公司	2022—2024年
70		进一步健全完善公共自行车体系，并将共享单车、共享电瓶车等作为公共自行车体系的主要内容纳入统筹管理范围	市交通局、市住建局、市综合执法局	2022年
71		研究制定交通秩序优化行动方案	市交警大队	2022年
72		研究制定市政设施管理养护方案	市住建局	2022年

中共余姚市委关于全面学习贯彻党的二十大精神 坚定捍卫“两个确立” 坚决做到“两个维护” 以“两个先行”引领现代化美好活力“最名邑”建设 高水平打造中国式现代化县域样板的决定

［2022年12月23日中国共产党余姚市第十六届委员会第三次全体（扩大）会议通过］

中国共产党余姚市第十六届委员会第三次全体会议，认真学习贯彻党的二十大精神，按照省委十五届二次全会、宁波市委十四届三次全会的要求，紧密结合市第十六次党代会部署，就动员全市上下高举中国特色社会主义伟大旗帜，全面贯彻习近平新时代中国特色社会主义思想，以“两个先行”引领现代化美好活力“最名邑”建设，高水平打造中国式现代化县域样板，作出如下决定。

一、坚定捍卫“两个确立”、坚决做到“两个维护”，接续谱写“八八战略”余姚新篇章

党的二十大立足新时代中国特色社会主义伟大实践，吹响了实现第二个百年奋斗目标的进军号角。学习宣传贯彻党的二十大精神，事关中国特色社会主义前途命运，事关中华民族伟大复兴，是当前和今后一个时期的首要政治任务。

1.充分认识党的二十大的重大里程碑意义。党的二十大是在全党全国各族人民迈上全面建设社会主义现代化国家新征程、向第二个百年奋斗目标进军的关键时刻召开的一次十分重要的大会，在中华民族伟大复兴历史进程中具有重大里程碑意义。大会站在民族复兴和百年变局的制高点，提出了一系列重要思想、重要观点、重大战略、重大举措，取得了丰硕的政治成果、理论成果、战略成果、实践成果和制度成果，为我们党团结带领全国各族人民全面建成社会主义现代化强国、实现第二个百年奋斗目标，以中国式现代化全面推进中华民族伟大复兴确立了行动指南、提供了根本遵循。必须深刻领悟党的二十大的鲜明主题和“三个务必”的重大要求，深刻领悟新时代十年伟大变革的里程碑意义，深刻领悟中国化时代化的马克思主义的真理伟力，深刻领悟新时代新征程中国共产党的使命任务，深刻领悟前进路上必须牢牢把握的重大原则，深刻领悟未来五年全面建设社会主义现代化国家开局起步的重大任务，深刻领悟立党为公、执政为民的本质要求，深刻领悟以党的自我革命引领社会革命的战略部署，深刻领悟团结奋斗的时代要求，深刻领悟党章修改的重大意义和新党章的实践要求，切实把思想和行动高度统一到党中央决策部署上来，以更加坚实的理论武装、更加昂扬的精神状态奋进新征程、建功新时代。

2.深刻领悟“两个确立”的决定性意义。“两个确立”是党在新时代取得的最重要政治成果，是推动党和国家事业取得历史性成就、发生历史性变革的决定性因素，是新时代引领党和国家事业从胜利走向新的胜利的最根本政治保证，是战胜一切艰难险阻、应对一切不确定性的最大确定性、最大底气、最大保证。必须深刻领悟“两个确立”的理论逻辑、历史逻辑、实践逻辑，深刻认识核心就是力量、就是方向、就是未来，不断提高政治判断力、政治领悟力、政治执行力，始终在政治立场、政治方向、政治原则、政治道路上同以习近平同志为核心的党中央保持高度一致，切实把“两个确立”转化为坚决做到“两个维护”的高度自觉和实际行动。持续健全坚定捍卫“两个确立”、坚决做到“两个维护”的制度机制，完善习近平总书记重要指示批示精神学习贯彻机制和中央、省委、宁波市委重大决策部署闭环落实机制，迭代升级“八八战略”抓落实目标体系、工作体系、政策体系、评价体系，始终做到“总书记有号令、中央有部署、省市委有要求，余姚见行动、走在前”。

3.持续兴起学习宣传贯彻党的二十大精神热潮。把学习宣传贯彻党的二十大精神与深入学习贯彻习近平新时代中国特色社会主义思想结合起来，与深入学习贯彻习近平总书记对浙江、对宁波工作的重要指示精神和对余姚的重要回信精神结合起来，与学习贯彻省第十五次党代会、宁波市第十四次党代会、市第十六次党代会精神结合起来，与中央开展的主题教育结合起来，紧紧围绕“深学笃行党的二十大精神”，深入开展“六学六进六争先”学习实践活动，推动党的二十大精神入脑入心、融会贯通，转化为坚定理想、锤炼党性和指导实践、推动工作的强大动力。全面抓好教育培训，构建多形式、分层次、全覆盖的学习培训体系，把党的二十大精神纳入干部培训计划，确保全体党员干部全面系统掌握党的二十大精神的思想精髓、核心要义、实践要求。全面抓好宣传宣讲，健全党的创新理论研究阐释传播体系，聚焦重大理论命题、实践问题、时代课题深入开展研究阐释，组织开展专题宣讲活动，推动党的二十大精神进机关、进企业、进村社、进校园、进军营、进网络组织，引领全市党员干部群众坚定不移听党话、跟党走。

4.以奋进争先姿态忠实践行“八八战略”。“八八战略”是引领浙江共同富裕和现代化的总纲领。近年来，余姚忠实践行“八八战略”、坚定捍卫“两个确立”、坚决做到“两个维护”、奋力推进“两个先行”，始终保持争先创优进位的精气神，位居全国综合实力百强县第12位、全国创新百强县第3位、赛迪投资竞争力百强县第9位、中国营商环境百强县第5位、全国工业百强县第13位，荣获全国文明城市、国家卫生城市、平安中国建设示范县等称号。但也要清醒地看到，新时代人民群众对美好生活的向往更加强烈，发展不平衡不充分的问题仍需加快破解，各方面短板弱项尚需进一步补齐。必须深学笃行党的二十大精神，对标“东部地区加快推进现代化”的重大使命，找准余姚在全面建设社会主义现代化国家、全面推进中华民族伟大复兴中的历史方位，把坚持好、运用好“八八战略”蕴含的立场观点方法与打造“六个余姚”结合起来，以先行塑造变革、争先创优进位的一流标准，加快推进共同富裕和现代化建设的实践创新，奋力探索县域层面推进中国式现代化的有效路径。

二、紧扣全面建设社会主义现代化国家系统部署，高水平打造中国式现代化县域样板

市第十六次党代会确立的指导思想、奋斗目标和发展思路，与党的二十大作出的一系列战略决策，与省委提出的“两个先行”要求、宁波市委提出的“建设现代化滨海大都市”目标，在前进方向、价值取向、工作导向上高度契合。必须对标全面建设社会主义现代化国家新部署，按照省市委工作要求，高水平打造综合实力显著提升、产业体系现代高效、改革开放活力涌动、城乡品质精致美丽、精神文明高度发达、幸福生活可感可及、社会治理智慧有序的中国式现代化县域样板。

5.总体要求。高举中国特色社会主义伟大旗帜，全面贯彻习近平新时代中国特色社会主义思想，深入落实党的二十大战略部署，坚定捍卫“两个确立”，坚决做到“两个维护”，弘扬伟大建党精神，坚定不移沿着“八八战略”指引的路子阔步前行，按照省委“两个先行”要求、宁波市委“建设现代化滨海大都市”目标，聚力打造“六个余姚”，以现代化美好活力“最名邑”建设的生动实践，高水平打造中国式现代化县域样板，开辟干在实处、走在前列、勇立潮头新境界，为全面建设社会主义现代化国家、全面推进中华民族伟大复兴贡献余姚力量。

6.奋斗目标。根据全面建成社会主义现代化强国“两步走”战略安排和省委十五届二次全会、宁波市委十四届三次全会确定的奋斗目标，对标习近平总书记对宁波提出的“要以更高的标准、更大的气魄、更宽的视野、更高的品位，建设现代化大都市”重要指示精神，余姚现代化建设总体目标安排：从二〇二〇年到二〇三五年，在高质量发展中走在“两个先行”前列，积极融入宁波建设现代化滨海大都市大局，全面建成现代化美好活力“最名邑”，率先基本实现社会主义现代化；二〇三五年到本世纪中叶，高水平建成社会主义现代化强市和共同富裕美好社会。

到二〇三五年的总体目标：城市综合实力大幅跃升，确保地区生产总值、人均地区生产总值、居民人均可支配收入在2020年基础上翻一番以上，达到发达经济体水平；率先实现新型工业化、信息化、城镇化、农业农村现代化，成为浙江建设全球先进制造业基地的先行区和示范区，现代服务业实现跨越式发展，建成现代化基础设施体系，形成高质量现代化经济体系；优化完善现代创新体系，关键核心技术实现自主可控，建成科技创新综合实力领先、特色领域创新优势明显、区域创新生态支撑有力的科技强市、人才强市；持续推进全面深化改革和扩大开放，各领域改革取得更多标志性成果，形成国内国际一流营商环境，在服务国家和省市重大战略、参与区域合作中的竞争优势明显增强；率先实现教育现代化、卫生健康现代化，建成文化强市、体育强市，全国文明城市金名片更加闪亮，城市文化软实力显著增强；率先取得共同富裕实质性重大进展，中等收入群体显著扩大，建成现代化公共服务体系，城乡区域发展和居民生活水平均衡度走在前列；基本实现人与自然和谐共生的现代化，全面形成绿色生产生活方式，降碳、减污、扩绿、增长的生态协同治理体系基本建成；率先实现市域社会治理现代化，全过程人民民主高度发展，平安、法治、数字建设水平不断提高，安全体系和能力全面加强。

未来五年的主要目标任务：全面落实党中央、省委和宁波市委确定的各项目标任务，以“六个余姚”建设为抓手，加快推进探索性实践、形成标志性成果，为打造中国式现代化县域样板聚势蓄能。在打造更具硬核力的智造余姚上取得显著成效，新一代信息技术与制造业深度融合，智能经济先发优势加快转化为规模优势、数据优势、产业优势、场景优势，低碳高效的绿色制造体系基本形成，成为浙江省制造业高质量发展示范市，智造成为余姚最雄厚的实力。在打造更富包容性的开放余姚上取得显著成效，生产端、贸易端、消费端和科技侧大贯通格局全面构建，营商环境的匹配度、承载力不断提升，实现“开放大市”向“开放强市”转变，开放成为余姚最鲜明的气质。在打造更显影响力的品质余姚上取得显著成效，市域布局、功能品质、建设管理实现一体优化，新型城镇化和乡村振兴统筹推进，基本建成全国乡村振兴示范区，城乡区域协调发展的现代化水平走在全省前列，美丽成为余姚最动人的底色。在打造更享美誉度的文化余姚上取得显著成效，马克思主义基本原理同中华优秀传统文化深度融合的余姚实践成果愈加丰硕，阳明心学圣地和河姆渡文化、姚江文化、红色文化的品牌影响力不断提升，“文献名邦”文脉神韵全面展现，传统文化与现代文明交相辉映，市民素质和社会文明程度达到新高度，建成文化强市先行市、长三角生态旅游目的地，成为国家级历史文化名城，文化成为余姚最独特的标识。在打造更有获得感的幸福余姚上取得显著成效，低收入群体增收能力、生活品质和社会福利水平不断提升，社会公平正义充分彰显，人的全生命周期需求得到更高水平满足，高质量发展建设共同富裕先行地取得实质性进展，群众获得感幸福感安全感满意度居全省前列，幸福成为余姚最骄傲的名片。在打造更加智慧化的数治余姚上取得显著成效，党建统领整体智治体系不断深化，即时感知、科学决策、主动服务、高效运行、智能监管新型治理形态加速形成，市域社会治理科学化、数字化、精准化和协同化水平不断提高，新型智慧城市体系基本成形，治理体系和治理能力现代化建设走在全省前列，“聪明”成为余姚最有感的“窗口”。

7.工作导向。一是坚持历史担当导向。以更为强烈的历史主动和斗争精神，以更为积极的历史担当和创造精神，科学把握时代脉搏，勇于引领时代发展，在百年未有之大变局中准确识变、科学应变、主动求变，保持战略定力、积极开拓进取，勇担强国复兴的余姚使命。二是坚持争先进位导向。对标落实习近平总书记对浙江、对宁波工作的重要指示精神和对余姚的重要回信精神，牢固树立没有走在前列也是一种风险的意识，坚决扛起现代化先行和共同富裕示范先行新阶段历史使命，在服务“国之大者”中挑大梁、当先锋。三是坚持变革突破导向。围绕重大共性问题率先开展探索性实践，加快开辟发展新领域新赛道，大力培育未来新产业新业态，以改革创新的思维和办法破解发展难题，开拓现代化建设新路径。四是坚持人民至上导向。深入践行以人民为中心的发展思想，率先破解发展不平衡不充分问题，深化打造“姚优”系列幸福民生品牌，推动发展成果更多更公平惠及全体人民，以余姚共同富裕的生动实践展现中国式现代化的独特魅力。五是坚持系统思维导向。把党的领导贯穿到经济、政治、文化、社会、生态文明等各领域各方面，加强前瞻性思考、全局性谋划、战略性布局、整体性推进，激发全社会创造活力，汇聚全社会奋斗力量，形成同心共圆中国梦的强大合力。

三、聚力打造更具硬核力的智造余姚，在推动产业跃升上争先创优

坚持以推动高质量发展为主题，把发展经济的着力点放在实体经济上，高标准构建现代化产业体系，高水平实施科教兴国、创新驱动发展战略，全面夯实现代化建设物质科教人才基础，不断塑造高质量发展新动能新优势。

8.加快构建现代化产业体系。超常规推动数字经济与实体经济深度融合，围绕“制造+服务”双轮驱动，编制实施《余姚市超常规高质量发展数字经济行动方案》，聚焦“工业互联网+”、机器人及集成、新材料等前沿领域，超前布局区块链、人工智能、第三代半导体等未来数字产业，力争数字经济核心产业实现量的突破和质的飞跃。大力度推进产业基础高级化和产业链现代化，持续深化“35”千百亿产业集群培育再提升行动，深入实施四大标志性产业链群培育工程，加快构建“产业大脑+未来工厂”核心框架，升级“亩均论英雄”改革，精心谋划模具、橡塑、五金、汽配、家电等传统重点行业“一业一案”改造提升，推动制造业高端化、智能化、绿色化发展。进一步建强以“一园两区”为引领的平台体系，持续打响中意宁波生态园“国际合作”和“前湾硅谷”两大品牌，积极推动余姚经济开发区争创国家级开发区，优化完善余姚工业园区管理体制机制，充分发挥智能光电小镇、机器人智谷小镇等功能作用，谋划建设一批“专精特新”“1+N”等小微园，筑牢产业高质量发展硬核支撑。全方位打响“余姚服务”品牌，大力培育研发设计、科技服务、人力资源等生产性服务业，发展壮大流量经济、楼宇经济、共享经济等新业态，持续推动现代服务业同先进制造业、现代农业深度融合，打造长三角现代服务业发展节点城市、高能级服务业强市。一体化推进知识产权强市、质量强市、标准强市、品牌强市建设，加快建立专利奖和驰名商标培育库，实现省政府质量奖新突破。

9.大力培育“大优强”企业梯队。以创建“专精特新”活力之城为牵引，深入开展“上规、上市、上云、上榜”行动，优化完善“大优强”企业分级分类培育机制，积极引导企业在细分领域深耕细作，做大单项冠军和专精特新“小巨人”群体规模，建立以一流企业为引领的大中小企业融通发展体系。统筹实施科技企业“双倍增”升级版、高新技术企业“育苗造林”计划，推动实现各类科技型企业、高新技术企业“数质”双飞跃。深化国资国企改革，加快国有经济布局优化和结构调整，推动国有资本和国有企业做强做优做大，提升企业核心竞争力。完善优化民营企业发展环境的系列措施，依法平等保护民营企业产权和企业家权益，不断促进民营经济发展壮大。打造“三服务”升级版，千方百计为企业办实事解难题。

10.推动形成高效联动的协同创新格局。加强企业主导的产学研深度融合，精心举办“百校余姚行”和“百企院校行”等系列活动，更好实施研究院精准引进、优化提升等计划工程，充分发挥浙大机器人研究院等既有科研平台作用，谋划创建省市级重点实验室，统筹协同科创中心、中意启迪科技城等多个创新节点，布局建设“科创飞地”，加快打造区域性科创资源集聚平台。完善“前沿引领技术—重大关键共性技术—场景应用示范”全链条协同攻关体系，突破一批关键核心技术、关键零部件和重大装备，着力提升产业链供应链韧性和安全水平。深化科技评价改革、科技投入机制改革和知识产权全链条集成改革，构建以研发投入为导向的要素配置机制，完善以知识价值为导向的分配机制，不断强化政策、金融等支持保障，切实加大知识产权保护和反垄断力度，高效推动重大科技成果转化和高新技术产业化，加快实现创新链产业链资金链人才链集聚裂变。

11.全力打造海纳百川的人才生态最优市。坚持新时代人才强市首位战略，以“人才+”五大联动行动为总牵引，迭代升级“姚江英才”“阳明系列”等人才引育工程，积极推动“大优强”企业、上市企业、专精特新“小巨人”企业、专项冠军企业高层次人才全覆盖，统筹抓好本土人才提质扩面、企业经营管理人才“接力传承”等行动，创新引才育才用才机制，引育更多一流科技领军人才、青年科技人才、卓越工程师、大国工匠、重点行业急需紧缺人才和高技能人才，构建形成全系列全链条的人才引育体系。深化人才发展体制机制改革，做实“关键小事”协调机制，推动“授权松绑”评价改革，加强创业创新金融支持，拓展“人才码”场景应用，持续擦亮“余姚最优”人才服务品牌。围绕“城市对青年更友好、青年在城市更有为”的目标，持续推进“硬”保障与“软”服务双升级，加快建设青年与城市“双向奔赴”的青年发展型城市。大力弘扬科学家精神、企业家精神、工匠精神，营造崇尚创新、宽容失败的社会氛围，选树一批中国式现代化的优秀建设者。

12.不断优化“立德树人”教育体系。聚力打响“姚优教”品牌，优化区域教育资源配置。持续增加幼儿园公办学位供给，加快全国学前教育普及普惠市创建，推动义务教育优质均衡发展和城乡一体化，积极创建全国义务教育优质均衡发展市。坚持高中阶段学校多样化发展，推进高等教育科学布局，强化特殊教育普惠发展。优化职业教育类型定位，探索中高职一体化办学，推进职普融通、产教融合、科教融汇。深化教育领域综合改革，引导规范民办教育发展，完善学校管理和教育评价体系，健全学校家庭社会育人机制。加强师德师风建设，培养高素质教师队伍，弘扬尊师重教社会风尚。推进教育数字化，建设全民终身学习的学习型社会，全面实现教育现代化。

四、聚力打造更富包容性的开放余姚，在激发动能活力上争先创优

坚持扩大开放不停步，深度服务融入新发展格局，高效能畅通内循环，高质量对接外循环，不断增强两个市场两种资源联动效应，加快实现“开放大市”向“开放强市”转变。

13.高标准融入区域合作。深度融入长三角一体化、长江经济带、上海大都市圈建设等国家战略，积极抢抓省“四大建设”能级整体提升、杭绍甬一体化和宁波前湾新区、宁波都市圈加快建设等机遇，精心运营虹桥“中意楼”、中意复旦（张江）科创中心，高水平建设上海姚江科技园等平台，聚焦科技、产业、金融、人才等重点领域，完善技术转移和成果转化服务体系，开展项目对接、品牌输入、资本合作，促进要素跨区域流动共享，把我市打造成为长三角地区先进产业承接地。与慈溪高铁站互联互通，打造宁波西综合交通枢纽双向联动城市，积极推动北部副城交通一体化，构建“接沪、融甬、联杭”的对外通道。推进余慈一体化发展，优化区域内人口、产业布局和要素配置，全面提升区域一体化发展水平与质量，合力打造宁波建设现代化滨海大都市新引擎。高质量做好东西部协作、对口支援、山海协作工作。

14.高质量抓好招商引资。完善“大招商”体制机制，深化“一把手”招商工程，紧盯产业链“链主企业”、世界500强、国内50强，完善招商项目库、资源库、政策库、招商图等“3库1图”，加强招商队伍专业化、国际化建设，统筹开展外出招商、展会招商、资本招商、以商招商、驻外招商，着力引进一批支撑性强、带动力足的大项目好项目。健全完善招商流程，用好用活项目评估决策机制，不断强化土地、资金、用能等要素保障。全面实施准入前“国民待遇+负面清单”模式，积极争取跨境贸易投资高水平开放试点，加快培育具有国际影响力的本土跨国公司，进一步扩大利用外资规模、提升利用外资质量。

15.高水平统筹两个市场。积极融入全国统一大市场，升级实施营商环境优化提升行动，持续深化要素市场化改革，加快建设高标准市场体系。优化进出口市场和产品结构，大力拓展“一带一路”、金砖国家等新兴市场，深度参与中东欧经贸合作示范区和浙江自贸区宁波片区建设，加快建设中国—中东欧国际产业合作园，持续开展“抢订单、抢市场、抢出口、稳外贸”专项行动，鼓励外贸企业培育自有品牌、布局建设海外仓，大力发展数字贸易、跨境电商等外贸新业态，着力打造高规格新型贸易中心，不断提升余姚在国际分工和国际价值链中的地位。深化内外贸一体化发展，增创国家外贸转型升级基地，支持外贸企业发展“同线同标同质”产品。牢牢把握扩大内需这个战略基点，深化“姚货行天下”工程，开展消费促进月、姚城购物节等消费节庆活动，发展首店经济、夜间经济、网红经济，办好中国机器人峰会、中国塑料博览会，统筹抓好塑料城、模具城、裘皮城转型提升，鼓励本土零售企业改造升级、打造品牌，培育智慧零售、跨界零售、绿色零售等新消费业态，加快打造现代商贸中心。

五、聚力打造更显影响力的品质余姚，在推进全域美丽上争先创优

坚持以新型城镇化、余慈一体化、管理精细化、发展绿色化为导向，加快发展理念、路径、模式系统性变革，着力打造“余山姚水、阳明心城”，推动实现城乡功能品质形象精彩蝶变。

16.优化市域空间布局。高水平编制实施市级（中心城区分区）、乡镇级国土空间总体规划，统筹做好综合交通、工业集聚区、公共服务设施、生态环境保护等专项规划，科学确定重要区块、乡镇（街道）、重大项目功能定位，推动经济、社会与人口、资源、环境协调发展。系统推进全域国土空间综合整治，加速实现生态、生活、生产空间的“大腾挪、大整治、大提升”。着眼余慈融合一体发展，立足于现代化滨海大都市北翼都市集聚区共富先行的发展理念，以甬西科创大走廊、姚江文化产业带为纽带，串联中心城区、泗门副中心、前湾新区中意片，带动辐射姚中（能级跃迁）片、姚西北（杭绍联动）片、滨海（开放合作）片、姚东（融甬提质）片、姚南（生态活力）片全域一体高质量发展，加快构建形成“一主一副五片区、两极三带融山海”的市域发展格局。

17.提升城镇建管水平。着眼宁波现代化滨海大都市品质新样板定位，聚力推动北部融湾新城、古城余韵核心、创新绿谷核心、东南智慧文化、姚江东部门户、黄山未来活力、西部共享服务等七大重点片区建设，景区化实施龙泉山片区改造，高品质打造黄山、康山等重点区块，一体化推进城中村、城乡接合部、老旧小区改造和“两违”整治，持续深化“精特亮”创建，切实提高中心城区首位度、辨识度。充分发挥泗门—朗霞—低塘联接中心城区和前湾新区的关键节点优势，加快建设以朗霞、低塘为核心的姚北副中心片区，精心培育泗门小城市（卫星城）功能，打造与中心城区融合互补的城市副中心。深化推进“一镇一创新”专项改革试点，不断提升马渚镇、陆埠镇、梁弄镇发展能级。以“绣花功夫”力促城市管理标准化、智能化、精细化、一体化，大力建设城市大脑和数字孪生平台，突出抓好交通秩序、市容环境、物业管理等关键要事，积极推进城乡保洁一体化，深入开展“席地而坐”城市客厅示范区域、“一路一街一区一村一园”示范点线等建设，打造清朗有序的城市空间。

18.高标推进乡村振兴。树立大食物观，落实粮食安全党政同责，实施供给保障提升工程，逐步把永久基本农田全部建成高标准农田，逐步实现耕地、永久基本农田、高标准农田、粮食生产功能区层层套合，构建多元化食物供给体系。以实施农业“双强”行动为牵引，做强做优绿色基础、特色传统、农文旅融合等产业，精心抓好龙头企业壮大、家庭农场提升等培

优计划，抓紧建设国家级数字农业创新基地、省级农村产业融合发展示范园，积极争创省级农业“机器换人”高质量发展先行县。深入推进农业“接二连三”融合发展，建立健全食用农产品质量追溯体系，持续擦亮“四明臻货”等区域公用品牌，力促农业全产业链发展。深化开展“千万工程”，高水平均衡化推进美丽乡村建设，协同推进美丽城镇创建，谋划建设数字乡村、未来乡村、共富乡村，分类建成一批文明乡村、美丽宜居示范村、特色精品村、历史文化村、梳理式改造村、景区村，加快构筑“环境美、村庄美、住房美、乡风美、生活美”的美丽宜居乡村新风格，打造省新时代美丽乡村标杆县。以新时代乡村富裕富足集成改革试点为引领，统筹抓好农村承包地和宅基地“三权分置”、农村集体经营性建设用地入市、“三位一体”农合联等改革工作，持续完善“两进两回”政策体系，推进“空心村”综合开发利用，深化开展新一轮村级集体经济扶持行动，大力培育高素质农民，切实加强农业社会化服务，不断激发农村发展活力。大力推动四明山革命老区跨越式发展，高质量建设四明山省级旅游度假区，加快打造四明山革命老区新时代共同富裕样板区。

19.完善提升基础设施。推进基础设施建设投向、布局、领域、功能、主体、动力、要素、管理转变，以梁周线快速路（公园大道一期）建设为龙头，加快构建“口字型”高架快速环，推进杭甬高速复线二期、G228国道庵东至梨洲段建设，做深做实余慈城际二期线、11号线轨道交通等前期研究，打通改造一批“断头路”、拥堵路口，加快推进四明山区域路网建设，打造北部副城30分钟交通圈，争创“国家级城乡交通运输一体化示范县”“国家级农村四好路示范县”，构建“多向联通”“高效通达”的交通新格局。深入推进智慧城市建设，狠抓路、水、电、气等基础设施数字化转型，加快5G基站等新基建布局，深化海绵城市建设，建立健全城市生态系统和安全系统，实现城市数字化智慧化转型。加快实施姚江流域骨干工程，全力推进小曹娥城市污水处理厂扩容改造、西岙水库、第二城镇净水厂、大岚抽水蓄能电站、垃圾处置终端等重大项目，改造升级供电、供水、供气、通信、环卫等设施，基本建成集约高效、经济适用、智能绿色、安全可靠的现代化基础设施体系。

20.持续擦亮生态底色。坚持山水林田湖草一体化保护和系统治理，持续有力打好蓝天、碧水、净土保卫战，深入推进生态环境问题“举一反三”大排查大整改，加强新型污染物治理，切实加强生态修复和生物多样性保护，争创省级生态文明示范市、无废城市。积极稳妥推进碳达峰碳中和，坚持和完善能源“双控”制度，推进工业、建筑、交通等领域清洁低碳转型，稳步提升碳汇能力，用心抓好低（零）碳乡镇、村（社区）试点建设，深化创建省低碳试点县。大力发展低碳高效产业，高标开展省级低碳企业试点，加力推进园区循环化改造，加快构建绿色产业链，加紧建立以光伏发电为主的多元清洁能源体系，始终做到资源全面节约、集约、循环利用。积极倡导节水节电、垃圾分类、光盘行动、低碳出行、绿色消费，强化低碳、零碳等绿色技术研发应用，构建废旧物资循环利用体系，推动生产生活方式绿色化、低碳化。建立健全资源有偿使用、环境信用评价、环境监管等机制，高标实施全覆盖生态环境状况报告制度，统筹抓好重大项目环评审批、环保管家和环境顾问、绿色保险等服务，切实加强环境治理司法保障，不断优化完善生态文明体制。

六、聚力打造更享美誉度的文化余姚，在传承精神根脉上争先创优

聚焦举旗帜、聚民心、育新人、兴文化、展形象的使命任务，全面推进更具影响力和美誉度的“文献名邦”建设，切实提升城市文化软实力和影响力，为县域现代化建设提供强有力的思想支撑、精神支撑和文化支撑。

21.切实加强思想引领。坚持社会主义核心价值体系，深入实施铸魂、溯源、走心工程，大力弘扬红船精神、浙江精神，推动习近平新时代中国特色社会主义思想落地生根，激发强大奋进力量。坚持马克思主义在意识形态领域的指导地位，压紧压实意识形态工作责任制，完善意识形态阵地管理、问题分析、风险处置、巡查检查等常态化机制，牢牢掌握意识形态工作主导权话语权。深化网络生态“四明云哨”工程，推进网络空间法治化，切实唱响主旋律、弘扬正能量。

22.全面提升文明程度。积极构建高标准常态化、全民全域全过程文明城市创建机制，实体运行市、街镇、村社三级联创机制，推进城乡精神文明建设融合发展。深入实施公民道德建设工程，完善道德模范、身边好人挖掘选树机制，优化以“道德银行”为引领的新时代公民道德建设，不断提高群众道德水平和文明素养。深化诚信建设，完善信用承诺、信用修复、失信联合惩戒、守信正向激励制度，积极争创全国社会信用体系示范城市。聚力打造全面覆盖、富有成效的新时代文明实践体系，推动新时代文明实践中心（所、站）和农村文化礼堂资源融合、功能贯通、提档升级。推动重塑志愿服务体系，建立健全志愿服务精准触达机制。

23.大力发展文化事业。以国家历史文化名城创建为牵引，谋划实施“三大文化”基因解码工程，统筹抓好河姆渡国家考古遗址公园、阳明故居文化公园（阳明古镇）等系列项目建设，大力提升阳明文化、河姆渡文化、红色文化等优秀传统文化的知名度、美誉度，努力打造具有余姚特色的新时代文化标识。加强文物保护利用和文化遗产保护传承，实施河姆渡遗址、田螺山遗址、王阳明故居、中天阁等展陈升级，启动田螺山遗址文物紧急修复工程，筑牢文物安全底线，守护中华文明根脉。创新实施文化惠民工程，加大新型文化空间等建设力度，高效运营市公共文化中心等平台，构建更加完善的现代公共文化服务体系。深入实施新时代文艺精品创优工程和优秀传统文化传承发展工程，加强姚剧等文艺精品创作，传承非物质文化遗产，扶持一批有影响力的“非遗”手工技艺作坊和传承基地。深化基本公共文化服务标准化均等化建设，创新文化产品供给模式，建立优质公共文化资源精准下沉和共建共享机制，建设“15分钟品质文化生活圈”。

24.培育壮大文化产业。打造新时代文化地标，积极参与浙东唐诗之路文化带建设，高水平打造姚江文化产业带。培

育发展新兴文化业态，开展新一代信息技术与文化用品制造融合的集成创新和工程应用，大力发展创意设计、影视动漫、文化会展等产业，引育培强一批骨干文化企业和文化产业品牌。成立“区域文化产业发展研究会”，探索建立文化企业交流合作、数字转型机制，培育壮大文化产业“新势力”。实施文化数字化战略，大力发展数字创意、网络视听、数字出版等新型业态，加速推动工艺美术、文博会展等传统业态数字化改造。加快“文化+”融合发展，发展“文化+商业”模式，推动文化特色小镇和街区多样化建设，推进文化产业规模化特色化发展。以文塑旅、以旅彰文，创新文化体验游、乡村民俗游、休闲度假游等业态，推动文化和旅游在更广范围、更深层次、更高水平上实现融合发展。

25.有效提升城市影响力。加强余姚城市形象策划，谋划实施“感知余姚”精准传播工程，打造中国叙事体系“余姚之窗”，设计推广余姚城市区域品牌口号和LOGO并大力宣传推广，加大与中央级媒体的合作力度，实现余姚城市形象宣传推广提档升级。深入推进融媒体改革，深化打造余姚特色全媒体传播矩阵，持续建强全媒体平台阵地，全面构建“主流媒体+自媒体”复合叙事模式。深化文化对外交流合作，高标准建设阳明文化海外传习基地等平台，加强国际友城建设，全面提升余姚在海内外的知名度、辨识度、美誉度。

七、聚力打造更有获得感的幸福余姚，在增进民生福祉上争先创优

坚持以人民为中心的发展思想，优化社建委工作体制机制，不断提升公共服务水平，加快建设共同富裕先行地，努力在发展中满足群众关切、办好民生实事、缩小“三大差距”，打造一批群众看得见、摸得着、体会得到的共同富裕标志性成果。

26.实施“扩中提低”收入分配改革。完善初次分配、再分配、第三次分配协调配套的制度体系，提高劳动报酬在初次分配中的比重，健全四明山区域财政转移支付稳定增长机制，不断夯实全体人民共同富裕的基础。健全“全面覆盖+精准画像”中低收入群体结构数据库，优化低收入群体开发式帮扶机制，实施中等收入后备军群体激励计划，着力实现居民收入和中等收入群体“双倍增”，加快构建橄榄型社会结构。健全工资合理增长机制，率先探索知识产权、股权、数据等要素分配制度，多渠道增加居民经营性、财产性收入。

27.完善“名邦乐业”就业服务体系。落实就业优先战略，优化创业就业服务体系，开展共同富裕就业提升专项行动，支持和规范发展新就业形态，抓好高校毕业生、退役军人、农民工等重点群体就业帮扶，深化“十省百城千县”劳务协作，做优“双创”服务平台，推动实现更加充分更高质量就业。深化新时代技能人才培育工程，健全终身职业技能培训制度，实施“阳明蓝领”培养计划，加大“余姚工匠”系列评选力度，构建完善育选用贯通的高技能人才培养体系。完善劳动关系协商协调机制，深化“余姚无欠薪”行动，率先探索新就业形态劳动者权益保障机制。

28.构建“兜底普惠”社会保障网络。探索构建共富型大社保体系，健全基本养老、基本医疗保险筹资和待遇调整机制，落实基本养老保险全国统筹和基本医疗、失业、工伤保险省级统筹以及渐进式延迟法定退休年龄制度安排，加快医保支付方式改革，强化社保基金风险防控，确保社会事业高质量可持续发展。全面推广专属商业养老保险，有序落地长期护理保险试点，积极发展商业医疗保险，加大农村社会保障补助支持力度，构建多层次、多支柱的养老、医疗保障体系。坚持“房住不炒”定位，加快建立多主体供给、多渠道保障、租购并举的住房制度，不断擦亮“姚优居”成色。健全分层分类的“1+8+X”新时代社会救助体系，完善防范化解因病致贫返贫主动发现精准帮扶机制，强化公益慈善事业力量，加强对妇女、儿童、残疾人的关心关爱，推动救助“一件事”联办不断拓展。

29.推进“全龄友好”健康之城建设。完善居家社区机构相协调、医养康养相结合的养老服务体系，提高养老护理员、家庭照护者技能水平，实施老年助餐服务“双倍增”计划，大力发展银发经济，全面打造老年友好型城市。积极应对人口老龄化，探索制定高水平生育支持政策，着力打造托幼一体化服务体系，加紧建设托育综合服务中心，加快扩充育婴师、保育师、儿科医生等专业服务资源，促进人口长期均衡发展。深入实施医共体基础设施扩面提升工程，健全医防协同公共卫生体系，支持三甲医院等创建，积极促进中医药传承和创新发展，常态化抓好国家卫生镇复审准备，加快创建省级健康县区、全国基层中医药工作示范县。加快四明山千里国家登山步道、市公共体育中心“一场两馆”等建设，办好系列重要体育赛事，打造更多群众“身边的体育场”，大力发展健康新经济，争创省体育现代化县市。

八、聚力打造更加智慧化的数治余姚，在提升治理能力上争先创优

坚持党的领导、人民当家做主、依法治国有机统一，扩大人民有序政治参与，健全共建共治共享的社会治理制度，提高公共安全治理水平，加快建设人人有责、人人尽责、人人享有的市域社会治理共同体，打造更高水平的平安法治城市。

30.深入践行全过程人民民主。支持保证人大及其常委会依法行使监督、决定、任免等职权，完善民主民意表达平台，把代表联络站打造成为践行全过程人民民主基层单元，深化完善民生实事项目人大代表票决制等民主实践，打响“代表一起来”“乡村两官进站”等品牌。大力支持和保障政协依章依规履职，充分发挥政协作为协商民主重要渠道和专门协商机构作用，努力提升政治协商、民主监督、参政议政水平，更好凝聚社会各界共识。健全基层党组织领导的城乡社区自治组织，完善基层直接民主选举制度，推行党务、村务、财务“云公开”，探索打造基层协商民主最佳实践。充分发挥统一战线重要法宝作用，全面强化思想政治引领，健全政党协商机制，实施“同心共富”工程，支持各民主党派、工商联和无党派人士加强自身建设，更好履职，全力做好民族、宗教、侨务、对台、新的社会阶层人士、新乡贤工作，不断完善大统战工作格局，最大限度凝聚起共同奋斗的力量。

31.持续提升社会治理效能。统筹推进“县乡一体、条抓块统”和“上统下分、强街优社”改革，迭代升级“141”基层治理体系，进一步参与构建完善“市级抓统筹、区县负主责、街镇强执行、村社重协同、网格作底盘”的现代治理架构。推行城乡现代社区分类设定、分类管理，统筹推进未来社区、未来乡村建设，推动专业力量进社区进网格，建强共同富裕现代化基本单元。建立健全网格事项准入和网格员履职“两张清单”，实现治理底盘基座的提质跃升。高标准推进平安建设，全面落实总体国家安全观，积极构建大安全大应急框架，健全常态化除险保安新机制，持续强化安全生产、食品药品、自然灾害等重点领域的监测预警、快速响应、风险处置、整改督查，推动公共安全治理模式向事前预防转型。持续深化法治建设，全面准确落实司法责任制，加快司法体制改革步伐，支持法院、检察院依法独立公正行使审判权、检察权；优化政府职责体系和组织结构，推行重大行政决策目录化管理，加快形成“大综合一体化”行政执法新格局，深化事业单位改革；深入开展习近平法治思想学习宣传贯彻“八进”活动，完善党委法治建设议事协调机构工作机制，推进法治街道（镇乡）示范创建，推动现代公共法律服务和法治文化阵地城乡全覆盖。

32.纵深推进数字化改革。迭代完善数字化改革体系架构，加快数字化改革向各领域各方面延伸覆盖，推进理论创新、实践创新、制度创新取得更大突破。提升一体化智能化公共数据平台支撑能力，构建数据管理基础制度体系，推进数据要素市场化配置运营改革，加快实现城市运行一网统管。推动省级重大应用贯通落地，加快建设“四明红”等重大应用，全面建成“掌上办事之市”“掌上办公之市”“掌上治理之市”。

九、牢记两个“永远在路上”，团结开启打造中国式现代化县域样板新征程

时刻保持“解决大党独有难题”的清醒与坚定，牢记两个“永远在路上”，坚持推进全面从严治党，不断提升新时代党的建设质量，用党建“最大政绩”引领保障高质量发展。

33.全面加强党的领导。坚持党的全面领导不动摇，确保党始终总揽全局、协调各方。发挥党委（党组）在同级组织中的领导核心作用，不断完善市委常委会听取工作汇报制度，严格落实请示报告制度。完善党委议事协调机构谋大事抓大事机制，健全党委定期分析经济社会发展形势、研究经济社会发展战略和重大政策举措制度。把“七张问题清单”作为衡量党建工作水平的标尺，提升发现问题、解决问题的能力。健全适应新时代要求的工会、共青团、妇联等群团组织建设制度，全面升级党建带群建紧密融合机制，积极发挥群团组织桥梁纽带作用。坚持党管武装，做好新时代退役军人和双拥工作，加快军民融合深度发展。

34.着力锻造过硬队伍。落实新时代好干部标准，坚持正确选人用人导向，深化“政治三力”素质考察，把敢于“破冰”、敢于“突围”、敢于“亮剑”的优秀干部选出来、用起来，着力打造一支政治过硬、适应新时代要求、具备领导现代化建设能力的高素质专业化干部队伍。全力推进干部队伍干部工作系统性重塑，加强干部源头储备、年轻干部日常储备、“一把手”战略储备，实施干部一线破难建功行动，深化干部大监督机制，健全干部心理健康服务体系，构建干部成长选育管用全链条机制。落实“干部为事业担当、组织为干部担当”的互动机制，实施专业能力提升计划，健全教育培训机制，营造唯实惟先、善作善成的干事氛围，让干部队伍能力素质与现代化先行、共同富裕先行更加匹配。

35.不断夯实基层基础。坚持大抓基层的鲜明导向，深入实施“红色根脉强基工程”，加快打造“四明红锋”升级版，全域建强“红锋版图”，全面增强基层党组织政治功能和组织功能，不断完善上下贯通、执行有力的组织体系。健全党委（党组）书记抓基层党建工作述职评议制度，深化基层党组织星级评定，完善党建联建机制，确保基层党组织全市域建强、全领域过硬、全面走在前列。切实抓好党员发展和日常教育管理，严肃稳妥处置不合格党员，保持党员队伍先进性和纯洁性。加力推进两新组织建设，优化提升新业态、新就业群体党建，进一步打响高层次人才企业党建特色品牌。

36.持续优化政治生态。锲而不舍落实中央八项规定精神，持之以恒纠“四风”树新风，重点纠治形式主义、官僚主义，坚决破除特权思想和特权行为。细化落实加强对“一把手”和领导班子监督的“22项制度”和“五张责任清单”，定期“盘点对账”全面从严治党履责情况，切实增强对权力运行的监督制约。坚持“三不腐”一体推进、同时同向综合发力，以零容忍力度遏增量、清存量，坚决打赢反腐败斗争攻坚战持久战。落实落细“清廉单元建设标准体系”，弘扬新时代廉洁文化，构建完善亲清政商关系，打造新时代梁弄“全域清廉示范镇”，加快形成全域清廉生态。

37.始终保持奋进姿态。持续深化作风建设，推动作风建设常态化长效化。健全党的二十大精神抓落实机制，建立上级巡视、专项督察等问题整改推进机制，完善民呼我为、争先创优、闭环落实等机制，推动各项工作落到实处、见到实效。大力弘扬奋斗精神、奉献精神、创造精神，进一步凝聚团结奋斗的磅礴力量，把深入学习宣传贯彻党的二十大精神转化为追求美好生活的共同行动。

新征程是充满光荣和梦想的远征。全市各地各单位和广大党员干部要更加紧密地团结在以习近平同志为核心的党中央周围，勇挑大梁、勇扛使命、勇毅前行，以“两个先行”引领现代化美好活力“最名邑”建设，在中国式现代化伟大征程中续写“八八战略”精彩的余姚篇章！

重要文件目录

2022年中共余姚市委文件目录（部分）

表30

印发日期	文号	文件名称
2月21日	余党发〔2022〕1号	中共余姚市委余姚市人民政府关于印发《余姚市高水平建设新时代美丽乡村的实施意见（2021—2025年）》的通知
2月7日	余党发〔2022〕7号	中共余姚市委余姚市人民政府印发关于加快全域旅游发展的若干政策意见
2月8日	余党发〔2022〕10号	中共余姚市委余姚市人民政府关于表彰"平安余姚"建设工作先进集体和先进个人的通报
3月31日	余党发〔2022〕18号	中共余姚市委余姚市人民政府关于命名2020—2021年度余姚市文明村、文明单位的通报
4月20日	余党发〔2022〕23号	中共余姚市委余姚市人民政府关于印发《余姚市中长期青年发展规划（2021—2025年）》的通知
4月24日	余党发〔2022〕25号	中共余姚市委余姚市人民政府关于调整余姚市决策咨询委员会组成人员的通知
5月13日	余党发〔2022〕28号	中共余姚市委认真学习贯彻《关于进一步加强家庭家教家风建设的实施意见》的通知
6月27日	余党发〔2022〕32号	中共余姚市委关于表彰余姚市"十佳村（社区）党组织书记""十佳进取型村（社区）党组织书记""十佳潜力型村（社区）干部"的通报
7月7日	余党发〔2022〕35号	中共余姚市委关于守护红色根脉 深化打造"四明红锋"升级版高水平建设新时代党建高地示范样板的 实施意见
7月15日	余党发〔2022〕37号	中共余姚市委关于认真学习宣传贯彻省第十五次党代会精神的通知
9月1日	余党发〔2022〕47号	中共余姚市委 余姚市人民政府 关于给予部分公务员记三等功和嘉奖奖励的通报
9月19日	余党发〔2022〕48号	中共余姚市委 余姚市人民政府 关于打造"余山姚水 阳明心城"促进城市品质大提升的意见
9月6日	余党发〔2022〕50号	中共余姚市委十六届二次全体（扩大）会议 关于打造"余山姚水 阳明心城"促进城市品质 大提升意见的决议
10月25日	余党发〔2022〕60号	中共余姚市委 关于市委常委分工的通知
11月4日	余党发〔2022〕62号	中共余姚市委关于认真学习宣传贯彻党的二十大精神的通知
12月30日	余党发〔2022〕74号	关于全面学习贯彻党的二十大精神 坚定捍卫"两个确立"坚决做到"两个维护"以"两个先行"引领现代化美好活力"最名邑"建设 高水平打造中国式现代化县域样板的决定
12月30日	余党发〔2022〕76号	关于印发《余姚市清廉机关建设标准》等七大清廉单元建设标准体系的通知
1月17日	余党办〔2022〕2号	中共余姚市委办公室余姚市人民政府办公室关于印发《余姚市基层治理"141"体系对接疫 情防控六大机制实施意见》的通知
4月2日	余党办〔2022〕3号	中共余姚市委办公室余姚市人民政府办公室印发《关于开展市、镇、村三级领导干部 下访接待群众工作的方案》的通知
1月14日	余党办〔2022〕4号	中共余姚市委办公室余姚市人民政府办公室关于表彰2021年度民主评议机关先进单位的通报
1月17日	余党办〔2022〕5号	中共余姚市委办公室余姚市人民政府办公室 关于印发《余姚市生态环境保护委员会组织 机构设置及工作规则（试行）》的通知
1月29日	余党办〔2022〕6号	中共余姚市委办公室余姚市人民政府办公室关于印发《余姚市党政领导干部及部门药品安全责任清单》的通知
2月21日	余党办〔2022〕11号	中共余姚市委办公室余姚市人民政府办公室关于印发《余姚市加强行政服务中心建设实施方案》的通知
2月21日	余党办〔2022〕12号	中共余姚市委办公室 余姚市人民政府办公室 关于印发《余姚市新时代乡村富裕富足样板村建设三年行动方案（2022—2024年）》的通知
2月28日	余党办〔2022〕13号	中共余姚市委办公室关于开展2022年基层党（工）委（党组）理论学习中心组巡听旁听工作的通知
3月4日	余党办〔2022〕14号	中共余姚市委办公室余姚市人民政府办公室政协余姚市委员会办公室关于调整市政协各专委会与市直有关单位 对口协商联系工作的通知
3月31日	余党办〔2022〕15号	中共余姚市委办公室余姚市人民政府办公室关于印发余姚市"改革提效、党建提升、项目提速、产业提能、招商提效、城市提质"六大攻坚行动实施方案的通知

续表 30

印发日期	文号	文件名称
3月17日	余党办〔2022〕16号	中共余姚市委办公室关于认真学习宣传贯彻宁波市第十四次党代会精神的通知
3月17日	余党办〔2022〕17号	中共余姚市委办公室余姚市人民政府办公室关于在市级领导干部中深入开展"五联五促"专项活动的通知
3月23日	余党办〔2022〕18号	中共余姚市委办公室余姚市人民政府办公室政协余姚市委员会办公室关于印发《中共余姚市委余姚市人民政府政协余姚市委员会2022年度协商工作计划》的通知
3月24日	余党办〔2022〕19号	中共余姚市委办公室余姚市人民政府办公室关于印发《关于打造文明有礼"最名邑"的实施意见》的通知
3月24日	余党办〔2022〕20号	中共余姚市委办公室 余姚市人民政府办公室关于印发《关于探索文明城市"条抓块统"机制建设的意见（试行）》的通知
4月2日	余党办〔2022〕21号	中共余姚市委办公室关于印发《中共余姚市委2022年度民主协商计划》的通知
4月2日	余党办〔2022〕22号	中共余姚市委办公室余姚市人民政府办公室关于印发余姚市第19届亚运会工作领导小组组建方案的通知
4月7日	余党办〔2022〕24号	中共余姚市委办公室余姚市人民政府办公室关于成立余姚市深化"大综合一体化"行政执法改革规范行政执法队伍人员编制管理试点工作领导小组的通知
4月24日	余党办〔2022〕28号	中共余姚市委办公室余姚市人民政府办公室关于开展2022年度"慈善一日捐"活动的意见
4月25日	余党办〔2022〕29号	中共余姚市委办公室余姚市人民政府办公室印发《关于进一步加强乡村医疗卫生服务体系建设的实施意见》的通知
4月27日	余党办〔2022〕30号	中共余姚市委办公室余姚市人民政府办公室印发《关于余姚市四明山区域卫生健康高质量发展行动计划（2022年—2025年）》的通知
4月27日	余党办〔2022〕31号	中共余姚市委办公室余姚市人民政府办公室印发《关于推进余姚市托幼一体化服务体系建设的实施意见（试行）》的通知
5月6日	余党办〔2022〕32号	中共余姚市委办公室余姚市人民政府办公室 关于印发《余姚市小曹娥镇委托管理工作领导小组成员名单》《余姚市小曹娥镇委托管理专项工作小组名单》《余姚市小曹娥镇委托管理专项工作小组职责》的通知
5月10日	余党办〔2022〕34号	中共余姚市委办公室余姚市人民政府办公室关于成立余姚市争创社会治安防控体系建设示范城市工作领导小组的通知
5月10日	余党办〔2022〕35号	中共余姚市委办公室余姚市人民政府办公室关于印发《余姚市财政供养人员宣传防范电信网络诈骗专项行动实施方案》的通知
5月12日	余党办〔2022〕36号	中共余姚市委办公室余姚市人民政府办公室关于开展《余姚年鉴（2022）》编纂工作的通知
5月19日	余党办〔2022〕37号	中共余姚市委办公室余姚市人民政府办公室印发《关于进一步推进经济开发区高质量发展的实施意见》的通知
5月30日	余党办〔2022〕39号	中共余姚市委办公室关于印发《余姚市"十佳村（社区）党组织书记"、"十佳进取型村（社区）党组织书记"和"十佳潜力型村（社区）干部"评选办法（修订稿）》的通知
9月15日	余党办〔2022〕40号	中共余姚市委办公室 余姚市人民政府办公室 印发《关于进一步提升应急管理和消防救援能力实施方案》的通知
6月15日	余党办〔2022〕42号	中共余姚市委办公室余姚市人民政府办公室印发《关于进一步加强<四明聚焦>新闻舆论 监督工作方案》的通知
6月20日	余党办〔2022〕44号	中共余姚市委办公室余姚市人民政府办公室印发《余姚市深入贯彻习近平总书记重要回信精神加快打造四明山革命老区新时代共同富裕样板区行动方案》的通知
6月23日	余党办〔2022〕47号	中共余姚市委办公室余姚市人民政府办公室印发《关于全面规范和强化乡镇财政管理的 实施意见》的通知
6月24日	余党办〔2022〕48号	中共余姚市委办公室关于做好《干在实处勇立潮头——习近平 浙江足迹》学用工作的通知
6月28日	余党办〔2022〕49号	中共余姚市委办公室关于开展庆祝中国共产党成立101周年 系列活动的通知
6月28日	余党办〔2022〕50号	中共余姚市委办公室关于印发《"四明红锋强基指数"评价 办法（试行）》的通知
7月1日	余党办〔2022〕51号	中共余姚市委办公室余姚市人民政府办公室印发《关于加快培育新时代余姚工匠队伍的实施意见》的通知
7月8日	余党办〔2022〕52号	中共余姚市委办公室余姚市人民政府办公室关于印发《2022年余姚市对口支援和区域合作工作要点及任务分解》的通知
7月1日	余党办〔2022〕53号	中共余姚市委办公室关于印发《2022年法治余姚建设重点工作》的通知

续表 30

印发日期	文号	文件名称
7月14日	余党办〔2022〕55号	中共余姚市委办公室余姚市人民政府办公室关于调整部分市级议事协调机构组成人员的通知
7月14日	余党办〔2022〕56号	中共余姚市委办公室余姚市人民政府办公室关于印发《2022年市委市政府领导重点调研课题分工方案》的通知
7月18日	余党办〔2022〕57号	中共余姚市委办公室余姚市人民政府办公室关于印发《深化“拆违治乱”攻坚整治行动 工作方案》的通知
9月28日	余党办〔2022〕58号	中共余姚市委办公室关于印发落实全面从严治党“五张责任清单”的通知
7月25日	余党办〔2022〕59号	中共余姚市委办公室余姚市人民政府办公室关于印发《2022年度党风廉政建设和反腐败工作组织领导与责任分工》的通知
7月25日	余党办〔2022〕60号	中共余姚市委办公室印发《关于推动党史学习教育常态化长效化的实施方案》的通知
7月25日	余党办〔2022〕61号	中共余姚市委办公室余姚市人民政府办公室印发《关于进一步健全新增违法建筑管控工作机制的实施意见》的通知
8月3日	余党办〔2022〕65号	中共余姚市委办公室余姚市人民政府办公室印发《关于进一步推动执法力量下沉乡镇(街道)并纳入属地管理的实施办法(试行)》的 通知
8月10日	余党办〔2022〕66号	中共余姚市委办公室印发《关于开展“五问五破走在前、五比五先争一流”机关作风建设专项行动实施方案》的通知
8月16日	余党办〔2022〕69号	中共余姚市委办公室余姚市人民政府办公室关于建立企业服务经理人制度的实施意见
8月18日	余党办〔2022〕70号	中共余姚市委办公室转发《市委宣传部、市委组织部关于认真做好〈习近平谈治国理政〉第四卷学习宣传工作的通知》的通知
8月19日	余党办〔2022〕71号	中共余姚市委办公室余姚市人民政府办公室关于印发《余姚市赋权乡镇(街道)“镇队合一”行政执法体制改革方案》的通知
8月31日	余党办〔2022〕72号	中共余姚市委办公室 余姚市人民政府办公室 关于印发《凤山街道等21个乡镇(街道)党政机关职能配置、机构设置和人员编制规定》的通知
8月24日	余党办〔2022〕73号	中共余姚市委办公室余姚市人民政府办公室关于印发《余姚市城乡现代社区建设实施方案》的通知
8月24日	余党办〔2022〕74号	中共余姚市委办公室 余姚市人民政府办公室 印发《关于全面加强城乡社区工作者队伍建设的实施意见》的通知
9月1日	余党办〔2022〕75号	中共余姚市委办公室 余姚市人民政府办公室 关于印发《余姚市2021—2025年党史和地方志工作规划》的通知
9月9日	余党办〔2022〕77号	关于印发《深化推进“姚江英才项目”加速引进高层次人才和高端创业创新团队的 实施意见》的通知
10月10日	余党办〔2022〕79号	关于印发《第十届“感动余姚”新闻人物暨第四届余姚市道德模范评选活动实施方案》的通知
10月12日	余党办〔2022〕80号	中共余姚市委办公室 余姚市人民政府办公室 关于印发《2022宁波(余姚)阳明文化季 活动方案》的通知
10月12日	余党办〔2022〕81号	中共余姚市委办公室 关于印发《余姚市党史教育基地创建管理办法》的通知
10月27日	余党办〔2022〕83号	中共余姚市委办公室 印发《关于国家机关重点工作下沉人大代表联络站 践行全过程人民民主的实施意见(试行)》的通知
10月28日	余党办〔2022〕85号	关于印发《余姚市党的规范性文件前置审查管理办法》的通知
11月10日	余党办〔2022〕87号	关于印发《新时代梁弄“全域清廉示范镇”建设行动计划》的通知
11月10日	余党办〔2022〕89号	中共余姚市委办公室 余姚市人民政府办公室 关于成立余姚市营商环境投诉监督中心的通知
12月9日	余党办〔2022〕90号	中共余姚市委办公室 关于切实做好2023年度党报党刊发行工作 严格规范报刊发行秩序的通知
11月24日	余党办〔2022〕91号	关于印发《余姚市事业单位管理岗位职员等级晋升制度实施方案》的通知
11月24日	余党办〔2022〕92号	关于印发《余姚市村级集体经济持续提升行动计划》的通知
11月24日	余党办〔2022〕93号	关于印发《2022年度党内法规绩效考评实施细则》《2022年度党委督查(七张问题清单)绩效考评实施细则》《2022年度党委信息绩效考评实施细则》《2022年度保密工作绩效考评实施细则》的通知
12月20日	余党办〔2022〕97号	关于印发《2022年度履行全面从严治党主体责任绩效考评实施细则》的通知
12月28日	余党办〔2022〕99号	中共余姚市委办公室 余姚市人民政府办公室关于印发《余姚市开展“三稳三提”企业服务专项活动工作方案》的通知
12月29日	余党办〔2022〕100号	印发《关于落实最严格的耕地保护制度 全面推行田长制的实施意见》的通知

2022年余姚市政府文件目录（部分）

表31

印发日期	文号	文件名称
1月28日	余政发〔2022〕1号	余姚市人民政府关于表彰2021年市长质量奖获奖企业的通报
2月10日	余政发〔2022〕2号	余姚市人民政府关于印发余姚市妇女发展规划（2021—2025年）和余姚市儿童发展规划（2021—2025年）的通知
2月7日	余政发〔2022〕3号	余姚市人民政府关于调整市政府领导班子成员工作分工的通知
6月28日	余政发〔2022〕7号	余姚市人民政府关于印发《余姚市残疾人事业发展"十四五"规划》的通知
7月12日	余政发〔2022〕8号	余姚市人民政府关于印发余姚市国有土地上房屋征收补偿、补助、奖励规定的通知
6月29日	余政告〔2022〕2号	余姚市人民政府关于调整余姚市城区养犬重点管理区、一般管理区范围的通告
2月8日	余政办发〔2022〕3号	余姚市人民政府办公室关于印发《余姚市森林火灾应急预案》的通知
3月1日	余政办发〔2022〕4号	余姚市人民政府办公室关于印发《余姚市消防安全（森林防火）百日攻坚暨重点领域整治行动的方案》的通知
2月22日	余政办发〔2022〕6号	余姚市人民政府办公室关于印发《余姚市突发公共事件科学技术应急保障行动方案》的通知
3月2日	余政办发〔2022〕9号	余姚市人民政府办公室关于印发《余姚市测绘应急保障预案》的通知
3月2日	余政办发〔2022〕10号	余姚市人民政府办公室关于印发《余姚市低碳试点县建设实施方案》的通知
3月7日	余政办发〔2022〕12号	余姚市人民政府办公室关于印发余姚市食品安全事故应急预案的通知
3月14日	余政办发〔2022〕14号	余姚市人民政府办公室关于印发《2022年余姚市无偿献血工作实施方案》的通知
3月15日	余政办发〔2022〕15号	余姚市人民政府办公室关于印发余姚市大中型水库放水预警方案（试行）的通知
3月17日	余政办发〔2022〕16号	余姚市人民政府办公室关于撤销市气象灾害防御指挥部及其办公室的通知
3月21日	余政办发〔2022〕18号	余姚市人民政府办公室关于全面推进基层统计网格智治工作的实施意见
4月1日	余政办发〔2022〕23号	余姚市人民政府办公室关于对2022年真抓实干成效明显地方进一步加大激励支持力度的通知
4月29日	余政办发〔2022〕25号	余姚市人民政府办公室关于印发余姚市人民政府2022年度重大行政决策事项目录的通知
5月9日	余政办发〔2022〕28号	余姚市人民政府办公室关于印发《余姚市集中开展补领婚姻登记证工作实施方案》的通知
5月12日	余政办发〔2022〕30号	余姚市人民政府办公室印发《关于余姚市全民健身实施计划（2021—2025年）》的通知
5月13日	余政办发〔2022〕32号	余姚市人民政府办公室关于印发余姚市人民政府质量奖管理办法（2022年修订）的通知
5月23日	余政办发〔2022〕34号	余姚市人民政府办公室关于调整余姚市地产领导小组成员名单的通知
5月23日	余政办发〔2022〕35号	余姚市人民政府办公室关于调整余姚市人民政府防汛防台抗旱指挥部成员的通知
6月6日	余政办发〔2022〕40号	余姚市人民政府办公室关于印发《余姚市优化营商环境攻坚行动实施方案》的通知
6月7日	余政办发〔2022〕41号	余姚市人民政府办公室关于印发余姚市保障性租赁住房建设管理办法的通知
6月13日	余政办发〔2022〕43号	余姚市人民政府办公室关于印发2022年粮食订单政策方案的通知
6月13日	余政办发〔2022〕44号	余姚市人民政府办公室关于印发余姚市稳链纾困助企发展若干措施的通知
6月15日	余政办发〔2022〕46号	余姚市人民政府办公室关于印发2022年度镇级政府性投资新建项目计划的通知
7月5日	余政办发〔2022〕47号	余姚市人民政府办公室关于印发余姚市"菜篮子"商品应急保障预案的通知
6月17日	余政办发〔2022〕48号	余姚市人民政府办公室印发关于促进政策性融资担保体系建设实施方案的通知
6月23日	余政办发〔2022〕49号	余姚市人民政府办公室关于公布余姚市综合行政执法事项划转目录的通知
7月19日	余政办发〔2022〕55号	余姚市人民政府办公室关于印发《余姚市全民科学素质行动规划纲要实施方案（2021—2025年）》的通知
7月20日	余政办发〔2022〕57号	余姚市人民政府办公室关于印发《余姚市贯彻落实国发〔2022〕5号、国办〔2022〕2号文件重点任务清单》的通知
7月27日	余政办发〔2022〕58号	余姚市人民政府办公室关于印发余姚市防汛防台抗旱应急预案的通知

续表 31

印发日期	文号	文件名称
7月28日	余政办发〔2022〕59号	余姚市人民政府办公室关于加快培育制造业“大优强”企业的实施意见
7月29日	余政办发〔2022〕60号	余姚市人民政府办公室关于创建“专精特新”活力之城的实施意见
8月23日	余政办发〔2022〕61号	余姚市人民政府办公室关于印发余姚市创建省级健康促进县（区）实施方案的通知
8月4日	余政办发〔2022〕62号	余姚市人民政府办公室关于印发余姚市“智安小区”建设实施方案的通知
8月4日	余政办发〔2022〕63号	余姚市人民政府办公室关于印发余姚市通信保障应急预案的通知
8月4日	余政办发〔2022〕64号	余姚市人民政府办公室关于印发余姚市市场价格异常上涨事件应急预案的通知
8月10日	余政办发〔2022〕65号	余姚市人民政府办公室关于印发余姚市中心城区环卫保洁一体化实施方案的通知
8月11日	余政办发〔2022〕66号	余姚市人民政府办公室关于印发余姚市山洪灾害防御预案（2022年修订）的通知
8月23日	余政办发〔2022〕67号	余姚市人民政府办公室关于印发余姚市2022年度消费帮扶对口地区巩固拓展扶贫攻坚成果实施方案的通知
8月29日	余政办发〔2022〕69号	余姚市人民政府办公室关于下达2022年全市2000万元及以上政府（国企）投资项目和重点工程调整后计划的通知
8月30日	余政办发〔2022〕71号	余姚市人民政府办公室关于促进我市小微工业企业上规模的实施意见
8月30日	余政办发〔2022〕72号	余姚市人民政府办公室关于机关事业单位编外人员实行劳务派遣制度的通知
9月20日	余政办发〔2022〕73号	余姚市人民政府办公室关于认真做好住户调查大样本轮换工作的通知
9月21日	余政办发〔2022〕74号	余姚市人民政府办公室关于印发余姚市2022年度土地资源利用百日攻坚行动方案的通知
9月29日	余政办发〔2022〕77号	余姚市人民政府办公室关于印发余姚市信息化项目建设管理办法的通知
9月29日	余政办发〔2022〕78号	余姚市人民政府办公室关于印发《余姚市鼓励参与对口地区合作实施办法》的通知
9月30日	余政办发〔2022〕81号	余姚市人民政府办公室关于余姚市政府投资项目审批管理流程优化的实施意见
10月17日	余政办发〔2022〕84号	余姚市人民政府办公室关于加快推进我市政府性投资项目前期工作的意见（试行）
10月31日	余政办发〔2022〕87号	余姚市人民政府办公室关于印发余姚市城市更新管理办法（试行）的通知
11月1日	余政办发〔2022〕88号	余姚市人民政府办公室关于公布2022年度第一批姚江英才计划入选项目的通知
11月3日	余政办发〔2022〕89号	余姚市人民政府办公室关于加快推进慈善事业高质量发展助力共同富裕先行地建设的实施意见
11月18日	余政办发〔2022〕94号	余姚市人民政府办公室关于印发《余姚市科技创新投资引导基金管理办法（暂行）》的通知
11月23日	余政办发〔2022〕96号	余姚市人民政府办公室关于印发2022年度政务督查、政务信息、政务公开及流动人口服务管理等工作目标管理考核细则的通知
11月25日	余政办发〔2022〕97号	余姚市人民政府办公室关于规范我市耕地占补平衡管理工作的通知
11月29日	余政办发〔2022〕99号	余姚市人民政府办公室关于印发《余姚市姚江及主城区公共水域禁渔期管理实施方案》的通知
12月7日	余政办发〔2022〕102号	余姚市人民政府办公室关于印发余姚市关停矿山自然生态环境治理基金（备用金、保证金）处置办法的通知
12月21日	余政办发〔2022〕105号	余姚市人民政府办公室关于印发《余姚市废弃矿山生态修复与治理工程施工招标和多余土石料公开处置方案》的通知
12月23日	余政办发〔2022〕112号	余姚市人民政府办公室关于印发《余姚市属国有企业对外投资监督管理暂行办法》的通知
12月23日	余政办发〔2022〕114号	余姚市人民政府办公室关于印发《余姚市县级储备粮轮换管理办法》的通知
12月23日	余政办发〔2022〕115号	余姚市人民政府办公室关于印发余姚市工程建设领域农民工工资专用账户管理实施细则（试行）的通知
12月28日	余政办发〔2022〕118号	余姚市人民政府办公室关于印发元旦春节期间支持企业稳岗优工促生产若干举措的通知
12月29日	余政办发〔2022〕122号	余姚市人民政府办公室关于公布2022年度余姚市“350”示范企业及入库培育企业名单的通知
12月30日	余政办发〔2022〕125号	余姚市人民政府办公室关于印发余姚市新市民量化积分管理的实施意见

索 引

说 明

一、本索引采用主题分析法编制，全书各类目均作索引，索引标引词为名词或名词性短语。

二、索引标引词一般用宋体，类目名标引词用加粗以示区别。

三、索引按标引词的汉语拼音升序排列，标引词以阿拉伯数字开头的，以数字升序排列。

四、标引词后的阿拉伯数字表示内容所在页码。

D

E

F

M

N

P

Q

T

Z